国家社科基金
后期资助项目

明代文官考察制度
及其运行机制研究

Study on the Evaluation System of Civil Servants
and Its Operating Mechanism in the Ming Dynasty

余劲东　著

社会科学文献出版社
SOCIAL SCIENCES ACADEMIC PRESS (CHINA)

国家社科基金后期资助项目
出版说明

　　后期资助项目是国家社科基金设立的一类重要项目，旨在鼓励广大社科研究者潜心治学，支持基础研究多出优秀成果。它是经过严格评审，从接近完成的科研成果中遴选立项的。为扩大后期资助项目的影响，更好地推动学术发展，促进成果转化，全国哲学社会科学工作办公室按照"统一设计、统一标识、统一版式、形成系列"的总体要求，组织出版国家社科基金后期资助项目成果。

全国哲学社会科学工作办公室

序

劲东博士的专著《明代文官考察制度及其运行机制研究》即将出版，作为他的硕士生导师，我想表达两方面的意思：一是对该书选题的认识，二是对劲东的了解。或许这对读者的阅读有点益处。

该书是一部典型的明代政治制度史专著。政治史和制度史研究，是中国传统史学研究中最基础性的研究，阅读历史，只有把握政治史发展的基本脉络，掌握制度史的基本属性，才能触摸到历史的基本面貌，因此政治史、制度史在传统史学研究中一直占有极其重要的地位。当然，政治史和制度史的研究又各有所侧重，政治史强调的是以政治为中心的人物、制度、事件及其关系，制度史则侧重于制度的产生、发展、属性、运作及其关系。二者之间也是密不可分的，制度史研究常被纳入政治史研究的范畴，"政治"之"政"，根基在于"制度""规则"或"法度"，研究政治史要先弄清楚政治制度的基本属性，这样才能厘清政治背后的内在逻辑。同样，研究制度必须紧紧围绕"政治"来分析，只有制度而不见政治之"治"的研究，常被认为是"死"的制度史。关于政治与制度的关系，套用当下社会的表述，制度史研究重点为"治理体系"，政治史关注重点为"治理能力"，政治制度史的关注核心可以说是制度体系与治理效能的高度结合。

职官制度史研究是传统制度史研究的重要内容，对官员考核的研究是重中之重。劲东博士所研究的文官考察包括京察和大计两大部分：京察是明朝对在京文官的考察制度，它为明代所独创，伴随着明前期的政治活动而产生，并不断变化、调整，最终制度化；大计是对明代各级地方文官进行的定期考察制度，其渊源可以追溯到先秦时的上计制度，明代对此既有继承也多有创新。该书"上篇"细致考察了京察制度的创设过程及其基本属性，深入分析了京察的决策依据和决策过程，动态考察了京察制度的运作机制；"下篇"对地方文官大计制度及其运行机制进行了扎实的梳理分析，既考察了明代大计制度的一般规定，又特别注意到了制度以外政治因素的作用，揭示了大计制度的运行实况及其对官场生态和政治文化的影响。最后，思考了有明一代文官考察与国家治理之间的关系，亦即"制度"与"政治"之间的关系，劲东认为文书流转、权力制衡、"明规矩"与"潜规则"并行，共同构成贯穿明代文官考察制度的三根主线，提出了"明代文官考察制度引发的三个悖论"，分析了明代文官考察制度长期存在的"有令不行"的困境。我认为，这些都是制度规定与行政运作在官僚政治体制下的真实写照，对于传统制度史研究，学者倡导努力去追寻"活"的制度史，而政治史的精彩与复杂程度又远胜于此，劲东通过对明代文官考察的研究，给我们呈现了政治制度史的精彩之处。

在这里，还想介绍一下我熟悉的劲东博士的治学和追求。劲东于2010年考入中央民族大学历史文化学院，跟随我学习明清史，入学时他给我留下了比较深的印象：一是本科时就已熟读清修《明史》，对政治史很感兴趣；二是平常喜欢动笔写东西；三是为人谦逊，学习踏实。这些优点在他学习过程中逐渐体现了出来。二年级时，他通过学校申请获得到台湾中国文化大学交流学习的机会，他充分利用这一机会，进步很快，这与他在中国文化大学的指导老师——明史大家吴智和先生的悉心指导有极为密切的关系。2012年6月7日吴先生给我写信，表达了对劲东的赞赏和喜爱，我想借此机会公开这封信，以表达对吴先生的怀念之情和对劲东的鼓励。

　　彭勇教授如晤：

　　　教授门下高弟劲东，此次来敝所学术交流，自首次见面而始，至今夜谢师宴止，前后不过四阅月。其间硕士学位研究主题、史料搜阅、大纲拟定、论文撰写等学术研究历程，可以用"勤勉缜密，才堪造就"八字来形容，具见名师出高徒之不虚。当我在台北街头一家书店，看到贵著《明代班军制度研究》一书时，急着翻阅内容，深感敬服，不意数年后，教授的高足，却在我今年届退最后一学期在阳明山文化大学有一段学术缘分，而且也是敝所有史以来的第一位。

今夜谢师宴也是我离开文化大学的最后一夜，更是劲东负笈有得的丰收之旅。中央民族大学历史文化学院2010级硕士研究生，有如此卓越硕士导师以及如此勤奋硕士生，可谓难能可贵。明史学术研究之途，有两位未来可期之明史学人，在人生老中青三阶段中，得以相会，一切都是一个"缘"字。

交换学习归来，劲东的学位论文写作进展很顺利。2013年时，直接研究明代文官考察的成果依然不多，他能充分利用明代丰富的奏疏、文集，查阅《皇明吏部志》《南京吏部志》等文献，再与官修政书、正史结合研究，确实是出类拔萃的。最终，他的毕业论文《明代京察制度研究》得到了包括答辩主席、国内较早研究明代文官考察的高寿仙先生等专家的充分肯定，答辩委员会、学院教授委员会和学校学位委员会的专家，均给予了优秀学位论文的评定。

随着对京察研究的不断深入，劲东也更加明确了攻读博士研究生的目标，他分别参加了朱鸿林先生在中山大学和香港理工大学的博士招生考试，均获得录取资格。最终他选择了到香港理工大学学习，朱先生肯定了明代京察这一选题的价值，指导劲东在此基础上，继续对明代文官考察进行整体研究。寒来暑往，在朱鸿林教授的悉心指导下，劲东如期顺利完成学业。印象很深的是，读博士期间，劲东每年至少有两次到北京来，我们之间的邮件往来也颇为频繁，这都记载了他在学术之路上的孜孜追求。我时常给研究生讲，如果说硕士学习的难度像爬北京香山，博士毕业的难度犹如登西岳华山，劲东在香港学习所付出的辛苦，只有他本人最有体会了。

劲东以其优秀的品质，走向工作岗位后，他在教学、科研、行政管理等各方面都努力追求卓越，表现出色。如今，他关于明代文官考察制度的研究又经过国家社科基金后期资助项目的三年建设，历时数载，终于要出版了，可喜可贺。十年辛苦不寻常，愿劲东百尺竿头，更进一步。

彭　勇

2022 年 2 月 18 日

目　录

绪　论

一　明代的考课、考察、大计与京察

在中国古代社会，中央和地方大、小各级官吏构成了王朝治理天下的基础，历代统治者都对官员的选任、管理格外留心，本书所关注的"文官考察制度"无疑是官员管理的重要环节。从三千多年前的周朝一直到百余年前的清朝，如何合理评定国家管理者的为政实绩，并据此进贤能、退不职，从而实现政府的有效管理，始终是中央政府面对的重要议题，[①] 明代亦不例外。然而，明代文官考察制度与之前历朝都有所不同，最为突出的特点是之前历朝的官员治绩核定制度，多被冠以"考课"之名，[②] 而明朝

① 官员考察与国家治乱、民生安宁休戚相关，因此历朝统治者都非常注重对官员的考察。早在西周之时，周天子就创造了巡狩与述职之法以加强官吏考核；战国时期则施行被称为"上计"的地方官员年终考核制度；秦、汉两朝将上计制度进一步完善，建立了官吏考课及与之相适应的升降赏罚制度；曹魏继承两汉的考核制度，以三年为期对官员进行考核；两晋仍延续了曹魏的考核方法。隋唐时期考察制度逐渐完备，由尚书省所属的吏部考功司掌管一般官吏考课，宰相等高级官员则由皇帝亲自考核；宋时以"磨勘法"对京朝官员进行考课，辽、金则采取"廉察法"来考察官员；元代对宋、辽制度予以继承和完善，采用廉访与计年法考课官吏，此为明代以前官员考课的基本情况。详细论述，可参白钢主编《中国政治制度通史》第 1 卷，社会科学文献出版社，2011，第 747～753 页。

② 与之相关的研究著作也多以此命名，如王东洋《魏晋南北朝考课制度研究》，社会科学文献出版社，2009；戴卫红《北魏考课制度研究》，中国社会科学出版社，2010；常越男《清代考课制度研究》，北京大学出版社，2010。类似著作及论文较多，在此不一一列举。

则较多使用"考察"一词，二者仅一字之差。那么，为何会出现这种变化？明代的"考察"，是否有其特殊意义？

仅笔者目力所及，明代政府公文在涉及文官"考课"这一概念时，便至少有"考课""考绩""考察""考满""考核"这五种较为常用说法；明代官员文集对这五个概念时而严格区分，时而混淆使用，令人眼花缭乱。但作为明代官方行政法典的《大明会典》在记载专司文官考课的衙门考功清吏司的职掌时，开宗明义地指出，"郎中、员外郎、主事，掌文职官吏之考课及内、外官之考察"①，将"考课"与"考察"并立而非将"考察"包含于"考课"的概念之内；《大明会典》在卷次安排上也有意凸显了二者的对等地位：所有记载"考课"的内容全部置于《大明会典》第 12 卷，② 所有关于"考察"的内容全部收入《大明会典》第 13 卷。③ 可见《大明会典》的编撰人对"考课"与"考察"两个概念的区别洞若观火。因此从严格意义上说，明代实际上有"文官考课"与"文官考察"两套并行不悖的评量文官治绩的政治制度。研究其他朝代的学者普遍关注点在于"文官考课"，而本文的研究则聚焦于明代独特的"文官考察"制度。

那么，明代的"考课""考察"究竟有何相似与差别？这是在进行全书写作时必须首先厘清的问题。明代的"考课"在制度设计和具体操作上偏向于任满考核，倘若某一任官满三年（在实际操作中一般按 36 个月计算），就必须对该官员个人的为政情况进行核定并明确等次，因此又称"考满"或"满考"。它与本书所关注的"考察"在决策依据、操作方式和考核目的这三个方面比较相似：不论考满还是考察，都需依靠官员的本管上司及中央派驻地方的监察官（巡抚、巡按）所开注的应考官治绩评价（即"考语"）来完成；不论是考满还是考察，原则上都需要地方官进京、京官在京以完成考察，但实际操作中因处理政务的需要并非严格执行此规定；此外，无论考满还是考察，其目的都在于结合官员过往的治绩，

---

① （明）申时行等：《大明会典》卷 12《考功清吏司》，《续修四库全书》第 789 册，上海古籍出版社，2002，第 195b 页。

② （明）申时行等：《大明会典》卷 12《吏部十一》，第 195b ~ 219a 页。

③ （明）申时行等：《大明会典》卷 13《吏部十二》，第 219b ~ 238a 页。

来罢黜已明显不堪任使的官员。

考满与考察的不同点主要体现在以下八个方面。其一，就时间间隔而言，考满固定在三年一次，而考察则分两种情况：对地方文官的考察每三年举行一次，对中央文官的考察每六年举行一次。其二，就计时方式而言，考满是以应考官历俸满 36 个月计算，因此从理论上说，几乎一直都有官员面临考满，而考察是按照固定年份举行：地方文官考察一般固定在辰、戌、丑、未年，中央文官考察一般定于巳、亥年。其三，就考核对象而言，考满针对的是个体官员，考察针对的是全体官员。其四，就主管机构而言，考满主要由吏部负责，管理机制比较单一，而考察则涉及吏部、都察院、布政司、按察司、巡抚、巡按等多个衙门和官员。其五，就侧重点而言，考满更重课绩以定"陟"，而考察则更倾向于"黜"，几乎不关注"陟"。其六，就处分方式而言，考满由吏部按照过往的惯例对官员进行处置，而考察结果只能由皇帝御批发下。其七，就考察等次而言，考满分为称职、平常和不称职三档，而考察只分合格与不合格两档。其八，就吏部内履任情况而言，考满是唯一需要吏部四司联动的制度，而考察则只需考功司协同文选、验封二司办理，基本不需要稽勋司的配合。经过以上比对，已可明晰考满（任满考课）和考察的差异之处。

综合来看，明代的文官考核实际上是在过往历代考满的基础上增加了定期考察的内容，但这种"考上加考"的做法岂非增添了额外的行政负担？明宣宗为这种做法提供了"官方解释"，其称："人之贤否恒不易知，必任之以事而后可见。古帝王选任贤良，三载考绩、三考黜陟，盖以此也。然以今观之，九载而后黜陟，借使所任非人，民受其弊多矣。今在外有司，从巡按御史及按察司官考察，贪婪不律者，即纠举之，最为良法。"① 可见由于考满的周期较长，即使发现了不称职的官员也难以及时予以处理，这无疑会给政府治理带来不便，因此需要在考满之外再行考察，以及时罢黜不职官员。

具体到明代文官的考察制度而言，明代文官的考察制度包括地方文官

---

① 《明宣宗实录》卷 13，宣德元年正月癸丑条，台湾"中研院"史语所校勘本，第 356 页。本书所引《明实录》均为台湾"中研院"史语所校勘本。

考察与中央文官考察两个组成部分：对地方省、府、州、县长官及其属员进行的考察被称为"大计"，对南、北两京中央机关及派出机构各级长官和属员进行的考察被称为"京察"。

尽管在洪武建制之初，有关大计的时间间隔、考察方式等内容屡经变更，但至迟在洪武十八年（1385）时已正式将"三年一朝，朝以辰、戌、丑、未年"① 的制度确定下来。明政府还规定："朝觐之期，朝毕，吏部会同都察院考察，奏请定夺。"② 考察紧跟朝觐之后，因此"大计"亦被称为"朝觐考察"。按照"朝觐考察"的制度规定，考察范围包括现任、在三年内离任却未经考察的地方文职官员（包括正官、佐贰官、首领官）。尽管明代制度规定每三年考察一次全国地方官，但有资格赴京城朝觐皇帝的官员却为数不多，一般情况下仅由"官一员，带首领官、吏各一员、名"入觐，③ 大部分佐贰官则需留守原任处理事务。考察过后，官员的去向也多种多样：既有升迁的情况，也有平调至他处任职及回原职续任的情况；对于明显不职的官员，按照"四科、八目"的相应条文进行处分。④ 以上是明代地方文官大计的基本情况。

明代的大计制度早在洪武年间便已基本定型，但明代中央文官京察制度的建立却经过了很多波折，直至明朝中期才最终确定"六年一察"，并在考察结束后，像大计那样按照"四科、八目"对不职官员进行处分。高寿仙认为京察是明代独创的官员考察制度，⑤ 笔者对此持赞同态度：由

---

① 见《明史》卷72《职官一》，中华书局，1974，第1738 页。《大明会典》记此事为："洪武初，外官每年一朝，二十九年始定以辰、戌、丑、未年为朝觐之期。"又可见（明）申时行等《大明会典》卷13《朝觐考察》，第219b 页。杨万贺认为：在洪武十八年定"三年一朝"的制度后，在洪武二十一年（戊辰）、二十四年（辛未）、二十七年（甲戌）各年份都有大计地方官的记录，因此这一制度实为洪武十八年确定，而在洪武二十九年将其纳入法律条文成为定制。见杨万贺《明代朝觐考察制度研究》，硕士学位论文，辽宁师范大学，2011，第4～6 页。

② （明）申时行等：《大明会典》卷13《朝觐考察》，第219b 页。

③ （明）申时行等：《大明会典》卷13《朝觐考察》，第219b 页。

④ 所谓"八目"，即考察之中官员不职的具体表现，"贪、酷、浮躁、不及、老、病、罢、不谨"；而"四科"则是结合"八目"所进行的议处，"贪、酷，为民；不谨、罢软，冠带闲住；老、疾，致仕；才力不及、浮躁浅露，降调外任"。以上引文，分别见《明史》卷71《选举三》，第1721 页；（明）高拱撰《高文襄公集》卷31《本语》，《四库全书存目丛书》集部第108 册，齐鲁书社，1997，第418a 页。

⑤ 高寿仙：《明代官员考核制度述论》，硕士学位论文，北京大学，1989，第43 页。

于京官职位的特殊性，考诸旧史，在明之前确实没有朝代设计过专门针对京官的系统考察制度。在大计制度平稳运作了两千多年后，京察制度仍迟迟未能建立，这主要由以下三方面原因导致。其一，京察的重要性不如大计明显。明人谢肃（1332～1385）称：“窃惟考绩计治、试能课最之法，在虞、周、汉、唐、宋者，观于经史，则既彰明较著矣。国家制度，一稽于古，其考绩内、外之官，于守、令深所注意，以其于民为尤亲也。”①因为京官并不如地方守、令等亲民官那样与民生休戚相关，所以对京官（尤其是低级京官）考察的重要性较之大计而言并不突出。其二，京官的评价标准很难界定。京官的职位性质决定了他们更加侧重于宏观层面的政策制定与调控，而非微观层面的政令执行；但宏观决策、调控又缺乏明确的评价标准，有的甚至需要很长时间才能显现成效，这使得京官考察的具体指标难于制定。其三，京官考察的必要性相对外官为轻。由于京官近处辇毂之下，皇帝可以很容易了解到京官的为政情况和个人品行，因此能够随时进行黜陟而无须像外官那样通过定期考察的方式来澄汰不职。以上三个因素共同导致明朝之前各朝代都未出现这种专门考察京城文官的政治制度。

　　既然之前未有固定的“京察”之制，为何明代统治者要别出心裁地订立京察制度？在绝大多数情况下，立法往往是对当前已经凸显的现实问题所采取的补救措施，明代京察制度亦不例外。明人孙懋言：“臣仰惟祖宗以来，考察京官，始则间一举行，其后十年一举，又其后六年一举，所以疏数不同者，非有张弛于间也。盖世道日降，士习渐浇，法亦缘之而益密耳。”② 可见政治风气的庸俗化及由此导致的世风日下，是促成京察制度在明代从无到有、从简到繁的根源。

　　与大计制度相比，京察制度主要呈现以下四方面的差别。其一，对象不同。与针对全国地方官的大计制度相比，明代京察的主要对象是南、北

---

① （明）谢肃：《密庵集》卷6《送邑大夫王侯朝觐序》，《景印文渊阁四库全书》第1228册，台湾商务印书馆，1983，第147b页。（本书所参考《景印文渊阁四库全书》均为台湾商务印书馆1983年版）

② （明）孙懋：《孙毅菴奏议》卷下《公纠劾以严考察疏》，《景印文渊阁四库全书》第429册，第344b页。

两京中央机构属员：两京九品以上文官几乎全被纳入京察体系，仅有少数特殊职业官员（如钦天监、太医院等专业性较强的官员）能够免于京察。其二，定制时间不同。虽然自明朝初期开始，带有"京察"性质的京官考课活动便断断续续地有所举行，但相较于早在朱元璋时期便已经形成固定制度的大计，京察制度的建立过程相当漫长。在正统之前，京察的举行几乎完全取决于皇帝的意愿，该制度的主要负责官员和具体考察时间也缺乏明确规定；直到天顺八年（1464），亦即明朝建立近百年之后，明廷才正式确立了"十年一察"的京察制度；其后，经过成化、弘治年间的数次变更，直到明武宗正德年间才正式订立"六年一察，察以巳、亥年"①的京察制度，并一直沿用至明末。其三，处分不同。尽管京察之后的官员处分采用与大计完全一致的"四科""八目"，但与大计有升迁、平调、降调、罢职等多种处理方式不同，京察后的官员或是留原任供职，或是降调罢黜，笔者未见过因京察而升迁的案例。其四，评价标准不同。大计有非常明确的"课吏六事"作为评价指标，京察却没有具体指标来衡量官员的为政实绩，更容易受到主观因素的干扰。

除上述几点不同之外，京察与大计在诸多方面极为相似。第一，两者的目的相同，都是以裁汰不职官僚为手段来实现有效治理，尽管这一目的在各种外力的影响下并非总能达成，但其初衷仍趋向积极。第二，从考察形式和考察主管官员两方面来看，无论京察抑或大计都是让应考官员亲赴吏部公堂，接受吏部尚书和都御史的共同考察。第三，两者的运作机制极为相似，都是用极短的时间完成考察，但却花费较长的时间来进行考察准备。第四，两者的决策机制基本相同，都是通过咨访、考语等基层信息的收集，来完成中央层面的行政决策。第五，两项制度在实际运行过程当中都遇到众多问题，而对这些业已出现的问题进行补救，也是京察和大计制度运作时的重要内容。在京察制度最终确立之前，明代的大计制度已经平稳运作了近一个世纪，因此京察的诸多细则都会从大计中吸取经验，这是导致京察与大计趋同的重要原因。以上，通过对明代京察与大计制度的对比，不仅说明了两者的异同，也扼要说明了京察和大计的基本情况。

---

① 《明史》卷 72《职官一》，第 1737 页。

　　总体来看，明代文官考核分为"考课"与"考察"并行的两套体系，而"考察"又分为"大计"与"京察"，本书的研究内容，即是明代大计与京察的制度与实践。

二　明代文官考察制度的研究轨迹

（一）政治制度史视野下的明代文官考察

　　因为文官考核制度本身的重要性，几乎所有中国古代政治制度通史类著作都会对此有所涉及，但这些著作关注面过广，也并非专论明代，于兹不一一列举。

　　在对明代政治制度进行介绍时，给明代文官考察制度较多关注的著作，于20世纪60年代逐渐出现：陶希圣、沈任远注意到各级官员的考察归属[1]，杨树藩认为明代考察制度因为任用非人而难以发挥预期效用[2]，张治安指出在嘉靖、隆庆之前文官考察制度的积极意义较大而万历之后消极性较强[3]；与此同时，美国学者贺凯分析了考察与考满制度的特殊性和重要性[4]。此一时期的研究主要以实录和《明史》为基本史料进行宏观叙事，对相关议题的展开有奠基之功，但微观层面的推敲与考订则相对缺乏。

　　20世纪90年代前后，这一议题开始受到关注：汤纲、南炳文注意到文官考核成为官员斗争的重要场合，而考察制度实则成为政治斗争的工具；[5] 关文发、颜广文揭示出明代文官考察制度相较于前朝的变化及其影响[6]；张德信指出吏部与内阁对官员选控权力的此消彼长[7]；杜婉言、方

① 陶希圣、沈任远：《明清政治制度》，台湾商务印书馆，1967。
② 杨树藩：《中国文官制度史》，台湾黎明文化事业公司，1982。
③ 张治安：《明代政治制度研究》，台湾联经出版事业股份有限公司，1992。
④ Charles O. Hucker, *The Traditional Chinese State in Ming Times* (*1368 ~ 1644*) (Tucson: The University of Arizona Press, 1961).
⑤ 汤纲、南炳文：《明史》，上海人民出版社，1985。
⑥ 关文发、颜广文：《明代政治制度研究》，中国社会科学出版社，1995。
⑦ 张德信：《明朝典制》，吉林文史出版社，1996。

志远介绍了吏部文选、考功二司官员在考察时的职能行使情况①；王兴亚探讨了明代官员管理制度设计与实际运行中的偏差②。法国学者让·德·米里拜尔的相关著作③及《剑桥中国明代史》④的问世，使我们了解到西方世界对明代文官政治研究的进展。这十余年来的著作与之前相比，对考察制度的研究在深度与广度上都有所拓展，已经开始关注对文官考察制度效用的评价及其在政治生活中发挥的作用。

进入 21 世纪后，对明代政治制度的研究日益成熟。张显清、林金树分析了考课间隔的成因及地方官考察的组成情况⑤，方志远指出明代制度运行诸环节呈现出"以下制上、上下相制，以小制大，小大相维"的状况⑥，郭培贵对明代考察标准和处分细则给予关注，指出地方官员考察归属随抚、按制度的形成而有所改变⑦；日本学者和田正广对考察制度的订立过程、考察标准的建立和大计奏辩的相关情况也有所考订⑧。近二十年对明代文官考察制度的研究相较之前更进一步，对制度形成与运转都已经有所涉猎。

总的来看，过往研究政治制度史的学者对明代文官考察制度给予过关注并已取得成果，但通常仅将其视为明代政治制度的组成部分之一而未突出其特殊性，这导致迄今为止尚无一部专著专门研讨明代文官考察制度，仅能在单篇论文中散见前贤时彦对此问题的关注。

（二）对明代文官考察制度的具体探索

20 世纪八九十年代，对明代地方文官考察的研究即已起步。高寿仙对明代官员考核的标准和内容进行的研讨，是目前所见最早，同时也是较

---

① 杜婉言、方志远：《中国政治制度通史·明代卷》，人民出版社，1996。
② 王兴亚：《明代行政管理制度》，中州古籍出版社，1999。
③ 〔法〕让·德·米里拜尔：《明代地方官吏及文官制度——关于陕西和西安府的研究》，郭太初等译，陕西人民出版社，1994。
④ Twitchett and Frederick W. Mote, *The Cambridge History of China*, *The Ming Dynasty* (*1368 ~ 1644*) (Cambridge University Press, 1998).
⑤ 张显清、林金树：《明代政治史》，广西师范大学出版社，2003。
⑥ 方志远：《明代国家权力结构及运行机制》，科学出版社，2008。
⑦ 郭培贵：《明史选举志考论》，中华书局，2006。
⑧ 〔日〕和田正广『明清官僚制の研究』、汲古書院、2002。

为翔实的文官考察制度研究成果之一①，王松安注意到考察时的诬枉问题及明政府的应对方式②。暴鸿昌、陈连营、周承业等人对明代官员考察制度的形成背景、历史地位和借鉴意义进行了探讨，并一致给出了较为积极的评价。这一时期柳海松曾连续发表三篇文章，探讨了明代官吏考课制度的发展演变的历史进程和时代特点③。

21世纪后，对朝觐考察的研究并未出现明显的进展。梁尔铭探讨了考察制度的施行对考满制度的冲击情况，但这更多是明代考核体系的内部调节④；郭培贵指出了考课制度对荫叙制度的作用较为积极⑤；宋长琨指出考课制度的缺憾导致年资成为官员的衡量尺度⑥；陈永福认为"癸巳大计"引发此后东林党人与内阁的长期对立⑦；刘志坚从法律史的视角辨析了官吏考课制度中争议较大的若干问题，同时关注到明代官吏考核思想⑧。总的来看，这些研究都是在关注其他政治史、制度史或法律史的议题时将视线散落到明代文官考察制度上而进行的，而非以大计制度本身为研究重心。相较大计而言，对明代京察的专门研究屈指可数。⑨柳海松扼要介绍了京官考课制度的建立过程⑩，何桂风在其基础上

---

① 高寿仙：《明代官员考核制度述评论》，硕士学位论文，北京大学，1989。
② 王松安：《明初官吏考核制度述论》，《许昌学院学报》1986年第4期，第31～35页。
③ 柳海松：《明代官吏考课制度的建立与演变》，《社会科学辑刊》1990年第2期，第77～82页；柳海松：《论明代的朝觐制度》，《社会科学战线》1994年第4期，第147～151页；柳海松：《论明代官吏考课制度的特点》，《社会科学辑刊》1994年第5期，第103～106页。
④ 梁尔铭：《明代巡按御史监察职权研究》，硕士学位论文，华南师范大学，2005。
⑤ 郭培贵：《明代文官荫叙制度考论》，《历史研究》2005年第2期，第42～58页。
⑥ 宋长琨：《明代官员政治地位升迁中的年资因素——以徽州进士为中心的考察》，《东北师大学报》（哲学社会科学版）2008年第5期，第64～70页。
⑦ 陈永福：《从"癸巳大计"看明末东林党与内阁之对立》，《浙江大学学报》（人文社会科学版）2010年第6期，第89～96页。
⑧ 刘志坚：《关于明代官吏考核制度的几个问题》，《兰州大学学报》（社会科学版）1992年第1期，第68～73页。刘志坚、刘杰：《试论明代官吏考察制度》，《西北师大学报》（社会科学版）2001年第3期，第99～104页。刘志坚、刘杰：《明代统治者的官吏考核思想研究》，《组织人事学研究》2001年第2期，第22～24页。
⑨ 这一现象的出现有其历史和政治原因。从历史角度而言，自西周开始的官员考核，强调的主要是地方官而非中央官；从政治角度而言，中央官位居近密，可随时奖黜，亦无太大必要以间隔数年的定期考察形式来进行全面整顿。
⑩ 柳海松：《论明代的京官考课制度》，《辽宁大学学报》（哲学社会科学版）2001年第1期，第37～40页。

有所补充①，郑克晟、孙卫国指出明代后期京察已成为打击政敌的手段②。

近几年，对明代文官考察制度的研究略有升温，一批相关高质量著作问世。黄阿明《明初文官考核制度建立新论》指出明代文官考核制度经过了长期实践，以及考核的依据、内容、标准和等第从无到有的经过③；《制外之例：明代免觐考察制度》关注到免朝觐现象在明中期逐渐增多，指出该情况降低了朝觐考察的效用④；《万历三十八年"郑继芳私书"与辛亥党争》认为"郑继芳私书"事件为明末党争借助京察来打击、排挤异己党派势力提供了有力例证⑤。柏桦《明代的考语与访单》认为考语、访单都是在脱离实证考察的基础上生成的，也难免产生各种弊端⑥。王宏庆《明代考察"八法"考论》指出考察"八法"反映了政治运行对行政资质的要求⑦。黄友灏、黄澈《明万历朝京察申辩禁令下士大夫鸣冤的新方式——以〈万历辛亥京察记事始末〉的成书历史为例》关注到明代官员在京察申辩的禁令下表达个人诉求的手段⑧。以上研究，对本书完成最后修订启发颇深。

综合前述内容来看，目前学界对明代文官考察制度的研究论著，其关注点集中于以下三个方面。其一，对《大明会典》等考察制度条文进行深入释读，例如探讨考察制度的建立过程、主要内容和重要特点；其二，对考察制度的利弊予以评价，比如探讨考察制度的作用、价值及失效原因；其三，以考察制度为出发点来探讨诸如阁部冲突、明末党争等较为宏观的政治问题。

尽管这些研究有利于从宏观层面了解文官考察制度的演进脉络和重要特征，甚至几乎将明代文官考察制度（尤其是大计制度）的意义和作用阐释到题无剩意的地步，但制度史的研究显然不会局限于关注制度本身的

---

① 何桂凤：《明代京察研究》，硕士学位论文，西北师范大学，2012。
② 郑克晟、孙卫国：《丙辰京察与嘉靖后期党争》，载王春瑜主编《明史论丛》，中国社会科学出版社，1997，第120～140页。
③ 黄阿明：《明初文官考核制度建立新论》，《社会科学》2019年第7期，第127～143页。
④ 黄阿明：《制外之例：明代免觐考察制度》，《史林》2021年第4期，第29～42页。
⑤ 黄阿明：《万历三十八年"郑继芳私书"与辛亥党争》，《社会科学》2021年第5期，第154～168页。
⑥ 柏桦：《明代的考语与访单》，《西南大学学报》（社会科学版）2017年第3期，第144～151页。
⑦ 王宏庆：《明代考察"八法"考论》，博士学位论文，吉林大学，2019。
⑧ 黄友灏、黄澈：《明万历朝京察申辩禁令下士大夫鸣冤的新方式——以〈万历辛亥京察记事始末〉的成书历史为例》，《学术研究》2020年第11期，第128～133页。

发展、演变、消亡的过程，也不会止步于评价一项制度的利弊与意义，同样需要关注在制度运作中"人"的因素，亦即我们所看到的那些毫无生气的制度条文和处置结果背后的实际的人为操作，例如制度确立的过程经过了统治阶层内部的何种角力，对中央机构官员和地方各地守令的罢黜决定是如何做出的，官员是严守国家规制还是在法律条文的边缘游走抑或利用法律来牟取个人私利，当朝政治生态和官场文化对参与制度运行的官员行为有何影响。这些问题同样构成了政治制度史研究的重要内容。为此，笔者将聚焦于前人较少关注的决策机制和运作过程，探寻明代文官考察制度的运行实况。

三　材料、思路与基本框架

因为本研究的重心集中于明代大计与京察的制度规定与运行实况，故而全书的材料选用和研究思路都与传统制度史研究稍有出入。

就材料选用而言，笔者主要从明代文官考察制度运行时的第一手材料，尤其是当时官员专为考察所写的奏疏出发，通过对有关奏议成批量地编年、点校、研读和考辨来还原明代考察制度的运行情况。同时，将社会生活史、思想史等领域研究中广泛采用的诗歌、序文等偏向文学性质的作品引入制度史研究，尽可能运用较新的史料进行研撰，而并非偏重官方典制类史料的梳理。此外，通过对中国基本古籍库的充分运用，尽可能多地搜寻有关资料；通过对大量信息的整合，充分呈现考察制度设计和运行过程中出现的问题及当时之人对这些问题的看法与对策。

就研究思路而言，笔者尽可能采取问题导入与案例研究相结合的方式，以期动态展现明代文官考察制度的运作实况。同时，广泛参考其他各学科的研究方法，首先厘清财税（如大计路费）、经济交流（如朝觐赠序）、时人观念（如京察拾遗、考语"虚""实"）、行为模式（如朝觐馈遗）等底层因素，然后再关注上层政治力量的波动，进而呈现考察制度运行过程中各阶层势力的制衡与博弈情况。通过描述明代官员士人面对考察制度的"众生相"，突出明代文官考察制度与当朝政治生态的相互影响。

本书分为上篇、下篇，分别探讨京察和大计的运行机制问题。

上篇分为三章，分别探讨了明代京察制度的设计过程及其特点，明代京察经过哪些机构、人员何种程度的参与而最终做出判定，明代京察制度的运作过程与制度设计出现了何种程度的契合与背离。

下篇三章研究了大计制度的历史渊源及其黜落依据、在制度规定之内的明代大计运行机制、大计制度的实际运行情况。

明代文官考察的决策及制度运行绝大多数都是借助文书流转来完成的，本书第二章、第五章的有关章节也都围绕相关文书进行了专题研究。为使读者明悉明代文官考察过程中所使用文书的全貌，因此在附录中按照本书的写作逻辑，添加了相关文书的少量样本，并立足有关样本进行了补充研究。从而便于读者对本书所涉内容有更为深入的了解。

以上是本书的基本框架。

上篇
中央文官京察制度及其运行机制

京察，又称"大计（京官）""内计""内察"，是明代创制的专门针对南、北两京中央机构文官的定期考察制度，其目的是根据官员履任情况来斟酌其去留。本篇分为三章，聚焦于以下三个主要议题。第一章，关注明代京察制度的设计特点，包括京察制度的建立过程、施行概况、管理机构、影响因素，以此呈现京察制度的设计过程与贯穿其中的明代国家治理思想。第二章，研究京察的判决依据，亦即每次考察对象都多达千余人的京察的黜陟决定的依据，高级京官和中低级京官的考察方式有何不同，这种不同的原因是什么。此外，还探讨了京察决策是否公正，如果公正，是得益于制度设计的优势还是官员的为公之心；如果不公正，明廷又是否采取了补救措施。第三章，聚焦于京察的运行机制。《大明会典》《皇明吏部志》《吏部职掌》等书中记载了有关京察的官方规定和施行细则，但这些冰冷的政令条文绝不可能反映出制度运行的"真相"，因为在政治运行中经常存在制度规定和行政运作由于人为因素而出现的偏差。那么，明代有关京察运行的制度设计是什么样的？京察运行过程与制度规定出现了哪些相符或背离？

第一章

因势而新与分权制衡：
明代京察制度的设计特点

作为一项在明代政治生活中具有广泛影响的制度，京察的特点主要体现在以下四个方面：一是对四品以上和五品以下文官采取不同的考察方式；二是京察时间具有不确定性，但在嘉靖三十年（1551）后确定为六年一察；三是考察对象包括南、北两京几乎所有中央机构的官员；四是京察的判决由吏部和都察院同时负责，多部门共同参与并相互制衡，最终由皇帝总揽其权。

本章分为五节，主要探讨如下四个问题。其一，京察制度是如何建立的，其建立过程是一帆风顺还是备经波折？其二，在整个明朝究竟举行了多少次京察，京察的举行是否有固定时间？其三，京察的主管机构各发挥了哪些作用，为什么吏部并非在京察中独重的衙门？其四，在吏部依法行使京察职权的同时，又有哪些因素对吏部造成干扰，这些干扰主要体现在哪些方面？在解决以上问题后，第五节结合个案综合分析以上问题，意在阐明京察制度的某些具体细则是如何经由各方博弈从草创到最终定型的。

第一节　京察制度的建立过程

《明史·职官志》载："京官六年，以巳、亥之岁，四品以上自陈以取上裁，五品以下分别致仕、降、调、闲住、为民者有差，具册奏请，谓之京察。"[1] 概述了京察举行时间及考察方式，即每逢巳、亥年便进行考

---

① 《明史》卷71《选举三》，第1723页。

察；四品及以上官采用官员自陈、皇上裁决的考察方式；五品及以下官员，由吏部与都察院会同所属部门长官共同考察。但《明史》的记载明显忽视了以下问题：京官"六年一察"的制度起源于何时？"察以巳、亥年"是否从太祖定制之时便一直执行？因此，有必要首先对明代京察制度的建立过程予以探讨。

一 "京官考察，旧无常期"

《大明会典》载："国家定制……其京官考察，旧无常期。……正统元年奏准：两京各衙门属官首领官，从本衙门堂上官考察。如有不才及老疾者，吏部验实、具奏定夺。天顺八年奏准，每十年一次举行。"① 粗看起来，明代京察始于正统元年（1436），定制于天顺八年（1464）。但至正统元年，明朝早已建立六十余载，若此论属实，是否意味着明朝前期近七十年的时间里从未对京官进行过考察？

诚然，在明代中前期，京官考察重要性并不突出。明初官员在太祖高压政策下必须保持高度警惕，稍有不慎便可能招致严惩，因此大多会遵循朝廷法纪勤勉履职；而成祖时期北征蒙古、南下西洋，在繁密的行政运行中，缺乏行政能力的官员也难以滥竽充数，因此不太需要类似明代中后期那种制度化、周期化的常规考察。此外，明朝中前期的士人较少对当朝政治进行议论。② 在较为沉默的政论语境下，欲了解明初京察的情况更为困难。但通过已有文献，仍能发现明初文官考察状况和决策机制的某些端倪。

正德年间孙懋称："臣仰惟祖宗以来，考察京官，始则间一举行，其后十年一举，又其后六年一举。所以疏数不同者，非有张弛于间也；盖世道日降，士习渐浇，法亦缘之而益密耳。"③ 指出京察在"十年一举"前的施行梗概是"间一举行"，而且自"祖宗以来"便已有对京官考察的记录。那么，孙懋所言属实否？

① （明）申时行等：《大明会典》卷13《京官考察》，第223b页。

② 根据商传教授研究：明太祖立国后大兴文禁，妄议朝政者多半被处死；至成祖时期，以解缙之死为标志，士人政论热情日渐消退。参商传《元末明初的学风》，《明史研究论丛》（第七辑），紫禁城出版社，2007，第1~24页。

③ （明）孙懋：《孙毅庵奏议》卷下《公纠劾以严考察疏》，《景印文渊阁四库全书》第429册，第344b页。

据笔者所见，自明朝建立起，至天顺八年（1464）定"十年一举"的京察之制止，明廷有过六次带有京察性质的举动。其一，永乐四年（1406）正月，考察北京及天下文武官员；① 其二，宣德四年（1429）二月，派南京都察院左副都御史邵玘（1375～1430）对南京官员进行考察；② 其三，正统元年（1436）五月，英宗应言官奏请，考察两京官员；③ 其四，正统六年（1441）上谕，"在内六部、都察院等衙门，其属若有贪、酷、不才及庸懦、无能、老、疾不堪任事者，并从各堂上官及各府正官具实奏送，赴京，吏部验实，如例致仕、罢黜"；④ 其五，正统十四年（1449）敕谕，"官吏果年老、有疾及阘茸鄙猥、不堪任事者，在京听吏部考察"；⑤ 其六，景泰三年（1452）八月下诏，"南、北两京各属官，从公考察以闻"。⑥

---

① 《明太宗实录》卷50，永乐四年正月甲午条，第745页。

② 邵玘此次考察，涉及明代京察制度史上的一个重要考辨。按徐学聚记：宣德三年（1428）十二月，"敕南京刑部侍郎段民考察（南）京官"。在吏部有过任职经历的郑晓，其记载与徐学聚相同［（明）徐学聚：《国朝典汇》卷38《吏部五·京官考察》，《四库全书存目丛书》史部第265册（按：《国朝典汇》卷1～32载于《四库全书存目丛书》史部第264册，卷33～120载第265册，卷121～200载第266册），齐鲁书社，1997，第165a页；（明）郑晓撰《今言》卷2，中华书局，1984，第77页］。此外，项笃寿、张萱、过庭训、雷礼等熟悉明代掌故与典制的官员、史家亦皆记段民曾奉敕考察南京官事。然而，在《明宣宗实录》中却无法找到段民奉敕考察的谕令；在《明宣宗实录》对段民进行盖棺定论时，也仅称其在宣德二年之前曾"借御史考察郡县官"（《明宣宗实录》卷108，宣德九年二月丁丑条，第2438页），只字不提其奉敕考察南京官之事。因此，段民究竟是否考察过南京官，存疑。相反，《明宣宗实录》宣德四年二月壬寅条记："南京都察院左副都御史邵玘奏：'奉敕考察，得御史沈善、刘妩、王懋等三人皆贪淫无耻……亦宜黜降。'上命行在吏部悉从玘言，如例降黜。"（《明宣宗实录》卷51，宣德四年二月壬寅条，第1233页）因为北京的谕令从发布到传达至南京、南京官遵旨考察并上报考察结果皆需时日，如果当时的南京有邵玘正在考察官员，一般不可能再专门派人另行考察。因此，笔者认为：宣德三年的南京考察，很可能是段民接到谕令后在邵玘的领导下开始工作。

③ 正统元年五月，监察御史李铬等上疏言事，曰："今年在京官员多有政事无闻、声誉不佳、年老残疾、尸位素餐者，甚至奔竞希求进用者。除堂上官及近侍官取自上裁黜陟，其余乞考试能否，奏闻黜陟。"（《明英宗实录》卷17，正统元年五月丁亥条，第339页）明英宗命廷臣会议此奏请后定制："凡京官考察，两京各衙门属官、首领官，从本衙门堂上官考察。如有不才及老疾者，吏部验实，具奏定夺。"［（明）宋启明：《皇明吏部志》卷23《计典》，台湾"中研院"傅斯年图书馆藏明泰昌元年（1620）刻本，第4叶］本年考察结果，见《明英宗实录》卷17，正统元年五月壬辰条，第343页。

④ 《明英宗实录》卷85，正统六年十一月甲午条，第1690页。

⑤ 《明英宗实录》卷179，正统十四年六月乙巳条，第3469页。

⑥ 《明英宗实录》卷220，景泰三年九月丁酉条，第4756页；本次京察的结果，见《明英宗实录》卷222，景泰三年十月辛卯条，第4798页。

以上是天顺八年之前明廷京官考察之梗概。以此观之，在明朝建立的前一百年间，京察确如孙懋所论那般"间一举行"。

通过整理相关资料，还可以发现如下两点重要信息。一是明初京察时间的间隔长度：最短三年一举行，即正统十四年（1449）至景泰三年（1452）；最长二十三年一举行，即永乐四年（1406）至宣德四年（1429）。二是考察的对象，永乐四年、正统十四年，仅考察北京官；① 宣德三年，仅考察南京官；正统元年、景泰三年，南、北两京官皆考；正统六年仅见考察敕谕而未见考察结果，无从确定本次京察的详细情况。此外，结合主管官员和罢黜结果来看，过往六次京察中针对的几乎全是各部属员而没有针对阁部大臣。总的来看，在天顺八年（1464）确定"十年一察"的京察规制之前，明朝并未形成其后那种周期化的针对南、北两京各级京官的考察制度。

二　"十年一考"的反复期

由于明政府对京察时间一直缺乏明确规定，该制度的施行在很长一段时间内具有随意性。有鉴于此，吏部在天顺八年（1464）七月上奏，希望京察"每十年一次举行。不拘见任、带俸、丁忧、公差、养病、省祭等项，俱公同本衙门堂上官考察"，并获得批准。② 这是目前可知的关于十年一察的最早记载，亦即《万历会典》有关记载的渊薮。但该规定针对的官员群体十分有限，该月"都察院臣奏：'奉旨考察五品以下官，窃惟御史之职所以振扬风纪、纠察百僚、断决狱讼、伸理冤枉，必须操履端慎、通晓刑名方可胜任。欲将本院御史先行考察，若有操履不谨、贪、酷、庸懦等项及刑名欠通、文移不晓者，送吏部照例定夺'"③。由此可

---

① 正统十四年京察后："吏部奏：'今奉诏书考察，得郎中卫昭等三十一员，俱年老有疾。'上命冠带致仕。"从上奏主体和黜退官员不难看出，本次京察范围仅限于北京。见《明英宗实录》卷 180，正统十四年七月丁亥条，第 3482 页。

② （明）申时行等：《大明会典》卷 13《京官考察》，第 223b 页。另（明）王逢年《南京吏部志》卷 7《考功司职掌（附计典）》载："洪武二十九年，始定在京五品以下官六年一次，吏部会都察院并各该衙门掌印官及堂上官考察（下附小字：此考察之始，《诸司职掌》亦未载）。"然遍查洪武二十九年《实录》，并未发现相关记载。考此处所记"洪武二十九年"，应为天顺八年之误，见（明）王逢年《南京吏部志》卷 7《考功司职掌（附计典）》，国家图书馆缩微文献中心藏明天启二年（1622）刻本，第 331 叶。

③ 《明宪宗实录》卷 7，天顺八年七月己巳条，第 168～169 页。

知，天顺八年（1464）所定之京察规定针对的考察对象仅是五品以下的中低级官员。而且规定十年考察一次，但明代又有九年考满的有关规定，这导致不少官员未到考察之期便已改任他职，故此规定也并不完善。但不可否认的是，此规定甫一执行便力度甚大：该年九月吏部奏黜"老、疾官，工部员外郎张旭等二十二员，令致仕；罢软、庸懦官，光禄寺署正宋璇等二员，持身欠谨、贪酒怠政，户部郎中卞荣等七员，俱冠带闲住"①。

成化四年（1468）并非考察之期。但因九月间出现了彗星，于是六科给事中魏元（1423～1478）等以"天象示警"为由，乞将天下官员"内从吏部、都察院，外从巡抚、巡按从公考察。其两京大臣许令自陈休致，其有怀禄固宠及考核不公者，许科道劾奏；其廉能公勤屈在下僚者，许大臣荐举"。② 宪宗对此迅速做出肯定性批复。该规定首次提出由吏部会同都察院进行京察，增强了都察院在明代京察中的重点话语权。从洪武十六年（1383）之规定及其之后的具体实施情况来看，都察院在成化四年（1468）前的近九十年时间内，仅有考察所属监察御史之权力，但自此时起在京察活动中取得和吏部形式上的平等地位。③ 京察由吏部和都察院共同进行，能够有效增强京察结果的客观性和公正性。同时京察自陈的概念亦在成化四年被首次提出，虽然该年自陈针对的官员范围仅是"两京文职堂上官，曾经科道纠劾及年老不堪任事、才德不称职者"④，但从其后的京察实施情况来看，各主管部门堂上官通常在京察开始之前便各自上疏自陈乞休，在得到皇帝"不允"乞休的命令后，才开始主管考察；其他各部门四品以上文官，亦皆于京察之时上疏自陈不职，是故成化四年之诏令在京察自陈制度建立过程中具有里程碑式的意义。

---

① 《明宪宗实录》卷9，天顺八年九月乙亥条，第199页。
② （明）吏部辑《吏部四司条例》之《考功条例》，《天一阁藏明代政书珍本丛刊》第7册，明抄本，线装书局，2010，第229页；另参《明宪宗实录》卷58，成化四年九月己巳条，第1180～1181页。
③ 吏部和都察院的这种平等，更多体现在"形式上"：都察院虽然也是皇帝钦定的京察主管部门，但在实际考察过程中主要配合吏部行事，并不像吏部那样参与考察各环节；而且自嘉靖后期开始，都察院在京察中多承吏部风指。但都察院长官在堂审时与吏部尚书、侍郎共坐堂上的做法一直延续到明末，有关都察院和吏部在京察决策和运行时的互动情况，详见后文。
④ （明）高拱：《高文襄公集》卷31《本语》，第417b～418a页。

　　成化十三年（1477）亦非法定考察之年。但该年七月太常寺丞吴时亮的"非例"自陈却使得原定"十年一举"的京察再度提前举行。① 该次京察进行得比较迅速，当月就公布了部分考察结果，但吏科都给事中赵侃（？~1481）等人认为这次京察颇为不公，因此上奏纠劾：

　　　　近诸大臣自陈休致，上特许刑部尚书董方等一二人，余皆存留。然其中尚有公论未惬、人情未厌者。如户部尚书薛远总理京储，施设过于宽纵；兵部左侍郎滕昭佐理邦政，操守失于鲠介；周骙居光禄柔懦而才力不及，杨宣居鸿胪粗浅而清誉无闻，大理寺丞刘瀚进秩不恤清议，南京工部右侍郎程万里为人惟务奔竞。乞俯从群议，仍令各官自陈，使之休致，别选贤能以补官使。②

　　宪宗批准了赵侃的建议，于是"命（薛）远、（滕）昭、（杨）宣、（程）万里致仕，调（周）骙为辽东苑马寺卿，（刘）瀚为福建延平府同知"③。可见言官在京察后对处分未尽者进行补充纠劾（即后之所谓"拾遗"）的做法虽于彼时无明文规定，但已经开始在政治运行中发挥作用。同时吏部"通举五品以下官为请"，也将本不属吏部管辖的部分五品以下堂上官，如仪礼司、行人司正官等，纳入吏部和都察院的考察范围。④

　　从《孝宗实录》的记载来看，十年一次的京察在弘治元年（1488）得到了施行，⑤ 该年的京察由南京河南道御史吴泰题请，吏部尚书王恕主持。⑥ 但当时的朝臣群体之中，显然已有人注意到了十年一次的京察间隔未

---

① 《明宪宗实录》卷168，成化十三年七月壬申条，第3037页。"诏两京堂上官五品以下者从吏部依例会官考核。时太常寺丞吴道亮以自陈休致，上恶其僭。吏部因通举诸司五品以下官为请，遂有此令。"

② 《明宪宗实录》卷168，成化十三年七月丙戌条，第3048~3049页。

③ 《明宪宗实录》卷168，成化十三年七月丙戌条，第3049页；另，可参（明）宋启明《皇明吏部志》卷23《计典》第8叶。

④ （明）申时行等：《大明会典》卷13《京官考察》，第224a页。"成化十三年议准：在京各衙门五品以下堂上官、吏部会官一体考察。"

⑤ 《明孝宗实录》卷12，弘治元年三月壬辰条，第290页；另参（明）王逢年《南京吏部志》卷7《考功司职掌》，第331叶。

⑥ （明）王恕：《王端毅奏议》卷8《严考察以励庶官奏状》，《景印文渊阁四库全书》第427册，第599b页。

免过长：假设一个官员以进士出身，即便是平流进取、坐至公卿而后致仕，也不会经历京察超过三次。弘治九年（1496）二月，吏部郎中黄宝（1456～1523）上疏言事时提到："考察以纠不职，谓在外诸司官员三载一考，已有定例。惟在京官员考察之法不行，致贤否无别。遇缺须循资迁转，虽知匪才，无由可黜。今纵不能尽如外官之例，亦须拟六年或九年一考察，庶人知砥砺而职业修举"①。弘治皇帝"命所司知之"。吏部、都察院官员直到两个月后才对这一奏请做出反应，然遭罢黜、降调者亦仅数人而已。② 值得注意的是，这是在官方记载中首次出现京官"六年一考"的提法。弘治十年二月，十年一次的京察如期举行，并斥退、降调多人。③

弘治十四年，南京吏部尚书林瀚（1434～1519）疏称："在外司、府以下官俱三年一次考察，两京及在外武职官亦五年一考选。惟两京五品以下官十年始一考察，法太阔略。"④ 吏部对林瀚所上奏疏进行覆议，并奏请孝宗行"京官六年一考"之令，孝宗"从之"，但在行政运作中却并未按此办理。弘治十六年（1503）便是弘治十年京察后的第六年，但并未进行京察，因此弘治十七年（1504）五月吏科给事中许天锡（？～1558）上奏，仍要求对"两京五品以下官通行考察，以后每六年一次，永为定例"。孝宗命吏部"看详以闻"。"吏部覆议，谓两京五品以下官名位未崇、责任亦薄，宜仍照旧例十年一次考察。"⑤ 虽然经过多次建议和变动，但是从天顺八年（1464）到弘治十七年（1504）的四十年间，明廷关于京察的规定仍然坚持十年一察。

三　"六年一察，着为令"

弘治十七年（1504）六月，也即许天锡上疏请行六年考察被吏部否决的一个月后，许天锡再次奏请六年考察一次，并乞行两京科道官会同访

---

① 《明孝宗实录》卷109，弘治九年二月丙辰条，第1996页。
② 《明孝宗实录》卷111，弘治九年闰三月壬申条，第2026页。
③ 《明孝宗实录》卷122，弘治十年二月辛卯条，第2186～2187页；另参（明）宋启明《皇明吏部志》卷23《计典》，第15叶。
④ 《明孝宗实录》卷177，弘治十四年闰七月癸未条，第3244页；另参（明）王逢年《南京吏部志》卷7《考功司职掌》，第333叶。
⑤ 《明孝宗实录》卷212，弘治十七年五月辛卯条，第3957页。

察。吏部覆奏：

> 言官纠劾百官不职，系是旧制。后来法网稍疏，止论列两京堂上大臣而不及庶官。所以言官建议，欲考察两京五品以下官，遂著为十年一次之例。近累会议，欲五六年一次，俱奉旨照旧。今科道又所奏，如是乞赐裁处。①

或是经不住廷臣的反复建议，孝宗最后决定京官考察"仍令两京吏部各会同都察院并各衙门堂上官从公考察，今后每六年一次，著为令"②。然而仅在孝宗将六年一次京察"著为令"的五年后，明武宗便不顾孝宗遗命，提前进行了京察。正德四年（1509）三月吏部奏请考察京官，且言："自弘治十七年考察后，迄今虽未六年，但今庶政维新，百官贤否不一。若非严加考察，则贤否混淆、劝惩失当。"武宗随即批示："进退人才，朝廷重事。两京吏部会同都察院并各堂上官从公考察。务协众论。堂上官四品以上令自陈，翰林院官令本院官考察，钦天监、太医院皆免之。"③《明武宗实录》的编纂者认为此次"非时而有京察之举"是时任吏部侍郎张綵（1454~1510）朋比刘瑾的结果，沈德符亦赞同此观点。④但"自是巳、亥两年考察，遂为定例"，终明之世再未改变。⑤此后每当出现皇帝因怠政而不按时举行京察时，臣工便会向皇帝诉说京察乃两百余年之大典，⑥虽然此言

---

① 《明孝宗实录》卷213，弘治十七年六月乙亥条，第4002~4003页。
② 《明孝宗实录》卷213，弘治十七年六月乙亥条，第4002~4003页。
③ 《明武宗实录》卷48，正德四年三月乙酉条，第1092页。另参（明）王逢年《南京吏部志》卷7《考功司职掌》，第333叶。
④ 明人载："正德四年乙巳，吏部尚书刘宇、侍郎张綵等又请考察，时距弘治考察时止五年，盖逆瑾意也。"见（明）沈德符《万历野获编》卷11《京官考察》，中华书局，1997，第300页。
⑤ （明）沈德符：《万历野获编》卷11《京官考察》，第300页。
⑥ 李云鹄《议处京察留用诸臣疏》称："我朝六年一计内吏，以考察付之部院，以纠拾付之台省，相沿二百余年。"见（明）朱吾弼等《皇明留台奏议》卷5，《四库全书存目丛书》史部第74册，第580b页。又"国家有大典，如京官六年考察、外官三年考察、乡会试三年一举，此皆祖宗设立成规，二百余年遵行不废"。见（明）叶向高《纶扉奏草》卷12《催发考察日期揭》，《四库禁毁书丛刊》史部第37册（按：卷1至卷9为史部第36册，卷10至30则为史部第37册），北京出版社，1997，第62a页。

夸张、不实，但对皇帝却有较强的震慑力。

通过对明代京察制度建立过程的梳理，可以发现这一制度从草创到定型经过了明代百余年的艰辛探索，在之前的各个朝代确实没有发现像明代这样完备的京官考察制度，因此认为京察制度是明代的制度创新并无不妥之处。

第二节　明代京察的举行时间

万历后期首辅叶向高（1559～1627）称："国家设考察之典……每六年一举，中外臣民翘首拭目以观大典。"① 然而在明朝建立后的很长一段时期里，即便是在弘治、正德之际定下"六年一察"的制度后，让臣民翘首以待的京察大典也没有确定的举行时间。直到嘉靖三十年（1551）才最终定制："例该考察年，着（京察）以二月内举行。将堂上五品及所属五品以下，见任、住俸、公差、丁忧、养病、侍亲、给假及行查未报，并六年内升任、未经考察等项官员，备开脚色……先送本部查收，约会考察。"② 但此时距明朝开国已有 180 余年。那么，在嘉靖三十年之前，京察于何时进行？在嘉靖定制之后，京察是否都固定于二月内举行？

将明代历次京察的举行时间整理成表（见表 1-1），可以看出在嘉靖三十年确定京察举行时间之前，京察大多根据朝政运行的实际需要而举行，因此在全年超过一半的月份（正、二、三、四、七、八、九、十、十一月）中都能找到有关京察的记载。而在嘉靖定制之后，直到万历十三年（1585）年重修之《大明会典》付梓之时，除了因新帝登基和因天变举行京察之外，穆宗、神宗一直严格按照世宗遗命，于二月内进行京

---

① （明）叶向高：《纶扉奏草》卷 1《再催考察疏》，第 524b 页。

② （明）宋启明：《皇明吏部志》卷 23《计典》，第 37 叶。方以智记："迩来下司初见上司，犹递手本。上开出身履历，曰'脚色'是也。"许讚记："夫官员脚色，一生之历阅、出身之阶资也。"以上引文，见（明）方以智《通雅》卷 26《事制》，《景印文渊阁四库全书》第 857 册，第 526a 页；（明）许讚：《许文简公奏疏》卷 1《正国典明选法以便遵守疏》，《续修四库全书》第 1657 册，第 59a 页。

察。至于京察举行的具体日期，即"堂审"① 之日，通常不会晚于二月初二。叶向高称："臣历查从来（京官）考察，并未有过二月初二者。"② 万历时吏部尚书孙丕扬（1531～1614）也说："臣等查得（京官）考察日期，旧规定于二月初二日。"③ 但在实际行政过程中却并不总是按此行事，有时候也会稍微提早或推迟，例如万历帝便两度将京察时间推迟到三月。从整体上看，明代京察除了年份自正德四年（1509）开始严格限定在巳、亥两年外，举行的月份仍不固定，自嘉靖三十年起大体维持在二月前后。那么，京察举行月份受到哪些因素的影响？

表 1-1　明代历次京察时间表

年份（公元、干支纪年）	北京	南京	史料来源	备注
永乐四年(1406,丙戌)	正月	不详	《国朝典汇》吏部五《京官考察》	制度草创,特命考察
宣德四年(1429,己酉)	不详	二月	《明宣宗实录》卷51,宣德四年二月壬寅条	制度草创,特命考察
正统六年(1441,辛酉)	十一月	不详	《明英宗实录》卷85,正统六年十一月甲午条	制度初创,大赦考察
正统十四年(1449,己巳)	七月	不详	《明英宗实录》卷180,正统十四年七月丁亥条	天灾考察
景泰三年(1452,壬申)	八月	不详	《明英宗实录》卷222,景泰三年十月辛卯条	特命考察
天顺八年(1464,甲申)	九月		《明宪宗实录》卷9,天顺八年九月乙亥条	制度变革,特命考察
天顺九年(1465,乙酉)		五月	《明宪宗实录》卷17,成化元年五月庚申条	制度变革,特命考察
成化四年(1468,戊子)	十月		《明宪宗实录》卷58,成化四年九月己巳条	制度变革,定十年一察
成化五年(1469,己丑)		正月	《明宪宗实录》卷62,成化五年正月丁卯条	制度变革,定十年一察

① 京察时，对五品以下的官员采用"堂审"方式来考察。堂审通常只有一日，即张璁所谓："兹当京官六年考察，吏部会都察院一日唱名而已。"（明）张璁：《东瓯张文忠公奏对稿》卷4《自陈乞休》，《四库全书存目丛书补编》第76册，齐鲁书社，2001，第269a页。但京察的过程较为繁杂，详见第三章第一节。
② （明）叶向高：《纶扉奏草》卷12《催发考察日期揭》，第56a页。
③ （明）孙丕扬：《催请考察日期疏》，《续修四库全书》第435册，第227b页。

续表

年份（公元、干支纪年）	北京	南京	史料来源	备注
成化十三年（1477，丁酉）	七月		《明宪宗实录》卷168，成化十三年七月丙子条	十年一察（提前举行）
		十月	《明宪宗实录》卷171，成化十三年十月丁酉条	
弘治元年（1488，戊申）	三月	不详	《明孝宗实录》卷12，弘治元年三月壬辰条	十年一察
弘治九年（1496，丙辰）	闰三月	不详	《明孝宗实录》卷111，弘治九年闰三月壬申条	"奉例"考察
弘治十年（1497，丁巳）	二月		《明孝宗实录》卷122，弘治十年二月辛戌寅条	十年一察
		四月	《明孝宗实录》卷124，弘治十年四月庚辰条	
弘治十七年（1504，甲子）	八月		《明孝宗实录》卷215，弘治十七年八月辛酉条	制度变革，定六年一察
		十月	《明孝宗实录》卷217，弘治十七年十月己卯条	
正德四年（1509，己巳）	三月		《明武宗实录》卷48，正德四年三月辛酉条	制度变革，定于巳、亥年考察
		四月	《明武宗实录》卷48，正德四年四月丙戌条	
正德十年（1515，乙亥）	四月		《明武宗实录》卷123，正德十年四月甲午条	六年一察
		五月	《明武宗实录》卷125，正德十年五月己亥条	
正德十六年（1521，辛巳）	七月	七月	《明世宗实录》卷4，正德十六年七月己未条	世宗即位，行考察
嘉靖六年（1527，丁亥）	三月		《明世宗实录》卷74，嘉靖六年三月甲午条	六年一察
		四月	《明世宗实录》卷75，嘉靖六年四月乙亥条	
嘉靖十二年（1533，癸巳）	三月		《明世宗实录》卷148，嘉靖十二年三月壬戌条	六年一察
		五月	《明世宗实录》卷150，嘉靖十二年五月己酉条	
嘉靖十八年（1539，己亥）	八月		《明世宗实录》卷228，嘉靖十八年八月癸巳条	六年一察
		十月	《明世宗实录》卷230，嘉靖十八年八月癸巳条	

年份（公元、干支纪年）	北京	南京	史料来源	备注
嘉靖二十四年（1545，乙巳）	三月		《明世宗实录》卷297，嘉靖二十四年三月辛未条	六年一察
		五月	《明世宗实录》卷299，嘉靖二十四年四月戊午条	
嘉靖三十年（1551，辛亥）	二月		《明世宗实录》卷370，嘉靖三十年二月癸酉条	六年一察，确定此后于二月考察
		三月	《明世宗实录》卷371，嘉靖三十年三月丙午条	
嘉靖三十六年（1557，丁巳）	二月		《明世宗实录》卷444，嘉靖三十六年二月己亥条	六年一察
		三月	《明世宗实录》卷445，嘉靖三十六年三月庚午条	
嘉靖四十年（1561，辛酉）	五月		《明世宗实录》卷496，嘉靖四十年五月壬午条	非京察年，奉例考察
		六月	《明世宗实录》卷498，嘉靖四十年六月戊寅条	
嘉靖四十二年（1563，癸亥）	二月		《明世宗实录》卷518，嘉靖四十二年二月乙亥条	六年一察
		三月	《明世宗实录》卷519，嘉靖四十二年三月乙巳条	
隆庆元年（1567，丁卯）	正月		《明穆宗实录》卷3，隆庆元年正月乙亥条	穆宗即位，行考察
		三月	《明穆宗实录》卷6，隆庆元年三月丙辰条	
隆庆三年（1569，己巳）	二月		《明穆宗实录》卷29，隆庆三年二月乙酉条	六年一察
		二月	《明穆宗实录》卷29，隆庆三年二月甲辰条	
隆庆六年（1572，壬申）	七月		《明神宗实录》卷3，隆庆六年七月庚寅条	神宗即位，行考察
		八月	《明神宗实录》卷4，隆庆六年八月戊辰条	
万历三年（1575，乙亥）	二月		《明神宗实录》卷35，万历三年二月壬午条	六年一察
		二月	《明神宗实录》卷35，万历三年二月丙申条	

续表

年份（公元、干支纪年）	北京	南京	史料来源	备注
万历九年（1581，辛巳）	二月		《明神宗实录》卷109，万历九年二月乙未条	六年一察
		二月	《明神宗实录》卷109，万历九年二月己酉条	
万历十五年（1587，丁亥）	二月		《明神宗实录》卷183，万历十五年二月乙丑条	六年一察
		二月	《明神宗实录》卷183，万历十五年二月庚午条	
万历二十一年（1593，癸巳）	二月		《明神宗实录》卷257，万历二十一年二月丙戌条	六年一察
		三月	《明神宗实录》卷258，万历二十一年三月丙辰条	
万历二十七年（1599，己亥）	二月		《明神宗实录》卷331，万历二十七年二月丙辰条	六年一察
		二月	《明神宗实录》卷331，万历二十七年二月丁丑条	
万历三十三年（1605，乙巳）	正月		《明神宗实录》卷405，万历三十三年正月癸卯条	六年一察
		二月	《明神宗实录》卷406，万历三十三年二月乙丑条	
万历三十九年（1611，辛亥）	三月		见本书第三章第二节有关研究	六年一察
		二月	见本书第三章第二节有关研究	
万历四十五年（1617，丁巳）	三月		《明神宗实录》卷555，万历四十五年三月辛卯条	六年一察
		三月	《明神宗实录》卷554，万历四十五年二月戊寅条	
天启三年（1623，癸亥）	二月		《明熹宗实录》卷31，天启三年二月癸亥条	六年一察
		二月	《明熹宗实录》卷31，天启三年二月己卯条	
崇祯二年（1629，己巳）	二月	二月	《国榷》崇祯二年二月辛丑、辛亥条	六年一察
崇祯八年（1635，乙亥）	正月	正月	《国榷》崇祯八年正月戊寅条	六年一察

资料来源：笔者自绘。

其一，制度的变更。结合前表不难看出，每逢制度变更之时京察举行的时间便异于平常。如天顺八年（1464）七月，宪宗皇帝在吏部的建议下将京察定为十年举行一次，并于当年九月举行京察；又如弘治十七年（1504）六月，孝宗在吏部累次会议和科道屡屡上奏之后，将京察确定为六年一次，并于当年八月举行京察；正德四年（1509）三月明武宗将京察定为于巳、亥两年举行之后，当月便举行了京察。①

其二，新帝的登基。从世宗开始，每逢新帝登基便会额外举行京察。正德十六年（1521）本是京察之年，但因该年二月武宗驾崩，本该举行的京察也因之暂缓。四月，世宗从承天府奔赴北京后，立即在杨廷和（1459～1529）的干预下颁布即位诏书，② 其中一条便是："两京五府见任掌印、金书、管军、管事公、侯、伯、都督及都指挥，六部等衙门见任文职四品以上官并各处巡抚官俱听自陈去留，取自上裁……文职五品以下，两京吏部照例会官考察。"③ 可见世宗皇帝及当时阁臣都认为按期举行京察是新任皇帝应首先处理的几件大事之一。穆宗即位时同样延续这一做法，在登基诏书之中发布京察指令。④ 神宗即位后一如其父所为，同样指令"俱如隆庆元年（1567）例"⑤，进行京察。

其三，天象的异动。借天变而谏诤是古代文官的传统做法，而肃清官员队伍亦是言官进谏时出现频率较高的话题，明代也不例外。如成化四年（1468）九月本非京察之年，然因"彗星昏见西南方"，六科给事中们便将其解释为天象示警，并且表露出"与其不言而得罪于宗社，不若力言而得罪于陛下"⑥ 的大义凛然，上疏论及多事，其中便包括对京官的考察。而宪宗也欣然接受，于是该年十月便举行了京察。又如弘治十七年

---

① （明）申时行等：《大明会典》卷13；《明孝宗实录》卷213；《明武宗实录》卷48。
② 关于杨廷和对世宗即位之时政治的干预，可参田澍《大礼议与杨廷和阁权的畸变——明代阁权个案研究之一》，《西北师大学报》（社会科学版）2000年第1期，第88～94页。
③ 《明世宗实录》卷1，正德十六年四月壬寅条，第13页。
④ 《明穆宗实录》卷1，嘉靖四十五年十二月壬子条，第17页。
⑤ 《明神宗实录》卷2，隆庆六年六月庚辰条，第61页。
⑥ 《明宪宗实录》卷58，成化四年九月己巳条，第1176页。

（1504）五月，因为出现了流星，吏科给事中许天锡便将此次与之前众多的天象异动联系起来，并且不无夸张地向孝宗上疏："自古灾变未有若今日之多，天鸣、地震、水患、火灾、昆虫、草木之妖，风霾星雹之异，甚至昼晦八日而晨夜不分，赤地千里而跨都接境。"① 并以此要求孝宗进行京察制度的变更，孝宗随即发布了京察指令。

其四，皇帝个人意愿。如前所述，虽自世宗起，新帝多会在即位诏书中颁布京察诏令，但熹宗即位之年未查到相关京察记录；虽然官员因天变而疏请京察的奏议时常会被采纳，但亦有例外，所以皇帝的决定才是影响京察最关键的因素。以万历帝为例，虽然其在位的前二十余年，京察仍严格按照穆宗、世宗成规于二月举行，但是随着其在位后期的怠政，京察举行便非常随意，偶尔会在正月举行（如万历三十三年），有时甚至推迟到三月举行（如万历三十九年）。

南、北两京在京察时存在一定的时间差。从之前所列的表格来看，南京京察时间除极个别年份外，一般较北京为晚。叶向高在奏请考察日期的奏疏中说："部院待此旨而后可以自陈行事，南京待此旨而后可以一体考察。"②《南京都察院志》亦载："凡南京官员六年考察，候吏部咨到，南京吏部、都察院照例会官考察。"③ 可见南京京察的时间较北京为晚，其原因在于需待北京吏部发下京察咨文后再操办京察相关事宜。

南京距北京路途遥远，信息传达需要较长时间。以万历三十九年（1611）时任南京提督操江右佥都御史丁宾（1543～1633）的自陈为例，丁宾于该年三月十八日具奏自陈，直至四月初七日才得到皇帝的批复，此间共费时二十日。④ 前文已述，在接到京察指令后，京察主管官员需首先上疏自陈，在被皇帝留用后才能主持京察。北京发至南京的京察咨文需耗时二十日左右，南京主察官员的自陈亦需耗时二十日左右方

① 《明孝宗实录》卷212，弘治十七年五月辛卯条，第3955页。
② （明）叶向高：《纶扉奏草》卷12《请考察日期并兵部军政揭》，第54a页。
③ （明）施沛：《南京都察院志》卷8《堂上职掌》，《四库全书存目丛书补编》第73册，第203b页。
④ （明）丁宾：《丁清惠公遗集》卷2《再沥自陈疏》，《四库禁毁书丛刊》集部第44册，第56a页。"万历三十九年三月十八日具奏，四月初七日奉圣旨：吏部知道。"

能到达京师，再加上皇帝发给南京主察官员的留用批复从北京发往南京亦需二十日左右，故共计费时约六十日。这便是之前图表中所出现的南京较北京京察时间晚两个月的原因所在。但为何自嘉靖三十年定二月京察之制后，两京京察时间便几乎同步？这是因为在此之后，南京官每逢京察之年，便可提前做好自陈乞休的准备工作，这样便节省了大约四十日的时间。

通过本节研究，可以发现在嘉靖之前的百余年里，明代举行京察的具体时间因制度设计的不完善而具有随机性；但在嘉靖定制之后，明代京察基本在二月前后举行。南京因距离北京路途较远导致公文流转颇费时日，因此在嘉靖定制之前，南京的京察举行时间一般较北京晚两月左右；在嘉靖定制之后，则基本上与北京保持同步。自此，明代京察有了固定的时间间隔和举行时间。

第三节　明代京察的主管机构

学界对于明代京察主管机构吏部、都察院的研究并不鲜见，[1] 然而部、院长官及属员在京察时行使职权的具体情况仍有待深入研究。吏部作为"赞天子之黜陟"的机构，都察院作为"协襄计典"的衙门，

---

[1]　张荣林《明洪武朝之吏部职掌》（《大陆杂志》1979 年第 59 卷第 3 期，第 111～119 页）通过不同版本吏部典制的比较考订了洪武朝的吏部职掌；潘星辉《明代文官铨选制度研究》（北京大学出版社，2005）通过对铨选制度的研究揭示了吏部文选司的主要职能及其权力行使情况；日本学者阪仓笃秀『明王朝中央统治机构の研究』（汲古書院，2000）对明代吏部的建置与职权运行情况进行了考论，同时探讨了吏部及吏部尚书在政治生活中的作用及影响。都察院在考察时更侧重于对吏部权力行使情况进行监督。美国学者 Charles O. Hucker, *The Censorial System of Ming Dynasty*（Stanford：Stanford University Press，1966），对明代监察体系的建立、监察制度的运作及宣德和天启年间监察机制运行的情况进行了详细探讨。杜晓田《明代都察院运行机制考略》［《河南师范大学学报》（哲学社会科学版）2011 年第 3 期，第 154～156 页］对都察院与六科和吏部的关系与互动情况给予了关注。隶属于都察院系统的巡抚、巡按并非明代法定的官员考察管理者，但在明代抚、按制度成型后，他们也力图利用自身权力对地方官员考察施加影响。董倩《巡按御史与明代地方政治》（《青海社会科学》2000 年第 1 期，第 83～87 页）认为"重内轻外"的思想和外地官员权力分散、巡按部分掌控地方官员的考核造成了巡按权力的急速上升。梁尔铭《论明代巡按御史的考察职权》［《历史教学》（高校版）2007 年第 8 期，第 16～20 页］关注了巡按御史行使的考察地方官员的考察职权的前后变化和考察职权行使情况。

二者如何在考察中既各自发挥作用又互相协同？吏科作为对口监察吏部的衙门，又如何监督吏部在京察时的权力行使？

一 吏部对京察的管控

早在洪武十三年（1380）"析中书省之政归六部"之前，① 明太祖即已对吏部职掌做出明确规定："吏部掌天下官吏选法、封勋、考课之政，其属有三……考功部，掌考核。"② 可见吏部早在明初便已经开始承担考核官吏的职能；而在明太祖废除中书省并提高六部地位后，吏部职权进一步扩大，至洪武二十九年（1396）八月，改六部下属机构之名为清吏司后，吏部正式具有了文选、考功、验封、稽勋四个清吏司，③ 考功司"掌官吏考课、黜陟之事"④，成为负责文官考察的首要部门。因此本节首先对吏部堂官和考功司官员的考察职能予以探究。

（一）吏部尚书与侍郎的考察职能

吏部尚书虽然与其他五部尚书品级相同，"然五官之得人与否，亦必由之，故其责任尤重"⑤；每逢京察，吏部尚书都以"天子之相"的身份管理考察，各部尚书皆须折节于冢宰，遑论各部属员。

吏部尚书的考察职能集中表现在如下五个方面。其一，在考察准备阶段，开具历年考察事例报皇帝御批，以便本次考察时施行。尽管考察方式、处分例则等考察制度的核心内容会长期保持稳定，但在制度运行时往往会因皇帝意愿出现一些不涉及原则问题的微调；因此吏部尚书在考察前有必要详细罗列过往调整情况，并根据皇帝的批复来决定当次考察是按照既定职掌行事，抑或是参照改定的原则而有所变通。⑥ 其二，在每次考察前，吏部尚书应向皇帝题请考察日期。虽然自正德年间开始，京察固定为

① 《明史》卷72《职官一》，第1729页。
② 《明太祖实录》卷74，洪武五年六月癸巳条，第1360～1361页。
③ 潘星辉：《明代文官铨选制度研究》，北京大学出版社，2005，第13页。
④ 《明史》卷72《职官一》，第1737页。
⑤ （明）罗钦顺：《整庵存稿》卷1《吏部题名记》，《景印文渊阁四库全书》第1261册，第15b页。
⑥ 如王国光（1512～1594）在万历九年（1581）京察前的上疏，即属此类，见（明）王国光《司铨奏草》卷1《议考察京官疏》，国家图书馆缩微文献中心藏万历十年（1582）刻本，第53b～58a叶。

六年一行，但具体的考察日期都是在京察前数日由吏部尚书向皇帝题请。如万历三十三年，吏部奏请"其考察日期，或于二月初二日，或于正月二十八日"；在奏疏上呈后，"奉圣旨：京察着于本月二十八日行"①。其三，在正式考察前，通常由吏部尚书组织吏部侍郎、管察都御史及考功司郎中进行会审，以初步决定官员去留，避免在正式考察过堂时产生纠葛。其四，在正式考察当日，接受被考察官员的行礼并主持堂审，对应考官员的去留做出决定。如吏部尚书王国光在主持京察时，"下至管库卑琐之官，无不手自注拟"②。其五，确定当届考察处分的宽、严准则和处分侧重，并在堂审结束后呈报皇帝知悉。③ 其六，在考察结束后，虽然言官有拾遗之责，但吏部尚书也有权对拾遗结果予以支持或反驳。如万历二十一年（1593）京察之后，言官纠弹虞淳熙、袁黄、杨于廷三人；经过吏部对拾遗结果的复核，最终按照吏部尚书孙鑨（1525～1594）的意见"谪（袁）黄，留（虞）淳熙、（杨）于廷"④。以上诸项，是吏部尚书在京察时履行职能的一般情况。

吏部侍郎作为少宰，"主赞太宰，总率邦治，进退人才"⑤，在考察时主要以冢宰助手的身份协助尚书做好上述工作；此外，其相较尚书而言的特有职权主要有以下两项。其一，在吏部尚书暂缺时，吏部侍郎可代理尚书，例如万历三十三年（1605）缺吏部尚书，即由时任吏部左侍郎杨时乔（1531～1609）代理尚书管察。其二，一旦京察引起异议，吏部尚书作为主管官员不便出面排解，吏部侍郎必须代尚书执言以维持吏部体统。如隆庆元年（1567），"京察竣，给事中胡应嘉（？～1570）有所申救。岳（吏部侍郎吴岳）诣内阁抗声曰：'科臣敢留考察罢黜官，有故事乎？'

---

① （明）温纯：《温恭毅集》卷6《京察自陈疏》，《景印文渊阁四库全书》第1288册，第545b页。

② （明）王国光：《司铨奏草》卷首《王篆序》，第2a叶。

③ 尽管考察有固定的"四科、八目"，但每届京察或大计的宽、严并无固定标准。例如黜退人数可多可少；在惩治不职官员时，可以重德亦可以重刑，这全由吏部尚书把控；吏部尚书一般会在考察奏疏中向皇帝解释执行制度时的宽严及导向的原因。

④ 《明史》卷224《孙鑨》，第5894页。

⑤ （明）陈有年：《陈恭介公文集》卷4《辞吏部侍郎疏》，《续修四库全书》第1352册，第698b页。

应嘉遂得谴"①。

由于吏部尚书及侍郎的考察职权并无明确分工，因此吏部侍郎在考察时其职权的行使在很大程度上取决于尚书是否强势，以及与尚书的私交。如叶向高（1559～1627）在万历三十三年（1605）京察时任南京吏部右侍郎，后回忆当年管察经历称："（余）北归至淮，欲道浙入里。而曾公（同亨）使人邀余于维扬，谓：'目前有计事，子佐留铨，不抵任，何以自陈？'余乃赴留都。时计事已定，余无所关涉。曾公间以问，余唯唯而已。"② 尽管南京吏部尚书曾同亨（1533～1607）特地将侍郎叶向高请来一同管察，而叶向高却难有作为，可见在尚书较为强势时，侍郎的境遇便颇显尴尬。但也有尚书在京察时格外倚重侍郎的情况出现。如隆庆初年，"大计群吏，时上新即位，锐然更化图理，公（殷士儋）以职佐太宰而日直讲幄，不颛坐曹治事。太宰杨襄毅公（博）召问郡国上计吏，行其殿最。公以故事出牍，所廉刺治迹，纤悉具备，杨公多所倚决"③。可见在与尚书私交融洽时，侍郎亦可对考察结果产生较大影响。因此涉及吏部侍郎考察职权轻重的界定时，尤其应当关注其与冢宰的私人关系。此外，吏部虽有左、右侍郎，但其中一位通常由词臣升任，而非熟知部内掌故者，一般情况下不会对京察制度的决策和运行有较大影响。④

以上，笔者分别探讨了吏部尚书和左、右侍郎考察职权的具体情况，⑤同时扼要阐释了尚书与侍郎的工作互动情况。总的来看，吏部尚书与侍郎

① 《明史》卷201《吴岳》，第5321页。

② （明）叶向高：《蘧编》卷2，《北京图书馆藏珍本年谱丛刊》第53册，北京图书馆出版社，1999，第536页。

③ （明）于慎行：《谷城山馆文集》卷28《明故光禄大夫少保兼太子太保礼部尚书武英殿大学士赠太保谥文庄棠川殷公行状》，《四库全书存目丛书》集部第148册，第79b页。

④ 曾任内阁首辅的叶向高在论及词臣出身的侍郎参与政务情况时说："（吏部侍郎萧云举、礼部翁正春）皆系词臣，不任他事。"可见词臣出身的吏部侍郎对考察的参与很可能相对较少。见（明）叶向高《纶扉奏草》卷11《请补大僚揭》，第38a页。

⑤ 上文虽然分别讨论了吏部尚书及左、右侍郎的考察职权，但吏部左、右侍郎在考察时是否仍因官职不同而有分工差异？据《明史》载："吏部两侍郎，必有一由于翰林。"一般而言，由翰林迁转至吏部的侍郎，处理吏部事务的熟练程度一般比不上吏部内逐级迁转而任侍郎者，所以在考察这类十分具体的行政事务时发挥的效用也相对有限。因此，哪位侍郎在考察时的职权更大取决于其是否为翰林出身，是否有较强的政务处理能力。见《明史》卷73《职官二》，第1787页。

的考察职能主要集中在宏观层面的管控，而具体工作则由考功司郎中主导进行。

（二）吏部考功司的考察职掌

虽然考功司在吏部四司内的排名在末位，① 但其实际地位却仅次于部内首司文选司，其主要职能是"掌官吏考课、黜陟之事，以赞尚书"②。明人对考功司作用异常重视，万历时吏部尚书陈有年（1531～1598）在为考功司撰写的题名记中，将其地位推重到"天下得之则明，失之则幽；得之则理，失之则乱"③ 的程度。那么，考功司官员的作用是否果真如陈有年所说的那般重要？试以数例析之。

嘉靖二十四年（1545），薛应旂（1500～1575）为南京考功司郎中，时当京察，"大学士严嵩尝为给事中王烨所劾，嘱尚宝丞诸杰贻书应旂，令黜烨"④。严嵩（1480～1567）作为权倾朝野的内阁辅臣想要黜退王烨以泄私愤，并不直接联系吏部尚书、侍郎，而是嘱托考功司郎中，考功郎的重要性不难想见。⑤ 万历四十五年（1617）京察时，"吏科都给事中徐绍吉、掌河南道御史韩浚，欲斥行人刘宗周。（考功郎赵）士谔独言：'昔令会稽时，尝至宗周家，亲见其清操绝人，不当挂吏议。'由是宗周得免黜"⑥。在主持基层会考的三臣发生意见分歧时，仅考功郎一人坚持便可反驳科道二臣的意见，其话语权之大可以想见。而考功司，同样是郎中的一言堂，如天启时考功司主事范凤翼（1575～1655）即称："吏部职

---

① 如《万历会典》记载吏部职掌时，按照文选、验封、稽勋、考功的顺序依次排开；《明史·职官志》载："吏部其属，文选、验封、稽勋、考功四清吏司。"可见明、清时人对吏部四司排名的看法。见（明）申时行等《大明会典》卷首《目录》，第27a页；《明史》卷72《职官一》，第1734页。
② 《明史》卷72《职官一》，第1737页。
③ （明）陈有年：《陈恭介公文集》卷7《吏部考功司题名记》，《续修四库全书》第1353册，第3a页。
④ 《明史》卷231《薛敷教》，第6046页。
⑤ 据明人所记："是春大计京官，（严）嵩令所私尚宝丞诸杰贻书（薛）应旂，使黜（王）烨。应旂持（诸）杰使，白尚书张润，欲以奏闻。（张）润止之，释其（诸杰）使。"见（明）徐学聚《国朝典汇》卷38《吏部五·京官考察》，第168b页。
⑥ （清）李铭皖等：《（同治）苏州府志》卷105《人物·赵士谔》，《中国地方志集成（江苏府县志辑）》第9册，江苏古籍出版社，1991，第674b页。

掌，例皆正郎为政；臣备员主事，员外缄嘿画诺称尽职矣，而臣不敢也。"①
此语明显突出了考功司内三臣的地位悬殊的情况。② 最为明显的案例莫过
于嘉靖后期南直隶崇安县令吴承煮（嘉靖三十二年进士），"比迁考功（主
事），当计吏，有崇安令道吾邑，自以交承分，挟宝玩求谒"③，吴氏从县
令升任考功司内最低级且无甚实权的主事一职，其后的崇安县令便借此为由
以宝玩相攀附，这无疑从侧面反映出考功司衙门的体统之高。通过以上四个
案例，笔者分别探讨了考功郎与上级官员、平行机构、司内属员和外部官员
的互动情形。不难看出，陈有年对于考功司地位的推崇绝没有夸大。

　　考功郎仅为正五品官员，却能够在考察活动中获得与其品级明显不符
的崇高礼遇。这是否是因为其他官员出于对吏部尚书的敬畏而对考功郎高
看一眼？万历二十一年（1593）北京考察时，因"台省有异"而议论纷
纭，然"本（吏）部堂上官，则以事在该（考功）司，不代为之认
罪"④，而同年的掌管南京京察的右都御史陈有年在论及当时南京考功郎
钱士完（万历八年进士）的表现时亦称："当事难，当任怨之事尤难……
诸臣所见，（钱）士完任怨矣。"⑤ 从上述案例不难看出：吏部尚书认为
京察由考功司具体负其责，故不良后果也应由考功司官员一肩承担；都察
院长官认为考功郎才是京察这一"任怨之事"的实际负责人。可见在通

---

① （明）范凤翼：《范勋卿诗文集》卷1《自陈小疏》，《四库禁毁书丛刊》集部第112册，
　　第298a页。
② 尽管范凤翼以其亲身经历得出"吏部各司皆由正郎为政"的结论，但有时也存在特例。
　　如万历二十一年（1593）时任考功司员外郎顾宪成（1550～1612）疏称："惟兹内计之
　　典，始而咨询，继而商确，臣等皆与焉。"可见考功司员外郎亦是全程参与京察的重要
　　官员。刘元珍（1571～1622）亦认为该年京察，"赵南星为政，尽黜要人子弟及其姻娅
　　之失职者，先生（顾宪成）实左右之"。进一步印证考功司员外郎也可以成为影响京察
　　的重要因素。以上引文，见（明）高攀龙撰，陈龙正编《高子遗书》卷11《南京光禄
　　寺少卿泾阳顾先生行状》，《景印文渊阁四库全书》第1292册，第676b页；（明）刘元
　　珍撰《顾泾阳先生传》，见（清）邹钟泉《道南渊源录》卷5，《四库未收书辑刊》第
　　九辑第7册，北京出版社，2000，第345b页。范凤翼和顾宪成有完全不同的境遇，在
　　很大程度上是因为考功司员外郎和主事在考察时所能享有的权利取决于其本人与考功郎
　　的感情亲疏。
③ （明）徐师曾：《湖上集》卷13《吴封君传》，《续修四库全书》第1351册，第212b页。
④ （明）王锡爵：《王文肃公文集》卷40《分解吏部事情疏》，《四库禁毁书丛刊》集部第
　　8册，第150a页。
⑤ （明）陈有年：《陈恭介公文集》卷4《南院救吏部司官疏》，第700b页。

常情况下，考功郎在考察活动中并非仅仅以吏部尚书代理人的形象出现，其本身已拥有较大权力。

考功郎作为卑官，为何会有如此重权？笔者认为主要有两点原因。其一，考功郎本身官位虽低，但"考功之法"却由皇帝颁行，并且对所有官员都有约束力，因此绝大多数官员并非畏惧考功郎个人，而是敬畏考功郎所行使的职权；其二，考功郎以五品之官承考察重务，很难像吏部尚书抑或都御史等高官那样权宜行事，只得严守朝廷规制，将"考功之法"得以落实。一方面法律威严，另一方面考功郎又力促威严之法落到实处，两者合力之下，考功郎的地位自然凸显，这是考功郎作为低级官员却能"以小制大"的关键所在。

既然考功郎在京察中的地位如此重要，那么司内官员与其行政领导吏部尚书的关系又如何协调？明嘉靖二十二年（1543）前后许讚（1473～1548）担任吏部尚书时编纂有《吏部考功司题稿》（以下简称《题稿》）一本，从中可以看出二者分工的大体情况。《题稿》序言称："篇内朱点，疑其（许讚）手迹；有涂处，是（考功）司中定稿呈堂，而堂官改定者也。"① 其中详细记载了对南京右通政伦以谅（正德十五年进士）自陈疏的处理情况：

> 看得南京通政司右参议伦以谅自陈乞罢黜以弥灾变一节。为照本官自陈迟缓，似难辞责；但其升职未久，年力尚强，及称在途患病，情有可原。况系南京堂上五品官员，去留出自朝廷，有非臣下所敢定拟，伏乞圣裁。②

此题稿为吏部在嘉靖二十一年（1542）正月所上。题稿中"为照本官自陈迟缓，似难辞责；但其升职未久，年力尚强，及称在途患病，情有可原"一段，是考功司内初拟的处理意见；而"去留出自朝廷，有非臣下所敢定拟"则是吏部尚书的最终题请。可见考功郎与尚书在考察时的

---

① （明）吏部考功司：《吏部考功司题稿》卷首，（台北）伟文图书出版有限公司，1977，第1页。

② （明）吏部考功司：《吏部考功司题稿》不分卷《覆南京通政司右参议伦以谅自陈疏》，第79页。

分工。考功司首先拟定初步意见，而后交由吏部尚书审批。若吏部尚书与考功司官员存在分歧，则由吏部尚书进行改定；若无分歧，则考功司官员的意见会以吏部尚书的名义体现在进呈皇帝的奏本中。

通过以上阐释，可发现考功司在京察之时的重要性毫不逊色于吏部尚书。过往制度史研究偏重于尚书层面的宏观调控而绝少关注到司一级的职权行使；有鉴于此，笔者将在之后的研撰中尤其注意司级官员作为考察实际责任人对制度运作的管控。①

二　都察院对京察的襄理

在成周之制中，冢宰分为"太宰""小宰"，明廷沿用西周的设官理念："太宰所掌虽仍天官，而小宰所司则属都察院。"② 将冢宰之职分别赋予吏部和都察院两个衙门。但为何要让地位实有高低差别的"太宰""小宰"在考察中享有名义上的对等地位？明人孙居相（1560～1634）对此洞若观火，其称："吏部权势所归，奸弊易丛；必吏部不专其黜陟，而后台省得申其议论。祖宗立法，其意良深。"③ 可见明朝将天官职权分赋部、院，意在收权力制衡之效。丁宾（1543～?）的判断更为深刻，其称："铨序流品则权寄之吏部，纠弹奸邪则权寄之都察院。惟二官并建、两权不兼，然后威福乃还于人主。"④ 可见部、院互相牵制实际上是加强皇帝集权的重要手段。那么在考察活动中，都察院是否真能实现牵制吏部的预期目的？

（一）都察院堂上官的考察职权

万历时内阁首辅叶向高称"部院一体，协襄计典，不可偏废"⑤，可

---

① 虽然考功司是吏部四司中直接负责考察的衙门，但由于考察涉及的官员范围较广且考察耗时较长，因此吏部其他三司（文选司、验封司、稽勋司）也会在考察时对考功司予以支持。例如在考功司缺人时，文选、验封司往往会给予必要的人力支援；而在考功司处理完考察相应事宜后，势必出现众多职缺需要官员补任，文选司亦会马上接手相关工作。但除考功司外的其他三司职掌并非本文讨论重点，因此不过多展开。

② （明）汪舜民：《静轩先生文集》卷6《送按察使西轩陈先生朝京诗序》，《续修四库全书》第1331册，第57b页。

③ （明）孙居相：《两台疏草》疏草《劾铨宰背旨擅权疏》，国家图书馆缩微文献中心藏明万历四十年（1612）刻本，第259a～b叶。

④ （明）李邦华：《文水李忠肃先生集》卷1《纠劾冢宰迫逐总宪疏》，《四库禁毁书丛刊》集部第81册，第38a页。

⑤ （明）叶向高：《纶扉奏草》卷12《催发许都御史辞疏揭》，第63a页。

见在其眼中，部、院地位并不对等，都察院仅是以吏部考察协理的形象示人。但御史王以宁（1567～?）的观点却与其截然不同："吏部卿贰主计而无都御史以参之，如有左手而无右手，即权臣之心必觉偏枯而不自安。"① 认为都察院绝非处于协襄计典的从属地位，而是同吏部如左、右手一般对等。二者的观点究竟孰是孰非？

早在洪武初年，都察院即已享有会同吏部在大计中考察地方官的权力；② 至成化四年（1468），都察院又开始与吏部一同考察京官。③ 至少在明朝中前期的很长一段时间里，部、院协作都呈现出一种比较融洽的状态，直到嘉靖二十三年（1544）大计时，许讚为吏部尚书，"有一二巧宦窃虚称，（许）拟欲黜之，都院不从。讚指而言曰：'今为公等留此人，异日害人误国，陷善类，虽悔无及'"④。虽然不同意都御史对部分官员的处分意见，仍将相应官员留用以示对都御史的尊重，但自嘉靖后期开始，都御史在考察中的地位呈现出每况愈下的态势。⑤ 隆庆元年（1567）吏科都给事中胡应嘉（?～1570）称："京官五品以下之去留，付之吏部、都察院……但近日之都御史，自周延以后，率皆风纪不振。虽云会同吏部考察，不过唯唯听命，去留罔赞一词，黜陟惟其（吏部尚书）所欲而已。"⑥ 不难看出在隆庆之前的一段时间内，都御史在京察中的话语权已开始衰落。至万历十五年（1587），"复当大计，都御史辛自修欲大有所澄汰，（吏部尚书杨）巍徇政府指持之。出身进士者，贬黜仅三十三人，而翰林、吏部、

① （明）王以宁：《西台疏草》卷1《再请点总宪疏》，《四库禁毁书丛刊》史部第69册，第151a页。
② （明）申时行等：《大明会典》卷13《朝觐考察》，第219b页。
③ （明）申时行等：《大明会典》卷13《京官考察》，第223b页。
④ （明）过庭训：《本朝京省人物考》卷90《许讚》，《续修四库全书》第535册，第501b页。
⑤ 笔者认为：这种情况的出现很可能同嘉靖三十五年（1556）的非例考察有关。孙居相疏称："查得京官六年考察，皆是吏部、都察院同行，盖欲参酌众论而务得其当也。惟是嘉靖丙辰春，大学士李本管理部事，考察科道系奉旨专行，与都察院无与。"当年嘉靖帝另行闰察且仅委大学士兼吏部尚书李本一人管察，使得这种部、院并尊的情况出现变化。相关引文，见孙居相《两台疏草》疏草《为都察院争职掌疏》，第34a叶。当年京察详情，可参郑克晟、孙卫国《丙辰京察与嘉靖后期的党争》，载王春瑜《明史论丛》，中国社会科学出版社，1997，第120～140页。
⑥ （明）顾尔行辑《皇明两朝疏抄》卷8《考察不公有妨新政以杜私恩疏》，《四库全书存目丛书》史部第74册，第160b页。

给事、御史无一焉。贤否混淆，群情失望"①，可见面对来自吏部尚书的阻力，都御史即便欲持正也觉力短。万历二十三年（1595）前后任职吏部文选司的唐伯元（1540～1598）更声称："部、院一体，有部而后有院。院承部、部统院。院者，赞部者也……夫惟部重而后院重。"② 将吏部的强势表露无遗。至万历后期，连左副都御史许弘纲（1554～1638）也忍不住慨叹："京官六年考察，吏部主之，吏科、河南道佐之，而臣院以与闻末议介于其间。"③ 可见到明朝后期，都察院长官虽然每逢京察仍与吏部尚书共坐堂上，但这仅仅只能维持形式上的平等，其难以享有较大的话语权。

（二）河南道对考察的协理

明代都察院下设十三道，"各协管两京、直隶衙门；而都察院衙门分属河南道，独专诸内外考察"④。正如考功司负责京察事务的初步决策和基本运行一样，都察院所应协理的考察事务亦由河南道负责，堂上官并不会过多涉足。因此，掌河南道御史在京察时必不可缺。如万历三十三年（1605）京察在即，但掌河南道御史缺人，首辅沈一贯（1531～1615）专门向万历帝进呈揭帖，称"都察院当有掌管河南道印信御史"⑤，每遇京察之年若缺吏部尚书，可由侍郎代行其职；都御史若缺，可由副都御史暂摄其权；但掌河南道御史作为京察基础事务的负责人之一绝不可少，且必须选资深御史以求胜任，万历中期都御史孙丕扬称："故事，掌（河南）道御史，恒用年深。"⑥ 从朝中大僚对掌河南道御史的重视及掌河南道御史选任的严格程度来看，已不难想见其考察

---

① 《明史》卷 225《杨巍》，第 5918 页。
② （明）唐伯元：《铨曹仪注》卷 4《门揖时考》，《续修四库全书》第 749 册，第 30b 页。
③ （明）许弘纲：《京察大典疏》，《续修四库全书》第 435 册，第 224a 页。
④ 《明史》卷 73《职官二》，第 1769 页。
⑤ （明）沈一贯：《敬事草》卷 16《推管察等官及巡按揭帖》，《续修四库全书》第 479 册，第 644a 页。
⑥ （明）孙丕扬：《都察院会题宪务疏》卷上《议差御史定规疏》，国家图书馆缩微文献中心藏明万历二十二年（1594）刻本，第 2 叶。试以一例证之。如陈必谦："戊辰（崇祯元年，1628）起废，复为南御史；以资深望重，遂掌河南道，管乙巳（1629）内计"。陈氏为万历四十一年（1613）进士，至崇祯时历官十五载仍为七品御史，不可谓不资深，因此在起复后直接任河南道掌道御史，这印证了孙丕扬所言不虚。（明）金日升：《颂天胪笔》卷 14《陈侍御（必谦）》，《续修四库全书》第 439 册，第 501a 页。

职权之重。

具体而言，掌河南道御史的京察职权主要体现在以下四方面。其一，在考察开始之前，掌河南道御史应当向皇帝上疏提出京察相关的注意事项，如明万历后期掌河南道御史汤兆京（？～1619）即称："臣查得往规，京察届期，台省例有陈言。"① 其二，京察结果一般参酌考语和咨访得出，而有关咨访的一应事务（包括发单、收单及会单等）都由掌河南道御史会同吏部考功郎及吏科都给事中完成。其三，考察过后应考官员赴都察院行谢恩礼，同样由河南道负责组织、主持。其四，考察过后的拾遗通常由河南道领衔，都御史孙丕扬即称："（京官）五品以下考察及四品以上自陈遗漏者，河南道同各道纠劾。"②

正因为掌河南道御史在京察活动中以较低品级（正七品）承担非常重要的职责，担任这一职务的官员每逢考察时都会承受巨大的心理压力。如王国（明万历五年进士）"掌河南道，管京察，备榇陈封事劾权贵"③，虽然可见其任事之勇，但这也是其以低位承重担的无奈之举。不唯如此，掌河南道御史在考察后遭到打击报复的可能性也相对较大。如马允登（1547～1591）"掌河南道，戌、亥外、内计皆与闻。然公严，毋曲庇、毋苛求，所裨益制典、人才不轻，而于大僚、贵戚有绠公论者，往往露章弹击，虽触忤贾怨，不为避也。竟以此出，副使山东，备青州兵"④；又如浦铉（1482～1541）"掌河南道事，时届京察，执法不阿，失执政意，罢去"⑤。无怪乎嘉靖时河南道御史陶麟（正德六年进士）称："我朝置南京都察院，十三道设监察御史，所为纪纲之地、耳目之官也，责莫重焉。甚矣，称之至难也。乃若河南一道，又重以甄别之寄，盖视之诸道为

① （明）汤兆京：《灵萱阁集》卷2《条陈内计事宜疏》，《四库全书存目丛书补编》第98册，第502a页。
② （明）孙丕扬：《都察院会题宪务疏》卷上《御史职掌定规》，第14b叶。
③ （清）刘于义、沈青崖：《陕西通志》卷57《人物三·廉能》，《景印文渊阁四库全书》第554册，第502a页。
④ （明）孙继皋：《宗伯集》卷9《亚中大夫湖广布政使司右参政瀛浒马公墓志铭》，《景印文渊阁四库全书》第1291册，第502a页。
⑤ （清）赵弘恩等：《江南通志》卷145《人物志·宦绩七》，《景印文渊阁四库全书》第511册，第235b页。

难矣。"① 位卑权重的窘境限制了掌河南道御史充分行使其职权，这是官员难以胜任这一职位的关键所在。②

经过以上对都御史、河南道考察职能的探讨，可以发现：尽管明廷精心设计出一套"部院相维"的权力制衡体系，防止因吏部权力过于集中而影响考察结果的公正，然而随着明朝历史演进，部、院越来越难以真正做到"相维"；自嘉靖后期开始，都察院在考察时更是完全处于从属地位。从部、院长官的层面来看，二者的分工已很明确：吏部尚书的作用在于"赞天子之黜陟"，都御史的职能在于"协襄计典"，吏部的主导地位和都察院的从属角色表露无遗。从考察实际责任人的角度来看，虽然掌河南道御史也会在考察决策中发挥重要作用，但是遇有意见分歧，仍需重点参详甚至完全服从考功郎的建议。因此，对都察院在京察时制衡吏部的作用似不可太过乐观。

三 吏科对京察的监督

六科是明代对前朝给事中制度的继承和改进，"掌侍从、规谏、补阙、拾遗、稽察六部百司之事。主德阙违、朝政得失、百官贤佞，各科或单疏专达，或公疏联署奏闻"③。由于吏科对口承担对吏部的监督，因此在考察活动中亦难以置身事外。

尽管与吏部尚书、都御史等二品大员相比，吏科都给事中仅为正七品的低级官员，但在考察时发挥的作用却不遑多让，这从制度设计的层面再次反映出明廷互相制衡的深意。吏科都给事中与吏部考功司郎中、掌河南道御史一样，主要负责对应考官员进行初步审理，其职能与以上二臣尤其是掌河南道御史有较高重复度，在众多场合皆与掌河南道御史一并出现，共同履行职权。

---

① （明）施沛：《南京都察院志》卷 36《河南道题名记（陶麟撰）》，《四库全书存目丛书补编》第 74 册（按：卷 1~25 为《四库全书存目丛书补编》第 73 册，卷 26~40 为第 74 册），第 330a~330b 页。

② 除河南道之外的其他各道御史，虽然不像河南道一样有固定的考察职权，但亦可在考察相关事务中建言献策；而都察院派出的巡抚、巡按亦会在大计中扮演极为重要的角色。御史在考察活动中发挥作用的具体情况，详见后文。

③ 《明史》卷 74《职官三》，第 1805 页。

　　与掌河南道御史例由资深者担任不同，吏科都给事中例"推年长者一人"担任。① 与掌河南道御史相同的是，吏科都给事中以低位而承重任，也时常在考察过后遭到打击报复。如万历二十一年（1593），"尚书孙鑨、考功郎中赵南星掌癸巳京察，（史）孟麟实佐之。南星以谗言斥，孟麟亦引疾归"②，作为吏科都给事中，史孟麟（1559～1623）虽是自行引疾，但唇亡齿寒之感不难想见；又如杨东明（1547～1624）"掌吏科，协孙丕扬主大计；后以劾沈思孝，思孝与相诋，贬三官为陕西布政司照磨"③，同样是因考察落职之例。被考察罢黜的官员往往偏好攻击吏科都给事中和掌河南道御史，乃因这些低级官员相较于他们的长官冢宰、台长而言更容易撼动，而且将这些官员弹劾去位，可以否定他们做出初审的合理性，以冀瓦全。

　　作为吏部的对口监察衙门，吏科难免在考察中出现与吏部意见不一的情况。但由于吏部尚书的权、位远胜吏科之长，因此科臣对官员的去留通常仅有建议权，吏部尚书则坐拥终裁权。如万历三十九年（1611）孙丕扬主察，因风闻御史金明时（万历二十三年进士）将有要挟考察的举动而直接上疏皇帝奏报此事，为此"吏科都给事中曹于汴力争，太宰不听"④。又如天启三年（1623），"大计京官，以故给事中亓诗教、赵兴邦、官应震、吴亮嗣先朝结党乱政，议黜之，吏科都给事中魏应嘉力持不可。（赵）南星著《四凶论》，卒与考功郎程正己置四人'不谨'"⑤。可见一旦出现科、部异同，通常以吏部意见为准。⑥ 尽管吏部尚书通常处于较为强势的地位，但因拾遗为吏科的法定职责，故一旦吏科

---

① （明）申时行等：《大明会典》卷213《六科》，第526a页。
② 《明史》卷231《史孟麟》，第6046页。
③ 《明史》卷241《杨东明》，第6270页。
④ （明）叶向高：《蘧编》卷4，第598页。
⑤ 《明史》卷243《赵南星》，第6298页。
⑥ 尽管笔者认为在一般情况下部臣权势远超科臣，然而万历四十五年（1617）京察时也出现过"（郑）继之与（李）鋕司其事，考功郎中赵士谔、（吏科都）给事中徐绍吉、（掌河南道）御史韩浚佐之，所去留悉出绍吉等意，继之受成而已"的情况。万历四十五年吏部尚书和都御史齐全，而京察去留却基本由吏科给事中等官员决定，其原因在于当年党争方炽而吏部尚书势微，但这仅为一时特例，并不具有广泛代表性。见（清）万斯同《明史》卷330《郑继之》，北京图书馆藏清抄本，第666a页。

都给事中认定冢宰在考察中有不法行为，便可以对其进行拾遗，吏部尚书甚至可能因此而去职。如嘉靖三十年（1551），"计竣，吏科都给事张秉壶又纠吏部尚书夏邦谟不职，（夏）得旨致仕"①。但这种情况相对为少。

　　总体而言，本节通过分述吏部及其下属考功司、都察院及其下属河南道，以及作为吏部对口监察机构——吏科的京察职权，初步探寻了三部门权力行使的基本情况及明廷权力制衡的制度设计。从图1-1不难看出，在明代京察制度运作时，吏科、吏部考功司与都察院河南道作为负责京察的基层部门三方制衡，吏部与都察院作为京察主管部门互相制约。此外，吏科对口监察吏部并直接向皇帝负责，吏部、都察院和吏科各自向皇帝负责，最后权力集中于皇帝一人。本节涉及的机构和官员在京察时更为具体的履职情况，笔者将在后文探寻考察决策与运行机制时予以更为具体的阐释。

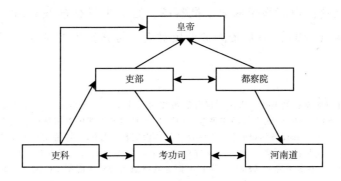

图1-1　明代京察管理机构的制衡情况

资料来源：笔者自绘。

第四节　京察运行的干预因素

　　在上节中，笔者对文官考察制度的法定管理机构（吏部、都察院）如何行使考察职权进行了分析。无论京察或大计都绝不只有部、院参与，朝内各种重要政治势力（包括皇帝、内阁、内监等）都希望对考

---

① （明）沈德符：《万历野获编》卷12《辛亥两察之争》，第304页。

察制度的运行施加影响，从而贯彻己方的人事意图。① 那么，皇帝和权臣对考察制度运作的影响主要表现在哪些方面？又通过何种手段来实现其意图？

一　皇帝对京察的调控

明太祖于洪武十三年（1380）废除丞相制度后，明朝皇帝"集立法、行政、司法、军事、监察诸大权于一身，实行极端君主专制统治"②。只要皇帝愿意，其对京察的干预可以触及制度运行的任何角落。③ 仅拣其要言之。首先，皇帝对京察的时间和进行节奏有完全掌控权。以堂审为例。虽然京察一般在二月举行，但每次京察堂审时间都需皇帝临期发布，考察结束后察疏批发的急缓也完全由皇帝决定，如万历时御史汤兆京即称："（察疏）在祖宗朝，皆朝上夕报，未有濡迟顷刻者。"④ 可见之前皇帝批发察疏之速。但若皇帝因故不批察疏，官员也只得静候宸断。如万历三十三年（1605）因皇帝无端拖延对南京考察结果的批复，当年南京

---

① 目前学界有关皇帝、内阁、宦官的研究相对充分。就皇帝而言，檀上宽《明朝专制支配の史的构造》（汲古書院，1995）主要讨论了明代专制皇权的建立过程；李渡《明代皇权政治研究》（中国社会科学出版社，2004）则着重探讨业已建立起来的皇权对明代政治、经济等各方面的影响。就内阁而言，王其榘《明代内阁制度史》（中华书局，1989）主要以时间为脉络描述明代内阁制度的演进；谭天星《明代内阁政治》（中国社会科学出版社，1996）聚焦于内阁与其他政府机构的互动；洪早清《明代阁臣群体研究》主要探讨阁臣群体的政治作为、人格特征及权力运作格局，但以上著作都未对阁臣干预考察这一问题进行研究。作为和内阁"对柄机要"的司礼监，在皇帝怠政之时往往也会对行政运行造成影响。齐畅《宫内、朝廷与边疆：社会史视野下的明代宦官研究》（中国社会科学出版社，2014 年）、吴兆丰《"有教无类"：中晚明士大夫对宦官态度的转变及其行动的意义》（博士学位论文，香港中文大学，2012）都关注到宦官对政治运行的影响及与朝臣的互动，但就宦官对考察制度的影响这一问题则关注不多。因此笔者在本节不会宏观探讨明代的皇权、内阁和宦官权力的运行情况，而是仅关注他们对京察这一具体行政行为的干预。
② 李渡：《明代皇权政治研究》，中国社会科学出版社，2004，第 1 页。
③ Charles O. Hucker 认为"明代的权力集中在皇帝身上，其程度达到以往任何主要王朝都没有达到的程度"，可见皇帝对政治的干预力度之强。Twitchett and Frederick W. Mote, *The Cambridge History of China*, *The Ming Dynasty（1368～1644）*（Cambridge：Cambridge University Press, 1998）p. 72.
④ （明）汤兆京：《灵萱阁集》卷 2《请下察典疏》，第 509b 页。

满朝文武竟至"青衣角带"，① 以"待罪之身"办事累月，以候察疏下达。其次，皇帝可以选任自己信赖的官员主管考察，以利于考察制度朝自己希望的方向运行。在京察和大计前，主管考察的官员（如吏部尚书、都御史）往往会向皇帝上疏表示自己不能胜任管理京察这一要务，并请求皇帝罢斥，皇帝便有机会顺水推舟地令其致仕。因此，留任理事的吏部尚书和都御史大部分深受皇帝信任，自当懂得如何为皇帝"分忧"。不仅如此，皇帝甚至可以委派自己宠幸的非部、院官僚协理考察事务。例如宪宗皇帝对李孜省（？~1487）青眼有加，"擢（李）礼部侍郎掌通政事，受密旨，访察百官贤否"②。前文已述，访察百官是都察院河南道及吏科在考察前的法定职责，而李孜省却以礼部侍郎的身份进行访察，显是出于皇帝的特许。最后，皇帝有权对部、院会同考察的结果予以更改。其具体表现有三。一是在考察中受到诬陷者可以寄希望于皇帝的明察以洗脱冤枉。如万历四十五年（1617）京察时，"御史韩浚等以趣福王之国，谓（孙）慎行邀功，列之拾遗疏中。帝察其（孙）无罪，获免"③。二是皇帝可以特旨留用某些自认为不当罢黜的官员。如万历三年（1575），"京察拾遗，（王）国光为南京给事、御史所劾，再疏乞罢，帝特留之"④；万历十五年（1587），"京察拾遗，南京科道论及，（舒）化遂三疏乞归，帝不许"⑤。三是皇帝可以不根据"四科""八目"的陈规而随意处置官员。如嘉靖三十年（1551）京察，"（翁万达）自陈乞终制。帝疑其避事，免归。濒行疏谢。（帝）复摘讹字为不敬，斥为民"⑥。

除了对考察时间、主管官员和考察结果进行区处，皇帝如果对当次京察结果很不满意，甚至可以在考察结束之后，立即再次举行考察，谓之

---

①　（明）沈一贯：《敬事草》卷17《四催京察本揭帖》，《续修四库全书》第480册，第14a页。当年的南京考察早在二月二十日即已结束（《明神宗实录》卷406，万历三十三年二月乙丑条，第7581页），但时任首辅沈一贯直至四月初十仍在请发察疏，可见当年察疏至少迁延两月仍未获御批。

②　（明）黄瑜：《双槐岁钞》卷9《六臣忠谠》，中华书局，1999，第185页。

③　《明史》卷243《孙慎行》，第6307页。

④　《明史》卷225《王国光》，第5913页。

⑤　《明史》卷220《舒化》，第5794页。

⑥　《明史》卷198《翁万达》，第5251页。

"闰察",① 对希望罢黜的官员予以重点打击。例如嘉靖六年（1527）圣眷正浓的大臣桂萼在京察拾遗时受到言官攻击，嘉靖帝竟在寻常京察结束后专门增加"科道互纠"这一环节，对言官群体进行打击。② 又如嘉靖三十五年（1556）掌吏部事内阁学士李本（1503~1587）题请京察，其原因在于："是时严嵩父子专政，赵文华附之，每欲锄排异己，以慑众志。（李）本承其旨授，亦借以行其私。"③ 此次闰察看似因严嵩和李本而发，但若联系到明世宗乾纲独断的一贯作风，不难推知若无世宗首肯，本次闰察也不可能发生。

通过以上论述，不难发现皇权的触角已延伸到考察制度运作的各个环节。皇帝虽然不像吏部尚书、都御史那样亲身管理考察，却可以随心所欲地对京察制度运行各环节进行干预。

二　阁臣对京察的影响

尽管明太祖朱元璋在洪武十三年（1380）废除了丞相制度，但随着内阁地位提升，自明朝中期开始阁臣已有"外相"之名；然"内阁之票拟，不得不决于内监之批红"，④ 司礼监作为皇帝近侍机构同样在明代政治生活中扮演重要角色，甚至被称为"内相"。就其本质而言，阁臣与宦官一外一内，共同承担皇帝的秘书职责，难免也会对京察制度的运行产生重要影响。

阁臣对京察运行的干预主要有如下体现。一是在考察前若辅臣（尤其是首辅）对掌察官员不甚满意，可私下奏请皇帝另委他官来主持考察。如万历十五年（1587），都御史辛自修（？~1593）欲借京察之机整肃吏治，却在考察之后被排挤去位，其原因在于"自修之进也，

---

① "闰察"特指"六年一察"的原则固定后，在非巳、亥年举行的京察，通常是皇帝根据行政过程中的实际需要而指令吏部进行的考察。王世贞认为闰察原因在于："有以主上初即位而考察者，有以灾异而考察者……则或以辅臣去位而及其党者……盖以星变欲除旧布新。"见（明）王世贞《觚不觚录》，《景印文渊阁四库全书》第1041册，第430a页。

② 相关内容，可参胡吉勋《"大礼议"与明廷人事变局》第七章《汪佃侍讲事件》，中国社会科学出版社，2007，第471~480页。

③ （明）徐学聚：《国朝典汇》卷38《吏部五·京官考察》，第169b页。

④ 《明史》卷72《职官一》，第1730页。

非执政意，故不为所容"①；又如万历三十三年（1605），首辅沈一贯（1531～1615）不希望时任吏部左侍郎杨时乔署吏部印掌管京察，因此专疏向万历帝推荐自己的亲信兵部尚书萧大亨（1531～1612）主持考察。② 二是在皇帝特许的情况下，阁臣甚至可以代替吏部尚书对个别官员进行人事处分。如隆庆元年（1567）京察时，给事中胡应嘉（？～1570）并未在吏部堂审时被黜落，但其在拾遗时公然弹劾吏部尚书杨博（1509～1574），"帝责其抵牾，下阁臣议罚"，从而被阁臣郭朴（1511～1593）等以"无人臣礼"为由发遣为民。③ 三是在京察拾遗时，阁臣可以指使亲信言官对异己者进行弹劾，如严嵩即因考功郎薛应旂未能充分贯彻其意图，而在拾遗时"令御史桂荣劾应旂挟私黜郡守，谪（应旂）建昌通判"④；又如万历二十一年（1593），"考功郎赵公侪鹤（南星）司内计，尽公不挠，尽黜当路私人，当路（王锡爵）衔而计去之"⑤，甚至连吏部尚书孙鑨都因此事而被罚俸。辅臣对于考察制度运作的影响力可见一斑。

阁臣对考察的干预尤为突出地体现在对官员去留的操控上。一是对政治对手予以打击，除了直接在拾遗时委派言官弹劾外，阁臣不仅可以利用身处近密之地的有利条件向皇帝暗进谗言，⑥ 还可以直接利用自身权势来干预吏部尚书的初审决定，⑦ 甚至可以在察疏中暗自加入少量官员

---

① 《明史》卷 220《辛自修》，第 5800 页。

② （明）沈一贯：《敬事草》卷 17《考察主笔揭帖》，第 2a 页。但沈一贯的提议最终被万历帝否决，可见皇帝对主察官员人选有最终决定权。

③ 《明史》卷 215《欧阳一敬》，第 5675 页。

④ 《明史》卷 231《薛敷教》，第 6046 页。

⑤ （明）顾宪成：《泾皋藏稿》卷 22《先弟季时述》，《景印文渊阁四库全书》第 1292 册，第 243b 页。

⑥ 如嘉靖六年（1527），"大计京官，南六科无黜者。桂萼素以议礼嗛（朱）希周，且恶两京言官尝劾己，因言希周畏势曲庇"，最终迫使朱希周去位。见《明史》卷 191《朱希周》，第 5065 页。

⑦ 如万历九年（1581），"（张位）以救吴中行、赵用贤忤居正意。时（位）已迁侍讲，抑授南京司业。未行，复以京察，谪徐州同知"；赵志皋亦因力救永嘉人，致使"江陵（张居正）……以辛巳（万历九年）京察，再谪公（赵志皋）闲住"。以上引文，见《明史》卷 219《张位》，第 5777 页；（明）沈鲤《亦玉堂稿》卷 10《明光禄大夫柱国少傅兼太子太傅吏部尚书建极殿大学士赠太傅谥文懿赵公（志皋）神道碑铭》，《景印文渊阁四库全书》第 1288 册，第 354a 页。

姓名。① 二是对亲信予以回护，如万历二十一年（1593），"（徐应聘）中
蜚语，当谪，（徐）拂衣归。座主沈一贯当国，数招之"②。按照明廷考
察成规，大计"计处者，不复叙用"③，而徐应聘能够在京察处分后仍被
召用，显然是出于其座师沈一贯的运作。

综上，不难发现阁臣在京察时可以行使仅次于皇帝的巨大权力。但不
可忽视的是：由于政治环境的经常性变化，阁臣对考察制度的干预能力并
不稳定。在明朝建立至成化年间这段时期，阁臣的权势随着皇帝的信任的
变化而时起时落，因此阁臣对考察的影响力也相对有限。④ 至弘治年间，
由于王恕（1416~1508）等吏部尚书的强势，阁臣在考察中的作用仍少
有表见；正德初年，内阁学士焦芳（1434~1517）反承宦官刘瑾（1451~
1510）之意来黜陟官员。然至嘉靖初年，阁臣桂萼（？~1531）被京察
拾遗后，不但毫发无损，反而直接将主管考察的南京吏部尚书朱希周
（1473~1557）打压落职，可见此时阁权经过皇帝有意的栽培逐渐上升。
"自严嵩以来，内阁合六部之权而揽之"⑤，至嘉靖中后期，内阁对考察的
控制权进一步加强。殆至万历初年江陵柄国，吏部尚书张瀚（1510~
1593）、王国光等人俨然内阁属吏，考察结果几乎一出阁臣张居正（1525~
1582）之意；虽然万历中期担任吏部尚书的陆光祖、孙鑨等人欲扭转吏
部颓势，但仍旧无功而退。直到万历后期，皇帝怠政导致阁权无所依托，
叶向高作为内阁首辅，自称"知其（考察）势必至于多事，尤思引避，
故竟此事始终，而吏科、河南道、考功司三臣并未一面；惟（孙）丕扬
与都御史许弘纲间或相过谈及，臣亦不敢轻对"⑥。连内阁首辅都已如此
狼狈，明代后期的阁权中落不难想见。此后党争日炽及皇帝懈怠，导致

---

① 如嘉靖三十六年（1557），"大计自陈，（沈良才）已调南京矣，（严）嵩附批南京科道
拾遗疏中，落其职"。严嵩作为辅臣，显然是在用票拟权对官员去留加以干涉。见《明
史》卷 210《沈良才》，第 5551 页。

② 《明史》卷 207《徐申》，第 5475 页。

③ 《明史》卷 71《选举志三》，第 1723 页。

④ 关于此一时期内阁对吏部人事权的干预，可参吴振汉《明代前期内阁与吏部主导人事之
变迁》，《台湾"中央大学"人文学报》2000 年第 22 期，第 71~95 页。

⑤ （清）黄宗羲：《明儒学案》卷 58《东林学案一·端文顾泾阳先生宪成》，中华书局，
2008，第 986 页。

⑥ （明）叶向高：《纶扉奏草》卷 12《论考察事情疏》，第 69b 页。

"致不在宰相、不在六卿，而在台省"①，内阁从此难以在考察中发挥较大作用。以上是明代内阁考察权力兴衰的大体脉络。②

虽然明代阁臣在京察中时而发挥较大作用，但必须指出：因为阁臣本身没有考察职权，所以阁臣对考察所进行的任何程度的干预实际上都带有"越位"性质；不唯如此，阁臣在考察中打击异己、回护亲信的行为对考察制度的公正造成了极大破坏。

三　宦官对京察的干预

宦官作为皇帝近侍，对朝政的影响自古皆然。尽管明太祖在立国之初便严禁宦官干政，但由于部分宦官在"靖难之役"中的卓越表现，自明成祖开始明代皇帝便逐渐放宽了对这些"从龙功臣"参与朝政的限制，这使宦官可以在政治舞台上扮演重要角色。③ 由于明代文官政治的逐渐成熟及中后期诸帝选择性地下放权力，在文官集团的制衡下，明代宦官对朝政的干预有限，仅有刘瑾、魏忠贤（1568～1627）等个别权宦对京察制度的运行产生过影响。

不可否认，宦官有时会在考察中发挥一些积极作用。例如刘瑾当权时，将之前长期变更的京察间隔固定为每六年一次，其后"六年一察"的做法一直沿用至明亡，这堪称制度史上的里程碑；此外，刘瑾还对长期摇摆不定的翰林官考察归属予以确定，从客观上加强了吏部对官员的人事权的控制，这无疑也是对考察制度建设的积极贡献。

但宦官对考察的消极影响同样明显，试以数例析之。正德年间，刘瑾听闻翰林官吴俨（1457～1519）家财丰裕，于是"遣人唊以美官，俨峻拒之。瑾怒，会大计群吏，中旨罢俨官"④。刘瑾仅因索贿遭拒便将大臣罢黜，这

---

① （明）梅之焕：《梅中丞遗稿》卷1《四凶议》，《四库未收书辑刊》第五辑第25册，第206b页。

② 关于明代内阁制度建立之后，内阁权势的消长以及内阁与吏部围绕制度运作的互动，可参〔日〕阪仓笃秀『明王朝中央統治機構の研究』、汲古書院、2000。

③ Charles O. Hucker 认为 "中央政府中善意的官员在影响皇帝的决策时寻求宦官帮助乃是常事"，揭示了宦官对明代朝政影响之一斑。Twitchett and Frederick W. Mote, *The Cambridge History of China*, *The Ming Dynasty* (1368～1644)（Cambridge：Cambridge University Press, 1998), p. 22.

④ 《明史》卷184《吴俨》，第4888页。

一做法显是借考察以泄私愤。又如万历初年，"（邹应龙）为太常，省牲北郊。东厂太监冯保传呼。至，导者引入，（保）正面爇香，俨若天子。应龙大骇，劾保僭肆，保深衔之。至是，京察自陈，保修郤，令致仕"①。邹应龙（1520～1580）仅因弹劾冯保（1543～1583）毫无人臣之礼，便被冯保借京察之机非难，宦官的跋扈可见一斑。又如万历十五年（1587），工部尚书何起鸣（？～1590）于京察后被言官拾遗，"起鸣故以督工与中官张诚厚，而雅不善（辛）自修，遂讦自修挟仇主使。……帝先入张诚言，颇疑自修"②。宦官张诚竟因与己交好的朝臣被拾遗，而最终迫使当年主管考察的都御史辛自修（？～1593）离任。天启年间魏忠贤掌权，在考察时几乎全凭己意来黜陟官员："陪推蒙点之姚思仁，昨经内计，南北交章，赃迹满案，胡然而顿陟宫保之荣；辱人贱行之孙杰，三褫犹轻，例推何枉，且去后未闻舆论之推毂，而忽有传奉之京堂。"③ 在朝堂上广受非议的官员仅因有魏忠贤的庇护，即便受到弹劾仍能不降反升，宦官对考察公正性的损害一至于此。

从上述数例中，不难看出宦官对考察产生的巨大影响，朝臣一旦与其构怨，结局常常不美。但与阁臣相比，宦官的影响力却逊色不少，这主要体现在以下两方面。其一，对考察的干预程度不同。阁臣对考察的干预可以延伸到考察的绝大多数方面，例如主察官员的选取、察疏的初拟、对考察结果的更改等；而宦官对考察的干预却主要集中于对考察结果的小幅度更改，例如对异己者的打压。其二，对考察的干预方式不同。阁臣对考察的干预方式多种多样，一方面由于自己位高权重，本身便可对朝政施加重要影响；另一方面，还可以培养亲信言官作为打击政治对手的排头兵；此外，还有机会直接向皇帝陈奏自己对于考察制度的相关意见。而宦官则主要通过直接向皇帝进言和与朝臣相勾结的方式来打击利益不同者，④ 较之阁臣而言，方式颇为单一。但总体而言，阁臣和宦官对考察制度运作所产生的影响，皆是借助皇帝的威权才得以实现的。

---

① 《明史》卷210《邹应龙》，第5571页。

② 《明史》卷220《辛自修》，第5799页。

③ （明）温体仁等：《明熹宗实录》卷34，天启三年五月乙未条，第1751页。

④ 在前述几个案例中，宦官几乎都是通过以上两种方式实现对朝政的干预。刘瑾操控考察制度，是因为其亲信焦芳、张彩等先后把持吏部；冯保对考察的干预是通过其外援张居正才得以实现；而张诚将都御史辛自修排挤去位，则是通过向皇帝进谗言的方式来实现的。

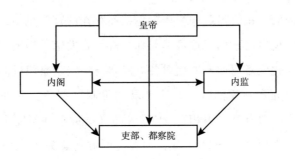

图1-2　皇帝、阁臣与宦官对考察的干预情况

资料来源：笔者自绘。

总的来看，本节主要讨论了明代京察制度运行时，皇帝、阁臣和宦官通过何种方式对考察施加影响的问题。尽管明廷规定吏部和都察院作为管理京察的指定机构，但实际上却有多方力量对京察制度正常运行产生影响。其一，明代不仅仍是传统的皇权社会，而且把诸多专制因素推向高峰，皇帝对考察制度运作的影响涉及制度运行的所有方面。对考察时间的确定、对高级官员自陈的处置、对低级官员堂审结果的批复，无不出于"圣意"，甚至对考察的具体形式，都可以进行更改，若遇朝议与"圣意"相违的情况，皆以"圣意"为准。其二，明代阁臣的权力自嘉靖年间起逐渐走向高峰，阁臣在相当长的一段时间里能够对考察制度的运作施以巨大影响。例如对皇帝的某些考察处置给予规劝、对考察相关的某些具体环节进行干预、对考察处分结果施加影响。其三，由于宦官操纵批红并且常伴皇帝左右，因此也可以对考察结果施加影响。总的来看，在明代考察制度运行过程中，无论阁臣抑或宦官，实际上都是借助皇权的力量来实现自身的意图；看似存在多重力量对考察制度的正常运作产生影响并相互制衡，其本质仍是皇权政治的进一步加强。

第五节　多方联动的个案研究：以明代翰林官考察为例①

如前所述，皇帝具有统管一切的权力，对考察制度的运行干预再多也

---

① 本节主要内容参见余劲东《明中期翰林官考察制度的演变（1464～1527）》，《长江大学学报》（人文社科版）2020年第2期，第118～124页。本书中做了新的修订。

不为过，而内阁、宦官衙门作为依附皇权而存在的官僚机构，却在考察时假借皇权来实现自身意图，这显然与部、院长官发生了冲突。至此，一个非常现实的问题便难以回避：面对各方对自身法定京察职权的侵犯，吏部尚书与都御史究竟是漠然视之，还是以"祖制"相争？此外，内阁与内监虽然被称为"外相""内相"，但二者的利益诉求并不完全相同，难免会在考察活动中因意见分歧而爆发冲突。因此每逢京察之时，不仅存在部、院与内阁、内监的冲突，内阁与内监之间同样也可能存在矛盾。那么，围绕着京察这一具体的事件，以上各方究竟会产生哪些互动？这些互动对京察制度的订立与施行会产生哪些影响？

　　较之于前四节稍显宽泛的讨论，本节聚焦于一个多方联动的具体案例，即天顺八年（1464）至嘉靖六年（1527）翰林官考察制度的演变。① 选择这一案例主要基于以下三方面考虑。其一，在这 63 年间的 10 次京察中，翰林官的考察归属权发生了多达 8 次的变动，时而由部、院共管，时而由内阁会同翰林院长官共管，这一情况在明代所有中央机构中绝无仅有。其二，翰林官本身的特殊性，② 使得翰林院的人事问题很容易成为朝中各种政治势力角力时的焦点。古语云"上医治未病，中医治欲病，下医治已病"，在考察制度运行时也同样如此，真正有政治智才的官僚，③ 很少会等到问题发生（例如考察结果已经做出）时才对自己的私亲予以回护、对私怨予以打击，而是早在制度设计层面便已经开始构思如何不着痕迹地实现自身意图，而对翰林官考察方式（而非结果）的更改，恰恰是"防患于未然"的绝佳途径。其三，明代京察制度经过近百年的波折

① 目前有关翰林官的研究主要有梁思立《明代翰林院制度研究》（硕士学位论文，中国人民大学，2008）、王敏《明代翰林院研究——以〈玉堂丛语〉为中心》（硕士学位论文，东北师范大学，2011）、郑礼炬《明代洪武至正德年间的翰林院与文学》（博士学位论文，南京师范大学，2006）等，但这些研究无一关注到翰林官的考察问题，因此有必要对此进行研究。

② 翰林院虽然仅属正五品衙门，与六部下属各司行政级别相同，但翰林院担负着为明廷培养高级官员的职责，尤其是在"非进士不入翰林、非翰林不入内阁"的政治惯例逐渐形成后，翰林官获得了远比其品级更高的政治影响力。

③ 本节探讨的重点对象包括吏部尚书、内阁辅臣和司礼监太监等，几乎全是政治智才出类拔萃的官僚。因为在弘治至嘉靖这样的政局平稳时期，没有高人几等的政治智慧，极难跻身于这样既高且重的位阶。

才最终成型，翰林官考察制度的初设、变迁与固定，恰是明代京察制度逐渐完善过程中的一个缩影，能为全面了解京察制度的订立过程提供翔实案例。以上三点，是进行本节写作的原因所在。

本节研究目的有二。一是揭示明代京察制度的某些细则是如何在皇权、内阁、宦官、吏部、都察院等各种政治力量的反复博弈中逐渐形成的，以期回答具体的政治制度如何从草创到定型这一制度史研究中的关键问题；二是探究考察相关各机构及人员在按照制度规定行使职权的同时，在制度设计阶段又会产生哪些互动，这些互动对于考察制度本身，乃至对明代国家的政治生活产生了何种影响。

一　翰林官京察制度的演变过程

如前所述，翰林官的考察归属在天顺至嘉靖年间经历了多次变动，这种现象在所有中央部门中绝无仅有，《大明会典》在本就不多的京察条款下专门列举这数次变化，可见明代的官方志书编纂者很可能已经对这一制度异动有所察觉。以下，试根据《大明会典》所述并结合《实录》及相关史料，勾勒出在此期间翰林官考察归属演变的大体脉络，以期为下文研究奠定基础。

在明朝建立后的近一百年间，有关京官考察的具体时限始终未能以制度形式确立下来。直到天顺八年（1464），明廷才正式确定对京官"十年一察"，并在此年规定："本（吏）部、都察院会同内阁考察在京五品以下文职。"① 然而这些规定却并没有得到严格执行，成化四年（1468）出现"彗星昏见西南方"② 的异常天象，当时言官便以此为由而奏请考察。面对突如其来的京察指令，翰林院掌院学士柯潜（1423～1473）以翰林官"无事绩文案可考"为由，要求"止令本院学士，公同内阁学士考察"③ 翰林院属官。明宪宗同意了柯潜的奏请，这使翰林院在整个成化年间，成为唯一脱离部、院共管考察体系的部门。

---

① （明）李东阳等：《正德会典》卷15《吏部十四》，《景印文渊阁四库全书》第617册，第157a页。
② 《明宪宗实录》卷58，成化四年九月己巳条，第1176页。
③ 《明宪宗实录》卷59，成化四年十月辛亥条，第1211页。

或因翰林官和内阁关系近密，在成化四年及成化十三年两次由内阁单方面主导对翰林官进行考察时，翰林院系统无一人被降黜。① 这不仅足以使人注意到翰林院这一衙门的特殊性，也易于使人怀疑对翰林院进行考察时所采用的这种脱离部、院共管的考察做法，究竟是否可以使考察的公正性得到维护。因此在明孝宗即位后，立刻更订了翰林官考察细则，令"吏部仍会翰林院掌印官考察（翰林官）"②。然而这项政令仅在弘治元年（1488）京察时发挥了作用，至弘治十年（1497），翰林院学士杨守阯（1436～1512）以"我朝列圣于学士之官特加优异"③ 为名，要求皇帝在京察时亲自区处翰林院学士的去留，孝宗应允了这一提议。然而弘治十七年（1504）翰林官考察方式再度改变，当年孝宗直接"令翰林院学士免考"④，连自陈的要求都已不见诸史册。

对翰林院反复游走在考察制度规定内外的情况，甚至连与翰林院有直接利害关系的阁臣都有所议论。正德四年（1509）阁臣李东阳（1447～1516）奏请："翰林院官虽有本院自考之例，但议论贵公、法令贵一，请令本院掌印官会同吏部考察。"⑤ 将翰林官的考察交由吏部负责。但至正德五年，吏部便以"议改正刘瑾变法二十四事"⑥ 为由，将实际由李东阳奏请的变法算入已被打倒的权宦刘瑾名下，并予以废除。⑦

但"六年一察"的京察制度，终于在正德四年成为定制，并在以后

---

① （明）黄佐：《翰林记》卷5《考满》，"若考察之法，或间一举行……百余年来，儒臣未尝玷清议"，《景印文渊阁四库全书》第596册，第898b页。
② 《明孝宗实录》卷12，弘治元年三月戊子条，第286页。
③ 《明孝宗实录》卷122，弘治十年二月辛卯条，第2187页。在此期间，翰林院学士由皇帝亲自考察，而翰林院属官则仍归属于部、院共管的考察体系之下，对翰林院属官的考察方式，详后文。
④ （明）申时行等：《大明会典》卷13《京官考察》，第224a页。
⑤ 《明武宗实录》卷48，正德四年三月己酉条，第1093页。
⑥ 《明武宗实录》卷68，正德五年十月壬辰条，第1504页。
⑦ 无论"将翰林官归属吏部考察"这一奏请是由李东阳抑或刘瑾提出，都在客观上增强了吏部权势。但吏部为何要主动申请放弃权力？一个可能的解释是：进行这一奏请的吏部尚书刘机，恰是弘治十七年时积极争取翰林官免考的掌院学士。如果短短数年之内，仅因身份、地位的改变便彻底推翻自己之前的政治主张，很可能给自身带来诸多不便，因此有这种前后矛盾的情况出现。

长期施行。至正德十年（1515）京察时，翰林院署院事侍讲学士顾清
（？~1527）疏称"奉圣旨：'翰林院照成化四年例考察'"①，这相当于
否定了整个弘治年间更订的制度，仍将吏部排斥在考察翰林官的部门之
外，仅由内阁单方面主导翰林官考察。然而，在嘉靖帝即位后的正德十六
年（1521）京察中，掌翰林院学士刘龙（1476~1554）又以弘治十年王
鏊（1450~1524）之例提出学士自陈这一请求，② 经嘉靖帝批准，再次要
求翰林官在京察中自陈。

　　直到嘉靖六年（1527）京察时，才正式综合了之前制度更订过程中
的所有经验，嘉靖帝在所下圣旨中称："各衙门堂上五品以下的，都照成
化以来节年旧例，你（吏）部里会同都察院并各衙门堂上官考察；翰林
院……等官都照正德十六年事例考察，学士免考，着自陈。"③ 这一方案
使各方利益得到协调：一是尊重了吏部职权并维护了冢宰的权力严肃性，
使翰林院的低级官员不再游离于吏部考察之外；二是体现了对翰林学士的
尊重和优容，④ 给予他们一直争取的同四品以上高级官员一样的自陈权。
嘉靖帝在位期间努力维持这项制度，即使在嘉靖六年以打击翰林官为目的
的政治事变"汪佃侍讲事件"⑤ 中，都未贪图一时之便而对这一制度进行
更订，这才终止了翰林官考察归属权的反复变动。

　　通过以上梳理不难看出：在明正统八年至嘉靖六年的十次京察中，
有关翰林院官员考察的具体方式几乎每次都有变动。以"朝令夕改"
言之也毫不为过。那么究竟是何种原因，使得如此重要的考察制度唯
独在翰林院这一部门变得毫无严肃性可言？本节将把翰林院考察归属

---

① （明）顾清：《东江家藏集》卷33《乙亥辞免考察属官奏》，《景印文渊阁四库全书》第
　　1261册，第747a页。"成化四年"，原书作"成化四等年"，显误，径改。

② （明）焦竑：《玉堂丛语》卷6《事例》，中华书局，1987，第206页。

③ （明）李默：《吏部职掌》不分卷《考功二·考察事宜》，《四库全书存目丛书》史部第
　　258册，第144a页。

④ 如李春芳（1510~1584）言："近该吏部题奉钦依，六年考察，在京五品以下官员，
　　（四品以上）大臣则例该自陈，以俟宸断。臣待罪学士，阶在五品之列，特蒙圣恩，准
　　令自陈。此优遇儒臣之盛典也，臣不胜荣感。"可见嘉靖帝这种处理方式的初衷即是体
　　现对学士的"优容"。见（明）李春芳《李文定公贻安堂集》卷1《五品钦命自陈疏》，
　　《四库全书存目丛书》集部第113册，第34b页。

⑤ 有关这一事件的详细研究，参胡吉勋《"大礼议"与明廷人事变局》，社会科学文献出
　　版社，2007，第471~480页。

权的变动问题，纳入成化、弘治及正德朝的政局变迁中，以每一阶段较具代表性的政治事件为例，来探讨翰林院考察归属权变动的深层原因。

二　权臣博弈与制度变更：以成化四年京察为例

成化四年（1468）本非京察之年，然而言官以"昏见彗星"为由奏请京察，并得到宪宗批准。如前所述，明廷在天顺八年制定的京察方案，是由吏部、都察院和内阁共同主导京官考察，然而柯潜在成化四年的相关奏疏中却声称："本院属员俱以文翰为职……无事绩文案可考，乞如天顺八年考察官员事例，止令本院学士公同内阁学士考察。"①天顺八年是京察初次定制之年，相关制度规定很难一开始就尽善尽美，或许在当年京察时翰林官确实仅由翰林院掌印官会同内阁学士考察，而未像其他部门一样为吏部、都察院所会核。柯潜的奏请很可能是基于对翰林院官"无事绩文案可考"的职掌认识，而希望借此机会将天顺八年的制度缺憾维持下去，使翰林院合法合规地游离于正常考察方式之外。

然而，柯潜的陈言却有不少深可玩味之处。第一，柯潜所言"无事绩文案可考"，似是而实非。因为中央机构属员主要承担行政决策的职能，而一项中央政令是否有效、便于施行，往往难以在短期内得到直观印证。"无事绩文案可考"不仅是翰林院这一衙门的问题，也是其他中央机构在考察时都会遇到的难题，何以其他衙门归属部、院考核而唯独翰林官超然其外？同时，京察察例中有老、疾、贪、酷等项，而这些也是翰林官在任上有可能触犯的条例。第二，柯潜的奏请并非要求翰林院官不被考察，而是希望将天顺八年的制度缺憾坐实，仅由内阁一方主导翰林官考察，而自己作为堂上官予以配合。第三，柯潜此时身兼少詹事这一正四品职务，亦即他可以像其他高级官员一样通过上疏自陈来完成考察，完全没有必要像其他低级官员一样去争取所谓的文人"体统"。综上可知，柯潜上疏对自己毫无益处，上奏与否完全在两可之间。那么，究竟是何种原因

---

① 《明宪宗实录》卷59，成化四年十月辛亥条，第1211页。

促使柯潜进行这一奏请？

通过对最终获益者的追寻，可以看出某些端倪。经过此番上疏，吏部考察翰林官的权力在制度上被剥夺，翰林院长官及属员的考察方式没有任何改变，最终获利者仅有内阁一方。柯潜上奏时，阁臣依次为彭时（1416～1475）、商辂（1414～1486）、刘定之（1409～1469）三人。其中首辅彭时与柯潜交谊由来已久，既深且厚，① 如果老友彭时能够因自己的上疏而有所收获，柯潜显然乐见其成。而其时内阁又恰好处于和吏部争夺人事权的政治环境之下，② 因此柯潜上疏很可能与此有关。按图索骥之下，彼时的图景便愈发清晰。

成化四年京察本就违背了"十年一察"的制度成例，而当时奏请京察的言官领袖，御史以康永韶为首。③ 康氏并非科举正途出身，"以晓星命医卜，出入（李秉）门下，得选（御史）"④，而李秉又恰是此次京察时的吏部尚书，这些情况无疑值得注意。明代政治斗争的通常情况大多是权臣首先指令亲信言官发声，在舆论制造充分后才开始大僚间的正式博弈，而京察又因"计处者，不复叙用"⑤ 的巨大伤害力，时常作为政争手段被权臣加以利用。康永韶以七品御史身份，突然奏请改变"祖制"进行非例闰察，很难想象背后没有权臣的指使。

做出这一论断主要基于以下三方面的考虑。其一，明廷对"祖制"十分看重，不可妄言更改，而康永韶人微言轻，即使提出这一想法也很

---

① 柯潜、彭时二人至迟于天顺四年（1460）便已私交甚笃，当年柯潜自述："安成彭先生（时），既为吾母铭于幽坎。"可见柯潜母亲的墓志铭由彭时撰写；柯潜在为僚友陈泰（？～1470）所写碑铭中详细记载自己同彭时谈笑风生、品评人物的情景，二人的私交亦可得见；此外，柯潜还专门为彭时作《彭学士先生赞》，在文中极尽褒美之词。以上三点，已可证明柯潜与彭时的私交绝非泛泛。相关材料，见（明）柯潜《竹岩集》卷14《封太安人甘氏墓表》，《续修四库全书》1329册，第338a页；卷15《都察院右副都御史陈公墓道碑铭》，第343b页；卷18《彭学士先生赞》，第363b～364a页。
② 吴振汉：《明代前期内阁与吏部主导人事之变迁》，《"国立中央大学"人文学报》2000年第22期，第85～91页。
③ 《明宪宗实录》卷58，成化四年九月己巳条，第1179页。
④ （明）郭良翰：《续问奇类林》卷9《器量》，《四库未收书辑刊》第七辑第15册，第680b页。
⑤ 《明史》卷71《选举志三》，第1723页。

可能不会被采用，反而会因违背"祖制"而遭到攻击。其二，即使康永韶的奏请获得批准，京察立即施行，但康永韶本人也在考察之列，其晋升之阶非议颇多，能否经受京察的考核尚不确定，进行这一奏请颇有自讨无趣之嫌。其三，如下文所述，康永韶所弹劾的官员皆为朝中大僚，以其身份即使弹劾成功，也很可能被这些权臣的门生故吏所反噬。综上，不难发现这一奏请对康永韶本人有害无益。面对颇费心力求取的官位，像康永韶这种出身不正的官员理应比通过正当途径考取功名的科举进士更加爱惜，否则又何须"以晓星命医卜，出入（李秉）门下"？因此，几可肯定康永韶的奏请有其深层次原因，很可能是李秉为了打击朝中利益不合于己者而发动的攻势。稍后的阁臣尹直（1427～1511）便明确地表达了此一观点，其称："戊子（成化四年）冬，彗出，（康）永韶奉执中（李秉）意向，合众请汰京官。"① 而结合康永韶所弹劾的官员来看，更可证实这一论断。

受到弹劾的主要官员包括"户、礼、兵三部尚书马昂、姚夔、程信，并学士商辂"②，以上数人与李秉恩怨的具体情况虽不得而知，但李秉将斗争矛头直指内阁成员商辂的行为，必定使作为利益相关方的内阁有所回应。一般而言，在一个相对稳定且没有明显内部利益冲突的小团体中，如果某位成员因外力而被迫退出，其他团体成员通常不会对此有较高热情；更何况彭时与商辂私交近密，③ 彭时不论是从内阁体统还是从私人情谊的角度，都势必有所动作。而柯潜的奏疏在此时进呈，很难想象二者之间没有任何联系。柯潜上疏也确实使内阁成为最大的获利方，吏部颜面丧失、权力缩小，甚至连吏部尚书李秉都因此次京察而落职。

---

① （明）尹直：《謇斋瑣缀录》卷4，《四库全书存目丛书》子部第239册，第384b页。
② （明）李贽：《续藏书》卷15《太子少保李襄敏公》，《续修四库全书》第303册，第380a页。
③ 彭时与商辂都是状元出身，在景泰初年因陈循、高谷的举荐而同时进入内阁参与机务。其后，二人因仕宦沉浮而交集较少，但基本都在翰林院及内阁任职，至成化三年（1467）二月，两人又一同入阁。彭时早卒，其神道碑碑铭由商辂撰写，其略言："予自乙巳秋，与公同事内阁，至是二十七年。虽中间离合不一，然相知为深。"可见二人感情非同一般。见（明）商辂《商文毅公集》卷9《文渊阁大学士谥文宪彭公神道碑铭》，《四库全书存目丛书》集部第35册，第111b页。

通过对成化四年政治环境的分析，已可明晰是年京察有关翰林官考察归属权变更的主要脉络：吏部尚书李秉欲借京察打击利益不同者并直接冲击到内阁阁臣，柯潜突然发声为内阁争取独自主导翰林官考察的权力，阁臣借此机会实现了权力扩张。没有证据可以表明内阁诸臣在成化四年京察之前，有任何变更"祖制"的预谋，因此柯潜的奏请，毋宁说是当时的词臣群体面对外来谤议的应激反应。通过这一案例，仍可十分清晰地看出具体政治制度的变更，是如何经由当时权臣间的政治博弈促成的。

三　词臣主张与皇权仲裁：弘治年间翰林官考察制度的调适

如前所述，明孝宗在位的十八年间共进行了三次常规性京察，但每次京察时都对翰林官的考察制度有所更订。弘治元年（1488）是制度规定"十年一察"的届期之年。是年三月，吏部奏称："近奉命考察京官，凡五品以下俱列。今詹事府少詹事兼翰林院侍讲学士汪谐具奏，欲将本院侍读等官准成化十三年例，自会内阁大学士考察。乞赐裁断。"① 可见翰林学士仍然希望沿袭成化四年及成化十三年的故套，毕竟在这种考察方式下，在长达二十年的时间里都无一位翰林属官被罢黜，以这种方式完成考察对翰林官而言最为安全，对翰林院的"体面"也最有保障。但从另一个角度来看：在内阁单方面主导翰林官考察时，内阁阁臣或许在刻意包庇翰林官，因为像翰林院这样庞大的中央机构，实在难于想象从学士到属员无一人有任何行政过失。② 即便内阁的初衷并非如此，但呈现出来的结果却是：翰林官缺乏外部监督的考察，对其进行的考察不过是内阁与翰林院的自娱自乐。有鉴于此，弘治帝做出圣裁："虽有本院考察旧例，尔吏部仍会翰林院掌印官考察。"③ 这一决定的深远意义在于：在皇权的干预之下，吏部终于收回了丧失达二十年之久的翰林官考察权。

虽然这一敕令以孝宗的名义下达，但吏部尚书王恕在促成此事上的

---

① 《明孝宗实录》卷12，弘治元年三月戊子条，第286页。
② 而一旦改由吏部和都察院共同主导考察，翰林院便有人被罢黜，这无疑说明翰林院内部也并非绝无不职官员。相关情况，见（明）黄佐《翰林记》卷5《考满》，第898a~b页。
③ 《明孝宗实录》卷12，弘治元年三月戊子条，第286页。

努力不可忽视。早在该次京察届期的弘治元年二月，王恕便以个人的名义上奏考察细则，言："照依前例，在京者，本部会同都察院并公同各衙门堂上掌印官，将五品以下……官员从公逐一考察。"① 其奏议完全不顾如翰林院之类部门的特殊性，也不再提及让内阁在京察中扮演重要角色，可见其初衷是希望在此次考察活动中将比较分散的考察权进行集中。而后便发生了汪谐（1432～1500）要求沿袭故套，令翰林院仍只会同内阁考察的奏请。面对这一奏请，王恕不再以个人名义上疏，转而以吏部衙门的名义上奏，首先摆出"凡五品以下俱在列"的事实，其后才提出汪谐的奏请；而且作为尚书，理应对与本部直接相关的事务提出初步处理意见供皇帝定夺，然而王恕却不再对此提出任何意见或发表议论，仅使用"乞赐裁断"四字，可见其对于此事的倾向性已经十分明显。

面对将自己部门排除在主导翰林院官考察体系之外的决定，当时的内阁阁臣刘吉（1427～1493）、徐溥（1428～1499）、刘健（1433～1526）三人几乎没有任何发声，这一现象值得注意。徐溥和刘健二人，都是以孝宗东宫旧臣得以入阁，此时距二人入阁时间仅有三个月，人微言轻尚可理解；而此时首辅刘吉则已位居内阁十三年，同样不发一言，而是疲于应付来自言官的弹劾，同时也为收拢朝中人心。② 以三者一致沉默的态度，再结合柯潜事件中的内阁反应，可见在阁臣心中更为重要的是如何在政局变迁的环境中巩固自身地位，而非纠结于翰林院的低级官僚究竟是否由自己考察这一琐碎问题。但无论如何，因阁部权力的消长及皇权的终裁，吏部和都察院共管翰林院低级属官考察成为定制，这在之后的整个明代都不曾变更。

不过这一规定仍难使所有方面的利益得到照顾，至弘治十年（1497）京察之时，掌翰林院学士杨守阯再次奏请：

　　　　臣与掌詹事府事侍讲学士王鏊，俱在随属听考之数。但臣等俱掌

---

① （明）王恕：《王端毅奏议》卷8《严考察以励庶官奏状》，第600a页。
② 此时刘吉因受到言官弹劾而焦头烂额，无暇他顾，见《明史》卷168《刘吉》，第4528页。

印信、俱有属官，进而与吏部会考所属，则将坐于堂上；退而听考于吏部，则当候于阶下。一人之身顷刻异状，其于观视已甚不美。况我朝列圣于学士之官特加优异……今四品官不属考察，而（掌院）学士乃与属官一概听考，其于事体亦甚不便……伏望断自宸衷，循用旧典，特假优礼，示崇重儒臣之意。①

孝宗应允了杨守阯的请求，但和前后的历次变更不同，杨守阯奏请的实质不过是为自己争取超越其品级的尊崇，完全是文人争一己之"体面"的举动。杨氏一直用大篇幅强调自己"一人之身顷刻异状"的尴尬，而未能给翰林院属员争取任何实惠，侍读、侍讲学士的自陈特权，都来自弘治帝的特批。因此杨守阯的这一举动，即使是在翰林院内也没有获得比较积极的评价。至其后的正德十六年，掌翰林院学士刘龙奏请重新使用杨守阯所提出的"学士自陈、属员会考"的方式进行翰林官考察时，仅称是"王鏊旧例"而只字不提实际促成此事的杨守阯，② 由此可看出词林后辈对杨氏这一行为的漠视。

然而杨守阯所开先例，却为之后词臣竞相效仿提供了口实。弘治十七年（1504）京察时，掌院学士刘机（？～1522）上奏："臣虽叨任学士，掌管印信，职衔不过五品，亦在考察数内。乞敕吏部、都察院先将臣履历逐一考核，应否罢黜，奏请圣裁。果不系应黜之数，方令臣会同各衙门从公考察所属官员。"③ 不难看出，刘机在沿袭杨守阯的故套，而孝宗亦再次特准其免考。在此情况下，另一翰林学士江澜（？～1509）"乘胜追击"，主动争取全体翰林学士的免考特权。其言称："学士所职乃讲读、撰述之事，非钱谷簿书，必待稽考而后见。况臣等历事先朝，供奉皇上，前后已二十七年，其称职与否，圣明洞鉴久矣。若有不称，惟陛下显赐罢黜，有不待于考察者。伏望念累朝优异之典及往年免考之例，特赐宽假以

---

① 《明孝宗实录》卷122，弘治十年二月辛卯条，第2187页。

② 焦竑记："刘公龙掌翰林院事，奉命同吏部考察本院并内阁两房官。旧例，四品自陈，五品听考。往年王文恪公（鏊），独以学士掌院事免考。先生申明旧例，奏可，著为令。"见（明）焦竑《玉堂丛语》卷6《事例》，第206页。

③ （明）张元忭：《馆阁漫录》卷8，《四库全书存目丛书》史部第259册，第20b页。

示荣遇。"① 经过孝宗的特批，该年索性将全体翰林官免考，这也成为整个明代京察史上唯一的特例。

通过对弘治年间翰林官考察归属权及考察方式三次变化的探析，不难发现不论是出于吏部扩张权力的要求，还是翰林院长官争取自身"体统"，最终都是通过皇权的强力干预才使得制度的更订得以实现，由此不难明晰皇权是如何在制度变迁的过程中扮演着仲裁者的角色的。

四　辅政机构的内部制衡：以正德四年京察为中心

正德五年权宦刘瑾因罪伏法后，六部都对其乱政时进行的制度变更重新厘定。吏部奏上《议改正刘瑾变法二十四事》，其一言："翰林院官仍旧升授作养，不得会官举（劾）黜（落）。"② 那么，刘瑾干政期间，究竟利用其职权对翰林官的举劾黜落，亦即考察方式做出了何种更订？

自弘治十七年（1504）将原本"十年一（京）察"更定为"六年一察"后，按正常时限，到正德五年（1510）才是京察之年。然而正德四年三月，阉党控制下的吏部奏请提前考察京官，武宗随即批示："进退人才，朝廷重事。两京吏部会同都察院并各堂上官从公考察，务协众论。堂上官四品以上令自陈，翰林院官令本院官考察。"③ 对比弘治年间及正德四年的规定，不难发现刘瑾党人几乎完全否定了弘治朝的翰林官考察方式：一是将弘治十七年免考的翰林官，纳入本就应有的考察体系之下；二是将原来弘治朝翰林院的掌院学士自陈、属员考察两套考察体系归整为由翰林院长官单方面主察，这实际上大大简化了翰林院官的考察方式。抛开刘瑾对制度进行更订的合理性不谈，即便认为武宗的决定是在以刘瑾为首的阉

---

① （明）张元忭：《馆阁漫录》卷8，第20b页。另，朱国祯（1558~1632）亦载相关信息，见（明）朱国祯《涌幢小品》卷10《讲读学士免考》，《四库全书存目丛书》子部第106册，第333a~b页。

② 《明武宗实录》卷68，正德五年十月壬辰条，第1504页。

③ 《明武宗实录》的编纂者认为此次"非时而有京察之举"是时任吏部侍郎张綵（1454~1510）朋比刘瑾的结果，见《明武宗实录》卷48，正德四年三月己酉条，第1092页。沈德符亦赞同此一观点，认为"正德四年乙巳，吏部尚书刘宇、侍郎张綵等又请考察，时距弘治考察时止五年，盖逆瑾意也"。见（明）沈德符《万历野获编》卷11《京官考察》，第299页。

党蛊惑下做出的，刘瑾党人所做变动也根本没有任何要将翰林官会官举黜的意思。反倒是在吏部奏请考察京官细则的同时，内阁首辅李东阳立刻提议："翰林院官虽有本院自考之例，但议论贵公、法令贵一，请令本院掌印官会同吏部考察。"① 可见让翰林院官"会官举黜"的实为内阁阁臣，和刘瑾党人无关。而且经由李东阳提议，吏部再次获得了自弘治十年（1497）起已经失去了十余年的会官考察全体翰林官的权力，这实际上对吏部极为有利。这是否意味着吏部所提出的这条罪状不过是对刘瑾"破鼓万人捶"的欲加之罪？而李东阳作为内阁首辅，为何要提出这一看起来明显阿附阉党的提议？

若结合李东阳在当时"潜移默夺，保全善类，天下阴受其庇，而气节之士多非之"② 的风评，此事便易于理解。刘瑾为政时一直对翰林官不满，《明史》称："瑾怒翰林官傲己，欲尽出之外，为张綵劝沮。及修《孝宗实录》成，瑾又持前议，綵复力沮。而（焦）芳父子与检讨段炅辈，教瑾以扩充政事为名，乃尽出编修顾清等二十余人于部曹。"③ 以刘瑾对翰林官一以贯之的反感，加之对京察时间及翰林官考察方式的再次变更，即使其初衷并非借此来打击翰林官，但旁观者难免有此疑虑。其时翰林院长官刘春（1459～1521）一直在翰林院系统内任职，但其升任正五品的掌院学士仅有一年，也没有任何外部兼职，人微言轻；如果刘瑾欲借京察来打击翰林官，刘春实难有反抗之力。但此时实际负责吏部行政的侍郎张彩（1455～1510）虽然属阉党阵营，④ 却有数次劝阻刘瑾毋攻击翰林官的举动。因此李东阳提出让吏部参与对翰林官的考察，在很大程度上是寄希望于张彩如之前一般，继续对翰林官有所保护。而张彩作为吏部长官，对这一明显有利于自己所属部门权力扩张的议案也很难有理由拒绝，因为一个理性官员在正常情况下，绝不可能放弃原本就属于自己的权力。

以上，通过对正德四年至正德五年间这一翰林院考察史及明代京察史

---

① 《明武宗实录》卷48，正德四年三月己酉条，第1093页。
② 《明史》卷181《李东阳》，第4823页。
③ 《明史》卷306《焦芳》，第7835页。
④ 《明史》称："（刘）宇虽为（吏部）尚书，铨政率由（张）彩，多不关白宇。即白宇，宇必温言降接。彩抱案立语，宇俯偻不敢当。"可见当时吏部实权在很大程度上被吏部侍郎张彩把持。见《明史》卷306《张彩》，第7840页。

上发挥效用最短的考察制度变更原因的探讨，不难发现同属皇帝秘书机构的内阁和内监是如何在权力制衡之下对明代具体政治制度更订施加影响的。内监因接近皇帝，可以在深受皇帝信任的前提下较大程度地对皇权行使产生影响；而内阁虽然有"内"之名，却仍是以外廷机关领袖的形象履行职能。宦官的干政，以及阁臣通过行使决策建议权的方式对内监的指令进行封驳，成为正德四年制度变更的主因；而内监因皇帝青睐锐减导致的权力中落，又促成了正德五年原定制度的恢复。

五　考察主管机构与影响因素相互作用下的制度更订

本节通过对天顺八年至嘉靖六年这 63 年间有关翰林官考察归属权八次变更的梳理及对其中四个重要政治事件的分析，探讨了明代京察制度史上更订次数最多的一项制度——翰林官考察是如何在数十年的时间里，经由皇帝、阁臣、宦官、吏部等考察主管人员和机构以及影响因素间的博弈、协调与制衡，从草创走向定型的，并分析了朝中各派势力不断争取翰林官考察主导权的原因。

如果仅像柯潜、杨守阯等人所强调的那样，翰林官考察与否没有任何实际意义，那么翰林官的考察制度就不会经历如此多的变更，因为众多朝中大僚很难在数十年的时间内一同把视线和精力投入到一件毫无实际意义，甚至无所谓"正义感"① 的事情当中。在翰林官考察归属权演变的过程中，有三根主线贯穿其中：第一，某些官员基于对翰林院职掌的认识得出翰林官无事可考的结论，因此一再为翰林官免考进行呼吁；② 第二，某些翰林大僚，如杨守阯、刘机为自己"体面"计，而希望翰林官，尤其

---

① 本节多次提及"正义感"这一颇具现代色彩的词语，乃因在某些情况下，部分文化精英很可能在使命感、责任感、道德感等因素驱使下，做出明显牺牲个人利益而争取集体利益的利他主义（Altruism）行为，因此笔者在进行此一研究时，绝不排除文化官僚的"正义感"对其行为的影响。但通过对翰林院官考察归属权争夺的个案研究，我们所看到的情况却与所谓的"正义感"关系不大，因为朝中大僚所努力争夺的事项，并非翰林院官考察与否的问题，而是由谁来"考"的问题，亦即翰林官的考察权应归属哪一部门的问题。

② 尽管在笔者看来，经由对以上几个案例的分析，官员基于对翰林院职掌认识而奏请翰林官免考的可能性已微乎其微，但由于没有切实资料予以反驳，作者也不彻底否定这一可能性的存在。

是掌印官有格外的考察方式，但必须注意这种长官争一时"体面"的做法与翰林院属员并无多大关系；第三，吏部、内阁等部门在权力消长中对官员人事权展开争夺，而翰林院因其游离于正常考察体系之外而格外容易受各方势力瞩目。一言以蔽之，翰林官考察制度的变更，实际是在政局变迁之下朝中掌握话语权的官员不断维护自己权利的过程。

通过对明代翰林官考察制度反复更订的探讨，不难发现一项制度本身或许并没有任何权威性可言，必须通过背后的强制力才能保证其实施，而且只有经过连续且稳定的贯彻落实，制度的威权性才会最终确立，并广泛为天下、后世所遵守。为了保障政府权威及政令连续性，任何经由官方制定并公布的制度都不应随意变更，因为每一次变更都意味着对过去的否定，这显然不符合加强政府公信力的需求。然而仅阅读法律条文粗线条的规定，我们只能看出明代翰林官考察制度一直处在变更状态，却无法知晓制度变更背后的推力。因此，在进行制度史研究时，不仅应关注制度本身的更订情况，还应更多地关注隐藏在制度更订背后的权力博弈及利益交换，这样才能更好地理解制度由草创到成型，以及逐渐具有权威性及影响力的原因。

本章小结

本章由五节组成。笔者在前四节中分别探讨了京察制度的建立过程、京察时间的影响因素、京察主管机构及其职能与京察的干预因素这四个议题，并在第五节用具体个案对以上四个主题进行综合研究。

京察制度的建立并非一帆风顺，而是经过近百年的演进才最终定型，从"京官考察，旧无常期"到"十年一察"最后定制为"六年一察"。明代京察的举行时间受到诸如制度变更、新帝登基、天象异动和皇帝个人因素等多方面影响，南京和北京的京察时间亦存在一些差异。综合来看，可以发现明代京察制度实际是经过几代官员筚路蓝缕地艰难探索而最后成型的。

通过第三节的考论，可以发现明代京察实际是由吏部及其下属的考功司主管，由都察院及其下属的河南道襄理，并接受来自吏科的监督而完成的。各方互动体现出明代权力制衡的制度设计理念。考功司、河南道与吏科，是权力制衡的第一层，吏部与都察院的长官是权力制衡的第二层，通过两个层次的分权制衡，最终将权力集中于皇帝。

在部、院行使法定京察权力时，经常受到来自皇帝及其辅政官属阁臣和宦官的干扰。尽管阁臣和宦官实际上都没有考察京官的职责，却可以利用皇帝近侍身份对京察运行过程乃至结果施加影响。阁臣和宦官实际上也形成了互相制衡的局面。如果说前述的两层权力制衡机制相对来说是比较显性的，那么阁臣和内监实际上构成了京察过程中隐性的第三层制衡机制，但这一制衡机制发挥效用的状况远不如前两层那般稳定，而更多取决于阁臣、宦官是否受到皇帝的信赖。

既然有部、院这样的法定考察管理机构希望按照"祖宗法度"来进行京察，又有以皇帝为首的影响因素试图对考察制度正常运作施加影响，那么两者之间就难免会发生碰撞。因此笔者引入翰林官考察制度变迁的具体案例，试图揭示考察制度的法定管理机构和影响因素之间的互动情况，以及这种互动如何对京察制度的订立产生影响。翰林官的考察归属在天顺八年至嘉靖六年的 63 年间"十察八变"，每一次变动实际都牵涉皇帝、阁臣、宦官和吏部等多维度的机构与人员，这样频繁的制度更订无疑损害了制度本身及发布制度机关的权威性。在此期间，考察制度的主管机构和影响因素的主体各自维护自己的权利，无休止的纷争更多是政治力量的博弈和政治利益的交换，并未给明代的制度建设带来多少有益的启示。

明代中央文官京察制度的运行过程中有众多机构与官员参与其中，并对考察的过程和结果产生影响，本章只能就其影响较大者进行概括性举要，笔者将于后文通过更多具体的个案研究，更为系统地阐释在文官考察制度运作时相关机构和人员的职权行使情况，以期更为详细地呈现出京察制度经由上述机构和人员的权力行使和互相制衡而呈现出目前我们所看到的面相的过程和原因。

第二章

文书流转与行政决策：
明代京察的决策依据

因为明代文官考察（无论京察抑或大计）的一个基本特点是极度倚重文书流转，所以本章选择以京察时经常使用的三种文书（自陈疏、访单及拾遗疏）为切入点来研究明代的京察决策过程。[①]

明代对不同品级的京官制定了差异化的考察方式。时人称："大臣与小臣不同，出处进退自有法度。"[②] 这一"法度"，即是"四品以上及翰林院学士，例该自陈；其余各衙门堂上五品及所属五品以下等官，合照节年事例，本部会同都察院并该衙门堂上官考察，分别奏请定夺"[③]。意即四品以上官员及翰林学士在京察时的考察方式是向皇帝上呈自陈疏，静候皇帝决定其去留，而五品以下官员则由吏部与都察院共同进行堂审以考察其称职与否。因此本章对京察自陈疏与访单的研讨，实际是聚焦于明代不同等级官员"出处进退"的"法度"问题，亦即明代各级京官的京察决策因何做出的问题。

---

① 《行政管理学》中对行政决策有非常明确的定义："行政决策是指行政主体为履行行政职能所做的行为设计和抉择过程，它是公共组织特别是国家行政机关及其工作人员在处理国家政务和社会公共事务过程中所做出的决定。"（陈桂生：《行政管理学》，中国铁道出版社，2011，第 140 页）本文所探讨的考察决策机制，完全符合相关定义。明政府关于考察的行政决策，主要是指国家行政机关（吏部、都察院）及其工作人员（吏部、都察院属员）在处理国家政务（京察与大计时对官员的判决）过程中所做出的决定。

② （明）王元翰：《王谏议全集》卷 1《辅臣支吾求去援引乱真疏》，《四库未收书辑刊》第五辑第 25 册，第 11b 页。

③ （明）温纯：《温恭毅集》卷 6《京察自陈疏》，第 545b 页。

　　皇帝对自陈的裁决难免带有较强的个人主观色彩，部、院主持的堂审虽能突出重点但难以周及应考京官，因此京察结果往往很难做到全面、客观。为此，明廷规定"京察之岁，大臣自陈、去留既定，而居官有遗行者，给事、御史纠劾，谓之'拾遗'"①。希望通过拾遗对自陈和堂审处分未尽的官员进行补充纠劾，以收"除恶务尽"之效。从这个角度而言，科道拾遗是保证京察决策公正的最后一道屏障。而在京察拾遗结束之后，整个京察制度的决策过程也即告一段落。

　　毫无疑问，对于绝大多数从严酷的政治竞争中脱颖而出的四品以上高级京官来说，除非情况极为特殊，否则绝少有人会主动放弃努力数十年才得到的地位和权力。因此，京察自陈疏如何写作才能既符合朝廷规制，显得既诚心请辞而又能免于被罢黜？京察访单是广泛从京城听取舆论，并由考功司、河南道和吏科共同初步决定五品以下京官去留的文本，既然是从舆论中获取信息，就难免会有偏离事实甚至故意诬枉的情况出现，明廷对此如何应对？拾遗既然是对考察处分未尽者的补充纠劾，实际意味着对部、院考察结果的部分否定，部、院长官面对着这些对自身审判结果乃至考察公正性、考察全面性的否定，又当如何维持自身及衙门的体统？以上问题都将在本章予以解答。

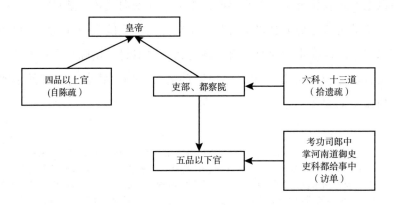

图 2 – 1　本章思维导图

资料来源：笔者自绘。

---

①　《明史》卷 71《选举三》，第 1724 页。

第一节 四品以上京官的考察：以自陈疏为中心①

如前所述，在京察之时，四品以上高级京官以自陈的方式完成考察。高级京官向皇帝上呈京察自陈疏，在奏疏中检讨自己过去在京官任上的种种不足，并明确表示出自己确实不堪任使却又尸位素餐的尴尬处境和内心纠葛，请求皇帝体谅臣子不忍有负国恩的拳拳之心将自己罢黜，并由皇帝最终亲自决定其去留。不难看出，明代京察自陈制度的运作流程实际上也就是自陈疏上呈与下达的过程。② 因此，本节以京察自陈疏作为研究对象，无疑更能反映出明廷对四品以上高级京官考察的决策依据和决策过程。

明代京察自陈疏总量极为庞大：每逢六年一度的京察时，四品以上京官人数至少超过百人，③ 而进行过自陈的京察记录近三十次，即使以最为保守的数据进行估算，京察自陈疏的总量也有约三千篇。然而现实问题在于并非所有京官都会有文集传世，即使有，也由官员（或刻书人）自主选择是否将自陈疏收入其中，因此笔者在撰写本节时校读的自陈疏原本仅有百余篇。虽然这百余篇文本在明朝历史上确实存在过的约三千篇自陈疏中所占比例确实不高，但其有着极为广泛的代表性。在时间上，从自陈制度确立不久后的正德四年（1509）至明朝即将灭亡的崇祯八年（1635），几乎每届京察的自陈疏都有涉及；在官员品级上，涵盖了自正一品至从四品所有例应自陈的京官；在官员身份上，囊括了内阁辅臣、应天府尹等绝大多数京官职位。因此，并不会因所见自陈疏样本较少而影响本节的最终结论。

---

① 本节的主要内容，参见余劲东《官员考察与君臣关系——以明代京察自陈疏为中心的探讨》，《济南大学学报》（社会科学版）2016年第1期，第21～26页。（本书中做了新的修订）有关自陈疏具体文本的案例解读，可参附录1。

② 有关京察自陈的研究，笔者目前仅见薛刚《论清代的京察自陈制度》[《长春师范学院学报》（人文社会科学版）2013年第5期，第42～46页]。尽管"清承明制"的观念被普遍接受，但两者仍存在不少差异。

③ 除在京城的内阁、部、院、卿、寺官员外，还有分散在全国各地为数众多的巡抚，以及丁忧、给假、待补但仍有京官职衔的官员和南京相应品级的官员。

京察自陈疏究其实质而言，通常是官员违心表示"认罪伏法"的文字，这种言不由衷的文字一般是羞于示人的，为何某些官员乐于将其收入个人文集之中，让后人有机会看见？京察的目的在于"汰官邪，警有位"①，与低级京官屡被罢斥不同，高级京官鲜有因自陈而被黜落的记录。一项以淘汰官员为目的的制度，为何反倒成为保护高级官员的契机？一项制度既然不能充分发挥预期作用，②又为何长期存在？本节尝试改变过往那种主要依靠典章制度类政书来研究制度史的传统模式，通过对自陈疏这一制度运行中关键文本的解读与分析，展现明代京察制度的运作实况，同时探讨明代的京察自陈制度究竟是否有效，其效用又具体表现在哪些方面。

一　自陈疏的起源与特点

京察自陈疏是京察自陈制度的产物。对京官的考察虽在明代前期断断续续有所施行，但却一直没有形成固定制度，对考察的具体方式也缺乏明确规定。因此在明代建立后的较长时间内，都没有官员因京察而自陈的先例。

明代京察自陈的最早记录起自成化四年（1468），当时言官将该年九月出现彗星这种天象归因为朝政缺失，进而上疏要求对京官进行考察黜落以回应天谴，其中便提出"两京大臣，许令自陈休致"③的建议。虽然明宪宗对言官的这项建议予以采纳并当即施行，但京察自陈并没有成为固定的制度而得以保留。④弘治十年（1497）二月，"吏部以考察京官，请会同都察院如例考察在京五品以下官……上从之。又以御史郑惟恒等奏，欲

---

① （明）曹于汴：《考察国典攸关疏》，载（明）周念祖辑《万历辛亥京察记事始末》卷2，第 258b 页。

② 当然，明代京察自陈制度究竟能否充分发挥预期作用也存在争议。如果从现代组织管理学"末位淘汰"的角度来说，即使每届京察只在数百自陈京官中淘汰一个人，那自陈制度也算有其作用，但京察自陈淘汰的官员数量非常有限则是不争的事实。

③ 《明宪宗实录》卷 58，成化四年九月己巳条，第 1180 页。

④ 《正德会典》载："成化四年，令两京文职堂上官曾经科道纠劾及年老不堪任事、才德不称职者，各自陈致仕。"见（明）李东阳等《正德会典》卷 15《吏部十四·考功清吏司》，第 157a 页。

兼考大臣，请通行两京四品以上官，令自陈。上曰：'两京堂上官不必自陈'"①。可见直至弘治年间，京察自陈仍不是固定程序。正德四年（1509）时，才于京察诏书中明确规定："堂上官四品以上，令自陈。"②自此，四品以上京官于京察时自陈才成为制度，并一直被沿用至明末。

值得注意的是：正德四年距离明朝建立已经有 140 年之久，那在之前这么长的时间里，对高级京官的考察是如何进行的呢？前文已述，在明廷前六次京察中，考察对象只是各部属员而从未涉及阁部大臣。难道阁部大臣百余年都不必考察吗？其实不然。仁宗的观点颇具代表性，其称："今五府六部之臣，朕朝夕接见，得询察其贤否。"③ 不难看出，因为皇帝与阁部大臣过从甚密，因此可以随时根据个人了解对官员加以罢黜，而无须借助制度化的京察；即使到了天顺八年（1464）确定全体京官"十年一察"之时，高级京官仍然不受京察制度的束缚。直到成化四年（1468）言官认为大臣不应超然于京察制度之外，才开始让四品以上大臣用"自陈，取自上裁"的方式来完成考察，这便有了本节所要研究的京察自陈疏。以上，是明代京察自陈建立前高级京官考察决策依据之大端：看似不考，实则无时无刻不被皇帝亲考。

作为京察自陈制度的文本载体，京察自陈疏最大特点在于极为"务虚"，这主要表现在以下三方面。

一是体例虚。几乎所有官员的自陈疏都采用相同格式：首先开宗明义地指出上呈本封自陈疏的目的和背景，其次罗列自己的仕途履历并陈述自己为官时所受到的礼遇，之后指出自己种种不适合继续为官的缘由，最后请求皇帝将自己"先行罢黜"④，"以儆有位"⑤。不难发现这种书写体例与传统的天变自陈疏、灾异自陈疏并无明显不同。其原因在于明代的京察自陈制度及其载体自陈疏，本就是在成化四年时因天变而起。朝臣之前并

---

① 《明孝宗实录》卷 122，弘治十年二月戊寅条，第 2183 页。
② 《明武宗实录》卷 48，正德四年三月己酉条，第 1092 页。
③ 《明仁宗实录》卷 5，永乐二十二年辛亥条，第 165 页。
④ （明）王廷相：《浚川奏议集》卷 10《六年考察京官自劾疏》，《四库全书存目丛书》集部第 53 册，第 592b 页。
⑤ （明）姜宝：《姜凤阿文集》卷 13《丁卯考察自陈疏》，《四库全书存目丛书》集部第 127 册，第 667a 页。

没有撰写这种特定公文的经验，只得借鉴书写天变、灾异等自陈疏的传统模式，进行京察自陈疏的书写。其先例既开，皇帝也没有明确表示反对，是以这种体例便一直被沿用。

二是用语虚。每逢京察之年，四品以上官员都数量可观，如果每位官员都撰写长篇奏疏，皇帝显然难以在有限的时间内详加阅读并予以批复，这就要求官员自陈疏的篇幅不能过长。在本就有限的篇幅当中，官员需要详细罗列有关京察自陈诏令的圣旨并写出自己的为官履历，因此能够诉说自己不职情状的文字自然很少。在这样少之又少的文字当中，官员显然难以有针对性地说出自己的"过失"所在，只能使用一些空洞无谓的词语来搪塞过关。京察自陈疏本由每位官员各书自己的境遇，并未像部门公文一样有固定的用语规范。而官员的自陈疏，不仅体例一致，用词相似度也极高。"蒲柳""涓埃""犬马"等谦卑词语，在自陈疏中被反复使用；而在行文的末尾，绝大多数官员都强调只有自己才是最应"首当罢黜"的。

三是感情虚。能够担任四品以上高位的京官包括内阁辅臣、大小九卿及都察院下属的巡抚等官，自进士入仕并晋升至以上所述职务，除某些极为特殊的个例外，大多需要至少十数年的积淀并经过多次激烈的铨选争夺。由此种途径脱颖而出的官员，极小可能会甘于放弃通过历经艰辛而获得的政治前途。因此，强令这些官员不论履任状况如何，一概上疏主动请求被皇帝罢免，显然不符合这些高级官员追求仕进的初衷。此外，在京察制度尚不完善时期，京察多次因天灾而进行，但地震、流星之类的自然现象与具体官员并无直接联系，官员却要上疏陈述天灾确因自身失德而起，这显然也非官员本意。在京察制度确定后，甚至每逢新帝登基也要进行考察，令官员自陈请辞。面对这些情况，大多官员也只能违心地请求罢斥。以上种种原因，共同造就了京察自陈疏务虚的特点。那么，明代官员是如何较为体面地书写这类极为务虚的文本的呢？

二　自陈疏的书写技巧

虽然京察自陈疏通常较为务虚，但值得注意的是自陈疏的阅读对象是皇帝本人，自陈疏必然能够为皇帝所批阅。面对浩繁的奏章，皇帝或许会选择性批复，而对京察自陈疏，皇帝必须每封都予以回应，① 否则官员便不能安心任职。以万历三十九年（1611）为例，因万历帝不及时批复自陈疏及京察有关的其他奏疏，致使"在京四品堂官、在外四品巡抚、在南京满朝大小群臣，自春往夏，青衣角带，气象萧飒，悉从变礼，非复汉官威仪"②。因此京察自陈疏虽然篇幅较为简短，但性质却格外严肃，因此官员在书写时也异常审慎。

更可注意的是明代规定大计"计处者，不复叙用，定为永制"③，在京察中被罢黜意味着政治前途的彻底终结。四品以上京官大多经历了多次激烈竞争才最终上位，尽管他们必须在自陈疏中表达乞休的意愿，却绝不表明自甘被黜。是以官员在书写自陈疏时不得不经过巧妙构思，以达到既能看起来诚心请辞，又不至于真被罢黜的目的，因此明代京官在自陈时充满了言不由衷的话语。

绝大多数官员采用了"空发议论"的书写手法。虽然在自陈疏中表示自己罪过深重以致难以继续履职，但所说内容又多属无关痛痒之事。如毛伯温（1482～1545）于嘉靖十八年（1539）自陈称："臣况行年五十八岁，落齿已三；入仕三十二年，效绩靡寸存。"④ 毛时为二品大员，五十八岁担任这一位阶并不为老，仅落三齿显然不足以证明自己年力衰弱到不能任职的地步。至于"效绩靡存"更属过谦之辞，假如毛伯温没有实际政绩，很难做到尚书这一职位，其在自陈疏中诉说的这些无伤大雅的虚言，显然难以构成其被罢黜的理由。又如海瑞（1514～1587）自陈"臣禀质庸愚，才猷浅薄；感德之情无穷，报德之才不称；言思供职，有负初心"⑤，但对自己如何"有负初心"却又只字不提。对于海瑞这样以"道德模范"闻名的官员而言，或许确实没有过犯，只得空发这类无谓议论

① 二品以上大员一般由皇帝亲自批复，三、四品官员一般由内阁循例草拟后由皇帝批复，详后文。

② （明）沈一贯：《敬事草》卷17《四催京察本揭帖》，第14a页。

③ 《明史》卷71《选举志三》，第1723页。

④ （明）毛伯温：《毛襄懋先生奏议》卷9《自陈疏》，《四库全书存目丛书》史部第59册，第605b页。

⑤ （明）海瑞：《备忘集》卷1《自陈不职疏》，《景印文渊阁四库全书》第1286册，第10b页。

以图完成考察。①

　　也有不少官员将先帝及当朝皇帝抬出用作护身之符。在本就有限的自陈疏篇幅中，列举自己的履历和"过犯"的内容都十分简略，却不厌其详地描述自己于累朝所受之恩遇。如阁臣赵贞吉（1508～1576）言："仰赖先帝圣明，察臣孤忠，罪止降用；至辛酉之秋，复蒙先帝收录。"② 一再表明自己受到先帝的厚恩。而毛伯温则言："窃念臣一介草茅，遭逢尧舜。拔自下吏，荐跻大僚；两起闲废，遭蹰华阶。且任使逾涯，备役南北，虽涓埃靡试而荣命屡颁。在廷之臣，而臣受知为深，滥恩至厚，天泽地德，糜躯难酬。"③ 都是感激先朝皇帝对自己的恩遇。表面上看，朝廷大员叩谢先帝及当朝皇帝的恩典本无可厚非，但实际意义却远不止此。一方面，这些高级官员摆出为明廷服务数十年的经历，不难显示出一种"苦劳"卓越的形象，在没有明显过犯的情况下，皇帝显然不忍将其罢黜。另一方面，诉说自己的累朝恩遇后，如果再被皇帝罢黜，岂非表明之前皇帝用人失察？不少官员便是通过这种方式搪塞过关。

　　更有甚者，在面对官场的升迁及任职危机时，借用自陈乞休的机会来表达自己继续为朝廷效力的强烈要求。如郭应聘（1520～1586）在隆庆六年（1572）自陈时说"臣年五十二岁"④，至万历三年（1575）自陈时说"臣年五十五岁"⑤，万历九年（1581）京察时说"臣年五十九岁"⑥，

① 黄仁宇认为海瑞自陈的做法是"阳求罢免，阴向管理人事的官员要挟"（黄仁宇：《万历十五年》，九州出版社，2011，第145页），这种说法并不准确，原因有三。其一，自陈疏的受众是皇帝本人而非管理人事的官员，所以海瑞不可能如黄仁宇所说"阴向管理人事的官员要挟"；其二，自陈疏的目的是乞求罢斥，所有的官员都应遵循固定的方式来书写，因此海瑞的做法不过是循例而为，并未存有要挟的初衷；其三，海瑞在万历十五年时已是掌管南京考察的南京右都御史，绝不可能自己"要挟"自己。

② （明）赵贞吉：《赵文肃公文集》卷8《自陈疏》，《四库全书存目丛书》集部第100册，第350b页。

③ （明）毛伯温：《毛襄懋先生奏议》卷14《自陈疏》，第672b页。

④ （明）郭应聘：《郭襄靖公遗集》卷1《奉诏自陈疏》，《续修四库全书》第1349册，第32a页。

⑤ （明）郭应聘：《郭襄靖公遗集》卷4《考察自陈疏》，第94a页。

⑥ （明）郭应聘：《郭襄靖公遗集》卷5《考察自陈疏》，第113a页。郭应聘此时已61岁，但在奏疏中却自称59岁，这很难说是否文集刻板时的错误。而郭应聘文集最早由其子郭良翰所刻，子为父集通常格外谨慎，同样不能接受如此明显错误的出现，因此这里的年龄误差很可能出自郭应聘本人的手笔。

突然将年龄虚报两岁。其目的一目了然：自己年不足六十，与那些六十余岁甚至七十岁以上的大员共同乞休，很难因年龄问题遭到罢斥。又如张瀚（1510~1593）在隆庆三年（1569）的自陈疏中，不断诉说自己任职两广之地的艰辛及取得的成绩，并明确表示"俞允犬马余生，实同再造"①，如果诚心求退，又为何要求皇帝"俞允犬马余生"？可见表达自己继续为朝廷尽忠的意愿才是张瀚自陈时最大的愿望。

类似以上官员自陈疏的书写方式不胜枚举。综合对这些自陈疏的分析，不难发现不少官员在书写自陈疏时很难表现出太多的真情实感，反而表露出希图留用这一较为明确的目的。一个现实问题摆在眼前，对于官员如此务虚地书写京察自陈疏这一普遍行为，明代皇帝难道并不知悉？

三 自陈疏的流转过程

京察自陈制度运作的一般程序是：京察届期时，吏部向皇帝提出京察届期的咨文，由皇帝亲自下达责令各官自陈的诏令，而后吏部利用公文传输系统，知会相应例该自陈的官员，各官员在收到通知后，立刻开始书写自陈疏并尽快送达御前。在京官员可以径自由会极门递入，② 在外履任的京官的自陈疏则一概由属下的办事吏员携带进京，这样既能确保自陈疏的保密性，也能避免因使用官方驿递系统而增加行政成本。

在自陈疏送抵御前之后，便立刻开始批复的相关程序。正如前文所述，官员的自陈疏极度务虚，而且不少官员怀着留用的意图来写作京察自陈疏，这给皇帝的批复造成了不小的困扰。某些时候皇帝甚至需要将官员的自陈疏"反过来看"，才能体会出官员的真实意图。张居正在万历初年的自陈无疑是这类奏疏的一个范本。当时张居正处于主导改革的关键时期，显然不愿离开朝堂，然而又不得不按例请求罢黜。其在自陈时称："臣性质暗昧，学术空疏，虽不敢逞小智以紊旧章，而综理剧繁力有不

---

① （明）张瀚：《台省疏稿》卷1《自陈疏》，《续修四库全书》第478册，第23a页。

② 由于明代官员自陈疏的主要内容是描述个人基本情况而非衙门职事，按照公文体例属于奏本，其相应处理方式应是由会极门传入。有关题本、奏本的差别及送呈方式，参王剑《明代密疏研究》，中国社会科学出版社，2005，第152~155页；〔日〕樱井俊郎『明代题奏本制度の成立とその变容』、『東洋史研究』第51卷第2期、1992、第175~203页。

逮；虽不敢昵私交以树党与，而老成英俊荐拔未周；虽不敢怙权势以便身图，而水旱盗贼之时闻，吏治民风之未善，徒切忧惶，一筹罔效。是臣奉职无状之明验，可见于此矣。"① 看起来在诉说自己的不职情状，而实际上却反映出自己在任上不仅综理繁剧政务、荐拔人才，同时还整肃了吏治民风，将其政绩要点夸耀无遗。另一大员万士和（1516～1586）的自陈同样如此，其自述"中无定见，每一临事，若履歧途，狐疑满腹"②，看起来是在对自己优柔寡断进行自我批评，实际上恰好说明自己在行政时既不固执己见，也不轻听轻信，而是审慎听取各方意见，这无疑是官员的重要素质；又自称"于部中职掌条例随手抄录，过目即忘"③，看似强调自己年力已衰，但作为部门长官不仅细读法规，更为了防止遗忘而将法律条文亲手抄录，这无疑说明了自己按制度履职的一丝不苟。类似的笔法在明代的京察自陈疏中层出不穷，这无疑给皇帝的批复造成了较大困难。

面对这些违心请辞的自陈疏，明朝皇帝绝不会每封都详加批复，而是结合耳闻目见并根据感情亲疏的不同而采取差异化的处分方式。结合笔者目前所见的约百篇京察自陈疏及其批复来看，皇帝仅对小部分官员的京察自陈亲拟批答，这些官员包括所有阁臣、绝大部分七卿和较少部分三品官员。如万历帝对首辅赵志皋（1524～1601）自陈疏的批答称："卿辅弼首臣，忠诚端慎；朕笃念老乘，素所倚任。虽有微疴，且晚即愈，宜益展猷。为赞成化理，不允所辞。"④ 天启帝对左都御史赵南星（1550～1627）的批复称："卿职任总宪，介直清公，宜用心甄别诸司以饬风纪，不允辞。"⑤ 崇祯帝批复户部尚书毕自严（1569～1638）自陈称："度支重任，

---

① （明）张居正：《张太岳集》卷37《遵谕自陈不职疏》，上海古籍出版社，1984，第467页。
② （明）万士和：《万文恭公摘集》卷11《礼部左侍郎自陈疏》，《四库全书存目丛书》集部第109册，第443a页。
③ （明）万士和：《万文恭公摘集》卷11《礼部左侍郎自陈疏》，第443a页。
④ （明）赵志皋：《内阁奏题稿》卷8《考察自陈疏》，《续修四库全书》第479册，第103b页。
⑤ （明）赵南星：《赵忠毅公诗文集》卷19《自陈不职疏》，《四库禁毁书丛刊》集部第68册，第593b～594a页。

卿清慎练明，克称厥职，宜益抒猷率属以裕国计，不准辞。"① 这些批复虽仅寥寥数语，但字里行间无疑表露出皇帝对臣子的宠信。

对数量较为庞大的三品、四品京官，皇帝大多简短批复"不允辞"三字而已，甚至仅此三字也并非由皇帝本人一手书写，而是由阁臣按惯例票拟并报皇帝批准。崇祯时阁臣吴宗达（1575～?）的经历较为明显地表露出三、四品京官的自陈批复从何而来。吴氏于崇祯八年（1635）正月二十六日进呈奏疏称：

> 适文书官韩赞周到阁，赍发下臣等昨票拟通政使司通政使管左参议事张绍先、左通政葛寅亮、右通政陈赞化各自陈三本，钦奉上传："这三本票拟不同，是怎么说？钦此。"臣等查得旧例，自陈官系三品者，（票）拟"着照旧供职，吏部知道"。系四品者，拟"吏部知道"。今葛寅亮、陈赞化照四品例拟；绍先虽管左参议事，而列衔通政使，照三品例拟进。臣等才识庸暗，未知有当与否，恭承明问，不胜悚惕。谨据实具揭，随原发下三本缴进，伏候圣明裁定施行。②

通过该奏议不难看出：对大部分三、四品官员的自陈疏批复，实际上有旧例可循，即按照奏疏处理惯例，由内阁票拟，司礼监批红。但这并不意味皇帝就没有看到这些自陈疏，否则便不会出现派文书官韩赞周到内阁传达圣谕之事。面对吴宗达的回复，崇祯帝仍不满意，于二月十九日再次派文书官王德化到内阁就张绍先等三人的票拟再行质疑，并要求阁臣进行解释。③ 可见虽然部分三、四品官员的自陈疏不由皇帝亲笔票拟，但绝不意味着皇帝已经完全把批复这些自陈疏的权力下放到内阁和司礼监，皇帝仍可在很大程度上在这部分自陈疏中体现出自身的意志。

无论对自陈疏的最终批复究竟是皇帝御批抑或是阁臣票拟，只要皇

---

① （明）毕自严：《石隐园藏稿》卷6《遵例自陈疏》，《景印文渊阁四库全书》第1264册，第560b页。

② （明）吴宗达：《吴文端公涣亭存稿》卷11《票拟自陈不全疏》，《原国立北平图书馆甲库善本丛书》第875册，国家图书馆出版社，2013，第602页。

③ （明）吴宗达：《吴文端公涣亭存稿》卷11《答传谕疏》，第604页。

帝最终签署意见并下发吏部报备，京察自陈的整套流程便告结束。自陈官员根据皇帝的批复或去或留，自陈疏的使命也告完结。以常理言之，自陈疏作为上呈御览的文本具有较高的保密性，这从前述官员进呈自陈疏的方式已得到印证。然而不少官员却将自陈疏附上皇帝的相关批复收入到个人文集当中。这种行为看起来是感激皇帝的隆恩，而实际上却是官员借皇帝之口达到自我标榜的目的，这或许是制度设计者和皇帝本人都未曾想到的。

结合明代皇帝对京察自陈疏的批复文字，以及将部分三、四品京官自陈疏交由阁臣代批的行为，有理由认为明朝皇帝实际对自陈疏务虚的特点已经有所了解。正因为如此，才导致他们并不愿对这一并不诚恳的文本付出过多心力，而仅是简明扼要地亲批数本以虚应故事。尽管皇帝如此漠视，却绝不意味着相关官员就敢于马虎从事：皇帝虽不会对所有文本予以亲批，但通常都会稍加浏览，万一自己的马虎自陈恰好为皇帝所注意，无疑会对相应官员个人仕途造成严重的影响。但皇帝的漠视态度也直接导致自陈制度难以达到裁汰官僚的初衷：检索明代历次的京察记录，绝少有官员因京察自陈而被罢黜。

例如自陈制度正式确定的正德四年（1509），南、北两京共计百余名四品以上京官中，仅有八人因自陈而被罢斥，且其中六人为刚刚达到自陈最低品级的四品官。① 需要指出的是，以常理言之，每项制度在初次施行时往往会格外严格，否则便难以保证其公信力。然而在严格执行自陈制度时裁汰人数尚且如此之少，其后的玩遏因循可想而知。可资证明的是：至正德十年（1515）京察时，无一人因自陈被罢斥的记录。正德十六年（1521）因自陈而被罢黜的高级官员极多，但这是阁臣杨廷和打击政敌的手段而非自陈制度的常态，② 而且在高级官员被重新洗牌的情况之下，大量需要承担具体政务的三、四品官员，即使受到言官考察拾遗仍全部被保

---

① 相关八人的罢黜情况，见《明武宗实录》卷 49，正德四年四月甲子条，第 1107 页；《明武宗实录》卷 50，正德四年五月壬辰条，第 1135 页，正德四年五月庚子条，第 1144 页；《明武宗实录》卷 51，正德四年六月戊寅条，第 1172 页。

② 田澍：《大礼议与杨廷和阁权的畸变——明代阁权个案研究之一》，《西北师大学报》（社会科学版）2000 年第 1 期，第 88～94 页。

留。① 嘉靖六年（1527）"大礼议"仍在如火如荼地进行，户部尚书秦金（1467～1544）、工部尚书赵璜（？～1532）二人虽因自陈而被罢黜，但却被给予极高的荣休礼遇。② 而在政局相对稳定、权力结构调整完毕的嘉靖十二年（1533）京察，再次无一人被黜落的记录见诸史册。其后的京察也大体延续了这种情况：例如隆庆三年（1569）京察自陈，仅有二人被罢黜；③ 万历十五年（1587）京察自陈，无一人被黜落；④ 天启三年（1623）京察自陈，仅有一人被罢黜。⑤

京察每六年举行一次，时间跨度本已很大，而且每六年仅通过这种方式罢黜极个别官员，同时高级京官除非涉及政治斗争，绝少因京察自陈而去位，这一制度对官员的约束力可想而知，京察自陈制度几乎完全未能达到其裁汰不职大臣以警醒小臣的初衷。

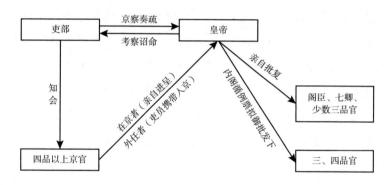

图 2 - 2　京察自陈疏的流转机制

资料来源：笔者自绘。

四　自陈疏的效用分析

以上，笔者分析了京察自陈疏文本的书写特点，探究了自陈疏上传、下达的一般过程，从而对明代京察自陈制度的运行实况做出了阐释。楼劲

---

① 《明世宗实录》卷 4，正德十六年七月己未条，第 172 页。
② 《明世宗实录》卷 74，嘉靖六年三月己亥条，第 1167 页。
③ 《明穆宗实录》卷 30，隆庆三年三月乙巳条，第 783 页。
④ 黄仁宇：《万历十五年》，中华书局，2006，第 60 页。
⑤ 《明熹宗实录》卷 30，天启三年正月辛亥条，第 1526 页。

所说对大多数京官的考察"完全是在文档簿册的往复勘核中完成"①，与明代京察自陈制度几乎完全吻合。但更为重要的问题在于：这种单纯依靠文书流转进行官员考察的做法，能否满足行政需要？

通过分析京察自陈疏的运作流程，及自陈疏书写者与阅读者双方对于自陈疏的态度，再结合自陈罢黜的结果，已不难发现由这种务虚文本所承载的京察自陈制度效用十分有限。明代考察制度最大特点在于以降黜官员为目的，从而产生"汰官邪，警有位"②的实效。但从每次京察因自陈而去位的高级官员都寥寥无几（有时甚至并无一人）的现实情况来看，③ 这一制度显然难以达到黜落大僚以警醒小臣的目的。这无疑说明明代京察自陈制度几乎呈现出一种"体制性失效"的现象。究其原因，笔者认为主要在于以下三点。

首先是缺乏时效性。一般而言，京官职位极为重要且竞争性极强，如果某一官员在任上出现明显过失，很快就会因皇帝惩治或政治竞争者的排挤而被罢黜或调任，难以维持到京察之时。此外，希望离开朝堂的官员通常会在厌倦朝政时主动请求致仕，不必等到京察时才离开，例如当时的阁臣赵志皋（1524～1601）、吴道南（1550～1623）都已确系年老病衰，同时也对继续为政缺乏意愿，早在京察之前便已"乞休书数十上"④，毕竟主动要求致仕尚能保留官员相应待遇，而一旦在京察自陈时被黜落，不仅待遇无法保留，甚至会受到相关惩处。自度难免被黜落的高级官员往往在自陈开始之前就请求休致，这使得京察的效果大打折扣。

其次是缺乏合理性。高级京官主要承担行政决策职能，而某些决策的

---

① 楼劲、刘光华：《中国古代文官制度》，中华书局，2009，第363页。

② （明）曹于汴：《考察国典攸关疏》，载（明）周念祖辑《万历辛亥京察记事始末》卷2，第258b页。

③ 京察自陈很少黜退官员的问题并非明朝后期才显现。弘治十七年，言官蓝章上疏论及考察制度缺失。吏部议覆称："又前此两京大臣有自陈休致者，俱一概勉留。（蓝）章以为不能分别淑慝，欲令再行陈请，而上自断之。夫方已勉留，而复令陈请，似于事体未宜。乞今后特加详审，于大臣贤否则访察素定，待其乞休或被劾则量为去留，不使一概得以幸免。"可见早在明代中期，就已有官员质疑京察自陈的效用。

④ （明）赵志皋：《内阁奏题稿》卷9《考察自陈疏》，第103a页。（明）吴道南：《吴文恪公文集》卷12《丁巳京察先乞罢黜疏》，《四库禁毁书丛刊》集部第31册，第469a页。

见效时间十分漫长，因此除某些明显的贪腐、渎职行为外，对其为政效果难以进行综合评估。如时任延绥巡抚余子俊（1429～1489）修筑边墙的建议在成化八年（1472）被批准，但因修墙耗费甚多，且时人"疑沙土易倾，寇至未可恃"①，对其效果持明显怀疑态度。直到十年之后，"寇入犯，许宁等逐之，寇扼于墙堑，散漫不得出，遂大衄，边人益思子俊功"②，方才显出效用，而此时余子俊早已被调离。更有甚者，在刚刚接到调令尚未正式上任之时，因为跻身京官之列而不得不进行自陈。如黄瓒（？～1534）在正德年间，刚由地方官员晋升应天府尹成为京官，③便需要按京官的规格进行自陈。对于这种无一日京官为政经验的官僚来说，因为无错可犯，要求他进行自陈显然没有任何必要。可见，明代的京察自陈制度既做不到有效衡量官员治绩，又无法保证区分度，所以也难于淘汰官员。

最后是目的性不明。令高级官员采用与低级官员完全不同的考察方式，乃因前述"大臣与小臣不同，出处进退自有法度"④。而这种"法度"的目的，一方面是维护皇帝对高级官员绝对的掌控权，另一方面也在于维持大臣的"体面"。然而，考察制度的目的本就是淘汰官僚，如果官员在考察中受到惩处，体面自然无存。既要维护皇帝的权威，又要保护大臣的体面，还要破坏这种体面，欲求三者兼顾绝不可能。综合考虑之下，自陈的效果只能是保证皇帝的权威和官员的体面，而失去考察黜落的初衷。这种目的与手段的背离无疑破坏了制度的正常运作。

除以上三点外，京察自陈制度还有若干缺陷值得注意。其一，京察自陈制度来源于一些低级言官的建议，而这些低级言官明显缺乏高层执政经验，令他们来制定一种适用于高层官员的考察制度，难以达到预期效用。其二，法律的基本要求之一在于当事者不能"自证其罪"，而明代的京察自陈制度却是要官员和盘托出自己所犯的种种过

① 《明史》卷178《余子俊》，第4738页。
② 《明史》卷178《余子俊》，第4738页。
③ （明）黄瓒：《雪洲集》卷13《府尹自陈疏》，《四库全书存目丛书》集部第43册，第179a页。
④ （明）王元翰：《王谏议全集》卷1《辅臣支吾求去援引乱真疏》，第11b页。

失，甚至没有过错的官员也不得不编造一些"看起来"合适的理由应付考察，这显然违背了这一法律要义。其三，因为自陈疏的保密性要求，官员自陈的内容无法得到来自监察系统的监督，而皇帝一旦批复且对官员表达明确称赞，言官除非甘愿承担政治风险，否则很难以再忤逆上意提出相反意见。以上各种原因，共同导致了明代京察自陈制度出现这种"体制性失效"。

在论及政治制度的效果难以达到预期时，过去往往倾向于认为制度本身并无优劣之分，只是制度执行者并未有效地行使职能才导致了制度失效。明代官员在论及京察制度时说："夫九列之内，何时无高官、何人无恩怨？若遇考察，必欲一一照顾……恐国家砺世磨钝之法不如是也。"①显然认为相关官员的徇私才是阻碍考察制度发挥预期效用的关键。通过本节的分析，我们已不难发现明代京察自陈制度的运转失灵呈现出与传统观点完全不同的面相。

明代京察自陈的直接审理者就是皇帝本人，相较普通官员而言，亲故及交游对皇帝进行公正判决的影响极小。如果主管者尽可能保证公正而京察自陈制度仍难达到预期效果，可见其失效根源不在于人的徇私枉法而在于制度本身。明代京察自陈制度寄希望于官员在道德与自律的约束下坦陈自己的过失，而有过失的官员一旦坦白意味着主动放弃自己的权力。对于绝大多数高级官员而言，选择道德或者选择权力根本不是一个难题。因此希望通过这种漏洞百出的制度来淘汰官僚并达到澄清吏治的目的，其失败的结局早已注定。

五　政治生态视野下的京察自陈疏

在呈现出明代京察自陈制度的运作情况及制度缺陷后，两个重要问题仍亟待解决。其一，为何一个看起来漏洞百出且效用甚微的制度，却能在明代中后期平稳地运行一百三十余年，甚至清代的统治者都长期沿用这一制度，直到乾隆十七年（1752）才完全废止，② 这项看起来不甚合理的制

---

① （明）汤兆京：《灵萱阁集》卷2《题科臣议察疏》，第511a页。
② 常越男：《清代考课制度研究》，北京大学出版社，2010，第119页。

度，居然平稳运作了两个多世纪，其积极意义究竟何在。其二，笔者一再强调京察自陈制度的"体制性失效"，并且已经论证过极少有官员因自陈而被罢黜，但是对于那些因自陈而被黜落的官员而言，其被罢黜的原因究竟何在。

我们固然可以认为明代政治运行中有遵守"祖制"的传统，对于"祖宗之法"，后世君主不敢轻易变更。但为何朝臣当中，不论是如张居正般以改革闻名的官员，还是如海瑞之类以清廉敢谏见诸史册的大臣，都忠实地进行着京察自陈，而从未就该制度提出过任何反对或修改的意见，就连相关的议论都难寻踪迹？①

一个可能的解释是：京察自陈制度为皇帝和臣子构筑了一条难得的信息交流渠道。诚如方志远所指出的："自明宪宗成化年间开始，明代皇帝较少视朝与面议，呈现出一种'君门万里'的状态。"② 在这种君臣否隔的情形下，皇帝难于了解全体高级官员结构的具体变化，官员也缺乏向皇帝展示自己的机会，而京察自陈制度无疑弥补了这种缺憾。

对皇帝来说，快速了解这些高级官员，向他们宣示自己的恩威并把这些"先朝老臣"转变为完全服膺于自己的"圣朝新臣"十分有必要，而京察自陈无疑提供了绝佳的机会。在明武宗正式将"六年一察"的京察制度固定后的百余年间，除新帝登基外，从未像明前期那样仅因天象异动或是制度调整而非时举行京官考察。而明武宗之后的嘉靖、隆庆、万历三帝，全部在登基之时专门进行京察。通过京察自陈，皇帝可以了解到一大批自己暂不熟悉的三、四品京官的详细履历、为政梗概，而这些官员如果年龄、机遇合适，很有可能在稍后的政局中发挥关键作用，了解这些官员的状况对于皇帝来说尤为重要。而不论是新帝登基还是按例京察，对皇帝来

---

① 必须说明的是：这些以政绩或以正直闻名的大臣虽未发声，但对于京察自陈的质疑早在自陈制度正式确立后不久便已见诸史册。只是与忠实执行自陈制度的官员相比，敢于发声质疑自陈制度有效性的官员显得人微言轻且人数较少，其意见也未能得到采纳，因此仅列举于此。如潘希曾（1476～1532）于正德十年（1515）京察拾遗的奏疏中称："近该吏部会考诸司、沙汰不职，然漏网之魁间亦有之。大臣自陈取应故事，陛下恩礼优容、淑慝未别。夫魁恶不除，何以劝善；大臣不简，何以表众？"见（明）潘希曾《竹涧奏议》卷1《公纠劾以严考察疏》，《景印文渊阁四库全书》第1266册，第760a页。

② 方志远：《明代国家权力结构及运行机制》，科学出版社，2008，第121页。

说完全可以比较体面地完成一次权力微调，即使并未罢黜任何官员，也会对臣子造成无形的威慑。通过京察自陈来保持皇权威严，确定对官员的绝对掌控，无疑也是皇帝的京察意图之一。①

对官员而言，在"君门万里"的政治生态之下，难得有同皇帝进行深入交流的机会。固然官员可以通过上呈奏疏的方式以期获得皇帝的瞩目，然而奏疏作为一种十分正式的文本，主要内容集中于描述政事、时局的状态及提出解决相关问题的意见，主要是就事论事。官员除了告病、乞休等事项外，很难将有关自己个人的具体情况向皇帝专门上疏报告。一旦上疏告病或乞休，对自己政治前途的影响不言而喻，这显然不是锐于仕进的官员所愿为之事。但京察自陈制度无疑给官员一个充分向皇帝介绍自己状况的平台。尤其对一些不为皇帝所熟悉的新晋京官而言，以公忠体国的形象进入皇帝的视野尤为重要。京察自陈制度不仅可以使这些官员的基本状况为皇帝所了解，自陈的官员还能利用这一机会向皇帝表达自己的忠心及继续为国效力的决心。因此，京察自陈作为皇帝与高级官员间信息沟通的重要渠道，同时还是君主把握对高级官员人事掌控权的制度保障，这是这一制度即使"看起来"作用有限，却能够维持长久生命力的关键所在。

总的来看，本节研究有两根主线贯穿其中。一是以明代京察自陈疏作为文本载体，对京察自陈制度的运作流程予以探析，并以此呈现出明代君王对高级京官考察时的决策依据和决策过程。二是从京察自陈制度看似"无用"却又能保持旺盛生命力的矛盾状况出发，认为京察自陈制度虽未

---

① 如嘉靖三十年（1551）京察时，兵部尚书王邦瑞（1495~1562）、兵部右侍郎翁万达（1498~1552）因自陈而被黜落，同一部门的尚书、侍郎被同时黜落在整个明代京察制度史上都可称绝无仅有。但究其原因，并非二人触犯了考察"八目"中的任何一款。王邦瑞与此时深受圣眷的权臣仇鸾（？~1552）不合而被其多次中伤，世宗因听信仇鸾谗言而对王邦瑞产生反感，使王邦瑞在京察时落职；翁万达同样是"以考察自陈不职，上谓其无奋勉効力之忠，令革职闲住"。二人皆无明显劣迹，且皆在日后被重新起用，可见皇帝在自陈时罢黜官员，其主要意图不局限于惩治不职官员，更在于树立自己的恩威。详见（清）万斯同《明史》卷272《王邦瑞》，《续修四库全书》第328册，第602b页；（明）吴瑞登：《两朝宪章录》卷13，《续修四库全书》第352册，第647a页。另可见（明）徐学聚《国朝典汇》卷137《兵部一》，第180b页。

完全实现"汰官邪，警有位"的初衷，却一直作为维系君臣关系的重要纽带在明代政治生活中发挥作用。通过对京察自陈制度的分析，不难发现：无论是该制度的运作流程抑或该制度所起到的效用，实际都从不同层面反映出当时君臣互动的实际情况。通过君臣互动来树立皇帝的威严，从而形成皇帝对文官集团的绝对掌控，才是京察自陈制度最大的意义。

第二节　五品以下京官的考察：以访单为中心①

笔者在上节以京察自陈疏文本为切入点对四品以上高级京官的考察方式及决策依据做出探析，本节同样以一种在京察时具体使用的文本——"访单"作为研究对象，来探讨明代五品以下的中低级京官考察制度的决策是因何做出、如何做出的。

所谓访单，是朝廷进行重大决策前发给相应官员征询意见的一种带有"调查函"性质的文书，其目的是广泛收集信息以保证决策合理。京察访单，便是在京官考察之前发放给科道言官的调查信函，让言官根据个人了解的信息填注相应官员的过犯实迹，以便京察主管部门决定这些官员去留。有关访单，前贤时彦进行过若干研究。王天有指出"访单由考功司密托吏科都给事和河南道掌道御史发给有关官员，由他们秘密举报"②，虽然所言无误，但访单的形式和内容、访单的作用及如何影响考察等问题仍不明确。高寿仙认为"访单并非非用不可的法定程序"，"访单不如考语作用大"③，这些观点为本文研究提供了极大启发。既然访单使用并非源于政府法令规定，但为何在京察时屡被采用，与考语并列为京察判决的重要依据？其得以存在的根源何在？又在何种程度上影响考察？这是本节研究关注的重点。

---

① 本节主要内容参见余劲东《明代京察访单之研究》，《中州学刊》2015年第2期，第130~136页。本书中做了新的修订。
② 王天有：《明代国家机构研究》，北京大学出版社，1992，第85页。
③ 张显清、林金树：《明代政治史》，广西师范大学出版社，2003，第629页。所参考部分由高寿仙负责撰写。

因京察访单并非定自令甲,所以在官方政书中难以发现有关访单的详细记载,且因访单带有档案性质而有较强的保密性,至今仅发现一件明代访单实体。① 但访单这一文本确实曾经在明代京察时被广泛使用,毕竟当时的吏部官员与科道言官屡屡提及此物。万历三十九年(1611)京察因与朝中政治斗争颇有联系,导致当时不少官员将自身被黜退归因于访单不公,进而引发出累月不休的争议并留下大量奏疏,其中屡有关于访单的议论,这为研究京察访单提供了极大便利。本节主要借助万历三十九年京察的相关奏疏,兼以在明代中后期任职吏部、都察院并参与京察的官员文集记载,试图勾勒出京察访单使用轮廓,以见较为宏观的京官考察制度在具体运行时的微观面相,同时呈现出明代国家机构之间"部台相埒,体统相维"② 的实际情况,以及明代部门间的权力制衡对于京察决策及行政运作的影响。

一 访单的源流与特点

如前所述,京察访单是在政治运行中逐渐形成的资讯收集方式而非定自法令的制度,因此其形成与发展的若干细节便稍显模糊。万历二十一年(1593)适逢京察之年,因明廷在政治运行中形成了"京察届期,台省例有陈言"③ 的惯例,万历二十年给事中吴鸿功(万历十七年进士)在例行陈言中就京察访册中不列吏部四司属员之名的问题提出质疑,希望吏部有所更正。时任吏部考功司郎中并实负次年京察之责的赵南星对此回复如下:

今奉旨再查得访册之事,原非定自令甲,顾部中相传则已久矣。往时京察年分,本部堂上官委之司官,将六年内应考察官员

① 该件访单实体,载于《圣朝新政要略》之后,记载内容为崇祯二年(1629)京察事。访单详细内容,可参(明)外史氏:《圣朝新政要略(附访单)》,《续修四库全书》第438册,第698b~712a页;有关《圣朝新政要略》的作者考辨及内容简介,见附录2。

② (明)汪舜民:《静轩先生文集》卷6《送按察使西轩陈先生朝京诗序》,第57b页。

③ (明)汤兆京:《灵萱阁集》卷2《条陈内计事宜疏》,第502a页。

亲自书写职名单，密托吏科都给事中、河南道掌道御史二臣，共为咨访，回报堂官，以故不自列名，此访单意也。隆庆以后乃有刻板访册以便博访，然亦止送科道首事二臣，复密叩其同事者所索之多寡而与之，听其转送，此今日板册之所缘始也。……以非定自令甲，故虽访单之始，亦无从察其为何年。……今刊刻遍送，意则公矣。①

赵南星的覆疏扼要阐释了京察访单的基本信息。其一，访单并非明廷京察的法定程序，而是吏部为彰显京察公正而行的权宜之计。经过发展，访单逐渐完备为访册，但访册不过是将多张访单汇成一册并刻板发放，与访单的差别在量而不在质，这也可以解释为何在明人著述中常将"访单""访册"混用。其二，访单出现的确切时间已难查考，赵南星认为当在隆庆之前，而据明人传记所载，"周津……弘治庚戌，转南京监察御史，会内察，悉心咨访"②，可见至迟在弘治年间便已有京察咨访的记录。③ 以此观之，正如京察制度一样，京察咨访也是在政治运行过

---

① （明）赵南星：《赵忠毅公诗文集》卷18《再覆前疏》，第540页。
② （明）过庭训：《本朝分省人物考》卷47《周津》，第258a页。
③ 因资料所限，无法确定此时的访单是否已具备明代后期实物访单的雏形。难做定论的原因是：明代中期或后期分发访单都称为"咨访"，虽然可以确定至隆庆、万历以后的"咨访"都确实使用了实物访单，但弘治、正德年间的"咨访"或许并不一定发放访单，也有可能是口头征询相关官员的意见。访单发展的可能历程是：为尽量保证考察客观公正，吏部最初会有选择地向尽可能多的官员询问应考官员情况，但因咨访范围越来越大，程序也因之越来越规范，最终以刻板访单代替了原有的口头咨访。
此外，既然京察访单至迟在弘治年间（或稍早几年）才出现，那么明代建立之后直到访单出现之前，中低级京官的考察又如何进行？实际上，在明代永乐至天顺年间数次京察中，中低级京官的考察管理体制相当混乱。永乐四年，不过是在朝觐考察时顺带考察北京中央机构属员，其管理体制应与朝觐考察无异，由部、院共管；宣德三年考察南京官，则是由官居三品的都察院左副都御史来管理。可见在正统之前，对中低级京官的考察实际并没有明确的管理机构，其决策也主要由若干部、院官负责。直到正统元年（1436）英宗敕谕："凡京官考察，两京各衙门属官、首领官、从本衙门堂上官考察。如有不才及老疾者，吏部验实，具奏定夺。"（见王逢年《南京吏部志》卷23《计典》，第4叶）由此才明确规定由各堂上官考察属员并报吏部验实，这些堂官开报的属员信息无疑带有京察考语的性质；正统六年，英宗将这一做法再度予以确认，成为此后京察的固定做法，这便续接了后文对京察考语的相关探讨；而访单则作为京察考语的有效补充机制来发挥作用。

程中逐渐形成的。其三，访单囊括"六年内应考官员"职名，而明廷规定"六年内应考官员"范围不仅包括在任官员，还包括"带俸、公差、丁忧、养病、侍亲及行查未报，并上年正月以后升任，及六年之内未经考察等项官员"①；可见访单开载的官员信息十分全面，几乎难有漏察之人。

二　访单的流转机制

虽然赵南星认为迟至隆庆时才出现刻板访册，但万历时访册却已成为京察中的"旧规"，因此在万历乃至明末的屡次京察中自然都能发现访册的使用记录。访册的制作需经过编纂、刻板、装订三个步骤，都由吏部考功司负责。访册的编纂由"本部堂上官委之司官，将六年内应考察官员亲自书写职名，其后，送科道刻板访册"②。因吏科都给事中和掌河南道御史是佐理京察的首要基层科道官，理应对其他科臣、道臣的在职情况了解比较全面，因此在接到吏部送达的刻板访册后，还需向考功司官员说明当前在京科道官人数。为避免作弊，考功司郎中仅根据二臣开报的科道官人数发放足额访单，即赵南星所言："复密叩其同事者所索之多寡而与之。"③ 可见刻板访册不过是在正式访册出炉之前的初稿，等吏科和河南道官员确认后才大规模印制并发放。

访单的发放工作则由吏部、都察院河南道及吏科三方负责，各方的具体工作也并不相同。吏部仅向少数至关重要的官员交送访单："十月以前，所送科道刻板访册系司官自送，不列司官之名；至十月中，送阁臣、都察院堂上官大访册，系堂官所送，始列四司之名。"④ 可见根据接收对象的不同，发送访册的时间、官员品级和内容也会有些许差异：吏科都给事中与掌河南道御史在京察中承担责任较重，因此送单较早，送单人也仅为正五品的考功郎中，且二者所收访单并不全面；而阁臣行使皇帝的秘书

---

① （明）李默：《吏部职掌》不分卷《考功二·京官考察》，《四库全书存目丛书》史部第258册，第148b页。
② （明）赵南星：《赵忠毅公诗文集》卷18《再覆前疏》，第540a页；《覆吴给事访册疏》，第539b页。
③ （明）赵南星：《赵忠毅公诗文集》卷18《再覆前疏》，第540a页。
④ （明）赵南星：《赵忠毅公诗文集》卷18《覆吴给事访册疏》，第539a~b页。

职能，都御史通常和吏部尚书共同主管京察，因此他们的访册由吏部堂官送达且更为全面；因阁臣、都御史无须注考，所以转送的时间也相对较迟。吏科和河南道则主要负责向下属的科道官送单。掌河南道御史汤兆京（？～1619）称"一切咨访、收单、会单俱臣职掌"①，凸显了河南道的职能所在；吏科都给事中曹于汴（1558～1634）称："臣谨循职掌，与（掌）河南道汤兆京分发访单，遍行咨问"②，可见是吏科负责向六科官员发单，而河南道则负责向十三道送单。

因吏部是主管京察的部门，吏部四司虽非言官但皆有填单之责。赵南星任考功郎时称："臣等至愚，叨管京察之事，竭力咨访。"③ 其后的吏部司官周宗建（1582～1626）亦言："内计六年一举，典至重大，即我皇上不自主，而委之冢臣、宪臣；即冢臣、宪臣亦不得自主，而参之考功、吏科、河南道；即考功、吏科、河南道亦不得自主，而咨之四司、六科、十三道之众。"④ 这不仅显示出咨访的对象，也阐明了主管京察的层层官员。

访单发送到言官手中后，咨访随即开始。为保证广咨博访，科道官填写访单，可凭目见、风闻，也可向相关官员暗中询问。如汤兆京称"臣所备（金明时）单，原止'贪险有病，私通贿赂'八字"⑤，有病自然无可隐瞒，为目见之事，然私通贿赂，汤则自述来自风闻。无论讯息来自目见、风闻还是咨问，填单时必须指出细节以便核实。如万历三十九年，吏部尚书孙丕扬向皇帝上奏御史金明时的访单详情时称："及查访单，有言其受总兵则几千计者，有言其受参（将）、游（击）谢以几百计者。"⑥虽然相关讯息来源不得而知，但根据言官填注的内容不难发现"指事直书"的填单原则得到了贯彻。

① （明）汤兆京：《灵萱阁集》卷2《送单始末疏》，第507a页。
② （明）曹于汴：《考察国典攸关疏》，收入（明）周念祖辑《万历辛亥京察记事始末》卷1，第258b页。
③ （明）赵南星：《赵忠毅公诗文集》卷18《覆京察拾遗疏》，第544a页。
④ （明）周宗建：《周忠毅公奏议》卷2《再申魏进忠郭巩交通疏》，《续修四库全书》第492册，第53b页。
⑤ （明）汤兆京：《灵萱阁集》卷2《送单始末疏》，第507a页。
⑥ （明）孙丕扬：《喧哗道臣疏》，载（明）周念祖辑《万历辛亥京察记事始末》卷2，第249a页。

咨访结束后，言官便结合自己风闻或亲见的内容来填写访单。但在对待访单填写的态度上，掌察主官与填单言官一直存在矛盾。一方面，由于六年之内应考人数众多，"当事者每以见闻难周，其势不得不资于廉访"①，掌察官员需通过参看访单来决定人员黜陟，故希望接收访单的官员尽量详细填注以便考察顺利进行，因此对访单有很多期待。另一方面，言官填单的热情却不高。虽说"访单秘密，难以家喻户晓"②，但能够看到已填注访单的官员仍为数不少，众人口耳相传，相关内容便很可能落入被评之人耳中，不少言官会有填单内容被人知晓而误犯权贵的顾虑。时臣徐兆魁（1550～1635）言："夫每一单，而必推求出自何人之手，则谁敢具。"③说出了言官不愿实名填单的心理动因。因此收单之时有上交空白访册的官员，亦有官员以毫不知情为由而拒不交单。

为解决这种窘境，主管京察的官员一直在激励言官如实填注访单。如掌河南道御史汤兆京便建议："在差者不得以道远鲜问为口实，略拨糠秕；待命者已经有外计与闻之往例，难容推避。"④左都御史辛自修亦上言："京官考察，关系重大，惟凭台谏、铨曹访单为据。毁誉出爱憎，是非半讹传。中伤念多、为国念少，以致彼此抵牾，公私夹杂。今诸臣务矢心无私，鉴别必求根据，留意必及孤立，然后党同伐异之风可销。"⑤但这种理想化的建言，却难以阻挡同僚间的情牵面热，因此收单的效果并不理想。

但对言官来说，消极应对咨访和填单也并非一劳永逸之举，虽然拒不填单可避免得罪同僚，但也很可能在拾遗时因未履职守而被追论，如"（嘉靖）九年大计京官，河南道职专咨访，而御史陈王道一无所报，（刘）斯洁劾罢之"⑥，掌河南道御史陈王道（1526～1576）显然就是因

---

① （明）朱吾弼：《皇明留台奏议》卷9《申明考察事宜疏（蒋科撰）》，第654b页。
② （明）汤兆京：《灵萱阁集》卷2《题科臣议察疏》，第515b页。
③ （明）徐兆魁：《揭支吾释辩疏》，载（明）周念祖辑《万历辛亥京察记事始末》卷3，第336a页。
④ （明）汤兆京：《灵萱阁集》卷2《条陈内计事宜疏》，第502b页。
⑤ 《明神宗实录》卷182，万历十五年正月甲辰条，第3395页。
⑥ （清）万斯同：《明史》卷312《刘斯洁》，《续修四库全书》第329册，第427a页。

未尽职守填单而被拾遗罢黜。有鉴于此，匿名访单便成为被科道官反复衡量之后所采用的折中方式，如此则既忠于职事，又不至影响自己的人际关系。① 但匿名访单的缺憾也很明显，"虽开列秽状满纸，莫知出于谁氏"②，官员固然可以直抒见闻，但也可以肆意行私。本来掌察者已经面临极重的政务负担，若再受匿名访单的干扰，更易心力交瘁。匿名访单虽然能保护填单言官免受打击报复，却不利于主察官员准确知晓被考官信息，虽然明廷对匿名访单屡次明令禁止，但这一问题始终未获彻底解决。如天启初年，言官尹同皋奏称："先年察单多属捏造，又单不书名，与匿名帖无异。"③ 可见匿名访单一直是考察制度的难解之困。

发单、填单之后，便可收单。值得注意的是，正如访单由吏部直接发放给吏科都给事中和掌河南道御史一样，访单的回收也仅能由此二人负责，从其他途径送进的访单，则属于"私单"④，相应私单不会进入之后的会单程序。如孙居相言："即昔年亦有人欲开单送部者，其中老成人云：'吾辈非铨部之官，私送非体。'遂止。并不闻科道（个人）有径送铨部之单。"⑤ 万历三十九年（1611）"计典发单在十月，收单在十二月"⑥，而较早的万历二十年（1592）吴鸿功同样称"阅月收单"，可见访单的填写时间通常约两个月。为了避免官员零散交单给都察院工作造成困扰，明廷规定于十二月内"约期收单"⑦，以便统一步调。长达两个月的时间间隔，目的是使言官有足够时间处理咨访事宜，从而保证访单的客观、可靠性。

---

① 明廷有"约期收单"的规定，这为填写匿名访单的言官打开了方便之门。

② （明）沈德符：《万历野获编》卷 11《考察访单》，第 301 页。

③ 《明熹宗实录》卷 28，天启二年十一月丙辰条，第 1419 页。

④ 有关"私单"的定义，御史孙居相有较精准的论述。其称："臣考国家凡遇考选、考察，吏部必发访单于科道。……其不由吏科、河南道送（还）者，谓之'私单'。私单，万历十五年明旨之所禁也。"见（明）孙居相《两台疏草》疏草《论台臣趋媚铨部疏》，第 264a～b 叶。

⑤ （明）孙居相：《两台疏草》疏草《论台臣趋媚铨部疏》，第 264b～265a 叶。

⑥ （明）金明时：《险臣贪肆疏》，载（明）周念祖辑《万历辛亥京察记事始末》卷 1，第 237a～b 页。汤兆京亦谓："臣于去年九月到京，十月即行发单咨访。"见（明）汤兆京《灵萱阁集》卷 2《送单始末疏》，第 507a 页。

⑦ （明）汤兆京：《昨见徐海石一揭》，载（明）周念祖辑《万历辛亥京察记事始末》卷 3，第 335a 页。

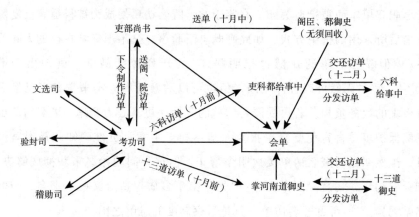

图 2 - 3　京察访单的流转机制

资料来源：笔者自绘。

三　访单的使用过程

通常明政府两京五品以下官员人数达千余人，而考察时间却仅有一天。以一天时间应对上千人的考察显然非常困难，所以准备工作都必须在事先完成。而在皇帝钦定的京察日期仅安排"过堂"一事：在京察当日，所有在京应考官员须齐聚吏部，轮流到吏部公堂当场听候自己的考察结果，并在进行简单行礼后立刻离开。吏部在过堂当日确定京察结果的重要依据之一，便是结合已回收访单而进行的会单。

会单，是将之前所收的京察访单拿出，由吏部考功司郎中、掌河南道御史及吏科都给事中三人（若访单量大，则间或有都御史特派御史一人参与）会同查看、商议，进而提出被考官员去留的初步意见。以万历三十九年（1611）京察为例，当年科道会单前后共三次。第一次是在收到访单之后，汤兆京会同协理御史乔允升，"衙门收单后即往城隍庙拆封同阅，每封编一字号"①，而后一并送往堂官处存放。编写字号的目的在于证实此访单确为本衙门按期收纳，防止收单日期截止后仍有捏造的私单送进；而选择在城隍庙拆封，既是为了避人耳目，也是取神明在上、不敢欺罔之意。第二、三次科道会单通常在京察前数日进行，如万历三十九年钦

① （明）汤兆京：《灵萱阁集》卷 3《题诸臣议察疏》，第 525a 页。

定三月二日京察，汤兆京称："二月二十五日会单，（臣）与科臣、考功已共注处。二十八日次会，复商订不移。"① 其所指便是后两次会单。会单的具体做法是将访单放置于一桌之上，而后由佐察之臣共同查看，即所谓"四人拱对，八目阅单"②，以显示公正和郑重。若在会单之时对访单填注的结果存疑，三臣还可向相关官员进行询问。如万历四十五年（1617）京察时，掌河南道御史徐绍吉（嘉靖三十二年进士）称："臣以吏科与其事，发单咨访，见（王）之寀事迹累累，赃私狼藉，臣因往问刑部尚书李鋕，答云：'此人极是贪横。'又往问吏部尚书郑继之，答云：'此人官本不职。'"③ 在对王之寀（？～1625）处理意见不一时，吏科既询问王之寀的堂官，又询问吏部尚书，可见会单时并不单纯查看访单填注情况，还尽可能地核实。科道官在京察前的反复会单意在为部、院长官充分做好考察的准备工作。吏部尚书和都御史分别主管全国的人事和监察，而京察即便很重要也不过是他们众多职能中的一项，部、院长官显然难有心力周知相关事宜，因此必须令基层官员通过会单的方式得出初步处理意见，从而减轻工作负担，同时也避免权力过于集中，以期保证考察结果的合理性。

　　针对科道会单结果而进行的最终裁定，通常安排在京察前一日。因保密需要，吏部官员通常在京察前几日便住宿在吏部内，都察院都御史虽同样是主管京察的官员，但毕竟衙门不同，故仅在考察前一日赴吏部住宿以便主察。而都御史的宿部，则正好便利了掌察官员的会同裁定。能够参与终裁的皆为主察大员，如万历三十九年（1611）终裁参与者共五人，实与其事的吏部侍郎王图（1557～1627）称其为"十目十手，指视昭然"④，可见其严肃性。除王图外，另四人分别为吏部尚书孙丕扬、侍郎萧云举、都察院左副都御史许弘纲，考功司郎中王宗贤因参与科道会单而对相关状况多有了解，故也需加入终裁以便介绍

---

① （明）汤兆京：《灵萱阁集》卷 2《参邪臣阻挠察典疏》，第 508b 页。
② （明）曹于汴：《考察国典攸关疏》，收入（明）周念祖辑《万历辛亥京察记事始末》卷 2，第 258b 页。
③ （明）顾秉谦：《三朝要典》卷 5，《四库禁毁书丛刊》史部第 56 册，第 72b～73a 页。
④ （明）王图：《乞恩怜放疏》，收入（明）周念祖辑《万历辛亥京察记事始末》卷 2，第 268a 页。

或答疑。副都御史许弘纲（1554～1638）自述其参与会单时的情形称："比太宰出一折于袖中，已注'不谨'矣，臣等四人商确移时，始改'浮躁'。"① 除孙丕扬外还有"臣等四人"，也可印证参与终裁的人数状况与王图所言相同。

万历时言官徐兆魁称："河南道惟专咨访、采公评，定去留、酌轻重，则部、院堂上老先生任也。"② 大体说出了科道会单和部、院终裁的本质区别。经过评定去留和斟酌轻重这两套程序，官员处置便已敲定，并将在次日过堂时公布。终裁之时，部院大臣可以对部分争议较大的官员进行商酌或是对力大援多之人予以调护，前引许弘纲之言即可印证：经过商讨，将金明时的处分由不谨改为浮躁，相应的处分便减轻不少。但一般而言，因京察被目为"天鉴在上，清议在下，国法在前，青史在后"③ 之要事，面对来自各方的压力，部院大臣通常不会冒险对科道会单结果做太大改变，诚如汤兆京所言："倘单开有据，咨访相同，即部院不敢枉纵人。"④ 会单的严肃性可见一斑。总的来看，会单最大的作用，是指出某些劣迹特别显著的官员，为部院会核提供比较有针对性的参考依据。

过堂宣判后，部院大臣会连夜赶造京察结果文书，呈皇帝御批，访单至此基本使用完毕。但为避免日后拾遗时无据可依，并不立即销毁访单，而是送吏部存档。访单一经封存便不可随意取出，万历三十九年因部分官员考察结果存在争议，汤兆京请求万历帝"敕下九卿会议，指名出单"⑤。需要通过九卿会议才能查验京察访单，不难想见取出封存之单的困难程度，这凸显了访单保密工作的严谨，也是出于保护填单言官免遭报复的考量。

① （明）许弘纲：《烦嚣日甚心迹当明疏》，收入（明）周念祖辑《万历辛亥京察记事始末》卷3，第308a页。
② （明）徐兆魁：《揭支吾饰辩》，收入（明）周念祖辑《万历辛亥京察记事始末》卷3，第333b页。
③ （明）吴亮：《万历疏钞》卷22《钦奉圣谕恭陈下悃疏（杨时乔撰）》，《四库禁毁书丛刊》史部第59册，第221b页。
④ （明）汤兆京：《灵萱阁集》卷2《科臣议察疏》，第510b页。
⑤ （明）汤兆京：《灵萱阁集》卷2《科臣议察疏》，第510b页。

四 访单的互动机制

经过以上论述，不难发现访单在低级京官考察决策中的重大作用，万历中期吏部尚书陆光祖（1521～1597）所言"今部院所据以考察者有二：曰'考语'，曰'咨访'"①，并不夸张。但比陆光祖稍早的吏部尚书张瀚对访单的功能却颇不以为意，认为"京考，旧例全凭咨访，多系浮言，未足为据"②，认为只有利用考语才能更有针对性地考察官员。

所谓考语，是每逢京察年份由各衙门堂上官对各自属员书写的评价。科道官员通过咨访得来的讯息填写访单，可能有失偏颇或不够全面；而堂官与属员同在一个衙门工作，对属下的了解自然比较真切，只要堂官愿意如实对属员进行评价，考语的可靠程度是远超咨访的。明代考语使用由来已久，起初主要用于对地方文官的考察，其使用令官员评判更加客观，时人称"外官之考斥者，十常得其八九，何也？有所凭据（考语）故耳"③，因此这一经验也被推广用于京察。《大明会典》载："隆庆元年议准，先期三月，吏部并南京吏部咨札各衙门堂上、掌印官，将所属但在应考数内者查取考语，务要或贤或否明注实迹，类送部院，以凭面议酌处。"④ 虽不确定考语在隆庆之前京察中的使用情况，但可以肯定至隆庆时京察考语已成定制。

与在京科道言官人手一本访册，且可以消极对待访册不同，考语以衙门为单位采集并必须按期上缴。每逢京察届期之际，明廷要求各衙门堂官

---

① （明）陆光祖：《计吏届期敬陈饬治要务以重大典疏》，载（明）陈子龙等辑《皇明经世文编》卷374，《续修四库全书》第1660册，第602b页。

② （明）张瀚：《松窗梦语》卷8《铨部记》，中华书局，1985，第147页。此外，郭谏臣认为："京官考察，则既无考语之可据，而惟采访于一时之风闻。"但根据京察运行的实际来看，这种"无考语可据"的说法存在明显的夸大。见（明）郭谏臣《鲲溟先生奏疏》不分卷《应诏条陈铨曹事宜疏》，哈佛燕京图书馆藏清康熙五十二年（1713）刻本（下皆同此本，不再赘述），第9b叶。

③ （明）郭谏臣：《鲲溟先生奏疏》不分卷《应诏条陈铨曹事宜疏》，第9b叶。

④ （明）申时行等：《大明会典》，《续修四库全书》第789册，第224a页。另据万历初年吏部尚书张瀚自称，京察中查取考语之例是由他于万历二年（1574）提准议行，见（明）张瀚《松窗梦语》卷8《铨部记》，第148页。

将属下情况"或贤或否，务要注实迹考语"，并篡造揭帖呈送部院。此外，"注考之后，或别有闻见，临时与部院面订，不妨异同"①，可见考语呈报与补充机制的完善程度。相对于由基层官员任事的"会单"，考语可直接由部、院大臣面相商订，可见其规格之高。但因某些现实因素影响，本当在京察中发挥主要作用的考语却往往难以达到预期效用。各堂官虽然与僚属朝夕相处而所见颇真，但因京察直接关系到官员政治前途，长期被时臣目为"任怨"之事，一些堂官因害怕担怨而不从实注考，而是一概给予好评。明廷虽然屡次申饬考语应当据实填注，但堂官依然"开报考语，多标榜溢美之词"，导致"贤否之揭帖，只为市恩者之圣书"②，可见考语起到的效用某些时候实在难尽如人意。正因为考语的种种不足，咨访的重要性才格外凸显。万历时都御史温纯（1539~1607）欲乞求辞归，万历帝以"考察咨访势期迫近，卿屡疏求退"③ 对其进行诘责，可见皇帝也对考语丧失信心而对访单格外看重。

考语和访单，都是通过广咨博访的手段来实现维护考察公正的目的，而访单实际上也确实在某些时候弥补了考语缺位所造成的不良影响。如万历二十一年（1593）京察，"虞淳熙等三人，吏、兵二部司属，而访单有议，科道据以纠拾"④，即是在考语不注差评的情况下用访单进行补充的案例。咨访与考语很难分清孰优孰劣，咨访委之与举报人并无太多交集的言官，理当较为客观，但"咨访诸臣，平时漫不加意，时至事迫，道听一言信若符契"⑤，准确性不能保证；考语委之堂官，"夫庶官之贤否，惟各衙门之亲辖者知之为最真"⑥，准确性固然毋庸置疑，但在实际操作中，

---

① （明）施沛：《南京都察院志》卷35《内察查取各衙门官员贤否札河南道及案令经历司行贵州道造揭帖》，第313b页。
② （明）吴亮：《万历疏钞》卷22《陈末议以裨考察以励庶官疏（史朝铉撰）》，第214b页。
③ （明）温纯：《温恭毅集》卷6《恳乞圣恩怜允休致以便生还疏》，第535b页。
④ （明）文秉：《定陵注略》卷3《癸巳大计》，北京大学出版社，1984，第648页。
⑤ （明）陆光祖：《计吏届期敬陈饬治要务以重大典疏》，载（明）陈子龙等辑《皇明经世文编》卷374，第603a页。
⑥ （明）吴亮：《万历疏钞》卷22《陈末议以裨考察以励庶官疏（史朝铉撰）》，第214b页。

某些堂官为图省事"每寄耳目于所属，为人所误而还以自误"①，因此考语的客观性相对欠缺。

考语和访单通常交互使用。崇祯初年户部尚书毕自严有关访单和考语的交互使用的一段记载，大体明晰了二者的配合机制。其称：

> 今岁当六年计吏之期。臣备员司农，仰体皇上式序至意，凡司属之奉职无状者，必详加体访。果官箴有玷、公论共弃者，即开送吏部，黜降有差。矢公矢慎，不敢以一毫爱憎喜怒参于其间。亦有臣部未及开送，而考功、吏科、河南道据单款以察处。凡以肃清吏治，共赞黜幽大典而已。不意有臣部四川司主事刘鼎卿者，险肆咆哮，大可异焉。鼎卿居身不简，物议久腾，只以曾参论张我续，便自恃为护身之符。臣咨访时，② 业熟知之心口自语。……其开送吏部议处司属揭帖，原无鼎卿职名也。及二月十五日，吏部考察事完，约五府六部入部画题，臣见册内有鼎卿名。询之，则曰："此据单款议处。"③

首先，户部尚书毕自严根据个人向户部其他属员征询的记录，填写考语送呈吏部以备考察议处，尽管毕自严亦知晓其属员刘鼎卿为政有瑕疵，但在送呈吏部的考语中并未对刘鼎卿给予恶评。京察的结果是刘鼎卿被罢黜，但填写考语的毕自严因未予刘恶评，因此得以知晓刘鼎卿被罢黜的原因在于名列访单，经过核实，其猜测与事实完全吻合。结合这一案例，可见访单的使用在某些时候弥补了考语的缺位造成的不良影响。

而在考察决策中以何者为重，则需视具体情况而定。万历时都御史陈有年（1531～1598）称："维时（吏部）尚书温纯、侍郎邓以瓒与臣及金

① （明）毛堪：《台中疏略》卷 4《京察条陈疏稿》，《四库禁毁书丛刊》史部第 57 册，第654b 页。
② 此处的咨访，并非发单咨访，而是堂官口头向亲信所行的咨访，与访单无关。
③ （明）毕自严：《度支奏议》卷 4《参司官刘鼎卿饰辩扰察疏》，《续修四库全书》第 483册，第 151a 页。

都御史朱鸿谟相与查据考语、参以体访,从公评陟,拟议去留。"① 此处所论"维时",结合参与者的履职情况来看,当是部院大员的终裁,此时据以考语,参以体访,是强调考语的全面性。而在某人被拾遗论劾时又称:"臣据河南道报,无访单;及查南京工部考语,无贬词。"② 先访单而后考语,则是因拾遗针对性较强,而针对性正是访单之所长。可见何时以访单为主、何时以考语为本,是根据行政时的实际情况不断调整的,不可一概而论。

总而言之,考语与咨访是互为补充的。因考语开列得非常详尽,将本部所有应考官都纳入其中,因此其全面性远胜咨访;但是咨访针对某些劣迹斑斑的官员指名书事,有较强的针对性,反而比密密麻麻罗列官员职名的考语揭帖更能引起主察官员的注意。两者相互配合,共同保证京察的准确性和客观性。

五　从访单看明廷制度设计的特点

在进行过以上论述后,不难发现京察访单在京察各环节所发挥的作用。以万历三十九年(1611)京察为例:在京察准备阶段,访单的作用是博采众闻,如当年曹于汴和汤兆京都宣传自己"遍行咨问",其目的就是尽可能地了解应考官员的不法事迹,以便处置;在"咨问"结束之后,即通过反复会单来讨论官员的去留情况,如当年的会单便进行了三次,还选择在城隍庙举行,不难想见其郑重程度。科道会单决定出应黜落人员后,由吏部和都察院堂上官来决定处分轻重,但部院的终裁也不敢马虎,如当年为金明时一人的访单便商确移时,③ 这其实代表了对言官行政监督权的尊重。而在当年处分有争议的时候,吏部尚书和言官等人都要求"指名出单"以便核实,可见访单的作用实则贯穿了京察的所有重要阶段。

但访单的缺憾也很明显:虽然发放访单的初衷是尽量保证考察公正,

---

① (明)陈有年:《陈恭介公文集》卷4《南院救吏部司官疏》,第700a页。
② (明)陈有年:《陈恭介公文集》卷4《南院救吏部司官疏》,第700a页。
③ (明)许弘纲:《烦嚣日甚心迹当明疏》,收入(明)周念祖辑《万历辛亥京察记事始末》卷3,第308a页。

然其填写的内容却常靠风闻而来，这就容易导致"科道风闻而弹劾，因以不真；铨曹误听而黜陟，因以欠当"① 的情况出现。万历三十九年（1611）京察时，被黜落的官员便以言官因风闻而填单来质疑考察的公正性，同时，匿名填写访单的情况屡禁不止，有的官员甚至拒不交单，如当年御史乔海石便自述将"封册不与兹事"②，这极大限制了访单作用的发挥。此外，"京官之有访单者凡数百人，据所闻开列，人人宜黜"③，访单数量巨大，虽保证了考察公正，却以牺牲行政效率为代价。明代实际已有官员发现访单使用过程中的诸多弊端，且建议"京察年分不必分单咨访，许部、院、各寺纠核各属以备考察"④。但正如赵南星论及访单时所言："事未善也，然继之者亦不敢改，恐人之议其私也，今遂为行私之政矣，盖作法之难如此。"⑤ 任事者往往因害怕承担责任不敢对弊政有所更张，故终明之世，与访单有关的缺憾亦未获得妥善解决。

回顾京察访单，我们不难发现它和不少其他政治制度一样，是在政治运作和机构互动中产生并不断完善的。因考语的缺位，访单应运而生；因京官人数本身较多，且随着时代的变迁官僚机构日益扩大，访单又发展成为访册。更为重要的是，访单其实具有双重功能，一是与考语进行互动，令言官对官员广泛进行监督，尤其是将高级官员的行为置于低级言官的监督之下；一是通过基层官员会单拟定被考察官员的去留，而高级官员决定处分轻重，避免了权力过度集中导致的腐化现象。以上种种，正是明代国家权力运行机制中"大小相制、上下相维"⑥ 的一个缩影，同时也是部门之间互相制衡的具体表现。

从京察访单中，我们也能发现明代政治制度设立的路径问题。洪武定

---

① （明）胡世宁：《胡端敏奏议》卷1《陈言时政边备疏》，《景印文渊阁四库全书》第428册，第561b页。

② （明）汤兆京：《河南道御史汤兆京揭》，载（明）周念祖辑《万历辛亥京察记事始末》卷3，第335b页。

③ （明）赵南星：《赵忠毅公诗文集》卷18《拾遗回话疏》，第546a页。赵南星所言京官访单有数百人的情况绝不夸张，附录2所载访单上即名列数人。

④ （明）邹元标：《邹忠介公奏疏》卷2《敷陈吏治民瘼事宜疏》，《续修四库全书》第481册，第49b页。

⑤ （明）赵南星：《赵忠毅公诗文集》卷18《再覆前疏》，第540b页。

⑥ 方志远：《明代国家权力结构及运行机制》，第6页。

制时，朱元璋虽希望将制度设计得尽可能合理，但政治运行中却难免出现新的问题，制度也随之不断被调整。朱元璋时期，因官员更替迅速，易对处于辇毂之下的京官进行监控，因之定期考课的需求并不强烈；而随着承平日久、官员久任，考察京官的重要性日益显现，这才有了京察制度。因京察制度针对的主要是中央官员，而中央官员往往不像地方官员一般有实际政绩可在短期内得到有效评估，因之京察制度是缺乏可供借鉴的经验的，所以只能在针对地方文官的"三年大计"中寻找范式：地方官员由长官开报考语，于是便有了京察考语的出现；咨访之例早以御史巡方的形式在地方施行，抚、按之臣上报的官员贤否揭帖与京察访单同样没有本质区别。但从地方借鉴施政经验却有着不可回避的问题，即将地方制度中的弊端也一并吸收：如地方官员填注的考语骈四俪六，颇多溢美之词，京察考语亦然；抚、按之臣虽然上呈考察揭帖相对公正，但凭一人之力难于了解一省或数府之情，揭帖难免得言于风闻，这在京察访单上表现得同样明显。

此外，虽然京察在不断完善中逐渐形成制度，但京察访单却未被定为令甲，因此每逢京察，有建议不必发单咨访之臣，如吏部司官邹元标（1551～1624）即建议："京察年份，不必分单咨访。"[1] 亦有建议将访单内容进行调整之人，如万历三十九年（1611）京察，"给事中王某教太宰访单当列四款：云淮上之党、东林之党、顾李之党、王元翰之党，令人填注，太宰行其说"[2]。正是因为京察访单没有形成制度，才导致众说纷纭。这既对官员缺乏法律上的约束力，也容易使人情等主观因素对行政效果造成影响。不论京察访单还是大计考语都逐渐务虚，可见将有效考察官员的希望寄托在官员群体的集体自觉上是不现实的，唯有不断加强制度建设、细化各项指标，才是保证明代国家机器有效运行的关键。

虽然本节主要研究京察访单，但值得注意的是，除京察之外，访单也在明代不同的场合被反复使用：若有朝政大事需要进行廷议，或有朝

---

① （明）邹元标：《邹忠介公奏疏》卷2《敷陈吏治民瘼事宜疏》，第49b页。
② （明）叶向高：《蘧编》卷4，第596页。

中大员需经会推，时常先发放访单征求朝中主要官员意见；而针对知县、推官所行的科道考选，也屡有访单的使用记录。对于名列访单一事，当事人也会有不同的看法。如王世懋在给友人的书信中言"昨驻汀郡，睹考选访单，见尊名衮然，则不胜喜悦"①，在科道考选之中被列名访者，会被时人视为升迁有望而满怀欣喜；而一旦名列京察访单则会引起当事人的恐慌，因为这意味着有被免官的可能。总之，访单是明代不少行政决策中的重要一环，若能对宏观政治运行中的微观环节进行细致研究，将有利于在生硬的制度条文之外，发现更多政治制度运行的实际轨迹。

第三节　京察公正的保障机制：以拾遗疏为中心

在自陈疏和访单使用完毕后，京察处分结果即已初步敲定。然而通过以上方式得出的初审结果却并不全面、准确、公正。因为无论是皇帝、吏部尚书、都御史，抑或是进行考察基层决策的考功司郎中、掌河南道御史和吏科都给事中，在进行京察决策时都难免受到个人主观因素的影响，这极有可能导致考察结果有失公平。为防止因此而造成的消极影响，京察拾遗制度便应运而生。《明史》称："京察之岁，大臣自陈，去留既定，而居官有遗行者，给事、御史纠劾，谓之'拾遗'。"②嘉靖时辅臣桂萼（？～1531）称："（考察）命下之后，科道官仍查应黜未尽者会本弹劾；吏部斟酌去留，取自上裁，名曰'拾遗'。"③综上可知，虽然四品以上和五品以下京官有不同的考察方式，但在京察处分结果公布后，只要身有过犯的官员侥幸留任，无论其品级高低，南、北两京科道官都会共同对其进行补充纠劾，其目的在于提醒皇帝对这些官员是否适合留任再度斟酌，以防止劣迹官员继续混迹于清流之列，这种纠劾便是本节所讨论的"拾遗"。

①　（明）王世懋：《王奉常集》卷47《答杨晚吾》，《四库全书存目丛书》集部第133册，第680b页。
②　《明史》卷71《选举三》，第1724页。
③　（明）桂萼：《文襄公奏议》卷6《申明考察疏》，《四库全书存目丛书》史部第60册，139a页。

不难看出，究其实质而言，京察拾遗实际是对部、院考察结果进行某种程度的否定。那么，面对这种公开否定自身考察结果的做法，部、院长官将如何进行辩白？在部、院长官的考察与科道言官的拾遗出现冲突时，究竟是下级服从上级，科道服从部、院，还是无论职级尊卑，一律以确保考察公正为要？

和田正广《明清官僚制の研究》① 专题讨论大计拾遗、奏辩的相关情形，为笔者进行京察拾遗的研究提供了启发；林丽月《阁部冲突与明万历朝的党争》② 从政治史视角对万历二十一年（1593）京察拾遗的状况进行概述，但偏重于拾遗的政治意义。拾遗作为京察制度运行过程中的重要环节，是确保京察公正的最后一道屏障，其意义十分重大。为此，本节将从制度史和政治史结合的视角，通过研究明代各级官员围绕京察拾遗而展开的角力，尤其是前人较少关注的京察拾遗与奏辩情况，来探讨京察拾遗的决策与运作机制。

一　拾遗制度的文本载体：以拾遗疏为中心

京察拾遗的有关规定早在天顺八年（1464）便已基本完备："凡考察有诬枉者，许科道官指实劾奏；南京考察不公者，许南京科道官劾奏。"③ 在此政令发布后的百余年间，虽然京察时间间隔、官员考察归属及考察方式经常出现变更，但京察拾遗制度却基本维持稳定。京察拾遗制度能够保持长期稳定，其原因在于制订京察拾遗的相关细则时参考了大计制度运行过程中积累的经验和教训，因此不必进行过多的"试错"。

正如自陈与咨访主要依靠文书流转来实现制度运行，京察拾遗亦是如此：科道官进行京察拾遗的具体方式是向皇帝上呈京察拾遗疏。按照行政惯例，拾遗由负责考察基础事务的吏科、河南道长官分别领衔，全体在京科道言官以各自衙门名义共同上疏纠劾，如万历二十一年（1593）的京

---

① 和田正广『明清官僚制の研究』第十一章『朝覲考察制度下の奏辯』、407－430 頁。
② 林丽月：《阁部冲突与明万历朝的党争》，《台湾师大历史学报》1982 年第 10 期，第 123～141 页。
③ （明）申时行等：《万历会典》卷 13《考察通例》，第 226a 页。

察拾遗疏便是由"吏科等科都给事中等官李汝华等题、河南等道掌道事浙江道监察御史刘士忠等题"①。全体科道官一同公疏拾遗，其严肃性和公正性不难想见。一般情况下，京察拾遗公疏由南、北两京科道衙门各自上呈。

　　与其他考察相关文本类似，京察拾遗疏的书写也需遵循固定格式。通常开篇明义地指出"题为公纠劾以严考察事"②，以表明上呈此疏的意图，此后便逐一罗列被弹劾官员的有关信息。因为明代针对考察不公有"指实劾奏"的规定，所以科道言官在拾遗时必须明示被拾遗官职名并详细开列其犯罪事实。如正德年间言官孙懋（1469～1551）等拾遗称："太仆寺寺丞今丁忧某某，尝历属县，索取群长分例，每处进银各计百余；南京户部河南司郎中今升都匀府知府某某，反目闺门，贻羞里巷，妄见雠于同列。"③ 又如万历三十三年言官郑明选（万历十七年进士）等拾遗南京兵部武库司郎中邵鏊等三人，同样列举每人罪状多达数百字。④ 在进行以上论劾之后，言官需向皇帝表明拾遗相应官员是出于科道官的本职而非个人私怨，并敦促皇帝早做决断以肃清吏治。以上是京察拾遗疏书写的一般程序。京察拾遗疏在书写完毕后的进呈，标志着整套京察拾遗制度运作的正式开始。

二　拾遗制度的运转机制：以万历癸巳（1593）京察为例

　　虽然科道言官联合书写并进呈拾遗疏是京察拾遗时必不可少的环节，但若仅凭拾遗疏显然不足以呈现京察拾遗制度的运行全貌。因为

---

① （明）赵南星：《赵忠毅公诗文集》卷18《覆京察拾遗疏》，第543b页。

② （明）潘希曾：《竹涧集》卷1《公纠劾以严考察疏》，第760a页。与潘希曾所处时代相近的言官孙懋在其文集中所收录的京察拾遗疏与潘希曾所撰并无二致，可见这是京察拾遗疏的书写惯例。见（明）孙懋《孙毅菴奏议》卷下《公纠劾以严考察疏》，第344b～345a页。

③ （明）孙懋：《孙毅菴奏议》卷下《公纠劾以严考察疏》，第345a页。虽然明人文集中收录的拾遗奏疏中的人名，皆用"某"或"某某"来代替，如本处引文中"太仆寺寺丞今丁忧某某、南京户部河南司郎中今升都匀府知府某某"，但这仅是文集编订者为了避免后世纠纷而做的刻意修正，并非当时科道拾遗疏的原貌。相关奏疏的详细考辨，见附录3。

④ （明）郑明选：《郑侯升集》卷27《为循旧例拾遗奸以赞计典事》，《四库禁毁书丛刊》集部第75册，第479a页。

科道拾遗不过是提出问题，关键在于解决科道拾遗所提出的问题。为明晰该制度的运作实况，笔者试以吏部考功郎赵南星于万历二十一年（1593）进呈的《覆京察拾遗疏》为中心，结合其他背景资料，对京察拾遗制度的详细运行情况予以阐释。笔者在众多京察拾遗案例中选取此年京察为例进行探讨，原因有二。一是本次拾遗留下的原始资料较多，为了解当时实况提供了足够素材；二是本次拾遗涉及非常复杂的政治斗争，实际是政治史与制度史结合的翔实个案。该奏疏摘要如下：

> 吏部题。为纠拾庶僚遗奸以裨大计事。
>
> 考功清吏司案呈。奉本部送吏科抄出。吏科等科都给事中等官李汝华等题云云，等因；又该河南等道掌道事浙江道监察御史刘士忠等题云云，等因。俱奉圣旨："吏部知道。钦此钦遵。"
>
> 通抄到部、送司……看得……李汝华……刘士忠等，各纠拾本部稽勋司署员外郎事主事、今养病虞淳熙，兵部职方司郎中、今养病杨于庭，主事袁黄，均当罢斥，各一节……
>
> 臣等至愚，叨管京察之事。竭力咨访，未能一一真知。……今台省诸臣所纠拾者，臣等亦不敢自欺而行其所疑。吏部稽勋司署员外郎主事虞淳熙……此三臣者虽皆郎署小臣，但事干大典，尤宜慎重。且袁黄奉旨赞画征倭，去留出自朝廷，臣等未敢擅便。伏乞圣裁。①

从首句可以看出赵南星进呈此封奏议的背景：科道官在得知本次京察处分结果后依据惯例"纠拾庶僚遗奸"，而吏部则对此给予回应。是年京察时间为二月初一，② 科道官拾遗疏进呈在二月十一日，③ 可知科道官的做法完全符合"考察所遗及自陈幸留者，科道官方行纠拾"④ 的官方

---

① （明）赵南星：《赵忠毅公诗文集》卷18《覆京察拾遗疏》，第543b页。
② 《明神宗实录》卷257，万历二十一年二月丙戌条，第4775页。
③ 《明神宗实录》卷257，万历二十一年二月丙申条，第4783页。
④ （明）赵南星：《赵忠毅公诗文集》卷18《停论劾以重大典疏》，第543a页。

规定。

第二段透露的重要信息有二。一是皇帝并不直接处理科道官的京察拾遗疏，而是发往吏部，由吏部官员提出初步处理意见。这完全符合行政逻辑：每次京察被拾遗官员众多，对于五品以下被拾遗的官员，皇帝可能从未谋面，自然难以做出准确判断，所以在接到科道拾遗疏后，合理做法显然是不直接处理并转发吏部，最后批复吏部的议覆。二是科道官在本次拾遗时严格按照既有规定，以各自衙门的名义进行公疏纠劾而非以个人名义论劾官员。这不仅可以将京察拾遗和寻常论劾区分开来，也可以解释为何赵南星在覆疏中仅列出领衔的吏科和河南道长官职名。

从第三段可以看出：不论是现任京官，如袁黄（1533～1606），还是现已去位的京官，如虞淳熙（1553～1621）、杨于庭（万历八年进士），两者皆名列拾遗疏中，这也是符合拾遗规定的。① 此外，明廷对拾遗奏辩的规定甚严，因此不论科道官的论劾是否属实，被论劾的虞淳熙等三人都不得自我辩护，如此一来即使被拾遗的官员当中存在冤假错案也无法纠正。

为了避免正臣受诬的问题出现，才有了第四段赵南星指明虞淳熙等人为政实迹并为三臣辩护的内容。赵南星首先指出做出这一决定前"竭力咨访"② 的事实，解释了吏部在京察时未对虞淳熙等人给予处分并非失察，以开脱部门责任。之后详细罗列吏部了解到的相关情况并指出吏部不处置三臣的原因在于："虞淳熙澹素虚恬，博通玄览，臣等以为奇士；杨于庭少有才誉，志慕贤豪，锐于任事；袁黄文藻著名，当官

① 在京察时应当被考察的官员包括"见任、升任、降调、丁忧、养病、侍亲、公差、给假、给由"等官。见（明）施沛《南京都察院志》卷35《内察查送官员履历册咨》，第296a 页。

② "竭力咨访"四字，初看平淡无奇，但若结合制度运行的实况便可领会其中深意。虽然吏部考功司也会参与咨访工作，但咨访并非考功司的主要职责。按照考察惯例，在咨访中应当出力最多的恰是吏科和河南道领衔的诸科道言官。京察的处分结果在很大程度上依赖咨访做出，这在前文言之甚明；即使考察有不周之处，也是科道咨访有缺，而非吏部的疏漏。赵南星着重提出"竭力咨访"，实有责备言官不言于考察之时，却故意言于拾遗之际的意味。

未闻显过。"① 进而表明吏部欲留用三人的立场。拾遗和正式京察处分类
似：吏部仅提出初步的处理意见，最终需以皇帝名义批复才能生效。所以
赵南星称："臣等未敢擅便，伏乞圣裁。"以上，可见明代拾遗制度运行
之一斑。

　　通过以上分析不难看出：万历二十一年（1593）京察时，无论科道
拾遗抑或吏部议覆都有既定规矩可寻，是年京察拾遗似乎一遵祖宗法度，
与寻常年份无甚差异。但事实是否如此？如果结合本次京察拾遗的政治背
景进行观察，不难发现当年看似寻常的京察拾遗背后却蕴含着极不寻常的
政治博弈。万历二十年（1592）原吏部尚书陆光祖去位并由孙鑨接替其
职，而孙鑨上任后立刻将赵南星引入吏部担任考功郎。② 在本次京察之
前，冢宰孙鑨已经因行政事务与阁臣张位有怨，③ 在本次京察之中，"三
相（王锡爵、赵志皋、张位）有所庇，皆不得"④，还将首辅王锡爵用以
把控言路的吏科都给事中王三余罢斥，⑤ 阁部冲突至此难以调和。所以在
京察结束后，阁臣便希望对吏部尚书孙鑨予以打击，从而否定本次京察的
公正性。"适台省主察者，亦以不得挠为恨。遂曰：'拾遗，我职也，当

---

① （明）赵南星：《赵忠毅公诗文集》卷18《覆京察拾遗疏》，第544a～b页。
② 孙鑨对赵南星青眼有加，源自赵南星与孙氏家族近二十年的交谊。早在赵南星于万
　　历二年（1574）中进士之前便已经"与大司马孙鑛友"，而孙鑛（1543～1613）恰
　　是孙鑨之弟；除了这层私人交谊外，赵南星还曾有过多年的吏部为政经验，所以孙
　　鑨将居家的赵南星破格起用并不奇怪。见（明）茅元仪《石民四十集》卷34《吏部尚
　　书赠太子太保佽鹤赵公行状（代鹿伯顺作）》，《四库禁毁书丛刊》集部第109册，第
　　284a页。
③ 茅元仪对此事记之甚详。"新建相张位恶其（孙鑨）不附己也。疏陈纪纲国是，谓'六
　　卿之长唯司官是听，宜重绳之；会推大臣，宜令九卿科道各举所知，吏部类奏，取自上
　　裁。'公（赵南星）覆疏驳之，谓：'会推，则九卿、科道具在，不当，当面争，何必
　　类奏？'……新建相愈大怒，雠吏部矣。"可见孙鑨与张位（1538～1605）的交恶由来
　　已久，张位借京察之机报怨亦有其动因。（明）茅元仪：《石民四十集》卷34《吏部尚
　　书赠太子太保佽鹤赵公行状（代鹿伯顺作）》，第284b页。
④ （明）茅元仪：《石民四十集》卷34《吏部尚书赠太子太保佽鹤赵公行状（代鹿伯顺
　　作）》，第285a页。
⑤ （明）谈迁：《国榷》卷88，天启七年十月庚戌条，中华书局，1958，第5393页。此处
　　原文为："（赵南星）佐内计，澄如冰镜。吏科都给事中王三余党首相沈一贯横黜
　　之。一贯衔焉，借他事削（南星）籍。"查沈一贯履历，其至万历二十二年才入阁，而
　　在万历二十一年京察后，无论是赵南星还是王三余皆已削籍，沈一贯不可能以"首相"
　　身份对考察施加影响。因此本处所称"首相"，应为王锡爵。

仍拾吏部耳．'乃劾吏部员外虞淳熙，兵部职方郎中杨于庭，赞画主事袁黄．"① 通过以上论述，不难发现科道联名进呈的看似完全合理的京察拾遗疏，其背后实际隐藏着深刻的阁、部角力。

万历帝御批赵南星上疏："科道共同纠劾，因何一个不动？"② 并要求吏部对此做出解释。不难看出皇帝对于吏部的议覆并不满意。但万历帝的这种不满，实际由阁臣所激发。按照行政惯例，赵南星的奏议进呈后应先发内阁票拟，皇帝最终不仅能看到赵南星的奏疏，还可以看到吏部对此奏疏的初步处理意见。如果阁臣认为赵南星的奏疏有失公允，完全可以票拟意见对其意见进行驳斥，但阁臣的做法却是：一方面票拟支持赵南星留用三臣的意见，这便出现了万历帝所责难的"一个不动"的状况；另一方面又指使亲信言官弹劾赵南星包庇虞淳熙等三臣．③ 阁臣的做法营造出赵南星不仅包庇三臣，同时还故意捏造证据为三臣开脱的假象，极为巧妙地将赵南星陷入不义之地，这才有了前述万历帝的严旨切责。在万历帝的态度已经如此鲜明的情况下，赵南星仍不为所动，进呈《拾遗回话疏》④ 为自己留用三臣的决定再次做出解释，然而在先入为主的观念下，皇帝已经

---

① 按明制，台省作为襄助吏部的机构，理应在京察时与吏部共进退，此时借机报复吏部的"台省主察者"为何破坏了这种默契？实际上，此处所说的主察者，实际上就是在数日前被京察黜落的吏科都给事中、赵南星的姻亲王三余。明人往往以赵南星罢黜其姻亲王三余为证据来说明当年孙鑨、赵南星主持京察时的极度公正，今人沿用明时史料所以延续了这一观点，但相关史实却并非如此。虽然王三余与赵南星确有姻亲关系，但赵南星长期辞朝家居，并未给王三余的仕途带来助力；王三余至万历二十一年京察时担任吏科都给事中这样重要且极具政治前途的职务，其仕途进取很难想象是辞朝已久的赵南星之功，所以其政治利益理当与提拔他的大臣更为相关。赵南星和王三余之间除了单纯的姻亲关系外，再无共同利益。通过对王三余的打击，赵南星不仅可以付出极低的代价为自身博取铁面无私的声名，还可以此为由在考察中实现自己澄清吏治的政治理想。作为在官场断断续续磨炼长达二十年且素有经济之志的官员，赵南星不难做出以上选择。（明）茅元仪：《石民四十集》卷34《吏部尚书赠太子太保侨鹤赵公行状（代鹿伯顺作）》，第285a 页。

② （明）赵南星：《赵忠毅公诗文集》卷18《拾遗回话疏》，第545a 页。

③ 茅元仪记："政府故拟留之，而使给事中刘道隆言（赵）公尽庇三人"，见（明）茅元仪《石民四十集》卷34《吏部尚书赠太子太保侨鹤赵公行状（代鹿伯顺作）》，第285a 页。此外，《明史记事本末》记"刘道隆以（弹劾）不指名，亦夺俸"，可见刘道隆确实有上疏弹劾吏部在考察时包庇官员的举动，只是并未明指赵南星之名，但赵南星作为考察的直接责任人（吏部尚书仅负责宏观把握考察相关事宜）显然首当其冲。（清）谷应泰：《明史记事本末》卷66《东林党议》，中华书局，1977，第1025 页。

④ （明）赵南星：《赵忠毅公诗文集》卷18《拾遗回话疏》，第544b 页。

对赵南星产生了比较消极的印象，最终："上以（孙鑨）不引罪，夺俸三月，考功郎中赵南星镌三秩调外，淳熙等并罢。"① 按照惯例，拾遗疏一旦经过圣裁，即便各方面对相应官员的去留结果仍有争议，也不得再次进行自辩或代辩。万历帝的上述批复已是本次京察拾遗的最终处理结果，被留用官员继续供职，被处分官员则需立即离任，相应官员即使仍有冤屈也不得再行辩白，本次京察拾遗至此尘埃落定。② 终万历之岁，赵南星、虞淳熙等人不再被起用。以上是万历二十一年（1593）京察拾遗的大体状况。

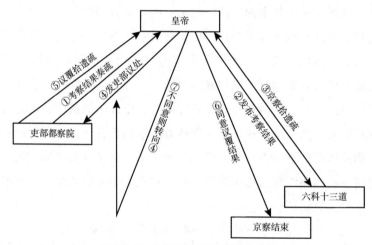

图 2 - 4　京察拾遗制度的运转机制

资料来源：笔者自绘。

以上，笔者从政治史和制度史结合的视角，对万历二十一年京察拾遗的个案进行释读，并由此揭示出明代京察拾遗制度运作的一般流程：科道言官静候京察结果发布后，分别以科道衙门名义对幸容于位的官员进行弹劾，对科道官的公疏拾遗，皇帝并不是直接批复而是转往吏部议覆；而吏部官员在接到御批至吏部的拾遗公疏时，对科道拾遗所涉及的官员再行复核，之后才专疏向皇帝汇报。本节所引赵南星的《覆京察拾遗疏》即此种专疏。吏部对京察拾遗的议覆上呈后，由阁臣票拟初步意见，阁臣便在

① （清）谷应泰：《明史纪事本末》卷66《东林党议》，第1025页。

② 尽管当时的朝臣对赵南星和虞淳熙等人离任的结果有诸多不满，并在其后一再为此进行争执，但这些争执已经从"争拾遗官之去留"转变为"争朝政之是非"，超出了京察拾遗的范畴，此处不再展开。

此时完成了对赵南星的诬陷；阁臣的票拟上呈御览后，若皇帝满意便直接批复，但是年皇帝并不满意，才要求吏部再行解释，于是有了赵南星《拾遗回话疏》的进呈；由于皇帝对吏部的回复仍不满意，便做出了对拾遗的终裁，赵南星和虞淳熙等皆去位，京察拾遗至此结束。这是万历二十一年京察拾遗的状况。明代几乎所有京察拾遗的标准化流程皆同此。

三　拾遗制度的意义与缺憾

通过上文赵南星的案例不难看出：拾遗制度不仅是保证京察公正的最后一道屏障，也是官员进行政治博弈的重要契机。但仅通过单一案例显然不足以将该制度的利、弊全部呈现，遑论客观评价这一制度的效用与意义。因此有必要对京察拾遗制度的利、弊加以更为具体的分析。

首先必须承认京察拾遗制度的积极意义。从最为浅显的层面来说，如果一项政治制度缺乏实际意义便很难长期维持，而京察拾遗制度却稳定运作了百余年并为清朝所沿用，这已是其重要性和积极意义的明显证明，这尤为具体地表现在以下两个方面。

一是京察拾遗的覆盖面广，能补考察之未备。由于京察应考官员较多而考察时间较短，导致无论部、院主持堂审还是皇帝批复自陈都难免出现疏忽；皇帝和部、院大臣难以全然秉公无私，稍有偏失便易导致"小臣苟容，大官幸位"[①] 的状况发生，在此时进行京察拾遗自然可以起到激浊扬清的作用。同时，京察制度由于自身缺陷，很难涉及所有京官，尤其是某些养病、丁忧、闲住的官员。对某些官员而言，或无资格参与自陈，或居家而无法亲身参与堂审，[②] 即使身犯过误也无法追究，罪大恶极者很可

---

① （明）潘希曾：《竹涧集》卷1《公纠劾以严考察疏》，第760a页。

② 如嘉靖四十二年（1563），"大计京官，复有言（胡）宗宪未尽法者，有旨逮治"。胡宗宪在当年京察之前已经因为官员论劾而在原籍冠带闲住，吏部考察京官按例不及胡宗宪之类的大僚；冠带闲住之官虽有官员身份，但连续数年没有行政履历，因此不用自陈［如万历八年吏部尚书王国光奏称："查得万历三年考察，该本（吏）部照例题请，议得四品以上听补、养病、给假、听勘等项官员，历查节年考察，俱无自陈事例。止是隆庆三年一行，原非旧规。"对比这一成规可知：类似胡宗宪这类听勘之官按例不必自陈］。既不考察，又不自陈，是故"宗宪未尽法"，只能通过科道拾遗的途径予以纠劾。虽然对胡宗宪的京察拾遗带有政治斗争色彩，但像胡宗宪之类冠带闲住的官员尚有不少，而拾遗无疑对这部分官员的考察起到补充作用。见（清）谷应泰《明史纪事本末》卷55《沿海倭乱》，第866页；（明）王国光：《司铨奏草》卷1《议考察京官疏》，第55b～54a叶。

能因此漏网，而京察拾遗则能弥补这一不足。

二是京察拾遗对于维护考察公正有重大意义。能够跻身于京官之列的臣子虽然并非都有深厚的政治背景，但不可否认的是很大一部分官员存在盘根错节的联系，诚如汤兆京所论，"九列之内，何时何地何人无恩怨"①，京官之间潜在的利益关系导致部分缺乏担当的部、院官员在主持考察时往往投鼠忌器，很难做到绝对公正，部分不职官员可能因为力大援多而在考察中得以幸免，但京察拾遗无疑能使这一问题有所改善。此外，由于京察涉及衙门体统问题，往往不会太过严厉地罢黜较多现任官员，但考察又必须罢黜一定数量的官员，否则便会显得主官督课不严。为解决这一矛盾，各部的普遍做法是在开报官员考语时用已经离任的京官凑数，② 而一大批真正有过的现任官员却得以留任。对于这种明显的考察不公，科道的拾遗显有其积极意义。

因为承担拾遗之责的科道官并非总是持正，而且京察拾遗制度本身也存在部分缺憾，所以京察拾遗并非总能发挥上述积极作用，这尤为突出地体现在以下几方面。

第一，虽然京察拾遗的执行较为严格，但每逢拾遗时往往有科道官为显示自己对于京察拾遗的认真、尽责而对留任官员吹毛求疵，这一行为看似出于公心，但实际上却导致被拾遗官人数众多且良莠不齐，③ 这显然偏离了拾遗制度的初衷，也加剧了行政负担。为解决这一问题，"考察拾遗，例无尽去"④ 成为当时官员的共识，最为极端的案例莫过于云南巡抚陈用宾（1550～1617），"自癸巳（万历二十一年）讫戊申（万历三十六年），凡十六年，其官自右佥都加至右都，支从一品俸，其间经己亥（万

---

① （明）汤兆京：《灵萱阁集》卷2《题科臣议察疏》，第511a页。

② 笔者所见最为极端的案例莫过于天启崇祯年间的范凤翼，范氏已离朝八年仍被京察论处。见（明）范凤翼《范勋卿文集》卷1《改南疏》，第289b页。

③ 如嘉靖初年的勋贵武定侯郭勋（1475～1542）在嘉靖十五年（1536）奏称："今文武大小官员，充军、为民、冠带闲住及致仕去任者……有因考察，所司误听人言；或平生鲠介不能奉承，致人左道者。原所劾者后虽自觉其非，亦无可奈何矣。况又有吏部题准严例，不许奏辩。所以考察黜退，有才者，不得复用；亏枉者，不敢辩理。"不仅说出了被拾遗官良莠不齐的实况，也说明了他们面对朝廷拾遗奏辩禁令的无奈。见（明）韩邦奇《苑洛集》卷15《公荐举以备任用事》，《景印文渊阁四库全书》第1269册，第599b页。

④ （明）沈一贯：《敬事草》卷19《人言踵至疏》，《续修四库全书》第480册，第88a页。

历二十七年）、乙巳（万历三十三年）两大计，科道拾遗俱入斥幽，终不去"①。可见若官员为政若有可取之处，即使因某些过犯而名列拾遗疏中亦有转圜余地。皇帝和吏部或是出于公心而留用被拾遗官员，但这种做法却对科道官的"体面"有伤，因此科道官时常为拾遗官未被罢黜而争执不休。如前述赵南星案例中，虞淳熙三人罪不至被罢斥，吏部也十分尊重科道体统并予复核，但科道官却必欲去此三人而后快，以至于连在本次京察中一直保持沉默的都御史李世达（1534~1600）都忍不住发声，指出科道官的行为不过是"欲争衙门全纠之体，抗章求胜"②的意气之举。拾遗发展至此，显然已经偏离了制度设计的初衷。

第二，将科道共同拾遗作为维护京察公正的最后屏障，是建立在科道公疏纠劾难以徇私舞弊的认识之上的，但问题在于科道官并非总是公正。如嘉靖四十四年（1565）吏科都给事赵灼（嘉靖三十五年进士）奏称："迩者科道纠拾，先期各具小帖密投瓯中，临期然后开瓯，配议疏名以上。……迹类匿名，事属用计，中间即挟私报复，孰从而辨之？"③可见京察拾遗的讯息来源包括不少官员的匿名文书，然而匿名弹劾无从查证出处，很难保证其中没有徇私舞弊的成分。在京察咨访时对匿名揭帖的处置办法是"见者即便烧毁，被言者不坐"④，然而在拾遗时却以此弹劾官员，

①　（明）沈德符：《万历野获编》卷22《督抚·巡抚久任》，第564页。

②　（明）吴亮：《万历疏钞》卷22《铨臣被论舆论未协乞宽宥以明公道疏（李世达撰）》，第220a页。即便是以怠政闻名的万历帝都对言官通过抗辩以彰一时之名的问题有清醒认识，在万历十九年（1591）十月三日发给都察院的敕谕中质称："朕见近来新进后生，得司耳目之职，全不秉持公心。专以挟私报复，妄逞胸臆，三五成群，互相攻讦，淆乱国政，不胜不已。是何景象？"可见这一问题的严重性。见（明）李世达《少保李公奏议》卷3《申饬言官疏》，《国立北平图书馆藏甲库善本丛书》第222册，第321a页。

③　（明）徐学聚：《国朝典汇》卷38《吏部五·京官考察》，第170a页。尤可一提的是：对于赵灼提出的科道官实名纠劾问题，吏部根本都不予正面回应，而是重申科道分疏纠劾条款，以图对拾遗的客观性稍做补救。通过言官奏请和吏部态度的对比，不难发现基层官员考虑的更多是维护制度的公平、效用；而中央决策者，考虑更多的却是如何减轻行政负担。在这样的政治背景下，不仅拾遗制度难以发挥预期"除恶务尽"的效用，连确有冤枉的官员也只得囿于成例而含冤去位。

④　（明）王绍徽：《京察届期敬陈末议以佐大典疏》，载（明）周念祖辑《万历辛亥京察记事始末》卷1，第203b页。徐绍吉《京察近迩疏》亦称："京察、外察时曾有粘无名揭帖于科道私寓，职得之即焚之"，可见科道官在实际行政时一般也照此规定执行。见（明）周念祖辑《万历辛亥京察记事始末》卷1，第202a页。

岂非怪事？不唯如此，言官还时常在拾遗时充当阁臣打击对手的尖兵，如上节案例中提及的王三余、刘道隆皆是如此；又如万历九年（1581）京察时，张居正因与陶承学（1518～1598）有隙而指使言官对陶及其他官员予以打击，① 以至于时臣有"今年拾遗疏，反是荐贤书"② 之叹，京察拾遗在某些特定情况下成为打击政治对手的有力武器，这是制度设计者所未曾预料的。

第三，拾遗疏的批复有时会造成行政效率的降低。针对言官的风闻论劾，吏部官需查阅相关文案一一核实，对某些牵连甚广的大僚核查更为精细，③ 加之言官往往弹劾人数众多，这就势必花费较多的人力、物力和时间；若再遭遇皇帝怠政等非正常因素的干预，拾遗迁延的时日只会更久。然而，只要拾遗疏的批复结果未最终下达，相关臣子便属"待罪之身"，既不能以原职处理政务，也不便挂冠回乡退位让贤。如万历三十三年（1605）内阁首辅沈一贯奏称："山西巡抚白希绣、大同巡抚张悌以考察拾遗，闭门候命半载矣。"④ 京察拾遗对行政效率的影响可见一斑。

---

① （清）张岱：《石匮书》卷201《儒林列传·陶承学》，《续修四库全书》第320册，第85b页。

② （明）陶望龄：《歇庵集》卷16《先考行略》，《续修四库全书》第1365册，第541b页。

③ 此类事例较多，仅以一例析之。万历时吏部侍郎冯琦（1558～1604）奏称："臣等会同都察院左都御史温纯等，看得两广原任总督、今听勘陈大科诸贪纵不法状。先经部臣欧阳东凤具疏论列，随经南京科道考察拾遗。今据广西、广东巡按逐款看回，如受参、游之节仪，取郡县之赎银，侯总兵之退赃，前按臣之麂鄜，种种贪滥，事属乌有，此固两省之详证，而力为大科辩者也。至谓出自繁华，阔略细谨，富贵不期骄奢，期功不废丝竹，此实两省之通论，而不能为大科庇者也。反复参详，大科生平已足概见。盖由生自世家，泝登膴仕，才虽足以集事，俭不足以佐廉。列屋皆被绮纨，每食必陈水陆；穷奢极欲，众所见闻。若大臣如此其豪华，即小臣安责其廉静。宜加议处，以正士风。第其扬历有年，未章宠略，所指居官赃迹，多属风闻。既经勘议，前来相应覆请，合候命下。将原任两广总督陈大科以原官致仕，以彰清议。谨题请旨。"在此案例中，两广总督陈大科（隆庆五年进士）在京察中被南京科道官拾遗，但都院断不可仅凭科道官单方面的纠劾便罢黜二品大员。因此吏部、都察院委托广西、广东巡按查访陈大科在任的详细情况，巡按得出的结论是：南京科道弹劾其"贪纵不法"纯属不实之词，而科道官论劾其生活腐化的情况属实。在明代官俸微薄的情况下，陈大科得以维持较高的生活水平确实容易令人起贪渎之疑，而经吏部查验，认为陈大科的经济来源主要是"生自世家"的积累。这一连串的追查及相应的文书往还，自然耗时颇多。见（明）冯琦《宗伯集》卷50《为剖良心采公论恳乞圣明急斥中外大贪以儆官邪疏》，《四库禁毁书丛刊》集部第15册，第628a～b页。

④ （明）沈一贯：《敬事草》卷15《催三镇巡抚及各仓场揭帖》，《续修四库全书》第479册，第592a页。

通过本节的分析，不难发现京察拾遗制度的积极作用在于维持考察公正和弥补考察不足，但因参与到拾遗制度中的言官并非总是出于公心，这一制度不仅稍显严苛，还会时而掺杂政治斗争的色彩并降低行政效率。更为重要的是，由于京察拾遗制度的以上缺陷，少数官员的利益遭受损害。对于明代统治阶层而言，牺牲少量官员利益来换取官场生态的风清气正固然是可取之策，然而对于每一个被牺牲利益的官员个体而言，京察拾遗给其带来的打击则几近灭顶。那么，明代国家和官员间的利益冲突应当怎样调和？

四　拾遗制度与官场生态：以拾遗奏辩为中心

在明代大计"计处者，不复叙用"[1] 的既定政策下，一旦被考察或拾遗落职都意味着政治前途的彻底丧失。因此官员一旦知晓自身已经名列京察拾遗疏中，大多都会积极寻求对策以图幸免，这尤为突出地表现在拾遗奏辩上。万历二十四年（1596）吏科给事中刘道亨（万历十四年进士）在论及拾遗时称："近来士风不古、诋诽成习，参小臣而大臣辩，参一人而众人辩……朝端之间有如讼府。"[2] 十分形象地揭示出明代官员在考察后拾遗奏辩的实况。但"朝端如讼府"显然不是清明之世的景象，无论是皇帝抑或朝臣都断不可能容忍这种情况长期存在，因此明廷对于拾遗奏辩的禁令可谓三令五申。[3] 与某些规定虽严却因各种条件制约而难以落实

---

[1]　《明史》卷71《选举三》，第1723页。

[2]　（明）吴亮：《万历疏钞》卷24《陈吏治五议以裨铨政疏（刘道亨撰）》，第255b页。

[3]　早在弘治元年（1488）明廷即规定"两京五品以下官，照例考察……其被黜之人，有造言生事撪拾妄奏者，发遣为民"（《正德会典》卷15《考功清吏司》，第157b页）；至弘治十年（1497）时又重申以上规定（《明孝宗实录》卷122，弘治十年二月戊寅条，第2181页）；嘉靖十六年（1537）皇帝下圣谕"今后大臣（拾遗）被劾，着省已，不许强辩"［（明）张卤：《皇明嘉隆疏抄》卷20《杜大臣奏辩以存国体疏（胡汝霖撰）》，《续修四库全书》第466册，第115b页］；嘉靖二十四年（1545）将弘治元年的规定细化为"违（例奏辩）者，不分有无冠带，俱发口外为民"（《万历会典》卷13《考察通例》，第226a页）；至万历初期，又对以往的条目进行重申（《万历会典》卷13《考察通例》，第226a页）；万历三十九年（1611），万历帝仍下圣谕："考察大典，自辩、代辩，明禁甚严。"［（明）周永春：《丝纶录》卷1，《四库禁毁书丛刊》史部第74册，第573a页］立法是现实的折射，明政府在前后百余年间一直从中央层面对拾遗奏辩反复禁止，只有两种可能：一是已有部分官员不遵守拾遗禁令并对行政运作产生了消极影响；二是朝廷认为这一禁令实在太过重要，绝不希望官员有所忽视。而从拾遗奏辩的详情来看，明廷反复重申奏辩禁令的原因主要是前一种。

的制度不同，京察拾遗因为牵涉诸如吏部威信、言官体统等问题而长期为朝臣所瞩目，在多方的关注和压力下，明政府严格执行对违禁奏辩官员的惩罚，① 这无疑保证了奏辩禁令的权威性。但京察拾遗制度因其固有的缺憾容易引发官员的抵触情绪，这种抵触情绪由于奏辩禁令的严格执行表现得越发明显。因此本处通过对明代京察拾遗奏辩时相关官员的态度与行为的分析，探究朝廷政策之下的官员对策这一制度史研究时的关键问题。

　　某些官员名列拾遗疏中是罪有应得，对这些官员而言，一旦放开奏辩禁令很可能使他们为了争取留任而肆行攻讦，所以禁止拾遗奏辩有其合理之处。但正如前文所论，少数官员为拾遗所及很可能是本身并无过犯而因科道官徇私所致，对于这些官员而言，不令其奏辩显然很不公平。看起来，采用具体问题具体分析的方式，对被拾遗官员有所区处才是以上矛盾的最优解决方案。实际上，也确有官员表达过这种想法。如嘉靖十三年（1534）吏科给事中戚贤（1492～1553）便对这种"一刀切"的做法提出质疑，称："考察拾遗……倘有以贤见斥，臣等请与论救，伸其枉抑。"吏部议覆称："恐幸门一开，趋者澜倒，不宜听。"最终，皇帝批复称："考察系国家大典，原无论救事。书生谋国，往往有弥近理而大乱真者，戚贤之建白是也。假令考察后许论救辩明，则天下纷纷无宁日矣。"② 在嘉靖帝立场鲜明地表态之后，当时官员已不便于继续对这一政策缺陷有更多的议论。嘉靖帝的议覆看似不近人情，但却十分合理：一旦为维护少数

---

① 如嘉靖二十九年（1550），"考察闲住官李绅，挟私奏辩，该本部题奉圣旨：'李绅考察被黜官员，故违明禁，撼词奏扰。着河南抚、按官提问，照例发遣'"。又如隆庆元年（1567），"工部主事刘子延以考察闲住，奏辩。都察院以其违禁，请论罪如律，诏编置口外为民"，不难看出奏辩禁令的执行力度之强。见（明）李默《吏部职掌》不分卷《考功三·查取考语》，第183b页；（明）徐学聚：《国朝典汇》卷38《吏部五·京官考察》，第170b页。

② （明）徐学谟：《世庙识余录》卷8，《续修四库全书》第433册，第540b页。罗洪先在戚贤的行状中对此事言之甚明，其称："甲午（嘉靖十三年，1534）冬，考察入觐官。君（戚贤）念被黜者例不得复用，而嘉靖间诸大臣有所嫌怒，必俟此中伤以快其私，虽欲引援，无由也。乃摹为论救之，以防其祸。"见（明）焦竑《国朝献征录》卷80《刑科都给事中南玄戚君贤行状（罗洪先撰）》，《续修四库全书》第529册，第313b页。按：（明）焦竑《国朝献征录》共一百二十卷，载于《续修四库全书》525～531册中，卷1～18载《续修四库全书》第525册，卷19～36载于526册，卷37～53载于第527册，卷54～70载于第528册，卷71～87载于第529册，卷89～101载于第530册，卷102～120载于第531册。

官员的"公平"而放开拾遗禁令，不仅会造成行政效率的降低，更严重的后果在于使京察拾遗制度本身和发布拾遗制度机构的权威性受到挑战，这显然对巩固皇权和治理国家极为不利。

在戚贤受到严旨切责之后，质疑拾遗制度合理性的言论不再见诸史册，但议论的消停绝不意味着问题的解决，拾遗不公的现象仍时有发生。那么被拾遗的官员面对自身利益遭到侵害这一问题，又当如何应对？对持身颇正的官员而言，若能经过奏辩而洗清冤枉，则无须去职，即使不能辨明冤枉，所受处罚也不会比先前拟定的处分重太多。奏辩亦去，不奏辩亦去，为何不为自己理应享有的公平权利进行最后一搏？而对身有过犯的官员而言，以上心理博弈表现得更为明显。所以，官员虽然不再上疏请求解除奏辩禁令，但其奏辩行为却时有发生。如"南京总督尚书王基品望薄劣，已经纠拾，乃哆口撼辩以冀瓦全"①，又如"吏部侍郎周应宾借条陈妄为奏辩，不言之于考察之日，而言之于教习之时，欺罔诪张，莫为此甚"②，皆是希图通过自辩来开脱罪名。

比被拾遗官员自辩更值得关注的是吏部甚至都察院长官的代辩。官员自辩是为一己私利而冒犯天条，那么部、院长官违背禁令并参与代辩又意欲何为？不可否认，确实会有部、院大臣出于责任感的驱使，通过查明拾遗诬枉维护考察公正，从而满足自身对所谓"良心""职业荣誉"的追求，当然也有官员参与代辩是出于维护身边亲信的考虑。但笔者认为：部、院长官参与代辩最重要的原因仍在于对自身职掌的认识，言官可以"风闻言事"，而部、院却不能凭"风闻"黜人。言官拾遗时可能由于徇私报复、风闻失真等原因导致拾遗不尽准确，如果部、院完全根据言官的拾遗来罢黜官员而自身不加以判断，那在考察中又何须部、院？更为重要的是：一旦考察出现误差，低级言官尚能以"风闻"为理由自我开脱，而位高权重者如冢宰、台长，又岂能向皇帝辩白，称自己因误信"风闻"而做出错误判断？不仅如此，京察拾遗就其实质而言是科道官认为部、院主管考察存在疏漏，因而主动给予补救，但让部、院长官主动承认在自己

---

① （明）朱吾弼等：《皇明留台奏议》卷5《议处京察留用诸臣疏（李云鹄撰）》，第581a页。
② （明）吴亮：《万历疏钞》卷22《计典届期敬陈末议以裨圣治疏（吕耀邦撰）》，第222a页。

的主管下考察结果出现明显问题，这不仅是对自己之前行为的否定，更会使衙门的权威性受到影响。这便可以解释为何在万历二十一年京察拾遗后，赵南星以吏部名义上呈《覆京察拾遗疏》，都御史李世达同样发声为其辩护，① 也可以解释为何当年南京拾遗时，南京御史论劾工部主事闵世翔（万历八年进士）、南京吏部尚书温纯、南京都察院右都御史陈有年（1531～1598）分别具疏为闵世翔这一低级官员辩解。② 部、院长官的代辩行为，实际是对自己先前考察行为的解释和补救，而并非只是为了保护官员。

　　值得一提的是，"考察大典，自辩、代辩明禁甚严"③，然而通过上文论述，不难发现在"明禁甚严"的前提之下，各级官员自辩、代辩的情况仍时有发生。难道这些官员就不害怕他们违背朝廷规制的行为在日后受到追究？必须承认：是拾遗制度的固有缺陷为这些自辩、代辩的官员提供了可乘之机。虽然典制规定和皇帝圣谕都在反复强调在拾遗后不许奏辩，然而又都在言辞上有所保留。虽然《会典》规定不许"妄奏"，圣谕言明不许"强辩"，但都没有对在确有冤屈的前提下是否可以奏辩这一关键问题予以回答。因此，虽然这些自辩、代辩的官员看起来有违规奏辩之嫌，但却并非与中央政令针锋相对，这应当是部分奏辩官员并未受到法律规定的"发放口外为民"这一严厉制裁的原因所在。

　　尽管拾遗奏辩制度存在解释空间，但由于"妄奏""强辩"的解释权始终由皇帝掌控，所以官员在严令禁约之下仍保持着应有的谨小慎微。虽然部分奏疏经过细读之后完全可以判定其为拾遗奏辩而作，但奏辩官员在书写相应奏疏时通常尽量回避"自辩""代辩"等敏感词，而是十分婉转地表达奏辩意图。如嘉靖六年（1527）御史卢琼（正德六年进士）认为当年的"科道互纠"导致部分毫无过犯的言官因政治斗争而落职，希图对相应官员予以回护，但其代辩奏疏却开宗明义地指出其上疏意图

① （明）吴亮：《万历疏钞》卷22《铨臣被论舆论未协乞宽宥以明公道疏（李世达撰）》，第219b～220a页。
② （明）陈有年：《陈恭介公文集》卷4《南院救吏部司官疏》，第700a页；（明）温纯：《温恭毅集》卷5《考察已竣闻言自愧恳乞圣明罢斥以重大典疏》，第487b页。
③ （明）周永春：《丝纶录》卷1，第573a页。

在于"自陈不职"①；又如隆庆元年（1567）京察后，吏科都给事中胡应嘉（？~1570）欲为被黜同僚辩明冤枉而上奏，但其也如卢琼一般只字不提奏辩，而是称近十数年来由于都御史风力不振致京察成为吏部一言堂，并对这种现象予以质疑；② 同样，天启年间范凤翼（？~1655）因考察被论而进行自辩时，亦是非常谦恭地自称其目的在于："细陈微臣迂拙之状，以质圣明、以质舆论。"③ 以上三臣的行为实际上完全属于拾遗奏辩，但因其表达较为隐晦，并不容易受到直接攻击。不惟小臣在拾遗奏辩时像这样如履薄冰，即使是"伸张正义"的部、院长官同样不敢触犯明禁而只得在法律边缘进行"擦界"行为，陈有年、李世达、温纯等七卿级高官在拾遗奏辩时采取的方式和卢琼、胡应嘉等七品小臣并无二致，皆是打出"条陈京察事宜"的旗号，以看起来并不触犯明禁的方式来实现奏辩的意图，但无论这些官员的托词如何，都无法掩盖其违规奏辩的事实。

面对这些自辩或者代辩的奏疏，言官也有对策来维护他们一直强调的"体面"。最为集中的表现是：一旦拾遗结果不尽如言官之意，言官便立即将矛头指向主管京察的官员，弹劾他们主察不公。因为一旦主察之人被证明不公，便可从根本上对考察结果予以否定。就笔者所见，无论吏部尚书、都御史抑或考功郎等主察官员，皆有在京察后受到科道官弹劾的记录。例如万历十五年（1587），"何司空（起鸣）名在拾遗中，遂讦宪长辛慎轩（自修）"④；万历二十一年，考功郎赵南星因为拾遗之事被弹劾去位，吏部尚书孙鑨罚俸；⑤ 万历三十九年，"原任吏部尚书孙丕扬，忠正人也，海内亦共服之，只因辛亥年考察京官，被察之人致恨丕扬"，不仅孙丕扬被弹劾去位，当年主管考察的高官在京察结束后的一年内几乎全

---

① （明）张卤：《皇明嘉隆疏抄》卷12《言官自劾不职疏（卢琼撰）》，第508a页。
② （明）顾尔行辑《皇明两朝疏抄》卷8《考察不公有妨新政以杜私恩疏（胡应嘉撰）》，第160b~162a页。
③ （明）范凤翼：《范勋卿诗文集》卷1《自陈小疏》，《四库禁毁书丛刊》集部第112册，第297b~298a页。
④ （明）顾宪成：《小心斋札记》卷17，《四库全书存目丛书》子部第14册，第350a页。
⑤ 叶向高记："（万历二十一年）考察拾遗，铨部与省垣意异，功郎赵南星以强直罢。"见（明）王锡爵《王文肃公文集》卷55《光禄大夫少保兼太子太保吏部尚书建极殿大学士赠太保谥文肃荆石王公神道碑（叶向高撰）》，第393a页。

部因无休止的弹劾而去职。① 可见自辩、代辩的行为即使以很体面的方式逃避了皇帝的追究，也难以逃脱言官的论劾。但即使如此，因为自辩、代辩带来的巨大收益，仍然长期有官员以身试法，国家政策与官员对策的博弈也因之长期存在。

　　总体而言，本节首先通过京察拾遗制度的文本载体京察拾遗疏对该制度的基本概念予以阐释；其后，通过万历二十一年京察拾遗的案例探讨了拾遗制度的运作机制和运行实况。通过个案分析，不难发现京察拾遗并非总能发挥预期的积极效用，甚至会在某些时候趋向消极；进而对该制度的利弊进行评估，认为京察拾遗制度时常以牺牲官员切身利益为代价来换取稳定治理，而朝廷的这种规定显然会导致利益受损者的不满。面对这些官员的不满情绪，明政府并非进行缓解而是进行堵塞，发布一系列禁约阻止官员进行拾遗奏辩，由此引发"国利"与"官利"的直接冲突，并导致官员对朝廷政令的阳奉阴违。最后，笔者从明代国家政策与官员对策的角度出发，通过分析明代官员对拾遗奏辩禁令的应对措施来探讨官员如何在朝廷制度的空隙中为自身仕途安全谋取保障。以上是本节研撰的内在逻辑。

　　通过本节的分析，不难发现京察拾遗制度构筑了京察公正的最后屏障，一大批明显因为品行、操守等原因不再适合继续担任现职，而又未被京察罢黜的官员最终离任。原有不职官员离任和新人的交替，又为官场注入了新的活力。从这个角度来看，京察拾遗无疑非常重要。但京察拾遗制度也存在不少缺憾，早在制度设计之时，就已经定下了"居官有遗行者，给事、御史纠劾，谓之'拾遗'"② 的基调，不难看出这一制度的初衷绝非保护官员，而是将不职官员尽黜。为了保证这一初衷的实现，明廷制定了非常严格的奏辩禁约并屡次予以重申，但官员却在朝廷政策的约束之下另寻对策，为自己的政治前途进行谋划，因此每逢京察拾遗，大多会经历"禁止奏辩—违禁抗辩—科道论劾"的循环。拾遗制度在维护京察公正、保护受诬官员的同时，也带来了无休止的政治纷争。通过对官员拾遗奏辩

---

① （明）叶向高：《纶扉奏草》卷19《条陈求去事情揭》，第248a～249b 页。
② 《明史》卷71《选举三》，第1724 页。

的分析，不难发现官员的自辩、代辩行为，与其说是出于维护京察拾遗制度公正、客观的考虑，毋宁说是官员在明廷制度无法保证自身合法权益时的应激反应。围绕京察拾遗而产生的朝廷政策与官员对策的互动，无疑透露出官员在面对国家利益和个人利益冲突时的抉择。

本章小结

本章围绕京察制度运行时必须使用的三个文本（自陈疏、访单和拾遗疏）展开研究，通过对文书流转的研究揭示出明代京察的决策依据和决策过程。

京察自陈疏一节，通过讨论自陈疏的特点、书写、上传、下达，揭示四品以上高级京官的考察决策因何做出，同时对自陈制度的效用进行分析，指出绝大部分高官并非诚心求去，因此在书写自陈疏时极度"务虚"，乃至将自陈疏写成"表功疏"。皇帝在见惯这种情况后，自然不会认真批复自陈疏文本，而是仅批复大员自陈，三、四品官的自陈则多由内阁循例代批。这导致京察自陈时少有官员被罢黜，且皇帝亲批（或内阁代批以皇帝名义发布）的留用文字，反倒成了官员标榜圣眷的工具。就黜落不职官员的角度而言，京察自陈并未发挥预期作用。但这一看似"无用"的制度却又长期存在，其原因在于它不仅确立了皇帝对高级官员的绝对掌控权，同时也构成了皇帝与官员进行人事信息交流的重要渠道，这是京察自陈制度得以在明、清两朝长期存续的关键所在。

京察访单一节讨论了访单在五品以下京官考察时的作用。中低级京官本有考语和访单两套考察决策体系，而且堂上官的考语才是明廷规定的首要考察决策依据。但因各部门堂官往往庇护在任下属，部、院难以依靠考语来罢黜官员，这使得访单的重要性凸显出来。访单的制作、发放、回收和使用有一整套完整的流转机制，吏部考功司郎中、都察院掌河南道御史及吏科都给事中三臣可以通过会同查看京察访单来初步确定拟罢黜官员的人选并报吏部、都察院长官参酌。京察访单的优点在于能够重点突出地提供拟黜官员名单，而且访单由三臣共同管理也能在很大程度上保障考察公平；但言官填单时不能保证出于公心，明廷对会单过程也缺乏监督而仅依靠三臣的自律，因此访单也不可能确保考察的绝对公正。京察访单制度的运行，为我们展现出在考察决策时明代国家机构协调互动与权力制衡的真实面相。

正是因为无论京察自陈疏、京察访单和考语都不能够完全发挥作用，因此在做出初步京察决策之后，如果仍有不职官员侥幸免于被罢黜，就要由科道官们进行公疏拾遗。明代的京察拾遗制度亦依赖自陈疏的流转完成。拾遗制度的有关缺憾，导致拾遗奏辩屡禁不止。这不仅是因为某些官员个人操守的欠缺，也应归咎于明政府在设计拾遗制度时重效率轻公平的理念。同时，拾遗制度是对部、院业已做出的考察结果进行的部分否定，面对这种公开质疑，吏部官员自然会据理力争，而言官群体也并不屈从于吏部尚书的权威，出现双方相持不下的情况时，仍然只有依靠皇帝来进行最终裁决。

本章考论，共同点在于改变了制度史研究时以典章制度为主体的材料选用模式，转而从制度运行时的第一手文本出发，通过大批量阅读有关原始文献来揭示明代京察的行政决策过程。此外，对京察自陈疏的研究，揭示出京察制度运作对高层官场政治生态所产生的影响；对京察访单的研究，聚焦于前人罕有关注的司级机构，展现出司级官员的权力运作是如何影响部级官员的行政决策的；对京察拾遗的研究，揭示官员如何利用制度空隙来谋取自身利益，而明廷对此的防范措施，呈现出明代国家政策与官员对策充分互动的实况。

第三章

制度规定与行政运作：
明代京察的运行机制

在上章对明代京察制度的行政决策过程进行过充分探讨后，本章将集中对京察制度运作机制进行研究。第一节对京察制度运作的一般流程进行梳理，厘清各级机构和官员在京察之前的准备、京察当日的活动及京察收尾工作的情况，以期完整揭示京察运行机制的全貌；第二节选取明代京察制度运行时的一个具体案例，通过对万历三十九年（1611）京察运作实况的分析，试图揭示京察制度的实际运行与官方规定的相符与背离。总之，希望通过普遍性与特殊性相结合的视角，对明代京察制度的制度规定与运作实况予以完整呈现。

第一节　明代京察的制度规定

一　京察准备工作

嘉靖时阁臣张璁（1475～1539）在论及京察时称"京官六年考察，吏部会都察院一日唱名而已"①，似乎京察制度的过程十分简单，仅需一天时间便足以厘清六年内全部应考京官的去留情况。然而，也有官员提出与张璁完全不同的看法。万历三十三年（1605）京察时，阁臣沈一

① （明）张璁：《太师张文忠公集》卷3《自陈乞休》，《四库全书存目丛书》集部第77册，第59b页。

贯（1531～1615）指出"京察重典，往时常以一年之力专心料理"①，能够跻身阁臣行列者，理应对当朝政治运行的基本情况洞若观火。为何竟出现两种截然相反的观点？两位阁臣对京察制度运作的判断究竟孰是孰非？

实际上，双方的观点看似针锋相对，却都揭示出京官考察的真实情形。如前所述，在明代京察中根据官员品级不同，考察的具体方式亦有差别：四品及以上自陈，五品及以下堂审。张璁所谓"一日唱名"，专指对五品以下京官考察时的堂审。倘若没有堂审，吏部对中、低级京官的考察结果便会受到诸多质疑，因此张璁"一日唱名"的说法尽管略显极端，但也能揭示京察的大体情况。而沈一贯所谓"以一年之力专心料理"，实际是在强调京察自准备至收尾的旷日持久。虽然最为关键的堂审仅在一日内即告成功，但京察的相关工作却异常烦琐细致。本节将以各项京察准备工作进行时间为序，对明代京察的准备工作情况予以探究。

（一）准备工作的发端：两京科道的察前建言

万历二年（1574）广东道御史蒋科（隆庆二年进士）在京察届期时奏称："臣等爰循旧例……条为五事上呈睿览。"② 无独有偶，万历三十八年（1610）掌河南道御史汤兆京亦称："臣查得往规，京察届期，台省例有陈言。"③ 可见明代每逢京察将至时，科道言官都有责任为更好地完成当次京察而建言献策。虽然笔者无法确定察前建言之例的准确起始年份和标志性事件，但从蒋科所用"爰循旧例"四字观之，可以肯定察前建言的做法在之前京察中行之已久，并非万历年间才有的特例。

察前建言的内容主要是对过往京察及外察中出现的弊端进行总结，进而提出相应整改意见，以防本次京察重蹈覆辙。在大多数察前建言之时，言官关注的议题都较为类似，例如秉持京察公正、勿以卑官凑黜落之数、禁止考察诬告等内容，几乎每次京察前都被言官条陈议及，以下试分述之。

①　（明）沈一贯：《敬事草》卷 17《考察主笔揭帖》，第 2a 页。
②　（明）朱吾弼：《皇明留台奏议》卷 9《申明考察事宜疏（蒋科撰）》，第 653b 页。
③　（明）汤兆京：《灵萱阁集》卷 2《条陈内计事宜疏》，第 502a 页。

其一，秉公正。每逢京察注考时，堂官包庇下属实乃人之常情，毕竟在一般情况下，如果某部门必须有官员将被黜落，堂官往往优先考虑那些与自身关系并不近密的僚属，正所谓"人情难齐，谁不欲保其官，亦谁不欲全其所好"①。但现实问题在于："人孰甘放废，人孰无交游？概令狂恣，谁任将来？"② 一旦过多堂官根据个人好恶而非官员治绩来罢黜官僚，京察制度必将从朝廷裁汰不职官员的利器变成不法堂官市恩枉法的手段，因此必须对这一行为予以制止。

其二，勿凑数。由于京察直接关系到官员黜陟，实为"任怨之事"，因此各部堂官为逃避嫌怨而包庇属员，这直接导致被考察处的官员人数减少，③ 但皇帝和其他官员绝不会因为被京察黜落的人数较少而去追究各部门堂官的责任，而会认为是吏部办事不力，未尽心考察。在这种矛盾之下，吏部官员必须使黜落官员总数达到一定规模，方可确保自身安全。不唯如此，有些吏部官员甚至为凸显自身政绩而"以多斥为功"④，这显然背离了京察的初衷。在京察罢斥人数相较过往年份为少的情况之下，吏部为确保自身安全，甚至想方设法地按衙门来摊派黜斥名额，是为"沿旧规，足额数"⑤，甚《至"掇拾暧昧之事以充》之"⑥。目前虽未发现吏部向各衙门摊派名额的具体指标（如某部必须黜落多少位官员），但从当时言官及朝臣反复上疏的情况来看，⑦ 此问题确实长期存在。

---

① （明）曹于汴：《考察国典攸关疏》，载（明）周念祖辑《万历辛亥京察记事始末》卷2，第258b页。

② （明）汤兆京：《灵萱阁集》卷2《参部臣阻挠察典疏》，第508a页。

③ 这种情况早在京察制度设立伊始即已非常明显，成化四年京察后即有御史指称："今在内官员，虽诏大臣考察，但黜三、五老疾，以应故事。"可见堂官不愿过多罢黜属员是由来已久的传统。见《明宪宗实录》卷61，成化四年十二月庚子条，第1241页。

④ （明）吴麟征：《吴忠节公遗集》卷1《计典举行在即疏》，《四库禁毁书丛刊》集部第81册，第378a页。

⑤ （明）吴亮等：《万历疏钞》卷22《陈末议以裨考察以励庶官疏（史朝铉撰）》，第214a页。

⑥ （明）高拱：《高文襄公集》卷9《公考察以励众职疏》，第126b页。

⑦ 明隆庆时大臣高拱曾论及"每考察时，所去之人，前后不相上下。其数未足，则必取盈其数；其数已足，即不复问。"以高拱内阁辅臣兼吏部尚书的身份，想必所言不虚。见（明）高拱《高文襄公集》卷31《本语》，第416b页。又，明嘉靖时南京刑科给事中张永明亦论及考察凑数之事，见（明）张永明《张庄僖文集》卷2《慎考察疏》，《景印文渊阁四库全书》第1277册，第325a页。

其三，禁诬告。京察届期之际，心怀叵测的官员往往投递匿名揭帖，肆意飞语中伤。虽然"朝廷以耳目寄之言官，许以风闻言事"①，但却有部分言官滥用这种风闻言事的权力：借京察之机，冒风闻之名，打击中伤同僚，以图避免被黜。因为京察之时，"各衙门皆须有人。如此衙门已有人矣，遂不复动，曰：'难为他衙门也。'如彼衙门无人，亦必以人实之，曰：'奈何空此衙门也'"②。故一旦中伤同僚的目的达到，部分不法之官员便可逍遥于法纪之外。如此一来，真正被考察黜落的官员，或许并非罪大恶极的官员，而是被诬告中伤的正直官员，这显非圣朝景象。

通过以上分析，不难看出科道官条陈时集中反映的问题，确实在很大程度上对京察制度的公正运行造成了消极影响，所以有必要反复申饬有关禁令。

科道官于京察前条陈，皆需吏部与都察院的长官共同回复。如天启二年（1622）十二月，"吏部尚书张问达等会同都察院左都御史赵南星等，覆吏科都给事中魏应嘉，给事中甄淑、周之纲，给事中尹自皋，河南道掌道事御史胡维升，御史练国事，南京工科给事中徐宪卿，御史王允成条陈京察诸款"③，可资为证。部、院对言官条陈的议覆还需以奏疏形式上呈皇帝批复，条陈内容中事涉禁约的部分，例如禁止考察馈遗、禁止张贴匿名揭帖扰乱考察等项目，尚需由吏部"手本行巡视五城监察御史，转行各兵马司及锦衣卫经历司呈堂，各照本部题奉钦依禁约，钦遵施行"④，整套流程不可谓不严密。

然而现实问题在于：京察屡次举行，若每逢考察都能谨遵祖制行事，又何须京察届期时责令科道官员陈言？明人早已对此问题做出反思。内阁辅臣高拱（1513～1578）认为京察"法不能无弊，而行之既久，其弊更不可胜言，乃遂袭为故套无复置议者"⑤，因此有必要对这些"故套"中

---

① （明）王鏊：《风闻言事论》，载（明）罗钦顺《整庵存稿》附录，第878a页。
② （明）高拱：《高文襄公集》卷31《本语》，第416b页。
③ 《明熹宗实录》卷29，天启三年十二月丙辰条，第1724页。
④ （明）李默：《吏部职掌》不分卷《考功二·考察事宜》，第146a页。
⑤ （明）高拱：《高文襄公集》卷31《本语》，第416a页。

的劣习予以纠正。河南道御史陈功（隆庆五年进士）认为"一应考察事宜，节经言官建白、部院议覆，业已详且备矣，但先后时势不同，而议法不无少异。有往年议行而舆论不便，所当报罢者；有裁省太过致生弊端，酌议当补者；有往时虽行而时移事久、人心玩愒，所当申饬者"①。可见在陈功眼中，察前建言是为了使京察的诸多实行细则能够更好地应对现实需要。给事中张永明（1499～1566）则认为"成宪具在，固无容议。但立法虽善，而奉法者容或有不尽焉"②。因为制度行之即久，难免出现执法不严现象或因循舞弊等状况，有必要再行申饬以警醒庶僚。以上种种，皆是相关官员在考察之前反复建言的原因所在。

科道官上呈察前建言疏的时间最早在京察前一年的九月下旬，如万历二十年（1592）有关京察条陈的第一篇奏疏为兵科右给事中吴鸿功（万历十七年进士）于九月二十七日所上，③ 万历三十八年（1610）有关京察最早的建言为户科给事中徐绍吉（万历二十三年进士）在九月二十七日所进呈。④ 但前后相隔十余年，徐绍吉同吴鸿功二人却都在九月二十七日上呈京察条陈疏稿，这是纯属巧合还是另有规定，因资料缺乏而暂难断言。

另一问题在于：科道官人微言轻，以他们的条陈作为京察开始的标志是否恰当？据曾任吏部尚书的李默（1494～1556）编订的《吏部职掌》所记："旧规：六年考察，先期两京科道条陈，本部题覆，俟各衙门乞恩免考奏下，（吏部）查照节年事例题请考察。奉有旨，咨本部并南京吏部钦遵施行。"⑤ 可见以言官条陈作为京察之始的做法在明代行之已久，待科道条陈完毕后，吏部方题请考察。因此将科道条陈视为明代京察准备工作的发端并无不妥。

---

① （明）朱吾弼等：《皇明留台奏议》卷9《酌陈考察事宜以饬吏治疏（陈功撰）》，第656a页。

② （明）张永明：《张庄僖文集》卷2《慎考察疏》，第325a页。

③ （明）吴亮：《万历疏钞》卷22《京察访册独遗铨司乞添正以重大典疏（吴鸿功撰）》，第218a页。另参《明神宗实录》卷252，万历二十年九月癸未条，第4701页。

④ （明）徐绍吉：《京察伊迩疏》，收入（明）周念祖辑《万历辛亥京察记事始末》卷1，第202b页；另参《明神宗实录》卷475，万历三十八年九月乙丑条，第8979页。

⑤ （明）李默：《吏部职掌》不分卷《考功二·考察事宜》，第145a页。

（二）吏部奏请京察

根据上节引文所记，吏部在科道条陈后，需要"查照节年事例题请考察"。但吏部的这一题请究竟以何种方式上呈？完整的吏部奏请文书至今所见无多，幸而万历时吏部尚书王国光（1512～1594）在其文集中收录了其在万历八年（1580）末上呈给万历帝的奏疏，从中可见吏部奏请京察的详细状况，是以将该奏议摘要如下：

> 题为遵旧例、严考察，以励庶官事。考功司案呈。查得旧例：两京五品以下官员，每六年一次会官考察。自万历三年考察后，今又及六年考察之期。
>
> 查得成化十三年，该本部议得……又查得弘治元年……又查得正德十六年奉诏考察，该本部查议具题，节奉世宗皇帝圣旨……又查得嘉靖六年，题奉钦依……又查得嘉靖二十四年，该本部题奉钦依……又查得隆庆元年正月奉诏考察，该本部议得……又查得隆庆三年考察，该本部议得……又查得万历三年考察，该本部照例题请，议得……仍行南京吏部，一体查照施行。①

因该封奏疏多达数千字，是以笔者在此处仅揭露其中最为关键的内容，以省略号代替的内容，皆是在相应的某年内，制度因何原因发生了何种变动，包括当时官员进行了哪些奏请，吏部对官员相关奏请的复议，以及皇帝对吏部复议的御批。"万历三年考察"后省略号里的内容是："（吏部）议得四品以上听补、养病、给假、听调、听勘等项官员，历查节年考察俱无自陈事例，止是隆庆三年一行，原非旧规。合无今次考察，仍查照节年旧例，免令自陈。其中果有物议沸腾、公论难容者，听本部径自议处及科道官一并纠劾。节奉圣旨：'四品以上听补等项官不必自陈，有遗漏的着科道官照例纠劾。钦此。'"② 其他各年份后所省略的内容皆属此类，不再重复抄录。

---

① （明）王国光：《司铨奏草》卷1《议考察京官疏》，第53b～58a叶。
② （明）王国光：《司铨奏草》卷1《议考察京官疏》，第56a叶。

从该封奏议之中至少可以获取如下重要信息。其一，尽管王国光的这一题请是以吏部名义上呈的，但实际草拟该疏的却是实负京察之责的吏部考功司。其二，大多数京察届期之时，并不是由皇帝主动发布敕谕令吏部开始京察，而是由吏部提醒皇帝六年京察之期又将到来，并请皇帝早发考察命令。而正德十六年（1521）和隆庆元年（1567）特别注明"奉诏考察"，乃因这两年的京察是因新帝登基而起，并非由吏部率先动议。其三，无论京察是由吏部题请抑或是由皇帝发起，都需要对过往的经验进行总结。在题请京察的奏疏中，吏部需要向皇帝详细汇报在过往的京察实践中，京察制度的相关细则经历过哪些变动、这些变动的起因为何。其原因在于每逢京察年份，前任皇帝可能因一时权益而对京考制度有过微调，但这些变更是否应当在新一届的京察中延续，却需得到现任皇帝的批准，以便于吏部在本次京察中遵守。可见，提醒京察时间和知会京察细则是吏部奏请时的首要目的。

吏部奏请京察的时间并无固定日期可寻，通常应当在十一月至十二月间。例如王国光在万历九年（1581）京察前上呈的奏疏，皇帝的批复日期是正月初五日，[①] 据此推算，其上奏时间应当在万历八年十二月间；又如万历三十八年（1610）吏部奏请京察的时间在十一月二十七日，[②] 和王国光上奏时间相差无几。在某些皇帝发布敕谕进行京察的特殊年份，因为吏部必须在接到指令后立即查阅过往规定，因此进呈相关奏议的时间可能会更晚。但唯有吏部的京察奏请得到皇帝批复后，京察的展开方显名正言顺，因此吏部的京察奏请，是当次京察各项准备工作全面展开的重要标志。

（三）言官咨访与堂官署考

万历时吏部尚书陆光祖（1521～1597）称"今部、院所据以考察者有二：曰'考语'、曰'咨访'"[③]，其以吏部尚书的身份做出此种论断，

---

① （明）王国光：《司铨奏草》卷1《议考察京官疏》，第58a叶。
② （明）吏部题：《京察届期疏》，载（明）周念祖辑《万历辛亥京察记事始末》卷1，第210a页。
③ （明）陆光祖：《计吏届期敬陈饬治要务以重大典疏》，载（明）陈子龙等辑《皇明经世文编》卷374，《续修四库全书》第1660册，第602b页。

不难发现考语及咨访在京察中的重要性。而汤兆京所论"采舆论于通国，集众思于廷臣"①，更是直接说出了"采舆论"的咨访和"集众思"的考语是京察准备阶段最为重要的两项工作。在上一章中，笔者曾以京察访单的运作流程为例对京察咨访进行了详尽探讨，同时对京察考语是如何作为访单的互动机制在京察中发挥作用的情况进行过说明。在此不再赘述，仅对前文稍加补充。

尽管在明代大计中对考语的查取行之已久，然而京察中的考语使用则迟至隆庆元年（1567）才形成规制。如《大明会典》《南京都察院志》《吏部职掌》等官修典制皆于京察相关条目下开载："隆庆元年议准：先期三月，吏部并南京吏部咨札各衙门堂上、掌印官，将所属但在应考数内者查取考语，务要或贤或否明注实迹，类送部院，以凭面议酌处。"② 如前所述，京察制度早在正统元年（1436）时即已初具规模，至正德四年（1509）已形成较为完备的制度，但京察考语的查取直至隆庆元年（1567）才正式成为固定制度。那么，在正统至隆庆的百余年间，如果没有考语可供参考，部、院的京察判决因何做出？

查《大明会典》可知，早在正统元年明廷即已确定"两京各衙门属官、首领官，从本衙门堂上官考察，如有不才及老、疾者，吏部验实，具奏定夺"的京察方式；至天顺八年（1464）定为"（吏部）俱公同本衙门堂上官考察"；至成化四年（1468），"令京官五品以下，吏部会同都察院及各堂上、掌印官公同考察"，这一制度成为成化四年之后对绝大多数京官进行考察时的主要做法。③ 不难发现各相关部门堂官一直都参与京察，但在隆庆元年之前只会同考察，无须填注考语，而在隆庆元年之后既要填注考语，又要会同考察。因此即使在正统至隆庆的百余年间未曾填注京察考语，在各官本官上司的会同之下，部、院的京察也并非无据可依。既然如此，吏部仍要求各衙门开报考语岂非多此一举？

---

① （明）汤兆京：《灵萱阁集》卷3《题诸臣议察疏》，第524b页。
② 分别见（明）申时行等《大明会典》卷13《京官考察》，第224a页；（明）施沛《南京都察院志》卷8《六年考察》，第203b页；（明）李默《吏部职掌》不分卷《考功二·考察事宜》，第145b页。
③ 本句引文，见（明）申时行等《大明会典》卷13《京官考察》，第223b页。

之所以会有这种看似多余的举动，是因为言官咨访在过往的百年间在京察中独重，引发了很多意想不到的弊端。吏部尚书张瀚称："京考，旧例全凭咨访，多系浮言，未足为据。"① 南京都察院转行其他衙门的咨文亦称："看得节年考察京官，该部、院采访舆论，公同各衙门堂上官参定去留，非不致详，但一时风闻之词，终无实据。"② 这无疑也透漏出京察咨访不实的现象异常严重。正因为咨访独重而又难以发挥积极效用，京察考语才应运而生。

查取考语的时间通常在京察的"先期三月"③，而嘉靖三十年（1551）规定京察于二月初进行，④ 可以推知在嘉靖三十年将京察月份固定之后，查取考语的工作通常在京察前一年的十月底或十一月开始。而考语需在十二月上旬开送到部、院，⑤ 故各部门长官填注考语的时间仅为一个月左右。但考虑到各堂上官仅需对本衙门的属员开报考语，因此一个月的时间应当较为充足。从时间上来看，"计典发（访）单在十月，收单在十二月"⑥，考语行于十一月至十二月初，因此堂官注考和科道咨访这两项重要考察准备工作实际是并行不悖的。一般情况下，查取考语的官员群体包括"见任、升任、降调、丁忧、养病、侍亲、公差、给假、给由"等项。⑦ 注考的具体要求是，各衙门堂官"将六年以应考人员，各要秉公核实，手注考词，如某为贤能，某为不肖。不肖者，贪、酷、不谨、不及、浮躁、老、疾等项，俱要指事直书"⑧，而后交送至吏部及都察院。而"六科给事中系近侍封驳之臣，例无考语，两京部院止照旧规从公考核"⑨。

① （明）张瀚：《松窗梦语》卷 8《铨部记》，第 148 页。
② （明）施沛：《南京都察院志》卷 35《内察查取各衙门官员贤否札河南道及案令经历司行贵州道造揭帖》，第 313b 页。
③ （明）申时行等：《大明会典》卷 13《京官考察》，第 224a 页。
④ （明）李默：《吏部职掌》不分卷《考功二·考察事宜》，第 144b 页。
⑤ （明）施沛：《南京都察院志》卷 35《内察查取各衙门官员贤否札河南道及案令经历司行贵州道造揭帖》，第 313b 页。
⑥ （明）金明时：《险臣贪肆谲邪疏》，载（明）周念祖辑《万历辛亥京察记事始末》卷1，第 237a～237b 页。汤兆京亦谓："臣于去年九月到京，十月即行发单咨访。"见（明）汤兆京《灵萱阁集》卷 1《送单始末疏》，第 507a 页。
⑦ （明）施沛：《南京都察院志》卷 35《内察查送官员履历册咨》，第 296a 页。
⑧ （明）施沛：《南京都察院志》卷 35《内察查送官员履历册咨》，第 296a 页。
⑨ （明）李默：《吏部职掌》不分卷《考功二·考察事宜》，第 145b 页。

此外，明廷规定"注考之后，或别有闻见，临时与部院面订，不妨异同"①，可见考语在上交之后仍可据实际情况损益。从填注细则及各项补充条文来看，明代对京察考语的规定确已十分细致，但其实效如何？

尽管明廷对堂官注考有"宁实勿文，宁详勿略"② 的明旨规定，但执行的效果却不甚理想，部分堂官"开报考语，类多标榜溢美之词"③；从每逢京察届期之际，要求指事直书考语的奏疏从未间断的实际情况来看，将考察官员的揭帖变为"市恩之圣书"的情况一直存在。

总的来看，考语和咨访都是通过"采之于众"的方式来达到"断之于独"的目的，④ 以期共同为京察服务的两套措施。咨访以向品级较低的言官发放和回收访单的方式进行，回收后的访单亦由较为低级的官员，如吏部考功司郎中、吏科都给事中及掌河南道御史等辅察官员进行"会单"并提出初步处理意见。通常情况下，"会单"的结果即是最后的京察黜陟结果，会单时一经议定，"即部、院不敢枉纵人"⑤，主察的吏部尚书和都御史仅会对个别争议较大或是人际关系比较复杂的人物提出处理意见。考语由品级较高的堂官开写并直接上呈部院，供主察的吏部尚书和都察院都御史参酌，遇有科道会单无法决定去留的官员之时，主察官员便可根据堂官的考语最后决定该官员的去留。那么，咨访和考语究竟孰轻孰重？这有必要结合制度演进的脉络加以思考。在正统至隆庆这段完全没有京察考语的时间里，咨访在京察决策中独重毫不为奇。正如前文所述及的那样，正是因为咨访独重而又缺乏证据导致京察难以尽得其实，考语才应运而生。但在考语出现之后，咨访便迅速让位，例如在某些衙门（如五府、锦衣卫等）中根本都没有堂审议事的程序，因此其属员的去留几乎全由长官的考语定夺。但这并不意味着自考语出现后，咨访便已失去效用，对于六部等部门中负责具体政务的官员，仍是在参详考语及咨访的情况下完成考

---

① （明）施沛：《南京都察院志》卷35《内察查取各衙门官员贤否札河南道及案令经历司行贵州道造揭帖》，第313b 页。

② （明）陆光祖：《计吏届期敬陈饬治要务以重大典疏》，载（明）陈子龙等辑《皇明经世文编》卷374，第603a 页。

③ （明）吴亮：《万历疏钞》卷22《陈末议以裨考察以励庶官疏（史朝铉撰）》，第214b 页。

④ （明）沈一贯：《敬事草》卷17《四催京察本揭帖》，第14a 页。

⑤ （明）汤兆京：《灵萱阁集》卷2《题科臣议察疏》，第510b 页。

察，只是咨访再也难以恢复往昔那种在京察时独重的局面。以上，是明代京察咨访及考语两项决策机制的具体情况及互动情形。

（四）开报应考官履历册

十二月上、中旬，言官咨访和堂官注考两项重要京察准备工作皆已告一段落。吏部在收集以上信息之后，尚需查取官员的履历册。履历册，亦称"脚色手本"，亦即官员个人情况的简明介绍，主要包括姓名、籍贯、进士科甲、历任职务等基本信息。尽管履历册看起来平淡无奇，但上节所讨论的咨访与考语都不能代替履历册的作用。因为部、院在获得访单和考语的相关信息后，仅能知道哪些官员有不职行为，哪些官员异常廉能，但无法知晓这些官员不职或廉能的具体情况，对他们的了解难免失之于抽象。而且一旦缺乏履历册的开报，及至应考官过堂之时很可能出现某些廉能或贪酷的官员行至部、院长官眼前，冢宰及台长难以知晓其姓甚名谁，不仅场面尴尬，而且殊为不雅。因此官员履历册的开报，实际为部、院长官了解应考官员的重要信息提供了极大便利。

吏部对于查取官员履历册有明确的时间要求，如南京吏部通常于正月二十一日发出咨文，正月三十日要求各衙门反馈至吏部，① 而北京京察有时在正月下旬即已举行，因此有理由认为北京查取官员履历册的时间较南京为早。但无论孰先孰后，南北两京吏部收集官员履历册的步骤和具体措施则基本一致。

首先由吏部发文转行各衙门，令各衙门堂官将属下各官的履历册反馈给吏部。公文转行的具体情况是：

　　　本（吏）部咨户部，除仓场大使等官外，将所属各官造册（履历册，下同）。

---

① 《南京吏部志》记："考察之年，候吏部题本后，以正月下旬行手本到各衙门。取六年内曾经、在任官员脚色文册，其有公差、给由、丁忧、养病、侍亲、给假、升迁、降调、病故者，亦各明白开注，限十日内送到。"见（明）王逢年《南京吏部志》卷7《考功司职掌下·考察》，第42叶。又查《南京都察院志》可知，南京吏部咨文要求南京各衙门在本年本月内提交履历册。通过以上资料比对，可以确定南京查取履历册的准确日期一般在京察当年正月。见（明）施沛《南京都察院志》卷35《内察查送官员履历册咨》，第296a页。

咨礼、刑、工三部，将所属各官造册。

咨兵部，除五府所属卫所并收粮经历等官外，将所属各官，会上值亲军、锦衣等卫所经历、五城兵马指挥、武学教官等官造册。

咨都察院，将各道、经历司等官造册。

咨总督仓场衙门，将管仓、收粮经历并库场大使、副使等官造册。

札付太常、太仆、光禄、鸿胪四寺，上林苑监，将五品以下堂官并所属各官造册。

札付顺天府，将本府五品以下堂官及所属大小衙门等官造册，仍令该府转行通政司、尚宝司、六科、中书科等衙门造册。

本（考功）司手本行大理寺左寺、詹事府主簿厅、翰林院、宗人府经历司、国子监典簿厅、行人司、太医院，将各五品以下堂官并属官造册。

行五府经历司，将所属各卫所经历等官造册。

移付（吏部）文选、验封、稽勋三司，通将见任、带俸、公差、丁忧、养病、侍亲及行查未报，并上年正月以后升任，及六年之内未经考察等项官员脚色备开册揭，三日内送部。①

各衙门在收到吏部转行的咨取履历册文书后，并不能随意书写履历册，而应当遵循固定的规范。以南京都察院为例，其填写履历册的规范包括：

见任者，备开履历；升任者，见任某处地方；调用、降调者，见补某处衙门；丁忧、养病、侍亲者，曾否复除；给假、给由者，曾否复任；有差衙门，在任原管何差；其中或有升迁在外、曾经被论、考察革职、致仕、闲住及病故②……务要秉公覆实，手注考词，如某为贤能，某为不肖。不肖者，如贪、酷、不谨、不及、浮躁、老、疾等

---

① （明）李默：《吏部职掌》不分卷《考功二·考察事宜》，第145b～146a页。
② （明）施沛：《南京都察院志》卷35《内察查取各官履历札河南道及案令经历司行贵州道造揭帖》，第313a页。

项，俱要指事直书。①

其他各部的填写规范应当亦与之相同。各官履历册填写好后，由所属衙门进行汇总，以部门的名义统一转行吏部。仍以南京都察院为例，其院内转行有关履历册揭的具体情况是：都察院司属接到吏部咨文，② 立刻转行堂官，但以堂官的身份不可能亲自处理这些基层的事务，因此批发给院内负责京察事宜的河南道进行处置，③ 河南道得到堂官的指令后，便汇编南京都察院内各官履历册，待都察院堂官确认后，即以都察院名义将院内属员所有履历册统一转行南京吏部。④ 至此，都察院履历册的查取流程结束。其他各部的履历册查取应当与都察院并无二致。

---

① （明）施沛：《南京都察院志》卷 35《内察查取各衙门官员贤否札河南道及案令经历司行贵州道造揭帖》，第 314a 页。

② 南京吏部发给南京都察院的咨文主要内容如下。"为查取官员履历，以备考察事。准南京吏部咨，考功清吏司案呈。查自某年考察后，迄今将届六年考察之期，除各官贤否考语及以后到任等官至日另文查取外，所有各衙门见任及升任、降调，并丁忧、养病、侍亲、公差、给假、给由等项官员，历年已久，人数颇多，本部无凭查考，难以周知。若候临期查取，诚恐一时匆迫，不无遗漏。相应预先通行各该衙门，将某年某月某日起，至今止，凡五品以下大小官员，见任者，备开履历；升任者，见任某处地方调用；降调者，见补某处衙门；丁忧、养病、侍亲者，曾否复除；给假、给由者，曾否复任；有差衙门，在任原管何差。其中或有升迁在外、曾经被论、考察革职、致仕、闲住及病故例不入考者，希为逐一详查，开注明白。俱在本年本月终，送部查考。如报后另有事故等项，仍复陆续开送。等因。案呈到（南京吏）部，合咨贵（南京都察）院，烦为查照。等因。"见（明）施沛《南京都察院志》卷 35《内察查取各官履历札河南道及案令经历司行贵州道造揭帖》，第 313a 页。

③ 都察院堂官转行给河南道开报履历册的公文如下。"为查取官员履历，以备考察事。准南京吏部咨，考功清吏司案呈……（抄录吏部转行咨文，即上一脚注中文字）等因。到院。准此，合札该道（河南道）即便查照施行。"见（明）施沛《南京都察院志》卷 35《内察查取各官履历札河南道及案令经历司行贵州道造揭帖》，第 313a 页。

④ 以南京都察院名义转行南京吏部的公文如下。"为查取官员履历，以备考察事。（南京都察院河南道）奉南京都察院札付，准南京吏部咨。开某年某月某日考察起，至今止，凡五品以下大小官员，见任、升任、降调、丁忧、养病、侍亲、公差、给假、给由，曾否复任，在任原管何差；其中或有升迁，在外曾经被论，考察革职、致仕、闲住等项，及病故例不入考者，希为逐一详查，开注明白，备造文册，俱在本年本月终，送部查考。如报后遇有事故等项，不妨陆续开送。等因。到院。札行本（河南）道，即将前项应考官员，逐一查明，备造履历文册，呈报转咨。等因。奉此遵依，通行各衙门并各道，查取官员履历去后，今准本院经历等三厅，司狱司及南京、浙江等十三道，各将见任、升任、丁忧、养病等项官员履历开送前来，查明类造文册呈报。等因。到院。据此拟合就行。为此，今将造完文册二本，合咨贵（吏）部，烦为查照施行。计咨文册贰本。"见（明）施沛《南京都察院志》卷 35《内察查送官员履历册咨》，第 296a 页。

（五）皇帝确立京察日期

京察和大计的准备工作有诸多相似之处，其一便是皆需经过跨年的准备。在大计中，各地入觐官至迟在十二月二十五日便已抵达京城，但至正月初二日才开始考察。京察亦与之类似：各项准备工作在年前皆已进行，但正式的考察工作却要迟至一月下旬乃至二月上旬才最终进行。在正式京察的前一年，已经进行了前述四项考察准备工作的至少三项，即科道条陈京察事宜，吏部奏请京察，堂官注考和言官咨访。此外，北京吏部尚可能在正月前完成对应考官履历册的收集。以此观之，京察的主要准备工作实际上已在年前完成，但即便如此，新年过后，仍有众多琐碎的准备工作尚待操办。

虽然"六年一察"的制度至明正德时已初步定型，但京察的具体日期却仍屡有变更，时而在二月上旬、时而在一月下旬，尽管两者间隔不过数日，但因京察关系异常重大，为了凸显皇权的威严，同时向皇帝汇报京察诸项工作已经准备就绪，吏部尚书仍需在正月间奏请皇帝亲自颁定京察的准确日期。尽管这一举动看似是例行公事，却并不可少。一方面，"部、院待此旨而后可以自陈行事，南京待此旨而后可以一体考察"[1]，若圣旨不下、日期不定，则主考官员的自陈便无法进行，主考官员不能自陈，以"待罪之身"自然不敢署事，考察便不能按期展开。另一方面，每逢京察届期之际，"举朝大小臣工舍其职业，专待此事"[2]，加之在堂审之前会单结果即已被部分官员知晓，众人口耳相传难免失真。故考察届期之际，"纷纷猜度，多生事端"，[3] 更有"不肖之徒自知不免，诪张变换何所不至"[4]，以至于"无名揭帖，相望通衢"[5]。以上种种，皆非圣朝清明之治的景象，故题请皇帝早日确定京察举行日期实有其必要。

（六）管察官员自陈乞休

在以上一应准备工作结束之后，主察官员便开始自陈乞休。主察官员

---

① （明）叶向高：《纶扉奏草》卷12《请考察日期并兵部军政揭》，第54a页。
② （明）叶向高：《纶扉奏草》卷12《催发考察日期揭》，第62a页。
③ （明）叶向高：《纶扉奏草》卷12《催发考察日期揭》，第59a页。
④ （明）叶向高：《纶扉奏草》卷12《催发考察日期揭》，第61b页。
⑤ （明）吴亮：《万历疏钞》卷22《计典乍竣众志方新乞崇寔行以端士习疏（许弘纲撰）》，第215b页。

率先乞休，或是取"受察者然后可以察人"① 之意。主管官员的乞休必须等待皇帝确定京察日期后方可进行，即前引叶向高所论："部、院待此旨而后可以自陈。"一般而言，部院长官的自陈通常在考察的前十日左右，如万历三十三年（1605）正月二十八日京察，左都御史温纯在正月十九日上呈自陈疏；② 万历三十九年（1611）三月二日京察，主察右副都御史许弘纲的自陈在二月二十日上呈御前。③ 部、院长官在收到皇帝对京察日期的批复后毫不迁延地进行自陈，是为了留给皇帝充足的时间进行批复，以免贻误大察。

主察官员的乞休说辞，几乎千篇一律。从王廷相（1474～1544）及温纯的自陈疏中可见一斑，故节选如下。王廷相于嘉靖十八年（1539）京察时任左都御史，其自陈疏称：

> 臣识鉴暗劣，性行疏陋，既不能明察乎庶物，安足以驳正乎人伦。受此重托，实深惶惧。倘置贤否混淆，岂不有伤政理？况臣素乏学术，有愧品流；久据都台，无裨风纪。群臣之中，所当斥退者莫先于臣。伏望皇上重兹大政，察臣不职，将臣先行罢黜，别选名贤以司其事。庶考察得人，而群工去留亦各得其当矣。④

温纯于万历三十三年（1605）京察时亦任左都御史，其自陈疏称：

> 兹当京察，（臣）职宜品评。诚恐鉴别不精、去留失当，不惟有辜任使，何以风励人心？伏乞皇上慎重兹典，先罢臣官。别选才望以充斯任，庶庸劣免塞贤路，而斥陟公明矣。⑤

---

① （明）黄淮等：《历代名臣奏议》卷 162《建官》，《景印文渊阁四库全书》第 437 册，第 475b 页。
② （明）沈一贯：《敬事草》卷 17《催温中丞自陈本揭帖》，第 5a 页。
③ （明）叶向高：《纶扉疏草》卷 12《催发许都御史辞疏揭》，第 63a 页。该疏为叶向高于该年二月二十日所上，疏中已提及许弘纲京察自陈之事，故许弘纲的自陈应当不晚于二月二十日。
④ （明）王廷相：《浚川奏议集》卷 10《六年考察京官自劾疏》，第 592b 页。
⑤ （明）温纯：《温恭毅集》卷 6《自陈不职乞赐罢斥以公考察疏》，第 522b～523a 页。

对比王廷相和温纯二人的陈奏，不难发现主察官员的自陈通常遵循固定的模式。首先表明自己的才识浅薄以至于不能担当京察重任，并详述自己面对京察的恐慌，进而要求皇帝将自己罢黜，别选贤能以充京察之任，庶几得京察之体，明黜陟之公，再度言明倘若皇帝将自己留任，很可能成为吏治清平之累。不唯王廷相与温纯如此，其他主察之吏部尚书、都御史的情形亦与此相同。

恰如上一章京察自陈疏研究一节所指出的那样：官员的京察自陈言不由衷。早在主察官员落笔书写自陈疏时便已知晓自己绝不可能被罢斥：因为京察迫在眉睫，皇帝倘若应允主察官员的自陈乞休，短期内必难以择人主察。① 尽管如此，主察官员却又不得不表明自己才不堪用并请求皇帝罢黜。

主察官员的察前自陈需遵循一定顺序："先本部、都察院正堂，次左、右堂。奉旨一二日内，即行会官考察。"② 以上官员的自陈全部得到皇帝的批复后，堂审即可按期展开。

（七）考功司及吏科、河南道的会单

通常情况下，明朝两京五品以下官员人数至少上千人，但对他们的考察仅在堂审一日进行。而所谓堂审，只是对各应考官员进行"唱名"，并给出去留意见。因此相应官员的去留决定，在很大程度上依据考语和访单来做出决定。但考语所注有贤有否，不一而足，访单则专门针对行为有亏的官员，因此在京察时，对中低级京官去留有决定性影响的环节，实为考功司及科道官的会单。有关会单的具体细节，笔者已经在上一章有关访单的专题研究中进行过详细探讨，不再赘述。

（八）管察官员宿部、誓天

主察官员宿部是堂审开始前的另一重要准备工作。所谓宿部，是指住宿于吏部公署准备并等待京察，其目的是防止主察官员于京察届期之际接受其他官员请托，避免由此导致的考察不公。根据官员身份差异，相关官

---

① 主察官员乞休通常在京察前十日左右进行，若临期换人只有两种可能。一是召外地督抚或南京相应要员出任冢宰、台长，但外地官员不可能如此迅捷地赶赴京城；二是在京城内就近选取，但即使是吏部侍郎、副都御史，一旦被委任为部门正职，也皆需经过若干次的上疏请辞及谢恩。短短十日之内，几乎不可能顺利完成这些流程，故皇帝断难临期更换冢宰及台长。实际上，在整个明代京察制度史上，都没有皇帝批准主察官员察前乞休的记录。

② （明）李默：《吏部职掌》不分卷《考功二·考察事宜》，第146b页。

员开始宿部的时间亦有不同。万历时吏部考功郎唐伯元记载北京京察宿部情况称：“正月十五日以后，考功司宿部；二月初九日，正堂宿部；十一日两堂宿部，本（司务）厅随宿。”①尽管每届京察时，吏部各官宿部的具体日期或有不同，但其宿部的先后顺序理应无甚差别。

因考功司在京察中的责任重大，一应京察事务皆需考功司官员参与，故其宿部日期最早。虽然吏部尚书可迟至堂审前四日才开始宿部，但亦可以根据实际情况的需要，自行决定是否提前宿部以便处理京察事务。如万历三十九年三月二日堂审，吏部尚书孙丕扬于二月二十七日即已宿部，宿部日期为京察前五日。②吏部尚书的宿部时间仅需在考察前几日，乃因京察的基础性事务皆有考功司郎中宿部处理，因此无须尚书过多劳心。尽管如此，吏部尚书宿部仍有其必要性。因为尚书虽然无须参与基础事务，但亦需留出数日时间与考功司官员就京察具体事宜进行最后商议确定。既然有尚书在堂，吏部侍郎于京察中的作用便相对较小，故仅需于京察前二日宿部即可。此外，都察院都御史亦会在京察前一日赴吏部住宿，如万历三十九年（1611）都察院右副都御史许弘纲便于三月一日宿部。③

南京因为官员人数较少，所以京察事务不如北京繁重，因此主察官员的宿部情况较北京为晚。“本（考功）司官以堂审前五日宿部，各（文选、稽勋、验封）司官以前三日宿部，本部两堂以前二日宿部，差官请都察院两堂以堂审前一日四鼓进部，近俱前一日午后进部”④。可以看出：北京考功司官员宿部时间远较南京为早，北京吏部尚书早于吏部侍郎宿部，而南京之吏部尚书与侍郎同时宿部。会出现上述差异的原因在于北京官员通常较南京为多，从何时开始宿部大多是根据考察实际需要而定。

宿部之后、考察之前，主察官员还应对天起誓，以表明本届京察绝不

---

① （明）唐伯元：《铨曹仪注》卷5《京察事宜》，第34a页。

② （明）孙丕扬：《倡言要挟疏》，其称：“臣奉旨：三月初二日京察……臣于二月二十七日即宿部料理察事。”收入（明）周念祖辑《万历辛亥京察记事始末》卷2，第244b页。

③ （明）许弘纲：《群玉山房文集》卷5《辛亥京察宿院告天》，《四库未收书辑刊》第五辑第24册，第141a页。

④ （明）王逢年：《南京吏部志》卷7《考功司·职掌考察》，第43~44叶。吏部两堂一般为南京吏部尚书及南京吏部右侍郎，都察院两堂一般为南京都察院右都御史及南京都察院右佥都御史。

舞弊徇私的决心。誓天之传统起于何时暂不可考，但至迟在嘉靖年间便已有之。薛应旂对其以考功司郎中身份参与嘉靖二十四年（1545）南京京察的告天仪式有详细记载：

> 嘉靖乙巳四月六日，南京吏部尚书张润、都察院右都御史王以旗，同各堂官某某等，恭率考功郎中薛应旂焚香酹酒，敢昭告于天地鬼神之灵曰：“我国家举惩劝之典，严考察之司，实以民生休戚之关，而理乱安危之所由出也。既须爱惜人才，又当轸念民隐。凡我有位，当矢厥心；或去或留，务协舆情。若报恩报怨，稍失其平，明有国宪，幽有天刑，不在其身，必在子孙，惟神鉴之。”①

从上段引言中，可以看出明代考察前誓天的一般状况：即主管考察的吏部尚书、都御史带领负责考察的基层官员一同口诵誓词，发愿将在本次京察中矢公矢慎。尽管从嘉靖二十四年的京察结果来看，部、院官员也确实持论甚平，但笔者无从判断这究竟是因为当年负责京察的官员个人素质较高，还是考察前的起誓发挥了作用。

至万历三十三年（1605）内阁首辅沈一贯于京察前上疏称：“国家六年一次京察乃最大彝典，不可轻忽。凡从事于此者，孰敢不盟誓天日，夙夜黾勉以幸无罪。”② 可见至少在嘉靖、隆庆、万历年间，主察官员于京察前誓天的传统得到了有效维持。但部、院长官做出誓天举动之时都已经赴吏部住宿，在这种高度封闭的管理之下，外界的请托本来就难以送入吏部之内，再通过誓天来表达自己不会舞弊的决心，是否显得冗余？嘉靖时吏部尚书汪铉（1466～1536）的事例或可说明一二：“迩者京察，铉子纳贿私宅；铉宿部堂，往来消息阻于门禁，辄集私书诈作公文投递。”③ 这生动揭示出主察官员宿部时接纳外界消息的具体方式。不难看出，宿部誓天实有其必要。

---

① （明）薛应旂：《方山薛先生全集》卷45《南京吏部考察告神文》，《续修四库全书》第1343册，第476a～b页。

② （明）沈一贯：《敬事草》卷16《察近请下管察本章揭帖》，第648b页。

③ （明）徐象梅：《两浙名贤录》卷25《工科给事中冯惟良汝弼》，北京大学图书馆藏明天启徐氏光碧堂刻本，第729a页。

但迄今仍有难解决的问题。京察本就是名正言顺之事，负责京察的各级官员恪尽职守亦是基本的职业要求，为何要在京察前使用这种极具宗教色彩的仪式来维护京察的威严？甚至不惜以祸及子孙为代价？这究竟是官员的自发行为还是迫于政治环境压力的无奈之举？抑或这只是当时的一种官场文化？这些问题将留待日后探讨。

（九）堂审前的最后准备

在堂审之前的两三日，吏部考功司尚需处理一些较为零散的京察准备工作。因为这些工作的完成时间比较集中，是以一并罗列如下。

一是发布晓谕禁约。南京吏部考功司通常在京察之前"刊刻晓谕禁约，给散五城张挂"①，北京吏部的相应举动是"本部出给禁约并审官起数告示"②。仅从"晓谕禁约"的字面意思便可推知这是在考察之前发布的告示，其内容是告知入觐官在进京参加考察期间的注意事项。如成化十四年（1478）朝觐考察前："上以天下诸司官吏朝觐至京，奸诈之徒或缘私仇妄相告讦、吓骗财物及阴构以事，中伤善良，大伤治体。其朝觐官贤否不同，朝廷黜陟自有常典，亦不许与京官往来交通贿赂，营求作弊。命都察院揭榜通行禁约，违犯者概治以罪。"③从中可知当年禁约大概内容。万历二十年（1592）朝觐考察前发布的晓谕禁约是："凡在京官吏人等不许递揭陷害外官，入觐官员不许营求打点，被论官员不许诬讦留用官员，入觐官与京官不许馈遗、交际。"④

二是搭建席蓬并布置公告牌。以南京为例，"堂审前二日，本（考功）司预行上（元）、江（宁）二县于部前搭席蓬一所，张挂告示"⑤。这些举措看似平淡无奇，实际意义重大。京察之前，若有特殊情况发生，可以在公告牌上张贴以利于官员知晓；京察过程中，一人考察时，其他官员可以坐在席蓬中等候，避免日晒雨淋。与南京将相关工作交由上元、江宁这两个应天府直辖县类似，北京的席蓬、公告，由宛（平）、大（兴）

---

① （明）王逢年：《南京吏部志》卷7《考功司职掌·考察》，第42叶。
② （明）李默：《吏部职掌》不分卷《考功二·考察事宜》，第146b页。
③ 《明宪宗实录》卷172，成化十三年十一月戊子条，第3112页。
④ 《明神宗实录》卷242，万历十九年十一月甲戌条，第4514页。
⑤ （明）王逢年：《南京吏部志》卷7《考功司职掌·考察》，第42~43叶。

这两个顺天府直辖县来负责筹办。①

三是做好京察后勤保障。例如提前准备好堂审时将会用到的各种文具，北京吏部会"咨都察院，关支纸张。咨纸一千张、题本纸三百张、榜纸一百张"②。南京因官员较少，故所用公文纸张应当亦较北京为少。此外，由于南京吏部的属员通常并不足额，仅考功一司官员无法应付繁复的京察任务，因此还需"预于文选司借办事官，分派司审、堂审日执事"③。此外，还要由验封司选拔点卯吏负责填写京察引审单目文册，④而北京吏部考功司的属员通常较为齐备，故暂未发现向他司借员协助之记录。

四是修造考察册簿。明代京察中的考察册簿琳琅满目，据《南京吏部志》记："本（考功）司造写考察册一样四本，送本（吏）部、都察院堂上，该衙门各一本，送各堂上会考。及造见任上、中、下见官堂审簿四本，中、下见官司审簿二本及引审单目文册。"⑤ 这便囊括了四种完全不同的考察文本，以下试按顺序分述之。

第一，考察册。考察册一式四份，两本交由吏部尚书与都御史查看，另两本交由吏部和都察院以衙门名义保留，供吏部左、右侍郎及都察院左、右副都御史在会考时参看。⑥ 根据本节前文的论述可知："升任、降

---

① 由于《皇明吏部志》有关考功司职掌的残缺，难以查知北京的宛平、大兴二县在京察时发挥的作用是否与南京的上元、江宁二县完全一致。但参诸《吏部职掌》中有关京察之记载："行宛、大二县取何用什物，事完给领。"可知部分考察相关的办公物品应由宛平、大兴二县负责提供。见（明）李默《吏部职掌》不分卷《考功二·考察事宜》，第146a页。

② （明）李默：《吏部职掌》不分卷《考功二·考察事宜》，第146a页。

③ （明）王逢年：《南京吏部志》卷7《考功司职掌·考察》，第43叶。

④ （明）王逢年：《南京吏部志》卷7《考功司职掌·考察》，第43叶。

⑤ （明）王逢年：《南京吏部志》卷7《考功司职掌·考察》，第43叶。

⑥ 尽管笔者暂未发现京察中使用的原始考察册文本，但根据大计中使用的考察册不难推知其基本情况。毕竟二者同名考察册，同为考察官员而作，而且京察的经验又有很多是从大计中吸取而来，因此京察与大计的考察册应该不存在本质上的区别。明人赵维寰记："林先春，武塘令也。居官三年，雅以廉能著。独其嫉恶太严，遂与一豪绅所中。辛未考察，乘其丁艰，竟以墨论黜，一时士论哗然不平。且其人宛然无恙，而吏部考察册忽注病故，此尤异之异者也。"可见考察册中的主要内容是开注官员职名，即见任、丁忧、病故、给假等具体项目，以便台长和冢宰参看。见（明）赵维寰《雪庐焚余续草》卷1《宛令》，《四库禁毁书丛刊》集部第88册，第620b~621a页。

调、丁忧、养病、侍亲、公差、给假、给由"等项官员，虽然人已不在
京城，但因为在当届京察前有过在京任职经历，因此也无法置身于京察之
外，全部都要查取考语及履历。考察册的作用便是对这些官员的信息及见
任官员的信息进行汇总，以便于吏部尚书、都御史等人对本节京察中被考
察的官员基本情况有充分的了解。而考功司先期查取的考语和履历册，实
际为编造考察册提供了便利。

第二，堂审簿。根据之前引文可知，南京"上、中、下见官堂审簿
四本"①，而北京因为在任官员较南京为多，因此需要编制"在任官员花
名次序，类造堂审簿一样六本"②。通过有关南北两京的引文比对，可见
官方典制在述及堂审簿时都着重强调了"见官""在任官"这一基本要
素。据此不难知晓堂审簿的作用在于提供堂审当日所有参与过堂官员的信
息，而不像前述考察册一样，会将本届京察所有应考官的信息都收录其
中。尚需格外指出的是：京察时很少出现像大计那样仅有少数官员才有机
会参与过堂的状况，所以京察堂审簿的涵盖范围十分广，而且堂审簿也是
京察时独有的文本而无法应用在大计之中。

第三，中、下见官司审簿。即考功司对低级京官审查的初步意见。按
《南京吏部志》载，"堂审前一日，中、下见官俱赴本司司审"③，而"司
审"的具体要求是"司官先期会同都察院两堂及河南道、吏科议"。可见
司审的作用是提出京察的初步处理意见。无论是参与人员抑或是司审日
期，都与考察前一日在考功司衙内进行的最后一次会单的记载十分吻合，
因此司审很可能是察前最后一次"会单"，会单过后，以书面形式将考功
司的处分建议上呈吏部堂官。

第四，引审单目文册。堂审当日需查理约千名京官，因此必须遵循严
格的先后次序，否则吏部考察现场将会异常混乱。前文已述，吏部将在考
察前数日颁布"起数告示"，在告示中详细说明各部门官员考察的先后顺

---

① 所谓"上、中、下见官"，是根据官员的尊卑，人为地将官员划分为三个档次，并加以
区别对待。如《南京都察院志》记："凡上、中、下见官，赴河南（道）递供。到，俱
从小门入递讫，上见官从中门甬道送出；中、下见（官）仍从小门自出。"见（明）施
沛《南京都察院志》卷26《仪注·过河南道》，第16b页。
② （明）李默：《吏部职掌》不分卷《考功二·考察事宜》，第146b页。
③ （明）王逢年：《南京吏部志》卷7《考功司职掌·考察》，第43～44叶。

序，考功司亦需根据"起数告示"所定的堂审顺序编写官员名册 22 本。①
待堂审当日，"已上用叫名单，逐起先点齐，二门外伺候；临审各另出
牌，上写衙门起数，随牌进审"②。通过对以上资料的综合分析，可知引
审单目文册就是 22 本官员名册，依据各衙门堂审先后顺序排定。待考察
时，吏部考功司官员按顺序将应考官员以所属部门为单位，逐一延请入
部，以防候审现场出现混乱。

待以上所有文书进呈完毕后，京察将正式开始。

二　京察当日进程

在京察当日，所有应考官都应当前往吏部过堂行礼。北京、南京的考
察的总体原则虽然一致，但南京对京察相关规定的执行较之北京更为严
谨。以下试分述之。

（一）应考京官与不考京官的范围界定

在经历过前述长达数月的繁杂准备工作之后，对五品以下京官的考察
随之展开。90% 以上的京官都将在堂审当日以部、院等衙门长官会同堂审
方式来完成京察。

堂审时的对象是五品及以下京官。这类官员不仅人数众多，部门分布
亦十分繁杂，因此有必要在介绍堂审基本状况之前，对参与堂审的官员范
围予以界定。《南京吏部志》对五品以下应考京官和不考京官的情况做出

---

① （明）李默：《吏部职掌》不分卷《考功二·考察册数》，第 147b ~ 148b 页。这二十二
本名册分别是：一，本部司务并四司；二，户部司务、照磨、检校、十三司并收粮经
历、各仓场库官；三，礼部司务并四司、铸印局等官；四，兵部司务并四司、五城兵
马、锦衣等卫经历、武举考官；五，刑部司务、照磨、检校、十三司并司狱官；六，工
部司务、四司并所、局等官；七，都察院经历、都事、照磨、检校、十三司并司狱官；
八，通政司堂官、首领官；九，大理寺堂官、司务，左、右寺官；十，六科；十一，翰
林院、内阁书办、四夷馆；十二，宗人府、詹事府、尚宝司；十三，中书科、文华、武
英两殿；十四，太常寺堂官、首领并博士、奉祀等官；十五，光禄寺堂官、主簿并署正
等官；十六，太仆寺堂官、主簿并库大使；十七，鸿胪寺堂官、首领并鸣赞等官；十
八，国子监堂官并首领、助教、学正等官；十九，顺天府堂官、首领并教授、训导、各
门大使、宛、大二县巡检等官；二十，行人司；二十一，太医院堂官、御医、吏目、大
使、副使等官；二十二，五府经历、都事并属卫经历、旧有带俸教谕。
② （明）李默：《吏部职掌》不分卷《考功二·考察册数》，第 148b 页。

了详细记载，① 根据明廷"除自陈、拾遗，两京事体相同"② 的规定，有理由认为北京京察应考官和免考官与南京京察几无差别。故先将五品以下应考官和免考官的职衔详列如下。

应考官包括：

六部：郎中、员外郎、主事、司务。

户、刑二部：照磨、检校。

都察院：司务、经历、都事、照磨、检校、十三道御史。

通政司：经历。

大理寺：寺正、寺副、评事、司务。

宗人府：经历。

五府：经历、都事。

太常寺：博士、典簿、司乐、赞礼、协律，天（坛）、地（坛）、山川、孝陵坛祠祭署奉祀、祀丞。

光禄寺：典簿、署正、署丞。

太仆寺：主簿。

詹事府：主簿。

鸿胪寺：鸣赞、序班、主簿、署丞。

国子监：监丞、助教、学录、学正、博士。

翰林院：孔目。

应天府：治中、通判、推官、经历、知事、照磨、检校。

太医院：吏目。

钦天监：灵台、保章、春夏秋冬官正、司历、监候，主簿。

五城兵马司：指挥、副指挥、吏目。

上（元）、江（宁）二县：知县、县丞、主簿、典史。③

各卫：经历、知事、吏目。

---

① （明）王逢年：《南京吏部志》卷7《考功司职掌》，第26~30叶。
② （明）施沛：《南京都察院志》卷8《堂上职掌·南京吏部会典》，第203b页。
③ 对应北京顺天府的属县情况，则应是宛平、大兴二县。

免考官包括：

> 神乐观、会同馆、铸印局，典牧所、营缮等所，□屑、石灰等坝关，织染等局，国子监掌馔，宝钞、清江、龙江等提举司、司狱司、巡检司，仓场库官。

以上，是明廷京察时应考官和免考官的一般情况。不难看出所有部、院、卿、寺等承担实际政务决策和政务执行的部分官员，几乎尽皆为京察所覆盖。而免于京察的官员，几乎都归属于一些与国计民生无涉或者关系不大的部门，尤其集中于给皇室及中央机构提供内勤服务的部门。此外必须指出的是，北京堂审和南京堂审在诸多方面存在差异，是以在下文将分别叙述南、北两京的堂审情况。

（二）北京京察的制度规定

一般而言，一个完整的京察至少包括过堂、堂审及会考三项内容。其中，过堂及堂审在京察当日上午完成，会考在京察当日下午完成。以下试以时间顺序来介绍北京京察当日的一般情况。

1. 京察当日上午的过堂礼仪

曾任职吏部考功司郎中的唐伯元（1540～1598）在其所著《铨曹仪注》中，对京察过堂礼仪的详细情况记载颇详。① 在京察过堂当日，根据官员身份、品级的不同，过堂的先后顺序和礼仪具有明显差别。以下试以《铨曹仪注》所记顺序，逐条对北京京察当日上午的过堂礼仪予以复原。当日共包括五个批次的官员行礼，其状况依次是：

> 考功司差官请进川堂揖。庶子、谕德、洗马、洗马管司业事俱。引堂官报："某官进。"进门三砖上，先揖本部正堂，次揖都察院正堂，次总揖本部左、右堂，次总揖都察院副、佥都（御史），共四揖、一躬。老先生送出门限外。候进门，一躬，由廊出。
>
> 前堂。由廊，第一起见。中允、赞善、司业、侍读、侍讲、修

---

① 有关唐伯元对京察、大计相关礼仪规范的具体记载，可参附录4。

撰、编修、检讨。引堂官报："第一起，见。"四揖、一躬，由廊出。

　　由廊，第二起。通政司参议、大理寺丞。引堂官报："第二起，见。"四揖、一躬，由廊出。

　　由阶，第三起。太常寺、光禄寺、太仆寺、鸿胪寺、尚宝司堂上五品以下官，坐北公会厅。过堂时，下验封司廊，由阶第一□见。引堂官报："第三起，见。"四揖、一躬，由阶出。中书带俸官，俱同中书由阶过堂。

　　第四起，由廊。考功司正郎先过，一躬，立定。叫考功司员外郎、主事，后叫本厅三司，俱念大脚色，由廊过文选司坐。

　　以下起数，俱属功司。①

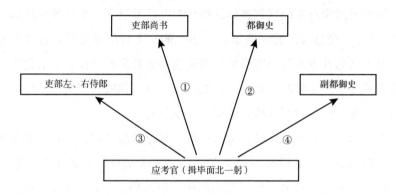

图 3 - 1　应考京官过堂行作揖礼示意图

资料来源：笔者自绘。

　　第一批过堂行礼的官员包括詹事府的庶子（正五品）、谕德（从五品）、洗马（从五品）。这几位官员的特点在于他们是被堂审官员中品级最高的（四品以上官归属自陈范畴），同时，因詹事府属官与六部等衙门不同，其职责在于辅导太子，故其相见的礼仪亦稍高，这主要表现在以下方面。其一，由考功司差专官将以上数人逐一引见；其二，参与过堂的庶子、谕德等官员可以从容作揖；其三，以上官员由吏部堂官亲自送至堂审大厅门口等候，待堂官坐回原位后，以上官员一同鞠躬，便可经由廊出

---

① （明）唐伯元：《铨曹仪注》卷5《京察事宜》，第34a～34b页。

部。而紧随其后被考察的官员，则远远没有此等殊荣。

第二批过堂行礼官员分属詹事府及翰林院，其共同点在于都是以文学侍从为主、并不参加实际行政事务。其相见的礼仪较之前述数人无疑极为逊色，既无专人迎送，又不能单独行礼。但因明朝有优容学士之礼，① 因此将其置于第二顺位过堂行礼。②

第三批过堂行礼的官员仅有寥寥数人，他们的共同点在于都为正五品官员，属于堂审过程中品级较高的过堂官员。其任职部门通政司、大理寺属于九卿衙门，体势相对较高，所以相见的礼仪也略高。尽管无詹事府庶子、谕德般有专人迎送，但以上两职位总计不过四人，与之前詹事府和翰林院的低级属员一拥而入的场面大不相同。

第四批过堂行礼的官员虽然品级仅在五品及以下，但在各自所属部门（如太常寺、光禄寺）皆是除正官（小九卿）之外的堂上官，自然需要以对待堂上官的礼仪对待。明显的证明是这些官员享有坐候过堂的优待，而前述官员皆需站立候察。此外，行礼时也得以与部院长官更加靠近，其他官员皆在廊下行礼，而这些官员可至阶下行礼。

第五批过堂行礼的官员是吏部司属。其过堂顺序是：负责京察基础事务的考功司最先过堂行礼，负责京察一应琐碎杂事的司务厅官员紧随其后。此后，文选、稽勋、验封三司郎中、员外郎，皆由考功司查点人数，唤名过堂。较之通常由司务厅委官担任引堂官，其礼遇又有不同。

不难发现，京城中较为重要的户、礼、兵、刑、工五部和五府、都察院等衙门的郎中等官，并未参与过堂行礼，其原因在于这些部门的堂官将在下午享受更高级别的礼遇，故而上午的礼仪便从权减轻。此外，各衙门的经历、司务等官亦未参加过堂行礼，其原因在于这些官员品级实在过

---

① （明）李春芳：《李文定公贻安堂集》卷1《五品钦命自陈疏》，第34b页。
② 阁臣张位（1538～1605）的记载，可以印证唐伯元的《铨曹仪注》并非虚构。其记述翰林官京察时称："凡遇京官六年考察及因事考察……过部之日，俱于二门外下马，先至堂右司务厅坐，宫坊五品以下亦于。五品旧见于后堂者，是日穿堂见；六品见于穿堂者，是日同讲、读等官，于前堂见。作四揖一躬，从左边下，由廊径出，于二门外上马。"其中"六品见于穿堂者，是日同讲、读等官，于前堂见"以及"作四揖一躬"的细节，都和《铨曹仪注》的记载吻合。见（明）张位等《词林典故》不分卷《考察》，《四库全书存目丛书》第258册，第288b页。

低，无须至吏部公堂行礼和还礼。

以上是堂审当日上午的过堂行礼顺序和行礼情况。在吏部司属完成行礼之后，堂审随即展开。

2. 京察当日上午的堂审规定

明代对五品以下京官的考察于吏部公堂之上举行。其时，吏部尚书与都御史共坐堂上主持审理，考功司郎中"立堂上，簿唱官名"① 逐一点查，故称"堂审"。因为吏部需要在一个上午的时间内审理数百乃至上千京官，所以堂审的过程实际上异常简略。

之前已经述及：在堂审之前，考功司会准备多达 22 件的引审单目文册。至堂审之时，按照衙门顺序逐一将应考官引入吏部堂上进行审理。各应考官上堂之后，部、院长官结合司审簿、考语等文书及面见情况草拟初步处分意见，以便下午会考时最终定夺。堂审当日，由吏部尚书（间或侍郎）主笔填写考察奏本。② 堂审过程虽然冗长，但不过是相同程序的反复重现，是以在此不加赘述。

值得格外指出的是堂审时的判决情况。京察之制，计过而不计功。尽管有某些京官确实表现极好，可以在京察结束后以各种名目予以升擢，但京察制度本身并没有奖掖官员的初衷。因此，笔者在此仅讨论堂审时对不职官的注考情况。如前所述，明政府对不职官员按照"八目""四科"的察例予以处分。吏部官需要在考察簿上详细书写被黜落官身犯"八目"何款，以待下午会考时交各犯官的直属长官画题确认。但因为吏部只有考察权，而处分权必须归皇帝所有，因此吏部最后呈现给皇帝的察疏会十分明确地注明官员不职情状，以待上裁。③ 除列名察疏的京官之中确有为皇帝所了解

---

① （清）姚之骃：《元明事类钞》卷 8《吏部·京察不徇》，《景印文渊阁四库全书》第 884 册，第 115a 页。

② （明）沈一贯：《敬事草》卷 17《考察主笔揭帖》，第 2b 页。

③ 例如嘉靖四十二年（1563），"吏部会都察院考察诸司官。老、疾，户部员外郎黄濂等二十九人；贪，户部主事路楷等三人；不谨，户部署员外郎牛山木等一百五人；浮躁浅露，尚宝司司丞李先芳等二十九人；才力不及，吏部主事郜大经等二十二人"（《明世宗实录》卷 518，嘉靖四十二年二月乙亥条，第 8499 页）。又如隆庆三年（1569），"考察在京不职官。年老、有疾，光禄寺少卿尹乐舜等三十一人；贪，经历周铉等八人；素行不谨及罢软无为，吏部郎中等官胡汝桂等一百二十五人；浮躁浅露、才力不及，吏部署郎中晋应槐等四十一人"（《明穆宗实录》卷 29，隆庆三年二月乙酉条，第 762 页）。其他各年份的京察奏疏亦与之类似。

的对象，皇帝会酌情从重或从轻处分外，一般情况下，皇帝仅会亲批"降黜如例"，尽管只有寥寥数字，却显示了威福出于主上的深意。

考察"八目"始自何时，尚无准确记载，然其最终成型，在孝宗弘治元年（1488）二月。①关于"八目""四科"运用的一般原则，沈德符称："在京五品以下庶官，则有年老有疾、罢软无为、素行不谨、浮躁浅露、才力不及，凡五条；又另察五品以下堂上官，则年老、不谨、浮躁三款。"②可见明廷对堂上官和庶官有明确的区分，堂上官即使有过误，一般也不出恶评。但问题在于，五品以下堂官是事实上的政令执行者，也只有他们才有能力利用手中的权力行贪、酷之事，然而实际注考的状况却是五品以下堂官不注贪酷，这明显有悖于行政实际。此外，因为"八目"的规定极简，所以在堂审确定"八目"之时，有很强的随意性和模糊性，甚至还有部分名实不副的情况出现。吏部堂官仅需稍加出入，即可以十分体面且毫不违规的方式来完成对亲信或是请托之人的回护。③

在完成上述诸项工作后，"老先生（吏部堂官）退后堂，饭毕，入缺房"④，可见部、院主考堂官退至吏部后堂用过午餐后，即开始京察当日下午的诸项工作。

3. 京察当日下午的会考议程

京察当日下午的主要工作称为"会考"，即《会典》所指出的："吏部会同都察院及各衙门堂上、掌印官公同考察。"⑤有关"会考"详情，目前发现两种表述不尽相同的记载，试分述如下。

吏部尚书李默的《吏部职掌》记录会考情况时称：

　　　　堂审后，部、院至后堂北房会考。先五府、锦衣卫堂上官；次户部等五部，通政司、大理寺，光禄、太常、太仆、鸿胪寺，国子监、

---

① 关于考察"八目"的形成过程，可参〔日〕和田正广『明清官僚制の研究』第十五章『考察八法の形成过程』、第528～601頁。

② （明）沈德符：《万历野获编》卷11《大计年分条款》，第299页。

③ 关于考察"八目"的具体处分案例，可参〔日〕和田正广『明清官僚制の研究』第十五章第二节『考察拾遺處分の檢討』、第528～601頁。

④ （明）唐伯元：《铨曹仪注》卷5《京察事宜》，第34b页。

⑤ （明）申时行等：《大明会典》卷13《京官考察》，第223b页。

顺天府、行人司、太医院等衙门；次六科、翰林院、詹事府；次都察院十三道；最后方考本部各衙门。该前、后门进，各照常。五府、锦衣卫、通政、大理系佐贰官，及卿、寺、国子监并翰林院掌院事讲、读学士等官俱不坐，止一揖，画题而出。各堂上官俱主事肃入右堂送出。五部并詹事府正詹、通政使、大理卿与部、院俱照衙门坐。①

考功郎唐伯元《铨曹仪注》的记载却与尚书李默有所出入：

> 五府、锦衣卫，同由后门进，三堂迎至仪门外。进后堂，揖。功司都吏请画题毕，再一揖，即送出仪门。
>
> 次五部（户、礼、兵、刑、工）、通政司、大理寺、詹事府、翰林院、国子监等衙门（堂官），同由后门进。三堂迎至仪门外，同进圆缺亭，总一揖一茶。老先生回后堂北缺房，逐位请入，说事画题。每位（他部堂官），右堂接送。接至后堂阶下，送出仪门外。
>
> 太常、太仆、光禄、鸿胪、顺天、太医院堂上、行人司司正，俱先坐北公会厅。候大九卿说事毕，同进。右厅□前堂北詹柱，陪进川堂，（考功）主事陪进缺房。先揖本部正堂，次揖都察院正堂，总揖左、右堂，副、佥都，不说事。（考功）郎中陪画题，主事送川堂门外，右厅送前厅堂詹柱一躬。太医院正，行人司若另见，不陪送。②

对比以上两处引文，可以发现李默与唐伯元对会考过程的记载虽不尽相同，但主要内容基本一致。其一，会考的地点从当日上午堂审时的吏部前堂转移至吏部后堂北房。其二，会考的顺序都是先五府、锦衣卫，其后会考九卿衙门，大体上以堂官品级尊卑为序。其三，对一部堂官说事时，其他各衙门堂官分别坐候的记载基本相同，只是唐伯元补充了坐候的具体地点及坐候的茶水招待等细节。其四，五府、锦衣卫等诸多衙门"止一揖，画题而出"的仪节基本相同。

---

① （明）李默：《吏部职掌》不分卷《考功二·考察事宜》，第146b页。
② （明）唐伯元：《铨曹仪注》卷5《京察事宜》，第34a~34b页。

但两处文献亦有值得格外指出的不同之处，试对其予以考辨。第一，据李默所记，"卿、寺……等官俱不坐，止一揖，画题而出"，唐伯元尽管认可李默提出的卿、寺官不说事的观点，却指出"太常、太仆、光禄、鸿胪"四位寺、卿官员需要"四揖一躬"。为何唐伯元所记礼仪较李默为重？第二，《吏部职掌》中对九卿排名最后的两个衙门，即通政司和大理寺的会考情况有所区分：如果是通政使和大理寺卿到场即允许会考，如果是通政司和大理寺的佐贰官到场则不予会考，而《铨曹仪注》忽略了这一差别。第三，《吏部职掌》认为国子监和翰林院两部门长官无须参加会考，而唐伯元认为应当参加会考。查张位《词林典故》可知，翰林院内官员确实仅行礼，不参加会考，可见唐伯元在此细节的处理上存在偏差。《吏部职掌》作为官修典制应当具有较高的可信度，而且二者互相抵捂的某些内容，尚有第三方的典制可供互参，这间接证明了《吏部职掌》的可靠性。

究竟是什么原因造成了以上三处误差？唐伯元曾自述其编写《铨曹仪注》的初衷在于目睹吏部体统之失，希望通过编写此书来缅怀并恢复吏部的尊崇，[1] 因此其对当时吏部相关礼仪的记述较为详尽自属情理之中。经过之前的详细考订，基本推断出唐伯元记载的内容是嘉靖三十年（1551）或嘉靖三十六年（1557）京察的状况，但署名李默的《吏部职掌》则至万历年间才最终删订完成，[2] 而张位的《词林典故》刊行时间也在万历年间，因此这些差异很可能是嘉靖至万历年间制度在运行过程中的正当调整，因唐伯元欲恢复吏部旧日的礼仪体统，使用的资料自然会相对较早，这是两个文本差异的原因所在。因此，有理由认为唐伯元的记录亦基本可信。

通过以上两处引文的比对分析，不难发现京察运行过程中出现的若干问题。

其一，真正被会考的衙门屈指可数，实际仅有大九卿衙门的官员才被

---

① （明）唐伯元：《醉经楼集》卷4《铨曹仪注序》，朱鸿林点校，中华书局，2014，第69~70页。

② 李默其人早在嘉靖三十五年（1556）即已去世，但《吏部职掌》却记载了若干隆庆及万历年间的条款，这些增补的内容可能是出自删订者——曾任吏部考功郎的黄养蒙（嘉靖二十年进士）的手笔。

会考，其他部门的官员大多是进吏部画题，对吏部堂审得出的本部门属员考察结论进行当面确定即可。看起来这说明了吏部在京察中的绝对权力，实际却远非如此。吏部面对约千名京官，堂审不过"一日唱名"，因此很难真正地审出太多问题，绝大多数不经会考的官员，其考察结论大体以其部门长官开报的考语为准，这也是众多卿、寺官员在吏部后堂迅速画题的原因所在。

其二，明代京察因衙门体统不同而表现出异常强烈的尊卑观。例如《吏部职掌》所记：如果是通政司、大理寺派佐贰官过来，就不参与会考；如果是通政使和大理寺卿亲至，便可参与会考。又如《铨曹仪注》层次分明地记录了对不同等级、衙门官员迎送礼仪的差别。虽然这体现了对同僚的尊重，但京察制度对尊官则用大礼伺候，对卑官则稍显怠慢，这自然会使考察的判决受到影响。

会考结束后，京察的主要工作便告结束。在此期间，虽然由吏部尚书和左、右侍郎及都察院堂官共同主持，但实际由吏部考功司负责一应的接待及考察工作，正所谓"郎中主查理，员外郎主上稿，一主事主巡视，一主事主迎送，俱系旧规"[1]。以上，是北京京察当日的具体情况。

笔者在本节写作时不厌其详地条列《铨曹仪注》所记考察礼仪，主要基于以下考虑。其一，尽管这些礼仪看起来异常烦琐，但皆是堂审当日真实发生的景象。堂审、会考是京察工作中最为重要的环节，通过对堂审、会考这些现场感极强的内容进行梳理，无疑能够在最大程度上对明代京察的实况予以还原。其二，这些文字所反映的内容不仅限于行礼，因为在吏部堂上礼仪往还的轻重无疑能从侧面反映出在主察官员心目中各部官员的尊卑状况。过堂、堂审本就是带有较强主观性的行为，倘若在此过程中主察官员的心中已经有了视衙门体统轻重而稍加区别对待的想法，势必对京察的结果产生影响。其三，通过对以上内容的逐条阐释，不难发现尽管明廷在京察制度设计时采用了部院相互制衡、咨访与访单共同作用的方式，试图以此尽可能地维护京察公正，但在实际考察的过程当中，为了照顾各衙门、各官员的体统，实际上这些维护京察公正的举措只停留在纸面

---

① （明）李默：《吏部职掌》不分卷《考功二·考察事宜》，第 146b 页。

上，而未能真正得以落实，这显然会使京察的效用大打折扣。

4. 京察当晚的收尾工作

堂审、会考之后，吏部的京察工作仍未结束。在送走其他应考及参与会考的官员后，吏部尚需恭送受邀而来的台长离部。此后，"正堂曾由四司者，事毕仍入四司作揖，考功郎陪，行坐、送别俱如拜司礼"①。完成这些礼仪性的工作之后，吏部堂官尚需连夜将当日考察的结果整理上报给皇帝。需上报的文册包括"各部等衙门官一本，五品以下京堂官一本，翰林院、詹事府、春坊、内阁书办、四夷馆译字、各衙门带俸等官一本"，共计三本，俱于"当日夜定稿发写，次日黎明封完，主事赍进"②。除了送呈给皇帝考察本外，尚需"同时具内阁揭帖二本，与正本同，用印不列衔，印封，郎中、员外郎亲送"③。

为何堂审的后续工作开展得如此急促？其原因或许有二：一是希望皇帝在交本当日早朝时针对京察结果提出意见，便于尽早公布；二是为了体现京察事大，刻不容缓。三本考察文册上交给皇帝之后，通常皇帝会于收到考察本的当日立即批复，并将结果回馈给吏部。即汤兆京所称："（察疏）在祖宗朝，皆朝上夕报，未有濡迟顷刻者"④。吏部在接到皇帝圣旨之后，便立即"将考察过官员照本出告示三道，于本部仪门外张挂"⑤。此时翘首等候考察结果的官员便会奔赴吏部门前观看，不论是存留之官抑或是听调、降黜之官，皆需赴鸿胪寺报名谢皇帝之恩。⑥ 此外吏部仍需将考察结果以咨文形式发送至被察各官所属衙门，"除升转、外任及丁忧、养病官员，吏部移咨都察院转行各官原籍及升任衙门钦遵外，其在任官员照吏部咨，仍行各衙门知会"⑦。同时，考察结果的张挂也意味着吏部宿部诸官员可以出部，紧张的京察至此暂告一段落，后续的拾遗等工作即将展开。

---

① （明）唐伯元：《铨曹仪注》卷 5《京察事宜》，第 35a 页。
② （明）李默：《吏部职掌》不分卷《考功二·考察事宜》，第 146b～147a 页。
③ （明）李默：《吏部职掌》不分卷《考功二·考察事宜》，第 147a 页。
④ （明）汤兆京：《灵萱阁集》卷 2《请下察典疏》，第 509b 页。
⑤ （明）李默：《吏部职掌》不分卷《考功二·考察事宜》，第 147a 页。
⑥ （明）李默：《吏部职掌》不分卷《考功二·考察事宜》，第 147a 页。
⑦ （明）王逢年：《南京吏部志》卷 7《考功司职掌·考察》，第 46 叶。

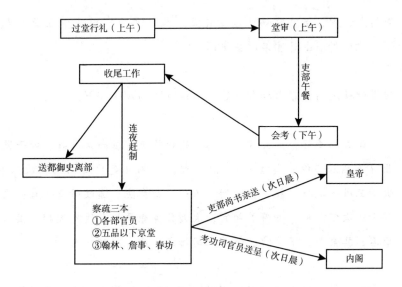

图 3 - 2　北京京察堂审当日流程

资料来源：笔者自绘。

（三）南京京察详情

南京为明朝留都，"自燕都嗣建，吏部事权稍移之北，学士大夫至视南曹若宋之洛下，为仕宦回翔之地"①，故南京在任官员较北京为少，体势亦较北京为轻。自北京平调南京通常被目为左迁，而自南京调入北京则往往被看作升擢。因为两京之间的巨大差异，南京堂审自然也与北京堂审略有不同。南京京察值得单独成节进行讨论，其原因在于南京吏部的"黜陟之权虽稍移而之北，而煌煌祖训，南国实首奉丝纶"②，因此在有关京察的众多环节中，南京反而显得比北京更加严密、严谨。

1. 南京京察的过堂行礼与堂审详情

恰如北京一样，南京京察也是先过堂行礼，再堂审判决。但因南京官少，所以仪式相对简略。南京京察过堂行礼的一般情况是：

各衙门堂上五品官，俱于堂之前见本（吏）部官及给事中。各

---

① （明）王逢年：《南京吏部志》卷首《南京吏部志重修跋语》，第 1 叶。
② （明）王逢年：《南京吏部志》卷首《南京吏部志提纲》，第 2 叶。

衙门上、中、下见官俱依过堂礼见。本（考功）司郎中立堂上左柱下，执小折唱上见官名，主事同立。①

过堂行礼之后，堂审随即开始。南京堂审的顺序如下：

先五品堂官，如大理寺寺丞、翰林院庶子、尚宝司卿、国子监司业（虽属五品但非堂官者），俱不审；次本（吏）部四司；次六科；次十三道；次户、礼、兵、刑、工；次都察院、通政司首领官；次大理寺；次宗人府、五府首领官；次太仆寺寺丞、太医院院判。俱本司唱名，其余中、下见官，俱系本司排定次序，随牌唤人。②

北京堂审的状况同样是考功司排定次序，随牌唤人，南北两京的差异仅在于个别部门考察的先后顺序略有不同，但并不影响考察大体，是以不再赘述。

2. 南京京察的会考情况

堂审结束之后，当日下午的会考即将开始。南京会考的迎送仪节如下：

是日，大九卿俱从后门入后堂，与本部相见，后堂列坐。小九卿、三品、四品俱从前角门入川堂见，川堂列坐，五品同。（会考毕）大九卿出，本部右堂量送至后二门内。其太常以下，本堂送出敬亭、主事送出川堂门，縣前门出。③

将参与会考各官迎接进部后，会考工作随即展开。

---

① （明）王逢年：《南京吏部志》卷7《考功司职掌》，第44叶。相较于北京京察过堂行礼时的"四揖一躬"，关于南京京察过堂礼仪，尚未发现明确记载。但《南京都察院志》则分别记载了"上、中、下见官"新任及考满过都察院堂的情景，其所记行礼、过堂的仪节可以用作参考。详见（明）施沛《南京都察院志》卷26《过堂堂审》，第15b~16b页。

② （明）王逢年：《南京吏部志》卷7《考功司职掌》，第43叶。

③ （明）王逢年：《南京吏部志》卷7《考功司职掌》，第45叶。

堂审后，本部、都察院至敬亭会议。设圣旨及天鉴牌，预置奏稿簿并笔砚。会议之序，先五府，次户、礼、兵、刑、工、通（政司）、大（理寺），次各卿、寺、府、卫等衙门，方及都察院、六科与本部。照依次序，一位入议既出，复请一位。太常以下俱立议。如无掌印官，将五品堂官听考者请入立议。议定，各亲书"奏"字于稿簿内，而（后）出。①

在整个会考过程当中，"本（考功）司郎中及主事同立于本部正堂之席端，主事司一应迎送"②。

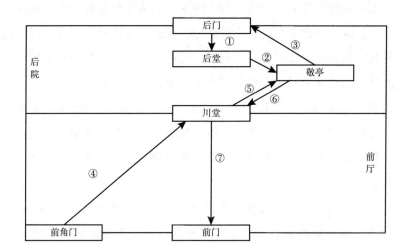

图 3-3 南京会考情况示意图

资料来源：笔者自绘。

①大九卿进部路线（吏部尚书、侍郎于后堂迎接）

②大九卿赴敬亭会考

③大九卿出部路线（吏部右侍郎送）

④小九卿，三、四品京堂进部路线（考功司郎中于川堂迎接）

⑤小九卿，三、四品京堂赴敬亭会考

① （明）王逢年：《南京吏部志》卷 7《考功司职掌》，第 44 叶。
② （明）王逢年：《南京吏部志》卷 7《考功司职掌》，第 44 叶。

⑥小九卿，三、四品京堂出部路线（吏部主事送）

⑦小九卿，三、四品京堂出部路线（自行出部）

通过以上记载，不难发现南、北两京会考的形式几乎全无差别：皆是一位长官入部与吏部尚书、都御史共同说事，其他官员轮候，说事完毕后，即填妥上奏文本。两京会考除了形式上相近外，还有众多明显的区别。

首先是选取的地点不同。南京会考地点在吏部敬亭，北京会考地点在吏部后堂北缺房。但这对考察结果几乎没有影响，无须详述。

其次是对待会考的严肃性不同。南京吏部为体现皇帝天威，特设圣旨及天鉴牌，取圣明在上、监督京察之意，而北京全无此类举动。虽然这一举动看起来似乎完全流于形式，但对官员心理上的震慑却聊胜于无。更为关键的是：北京会考对小九卿衙门十分怠慢，仅仅行礼而无须说事；对五府、锦衣卫长官却十分尊崇，虽不说事但迎送之礼几趋极致。南京会考中，小九卿衙门长官虽然不像大九卿一样有坐而议事之礼遇，但仍可站立商议属员去留，五府、锦衣卫官也不像北京京察那样超然于会考之外。这无疑凸显出南京吏部对待京察的严肃性。

最后是保密性不同。南京京察保密工作的严密程度远为北京所不及。在会考之时便严格控制在部人数，"本部各司及都察院跟随人等量留一二，其余俱不得容留在部；其各衙门会议官不得跟人进部"①，以防人多口杂妄生事端。在会考结束之后，"各（与会）堂上官俱于本部堂印簿上亲书各官前件下。议俱毕，前簿及各开考语、揭帖等件收置小厢，公同封锁以防泄漏"②。就连抄写京察相关公文的吏员，也需在堂审结束后在考功司中"暂闭"数日，以防走漏风声，体势远较吏员为高的考功司郎中、主事等官，亦需额外宿部数日，方可出部。正是因为有以上的多重制度保障，故明人称："自来南计夙称平允，朝野厌服，以为衡鉴之宗。"③

① （明）王逢年：《南京吏部志》卷7《考功司职掌·考察》，第45叶。

② （明）王逢年：《南京吏部志》卷7《考功司职掌·考察》，第44叶。

③ （明）王逢年：《南京吏部志》卷首《南京吏部志提纲》，第6叶。

3. 南京察疏的上呈

总的来看，虽然南京与北京的空间距离多达两千余里，但丝毫没有因为远离帝都而在京察进行时有任何玩忽之处，在某些方面（如严肃性、保密性）甚至较北京更为严密。南京吏部对待京察的严谨主要出于两方面考虑。一是主观方面：相较于北京吏部四司都切实负责官员文选、考功等具体内容，南京吏部实际上仅有考功一司在稳定发挥作用，因此京察成为南京吏部最为重要的职权。如南京吏部尚书朱希周（1473~1557）即认为：“南吏部职业，惟考察一事为最重。”① 吏部司属王逢年亦认为：“自铨衡之柄移而之北，南铨几号为闲曹，四司职掌半属文具，独留都内计仍在南铨。”② 正因为如此，南京吏部在行使考察权力时势必更加审慎。二是客观方面，由于南京各部相较北京而言都较为清闲，体势亦无北京那般重大，因此吏部可能受到的掣肘也相对较少，这无疑从客观上为吏部行使职权创造了条件。

由于南京距离北京路途遥远，故将京察文书稳妥、及时地上呈御览亦是南京官员需要考虑的重要问题。如前所述，北京为保证京察文书的及时上呈，通常“连夜造册”以便御览，最大限度地利用考察之后的时间，而南京则是尽量于考察之前做好各项准备，力保京察文书的及时进呈。

首先，呈给皇帝的奏本底稿在堂审之前即已写好，③ 堂审结束后，南

---

① （明）张萱：《西园闻见录》卷 10《刚方》，《续修四库全书》第 1168 册，第 257b 页。

② （明）王逢年：《南京吏部志》卷首《南京吏部志提纲》，第 6 叶。

③ 万历三十三年（1605）京察时，任南京吏部署部事右侍郎的李廷机（1542~1616）在其个人文集中详细记载了当年的奏本底稿情况。其内容如下。“臣惟六年黜幽，国家大典；圣鉴如天，明旨如日。臣等即至愚极暗，敢不矢公竭慎，以图称塞？惟是窃见近来士习之敝，名实刺谬，义利不明，率工粉饰之谋，多苟且之行。所以为国任事，常患无人；吏治寖衰，人心日坏。故臣等此番甄别，以操守行检为重。即才华稍逊、违误小疵而操行可观者，不敢过求以失之苛；即挥霍见称、搏击自负而操行不检者，不敢畏徇而为之庇。至于台省各官，先年二三贪污、为士论所不齿者，业蒙圣明黜斥，皆已不在仕籍。今台臣员数至少，仇议希闻。臣等奉皇上不必尽拘之旨，亦不敢求人于无过之中，以取盈员数。盖惟知仰承德意，博采舆论，而无好恶偏党于其间。以昭皇上平明之治，成此大典而已。”通过这一引文，不难发现南京吏部的奏本主要内容是阐明当年京察时的处分准测（如“不必尽拘以取盈旧数”）和决策依据（如“博采舆论”），以利皇帝知晓当届南京京察的大致状况，在此之后才开始罗列议处官员职名。相关引文，见（明）李廷机《李文节集》卷 1《南京考察疏》，载沈云龙《明人文集丛刊》第 28 册，台北文海出版社，1970，第 52 页。

京吏部考功司官员即刻根据堂审结果填注考察文册，填注的内容为："考察某项，某官"（如不谨者，某人；罢软者，某人），并于该行之后书写被处分官所属衙门堂上官的职衔、姓名，以示"会同该衙门堂官考察"之意。而后，吏部将写好的奏本立刻转交都察院堂官，由都察院堂官确认之后亲自书写职名，以示奏本虽由吏部起草，然其中内容皆是吏部会同都察院堂官考察的结果，并无任何舞弊行为。在此之外，尚需各衙门堂上官画题表示确认，即使某些衙门堂上官有因患病未能参加会考的，吏部亦会派官将考察簿送至该官处，令其书"奏"字，以示认同南京吏部的考察结果。

其次，南京吏部转行北京吏部的咨文也在堂审之前写好，在堂审过后根据考察结果填入。自南京赴北京所需的"四马勘合"和送呈奏本的办事官亦准备就绪，只等上呈给皇帝的奏本和行移吏部的咨文在南京按规定交由各相应官员批写后，便立刻快马送至北京。南京吏部对申报京察结果的时间有严格规定，限四十日内必须返回南京，意即去程的时间当在二十日内。同时，除送文的官吏之外，南京方面还另外差遣两名办事官押送奏本至南直隶境内的濠梁驿，以力求万无一失。负责押送的办事官自濠梁驿回还之后，上京办事官仍需在途经各驿站时申报行过时刻，以凭日后稽查。至此，南京吏部的京察程序彻底完结，仅需静候察疏的下达。

三　京察收尾工作

（一）考察后自陈的情况

在上一章的专题研究中，笔者以京察自陈疏为切入点，对京察自陈制度的运作情况进行过详细探讨，在此仅补前文之未备。

按明制，官员的京察自陈应遵循固定次序。掌察官员于堂审前自陈，这在京察的准备环节已经予以说明，除掌察官员之外的其他官员（包括阁臣及大、小九卿）按规定应在堂审结束后再行自陈，具体要求是："考察后自陈，先内阁，次各衙门二品堂上官，次三品，次四品。"① 在成化

---

① （明）李默：《吏部职掌》不分卷《考功二·考察事宜》，第147a页。

至嘉靖的很长一段时间内，四品以上京官都较为严格地遵循这一顺序进行自陈，直至嘉靖四十二年（1563）仍保持这一状态：是年二月二十五日进行京察，① 至二月二十七日，大学士徐阶（1503~1583）、户部尚书高耀（嘉靖十四年进士）等人才开始陆续上疏自陈。在嘉靖四十二年至万历三年的 12 年内，一共进行了四次京察（其中两次京察分别因隆庆、万历帝登基而起、两次为按例京察），由此造成的混乱为打破这一成规提供了契机。

隆庆元年（1567）因穆宗登基而举行京察，因为部、院准备京察尚需时日，因此在皇帝颁布京察诏令后，大学士徐阶、成国公朱希忠（1516~1573）、英国公张溶（1535~1581）等人即开始自陈。② 正因有此先例，至隆庆三年按期京察时，阁臣李春芳（1511~1584）、陈以勤（1511~1586）、张居正（1525~1582）三人早在考察前数日即已进行自陈，③ 而其他更多的官员，如兵部尚书霍冀（1516~1575）、刑部尚书毛恺（1506~1570）、工部尚书朱衡（1512~1584）等人仍是按原来的制度规定，迟至考察之后方行自陈。万历元年的京察因万历帝登基而临时举行，但因为吏部、都察院很难在仓促间做好京察准备，因此阁臣再次先行自陈。万历三年又当正式京察之年，阁臣张居正延续了之前的做法，在考察之前即上呈京察自陈疏。④ 经过长达四届京察的稳定施行，此后每逢京察，都有阁臣会尝试先行自陈。出现这一现象的原因很可能在于：已经取得至高地位的阁臣，希望在政治运行的各个方面都享有超越吏部尚书的优先权。

和前述堂审时的处分"八目"一样，自陈不职的官员也会按照"八目"的条款被黜落。例如"协理戎政兵部左侍郎佘立，生平谨饬，亦无

---

① 《明世宗实录》卷518，嘉靖四十二年二月乙亥条，第8499页。该年徐阶在自陈疏中称"该吏部题奉钦依，举行考察之典，已将五品以下官照例考察讫"，而后才开始自陈。可见官员在考察后自陈的规定，至少在嘉靖年间仍为官员所遵循。见（明）徐阶《世经堂集》卷10《考察自陈》，《四库全书存目丛书》集部第79册，第531b页。

② 《明穆宗实录》卷3，隆庆元年正月己巳条，第60~62页。

③ 《明穆宗实录》卷29，隆庆三年二月辛巳条，第757页。

④ 《明神宗实录》卷34，万历三年正月己巳条，第802页。

可指，但入官年久，体貌颇衰，屡曾乞休未蒙赐允，似应准其致仕"①，是为年老而致仕之例。究余立之生平，其于嘉靖四十一年（1562）中进士时，年二十六岁；② 至万历三十三年（1605）京察时，已届满七十，因此律以"七十致仕"之例，并不为过。又如工部尚书姚继可，"两目皆盲，一无所见，行不能正履，居不知向方……伏乞准与致仕"③，"两目皆盲"为众人所共见，以目疾致仕亦属理所应当。

　　以上，是考察后自陈的一般规定和处理状况。

（二）京察察疏的下达

　　在四品以上京官的自陈疏逐一上呈、吏部会同都察院考察五品以下京官的奏本亦送呈御前之后，官员唯一可做的事情便是静候察疏的下达。察疏，即是皇帝批复的吏部考察奏本及各官自陈奏本，其中详细开列了皇帝对所有被考官员去留情况的意见。按照正常的公文处理程序，明代奏本从上呈到下达本就有一段正常的时间间隔，若皇帝怠政，等待察疏下达的时间则更长。而察疏不下达，后续的拾遗工作便不得展开。因此这段时间被明人称为"察疏未下之时，拾遗未上之日"④。

　　尽管明代官方典制对京察察疏的种类和数量缺乏记载，但据明万历中后期内阁首辅沈一贯的若干内阁揭帖，仍可对察疏的基本情况做出初步推断。万历三十三年（1605）京察定于正月二十八日进行，⑤ 但该年至少有如下数种察疏未能按时间批发：

　　　　其一，覆吏部会题考察疏三本。
　　　　其二，吏部、都察院覆四品京堂自陈疏一本。
　　　　其三，南京吏部、都察院考察南京庶官一本。

----

① （明）沈一贯：《敬事草》卷4《言考察自陈官拟去揭帖》，《续修四库全书》第479册，第230b页。
② （明）张弘道、张凝道：《皇明三元考》卷11《广西余立》，《四库全书存目丛书》史部第271册，第175b页。
③ （明）沈一贯：《敬事草》卷17《姚司空宜听去揭帖》，第7a页。
④ （明）曹于汴：《考察国典攸关疏》，载（明）周念祖辑《万历辛亥京察记事始末》卷2，第259a页。
⑤ （明）沈一贯：《敬事草》卷17《催温中丞自陈本揭帖》，第5a页。

其四，（吏部、都察院）覆各处佥都（御史）、巡抚自陈一本。

其五，南京京堂自陈疏（数本）。①

这些察疏包括考察疏、自陈疏，几乎涵盖了大部分察疏的种类。明廷对察疏做出如此分类，盖有深意。

首先，吏部将与都察院会同考察的奏疏分三本上呈，② 是因这三本奏疏各有所针对：五品以下堂上官虽然品级略低，但都是所在小衙门的长官，因此有必要对其单列一本并汇总上呈；翰林院、詹事府等衙门，都是皇帝及太子周围的讲读侍从之臣，为了维护皇权尊严势必单独成册，并且这些衙门与内阁的职能和人员多有联系，因此部、院除向皇帝上呈察疏外，还需将副本送至内阁存留；而其余"各部等衙门官"皆属一般官员，故合为一册；南京因各衙门官不齐备，因此仅需一册便足矣，无须像北京那样人为分为三本。

其次，四品京堂和各处巡抚等官都是以个人名义上呈京察自陈疏，最后也是各自接到吏部公文，然其察疏为何都合为一本？在之前京察自陈疏研究的专题内即已提及，自陈疏有幸被皇帝御笔亲批的官员仅有阁臣、二品大员及少数三品官，绝大多数三品官及几乎所有四品京官的自陈疏实际由内阁阁臣按过往惯例票拟，皇帝仅稍加过目，③ 因此这些奏疏的一般处理程序是：各官上呈后内阁即汇总批阅，此后呈皇帝御览无误，由司礼监批红并发吏科抄出至吏部，由吏部知会各上呈自陈疏的官员。因此在皇帝批复四品京官自陈时，都是以汇总本的形式发下。而南、北两京阁臣、尚书一级的自陈疏，大多由皇帝亲自批发，如沈一贯在是年奏请皇帝亲发南京堂官自陈疏时，便详细罗列这些官员的职名以

---

① 以上五项内容，经由沈一贯两封催发揭帖整理而来，分别见（明）沈一贯《敬事草》卷17《再催京察本揭帖（二月二十一日上）》，第7b页；《再催紧要章奏揭帖（四月初三日上）》，第12b～13b页。

② 前文已述，这三本奏疏分别是："各部等衙门官一本，五品以下京堂官一本，翰林院、詹事府、春坊、内阁书办、四夷馆译字、各衙门带俸等官一本。"见（明）李默《吏部职掌》不分卷《考功二·考察事宜》，第146b～147a页。

③ 其运作情况的引文，见（明）吴宗达《吴文端公涣亭存稿》卷11《票拟自陈不全疏》《答传谕疏》，第602、604页。

冀引起皇帝注意："（催发）南京吏部尚书曾同亨、右侍郎叶向高，户部尚书张孟男，仓场尚书王基，刑部尚书赵参鲁，工部尚书范仑自陈各一本。"①

六年一次的京察大典，由于牵涉两京众多官员的去留和部分官员终身的政治前途，明人始终对其保持着高度的关注。沈一贯称："六年大典与寻常论劾不同，譬如乡会试若不开榜，岂不使人骇愕？众人之疑，逐日加添。"② 将明代京察察疏的下达比作乡会试的开榜，可见此事的重要性。正因其重要，是以汤兆京称："国家令甲，六年内计百司……纠劾臧否止一时，评量在千载。巨典旷行，绝非寻常可比。故在祖宗朝，皆朝上夕报。"③ 可见在明万历之前的很长一段时间里，为保持政令通畅、避免群臣疑骇，察疏的批复时间皆极为短暂。虽然汤兆京称其"朝上夕报"或略有夸张成分，但想必不会令群臣等候太久。然自万历皇帝怠政开始，察疏的批发动辄迁延几日，更甚时，竟累月不发，这便是沈一贯反复催发京察察疏的缘起所在。

按照惯例，所有去留未得到皇帝明确批复的官员皆属"待罪之臣"，一旦察疏不下，"不惟当去者待罪，而当留者亦不敢管事；省署空虚，政务废阁，殊为不便"④。如前文中提及的，因为自陈本留中太久，阁臣沈一贯催发南京吏部右侍郎叶向高的自陈疏，而身处南京的叶向高此时正因莫知去留而进退两难，不得不借口生病向皇帝上疏求去。其疏称："（臣）欲杜门候旨，则百凡废阁，事体不便；欲强颜视事，则躬方待罪，进退未明。以积愆应黜之人而雍容奉职，固义之所必不可也；以旦夕当去之官而迁延废事，又心之所大不安也。"⑤ 当年南京众臣自陈疏皆未批发，可见这绝不仅是叶向高一人所面临的窘境。

尽管这些"待罪之臣"绝大部分不会被罢斥，但是按照正常行政程序，他们必须"待文书（察疏）到日方许管事"⑥，由此便形成了"举朝

---

① （明）沈一贯：《敬事草》卷 17《再催紧要章奏揭帖》，第 12b 页。
② （明）沈一贯：《敬事草》卷 18《请完察典并乞休书疏》，第 32a 页。
③ （明）汤兆京：《灵萱阁集》卷 2《请下察典疏》，第 509b 页。
④ （明）沈一贯：《敬事草》卷 17《催京察本揭帖》，第 6b 页。
⑤ （明）叶向高：《纶扉奏草》卷 1《自陈告病疏》，第 527a 页。
⑥ （明）高拱：《高文襄公集》卷 9《公考察以励众职疏》，第 127a 页。

素服，局蹐屏蹙，未免担延公务；外之抚臣被论，闭门谢事，何以弹压地方"① 的不解之局。倘若有官员在此时继续执行公务便会受到言官的弹劾，如万历年间御史孙居相论劾时任南京总督仓场户部尚书称："往时被论大臣，谁不杜门引咎？某独日坐私衙，公然行事，恬不为意，人人骇讶。"② 倘若察疏未下，官员仍继续供职便会遭到弹劾，因察疏稽缓而导致的政务废弛于兹可见。不唯如此，察疏不发造成的不利影响并不限于在朝诸臣，因为每逢六年京察，"中外臣民翘首拭目以观大典"③，倘若察疏不发，"闾巷小民亦群聚而骇观"④，因此辅臣及朝臣对察疏的再三催发便不难理解。

（三）　察疏下发后的官员谢恩

在察疏下达之后，各官要按照规定逐一行礼谢恩。

首先是感谢皇帝的留用之恩。但因皇帝深居九重，因此官员的谢恩行为仅能在鸿胪寺门前进行。⑤ 目前笔者仅见《吏部职掌》提及这一行礼活动，但更多的行礼细节却付之阙如，无法进行更多判断。

其次，是谢部、院考察之恩。其顺序是先谢吏部，再谢都察院，⑥ 作为吏部司属和都察院长官，唐伯元和许弘纲分别对赴部、院行礼的状况有所记载。

就赴吏部谢恩而言，察疏经皇帝下发后直接送至吏部，再由吏部于其仪门公示，因此吏部官员能够早在其他官员之前知悉自身的留用情况。在收到察疏的第一时间，吏部属员需先至吏部火房向堂官谢恩，并在完成挂榜工作后结束宿部。在出部之后，尚需分别至吏部尚书和左、右侍郎的私

---

① （明）汤兆京：《灵萱阁集》卷2《请下察典疏》，第510a页。

② （明）朱吾弼等：《皇明留台奏议》卷20《论大臣自辩疏（孙居相撰）》，《续修四库全书》第467册，第777b页。

③ （明）叶向高：《纶扉奏草》卷1《再催考察疏》，第524b页。

④ （明）沈一贯：《敬事草》卷18《请完察典并乞休疏》，第32a页。

⑤ （明）李默：《吏部职掌》不分卷《考功二·考察事宜》，第147a页。

⑥ 据张位记"谢（皇帝）恩后，即谢中堂（吏部尚书）、院长（都御史）"；许弘纲记"京官考察，谢吏部毕，次日赴院见堂"。结合以上两人记载，可确认京察后的谢恩顺序一般为皇帝—吏部尚书—都御史。见（明）张位《词林典故》不分卷《考察》，第288b页；（明）许弘纲《台仪辑略》不分卷《杂仪》，国家图书馆缩微文献中心藏明万历四十年（1612）刻本，第20b叶。

宅行礼,再次表示感谢。① 除吏部属员之外的其他存留官谢部礼仪亦有差别。其一,"存留部属并鸿胪、尚宝官系杂途者,俱不谢部"②,而非经杂途出身的存留京官仍需赴吏部行礼。其二,"降、调官另起见堂,仍如原官行礼"③。从这一记载可以推知:存留官且非杂途而进者,赴部行礼的仪节和堂审类似,皆是品级相同或相近的官员分批进部谢恩,而降、调官则另外一并见堂行礼,行礼仪式仍由吏部司务厅引导,该厅官吏将赴部谢恩官引至吏部尚书及左、右都御史前行礼,行礼完毕后,将来吏部谢恩各官分批送出大门,目送其上马,全套赴吏部行礼谢考察恩的仪式即告结束。

官员赴都察院谢考察之恩时的行礼详情与赴吏部基本类似。其准备工作是:"各具官衔手本,以备报名。司务厅门官照官崇卑,各起另报,分四起见堂。"见堂时,依据官位尊卑划分会见顺序。其会见的顺序和应考官行礼、都察院堂官答礼的顺序如下:

第一起,行一跪礼,(向)每堂一揖。(都察院堂官)出座答。

(行礼官包括)各部司属、司务;礼部主事兼翰林院待诏;大理寺左、右两寺,司务;行人司司正、司副、行人;国子监监丞、博士、助教、学正、学录;太仆寺寺丞;太常寺寺丞、博士;五府经历、都事;宗人府、锦衣卫经历;鸿胪寺寺丞。

第二起,行一跪礼,每堂一揖。出座答。

两府(顺天府、应天府)治中。

第三起,行二跪礼,每堂一揖。就座答揖。

户、刑部照磨、检校,通政司经历、知事,詹事府主簿、录事,国子监典簿、典籍,翰林院孔目、待诏,上林苑监、监丞,两京府通判、推官,宛(平)、大(兴)二县知县。

第四起,行二跪礼,每堂一揖。就座举手,不答揖。

---

① 据唐伯元记:"(考察)命下,火房揖,挂榜后出部。谢恩毕,三堂私宅揖。"见(明)唐伯元《铨曹仪注》卷5《京察事宜》,第35a页。

② (明)唐伯元:《铨曹仪注》卷5《京察事宜》,第35a页。

③ (明)唐伯元:《铨曹仪注》卷5《京察事宜》,第35a页。

光禄、太常、鸿胪各属官，太医院属官，各卫经历，五城兵马，顺天府首领，宛、大二县县丞等。①

以上是明代官员考察后赴都察院行礼的一般情况，不难看出，何等官行何等礼，堂官对何种官答何种礼都体现出明显的等级差异，从过堂考察到谢恩行礼，这种因官员等级而造成的待遇差异始终存在。京察始终强调公平、公正，然而在考察的各个环节都根据职级尊卑人为将应考官划分等级，这很可能会对考察的公正造成负面影响。

（四）京察拾遗

所有被考京官先后赴鸿胪寺、吏部、都察院行礼后，京察的收尾工作——拾遗立即展开。在第二章第三节中，笔者已经对京察拾遗的运作流程、影响因素、效用评估及在明代政治生活中的地位等问题进行过详尽探讨，兹不赘述。

待京察拾遗完毕后，整个京察制度的运行即告一段落。即便某些特殊年份，在皇帝已经批发京察拾遗疏的情况下，小部分言官仍会喧嚣不已，但这属于言官的个人行为而非京察制度规定的内容或延伸，因此不将其纳入本节的讨论范畴之中。

第二节　明代京察的行政运作：
以万历辛亥京察为例②

一　案例选取原因及研究目的

（一）案例选取原因

在上节对明代京察制度运行的一般情况进行充分探讨后，本节将以万历三十九年（1611）京察为例来具体探讨明代京察制度的运行实况。根据整理，明代有记录的京察达 37 次之多，在多次京察中选取万历辛亥京

---

① （明）许弘纲：《台仪辑略》不分卷《杂仪》，第 20a～21b 叶。
② 本节的主要内容，参见余劲东《制度规定与行政运作——以明万历辛亥京察为例》，《明清论丛》2016 年第 1 期，第 84～107 页。（本书中做了新的修改）

察作为研究样本，主要基于以下三方面考量。

一是京察有关制度至万历后期已趋完备。在第一章对京察制度的建立过程进行考论时即已指出，带有京察性质的京官考核在明代建立后断断续续地举行，直到正德年间才将京察作为固定的政治制度予以确立。自正德年间开始经过近百年的京察实践，有关京察筹备、举行、收尾的各项制度至万历辛亥京察时都已十分完备。因此，通过对该年京察个案的研究，无疑可以最大限度地揭示该制度在实际运行过程中与法律条文规定的契合与背离。

二是明代文官政治至万历时已很成熟。由于明代皇权始终处于至高无上的地位，所以皇帝可以在对京察结果不满时对部、院上呈的察疏任意更改，在某些极端的情况下，甚至可以在京察过后再另立名目进行补充考察，对自认为处分不到位的官员再行处理，① 这显然限制了文官集团的权力行使。但至万历后期，这种状况已有极大改观。因为万历帝选择性地下放权力，此时皇权对考察制度运行的干预相对较少，朝中文官可以在制度规定范围内充分行使权力。在本年京察中，参与其中的各方文官表现出极为充分的互动与制衡，虽然学界对于这种文官集团内部的相互牵制是否会影响行政效率有见仁见智的评价，但当时官员的行为无疑集中体现出明廷"上下相制、小大相维"的制度设计初衷。因此，对万历辛亥京察个案的研究，能够呈现出明政府各部门围绕京察这项具体政治制度的权力运作情况。

三是该年京察相关的原始文献较为充足。首先，关于该年京察详情有一部较为详尽的奏议汇编，即周念祖所辑《万历辛亥京察记事始末》。该书共八章，十余万字，系统整理了该年京察过程中较为重要的奏疏并按时间排序。通过对这些奏牍逐篇校读，足以勾勒出该年京察的大致轮廓。尽管笔者无从知晓是书编者周念祖的生平与学术，但这并不对使用该书造成

---

① 例如嘉靖六年对科道官的考察，即是明世宗在京察之后对在"大礼议"中曾经反对过自己的言官进行的专门考察，意在打击朝中的反对力量。相关研究，可参胡吉勋《"大礼议"与明廷人事变局》第七章"汪佃侍讲事件"，第 471～480 页。

障碍。① 其次，参与该年京察的诸多官员，如阁臣叶向高、李廷机，都察院右副都御史许弘纲，吏科都给事中曹于汴，掌河南道御史汤兆京等人皆有文集传世，这些官员的个人文集也对当年京察的状况有所记载，这同样为本节研讨提供了便利。②

以上三点原因，是笔者选取万历辛亥京察作为研究案例的原因所在。

（二）本节研究目的

对于该年京察，学界至今暂无太多专门研究成果。③ 过往学者在论述其他年份京察时，往往倾向于将京察视为政治斗争的工具，但笔者在写作本节时却并不准备如此立意。做出这一选择主要基于以下两方面的考虑。

一方面是京察本身的性质问题。由于京官身处辇毂之下，通常坐拥远超地方官的政治资源和仕途前景，因此大多数衙门的京官职位都十分重要。通过京察造成的京官职位出缺，无疑有助于掌权或争权的官员进行人事安排。因此，不少京城要员会选择将京察作为打击政治对手的手段或是争夺政治资源的工具。然而，明代统治阶层设计京察制度的初衷却一直都是澄清吏治、加强皇权而绝非引发政治斗争，即使是某些皇帝确有利用京察来整肃官僚队伍的现实需求，也不过是在京察之外再加"闰察"，但这不具备广泛意义。总的来看，将京察演变为政治斗争的工具，只是当时少数官员一厢情愿的做法而非制度设计的题中之意。

另一方面是该年京察的具体情况。在万历辛亥京察时，对考察结果具有重大决定权和影响力的官员，包括吏部尚书孙丕扬、佐察右副都御史许

---

①　该书无序无跋，因此难以了解编者的编书缘起，而检索《中国基本古籍库》、其他数据库及各类相关词典，并未发现有关周念祖的任何资料，这给笔者了解编者的交游、编书心态及生平、学术造成了极大的困难，但这并不影响将是书作为史料被使用。做出这一推断的原因在于：将周念祖所辑文字与进呈奏疏者的个人文集及《明实录》所载进行比对，可以发现除个别的字词错误及文字脱落外，周念祖并未对相关奏疏进行太多改动，因此《万历辛亥京察记事始末》有其可靠性。

②　为最大程度确保本文所引资料的可信度，如果发现《万历辛亥京察记事始末》与载于个人文集或《实录》中的相关文字有冲突，一律以文集及《实录》为准。

③　本节的主要内容，在2016年年底即已公开发表。至2020年11月，中山大学黄友灏博士发表《明万历朝京察申辩禁令下士大夫鸣冤的新方式——以〈万历辛亥京察记事始末〉的成书历史为例》（《学术研究》2020年第11期，第128～133页）一文，相关文章对笔者写作本书的思路有若干启发，谨致谢忱。

弘纲、吏科都给事中曹于汴、考功司郎中王宗贤、掌河南道御史汤兆京乃至阁臣叶向高等人都没有表现出明显的宗派色彩，① 真正喧嚣不停的不过是掌握话语权的基层言官。而且在万历辛亥京察过后的一年内，几乎所有主管本次京察的官员都因故离职，而引发纷争的言官也有多名因此次京察而去职，② 因为考察奏疏迟迟不下，明代政府的正常运行也受到很消极的影响。经过一番激烈的斗争，居然没有任何一方明显获利，这也显然不是正常政治斗争的应有景象。

基于以上原因，笔者在进行本节研撰时，除非有介绍背景知识的特殊需要，一般会尽可能淡化人际关系和政治斗争对万历辛亥京察的影响，而是专注于探讨对京察制度运作过程中官员行为的制度史阐释，以期揭示京察制度的运行机制。

二　辛亥京察的准备工作

（一）察前建言的展开：万历三十八年九月二十七日至三十九年二月初二日

如上节所述，京察工作的发端始于科道官的察前建言。前文已对察前建言究竟是否适合作为京察开端这一问题进行过考论，《吏部职掌》规定如是，京察运作实况亦如是。因此本节撰写时，仍首先对万历辛亥京察前的建言情况予以探究。

该年京察建言又与寻常年份大不相同：之前每逢京察届期，通常科道陈言、吏部复议、皇帝批发后，整套陈言程序即告完结。但当年的情况却是科道陈言、吏部议覆后，皇帝迟迟不予批复，而皇帝不予批复直接导致该年京察陈言的奏议远较其他年份为多。因此在本处书写时，笔者根据各官建言的性质，把是年所有察前建言分为三类：一是合乎旧规的察前建言，即每届京察前例行公事的建言；二是意气之争的察前论

---

① 笔者无从判断相关官员未表现出"宗派色彩"究竟是因为具有较强的责任感、使命感而秉公执法，还是因为官员间的权力制约太过严密导致即便想要徇私舞弊也无从下手。但可以肯定的是，不论以上数人的动机如何，仅就其行为和该年京察的结果言之，虽然掌握话语权的言官对该年京察议论纷纷，但上述主管京察的官员却基本保持持论公平。
② 在本节的结尾部分，笔者将逐一对主察官员的去留情况进行分析。

劲，即因低级官员间人事纷争而起的无谓陈奏；三是确定主察官员的奏请。希望通过以上三方面的描述，呈现出万历辛亥京察察前建言的全貌。

1. 合乎旧规的察前建言：万历三十八年九月二十七至十一月初七

依照惯例，在京察制度正式建立后，一应考察准备工作都应当在京察前一年开始进行。而万历辛亥京察开始的标志，即是户科给事中徐绍吉于万历三十八年（1610）九月二十七日进呈的《京察近迩疏》，该奏疏的主体内容在《实录》中即有记载，① 周念祖所辑《万历辛亥京察记事始末》一书，亦将此奏议作为第二顺位的文章予以收录。② 而在徐绍吉上呈此封奏议后，其他言官的察前建言紧随其后陆续进呈。是年十月，户科右给事中王绍徽（万历二十六年进士）上呈《京察届期疏》，③ 十一月初六及初七日，由吏科都给事中曹于汴及掌河南道御史汤兆京领衔并以科道衙门名义上呈的《京察届期疏》《条陈京察事宜疏》亦陆续上呈。④ 该年正式的察前建言一共有此四本，这四本察前建言疏的主要内容如下。

徐绍吉共陈言四事："一曰采公论以重主权，二曰操平心以惜人才，三曰禁中伤以维善类，四曰破额例以通员数。"⑤ 王绍徽共言八事，包括"四要四不要"，"四要"包括"定压卷之人、焚居间之牍、破调停之说、辨蜚流之语"，"四不要"包括"不要访单匿名、不要暧昧坐处、不要胶执成心、不要毛举细过"⑥。曹于汴陈言四事为"公、虚、平、核"。汤兆京

---

① 《明神宗实录》卷475，万历三十八年九月乙丑条，第8979页。
② 该书中收录的第一篇文章是史记事所呈《大乱将作疏》，但这篇奏疏的上呈时间在万历己酉年（万历三十七年，1609）十一月十八日，此时距辛亥京察尚有约一年半时间，实际不应将其纳入辛亥京察的文本汇编中。但周念祖如此处理，或是出于其书主旨在于详细罗列万历辛亥京察之前与之后的所有奏议，以呈现该年纷争的全貌，而史记事此封奏疏实际上是相关争议的背景交代。徐绍吉的奏疏，见（明）徐绍吉：《京察近迩疏》，载（明）周念祖辑《万历辛亥京察记事始末》卷1，第201a～202b页。由于本节写作将较多使用《万历辛亥京察记事始末》一书，本节此后标注引文来源时一概简称《记事始末》，并不再标注作者姓名。
③ （明）王绍徽：《京察届期疏》，《记事始末》卷1，第203a～204b页。
④ （明）曹于汴：《京察届期疏》，《记事始末》卷1，第205b～206b页；（明）汤兆京：《敬陈京察事宜疏》，《记事始末》卷1，第207b～208b页。
⑤ （明）徐绍吉：《京察伊迩疏》，《记事始末》卷1，第201a～202b页。
⑥ （明）王绍徽：《京察届期疏》，《记事始末》卷1，第203a～204b页。

条陈四事为："专责成，广咨询、破藩篱、重实修。"① 由以上所述，不难发现本届京察的条议集中在以下三方面：一是主察官员和注考官员要公正、公平，不因私人恩怨而罢黜人，不因细小过误或道听途说打击人；二是对匿名访单、揭帖严加约束，不让这些私单、私揭中伤官员并影响公正的评断；三是不拘过往考察额数，根据实际的政治运作需要而罢黜、留用官员。

对比上节京察运作通论中的描述，不难发现历年京察之前科道陈言的内容都大同小异。徐绍吉在陈言奏议中毫不隐讳地声称："夫由职前二说，诚有切于救时之亟务；由职后二说，不过申明往日之常谈。"② 为何官员明知此为常谈，仍执意要在奏疏中谈及这些事项？其原因不外乎两点：一是京察需要注意的事项主要集中在以上数端，而明廷规制要求言官届届陈奏，言官在无奈之下也只得故调重弹；二是以上事项虽经屡次奏请，但在京察时仍未改观，科道官不得不每逢京察再行申饬。而从实际政治运行情况来看，笔者不否认第一种原因的存在，但认为第二种原因才是科道官对以上问题老生常谈的关键。做出这一论断主要基于以下考虑。其一，填注考语的堂官凭个人喜好注考的现象在任何时候都会存在，即使完全没有利益可图，如果一定要罢黜官员，堂官也倾向于罢黜与自己关系较为疏远的属下。其二，匿名访单、揭帖得以存在的原因在于这类行为成本较低，一旦成功便收益巨大。明廷对于匿名文书的处分是"见即销毁"却并不过分追究责任人，所以造匿名文书成本极低，一旦其中的告讦被主察官员或注考堂官得见，就很可能因为"先入为主"的因素对应考官产生消极的印象，这无疑对考察公平造成了破坏。其三，考察额数这一问题始终难获解决的原因在前文的分析中已经述及，参与其中的各方都有凑足黜落数量的需求，这也是造成这一问题的原因所在。

以上四封奏牍的处理结果是：徐绍吉之疏明确记载"未报"③，王绍

----

① （明）曹于汴：《京察届期疏》，《记事始末》卷1，第205b～206b页；（明）汤兆京：《条陈京察事宜疏》，《记事始末》卷1，第207b～208b页。

② （明）徐绍吉：《京察伊迩疏》，《记事始末》卷1，第202b页。

③ 《明神宗实录》卷475，万历三十八年九月乙丑条，第8979页。

徽的奏请在实录中不见任何记载，但曹于汴和汤兆京是以科道衙门的名义上奏，因此势必获得处理。吏部在十一月二十七日向皇帝上呈了对这两封奏议的处理意见，基本肯定了两臣的奏请并报皇帝批准，与此同时，向皇帝奏请举行京察。但由于万历帝的怠政，吏部的奏请迟至十二月十六日才获得批复。① 以上建言一旦获得皇帝批复，便可由吏部"手本行巡视五城监察御史，转行各兵马司及锦衣卫经历司呈堂，各照本部题奉钦依禁约，钦遵施行"②，前文已述，兹不赘论。但值得一提的是，万历帝对察前建言的批复迟缓，直接导致在此期间官员猜疑丛生，导致出现充满意气之争的论劾。

2. 意气之争的察前论劾：万历三十八年十二月初七至三十九年二月初二

万历辛亥京察引人注目的原因在于：早在当年京察前的言官建言之时，官员之间即已经出现诸多纷争。每逢察前建言之时，言官常做的另一项工作即是对不职官员进行论劾。这主要包括以下两类情形。一是惧察官员可以在此时论劾主察之人以期逃避察处。诬陷主察官员的发端可以追溯至嘉靖初期，时任内阁辅臣张璁因在"大礼议"中积极支持明世宗，"抗举朝四五年"③，故与在廷诸朝臣多有不合，在嘉靖六年（1527）京察届期之际张璁便上疏自陈，称主察官员或有"阴树朋奸……公伤善类"④ 之举。当时辅臣诬告掌察官员毕竟为一时特例，至万历后期，品级较低的言官对掌察官员的诬陷则经常出现。⑤ 二是对其他不职官员的论劾。因为言官之职本在纠弹，故"内外大小衙门官员，但有不公不法等事，在内从

---

① 《明神宗实录》卷478，万历三十八年十二月丁亥条，第9020页。

② （明）李默：《吏部职掌》不分卷《考功二·考察事宜》，第146a页。

③ （明）张璁：《东瓯张文忠公奏对稿》卷4《再陈》，第269b页。有关张璁与朝臣的恩怨及大礼议对嘉靖初期政治的影响，可参胡吉勋《"大礼议"与明廷人事变局》。

④ （明）张璁：《太师张文忠公文集》卷3《自陈乞休疏》，《四库全书存目丛书》集部第77册，第59b页。

⑤ 如万历二十七年（1599），贵州道御史许闻造由于"依附吕坤之门墙，不顾名义"而为士论所薄，因担心于京察被黜，故"讦户部侍郎张养蒙等，挟吏部以避计典"。又如天启二年（1622），"给事中朱童蒙、郭允厚、郭兴治虑明年京察不利己，潜谋驱逐"时任都察院左都御史邹元标，其中虽有党争的意气，但亦是因惧察而攻击主察之人。引文见（清）沈翼机等《浙江通志》卷158《人物·许闻造》，《景印文渊阁四库全书》第523册，第266b页；《明史》卷242《程绍》，第6282页；《明史》卷243《邹元标》，第6306页。

监察御史纠举"①。是以有官员于此时为肃清政治而弹劾确有不法行为的官员，也有官员为使自身免受处分而攻击同僚，此类景象不一而足。而该年论劾的缘由即是第一种情况。

万历三十八年为会试之年，是时吏部右侍郎兼掌翰林院学士王图 (1577～1627) 参与考务工作。而该年的分校官汤宾尹 (1567～?) 因举荐私人而与同僚交恶，此事为王图所知；汤宾尹之门生王绍徽与王图为耀州同乡，为维护其师而至王图处说项，又为王图所却。至该年末京察届期时，汤宾尹虽已升任国子监祭酒，可以进入自陈的范畴由皇帝亲定其去留，但在京察时新升任官应由原衙门堂官注考，而汤宾尹原任左春坊，按照"原任应考"之例，仍应由掌翰林院学士王图为汤宾尹开注考语。由于有了前述举荐私人与托人说情二事，汤宾尹担心王图对其印象较差而开注恶评考语，② 但又无法攻击王图为政失宜，因此采用"围魏救赵"的策略：即指使御史金明时 (万历二十三年进士) 弹劾王图之子北直宝坻知县王淑抃贪赃，③ 一旦王淑抃之罪得以坐实，王图便有了"纵子为恶"之嫌，势必难安于位，而王图一旦因接受调查而延误注考，汤宾尹便可平安脱险。④ 这便是御史金明时于十二月初七日上疏弹劾王图的原因所在，也是之后朝臣互相攻讦的起因。

面对为维护一己私利而攻击掌察官员乃至同僚这种性质较为恶劣的政

---

① （明）李东阳等：《正德会典》卷164《都察院一》，《景印文渊阁四库全书》第618册，第626b页。

② 实际上，汤宾尹的担心并非杞人忧天。在稍后辛亥京察注考时，王图果然将汤宾尹注为"不谨"，希望将其罢黜。见（明）叶向高《蘧编》卷4，第595页。

③ 金明时对王图之子王淑抃的弹劾绝非空穴来风，叶向高同样指出："其（王图）子为宝坻令者，少年暴戾、贪酷异常，大累其父，良可罪耳。"以叶向高内阁首辅的身份，毫无必要以攻击王图之子的方式来打击王图，因此其记述应当可信。见（明）叶向高《蘧编》卷4，第604页。金明时的上疏，见（明）金明时《察典关系匪轻疏》，《记事始末》卷1，第210b～213b页。

④ 《明史》对相关内容有详尽记载，称"分校官汤宾尹欲私韩敬，与知贡举吴道南盛气相诟诤。比出闱，道南欲劾宾尹，以（王）图沮而止。王绍徽者，图同郡人，宾尹门生也，极誉宾尹于图，而言道南党欲倾宾尹并及图，宜善为计。图正色却之，绍徽怫然去。时宾尹已为祭酒，其先历翰林京察，当（王）图注考，恐先发倾之。乃与绍徽计，令御史金明时劾（王）图子宝坻知县（王）淑抃赃私巨万"。《明史》中的说法亦能与叶向高所记相印证，叶向高年谱对此事始末亦言之甚详。见《明史》卷216《王图》，第5706页；（明）叶向高《蘧编》卷4，第594～604页。

治行为，明廷难道坐视不理？答案显然是否定的。科道言官的论劾无论是否属实，吏部都会予以议覆。若所奏为实，吏部在京察前对这些不法官员予以打击，这看似雷厉风行地维护了官场的清明，却很容易造成"拾遗之时人数不足"①的情况。而若言官所论劾为虚，吏部加以详查势必耗费较大的人力物力，而京察准备阶段的众多事宜都应在吏部主导下完成，吏部官员一旦过于纠缠于处理这些论劾，势必影响其他准备工作的进行。面对这种情况，万历二十一年（1593）吏部尚书孙鑨题请"自十二月初一日为始，论劾之疏一切不覆，以待大察"②，万历帝也批准了这一建议。但吏部可以因皇帝的特许不批复论劾之疏，却不能阻止言官的反复上奏，是以金明时的察疏仍可上呈。

　　因金明时的弹劾在主攻王图的同时，又语涉江西道御史徐缙芳（万历二十九年进士），故在十二月初九徐缙芳与王图分别上疏辩论此事。徐缙芳的回击直指金明时的弹劾实际是"贪臣巧避察典，挑激要挟"③，而王图则并未正面响应金明时的攻击，而是体现出大臣的一经论劾即便求去的体统。④ 徐、王二人尤其是徐缙芳的响应让金明时颇为不满，因该事件同时还牵涉金明时同一阵营的贵州道御史，同时也是与金明时同年进士的刘国缙，因此金明时于该月十二日再次上疏辩驳，⑤ 刘国缙亦于十四日上疏声援金明时。⑥ 为此，徐缙芳与王图再次予以回应，王图甚至做出了挂冠封印的举动。⑦ 双方互相攻击的起因本就是捕风捉影之事，王图确实对金明时的恩公汤宾尹不满，但却不一定要填注汤宾尹的恶评考语；金明时攻击王图之子王淑抃，却又不能对其贪赃实迹予以举证，因此最后不论攻击方抑或辩护方都只能就毫无实据的内容上

①（明）赵南星：《赵忠毅公诗文集》卷18《停论劾以重大典疏》，第543a页。
②（明）赵南星：《赵忠毅公诗文集》卷18《停论劾以重大典疏》，第543a页。
③（明）徐缙芳：《贪臣巧避察典疏》，《记事始末》卷1，第214a~215a页。
④（明）王图：《病亟思归疏》，《记事始末》卷1，第215b~216a页。但王图的《求去疏》在进呈一个月后仍未获得批复，万历三十九年正月十九日，首辅叶向高仍有催发王图辞疏的奏请。见《明神宗实录》卷479，万历三十九年正月庚申条，第9032页。
⑤（明）金明时：《险臣秽恶昭彰疏》，《记事始末》卷1，第216b~218b页。
⑥（明）刘国缙：《人言波及疏》，《记事始末》卷1，第219a~220b页。
⑦（明）徐缙芳：《揭贪臣设谋布毒》，《记事始末》卷1，第221a~221b页；（明）王图：《直陈私书闻见疏》，《记事始末》卷1，第222a页。

纲上线。

万历帝深居九重，对朝臣间的恩怨不一定有很深入的了解，加之其本人在晚年怠政，因此将这些文书全部留中不发，这一举措看起来颇为消极，但却是较为稳妥的做法，因其避免了听信单方面的言辞而造成误判。但这种消极应对却纵容了金明时等人的喧嚣，王图及其支持者与金明时及其交好同僚的争执因万历帝的迟缓反应而经久不息。在双方于十二月中旬进行第二轮攻防之后，万历帝终于做出了响应。之前已述，曹于汴和汤兆京领衔上奏的《条陈京察事宜疏》于十一月末经吏部条议后一直未蒙批复，万历帝于十二月十六日批复了这两封奏议，并特别指出"各官亦当安分静听，如有徇私植党、讦辩纷纭扰乱大计者，令该部院参奏重处"①。然而即使在这样严厉的圣谕之下，金明时等人仍喧嚣不已，直到万历三十九年二月初二日这一初拟京察日期（实际京察被延后举行）仍有相关争辩的奏议上呈，②可见对这些言官而言，皇帝的圣谕已经缺乏足够约束力，其后的纠纷之局遂不可解。

3. 奏请确定主察官员：万历三十八年十月二十九至十二月二十五

万历辛亥京察与之前的历次京察存在的诸多不同，还体现在掌察官员并不齐备上，而主察官员一旦缺乏，京察制度便不能按原定规制有效运作。因此，除了前述按照旧规进行的科道陈言及出于私愤的相互论劾之外，尚有不少官员出于公心，为迅速确定主察官员而陈言。

万历三十八年十月二十九日，掌河南道御史汤兆京上疏，要求吏科都给事中曹于汴迅速理事。③ 这一奏请得到了吏部的重视。十一月初四日，吏部尚书孙丕扬以部门名义向皇帝发出奏请，重申了汤兆京的这一奏请。④ 其原因在于：曹于汴在万历三十八年已获擢升任太常寺少卿，理应久任新职，但万历帝久未颁布任职诏令，因此曹于汴既不便去新衙门赴任，亦不便在原衙门当差。但考察将近，料理诸事人员不足，因此吏部上呈此封奏疏。在吏部上疏的两天之后，即十一月初六日，

① 《明神宗实录》卷 478，万历三十八年十二月丁亥条，第 9020 页。
② （明）史记事：《微臣病不可支疏》，《记事始末》卷 1，第 238b～240b 页。
③ （明）汤兆京：《内计时日已迫疏》，《记事始末》卷 1，第 207a 页。
④ （明）吏部题：《京察届期疏》，《记事始末》卷 1，第 205a 页。

曹于汴便已领衔科臣条陈京察事宜，可见吏部的奏请达到了预期目的。

　　而都察院左副都御史许弘纲亦在十二月二十五日上疏，要求确立都察院管察官员。① 此时北京都察院实有两位挂衔都御史，一为左都御史孙玮（？～1624），其时因户部缺尚书而至户部管事，② 无法处理都察院事宜；二为左都御史吕坤（1536～1618），其于先前获得都察院左都御史的推升，但同曹于汴类似，因皇帝的任命诏令仍未下达，亦不得赴院管事。③ 以上两位左都御史出缺，此时都察院在任管事官员职衔最高者即为左副都御史许弘纲。而过往历次京察，"丁亥（万历十五年，1587）则辛自修，癸巳（万历二十一年，1593）则李世达，己亥（万历二十七年，1599）、乙巳（万历三十三年，1605）则温纯，皆左都也，未闻副都御史而敢专之也；又堂上三臣皆具官，未闻一副都御史而敢兼之也"④，因此许弘纲上疏向皇帝确认由自己这位副都御史协助吏部主管京察是否合适。

　　以上三封陈言的目的都在于题请皇帝迅速确定主察官员，这是往年京察中极少出现的景象，属于非常规的京察准备工作，因此根据其陈言的性质附于此处。

（二）辛亥年间的京察咨访运作：万历三十八年十月至三十九年二月末

　　如前所述，京察准备阶段最重要的工作有二，即考语和咨访，其结果在很大程度上构成了京察的裁决依据，但咨访的开始时间早于查取考语，因此首先讨论咨访相关的内容。咨访的物质载体是京察访单，笔者已在上一章京察访单的专题研究中对访单的性质、发放、回收及在明代国家政治生活中的作用予以十分详尽的探讨。因此本处仅专门讨论万历辛亥京察时的咨访机制运作情形。

---

① （明）许弘纲：《京察大典疏》，《记事始末》卷1，第224a～224b页。
② 《明神宗实录》卷479，万历三十九年正月丙午条，第9026～9027页。
③ 实际上，吕坤早已经过会推担任左都御史，但直至万历三十九年正月二十三日，吏部尚书孙丕扬仍请发下吕坤的任命，可见因皇帝的迁延，吕坤久未以合适的身份供职。见《明神宗实录》卷479，万历三十九年正月甲子条，第9037页。
④ （明）许弘纲：《京察大典疏》，《记事始末》卷1，第224a页。

1. 从发单到收单：万历三十八年十月至十二月

咨访以填注访单的形式进行，因此访单的发放和回收便构成了咨访的基本方式。有填单之责的言官金明时称"计典发单在十月，收单在十二月"①，负责发单的掌河南道御史汤兆京称："臣于去年（万历三十八年）九月到京，十月即行发单咨访。"② 两相印证之下，可知该年十月发单之记载不虚。

访单应由吏科都给事中发至科臣，由掌河南道都御史发至道臣。但汤兆京却称"一切咨访、收单、会单俱臣职掌"③，此岂非攘吏科都给事中曹于汴之功？实则不然。之前已述，汤兆京在十月二十九日、吏部在十一月四日分别奏请令曹于汴管事，曹于汴至十一月六日才重新理事，因此汤兆京称"一切咨访"系其职掌也并不为过，至少当年的访单即由其一人负责分发。经过约两月的填注访单，至十二月时便可"约期收单"，收单需在各衙门公堂进行，例如汤兆京便在河南道公堂上统一收单，逐一确认各官确系填注的是当时发放的访单而非私单。待访单收齐后，会单便可开始。

关于该年的发单咨访，尚有一特例需格外提及。叶向高记："考察当咨访，给事中王某（绍徽）者，太宰（孙丕扬）乡人、汤（宾尹）之门生，太宰故寄以心腹。王教太宰访单当列四款，云'淮上之党，东林之党，顾、李之党，王元翰之党'，令人填注……余谓余从来考察无列款咨访之例。"④ 但孙丕扬并不采纳叶向高的意见，并由此生出许多事端。王绍徽在京察咨访时提出此建议，完全是出于打击政见及利益不同者的需要。以下试分述四款访单产生的政治背景。

在王绍徽所建议的四款访单中，王元翰（1565～1633）与王绍徽素有仇怨。明末阁臣倪元璐（1594～1644）记此事始末甚详："初，给事中王绍徽为其师翰林宣城汤君（宾尹）营爰立甚急。以谏议（王元翰）重名，谓谏议曰：'公语言妙天下，即一札扬汤君，汤君且为公死。世间如

---

①　（明）金明时：《险臣贪肆谲邪疏》，《记事始末》卷1，第237a～237b页。

②　（明）汤兆京：《灵萱阁集》卷2《送单始末疏》，第507a页。

③　（明）汤兆京：《灵萱阁集》卷2《送单始末疏》，第507a页。

④　（明）叶向高：《蘧编》卷4，第596页；另参《明史》卷216《王图》，第5706页。

汤君，可恃也。'谏议厉声曰：'吾何敢恃汤君？谨辞。'给事由此甚恨。"[1] 王绍徽对其师汤宾尹的感情异常深厚，这在前文已经述及，为保护其师汤宾尹不在京察中被黜落，王绍徽亲自至乡人王图处为其师说项，所以其有为其师营求进取的举动毫不为奇。

而顾天埈（1561～?）、李腾芳（1573～1633）则是王绍徽之师汤宾尹入阁的潜在竞争对手。其时词林最有时望者为顾天埈、李腾芳与汤宾尹三人。叶向高称："三君皆名士，词林中表表，与余皆不薄。"[2] 而此时内阁实际理事的阁臣仅有一员（李廷机虽名列阁臣但早已不理事），无论首辅叶向高抑或吏部尚书孙丕扬都有请补阁臣的陈奏，因此面对入阁问题此三人的竞争尤为激烈。而顾、李两人都是万历二十年（1592）进士，汤宾尹则是万历二十三年的词林后辈，若能打压顾、李，王绍徽之师汤宾尹的入阁可能性便大大增加。这是王绍徽建议列"顾、李之党"的原因所在。

王绍徽对东林党人的仇恨由来已久。据叶向高称："时人情多不喜东林，汤（宾尹）亦与相附和，为纳交计。"[3] 不确定王绍徽是否亦受其师的影响，所以对东林之人欠缺好感。唯可确定的是，王绍徽对东林党的怨恨持续了很长时间，至天启年间魏忠贤擅权时，王绍徽已从万历后期的七品给事中升任正二品的吏部尚书，仍编纂《东林点将录》一书，以攻击东林人士的排头兵形象示人，并利用自身的职位在稍后的考察中打击东林人士。

而李三才（?～1623）则是王绍徽以上三种矛盾的集合体，作为"淮上之党"的领袖，时任淮阳巡抚李三才与东林党人私交甚好，尝欲荐拔东林人士，[4] 同时还是汤宾尹入阁的又一有力竞争对手，[5] 这应当是王

---

① （明）倪元璐：《倪文贞集》卷14《王谏议传》，《景印文渊阁四库全书》第1297册，第182b页。
② （明）叶向高：《蘧编》卷4，第595页。
③ （明）叶向高：《蘧编》卷4，第595页。
④ 据《明史》载："是时，顾宪成里居，讲学东林，好臧否人物。（李）三才与深相结，宪成亦深信之。（李）三才尝请补大僚，选科道，录遗佚。因言：'诸臣只以议论意见一触当途，遂永弃不收，要之于陛下无忤。今乃假天子威以锢诸臣，复假忤主之名以文己过。负国负君，罪莫大此。'意为（顾）宪成诸人发。"见《明史》卷232《李三才》，第6064页。
⑤ 据《明史》载："会内阁缺人，建议者谓不当专用词臣，宜与外僚参用，意在（李）三才。"见《明史》卷232《李三才》，第6065页。

绍徽建议首列"淮上之党"的重要原因。

通过以上分析，不难发现王绍徽提出的访单改革实际上带有极为强烈的宗派色彩，其建议为阁臣叶向高所反对毫不为奇。但吏部尚书孙丕扬面对乡人王绍徽利用访单打击政敌的建议，以及叶向高对自己采纳王绍徽建议的劝止，为何还要在万历辛亥京察咨访时一意孤行？究竟是其未能察觉到王绍徽的真实意图？还是孙丕扬本人也希望利用访单打击朝中政见不合的势力？

笔者认为：孙丕扬笃定地采纳王绍徽的建议，很可能确实是因为没有体察到王绍徽的动机。早在万历二十三年（1595）大计外吏之时，孙丕扬已经任职吏部尚书，其时考功郎蒋时馨（1548～?）因听信风闻而做出误判，"丕扬不能察"，且在蒋时馨因此而受到论劾时，孙丕扬出于保护下属的考虑，对弹劾蒋时馨的言官一概予以打击。① 而蒋时馨与孙丕扬的关系尚较疏远，共事时间亦极短暂，孙丕扬即已如此信赖，更毋论对其同乡僚友王绍徽的关照。

最直接的证据来自阁臣叶向高的证词。在孙丕扬因本次京察处理失当而去位并彻底退出政治舞台时，叶向高对孙的论定充满怜悯："惟其（孙丕扬）本心，则实出于忠诚为国，以廓清排荡为己任，勇往直前，无所顾惜。而于剂量审酌，求所以臻荡平而杜纷竞之道，皆不暇讲。可谓忠有余而识不足者矣。惜哉！"② 对孙丕扬拒绝自己的善意忠告丝毫不以为意，可见叶向高对孙丕扬为政的"识不足"深有了解。

总之，由于王绍徽出于私心的推动及孙丕扬的失于查考，万历辛亥京察成为整个明代京察制度史上唯一分单咨访的年份，对当时的政治风气造成了较为恶劣的影响，引发了此后几近八个月的不绝争论。

2. 从收单到会单：万历三十八年十二月到万历三十九年二月末

收单之后，为便于部、院长官在堂审之前知悉名列访单官员的基本情况，考功司郎中、掌河南道御史及吏科都给事中需先进行若干次会单，找出为官时行检有亏的官员的信息以便部、院长官定夺。

---

① 《明史》卷224《孙丕扬》，第5903页。
② （明）叶向高：《蘧编》卷4，第603页。

万历辛亥京察时，会单前后共进行了三次。第一次在万历三十八年十二月间，掌河南道御史汤兆京会同协理御史乔允升（1553～1631），"衙门收单后即往城隍庙拆封同阅，每封编一字号"①，而后一并送往堂官处存放。留待最后同考功司共同会单。但由于该年吏部考功郎先由张养才担任，至临近京察时又更换为王宗贤（万历二十六年进士），所以最后的会单延迟至考察前数日才进行。汤兆京称："二月二十五日会单，（臣）与科臣、考功已共注处，二十八日次会，复商订不移。"② 可见直到二月二十五及二十八日，才分别进行了最后两次会单。前后会单的情形基本一致，皆是拆封后置于桌上，参与会单的官员一同参详并提出初步意见，即所谓"四人拱对，八目阅单"③。待前后数次会单完毕后，应处分官员的基本名单即已列出。留待终裁时复议。

（三）考语、履历册等文书的查取

之所以本处标题后未能像本节其他小标题一样注明该项准备工作的进行日期，是因为缺乏相应的部门转行公文可查，因此没有最为直接的证据来说明当年查取考语及履历册的详细情况。在前文京察制度运作的通论性介绍中，已经比较详尽地探讨了吏部如何向其他各衙门发送咨文查取一应考察文书，其他各衙门在收到吏部咨文后，如何进行本衙门内部的文书流转并向吏部反馈。若在其他年份，完全可以根据京察的进行时间对吏部移咨查取的大致日期进行比较准确的推断，而在万历辛亥京察时则绝无此种可能。其原因在于：各衙门堂官皆缺，以至于根本无人可以填注考语。

以翰林院为例，其长官王图在万历三十八年十二月中旬因受御史金明时弹劾而封印不理事，这直接导致直到次年正月十九日都无人为翰林院百余属员填注考语。④ 而在寻常年份，这项工作至少在十二月内就已经完成。此外，由于长官将印信封锁，即使佐贰官担心贻误正常工作而勤勉效

---

① （明）汤兆京：《灵萱阁集》卷3《题诸臣议察疏》，第525a页。

② （明）汤兆京：《灵萱阁集》卷2《参部臣阻挠察典疏》，第508b页。

③ （明）曹于汴：《考察国典攸关疏》，《记事始末》卷2，第258b页。

④ （明）叶向高：《纶扉奏草》卷12《翰林院印信揭》，第55b页。其称："目前考察一事，旧系（翰林院）掌院填注考语，开送吏部。今为期已迫，尚尔推延。昨翰林各官，齐来见臣，言此系衙门旧规，必不可失。又劝王图家，劝其收回印信，料理此事。"可见直至正月下旬，翰林官的考语尚未见着落，这无疑会影响京察的顺利进行。

力，也因缺乏印章而无法完成部门间的公文交换。这直接导致翰林院官员完全无法注考，亦无法转行履历册。翰林院无法用印对政务的打击远不止于此：按内阁规制，"凡有文移行各衙门，皆须发至翰林院用印转行，二百年来相沿如此。若翰林院印封闭不用，则阁中一字亦不得达，而凡事尽壅滞矣"①。内阁作为中枢机构尚不得用印，转信各衙门公文自然皆成为所谓"私书"，导致阁臣也不敢有所行动。因此内阁首辅叶向高除了一封接一封地上呈奏疏请求万历帝早举京察大典之外亦无计可施。

虽然其他衙门未曾像翰林院一样封锁公印，但堂官缺乏的问题同样严重。其时，六部尚书仅存吏部尚书孙丕扬、兵部尚书李化龙（1554～1624），侍郎仅剩三人，即吏部侍郎萧云举（1554～1627）、礼部侍郎翁正春（1556～1626）及工部侍郎刘元霖（1556～1614）。但萧、翁二人，又"皆系词臣，不任他事"②，因此除工部尚可由刘元霖理事，吏、兵两部分别有孙丕扬、李化龙注考外，其他三部皆无堂官可以进行考语填注。因此，笔者无从查实本年京察考语究竟通过何种途径得到。但可能正是因为该年考语的相对缺位，才使是年的咨访格外受到关注。

（四）题请皇帝确立京察日期：万历三十九年正月至二月十七

按照京察往规：一旦京察准备工作基本就绪，吏部即需向皇帝题请京察日期。万历三十九年正月十六日，内阁首辅叶向高题称："臣曾拟于本月二十八日（京察），后蒙圣谕，拟于二月初二日；今已数日，未蒙发下。惟此六年一举之旧章……皆目前急切要务，该部已经屡催，尚未得旨。"③通过这一奏请可知吏部应当在正月十六日之前即已有过上呈题请京察日期相关奏疏的举动，在吏部题请后，还应由阁臣开具初步意见并报皇帝批准。尽管万历帝对叶向高所传"圣谕"称二月初二日京察，但只要正式的诏令未经发下，"拟于二月初二日"便仅能被看作皇帝的"意向"而不可作为部、院行事的准则。是以叶向高才上呈这封奏疏再次题请京察日期，希望得到皇帝的最终确认。但不知是该封奏疏的内容有所泄漏抑或是"英雄所见略同"，在叶向高上疏的第二天（正月十七），吏部

---

① （明）叶向高：《纶扉奏草》卷12《翰林院印信揭》，第55b页。
② （明）叶向高：《纶扉奏草》卷11《请补大僚揭》，第38a页。
③ （明）叶向高：《纶扉奏草》卷12《请考察日期并兵部军政揭》，第54a页。

尚书孙丕扬再次进呈《催请考察日期疏》，其奏请的时间恰恰是万历帝曾经中意的二月初二日，① 但阁、部奏请都未能得到万历帝的批复。

由于当年考察日期迟迟未获御批发下，因此在当年正月至二月间，朝臣题请速定京察日期的奏疏纷至沓来。正月二十一日，叶向高奏称："该吏部催请考察日期，至今未蒙允发。臣历查从来考察并未有过二月初二者，今相距只九日，南京之行已迟。而此中吏部、都察院及臣等大僚，皆待此旨下而后敢自陈。"② 万历帝对此奏请未予回应。二月一日，"大学士叶向高以考察踰期，疏请亟赐简发以光大典，不报"③。二月初，刑科给事中彭惟成（万历二十九年进士）上疏称"察期未定、人心滋疑……去留当否，系于衡鉴之公私，不在时日之延促"④，仍无回应。二月十二日，吏科给事中梅之焕（1575～1641）指出"京官六载大计，节年定于正月二十八日举行，业成定例，无复愆期。独于今岁正月二十八日改至二月初二、初二改至初五、初五改至初十、初十改至十六，十六已经数易，至今仍复不下"⑤。同日，"大学士叶向高再请考察日期，先曾传谕于二十日，今尚未发也"⑥。二月十四日，工科给事中归子顾（1559～1628）指出"计期屡易，殊非政体……部题日期，从来不爽，未有淹时越月、数四更易尚未奉俞旨者"⑦。但无论阁臣和言官如何奏请，万历帝始终不予回应，⑧ 朝臣亦无可奈何。

就在归子顾上疏的二月十四日，首辅叶向高正在起草个人第五封奏请考

---

① （明）孙丕扬：《催情考察日期疏》，第227a页。
② （明）叶向高：《纶扉奏草》卷12《催发考察日期揭》，第56a页。
③ 《明神宗实录》卷480，万历三十九年二月辛未朔，第9041页。此封奏议全文在叶向高奏议集里亦有记载，见（明）叶向高《纶扉奏草》卷12《催发考察日期揭》，第59a页。
④ （明）彭惟成：《察期未定疏》，《记事始末》卷1，第241a页。彭惟成在奏疏中称"今仲春越朔"，可见其上疏时间在二月上旬。
⑤ （明）梅之焕：《计期原有定例疏》，《记事始末》卷1，第242a页。
⑥ 《明神宗实录》卷480，万历三十九年二月壬午条，第9044页。此封奏议全文在叶向高个人奏议集中亦有记载，见（明）叶向高《纶扉奏草》卷12《催发考察日期揭》，第61b页。
⑦ （明）归子顾：《计期屡易疏》，《记事始末》卷1，第243a页。
⑧ 归子顾在其奏疏中称："科臣彭惟成、梅之焕又交章恳请，未蒙一报。"而实录又记："甲申，工科给事归子顾上言……不报"。可见这三封言官奏请无一被皇帝批复，见《明神宗实录》卷480，万历三十九年二月甲申条，第9045页。

察日期的内阁揭帖，而在这封奏议上呈之后，长期对朝臣奏请不予理睬的万历帝终于在二月十七日批复了京察日期，将京察定于三月二日举行。① 叶向高的此封奏议究竟有何玄机以至于打动了万历帝？其奏疏内容摘要如下：

> 　　该考察日期，吏部已十疏恳请，未蒙允发。臣亦屡揭代请，一概留中。适接尚书孙丕扬揭帖，遂求罢斥。盖其意恐圣心之有疑，而欲引咎以谢天下耳。
>
> 　　臣惟国家有大典，如京官六年考察、外官三年考察、乡会试三年一举，此皆祖宗设立成规，二百余年遵行不废，非如他事有暂行暂止，可以意为缓急者也。
>
> 　　今举朝大小臣工舍其职业，专待此事。而日延一日，屡票屡寝，人情惊疑，皆罪臣不行力请。盖非但丕扬不能安于其位，即臣与诸臣皆不能自安矣。臣等不足惜，而其如圣政之累何哉？②

叶向高在奏疏中主要有以下三层意思。其一，吏部和内阁皆已上呈了数量可观的奏疏来题请京察日期，但始终未蒙批准。其二，因察疏未蒙批准，不仅吏部尚书孙丕扬即将求去，自己作为内阁仅能办事的阁员也将不安于位，举朝臣工皆已无法有效履任。其三，京察按期举行是祖宗二百余年之规，如果不能按期考察京官，对圣政的拖累不小。但以上三点当中，最为重要的莫过于第二点。在前文有关万历辛亥京察考语的内容中，已经述及此时六部缺人达到何种程度。一旦孙丕扬和叶向高再杜门不出或如王图一样封印不理事，朝政将面临瘫痪。这应当是万历帝批复考察日期的主要原因。至此，来自阁臣、吏部、言官的确定考察日期的奏请终于告一段落。

（五）全体京官的自陈乞休：万历三十九年正月二十二至二月初五

按照考察惯例，官员自陈的先后顺序有十分严密的规定：在考察之前，主察官员先行自陈；在考察之后，辅臣、尚书及其他三、四品官依次自陈。由于在嘉靖末至万历初的短短数年内，隆庆、万历帝先后登基并在

---

① 《明神宗实录》卷 480，万历三十九年二月丁亥条，第 9047 页。

② （明）叶向高：《纶扉奏草》卷 12《催发考察日期揭》，第 62a 页。

登基时举行京察，官员的自陈顺序便略有变化：辅臣从考察后自陈改变为同主察官一并自陈，其他官员的自陈顺序仍然照旧。

但万历辛亥年的京察自陈却出现了前所未有的景象。由于皇帝迟迟不发察疏，朝中诸大臣进退失据。内阁首辅叶向高、阁臣李廷机早在正月二十二日就进行了自陈，① 万历帝批复叶向高的自陈称："卿辅赞重臣，公清端亮、茂著勋猷。朕兹澄清百职，正资弼成化理，倚毗方切，不允所辞。吏部知道。"② 但对李廷机的自陈却完全不予理睬。在两位阁员自陈之后，所有在京四品以上官，无论是否身为主察官员，全部在稍后的两日内（即二十三、二十四日）上疏自陈；至二十五日，万历帝统一批复各官自陈疏并将这些官员全部留用，无一人被黜落。③

尽管万历辛亥京察没有罢黜任何高级官员这一结果，与明代京察制度史上不少年份的自陈批复结果非常接近，但结果的相似并不能掩盖过程的异常。该年京察自陈至少有如下三个重大异常之处。一是按照惯例，京察之年在没有皇帝考察诏令的情况下，各相应官员皆不得先期自陈，否则便属违制。叶向高在向皇帝进呈的揭帖中不止一次地提及"吏部、都察院及臣等大僚，皆待此旨下而后敢自陈"④，可见其对相关规定知之甚详。目前已知考察日期至二月十七日才正式确定，叶向高明知此时尚不可自陈，却为何在正月二十二日会同其僚友李廷机（1542～1616）共进自陈疏？二是各官自陈的先后顺序既有定规，为何此时所有在京官员一并将此定规彻底打破？三是明代京察制度史上，几乎没有阁臣因自陈被黜落的记录，而本年阁臣李廷机却遭遇了比黜落更为极端的状况，即不被留用，亦不被罢黜，在正月二十五日所有在京自陈官的奏本获得批发后，唯独李廷

---

① 《明神宗实录》卷479，万历三十九年正月癸亥条，第9034～9035页。
② （明）叶向高：《纶扉奏草》卷12《自陈不职疏》，第57b页。
③ 《明神宗实录》卷479，万历三十九年正月丙午条，第9039～9040页。该条记载如下："吏部尚书孙丕扬以内察自陈，温旨慰留；少保兵部尚书李化龙、总督仓场右都御史兼户部右侍郎孙玮、日讲官吏部右侍郎兼翰林院侍读学士萧云举、王图；礼部左侍郎兼翰林院侍读学士翁正春，以内察自陈，各慰留之；户部左侍郎李汝华、工部右侍郎刘元霖、都察院左副都御史许弘纲、通政司通政张养志、太常寺卿管国子监祭酒事傅新德，各具疏自陈，命供职如故。"可见所有在京官员，无论是否在任管事，几乎全都在这两日内集中向皇帝上疏求去。
④ （明）叶向高：《纶扉奏草》卷12《催发考察日期揭》，第56a页。

机的自陈本至二月初一日仍无音讯，莫非万历帝对李廷机的怨念颇深？以上三个问题的重要性在于：它们共同反映出官员和皇帝如何在京察制度的规定之外来进行、批答自陈的相关情况。为此有必要对以上问题进行解答。

其一，对于叶、李二阁臣在正月二十二日的自陈，目前可以肯定两人在上疏前都没有比较充分的准备：正月二十一日，叶向高还向皇帝催发考察日期，① 而李廷机更是在二十一日上疏请求休致。② 如果叶向高知道二十二日会发下考察日期，根本没有必要在二十一日上此揭帖；如果李廷机明知二十二日即将进行京察自陈，断无两日两疏乞休之理，毕竟为了一己去留在短期内连篇累牍地叨扰皇帝实非大臣所应为。在没有充分准备的情况下，以两位阁臣的持重，又为何敢于打破常规，贸然自陈？唯一合理的解释是：万历帝接到正月二十一日的内阁揭帖后，有过令二人自陈的口头示意。正如考察日期一样：皇帝实际已表露出在二月初二日举行的意向，③ 但由于没有正式公文，所以部、院才不敢行事。而这种专门要求阁臣进行的自陈则并不需要书面通告即可传谕进行，因此才有了二位阁臣正月二十二日的上疏举动。

其二，为何在正月二十三、二十四两天内，所有在京官员，无论是否在岗，全部一并上呈自陈疏？各大臣在阁臣之后进行自陈是过往的通行做法，如此行事并不为过，但其他三、四品官员竟也同吏部尚书一起自陈该如何解释？实际上，自陈的目的不在于完成这一制度规定本身，而在于向皇帝乞休。很可能在京官员希望通过短期的全体乞休，向皇帝施加某种压力，希望引起皇帝对京察的注意。

第三个问题则完全涉及皇帝与阁臣的互动。李廷机与万历帝之间的相处有过较长的融洽期。万历三十三年（1605）李廷机以礼部左侍郎身份自陈，根据惯例，三品京官的自陈疏是否由皇帝亲批在两可之间，但万历帝却御批称："李廷机直讲署礼，学行素优。"④ 这无疑是较大的褒奖。在

---

① （明）叶向高：《纶扉奏草》卷12《催发考察日期揭》，第56a页。
② （明）李廷机：《李文节集》卷7《乞放疏》，第660页。
③ （明）叶向高：《纶扉奏草》卷12《请考察日期并兵部军政揭》，第54a页。
④ （明）李廷机：《李文节集》卷1《京察自陈疏》，第53页。

短短数年之内，李廷机由南京转任北京进而入阁，可见其备受皇帝信赖。但自万历三十五年（1607）起，李廷机便不断乞休，前后奏请多达百余次。皇帝刚开始仍耐心批复，给予褒奖，但这种状况持续的时间过长也难免令人心生懈怠。更为关键的是李廷机在万历三十九年正月二十二日向皇帝上呈正式京察自陈本的前一日，仍向皇帝上疏乞休。这种密集的文书进呈自然使万历帝不暇细阅，而其自陈疏又并非像其他官员一并上呈那样容易引起皇帝注意，因此很可能是万历帝将此疏与李廷机之前的百余封寻常乞休的奏疏混为一谈，导致李廷机的奏请始终未获得回应。尚可一提的是：李廷机的个人文集，对其任职期间的历次京察自陈疏，如万历二十七年（1599）、万历三十三年（1605）京察自陈疏皆有收录，独缺万历三十九年的自陈疏；对万历三十九年正月二十一及二十五日的两封奏疏亦有收录，却不收正月二十二日的京察自陈。但这封奏疏肯定存在，因李廷机在之后向皇帝奏疏中称"但发臣二十二日乞骸之疏，放归田里"①。为何李廷机本人对该封京察自陈疏讳莫如深？笔者在京察自陈疏的专题研究中已经指出：官员在其个人文集中收录京察自陈疏这种带有"认罪伏法"性质的文字，乃因有机会上呈京察自陈疏，尤其是获得皇帝的御批褒奖，对官员而言是极大的荣誉，因此官员绝不需为自己在皇帝面前所表现出的谦卑态度而感到不安。而李廷机的京察自陈被留中，以阁臣身份却不能得皇帝亲批留用，这一情况本已前所未有，加之其僚友叶向高早已获得万历帝极高的褒扬，相比之李廷机下更加体面尽失，这应当是李廷机在文集中不收该疏的原因所在。

除前述在京官员外，各在外督抚的京察自陈疏也在此期间迅速汇总，并于二月五日被万历帝统一批发，② 该年的北京京察自陈至此结束。虽然

① （明）李廷机：《李文节集》卷7《再辞考满疏》，第665页。

② 参与本年京察自陈的在外督抚有："总督蓟、辽、保定右都御史兼兵部左侍郎王象乾、总督两广、广西兵部右侍郎兼右佥都御史张鸣冈、巡抚宁夏兵部右侍郎黄嘉善、巡抚辽东右副都御史杨镐、巡抚延绥右副都御史涂宗浚、巡抚陕西右副都御史崔应麒、巡抚甘肃右副都御史周盘、巡抚贵州右副都御史胡桂芳、巡抚广西右副都御史蔡应科、巡抚江西右副都御史卫承芳、巡抚宣府右副都御史薛三才、巡抚大同右副都御史汪可受、巡抚山西右副都御史魏养蒙、巡抚保定右佥都御史王国、巡抚山东右佥都御史黄克缵。"见《明神宗实录》卷480，万历三十九年二月乙亥条，第9042页。

直至自陈结束万历帝仍未批复考察日期，但对这些官员自陈疏的批复并允许他们全体留用，至少给朝臣透露出其并未忘记本年京察的信号。如给事中归子顾在二月十四日的奏疏中即称："大僚及四品以上京堂、各处巡抚自陈诸疏辄蒙批发，是皇上盖稔知节年旧例。"① 可见万历帝批复京察自陈疏的举动确实给一直苦等京察的众多官员提供了不少慰藉。

（六）宿部、誓天：万历三十九年二月十八至三月初三②

考察日期一经确定，各相应官员便开始宿部。根据往例，考功司官员需提前二十余日宿部料理京察事宜，但由于当年京察日期始终未定，所以官员宿部时间也无法确知。但考察日期最终于二月十七日确定，因此当年的考功司郎中王宗贤至迟不会晚于二月十八日赴吏部住宿理事。吏部尚书孙丕扬的宿部时间有确切资料可查，其自称"臣奉圣旨，三月初二日京察……臣于二月二十七日即宿部料理察事"③。另一主察的重要官员左副都御史许弘纲亦按照过往陈规于三月初一日，即考察前一日赴吏部住宿。④ 另外两位重要官员吏部右侍郎萧云举和吏部右侍郎兼翰林院学士王图的具体宿部日期难以查实，但从他们参与了三月初一当晚的会议来看，最晚也应同许弘纲一起宿部。

明廷要求各主察官员宿部的原因有二：一是让宿部官员集中精力料理考察事宜，二是将主察官员与外界隔绝开来，以防主考官和被考官串通舞弊。这一措施确实能对大多数京官起到约束作用。如掌河南道御史汤兆京称："臣自十月后，未得一谒冢卿（孙丕扬）。"⑤ 直到考察之前的二月二十九日，"因念冢宰主计，何得始终不一见"⑥？于是"约同科臣曹于汴、同事乔允升往（吏部）候，仍备单以便请裁。因冢卿见辞，遂以数单与考功司郎中王宗贤转送"⑦。孙丕扬在宿部之后，即使掌河南道御史、吏

---

① （明）归子顾：《计期屡易疏》，《记事始末》卷1，第243a页。

② 理论上，吏部官员在万历三十九年的京察宿部在三月初二日即已结束，但因为吏部官员尚需连夜整理考察文疏上呈御览，因此至早在三月初三日才会出部。

③ （明）孙丕扬：《倡言要挟疏》，《记事始末》卷2，第244b页。

④ （明）许弘纲《告天文》，《记事始末》卷2，第244a页。此文在其文集中亦有收录，见（明）许弘纲《群玉山房文集》卷5《辛亥京察宿院告天》，第141a页。

⑤ （明）汤兆京：《灵萱阁集》卷2《送单始末疏》，第507a页。

⑥ （明）汤兆京：《灵萱阁集》卷2《参部臣阻挠察典疏》，第508b页。

⑦ （明）汤兆京：《灵萱阁集》卷2《送单始末疏》，第507a页。

科都给事中及协理御史一同赴吏部求见都未接见，仅派考功郎王宗贤与三人接洽，可见当时官员对宿部规定的严格遵守。

宿部后的另一具体工作是所有掌察要员的会议。京官人数上千，自然不可能逐一详阅其履历、考语，只能对名列访单及考语议处的官员进行重点商榷，而既无访单亦无差评的官员自然不在讨论之列。经过最终的会议讨论，便可基本确定官员的处理结果，以便在考察当日宣布。有关这一会议的具体情况，万历辛亥京察时实与其事的王图有过详细记载。其称三月初一日晚间会议时，"十目十手，指视昭然"①，可见除其之外，尚有孙丕扬、萧云举、许弘纲、王宗贤四人一同参与最后的定议。

但该年吏部官员考察誓天的情况则不甚明晰。在之前的研究中，对嘉靖二十四年（1545）南京京察誓天的状况进行过分析，发现南京的誓天由部、院一并进行，但万历辛亥年吏部则和都察院分开誓天。② 因为原始资料的缺乏，笔者无从知晓吏部考察誓天的准确日期和《告天文》主要内容，所幸左副都御史许弘纲详细记载了其个人的誓天文字，有助于对当时的状况进行还原，其全文如下。

> 都察院许弘纲草上。罪臣已无复出山之望，荷蒙圣恩特拔，躐跻今官，告于亲墓而来。誓为二亲报国，今将奉旨往吏部赞理考察，斋宿公宿。若敢以一毫私意诬人，以一毫私意党护人，即系不忠不孝，天地神明共殛之。③

许弘纲的这封文书虽不过百字，但至少透露出如下信息。其一，许弘

---

① （明）王图：《伏枕求归疏》，《记事始末》卷2，第268a页。
② 做出这一判断基于以下考虑。目前仅发现许弘纲于该年京察前所作的《告天文》而未见吏部相关文书，但许弘纲的《告天文》写于三月初一日凌晨赴吏部住宿之前，其时许弘纲仍在都察院内，而且告天的对象是其双亲，因之吏部官员不可能采用许弘纲的文本。
③ （明）许弘纲：《告天文》，《记事始末》卷2，第244a页。但《记事始末》所记文本与许弘纲个人文集所记稍有出入，录其文集所记如下："弘纲以扞阘罪臣，蒙恩特拔，告于先墓而来。自矢为亲报国，诘朝京察，将之部佐计矣。若以一毫私意庇护人，以一毫私意排陷人，即系不忠不孝，天地神明共殛之。谨告。"两文内容基本一致，尤其是誓词"若以一毫私意庇护人，以一毫私意排陷人，即系不忠不孝，天地神明共殛之"一句，一字不差。但《记事始末》所载较许弘纲个人文集更为全面，是以本处以《记事始末》为准。

纲作为佐察官员本无提前宿于公署理事的必要，但其为料理察事早在二月底即已宿院，因此才能在三月一日清晨“将往吏部”之前告于二亲。其二，对比许弘纲及薛应旂二人的誓天文，可见誓天文的撰写应当遵循一定的规范，例如在开头直言官衔姓名，此后表达自己绝不会在即将进行的京察中舞弊的决心，最后赌咒发誓，表示一旦违背誓言将受到惩罚。其三，尽管所有掌察官员都如同许弘纲一般发下毒誓，但从部分官员仍敢于京察中舞弊的事实来看，察前告天的效果实际与这一行为本身关系不大，京察效果从根本上仍是取决于相关官员的个人素质。

而在部、院长官告天之后，辛亥京察的最后一项准备工作亦已结束。在告天的次日清晨，许弘纲便将与吏部官员一起按照过往的规定程序开始京察的过堂审理。

三　辛亥京察的运行过程

京察准备工作占据了整个京察制度运作的绝大部分时间，正是因为准备工作的充分，真正京察的进行及收尾才相对简短，这是过往历年京察的基本状况。而万历辛亥京察的情况更为特殊，尤其是在万历三十九年正月二十二至二十四日的这三天内，所有四品以上官全部将京察自陈疏提前上呈，这令辛亥京察的进行与收尾工作没有太多要点可言。因此将这两部分内容合并论述。

（一）考察当日的意外状况（万历三十九年三月初二）

虽然京察准备耗时数月，但正式考察不过一日。考察当日的内容，集中在过堂行礼、堂审和会考三个方面。这些内容经过长期行政实践已非常成熟，因此每届京察的具体状况都不会有太多差异。在上节论述中，笔者已对考察当日各应考官行礼的先后次序、行礼的等级差异进行过充分阐释，于兹不赘述。

但在万历辛亥京察当日，却有一事与往日明显不同。在考察准备阶段，顺天府有责任在吏部门前搭建席蓬以便张挂公告文书，① 而在万

① 据《吏部职掌》记：“顺天府转行宛、大二县办搭榜蓬，并取合用什物。”见（明）李默《吏部职掌》不分卷《考功三·朝觐条件》，第189b页。

历辛亥年三月初二日，亦即考察当日，席蓬内的公告牌上赫然张贴如下告示：

> 太子太保吏部尚书孙（丕扬）示：
> 陕西道御史金明时不得赴部过堂考察，听候圣旨处分。
> 故示。①

过往的告示栏中，仅张挂晓谕禁约、过堂起数等公示文件，张贴公开拒绝特定官员赴部过堂的公告，在整个明代京察制度史上尚属首次。吏部何以有此种明显不同寻常的举动？叶向高对此事的记载颇详，其称：

> 察之前一日，掌河南道汤御史兆京贻书功郎王宗贤，言（金）明时上疏要挟，为免察计。盖即指耀州（王图）事也。太宰见之，误谓明时将来更有要挟之疏，欲先事发之。疏已入，余乃知，竭力沮止，又向内中取其疏还太宰，而太宰坚持不肯。协院许公弘纲，吏科都给事曹于汴亦力争，太宰皆不听。②

尽管这只是叶向高的一面之词，但其中的关键细节能够得到来自当事人的多方印证，因此有理由认为叶向高的记载可信。自从万历三十八年十二月开始，金明时就一直上疏弹劾王图，汤兆京很早就对这一状况有所注意并希望向孙丕扬禀告，但因其处理京察准备工作异常繁忙，"自十月后，未得一谒冢卿"③，殆至考察届期之时，"因念冢宰主计，何得始终不一见"④，遂有前述于二月二十九日约同曹于汴、乔允升赴吏部求见被拒之事。但当时孙丕扬囿于宿部规定而不能出部相迎，只得派遣考功郎王宗贤接待。在会晤期间，汤兆京向王宗贤呈揭帖一封，希望由王宗贤转交孙丕扬，其称："御史金明时贪险有病、私通贿赂，长安公论实所不容。若

---

① （明）吏部题：《吏部告示》，《记事始末》卷2，第245b页。
② （明）叶向高：《蘧编》卷4，第598页。
③ （明）汤兆京：《灵萱阁集》卷2《送单始末疏》，第507a页。
④ （明）汤兆京：《灵萱阁集》卷2《参部臣阻挠察典疏》，第508b页。

临时俱上要挟疏，则台省无纪纲，而后来考察益难矣。"① 孙丕扬并未在二十九日接到揭帖时立即参详，而是待三十日邀请许弘纲商谈考察事宜时，才阅读到此封揭帖并做出金明时很可能再次上疏要挟考察官员的判断。为防止此事发生，其于三月一日向皇帝上奏表达其秉公考察的决心并奏请禁止金明时过堂考察，② 这才有了上述告示的张贴。

但由于禁止官员过堂考察是之前从未出现过的状况，因此叶向高在接到此封奏议时竭力劝阻孙丕扬勿行此事以免日后招尤，但该奏疏已经上达御前，孙丕扬势必无法取回，叶向高为此还专门利用自己的私人关系通过宦官向"内中"索取孙丕扬奏疏原本交还给孙本人。③ 尽管如此，孙丕扬仍不领情，这才有了其后累月不息的纷争。

（二）察疏的上呈与下达（万历三十九年三月初三至五月初四）

如上节所述，在考察结束之后，吏部官员需连夜修造考察文册并题请皇帝议处，万历辛亥京察亦不例外。孙丕扬曾奏请万历帝"将臣部三月初二日察疏……即赐检发，以慰通国之望"④，可见辛亥京察奏本完稿于三月二日，即考察当天。孙丕扬又言："先该臣部会同都察院举行考察，分别处分，间有处分未尽者，量从例转。内如汤宾尹、张加言、徐大化原拟不谨，刘国缙拟浮躁，王绍徽拟升山东右参议，乔应甲拟升陕西副使，岳和声升广西庆远知府，俱于三月初三日具疏。"⑤ 可见当年吏部连夜修造好的察疏亦按照往例在考察的次日上呈，并在察疏中详细开列各官应当按照考察"八目"的何种条款进行处置。一直到此时为止，万历辛亥京察的察疏流转都与往年没有任何分别，然而问题却在察疏向皇帝进呈之后浮现。

---

① （明）孙丕扬：《倡言要挟疏》，《记事始末》卷2，第244b页。
② 孙丕扬有关此事的奏本，见（明）孙丕扬《倡言要挟疏》，《记事始末》卷2，第244b～245a页。但该奏疏之后并未写明上疏日期。据本案当事人金明时自述："忽于本月初一日，接得邸报，见太子太保吏部尚书孙丕扬一本，为倡言要挟吓逃考察事。"可以确定该奏疏的上呈时间在三月初一。见（明）金明时《微臣静候察典疏》，《记事始末》卷2，第246a页。
③ 叶向高与宦官的交谊匪浅，对此冷东有专门的研究，参冷东《叶向高与宦官关系略论》，《汕头大学学报》（人文社会科学版）1995年第2期，第45～52页。
④ （明）孙丕扬：《老臣静听日久疏》，《记事始末》卷3，第307a页。
⑤ （明）孙丕扬：《摘参诸臣疏》，《记事始末》卷2，第280a页。

如同辛亥京察前万历帝迟迟不批发考察日期一样，在部、院考察结束后，万历帝同样对已经上达御前的察疏置之不理。一般而言，"（察疏）在祖宗朝，皆朝上夕报，未有濡迟顷刻者"①。然而万历帝似乎并不欲效法先前诸帝及时批发察疏的做法，而是在三月初三至五月初的近两个月时间里，对臣下检发察疏的奏请置若罔闻，在这两个月间，阁臣、部院大臣及言官至少上呈了20封以上的奏疏来催发察疏，但大多没有得到回应。②三、四月之交，孙丕扬曾向万历帝催发察疏并重申京察察疏中对岳和声等七人的处理意见，万历帝亦有御批称："岳和声……是；余俱候旨。"③然而本次候旨时间几近十天，至四月中上旬孙丕扬再次上疏时，万历帝御批称："察疏朕即检发，卿还安心即出供职。"④撰诸常理，自当君无戏言。但万历帝却在允诺检发察疏后又沉寂了近二十天。直到五月初一，面对朝臣的屡次疏请，才向首辅叶向高解释称："卿奏情词切至。朕疾虽愈，尚尔虚弱，不耐劳烦。点用大僚及察疏等事，朕即陆续检发。"⑤似乎在之前的数月内推迟批发相关奏议及京察察疏，完全是因为龙体欠安而无法处理政务。但这一说法又如此难以经受推敲，因为之前诸帝即便怠政，也可以十分简短地批复"降黜如例"。万历帝即便果真生病，也不应连此四字都难于批复。那么，万历帝迟迟不发察疏的真正原因究竟何在？笔者无从确认其当时的心态，唯可确定的是，因万历帝不发察疏，给京城的政治环境造成了极其恶劣的影响。

首辅叶向高向皇帝催发察疏时称："而群百十被察之官于国门，使之观望觊觎，日以多事，亦甚非所以肃政体而重朝纲也。"⑥这绝非叶向高为了使皇帝速发察疏而危言耸听：在三月初三日察疏上呈以后，由于皇帝没有像过往那样"朝上夕报"，自三月初四日开始便已有朝臣抗章奏辩，试图扰乱察典。金明时在三月四日上疏，称其未能参加过堂是因吏部尚书

① （明）汤兆京：《灵萱阁集》卷2《请下察典疏》，第509b页。
② 相关奏疏，可参（明）叶向高《纶扉奏草》卷12、卷13；《记事始末》卷2、卷3。
③ （明）孙丕扬：《摘参诸臣疏》，《记事始末》卷2，第280a页。
④ （明）孙丕扬：《摘参诸臣疏》，《记事始末》卷2，第280a页。
⑤ （明）叶向高：《纶扉奏草》卷13《拟票孙尚书告疏揭》，《四库禁毁书丛刊》史部第37册，第79a页。
⑥ （明）叶向高：《纶扉奏草》卷12《催发考察揭》，第72b页。

孙丕扬受到汤兆京的蛊惑，① 汤兆京在受到非议后又立刻上疏辩解，称其对金明时的处分意见来自咨访。② 双方的支持者因此不断地向皇帝上奏，互相谩骂诋毁，前后的奏疏交锋不少于三十通。③ 而相互辩驳的奏疏越多，越显示出参与上奏的诸臣为争一己及朋党之利而不顾朝廷纪纲。对朝臣士风的失望，很可能也是万历帝迟迟不发察疏的原因所在。

由于察疏迟迟不发，除自陈疏先被批复的大僚之外，其他所有应考官员从名义上说都是"待罪之身"，这就造成了"满朝皆素服待命，甚不雅观"的萧索景象。④ 如果仅仅只是朝臣互相告讦、素服应朝，皇帝只要不以为意，也不会对政治运行造成太大的影响。然而关键的问题在于，由于察疏迟迟未获批发，"被察一二百人不得出都，日逐生事，以致彼此纷争，烦言四起"⑤。无论是应去之官还是当留之官，都难以安心行政。察疏不发对当时政治生态的破坏可见一斑。

如同催请批发考察日期一样，在万历帝始终不能正面响应阁、部官员有关检发察疏的请求时，首辅叶向高、吏部尚书孙丕扬再次以去留相争。不唯此二臣如此，吏部左侍郎萧云举、吏部右侍郎兼掌翰林院学士王图、副都御史许弘纲也反复上疏乞休。面对主察官员的集体请辞，万历帝终于在五月初四批发了察疏，⑥ 万历辛亥年的京察至此告一段落。

（三）辛亥京察拾遗论略

尽管察疏已经发下，但考察收尾工作却仍未完成。如前所述：南北科道官在考察结束后需对应去而未去之官进行"拾遗"，但是年北京京察拾遗的情况却扑朔迷离。虽然当年各级官员不断有针对京察拾遗的奏议上达

---

① （明）金明时：《微臣静候察典疏》，《记事始末》卷2，第246a～246b页。
② （明）汤兆京：《灵萱阁集》卷2《送单始末疏》，第507a页。
③ 在《记事始末》卷2中的所有奏疏，全为察疏自上呈到下达期间，金明时的支持者以及反对者围绕着辛亥京察究竟是否有徇私舞弊行为的争论。见《记事始末》卷2，第246a～306b页。
④ （明）叶向高：《纶扉奏草》卷13《请发军政、考察、枚卜、考选揭》，第77b页。
⑤ （明）叶向高：《纶扉奏草》卷13《请发军政、考察、枚卜、考选揭》，第77b页。
⑥ 北京察疏下发的时间及黜退人数，《实录》未载。叶向高于五月初四进呈奏疏称"今日蒙发下考察各疏，计典已竣"，可见万历辛亥京察察疏下发的准确日期当在万历三十九年五月四日。见（明）叶向高《纶扉奏草》卷13《请发许都御史、王侍郎求去揭》，第82a页。

御前，但无一人对该年京察拾遗状况有具体记载。在察疏未下之时，科道官按例不能拾遗，所以在三月至五月间未见有关拾遗的记载。察疏下达之后，科道拾遗疏仍久未批发，一直到该年九月初五首辅叶向高仍奏称："今岁南、北考察及南京纠拾各项，俱蒙允行。惟北（京）科道纠拾疏留中日久。其后吏部催请，经臣拟上，又复留中。"① 可见直到北京京察拾遗疏上呈的近四个月后，万历帝仍未对当年的京察拾遗做出反应。在叶向高此封奏议上呈后，笔者不复见到有关本年拾遗的奏议，或许万历辛亥京察至此不了了之。

万历帝迟迟不批发本年的京察拾遗疏，很可能是不想因京察而再起事端，希望以这种消极应对的方式来息事宁人。在万历辛亥京察中，各级京官由于政治立场和利益的不同，纷纷将京察作为打击政治对手的工具，相互之间的诋毁和告讦自万历三十八年十二月至万历三十九年六月从未间断，相关的告讦、自辩、代辩奏议多达数百封，朝堂与讼府无异。而且主持京察的孙丕扬、许弘纲及话语权较强的首辅叶向高在京察前后持论相对公正，是以卷入纷争中的任何一方都没有足够的压制其他朝臣的力量。这直接导致参与纷争的各方都希望利用万历帝本人作为打击对立面的重要工具。而万历帝绝不希望自己成为朝臣斗争的工具，这很可能是其在辛亥京察前后保持一贯沉默的又一原因。

万历帝采用颇为消极的态度来应对朝中争端，视而不见、充耳不闻是万历帝当时所能做出的最优选择。第一，争论的双方并没有绝对的正邪之分。孙丕扬、叶向高等人看起来持身颇正，但即使是其本人亦不讳言会对自己的私亲有所庇护或是对有恩怨的人采用并不完全客观的处理方式。② 尽管笔者认为金明时等人的行为是出于一己之私而混乱朝纲，但在当时的朝臣眼中，金明时等人很可能是打击朝中"异端"的正人君子。在这种扑朔迷离的状况下，万历帝确实难以判断冲突双方的是非。第二，详读参与本次京察争辩各方奏议，不难发现各方（尤其是金明时等言官）提出的论据都缺乏说服力。各言官普遍利用自己的"风闻"特权来进行参奏，

---

① （明）叶向高：《纶扉奏草》卷14《请发急务揭》，第110a页。
② 如叶向高在《蘧编》中多次提及其本人欲对私亲进行回护；孙丕扬拒绝金明时参加过堂考察，仅欲凭访单之词对金明时予以处置，这种做法也并不客观。

对于这些言官而言，既然是风闻，信息的真实与否毫不重要，最重要的是通过这种弹劾，让有考察权、注考权的大僚不安于位，自己即可实现险中求胜的目的。而万历帝拒不批发这些奏疏，实际也显示出其不愿受臣僚蛊惑的一面。第三，十二月初一日以后论劾不复的规定来自万历帝于万历二十年（1592）的御批，如果万历帝此时果真误中言官之计，亲身参与到当时的政治博弈当中，无疑会给自己树立"有令不行"的形象，这显然对之后的统治极为不利。以上三点，是万历帝消极应对辛亥京察纠纷的关键所在。

有关该年的京察拾遗，最后一个关键问题是：既然万历帝不批发京察拾遗疏，为何言官及阁部大臣不再像催发考察日期和催发察疏那样不断地奏请，而是少有相关的建议？实际上，在察疏发下之后，拾遗疏未批之前，确实有不少官员打算利用这段时间对察疏的判决进行翻案，如叶向高即称："（六月）南台省高节、王万祚等各有疏参论北察。上恶其阻挠大典，欲重处。余言察事已竣，若复重处言官，将愈多事。"① 可见万历帝面对言官在察疏下达后仍欲干预察典的行为十分震怒，毕竟这种行为无异于对皇权的公开挑衅。尽管此后的数月内，因拾遗疏未下而屡有言官上疏论及考察，但都已经在刻意地回避提及拾遗相关字眼，避免再次因误碰禁区而受到处分。最终，该年的京察拾遗不了了之。这种状况亦是京察制度史上的一大奇观。②

（四）辛亥南京京察的状况（万历三十九年二月下旬至五月九日）

在前文对万历辛亥北京京察的状况进行过详细探讨之后，尚有必要对是年南京京察的状况稍加提及，毕竟南京京察同样是辛亥京察的重要组成部分。相较是年北京京察的多事而言，南京京察一如寻常年份，开展得十分平稳。

---

① （明）叶向高：《蘧编》卷4，第609页。

② 京察作为举朝瞩目的大典受到广泛关注，皇帝迟迟不批复京察拾遗疏的情况仅见于万历年间。万历三十九年便已延迟批复拾遗疏，官员多次奏请，直至不了了之。万历四十五年京察时，万历帝又沿袭故套，久不批复拾遗疏，即使面对阁臣的两度催请仍无动于衷，万历帝的"懒政"对明代文官考察制度的破坏难辞其咎。万历四十五年阁臣催发拾遗疏的奏请，见《明神宗实录》卷555，万历四十五年三月辛卯条，第10476～10477页；卷556，万历四十五年四月乙卯条，第10491～10492页。

在北京京察的诸多准备工作进行得如火如荼之际，南京官员唯一能做的工作就是静候北京吏部转行考察咨文。因为按照京察固定程序，南京吏部必须等待这一咨文到达后才可以开始京察相关工作。前已述及，是年京察日期于二月十七日经御批下达，并由吏部转咨南京吏部，而南京各官在二月三十日即已进行了京察自陈。① 南京距北京远达三千余里，寻常交通亦需十余日，可见南京吏部官员几乎在接到吏部移文的第一时间就开始了京察各项工作。

根据南京吏部上呈给皇帝的察疏，可以确定在经过一个月的准备后，南京吏部会同南京都察院于四月一日对南京庶官进行了考察。② 虽然如同

① 据《明神宗实录》载："南京吏部尚书郑继之、吏部右侍郎史继偕，刑部左侍郎林烃、右侍郎陈荐，工部右侍郎徐大任，都察院右都御史顾其志，光禄卿吴达可，太仆寺卿刘日升，应天府府尹陆长庚，各以京察自陈，着供原职。"《明神宗实录》卷480，万历三十九年二月庚子条，第9054页。

② （明）南京吏部题《遵例严核考察疏》，《记事始末》卷2，第270b～271a页。该奏疏是目前少见的吏部考察奏疏全文，故摘录如下。"为遵例严核考察以历庶官事。考功司案呈。万历三十九年二月二十九日，奉本部送，准吏部咨等因。到部。职谨会同南京都察院右佥都御史丁宾与同各该堂上官，即将各该衙门堂上五品，并所属五品以下见任、升迁、公差、丁忧、养病、给由、听调等项，自万历三十三年正月以后未经考察官员，从公甄别、取等。窃惟六年计吏，简其才而澄汰不才，毋使浸淫败类耳。顾人才之中，暗茸之害犹小，瑰诡之害实。瑰诡之人，每每不安常而求异，动务上人，心疾胜己，暂相倡和，究必参商。必使浮议丛生，常业耗废，举步蹊谷，满眼荆榛，则有才而不善用之故也。臣等此番遵行功令，主于惩墨去贪，一洗浊漳。而其间芟及才名者，亦二三焉。此二三人者，作吏胥有卓绩，任职不惮危言。忧时悯事，颇怀救焚拯溺之图；杜渐防微，亦著曲突徙薪之效。臣等宁不闻之？然其瑜不掩瑕，终不克始。一则砺舌锋而党护，几混雌黄；一则施尾蛆于寅僚，时逞机械。又有深谋秘算，阴设阳施，贷口挤排，希心拥载之。其人趋操虽别，回遹则同，即强干矜修，而律以国体士风，乌足赎乎用？是断于中正之规，辍其姑息之爱；并施矫柔，略示惩创，非不惜才，所以匡其才而全他日之植用也。再照略年旧额，署有定员。而今偶数值其羸，故法经其察，此则不以例拘，亦不可为后例者。踌躇再四，善心莫吐，柔肠屡回。总之矢公矢慎，交爨天日，均从众议。察诸国人之不可，决于善者之所恶。庶几易移风尚，陶冶真才，用适荡平正直之路，以为国家而已。他何计焉？臣等不胜待命之至。辛亥四月初一日。"

该篇奏疏由南京吏部上呈，通过该篇奏疏，可以知晓明代吏部在京察奏疏中书写的一般内容。一是考察的官员范围。可以看到南京吏部严守相关规范，对于万历三十三年京察后至万历三十九年间的应考官员，做到了"应考尽考"。二是考察的侧重点。尽管吏部尚书指出该次考察"主于惩贪去墨"，但结合奏疏来看，除了"惩贪去墨"之外，亦有罢黜"瑰诡之人"从而杜绝浮议的意图。三是解释为什么要裁汰若干有"才名"的官员。因为有"才名"的官员往往受到多方关注，一旦将其罢黜很容易招致各方质疑。因此有必要进行详细解释，避免日后的纠纷。四是说明这次裁汰官员较多的原因，实则是表明吏部在本次考察中矢公矢慎、破除衙门裁汰额数之旧规，从而实现了考察"澄汰不才"的初衷。

北京一样，南京京察奏疏的批发亦有些许延迟，却远未像北京那样旷日持久。至五月九日，万历帝御批南京察疏，"诏南京考察过官员，分别处置如令甲"①。与此同时，南京科道拾遗疏及南京太仆寺少卿、太常寺少卿、应天府丞等南京四品京堂的自陈本也全部获得批复。② 至此，南京京察的事务皆已按照固定流程处理完毕。

（五）万历辛亥京察结束后的官员下落

在对万历辛亥京察的个案研究接近尾声之时，仍有必要对该年京察结束后的官员下落予以关注。由于原始文献"察疏"的缺失，笔者无从知晓该年北京京察处分官员的整体状况，因此仅对目前所见较为重要或者代表性较强的官员下落予以说明，试图通过对相关官员去向的追踪，得见万历辛亥京察的处分细则和政治影响。

1. 权力互动下的官员处分：以金明时为例的探讨

笔者在万历辛亥京察受到处分的众多官员中仅选取金明时为例进行研究，乃因当时对金明时的处分能够最大限度地体现出皇帝、阁臣、吏部尚书等多方面力量的互动。查金明时履历，其于万历二十六年（1598）即已考中三甲进士，但直到万历三十五年（1607）才通过考选升授陕西道御史，③ 至万历三十八年时仍在担任这一职位，可见其升擢相对缓慢。在万历辛亥京察的一系列纷争中，仅为七品言官的金明时却始终以政争排头兵的形象示人：早在万历三十八年十二月，金明时即已率先开始对掌翰林院学士王图发起攻击，并在十二月至次年二月的近三个月时间里，不断上疏与朝中大臣进行激烈交锋。尽管明代吏部的部门法规禁止官员在京察前一年的十二月后上疏论劾，④ 但因举劾不职官员是言官的法定职权，所以吏部对于金明时的作为也无可奈何。

根据当年的访单，"金明时贪险有病，私通贿赂"⑤，无论贪、病皆有明

---

① 当年南京庶官的详细处分情况，可见《明神宗实录》卷483，万历三十九年五月戊申条，第9012页。

② 关于当年的南京京察拾遗详情，可见《明神宗实录》卷483，万历三十九年五月戊申条，第9013页。

③ 《明神宗实录》卷437，万历三十五年八月癸亥条，第8264～8265页。

④ （明）赵南星：《赵忠毅公诗文集》卷18《停论劾以重大典疏》，第542b～543b页。

⑤ （明）孙丕扬：《倡言要挟疏》，《记事始末》卷2，第244b页。

确的察例可供对照议处。此外，金明时在等待考察结果颁发时仍继续上疏辩驳，这明显属于违法举动，应当按照既定条例接受"发口外为民"① 的处分。然而实际的情况是：金明时既未按照考察"八目"被罢黜，亦未按照拾遗禁例被流放，而是受到了相对较轻的惩处。其原因何在？

因掌河南道御史汤兆京在京察前数日向吏部尚书孙丕扬进呈揭帖称金明时有"倡言要挟"的举动，孙丕扬在考察前一日向皇帝揭帖称："金明时恭听圣裁，臣不敢于初二日同众考察。"② 而孙丕扬的检举实际上不仅未能起到重处金明时的作用，反倒为其减轻了罪责，因为皇帝并不知晓金明时是否贪、病。既然冢卿已明言不考，皇帝只得依据孙丕扬所论的"倡言要挟"一事，于三月二十日御批金明时按"不谨"例给予冠带闲住的处分，③ 这一处分远较按贪例贬黜为民或按病例致仕为轻。可见皇帝与冢宰的信息不对称，反而使金明时获得较轻处罚。

金明时在其后遭到严厉处分，完全是因其个人咎由自取。在孙丕扬三月初一日上疏后，金明时在初四日进行自辩。由于考察已经结束，自辩本属违例，而金明时竟然在自辩的奏疏内两次误犯万历帝之名讳。叶向高对此事记述称："上大怒，令余即拟重处。余谓当下部，不当遽罪。拟票上，上复再遣中官至阁，必欲从重处，余极力婉解乃已。"④ 万历帝对金明时的震怒可想而知。在得知自己上疏干犯御讳之后，金明时并未束手待毙，而是"托许（弘纲）公并所善韩修撰敬求援于余，云：'但得生还，不敢问官'"⑤。最终，在叶向高的"营救百端"之下，刑部按律题请对金明时的发落意见，但仍不过是冠带闲住。⑥ 通过对金明时有关个案的分析，不难发现在京察运行的过程之中，皇帝、吏部与内阁三方通过何种互动来完成对官员的议处。

2. 阁臣对考察结果的干预：以叶向高为例的研究

此处将阁臣叶向高对考察的干预单独提出，是因为从法律的规定来

① （明）申时行等：《大明会典》卷13《京官考察》，第226a页。
② （明）孙丕扬：《倡言要挟疏》，《记事始末》卷2，第244b页。
③ 《明神宗实录》卷481，万历三十九年三月庚申条，第9064页。
④ （明）叶向高：《蘧编》卷4，第598~599页。
⑤ （明）叶向高：《蘧编》卷4，第599页。
⑥ （明）孙丕扬：《喧哗道臣疏》，《记事始末》卷2，第274b页。

看，阁臣并没有任何考察职权，但因其位高权重，很有可能利用自身的影响力来干预京察的过程和结果。万历辛亥京察时的阁臣虽有两人，但李廷机称病不出、从未理事，因此内阁事务皆由叶向高一人承担。在其个人年谱《蘧编》中，叶向高对自己在万历辛亥京察中对官员的营救与回护毫不讳言，这为了解阁臣在考察时的职权行使情况提供了最为翔实的原始文献。

在金明时的处分问题上，叶向高称："余于此事营救百端，而或者乃疑余构之。"① 在论及词臣顾天埈、李腾芳和汤宾尹三人的处分细则时，叶向高指出："掌院王公图开三君'不谨'，太宰皆欲重处。余再三解释，终不听。"② 在谈到刑部主事徐大化的去留时，叶向高坦陈："大化，余同年，又同读书中秘，其在刑部，殊负干办声，而亦以轻躁取忌。与耀州以事不相能，余曾向太宰力解之，不能得。"③ 集合以上三条自述进行推断，似乎位极人臣的阁臣叶向高在考察时面对亲信或熟悉官员的去留完全无能为力。但事实是否确实如此？

叶向高尚有两条自述可与前文互参。其一，"刑部主事秦聚奎上疏驳考察之谬……太宰疏辩，将七人访单俱封进。上发阁拟，令重处聚奎。余谓'聚奎扰乱察典，自有明例，当下部议，访单可勿究，究则事多'，仍缴还"④。可见在皇帝特许的前提下，阁臣完全可以对特定官员的京察处分提出意见，只是叶向高放弃了这一权力。其二，"南给事段然、刘时俊与北给事胡嘉栋……三人皆有才名……至考察时，南少宰史（继偕）公以三人问于余。余报书谓：'此三人者，居官所至有声名，皆可用；而性皆喜事，使在言路则必多生事端，不可不处'"⑤。经过叶向高的回复，此三人的处分情况是"两人外转，一人挂冠"⑥，可见叶向高时而也能对官员的去留施加重大影响。

由于阁臣的定位本就是"论思之职"，所以不能对京察结果施加干预

① （明）叶向高：《蘧编》卷4，第599页。
② （明）叶向高：《蘧编》卷4，第595页。
③ （明）叶向高：《蘧编》卷4，第601页。
④ （明）叶向高：《蘧编》卷4，第600页。
⑤ （明）叶向高：《蘧编》卷4，第606~607页。
⑥ （明）叶向高：《蘧编》卷4，第607页。

是正常现象，唯有依托于皇权才能使阁臣个人的意图得以实现。而叶向高在南京京察中表现出极强干预力，是因为其担任阁臣之前长期在南京吏部深耕，所以其影响力在于人际关系，而非其个人权力足以干预南京京察。通过叶向高的个案，不难看出阁臣通过何种形式实现对京察结果的影响。

3. 主察官员的下落：以主察四臣为例

本次京察的四位主察官员，即吏部尚书孙丕扬，两侍郎萧云举、王图，都察院左副都御史许弘纲，在万历辛亥京察过后的仕途走向各异。

孙丕扬在京察后屡遭弹劾，以八十高龄而长时间受到朝臣非议，难免心力交瘁。因此孙丕扬自考察甫一结束的三月初九便开始上疏乞休，① 先是以乞休争察疏之批发，后则是以乞休完臣子之节义。② 但因万历帝始终都不批发孙丕扬的乞休疏，因此在万历四十年二月，孙丕扬只得径自"挂冠出都"，③ 为其终身仕途划上惨淡的句点。

与孙丕扬境遇颇为类似的是吏部侍郎兼掌翰林院学士王图。自万历三十八年十二月遭到言官弹劾之后，王图即封印不愿理事，其后虽然在万历帝的要求下勉力供职，但在处理完京察事宜后再次消极履任。首辅叶向高在万历四十年正月奏称"自掌院事王图被言封印，百务停阁已一年矣"④，可见因王图在辛亥京察结束后亦有九月不再理事。因一人之冤不得伸而误国，理应受到重处，但万历帝对王图却不予深究，在其"辞阙出城八阅月"的情况下，仍催促其前来供职。⑤ 直到阁臣叶向高、李廷机等人以翰林院印务确需人代为署理为由来进行奏请时，万历帝才终于应允了王图的告假。王图在假期届满之时再次乞休，终于获得批准，⑥ 其仕

---

① 有关孙丕扬在考察过后的乞休状况，最早见于《实录》三月初九日的记载："吏部尚书孙丕扬以年老疏辞，温旨慰留"。见《明神宗实录》卷481，万历三十九年三月己酉条，第9057页。

② 至万历三十九年七月时，孙丕扬已经"九乞放归"；然至万历四十年二月，孙丕扬仍在乞休，可见其求去的过程之长。见《明神宗实录》卷485，万历三十九年七月壬寅条，第9139页；（明）叶向高《纶扉奏草》卷15《铨臣去国时事日艰疏》，第141a页。

③ （明）叶向高：《纶扉奏草》卷15《铨臣去国时事日艰疏》，第141a页。

④ （明）叶向高：《纶扉奏草》卷15《翰林院印信揭》，第132b页。

⑤ 《明神宗实录》卷490，万历三十九年十二月丙子条，第9221页。

⑥ 《明神宗实录》卷507，万历四十一年四月壬寅条，第9619页。

途亦告完结。

与前述两位吏部同僚颇为不同的是，吏部侍郎萧云举并未在辛亥京察中有较为突出的表现，因此受到的非议也相对较少。在京察结束的几个月内，萧云举屡屡获得万历帝的拔擢。① 但因同事诸臣皆因此求去，萧云举亦难安于位，因此多次同孙、王二人一并乞休，直至万历四十年二月，孙丕扬径自出都、王图告假获批，当时管察的吏部官员仅剩其一人在位时，萧云举终于以母老病笃为由而获得省亲的假期。② 辞朝之后，萧云举不复涉足政治。③

左副都御史许弘纲是唯一未因万历辛亥京察而去位的主察官员。毕竟都察院只是"协襄计典"而非主管衙门，很难成为言官重点攻击的对象，尤其是许弘纲作为都察院的最高长官掌握御史的注考权，敢于直接对其进行攻击的御史几无其人。尽管在同事诸臣乞休之时许弘纲亦有参与，但经过万历帝的温旨慰留，许弘纲最终留任，一直到天启年间仍活跃在朝堂之上。

面对以上诸臣的乞休，万历帝间或给予温旨褒扬，但大多时候不予批复。从表面上看，这种将官员辞疏留中不发的行为极大地降低了行政效率，但实际上，万历帝的这种做法却是当时的最优选择。因为该年京察结果可能对个别官员而言确有不公，但任何时期的京察都很难保证完全公正。从大体上看，因为万历辛亥京察时的主察官员心有定见，未过分按照个人喜恶而处理官员，亦未过多受到朝中纷纷议论的影响，该年京察的结果仍相对公允。如果皇帝因此而处分主察官员，不唯今后将无人敢于再为京察任劳任怨，同时将助长其他官员的不正之风，使得其后的京察难以顺利展开。尽管最后各位主察官员皆自行求去，但这绝非万历帝的初衷。

---

① 在万历三十九年四月，"改萧云举吏部左侍郎兼翰林院侍读学士，掌詹事府印信"，将萧云举由右侍郎改任左侍郎；至是年六月，又特令萧云举充任经筵讲官，可见其受圣眷颇浓。见《明神宗实录》卷482，万历三十九年四月壬辰条，第9078页；卷484，万历三十九年六月乙未条，第9130页。

② 《明神宗实录》卷492，万历四十年二月辛卯条，第9272页。

③ 至万历四十五年，又当京察之期。此时萧云举的身份是"原任詹事府掌府事吏部左侍郎兼翰林院侍读学士给假省亲萧云举"，可见其在家休假已整整五年。见《明神宗实录》卷554，万历四十五年二月甲辰条，第10456页。

笔者不厌其详地对主察官员的下落予以说明，主要基于两方面的考虑。其一，主察官员并未在考察之前的自陈乞休时因皇帝的不满而去位，而是在言官的不断弹劾下黯然离场，这无疑凸显出言官对朝政的巨大影响力。实际上自该年京察开始，才真正凸显出"政不在宰相，不在六卿，而在台省"① 的景象，明代的政治风气于兹一变。其二，所有主管本年度京察的官员都在未有明显过误的前提下因京察纠纷而去位，这实际上为其后的官员将京察作为打击政治对手的手段提供了一个极为生动的样本。尽管在辛亥京察之前，利用京察打击政见不合者的情况即屡有出现，但这毕竟是少数现象，而在辛亥京察之后，京察才真正开始较为普遍地以政争工具的形象示人，无论是其后阉党对东林诸臣的打压抑或是东林人士对其他朝臣的攻击，京察都是十分重要的手段，这使得京察的性质发生了较大转变，"门户之祸，由此益炽矣"②。以上两点，无疑是辛亥京察的长远影响所在。

本章小结

制度规定与行政运作的契合与背离，是制度史研究中极为重要的命题。在本章中，笔者选取两个完全不同的视角对明代京察制度的运行机制进行了考论。

第一节，笔者从制度规定着眼，从宏观层面对京察制度的运行机制予以概述。一般而言，早在京察开始前的五个月，便会陆续开始包括两京科道条陈、吏部奏请京察、言官咨访和堂官署考在内的多项考察准备工作。正是因为准备工作极其充分，所以在京察当日，只有上午的过堂行礼、考察和下午的会考这三项主要工作。此后，吏部连夜编写并进呈察疏，而后科道循例拾遗报皇帝御批，整套京察程序至此即告完结。明代南京京察在操作流程上与北京基本一致，但较之北京而言，其严肃性和保密性则更胜一筹。

---

① （明）梅之焕：《梅中丞遗稿》卷 1《四凶议》，第 205b 页。
② （明）叶向高：《蘧编》卷 4，第 601 页。

　　第二节，笔者从行政运作的实际情况出发，以万历辛亥京察为样本探讨了京察制度的运行实况，以及参与京察的官员行为与制度规定的契合与背离。通过万历辛亥京察进程和明廷制度规定的逐条对比，可以发现明代官员对朝廷的京察制度在很大程度上是选择性遵守。不唯如此，明显违例的官员亦未按例受到裁处，这是明廷京察制度虽善却难收预期效用的关键所在。

下篇
地方文官大计制度及其运行机制

大计，又称"上计""朝觐考察""外察"，是明代对各级地方文官进行定期考察的政治制度，其历史渊源可以追溯到周朝的上计制度。自洪武十八年（1385）起，每逢丑、辰、未、戌年对全国省、府、州、县的官员进行考察，以决定这些地方亲民官的去留。本篇分为三章，围绕大计的决策与运行机制展开讨论。第四章聚焦于明代大计制度的历史渊源与决策机制，包括明代大计制度与之前朝代相关制度的继承关系、考语作为大计决策依据的优势和问题，以及明人固守考语这种饱受诟病的大计决策依据的原因所在。第五章围绕着"约束"和"激励"这两个主题，从明代国家政策的角度来讨论对朝觐考察准备工作的规定、对上计官在京活动的约束，以及大计结束后对卓异地方官的表彰等问题，揭示明代大计制度运行时的一般情况。第六章以"明制度"与"潜规则"为中心展开谈论。尽管明代对大计有一系列的明文规定，但官员却并非总是严守相关规定，而是在制度规定内外反复游走。本章关注官员面对朝廷政策的"对策"问题，揭示大计制度的运行实况及其对明代官场生态和政治文化的影响。

第四章
继承与坚守：大计制度的历史渊源
与决策依据

与明政府经过百余年筚路蓝缕的行政实践逐步建立起京察制度不同，明代大计制度对过往历朝的考课制度呈现出很强的继承性，其历史渊源最早可以追溯至何时，前朝考课制度的继承性主要体现在哪些方面，是在研究明代大计制度之前必须关注的问题。作为吏部进行大计决策时最重要的参考文本，考语从产生到使用的整套运转机制如何，有哪些官员参与大计考语的填注？考语是否能发挥帮助吏部、都察院长官了解地方官员治绩的预期作用？在京察时有考语与咨访两套并行不悖的体系共同发挥作用，而大计却独重考语，对此朝中官员有何议论？相关议论是否促成了大计决策依据的转变？

第一节　明代大计制度的历史溯源

"治国必先治吏"是历代中央政府的共识，为了加强对官员的管理，就必须建立、健全详细的官员考核制度。明初名臣宋讷（1311～1390）称："考绩黜陟之典，始于唐虞而备载于《周官》。至汉有考功课吏之法，历隋有考功侍郎，迨唐有司绩大夫，则考绩黜陟，古今不易之良法也。"① 不难看出：自唐虞而至汉唐的历代统治者都设置了专门的机

---

① （明）宋讷：《西隐集》卷6《送知县金子肃朝京序》，《景印文渊阁四库全书》第1225册，第877a页。

构和官员来负责文官考课，明初官员也对历史上的做法深以为然。既然明王朝之前的各个朝代都已有形态各异而相对成熟的文官考课制度，则可以肯定明代文官考察制度绝非凭空而来，而是对前朝的制度有所继承。那么，这一制度的历史源流可以回溯至之前的哪一个时代？这是明朝士人一直思考的问题。

一　众口一词的论调：“明承周制”

有关中国古代考课制度的起源，目前至少有上古说、西周说、春秋说、秦汉说四种不同的观点，① 但明代众多官员却不约而同地指出当朝文官考察制度对成周之制的继承。程敏政（1446～1499）言：“我圣朝九载黜陟则用唐虞之典，三年考核则用成周之制。良法美意，行之盖百余年矣。”② 许相卿（1479～1557）认为：“尔周官之法，太宰会群吏之治，诏王岁终废置，三岁诛赏。我朝三年朝觐考察，盖用周制而加严焉。”③ 孙懋称：“臣仰惟我朝稽古定制，凡在外官员三年一朝觐，吏部会同都察院考察以去留之，是即唐虞三载考绩、成周三岁大计群吏之治而诛赏之之意也。”④ 陆光祖云：“窃惟我国家仿成周六计之意，以三载课群吏而殿最之，吏治之隆超轶往代。”⑤ 类似的论调不胜枚举，不同时期、不同品级的官员众口一词地强调了成周“三载课绩”之制对明代文官考察制度的巨大影响。但值得注意的是，这些官员食君之禄，难免会有意颂扬当朝政治。成周距明朝远达两千余年，在此期间的秦、汉乃至唐、宋，其文官制度都在成周基础上有过发展并日渐成熟，为何明朝不采用因时而新的唐、宋之制却要远溯成周旧规？这明显有悖常理。

① 刘文瑞：《我国古代官吏考课制度建立于何时》，《西北大学学报》（哲学社会科学版）1990 年第 1 期，第 92 页。

② （明）程敏政：《篁墩文集》卷 5《经筵讲章·纲目二》，《景印文渊阁四库全书》第 1252 册，第 91a、91b 页。

③ （明）许相卿：《云村集》卷 3《论朝觐考察》，《景印文渊阁四库全书》第 1272 册，第 159a 页。

④ （明）孙懋：《孙毅菴奏议》卷下《公纠劾以严考察疏》，《景印文渊阁四库全书》第 429 册，第 297b 页。

⑤ （明）陆光祖：《计吏届期敬陈刍治要务以重大典疏》，载（明）陈子龙等辑《皇明经世文编》卷 374，《续修四库全书》第 1660 册，第 600b 页。

明人也对这一"舍近求远"的问题有过反思。方良永（1454～1528）称："诸侯朝于天子，曰'述职'，古之制也。虞周盛时，与巡狩之礼实递行焉。自警跸不临于方岳而几杖下锡于藩臣，于是乎述职之事漫不加省，盖自衰周已然，汉、唐、宋何责焉。"① 认为汉、唐、宋对于考课的态度如同成周末世一样漫不经心，因此不足以为明朝所效法。孟思（嘉靖四年进士）称："惟汉乃以刺史奏事，郡国计吏，似矣。而简略促数，为目不举。唐书考课而臣不敬，宋法转对而制不周，故治不三代若也。"② 认为汉代的考课制度失之于简略，唐代的考课制度失之于约束力不足，而宋代的考课制度失之于周全，皆不足为明朝所继承。潘游龙则指出"或问：'考课之法，何以遗汉、唐、宋耶？'曰：'汉制主于按劾而近于刻峭，宋制详于文法失之重复，唐则善以著其德行……详于善而略于最。'余故曰：'莫若本之成周而折衷于昭代之为良矣'"③。可见在其心中，汉法过于严苛，唐法表彰缺少重心，宋法繁复而不得其要，唯有成周之法不失良善之意。通过以上引征，不难发现明代官员并非仅因食君之禄便对当朝制度胡乱吹捧，将其媲美于成周先圣之制，而是深入剖析汉、唐、宋考课制度后，才得出当朝文官考课制度承袭周制的论断。

综上，有理由认为明代士人所提出的"明承周制"这一说法基本可信。但明代官员是否会因身处在那个时代而对当朝政治有格外美好的"想象"？欲证此论断之真假，较为稳妥的方法仍是回到记载成周考课制度的重要典籍《周礼》中，结合《周礼》原文，对明人论断予以核实。

二　吹捧抑或纪实：对"明承周制"的核验

与《周礼》所记成周考课制度相比，明代地方文官制度是否呈现出明显继承的特征？笔者试从以下几个典型方面展开对比论证。

---

① （明）方良永：《方简肃文集》卷4《周侯述职序》，《景印文渊阁四库全书》第1260册，第112b页。

② （明）孟思：《孟龙川文集》卷8《送葛明府朝觐序》，《四库未收书辑刊》第六辑第21册，第158b～159a页。

③ （明）潘游龙：《康济谱》卷1《任贤上》，《四库禁毁书丛刊》史部第7册，第203b页。

一是制度名称、主管官员、时间间隔及考察结果等表层内容。明代地方文官考察每三年举行一次，称为"大计"，而《周礼》同样记载："冢宰……三岁则大计群吏之治而诛赏之。"① 首先，在制度名称方面，周、明对这种考察地方官员治绩的制度皆冠以"大计"之名，且名称之下涵盖的意义也完全相同，皆是"计治"和"诛赏"之意。其次，周朝大计的主管官员为天官冢宰，相当于后世的吏部尚书。再次，考察的时间间隔，周、明也完全一致，皆为三年一次。郑玄（127～200）对《周礼》的疏注可以提供解释的思路。其称："三年一闰，天道小成，则大计。会百官群吏之治功文书，上计当年已有废成。"② 最后，大计过后的处分方式都是有诛有赏，郑玄称："今三年上大计，大无功不徒废，更加罪；大有功不徒置，更加赏也。"③ 明制与此完全相同，不仅有"四科""八目"等对不职官员予以处分的条例，亦有专门表彰考察卓异官的环节，对地方官中表现杰出者予以赏赐、激励。

二是考察的各项指标。《周礼》称："（冢宰）以八法治官府，（其）二曰官职以辨邦治。"④ 郑玄疏注称："以官府之六职辨邦治：一曰治职、二曰教职、三曰礼职、四曰政职、五曰刑职、六曰事职。"⑤ 可见周王期待的地方守令是能同时扮演教师、法官、祭祀领导等多种角色的官员。而明代文官考察指标与周代几乎完全一致，同样是以六项具体指标来核实地方行政长官治绩，明人林希元（1481～1565）即言："学校、田野、户口、赋役、讼狱、盗贼之六事者，乃国朝督察守令之令典。"⑥ 较之于

---

① （汉）郑玄：《周礼郑氏注》卷1《天官冢宰第一》，山东友谊出版社，1992，第45页。
② （汉）郑玄注，（唐）贾公彦疏：《周礼注疏》卷2，北京大学出版社，1999，第52页。温纯的观点与郑玄大体相似，其称："夫所谓三载入觐者，以藩臬、郡县吏，受事既三载，则风谙政习，幽显明彰，可咨询黜陟为也。"见（明）温纯《温恭毅集》卷8《赠张侯入觐序》，第581b页。
③ （汉）郑玄：《周礼郑氏注》卷1《天官冢宰第一》，第45页。
④ （汉）郑玄：《周礼郑氏注》卷1《天官冢宰第一》，第29～30页。
⑤ （汉）郑玄：《周礼郑氏注》卷1《天官冢宰第一》，第30页。
⑥ （明）林希元：《同安林次崖先生文集》卷9《赠郡侯西川方公朝觐序》，《四库全书存目丛书》集部第75册，第602b页。同样，谢肃记："故俾守令及佐贰，每岁终则更互朝觐，以所行之事暨山川、人物、土产，具书奏闻。天子既览之，乃命所司以综核治状，视其赋役能平、户口能增、学校能兴、土田能垦、狱讼能决、奸盗能弭，即有以赏之；其不能者，罚及之。"可见自明初起，便主要以这六项标准来评估地方官员的治绩。（明）谢肃：《密庵集》卷6《送邑大夫王侯朝觐序》，第147a页。

《周礼》诸项竟毫厘不爽。

三是考察的具体方式。周、明两朝都要求地方官"上计"来完成考察，《周礼》"令诸侯春入贡，秋献功，王亲受之，各以其国之籍礼之，凡诸侯入，王则逆劳于畿"①，明代大计又被称作"朝觐考察"，同样是指由各地方官亲自入都觐见皇帝。此外，周朝诸侯要上缴"其国之籍"，明代朝觐官需向吏部缴纳土地、人民图册，② 可见周、明两朝都极为依赖这些进京地方官上报的文书以完成考察。

四是官员的处分权归属。周、明两朝，冢宰的地位虽高，但都只有官员的考察权而没有处分权。《周礼》载："岁终则令百官府各正其治、受其会，听其致事而诏王废置。"③ 冢宰的权力仅限于了解官员为政梗概并提出初步的处理意见，最终的处分决定仍需以周天子的名义发布。明朝考察处分方式与此基本相同：如果冢宰的考察意见未得到皇帝的御批，考察就不算结束，进京交纳簿册的上计官亦不可离京。

五是考察的现实意图。周、明两朝的考察目的绝不仅是对官员进行黜陟、诛赏，还有获取基层民政信息的意图。《周礼》称："三岁则大计群吏之治，以知民之财器械之数，以知田野夫家六畜之数，以知山林川泽之数。"④ 可见周王希望通过大计来了解地方政府治理的方方面面。而明代大计被称为"述职之典"，明廷屡次发布诏令申饬来朝官陈述地方利病，如"正德九年，令朝觐官各陈地方利病及处置方略，吏部行各该衙门斟酌会议，奏请施行。嘉靖八年，令来朝官员各陈地方民情利弊因革事宜，开送二司官。二司官取其可用者，类送吏部、都察院看议奏请"⑤。可见通过大计来了解地方治理状况和民政信息的意图，周、明皆同。

除以上五点之外，《周礼》中其他有关考察的规定与明代大计条款在诸多细节上非常契合，于兹不赘。因为通过对以上五个关键要素的

---

① （汉）郑玄：《周礼郑氏注》卷 10《秋官司寇下》，第 709 页。
② （明）申时行等：《大明会典》卷 13《朝觐考察》，第 219b 页。
③ （汉）郑玄：《周礼郑氏注》卷 1《天官冢宰第一》，第 45 页。
④ （汉）郑玄：《周礼郑氏注》卷 2《天官冢宰下》，第 115 页。
⑤ （明）申时行等：《大明会典》卷 13《朝觐考察》，第 220a 页。

对比，已不难推知，就大计制度而言，明太祖确实远迈汉、唐而沿用周制。至此，已无须再像比对《周礼》一般，将明代大计制度与汉、魏晋、唐宋等朝代的考课典章逐一比照，以证明朝典制在何种程度上吸收过汉制，何种程度上借鉴了唐制，又对宋制在吸收的基础上进行过哪些扬弃。因为经过和《周礼》的对比已可证明：即使明代大计制度确实对汉、唐之制有所借鉴，但其承袭周制的说法并不为误。明代官员得出"明承周制"的结论，并非因他们身在明朝便不问是非地称赞当朝制度有"成周遗风"，而是对两朝制度进行细致考察后才得出这一结论。

尽管本节主要目的是考论明代文官考察制度的历史渊源，但是在将《周礼》所记考课制度与明朝大计制度进行对比时，大计的基本情况（包括考察形式、考察指标、处分方式和考察目的等）已跃然纸上，有关大计制度的决策依据及制度运行的具体情况，将在后文展开。

第二节　明代大计的决策依据：以考语为中心①

明代两京十三省的地方文官多达数万人，一般在八天内全部考察完毕，朝觐考察的议程不可谓不紧凑，因此大计考察结果必须如京察那般在正式考察开始前得到基本确定。但吏部作为中央机构显然不可能直接了解到每位地方官的施政详情，因此部、院的大计判决在很大程度上需要依据各地抚、按开报的属员评价来完成。除抚、按之外的各级地方长官同样会在大计届期之时为属员填写评语作为吏部考察时的参考依据。来自抚、按和地方行政长官两方面的官员评价统称为"考语"。

因明代大计决策在很大程度上需要依据考语而做出，考语实际成为中央与地方沟通官员执政信息的重要渠道。如果不明晰考语的相关情况，便无法充分理解明代大计的判决是否公允，也无法知悉地方信息如何经过层层加工并最终上达中央机构，更无法了解中央机构如何对地方信息进行采

---

① 本节部分内容参见余劲东《地方动议与中央决策——以明代大计考语为中心》，《中国史研究（韩国）》2020 年第 5 期，第 65～84 页。本书中做了新的修订。

集、筛选及利用。有鉴于此，本节将从制度史的视角来探讨明代大计决策依据的有关问题，以揭示明代大计的判决因何做出，进而以大计考语为例呈现明代中央及地方政府间决策互动的真实情况。

一 地方文官的考察归属

虽然明代地方文官大计制度是在继承《周礼》规制的基础上而来，但是也有若干独特的创新之处。最为明显的一点是：周朝官吏以"上计簿"来考察，明代虽然沿用了这种做法并将其发展为人口、土地册和纪功图册，但是在大计决策过程中增加了地方行政长官对属员进行初考并开注考语这一环节，而后由部、院官员会同查看各地方上报的考语并做出基本的考察决定，最后以皇帝的名义发布考察结果。① 不难看出：考语在大计决策机制中具有异常重要的地位。那么，有哪些官员具备填注考语的资格便值得关注。

相较于稍晚定型的京察制度而言，明代大计制度早在太祖时期便已相对成熟。尽管该制度最终确立于洪武十八年（1385），然而早在洪武十六年明太祖便发布敕谕称："今有司受牧民之寄者，岂皆举职？宜有以考察之。其令御史及按察司官巡历郡县，凡官吏之贤否……悉宜究心。"② 虽然该谕令的初衷是进行非常规的官员考察，但在此后大计时却延续了这种由御史和按察司考察地方文官的方式。永乐元年（1403）明成祖与部、院长官交谈时称："为国牧民，莫切于守令……必考察所行，乃见贤否。其令巡按监察御史及按察司，凡府、州、县官到任半载之上者，察其能否廉贪之实，具奏。"③ 宣德七年（1432）都御史顾佐称：

---

① 有关大计考语的相关论述为数不少，但集中于解释考语的性质及作用，这些研究因为缺乏对原始考语文本的关注，所以只能了解考语的宏观作用而难以明晰考语是如何运作并影响考察决策的。目前所见有关大计考语较好的探讨来自高寿仙及和田正广。高寿仙在《明代政治史》的相关章节中，对明朝历代考语变迁和考语填注的大体状况进行过简明扼要的阐释；和田正广从明末社会底层的乡绅、吏员角度切入，部分解决了大计官员评价如何从底层获取这一问题。但大计考语的使用情况和效用评估却付之阙如，且其探讨的重点集中于明末，而大计考语早在明初便已出现，在这样漫长的历史时段里，大计考语的效用变化情况亦是本节关注的重点。
② 《明太祖实录》卷156，洪武十六年八月甲戌条，第2423页。
③ 《明太宗实录》卷26，永乐元年十二月丁未条，第482页。

"在外文武衙门大小官员……巡按监察御史、按察司官从公考察，具实来闻，以凭黜罚。"① 景泰七年（1456）景泰帝敕谕中外大小文武群臣："天下府、州、县官，果有年老、残疾、罢软不能任事及贪婪酷暴、生事科敛害民者，许巡抚、巡按并按察司公正堂上官员会同考察，从实具奏黜罢。"② 可见在整个明朝中前期，地方中、低级文官考察一般由抚、按和按察司共同负责，间或有布政司参与。考诸明制：巡抚、巡按御史本就有监察、举劾官员之职，按察司更是地方常驻的监督官员，而布政司作为统管一省政务的长官，实际是府、州、县官的名义上司。以上三方参与地方文官的考察决策，实属名正言顺。

殆至弘治六年（1493），明廷终于定下"布、按二司考合属，巡抚、巡按考方面"③ 之制。从此，省、府、州、县各级官员有了明确的考察归属。其实，弘治六年的规定并不能算作是制度创新，只是将在地方行之已久的文官考察方式用法律条文形式确定下来。此外，布、按二司纯属地方官，巡抚、巡按虽然职衔挂靠在中央，但其理政却在地方，因此无论布、按二司抑或巡抚、巡按，都是依靠向中央传递官员治绩信息的方式，即前述"从实具奏"的方式来完成对基层地方官的治绩考察。如景泰三年阁臣陈循即奏："为国固在于得人，得人必严于考察。然考察非亲临其地、广询舆情，则人之贤否难得其实。今止凭朝觐官员开报贤否而为存黜，好恶不无私偏，开报岂皆公道？"④ 这里所提及的"开报贤否"便是笔者将要重点探讨的大计考语的初始形态。

根据《大明会典》的记载，直到弘治六年才确定"布、按二司考合属，巡抚、巡按考方面"之制，那么在此之前的百余年间（1368～1493），对布、按二司级别的高级方面官如何考察？笔者认为：在明朝中前期，对于高级地方官主要有以下两种考察决策依据。

其一，弘治六年有关"巡抚、巡按考方面"的条文，如果从正向释读，可以认为至弘治六年为止，巡抚、巡按对方面官的考察终于制度化。

---

① 《明宣宗实录》卷 88，宣德七年三月庚申条，第 2020 页。
② 《明英宗实录》卷 266，景泰七年五月壬辰条，第 5656 页。
③ 《明孝宗实录》卷 71，弘治六年正月己丑条，第 1338 页。
④ 《明英宗实录》卷 218，景泰三年七月丙辰条，第 4715 页。

但如果从反向思考，如果直到弘治六年都不得不借由巡抚、巡按"考方面"，那么这无疑说明在此之前明廷未能建立起中央直考地方的机制，而不得不依赖基层上报的官员讯息。因此，只需知道基层如何向中央汇报官员动态，便可知道地方大员的考察信息如何上呈中央。按明制，中央派驻地方的监临官包括监察御史和镇守内臣。镇守内臣一向不参与地方官员的管理，① 因此只有监察御史才有权向中央奏黜官员。

《实录》的记载可以印证笔者的猜想。永乐九年（1411）皇帝谕左副都御史称："守令贤否，在按察司考察惩劝；考察按察司，又系于都御史。"② 可见早在永乐年间，布、按一级的高官，即是由监察御史考察。③ 仁宗甫一即位，亦效仿明成祖做法，"遣监察御史汤潆等十四人分巡天下，考察官吏"④。宣宗时期，"命各处巡抚侍郎同巡按监察御史考察方面官"⑤。至英宗年间，"命都察院右都御史洪英、兵部尚书孙原贞，分行考察浙江等布政司方面、有司等衙门官"⑥。可见在明朝中前期的很长一段时间内，确如笔者所推测的那样由中央特派的监察官来考察布、按二司，这些官员其后逐渐演变成制度化的巡抚、巡按。因此，弘治六年"巡抚、巡按考方面"的制度规定，不过是将业已被广泛使用的方面官考察形式固定化。

其二，早在明太祖定下"三年一朝"的朝觐考察制度之时，便敕谕吏部称："天下府州县官一岁一朝，未免旷官滋费。自今定为三年一朝，

---

① 景泰二年（1451），镇守福建刑部尚书薛希琏奏乞会同右监丞戴细保考察文武方面官员。吏科言："旧例，考察之任，不以属内臣。希琏乃欲会同内臣考察，不惟假以媚权贵，抑且因以纵黜陟，殊失大体，有孤重任，请正其罪。"诏："宥希琏不问，考察官员，仍如旧例。"不难看出，在明朝的制度规定内，镇守内臣并不具备参与地方文官考察的职权。见《明英宗实录》卷210，景泰二年十一月癸卯条，第4515页。

② 《明太宗实录》卷123，永乐九年闰十二月乙丑条，第1549页。

③ 景泰年间阁臣陈循的奏议亦可为证，其称："为国固在于得人，得人必严于考察……宜照永乐年间例，两直隶及各布政司遣在京堂上官及给事中分行考察。"永乐时派出分行考察的官员，即是其后巡抚、巡按御史的初始形态。见《明英宗实录》卷218，景泰三年七月丙辰条，第4715页。

④ 《明仁宗实录》卷4，永乐二十二年十一月癸未条，第142页。

⑤ 《明宣宗实录》卷94，宣德七年八月庚子条，第2129页。

⑥ 《明英宗实录》卷219，景泰三年八月戊辰条，第4730页。

赉其纪功册，赴部考核。布、按二司官亦然。着为令。"① 可见，在朝觐考察刚开始定制时，吏部便将布、按二司入觐时随身携带的纪功文册用作考察其为政得失的依据。但是在明代中前期，皇帝时常向各省派遣监察御史，而且指明"御史出巡，先须考察官吏"②。由于御史非常规的派遣，考察地方官员的记录时常出现在《实录》之中。某些考察官员密集的年份中，大多数月份都有地方布、按二司的高官被罢黜。不光《实录》如此记载，检索今人编著的《明代职官年表》，亦不难发现在明朝中前期的大多数时间，地方布、按二司官常如走马灯般更换。纪功图册必待三年朝觐时才能带入京城，而在明朝中前期特定的时代背景下，地方布、按的任期可能很难满三年。这无疑让纪功图册这种正式的考察决策依据缺乏发挥预期作用的机会。

总的来看，对明代中低级地方官的考察，自明初开始便由布、按二司和监察御史共同负责，这种状况在整个明朝都没有明显改变，其决策的制定自然是依靠地方向中央上报的官员治绩情况，虽然明初上报的官员信息或无"考语"之名，但其性质却和考语并无二致。明代对中高级地方官的考察方式有两种：一为自太祖时期就已规定的纪功图册，二为自永乐年间开始陆续完善的抚、按考语。但因为明初常举行非常规的随时巡察，是以抚、按考语这种非常规的考察决策依据反而占据了主流地位，并最终取代纪功图册成为首要的考察决策依据。

二　大计考语的基本特征

在厘清由哪些官员填注考语后，便可以对大计考语的基本特征做全面阐释。天启年间，吏部文选司奏称"窃惟国家以官人之职责之于铨议，其甄别贤否贞邪以行黜陟者，此考语也"③。文官主管机构的呈奏，无疑是有关考语属性较为权威的释读。简而言之，大计考语是每逢三年大计届期之时，地方官员的上级为其属员开具的治绩简评，吏部通过阅读这类简

① （明）王圻：《续文献通考》卷 54《朝觐考察》，《续修四库全书》第 762 册，第 680b 页。

② 《明宣宗实录》卷 66，宣德五年五月壬寅条，第 1550 页。

③ （明）沈国元：《两朝从信录》卷 6，《续修四库全书》第 356 册，第 209a 页。

评来甄别官员的实际情况并对相应官员做出黜落决定。

"考语"是这类简评最为官方的名称，实际上还有另外两种文本也带有"考语"性质。其一，中央派驻地方的监察官员如巡抚都御史、巡按御史每逢大计届期之时，会上呈《纠劾不职有司疏》《纠劾不职方面疏》，因为在纠劾之时不可凭空妄言，而需秉持"指事直书"原则，因此这种"纠劾疏"也应纳入考语之列。其二，虽然考察以裁汰不职为主要目的，然而"有黜无陟、有怨无德，自非君父责成"①，因此不论是地方官员的直接上级抑或中央派驻地方的抚、按都会在填注考语时荐举一批确实勋绩卓著的官员，这种带有荐举性质的简评文本被称为"荐牍"，实际上也是考语的一种。② 总的来看，只要是在大计届期时对应考官员治绩的评价，并被用作吏部考察决策依据的文本，便可称为"考语"。

除考察届期时需要开报考语之外，明廷为有效了解地方官治绩，令两京十三省的行政长官定期开具带有考语性质的"季报""岁报"，并在最终考察遇有疑问时根据这些册揭对官员予以黜陟，但"季报""岁报"的实效并不乐观。吏部文选司奏称："再照臣部双月推升，全凭季报，成例炳如。而（十三）省、（两）直（隶）间有经年不一至（季报），且所报者率有优无劣，或所劣者止首领卑官，臣部何所据以合咨访而甄别之也？"③ 这说出了"季报"的尴尬境遇。关于"岁报"的情况暂未发现更

---

① （明）汤兆京：《灵萱阁集》卷2《参部臣阻挠察典疏》，第508a页。

② 张瀚在《松窗梦语》中详细记载了各级上官以及巡抚、巡按为其开注的考语。在行文过程中，时而称"考曰"，时而称"荐曰"。例如其记在庐阳任上"出庐阳为太守。巡按贾公荐云：……总督漕卫喻公考云：……巡按刘公荐云：……操江巡抚及公考云：……"。可见张瀚对这种考语中的"考"与"荐"并无明确区分。而张瀚的情况并非孤例。邹元标在论及考语弊端时称："夫课吏治，全凭考语，读其语如见其人，因其人以授之职，斯有所凭借……臣读弘、正间考语，犹不失先辈遗风。课一布政曰'闾闾之政、长者之度'今则以为羸软矣；课有司曰'志颇自励，守亦足观'，今则以为无当矣。每一荐牍出，抽黄对白、骈四骊六。"在论述考语时瞬间转向对荐牍的论述，在此后又以如实填注考语收尾，可见邹元标也认为大计中的"考语"与"荐牍"没有本质差别。见（明）张瀚《松窗梦语》卷7《自省记》，第143页；（明）邹元标《邹忠介公奏疏》卷2《敷陈吏治民瘼事宜疏》，第47页。

③ （明）沈国元：《两朝从信录》卷6，第209b页。

多记载，其作用应当也远未达到预期，① 因为若"岁报""季报"制度有效运作，那么吏部便可以很明晰地了解到地方官员的相关情况，根本无须每逢大计届期一再强调大计考语的重要性。因此，虽然"季报""岁报"亦有考语性质，但只有大计届期时的考语册揭，才是大计决策最为重要的参考文本。

考语的使用始自何时，暂未发现十分确切的记载。万历中期吏部主事邹元标（1551～1624）奏称"臣读弘（治）、正（德）间考语，犹不失先辈遗风"②，可见至迟在弘治年间，每逢大计查取考语已成为固定做法；既然如此，那么在考察中实际开始使用考语的时间只会更早，否则"先辈遗风"便无从谈起。成化十九年（1483），吏科给事中王瑞（成化五年进士）奏请："诸司贤否揭帖，失实者连坐。"③ 此处的"贤否揭帖"即是考语的雏形，甚至有可能已经是考语比较成熟的形态。④ 而王瑞在成化

---

① 虽然暂未见到更多有关大计岁报的记载，但通过吏部官员对京察岁报的态度，可以发现某些端倪。隆庆年间，言官郭谏臣建议每逢年终查取京官考语，以便京察时有据可依，然而吏部却否决其建议，称："该本部尚书杨（博）议得：'京官考满，向来虽有堂官考语，词多溢美，难以尽凭，亦有全无考语者。若令每岁闻注，又恐嫌怨易生，是非反谬。合无今后每遇京考之年，先期三月，本部并南京吏部，咨札各衙门堂上掌印官，将所属但在应考数内者，查取考语，务要或贤或否，明注实迹，不许含糊两可，类送部院，以凭面议酌处。如掌印官原非科目出身，照依主事郭谏臣今拟施行。至于六科给事中，系近侍封驳之臣，例无考语，两京部院止照旧规，从公核议，不必分扰。'覆奉圣旨：'依拟行，钦此。'"京察每六年举行一次，大计每三年举行一次。京察的覆盖范围仅有南、北两京官员，而大计覆盖范围则囊括全国范围内的地方官。如果京察的岁报制度都不能施行，希望在大计时依据岁报更属难上加难；或许大计岁报制度徒具空文，才导致没有更多相关记载。见（明）李默《吏部职掌》不分卷《考功二·京官》，第143a页。有关郭谏臣的奏议，可参（明）郭谏臣《鲲溟先生文集》（附奏疏）不分卷《应诏条陈铨曹事宜疏》，第1a～13a叶。

② （明）邹元标：《邹忠介公奏疏》卷2《敷陈吏治民瘼事宜疏》，第47a页。

③ （明）黄光昇：《昭代典则》卷21，成化十九年十一月条，《昭代典则》，《四库全书存目丛书》史部第12册，第755a页。另据涂山记："诏诸司贤否揭帖，失实者连坐，从王瑞言。"可与黄光昇的记载互参。见（明）涂山《新刻明政统宗》卷15，成化九年九月条，《四库禁毁书丛刊》史部第2册，第465b页。

④ 做出这一判断基于以下考虑。弘治十七年（1504），弘治帝敕谕吏部、都察院称"巡抚、巡按官员开报考语揭帖，多不得实"；嘉靖十三年（1534）吏部奏请"每遇年终，府、州、县各将佐贰、首领并……各注贤否考语揭帖"；万历二年（1574）南京吏科给事中史朝铉疏请如实填注考语时指出"贤否之揭帖，（只）为市恩者之圣书"。皇帝敕谕、吏部公文、臣工奏疏等诸多非常正式的公文，都将"贤否揭帖"同"考语"相提并论，可见二者性质上的高度相似性。见（明）佚名《皇明诏令》卷17《孝宗敬皇帝·朝觐考察敕》，《四库全书存目丛书》史部第58册，（转下页注）

十九年便已发现贤否揭帖失实的问题，无疑说明在大计中查取考语的做法在之前已经积累过至少数届的施行经验。因此笔者认为：至迟在成化初年，在大计中使用考语的做法便已经被广泛施行。

关山远隔，处于京城的吏部显然无法直接知晓全国地方官员的具体治绩，因此不得不在考察地方官员之时重点参看考语。吏部尚书王国光明白无误地表达出"大、小臣工之贤否，非部、院所能悉知，不得不资于抚、按之注考"①的无奈。另一吏部尚书陆光祖同样明言"三年入计，黜幽大典，臣等非不矢竭心力以求至当，但四方远邈，势难周知，不得不凭抚、按"②，二人以冢宰之尊做此陈言，可见在进行大计考察决策时除了依靠抚、按开注的考语信息之外，也确实再无良方。但除了抚、按之外，对地方官员本管上司的意见也不可轻易忽视。

首先，地方长官与其属员相处为多，对属员的履职情况和品行操守知之为详，因之开具的考语显然更为准确。诚如吕坤（1536～1618）所言："夫近莫近于同事之官僚，真莫真于经年之闻见。"③孙丕扬言："各正官之于僚属，随时随事皆得觉察，其志行才守岂不毕照。"④这都说明了地方长官在品评僚属时的优势。而巡抚、巡按作为中央派驻官员虽不具备这种"地利"，但"其分远，其势隔，其情易公而难私"⑤，因为抚、按与地方不存在统属关系，往往能够以"旁观者"的视角对官员予以评价。来自这两方面考语，无疑能够尽可能真切地反映出地方官员的治绩，即使其中一方出现回护或遗漏，另一方也可以立即纠正并补遗。来自两套系统的评价共同保证了考语整体上的客观和公正。

（接上页注④）第349a页；（明）李默《吏部职掌》不分卷《考功三·查取考语》，第180b页；（明）吴亮《万历疏钞》卷22《陈末议以神考察以励庶官疏（史朝铉撰）》，第214b页。

① （明）王国光：《司铨奏草》卷2《覆南京御史陈王道等条陈朝觐疏》，第59叶。
② （明）陆光祖：《陆庄简公掌铨疏略》卷3《覆御史陈登云条陈计典疏》，国家图书馆缩微文献中心藏明万历二十年（1592）刻本，第1b叶。
③ （明）吕坤：《实政录》卷6《风宪约·宪纲十要》，《续修四库全书》第753册，第431a页。
④ （明）孙丕扬：《都察院会题宪务疏》卷下《议巡方总约疏》，第33a叶。
⑤ （明）贾三近：《皇明两朝疏钞》卷12《核名实辨邪正以隆治道疏（毛恺撰）》，《续修四库全书》第465册，第432b页。

其次，两套考语体系各有侧重。弘治六年（1493）的诏令便已经将"布、按二司考合属，巡抚、巡按考方面"① 的原则确定下来，万历年间的《大明会典》仍将此条重申，② 可见前后百余年间，这一规定都未出现根本性变动。通过省、府、州、县系统层层上报的考语非常全面，涵盖几乎所有省内应考官员，但因"其体统相属，其职守相关，其法令相使，其休戚相同"③，在这种上下级密切感情的干预下，考语真实性往往不能得到充分保障。而巡抚、巡按的廉察官吏虽然比较公正、真实，但也很难做到周全，因此只能格外留意府、州、县的正官，以期达到"得其大者可以兼其小"的目的。因其奏疏往往经常直接上呈给皇帝，自然不敢胡乱妄言，可信度相对较高。两套考语系统的共同作用，既保证了对全体地方官考察的全面性，又在很大程度上维持了对重点官员考察的特殊性。

为保证考察结果公正，吏部在终裁时会参酌除考语外的多方面意见，例如令京城御史风闻举劾。但作为吏部尚书，陆光祖指出"今部、院所据以考察者有二：曰'考语'，曰'咨访'"④，作为吏部考功清吏司主事的郭谏臣认为"外官之考斥者十常得其八九，何也？有所凭据（考语）故耳"⑤，参与考察初审的吏部员外郎邹元标甚至认为："夫课吏治全凭考语，读其语如见其人。"⑥ 可见在吏部各级主管考察的官员心中，考语的重要性达到何种程度。因此明晰考语从产生到使用的一系列流程，便很容易理解位居京城的吏部如何完成对全国范围内地方官的考察。

三 考语独重的原因分析

在前文有关京察决策的研究中，笔者指出对五品以下低级京官的裁决实有考语与咨访（访单）两套机制。京察的诸多细则都从大计制度中借

---

① 《明孝宗实录》卷71，弘治六年正月己丑条，第1338页。

② （明）申时行等：《大明会典》卷13《朝觐考察》，第220a页。

③ （明）林希元：《同安林次崖先生文集》卷9《送惠安陈蛟池邑侯入觐序》，第603a页。

④ （明）陆光祖：《计吏届期饬陈饬治要务以重大典疏》，载（明）陈子龙等辑《皇明经世文编》卷374，第602b页。

⑤ （明）郭谏臣：《鲲溟先生奏疏》不分卷《应诏条陈铨曹事宜疏》，第9b叶。

⑥ （明）邹元标：《邹忠介公奏议》卷2《敷陈吏治民瘼事宜疏》，第303a页。

鉴而来，但为何在进行大计决策的研究时，笔者独重考语而轻视咨访？吏部尚书王国光指出："看得考察去留，臣等虽广询博访，然大率以考语为主。"① 可见每逢大计之时，虽然考语与咨访并行，但大计中考语的作用却远胜咨访。为何在大计时会出现这种"考语独重"的情况？大计咨访是否存在明显的硬伤？

在前文中，笔者曾以京察访单为载体对京察咨访的运行情况予以关注。京察访单的经验实际借鉴自大计，因此在论及明代大计咨访时仍不可避免地以访单为中心。左懋第（1601～1645）于崇祯十三年（1640）曾上疏专论大计访单事，对大计咨访的有关内容记述颇详，在笔者所见的众多材料中无出其右者。故援引如下：

> 臣于本月初一日，行朝贺礼毕，退至垣中办事。见吏科都给事中阮震亨题为遵旨回奏事。奉圣旨："阮震亨职任掌科，何得踵袭前弊，只以陆续送单开报塞责？这回奏殊属诿饰，着议处。仍速遵旨严核，以肃计典。叶高标、洪恩照、左懋第、尹洗、张淳，何未交单也？着自行回奏。该部院知道。钦此。"
>
> …………
>
> 至（十二月）二十四日，奉严行开报之旨，首垣科臣约以三日内各报一人。臣同官皆各报一人，而臣三日内又报二人，是臣抵京止九日，而报四人。且四人之中，而有一科甲方面，一科甲有司矣。其单俱在吏科可按也。当首垣科臣回奏之旨，或恐臣方自外来，不能多报，而臣九日内开报之单，实与诸臣三月内开报之单为数相仿。即首垣科臣亦亟称其当矣。
>
> 窃念臣受命饮冰，凡事惟期敏慎，不避劳怨，……而惩贪黜蠹，有关澄叙大典，正臣言官罄心尽职之时，而敢漫为从事哉？
>
> 谨具实回奏，乞皇上察臣催饷方回，九日之中已交四单，之中有两甲科，原非敢误圣明，俯赐鉴宥。②

---

① （明）王国光：《司铨奏草》卷2《覆都给事中尹瑾等条陈朝觐疏》，第117～118叶。

② （明）左懋第：《左忠贞公剩稿》卷1《微臣遵旨回奏并陈催饷抵京日期及交单缘由以祈圣鉴疏》，《四库未收书辑刊》第六辑第26册，第650b～651a页。

　　左懋第的这封奏疏极为详尽地呈现出大计咨访的众多缺憾。

　　其一，从首段皇帝的严旨切责可以看出：令言官以填写访单的方式来举劾不职官员是明代的惯用做法，不可违犯。然而这些身处京城且具有填单之责的言官同他们的长官吏部尚书、都御史一样，都没有办法知晓地方官员的为政梗概（除非某些言官有在外地巡按的经历），只得诉诸风闻。从这个意义上说，京城言官填注的访单从一开始就并不具有较高可信度。其二，若仅因风闻言事导致访单的可信度降低尚属无碍，但正如引文所呈现的那样：某些京城言官并不愿意填写太多访单，而是"以陆续送单开报（为借口）塞（填单之）责"。从"踵袭前弊"可见，官员对于填写大计访单的消极态度由来已久。从大计迫在眉睫的十二月二十四日皇帝还在下诏责难官员不按规定填注访单一事来看，之前数月的访单收集效果微乎其微，这也可以从侧面印证官员填单的消极态度。其三，从"奉严行开报之旨，首垣科臣约以三日内各报一人"可以看出大计访单信息的获取明显缺乏合理性。访单若要真实可信，必须令言官悉心体访而非按人头摊派，更不应限定具体时间，如此慌忙摊派而来的访单必定难以周详。此外，在这段不到四百字的引文中，左懋第反复强调两个事实：一是其弹劾官员的人数，二是其弹劾官员的身份。揆诸常理，臣子给皇帝上奏必定字字珠玑，若非特别重要的问题断不会重复说明，因此对这两项内容更应特别关注。

　　左懋第自称"臣抵京止九日，而报四人"，"臣九日内开报之单，实与诸臣三月内开报之单为数相仿"，可见他对自己开报四人的举动颇感自豪，这反映出在当时每个言官若能举劾四人已是较高的水平。据此推算，即使当年京城言官全部满员在岗且保持如左懋第一般的纠劾水平，所举劾的官员也仅有数百人，这于数以万计的地方官而言可谓沧海一粟。即使被举劾的这数百人全部证据确凿，也难以在大计中产生太大影响，更何况大计访单中，时常有单一官员被重复填注的现象出现，① 这更使列名访单的

---

① 因为在京科道官难以详知外官为政实绩，只得诉诸风闻，风闻的来源一旦相同或相近，最终填单的结果也必然相似。如孙居相奏称："及十一月，职奉委协理大计，与掌河南道余少源收单，公同检阅，觐面编号。内有原任太原府推官唐公靖单八扣，计十五张。"可见地方官被重复填单的现象严重。见（明）孙居相《两台疏草》疏草《明奸人捏造邸报疏》，第1b叶。

官员数量大打折扣。

官员若有过误，自当不分身份地循例对其纠劾，更何况不纠劾还会招来皇帝的诘责。然而左懋第却反复强调其纠劾的官员中，"有一科甲方面，一科甲有司"，"之中有两甲科，原非敢误圣明"。其政治背景在于明代大计中甲科出身的官员极少被罢黜，若举劾一二甲科官，当事言官会自以为美。但进士出身的官员又岂能人皆贤良？这种不考政绩而考出身的访单，其分量在吏部官员心中的地位可想而知。所以面对大计访单，虽然皇帝表现得颇为看重，然而吏部却怀着极为审慎甚至漠视的态度。

通过以上分析，不难发现大计咨访虽然耗时三月甚至更久，然而却难以像京察咨访那样在考察中发挥较大效用。即使是负责发放、填注、回收大计访单并参与会单的掌河南道御史，都在言辞中表现出对大计访单真实度的不自信。例如万历七年（1579）掌河南道御史张简（隆庆二年进士）奏称："庶僚之咨询，恐有因亲故而誉誉者，有因仇怨而生谤者……合无今次考察，多方咨访……参互考订，以求归一之论。"① 不论是负责考察初审的河南道还是负责考察终审的吏部、都察院都对咨访效果持此种消极态度，大计咨访的作用自然非常有限。

由于访单缺位，考语重要性才得以凸显，这便是吏部在大计判决时独重考语的原因所在。② 在以上两节，笔者分别探讨了大计考语的基本特征

---

① （明）王国光：《司铨奏草》卷2《覆御史张简等条陈朝觐疏》，第49叶。
② 尚需说明的是，在京察部分，笔者使用一整节篇幅专论访单制度的运行，对京察考语探究相对较少；而在大计部分，使用多达两节的篇幅专论大计考语，仅用千余字简述大计访单，原因如下。其一，最表层的原因在于，京察的内容确实远较大计为少，因此书写篇幅相对较少也在情理之中。其二，京察中开始使用考语的时间较晚，但大计考语制度至迟在成化年间便已非常成熟，因此对大计考语的着墨远比京察考语为多。其三，在京察中极为重要的咨访在大计中的效用却微乎其微，其原因不难理解：一是言官数目相对固定，但京察被察人数远较大计为少，所以言官在大计中的咨访负担远较京察为重，且难以周及；二是由于外地官员不可能过早地到达京城等候考察，所以言官能够进行大计咨访的时间亦较京察为短；三是各言官与各京官都在京城工作，因为时常产生交集，所以言官对其他京官的了解比较深刻，但对外官的了解却相对欠缺，是以京察中的咨访格外重要，而大计中的咨访效用却微乎其微；四是通过对京察考语、咨访的对比，可以详细了解考语与咨访在京察中的演进脉络和重要性的变化，然而大计考语相较咨访呈现压倒性优势，因此对大计咨访的书写较为简短。

及其在大计决策中无可比拟的重要性。那么，如此重要的大计考语究竟是如何得来的呢？

四　大计考语的产生过程

如实填注考语是明代中央政府对各级地方长官的一贯要求,[①] 而要使如实注考成为可能，无疑要求填注考语的官员在日常工作时对治下属员的为政情况格外留意。一般而言，省、府、州、县系统的考语信息收集方式是："府、州、县各将佐贰、首领并所属州、县大小官，守、巡道将所属府、州、县大小官，布、按二司掌印官将各佐贰、首领、都司首领并府正佐、州县正堂及本年内曾署州、县印信官，各注贤否考语揭帖，俱送布政司。"[②] 亦即县级佐贰官的考语，由知县开具并上报于府；府级佐贰官及知县的考语，由知府开具并上报于省；省级佐贰官及知府的考语，由布政使开具并上报于吏部，正所谓"布政司考府，府考州，州考县"[③]。而分属布政司、按察司系统下的分守道、分巡道等官员，虽对辖区内的官员享有考察权，但仍需将自己所填注的考语交由布政司汇总送部。经由省府州县系统所开报的考语，在层层上传的过程中会进行多层次、多方面的审核，以期在以布政司名义提交时不出现明显违误。试以一例析之。方弘静（1516～1611）称：

> 余在东平（州），吏目王□者，年八十矣，而颇修谨，能据鞍也。
>
> 兵宪某公者，行□谓余曰："州吏目，能捕贼乎？"对曰："州未用之捕贼也。"曰："然则何用？"对曰："州剧，盗幸就擒，余颇出境。吏目虽龙钟，能不为民贼耳。"兵宪殊不怿，未有以罪之。
>
> 时冬深矣，将入觐。余考之曰："本自廪生，能慎幕职；同年虽

---

① 如吏部尚书陆光祖有关考语填注"宁实勿文，宁详勿略"的奏请便得到了万历帝的批准，此前和此后类似的奏请也无不被应允。见（明）陆光祖《计吏届期敬陈饬治要务以重大典疏》，载（明）陈子龙等辑《皇明经世文编》卷 374，第 603a 页。

② （明）李默：《吏部职掌》不分卷《考功二·查取考语》，第 180b 页。

③ （明）申时行等：《大明会典》卷 12《责任条例》，第 219a 页。

迈，行己无怨。若过大察乞休，益仰熙时盛美。"（兖州）太守钧州高公捷谓余曰："州考自古道意良善矣，然（吏）部可过乎？"对曰："虽知不可，亦无尤焉，愿明公加之意耳。"及过（吏部）堂……①

　　由以上案例可以直观看出各级地方官对考语的处理过程。在大计届期时，知州方弘静和按察司系统属员兵备道便可对官员的去留进行商订，从"未有以罪之"可以看出兵备道虽然对相关吏目的年老予以质疑，但最终仍接受了方弘静的建议。在"将入觐"、上报考语日期迫近的情况下，方弘静最终注考并上呈给兖州知府，知府高捷再次提出质疑，认为该吏目很可能被吏部以年老为由裁汰，方弘静虽然明确此点，但仍希望该吏目在知府处能够过关以成人之美。知府最终接受其建议并上报布政司，布政使并未提出质疑，因此得以最终提交吏部讨论。

　　这一案例所透露出的讯息远不止此。其一，方弘静的两位上级尽管都对该吏目的年老提出过质疑，但仍最终接受方弘静的初考意见，可见对地方官员的处分在很大程度上以其"本管上司"的意见为准，这完全符合正常的行政逻辑，毕竟有关官员的为政状况，"本管上司"通常了解得最为真切。其二，高捷所言"州考自古道意良善"及高捷和兵备道在注考时表现出来的宽容态度，都可以证明基层对官员的审核虽然在形式上极其严格，但实际却较少给出恶评考语。这是因为省府州县系统都没有官员的人事权，一切去留最终都要报吏部批复，因此没有必要在注考时口出恶言而招人之尤。其三，府一级的考察意见确定后，布政使一般不会对府、州、县三级"本管上司"的意见予以直接否定，如本案例中的吏目便在知州方弘静与知府高捷商订后直接进入了吏部过堂程序。嘉靖二十九年（1550），陕西布政使葛守礼（1502～1578）在吏部公堂上坦言"（地方佐贰官）去省远，未尝面见，止据各府申文注之"②。能够在此种严肃场合坦然承认布政使的决定仅据各府申文做出，可见省级官员对府以下官员的

①　（明）方弘静：《千一录》卷17《客谈五》，《续修四库全书》第1126册，第357b页。
②　（明）葛昕：《集玉山房稿》卷5《先祖考太子少保都察院左都御史与川葛公行述》，《景印文渊阁四库全书》第1296册，第443a页。此事由葛守礼之子葛昕所记，子记父事当尤其谨慎，因此可信度较高。

考察意见以知府上交的文书为准，几成通例。① 尽管如此，也不能否定府考和按察司系统官员监督的积极作用，毕竟在上下级、不同部门的相互牵制之下，如果地方上报的信息有遗漏或错误，其可以即行更正，避免更上一级的官员看到这种缺失，同时也能彰显更高一级的行政长官对下级官员名义上的控制力。

巡抚、巡按获取信息的方式则较为多样。同样以一例予以论证。张萱（1553~1636）记唐龙（1477~1546）在湖广任上曾经历一事。

> 唐公龙参楚藩，以分守（道）行县。至公安县，有白教谕某，仪观修整……（白）妻益不自安，遂自缢死。余适闻之（白妻死事）以问，（公安）知县具道其详，且盛赞誉（白教谕）焉。
>
> 后抚院林二山公会议贤否册，对余曰："明年湖广去一官，必公安白教谕也。此狗彘，罪不容诛！"予讶问故。公曰："此人奸学吏之妻，其妻有言，遂勒令缢死。"予乃述所闻告之。公沉吟间，予曰："不审前言得之何等人？果君子也，庸或可听；苟非其人，请更访之。"公乃蟠然击几曰："是矣，是矣。"即奋笔抹去其名下所注考语。②

本案例展示了分守道和巡抚填注考语的信息由来。林大辂（1487~1560）和唐龙分别作为巡抚、分守道，有义务开注"所属府州县大小官"的考语，而公安县白教谕虽属小官范畴，但因其惹上人命官司，所以即使其职级不高也能引起林、唐二人的注意。唐龙不可能直接了解教谕这类低

---

① 另有一例可为旁证。江晓（1482~1553）在担任山西布政司右布政使时，"是冬入觐，公于合属贤否，鉴别素精，酌定考语，无一枉漏。吏部考察，悉如所拟"。如实填注考语本就是布政使的职责，如果每位布政使都恪尽职守，则无必要专论此事。之所以要在神道碑中格外说明，正是因为布政司衙门以府考为准的情况较多，江晓的行为才值得被格外表彰。此外，江晓例中"吏部考察，悉如所拟"的记载，也可印证之前所论：虽然抚、按的权力在明代中期以后有极大提高，但布政司系统的官员从未丧失对官员注考的权力。见（明）焦竑《国朝献征录》卷51《工部右侍郎赠尚书瑞石江公晓神道碑铭（吕本撰）》，第642b页。

② （明）张萱：《西园闻见录》卷107《往行》，《续修四库全书》第1170册，第423b页。"公沉吟间"，原书做"公沉吟问"，结合前后文，"问"应为"间"字之误，径改。

级官员的情况，但又必须填注考语，因此向公安县白教谕的"本管上司"公安县知县收集有关白教谕的若干情况，进而填注了较为积极的考语。与唐龙一样，林大辂需要对白教谕注考，但其信息收集方式却并非像唐龙一样询问白教谕的本管上司，而是使用了御史的"风闻言事"之权，结合坊间传闻给白教谕写出了恶评考语。为了避免地方官与抚、按对某些官员的考语有明显抵牾的现象发生，林、唐二人需要共同商议最终上报的考语册揭内容。唐龙在会同商议考语时，发现林大辂对白教谕的注考与自己之前填报的考语内容有明显出入，因此对林巡抚注考的信息来源提出质疑。而林大辂显然也接受了唐龙的建议，在考语册揭中划去了对白教谕的恶评考语。

　　除了像本案例中那样在最终会议时商讨，抚、按官还可通过以下途径来获取官员信息以资注考。其一，巡访属地并廉察属地官吏，本就是抚、按职能的规定内容，因此他们有义务亲身与治下的地方官进行接触，了解当地官员的为政情况。其二，抚、按官可以通过向地方的省、府长官了解属员情况的方式来填注考语，如杨一清（1454～1530）称："至于考语一节，关系尤急。盖巡抚、巡按与二司政务不相涉，考语无凭填注，未免询诸二司，二司未免询之知府。"① 通过这样层层向下的信息收集，也可完成考语的填注。其三，部分抚、按甚至模仿吏部过堂的形式来完成信息收集，即传唤属员至驻地公堂，当面与相应官员交谈从而填注考语，如施邦曜（1585～1644）奏"今巡按考察官吏，但呼名过堂，未见拏问一人"②，即属此类。在完成基层的信息收集后，根据已收集信息填注考语便水到渠成。在某些情况下，收集信息与注考两套程序也可以并行不悖，例如布政司实际是在看到"州考"信息的同时填注考语，巡按御史也可在召唤属员过堂时立刻注考。

　　因年代久远所以流传下来的明代考语不多，据笔者所见，仅《松窗梦语》和《歙纪》两书对大计考语的记载较为系统，因此笔者结合上述

① （明）杨一清：《奉内阁、吏、兵诸先生第二书》，载（明）陈子龙等辑《皇明经世文编》卷118，《续修四库全书》第1656册，第507b～508a页。

② （清）张岱：《石匮书后集》卷20《甲申死难列传·施邦曜》，《续修四库全书》第320册，第545a页。

两书中所记的考语，来明晰各级官员填注考语的情况。在《松窗梦语》中，张瀚详细罗列了其入仕以来历次大计时相关官员对他的评价，傅岩（？~1647）在《歙纪》中全面载录了他担任歙县知县并在崇祯九年（1636）即将上计时，各上级官员为其开报的考语。这为了解考语在基层的填注情况提供了翔实的参考案例。

以张瀚为例。其任南直隶庐阳知府时，至少获得来自漕运总督喻公、操江巡抚及公、巡按贾公和刘公共四人的考语；任职北直隶大名知府时，得到来自巡抚商公、杨公，巡按盛公、艾公四人的考语。① 张瀚仅有抚、按考语而无省级考语，是因为南、北两直隶地区未设置省级行政机构，所以张瀚无法获得布政使为其开注的考语。

又如南直隶徽州府歙县知县傅岩，作为最为基层的地方主官，各上级官员都有权力对其进行评价。据其本人所计，在崇祯九年上计前共收到来自地方布、按系统 13 个官员的 18 条考语（其中有两人填注多条考语）。这 13 位官员包括：布政司系统的官员，如徽州府知府陆（公），安庆知府署徽、宁道事皮（公），徽州府督军同知署本府理刑厅事许（公），徽州府督军同知署本府事许（公），共 4 人；按察司系统的官员，如宁国府理刑推官查盘范（公），徽州府理刑推官赵（公），安庆府理刑推官查盘薛（公），太平府理刑推官查盘李（公），宁国府理刑推官查盘丘（公），徽州府理刑推官张（公），安、池等处兵备道王（公），徽、宁等处兵备金事卢（公），徽、宁等处兵备金事侯（公），共 9 人。同张瀚一样，傅岩任职南直隶地区，所以不可能获得布政使的考语。而当年的巡抚、巡按官员的考语未见记载，其原因则不明确。有可能当地并未设置抚按，也可能是巡抚、巡按并未给傅岩开报较好的考语，所以傅岩不愿意将其考语收入个人文集。

通过张瀚、傅岩二人的案例，我们可以了解不同地区、不同品级的官员被填注考语时的特殊性。但这又牵涉到一个重要问题：为何张瀚、傅岩等人可以看到上级官员为其开报的考语？是明廷规定考语必须返还给个人，还是因为张瀚和傅岩通过其他手段得知考语？嘉靖时浙江布政

---

① （明）张瀚：《松窗梦语》卷 7《自省记》，第 143 页。

使朱裳（1482～1539）记："填贤否（考语）揭帖，务要慎密，不可泄露。仍要时常警戒写字人及左右吏承。"① 可见明朝对考语有着极其严格的保密要求，所以张瀚和傅岩只能通过其他非正规渠道知悉自身的考语情况。

在各级官员填注考语之后，将考语送至吏部的途径主要有三条。其一，布政使作为一省之长，除特别极端的情况外都理应入京朝觐，因此填注有地方官员考语的"计簿"由他们随身携带并报吏部汇总；南、北直隶则由顺天府尹、应天府尹履行相应携簿入京的职责。其二，抚、按可以直接将考语密封送往吏部。《大明会典》记，"（弘治）八年奏准：各处巡抚官，当朝觐之年，具所属不职官员揭帖密报吏部。（嘉靖）二十二年题准：朝觐考察，预行各该抚、按官，将三年内所属大小官员……各手注考语，密封送（吏）部以凭考察"②。其三，巡抚、巡按因身份特殊，有权力越过层级障碍以奏疏形式直接向皇帝举荐或论劾辖内地方官，皇帝自然会将抚、按的奏疏下发给吏部议处。一旦收到各地方上报的考语后，吏部便可以根据考语来对地方官进行考察。

五 大计考语的效用评估

考语经过基层各级官员的反复讨论后上报吏部。吏部长官为了防止偏信考语而造成考察误差，并非直接以考语作为判定依据，而是要对地方开报而来的考语进行初步的甄别。如果地方开报的考语完全属实，那么吏部的复核无疑造成了效率的降低和人力、物力的浪费；如果地方开报的考语虚、实掺杂，那么吏部的复核显然有利于维护考察的公平、公正。吏部对考语的复核是否有意义，取决于考语本身的"虚""实"。为此，笔者将从明代考语的文本出发，对吏部复核考语的意义予以探讨。

经过前文的论述，不难看出像考语这种在大计中独重且直接关系官员政治前途的文本理应如实填写，这不仅是吏部的要求，也是皇帝的期望。

---

① （明）朱裳：《朝觐事宜》不分卷，国家图书馆藏明嘉靖十一年（1532）刻本，第3叶。
② （明）申时行等：《大明会典》卷13《朝觐考察》，第220b页。

吏部在行政法规中屡次对如实注考提出要求，如《正德会典》记载弘治八年（1495）律令："其巡抚官，当朝觐之年，仍具（考语）揭帖，密报本部……其开报官员（考语），若爱憎任情，议拟不当，本（吏）部、都察院并科道官指实劾奏，罪坐所由。"① 《万历会典》一仍《正德会典》之旧，② 可见数十年来有关如实注考的规定从未更易。此外，明朝历代皇帝大都以圣谕的形式强调如实注考。如弘治十七年（1504），弘治帝敕谕吏部、都察院称："巡抚、巡按官员开报考语揭帖多不得实，尔等受兹重托……务要贤否精别，黜陟大明。"③ "万历三十六年三月，上（万历帝）谕吏部曰：'以后各官考语并举劾本章俱要核实显明，毋得雕琢文辞，专尚对偶，反滋隐晦失实之弊。'"④ 可见不同时期的君王对考语都高度重视。

实际上，在官员责任感的驱使下，及明廷从中央层面对考语如实填注三令五申的背景下，确有不少官员遵循如实注考的原则。从前文所引嘉靖时山东东平知州方弘静的案例已不难看出即使注考对象仅为一小吏，遵守法度的注考官员也会经过多方、多次商议才最终确定考语，其严肃性和真实性可见一斑。而类似方弘静的情况绝非孤例。弘治时，巡按御史陈金（1446～1529）为即将入觐的浙江按察司佥事林玭（1434～1506）注考时，称其"文有名而士类咸服，武有备而贼徒知惧"⑤。林玭在家居讲学时，"四方来学者此时尤众，里舍至不能容"⑥，在朝觐届期之时又刚刚平息浙江、福建处的民乱，因此对其注考的内容皆有实迹可查。正德六年（1511）大计，九江知府王惠（弘治三年进士）的上级为其署考称"才长于治郡，礼拙于逢迎"⑦，实际上王惠因处理政

① （明）李东阳等：《正德会典》卷15《吏部十四》，第164a页。
② （明）申时行等：《大明会典》卷13《朝觐考察》，第220b页。
③ （明）佚名：《皇明诏令》卷17《孝宗敬皇帝·朝觐考察敕》，第349a～b页。此诏令《实录》亦载，见《明孝宗实录》卷212，弘治十七年五月丙午条，第3974页。
④ （明）王逢年：《南京吏部志》卷1《圣训志》，第36叶。
⑤ （明）蔡清：《虚斋集》卷5《钦进亚中大夫云南按察司副使致仕云室先生林公墓志铭》，《景印文渊阁四库全书》第1257册，第906a页。
⑥ （明）蔡清：《虚斋集》卷5《钦进亚中大夫云南按察司副使致仕云室先生林公墓志铭》，第905b页。
⑦ （明）徐阶：《世经堂集》卷15《九江太守王君墓志铭》，第668b页。

务的能力出众而快速升迁，但为人却过于耿直，以致张綵（1455～
1510）主持吏部时欲提拔其为吏部文选司郎中，反遭王惠拒绝。[①] 正德
年间，福建兴化府推官钟善经（正德六年进士）即将上计，其长官署
考称"片言折狱，一介不取"[②]，而其在任的实际情况是"守法慎刑，
每谳疑狱，部使者惊以为老吏不如也"[③]。通过以上三个事例，不难发
现很多地方长官注考时都着重从属员的为政实绩出发，如此得来的考语
自然足资为凭。

　　然而，与不少官员如实注考相伴的却是另一番景象。一方面，明廷在
中央层面多次以敕令和行政法规的形式对如实注考进行要求；另一方面，
在官员每逢大计届期的疏议当中，有关如实注考的奏请不绝于书。仅据笔
者极不完全的检索，便有数十封相关奏议。例如，嘉靖二十九年（1550）
李万实《朝觐条陈疏》、[④] 嘉靖四十三年（1564）林润《申饬朝觐事宜
疏》、[⑤] 隆庆元年（1567）郭谏臣《应诏条陈铨曹事宜疏》、[⑥] 万历二年
（1574）蒋科《申明考察事宜疏》、[⑦] 万历十二年（1584）杨鸣凤《敬陈
考察事宜疏》，[⑧] 等等。这些奏疏无一例外地提到了考语应当如实填注的
问题。由于年代久远，在历史上真实存在却未能流传下来的相关奏议应当
远比笔者所见为多。根据正常的行政运行逻辑，某项已经载诸典籍且被最
高统治者高度重视的政令却需要以各种形式反复重申，唯一合理的解释是
日常政治运行与法规、敕令的规定出现了严重背离。但这一解释是否也适
用于大计考语？

　　笔者对此持肯定态度。因为据笔者所见，明代大计考语确实存在诸多

---

① 尽管知府为正四品而吏部文选司郎中仅为正五品，但吏部文选司主管全国官员的选任，
其职权和重要性绝非知府可比。
② （明）欧大任：《欧虞部文集》卷15《钟御史传》，《北京图书馆古籍珍本丛刊》第81
册，第735a页。
③ （明）欧大任：《欧虞部文集》卷15《钟御史传》，第735a页。
④ （明）李万实：《崇质堂集》卷18《朝觐条陈疏》，《四库全书存目丛书》集部第112册，
第269a～274a页。
⑤ （明）朱吾弼等：《皇明留台奏议》卷9《申饬朝觐事宜疏（林润撰）》，第630b～640b页。
⑥ （明）郭谏臣：《鲲溟先生奏疏》不分卷《应诏条陈铨曹事宜疏》，第1a～13a叶。
⑦ （明）朱吾弼等：《皇明留台奏议》卷9《申明考察事宜疏（蒋科撰）》，第653b～655b页。
⑧ （明）朱吾弼等：《皇明留台奏议》卷9《敬陈考察事宜疏（杨鸣凤）》，第663b～666a页。

不实之处，这尤为集中地体现在以下三个方面。

一是化实为虚。不少官员在填注考语，尤其是填注差评考语时，尽量回避讨论相应官员的具体事迹，或使用模棱两可的说法来含糊带过。诚如陆深（1477～1544）所论："所谓考语者，大抵骈四俪六，两可难辨之词。"① 例如正德年间江西东乡县主簿闵富，"其长考之曰：'吏迹儒心'"②，这一词语对绝大多数官员都比较适用，并不足以突出闵富的特殊性。嘉靖时提学副使张岳为浙江桐庐训导万吉注考，称其"文足以范士，行足以励俗"③，但"范士""励俗"的概念却十分模糊，不足以作为上级官员的参考依据。又如阮相山当考察时，"龙潭刘侍御荐于朝，谓君'雅望清操，敏才笃志'，至累数十言；金泉王侍御谓君'识达才优，守清怨任，陇右数十宰，莫君贤也'。诸所署考，类若是"④。所谓"雅望""笃志"同样缺乏明确的衡量标准。类似这种化实为虚的考语，实际上是以非常体面的方式把进一步评量官员的责任推卸给上级机构，对于实际考察少有裨益。

二是以能为劣。部分官员填注考语时往往任情行私，不论下属治绩如何，一旦曾经被下属冒犯威严，便故意给予其恶评考语。如嘉靖十年（1531）李栋任河南杞县知县，巡按王公为其注考称"其才可用而不可去，民心欲去而不欲留"⑤，李栋实际的治理情况是"钱谷易完，讼辞日简，如决痈而体快，攻邪而神安"⑥，"其才可用"当属中肯评价，但所谓"民心欲去"则属无稽之谈。李栋曾因事冒犯过王巡按的威严，⑦ 这或

---

① （明）陆粲：《陆子余集》卷5《去积弊以振作人材疏》，《景印文渊阁四库全书》第1274册，第642a页。

② （明）凌迪知：《万姓统谱》卷80《闵富》，《景印文渊阁四库全书》第957册，第181a页。

③ （明）焦竑：《国朝献征录》卷85《桐庐学训导万公吉传（唐顺之撰）》，第576b页。

④ （明）尤思谦：《慎修堂集》卷9《赠同年阮相山之通许序》，《四库未收书辑刊》第五辑第21册，第170b页。

⑤ （明）李开先：《李中麓闲居集》卷7《承德郎吏部稽勋司主事南湖李子墓志铭》，《四库全书存目丛书》集部第92册，第690b页。

⑥ （明）李开先：《李中麓闲居集》卷7《承德郎吏部稽勋司主事南湖李子墓志铭》，第690b页。

⑦ 李开先记："（王巡按）遣人密访各地凶恶，遣者透漏消息、诓骗货财。至杞，（李栋）则刑责解送，遂触其怒而拂其心。"见（明）李开先《李中麓闲居集》卷7《承德郎吏部稽勋司主事南湖李子墓志铭》，第690b页。

许才是王巡按给李栋以恶评考语的原因所在。又如广东新安知县宋臣熙，其为政颇善，以至于"民皆感泣"。然而因其"岁时馈献无以供，上官怒且骂曰：'尔出身明经也，敢尔？'乃大索公罪状，无一得。及大计注考语，曰：'文学甚裕，政事稍疏。'又曰：'知赋诗，不知民瘼。'吏部遂左迁公郴州学正。"① 李栋、宋臣熙二人为政颇善却获得如此注考，不难发现部分官员的注考很不客观。

三是以劣为能。万历七年（1579）吏部尚书王国光奏称："臣等看得藩、臬方面各官，每年各司掌印官，俱注考语。但官为同僚，词多溢美。其抚、按官造送，自运使、知府而下，臧否多直；至注二司官，则往往曲为庇护，或全省不劾一人，或止以去任或举贡备数。以致考察之时，所黜非其所论，所论非其所黜。"② 出现这种反常现象的原因在于"以劣为能"的注考方式不仅风险更小，同时也能使确有过犯而被留用的官员感恩戴德，因之这类考语更受注考和被考官员双方的欢迎。这也导致某些官员填注考语时并不客观，而"使贤否之揭帖，只为市恩者之圣书"③，将好评考语当作厚礼赠人。如冯琦（1558～1604）即称："阅其所署之考，推官、知县以上，考语皆是大圣大贤、川岳风云、冰玉麟凤，字面何关实事。"④ 试以一例证之。

根据明廷规制，每当考察时，为确保结果的公正，一位官员往往由多名上级署考，如其时两淮盐运副使赵凤威：

　　该（兵备）道开报（赵）凤威考语则曰："才谞练达，器度谦冲。秉塞渊之心以佐盐政，百灶衔恩；持廉靖之节以征课盐，众商讼德。"该（两淮盐运）司开报（考语）则曰："德宇端凝温厚，灵台阔大高明。才缜密而理盐，似精金百炼；志耿介而提躬，如秋月一轮。"该（扬州）府开报（考语）则曰："德宇端凝纯

---

① （清）计东：《改亭文集》卷15《前明诰封太仆寺卿前新安县知县宋公（臣熙）墓表》，《续修四库全书》第1408册，第261b～262a页。

② （明）王国光：《司铨奏草》卷2《覆都给事中陈三谟等条陈朝觐疏》，第43叶。

③ （明）吴亮：《万历疏钞》卷22《陈末议以裨考察以励庶官疏（史朝铉撰）》，第214b页。

④ （明）冯琦：《铨部议核实政》，收入（明）陈子龙等辑《明经世文编》卷441，《续修四库全书》第1661册，第682b页。

正，英资浑厚圆融。运精密以理司盐，灶庶乐业；持耿介以征盐课，商众衔恩。"据各考语，或赞其德器，或述其才猷，又俱开其应荐也。①

但实际上，赵凤威的行为并非如考语所述的那样玉洁冰清、温文尔雅，其诸多上、下级在面对巡按质询时甚至进退失据，不知如何与赵凤威同列奏事，② 可见仅因他是时任首辅赵志皋之子，绝大多数官员便不敢为其开注恶评考语，只得交口称赞。

正因为明代大计考语"虚""实"参半，才出现了部、院长官必须倚重考语却又无法尽信考语的矛盾状态。

一方面，吏部屡次发文对考语的使用进行规定。如嘉靖三十一年（1552），"吏科给事中何云雁疏陈考察六事，一言稽考语以防欺误……（吏）部覆：'五花文册所载天下众官考语，中间多有举刺相戾，迁转不一，吏缘为奸。宜令员外、主事各一员，将造完（考语）文册查对异同，有差误者正之'"③。又如隆庆年间，吏部尚书高拱奏请"该本部看得……迩年综核虽严，而名实心迹之微，实有混而未析者，此吏治所以弗臧也，合无今次本部先查考语，次及延访"④。凡此种种都表现出吏部对考语的看重。

另一方面，吏部尚书与都御史又在考察决策的实际过程中，对花费巨大人力、物力采集而来的考语不甚重视。例如祝以豳之父原任河南汝宁府知府，"于嘉靖四十一年（1562）朝觐，该省抚、按会举先臣卓异，有五

---

① （明）吴亮：《万历疏钞》卷24《辅臣柄国任子不宜外补疏（蒋春芳撰）》，第256b～257a页。

② 如蒋春芳记："近又以审决届期，复至扬州，同部臣行事。该运司、府、县各官，咸来谒见。臣偶见同侪之中，互相推让，行动站立之间，若有前之不安，后之不甘，进退惟谷，踯躅无措之状者。臣心疑之，而询其故。乃知有运副赵凤威之在列，而凤威则元辅赵志皋之子也。"两淮盐运副使官品仅为从五品，然而从三品的运司、正四品的知府与其相处都感觉进退失据。可见同僚大多慑于其"辅臣之子"的威严。同列论事尚如此忐忑，更毋论出恶语弹劾。（明）吴亮：《万历疏钞》卷24《辅臣柄国任子不宜外补疏（蒋春芳撰）》，第256b页。

③ （明）涂山：《新刻明政统宗》卷26，嘉靖三十一年十二月条，第18a页。

④ （明）高拱：《高文襄公集》卷13《覆科道官条陈考察事宜疏》，第179b页。

花考语在吏部可查。止因到京感冒寒疾，致误过堂，遂以不及拟调，寻即卒于京邸"①。可见当时的吏部尚书完全不顾考语所言，仅凭自己片面所见便给予相应官员不应得的惩罚。又如弘治年间，"左都御史戴公珊当考察时，吏部只欲凭巡按御史考语黜退，公不从。吏部曰：'如是，我不担怨。'公不然，私谓张考功志淳曰：'果欲如此，吾与子先将御史考核，从其贤者斯可，不可如贵堂上一概从之。'由是果有所得，公可谓至公无私者矣"②。作为巡按御史的直接上级，都御史戴珊（1437～1505）都不敢完全相信下级开报的考语，而事实也证明这些考语中果有不实之处，可见都御史的顾虑也并非空穴来风。

通过本节分析，不难发现尽管在文官大计时如实注考者不乏其人，但言官有关考语不实的屡次陈奏绝非危言耸听，考语与官员行政实绩严重背离的问题确实时有发生。这便不难解释为何面对地方花费巨大人力、物力开报而来的考语，主管考察的吏部尚书与都御史却屡屡质疑其真实性。嘉靖年间浙江布政使朱裳记"其贤否揭帖到京，或用或不用，但不可不备"③，可见地方行政长官也能明显地感受到部、院长官对考语的不信任。然而面对上级的怀疑，地方官员不是"痛改前非"，而是始终坚守自认为"合理"的注考标准，这使得考语效用越发减弱，更直接导致考察过堂这一机制的出现。

六　大计考语的使用过程

通过前文论述，不难发现大计考语的两个重要缺陷。一是各地开报至吏部的考语数量过大，如由张瀚、傅岩案例所见，对某一地方官可能有数份乃至十数份来自不同系统的考语，部、院作为中央部门，不可能不加筛选地对这些自地方采集而来的考语通盘接受。二是除了考语数量巨大给部、院终裁造成困难外，考语不实的现象也非常严重，导致部、院在最终决策时仍需进一步博访众闻，才能完成对考语真实性的复核。

---

① （明）祝以豳：《诒美堂集》卷15《沥血陈情乞准先臣原职进阶以广孝治疏》，《四库禁毁书丛刊》集部第101册，第597a页。

② （明）陈洪谟：《治世余闻》下篇卷4，中华书局，1985，第60页。

③ （明）朱裳：《朝觐事宜》，第1叶。

在以上两点的共同作用下，大计过堂的重要性越发突出，以至于时人认为"过堂说事，此乃考察第一切要，不可不着实举行"①。所谓"过堂"，是指地方官员朝觐入京后，在规定日期内至吏部公堂上行礼，由吏部、都察院堂官及该省长官结合对应考地方官的初步印象，并参考收集而来的考语，对官员去留进行终裁。以下，试用几例对过堂的形式及内容予以说明。

其一，在上节所述方弘静案例中，经过基层的多次商讨，最终得出考语由布政司进呈。相关吏目因之有条件最终进入吏部公堂之上，由吏部尚书、都御史共同讨论其去留问题。其时，"（吏部）堂上云：'吏目衰甚矣'，太守（高捷）对：'任浅无过'"②。经过知府的调护，该吏目最终得以留任。

其二，隆庆、万历年间，骆问礼（1527～1608）因曾得罪阁臣张居正而在考察之时屡受打压。在其守制结束即将复任时又遇大计，而张居正仍然在位。骆问礼自述，"……（其时）议者大起，荷朝堂察职平生，偶当同事二按君皆在院，又为暴白，佥谓必其（张居正）党与希旨致然，得免刑戮"③。巡按御史没有参与过堂的权力，然而其堂官都御史则可参与过堂。从"荷朝堂察职平生"一句看来，骆问礼"得免刑戮"很可能是经由巡按的建议，而由其上级长官都御史在过堂时予以回护。

其三，嘉靖时陕西布政使葛守礼率属员入计，"考察过堂，属中卫幕有老疾当去者，公为之解。冢宰曰：'考语，原布政司所定，何自异？'公谓：'此皆去省远，未尝面见，止据各府申文注之。今至京来参，始知其不然。自是布政差错，何可以屈小官也？'"④ 相应官员因之留用。汤显祖（1550～1616）自称："辛丑（万历二十九年）大计吏，过堂时，观察

---

① （清）孙承泽：《山书》卷 12《外计过堂说事》，《续修四库全书》第 367 册，第 231a 页。
② （明）方弘静：《千一录》卷 17《客谈五》，第 357b 页。
③ （明）骆问礼：《万一楼集》卷 27《启李抚台》，《四库禁毁书丛刊》集部第 174 册，第 373a 页。
④ （明）葛昕：《集玉山房稿》卷 5《先祖考太子少保都察院左都御史与川葛公行述》，第 443 页。

李公（维桢，1547~1626）为予琅琅争此长物（官位）。"① 最终汤显祖以"浮躁"察例被轻处。可见李维桢在过堂时的努力确实对汤显祖起到了保护作用。

其四，万历初年张瀚任吏部尚书负责考察过堂时，曾记一事："岁丁丑，大计，余与台长陈公瓒同事。时一典史过堂，署（考语）云'耳聋'，例当闲住。余询之曰：'汝有何疾?'对曰：'无疾。'复询其履历，其人应答如响。余顾陈曰：'此虽卑官，部、院安可轻黜，以蹈不公不明之罪?'即命之曰：'部、院留汝矣。'（吏）叩首而去。"② 通过过堂时的当面问询，辨明了地方官员在考语中对典史的冤枉。

以上四个案例，分别从知府、巡按御史、布政司、按察司、吏部尚书、都御史等中央、地方各级官员的角度，呈现了过堂的真实场景，并反映了过堂的多方面作用。

其一，从方弘静的案例可以看出如果地方官在上呈考语中有明显不合常理的注考，吏部、都察院堂官可以在过堂时发现并实时予以质疑。例如此案例中的吏目年已过八旬，而明代官员的一般情况是六十五岁左右即需致仕，③ 但该吏目在基层注考时却未被上级官员按年老之例则予以查处，吏部尚书和都御史便可在过堂时对这一明显不合理的现象提出质疑，以维护考察结果的客观性，而面对这种质疑，地方官员也可以根据事实予以辩解。

其二，从骆问礼的案例中可以发现巡按御史虽然不具备在过堂时发声

① （明）汤显祖：《玉茗堂诗集》卷12《次答邓远游溁兼怀李本宁观察六十韵（有序）》，《续修四库全书》第1362册，第797b~798a页。汤显祖早在万历二十六年（1598）便已弃官归里，但因吏部久未批复辞呈，实际上他仍有职衔，因此仍在大计议处的官员之列。而汤显祖在未经允许下挂冠离职，其罪过不可谓不大，但因李维桢（字本宁，1547~1626）的尽力回护，最终仅受到薄惩。沈德符记："辛丑外计，有欲中李本宁宪使者，赖冯（琦）救止。而吏科王斗溟士昌，用拾遗纠之，冯又力持，得薄谪。初过堂时，李之属吏遂昌知县汤显祖议斥，李至以去就争之，不能得。几于堕泪，不知身亦在吏议中矣。汤为前吏科都给事项东鳌应祥所切齿，项故遂昌乡绅，时正听补入京，故祸不可解。而李、冯二公，一片怜才至意，真令人可敬可悲。"见（明）沈德符《万历野获编》卷11《吏部堂属》，第286~287页。
② （明）张瀚：《松窗梦语》卷8《铨部记》，第148页。
③ 关于明代官员年老致仕的规定，可参（明）李默《吏部职掌》不分卷《考功二·年老黜退》，第173b~174a页。

的资格，但却可以通过其他途径了解相应官员的信息，并结合自己的亲身见闻对某些自己熟悉官员的去留提出建议。可见即使巡察任期结束，抚、按对曾经任职地的官员人事影响力仍可在某些场合有所表现，这也是众多地方长官虽然品级远超抚、按，却对他们格外尊敬的原因所在。

其三，葛守礼的案例显示的是：如果地方官员由于廉察未周而发生误注，地方长官尤其是布、按二司官有权在过堂时立刻予以纠正。如葛守礼在过堂时才发现受到府州上呈文书的误导，立刻要求更正原注考语。毕竟省级考语不论来自何处，最终都是以布政司、按察司的名义汇总类呈，发现问题后立刻驳正可以减轻自身因受到误导而错误注考所带来的被动。而汤显祖的案例中，按察使李维桢明知汤显祖不待吏部题复便挂冠解印的事实在先，但仍希望利用自身影响力为自己信赖的下属争取尽可能轻的处罚，可见即使抚、按乃至部分地方长官对官员的去留已经有了基本意见，仍可在过堂时减轻或者加重其处罚力度。

其四，张瀚案例反映的问题是：在多重因素的影响下，地方官员的注考不尽正确，如果有官员被其长官误注考语而名在黜退之列，可以经由过堂来辩解，使其免受冤枉，过堂实际成为保护官员的最后一道屏障。

在明晰了考察过堂的作用后，我们便可以理解为何当时的主察官员对过堂如此看重。正是因为考语不足尽信，过堂的重要性才越发突出。虽然有幸参与吏部过堂的官员只占所有被考察官员的极小部分，但还有更多的地方官因未能过堂而不得解冤，过堂的结果也不可能绝对公正，尤其是某些身系利害关系的官员即使无明显过失也会因派系等问题受到无端牵连。①

---

① 嘉靖年间，内阁辅臣与王阳明不合，希望通过打击王阳明门生浙江绍兴知府南大吉的方式，来实现削弱王阳明的影响的目的。但因未和主管大计的吏部尚书及都御史事先沟通，在过堂时便发生了如下闹剧。原文摘引如下："……时阳明公以道鸣于东南，辅臣深恶之，未尝忘也。阳明书有《传习录》者，以道自任编也，先生（南大吉）特为序而梓之。于是辅臣及部院大臣密议罢先生，以抑阳明焉。时诸与事人悉未之知也。先是，部议考察诸方人。冢宰见两京科道疏下，辄曰：'近言者诸人，虽孔孟在面，如绍兴守，吾侪何病焉？'每预拟去留，人言必如是。及行事（过堂）日，执笔至绍兴。冢宰拱手逊中丞，中丞逊亦如之，如是相逊者良久。于是与事诸人，咸厌倦欠伸，思睡耳矣。乃中丞公忽持笔曰：'愚逊不已，当任怨。'遂举笔句之。冢宰亦奋然言，而举笔如中丞。然始终实未尝议可否也。"通过此例，不难发现虽然明廷在设计考语制度时非常留意公平、客观，但一旦遇到来自强权的非正常干扰因素，这种公平便很难被保证。见（明）马理《溪田文集搜遗》，西安洪道书院藏道光二十年刻本，第60～65叶。

但无论如何，建立在考语基础上的过堂实际上都是维持考察公正的最后一道屏障。正是经过从地方到中央多个环节的共同努力、相互监督，官员考察这台存优汰劣的机器才能有效发挥作用，从而维持明王朝的正常运转。

七　大计考语与明代考察决策

本节通过对大计考语的基本属性、独重原因、信息获取、填注过程、上传渠道及其在中央机构的使用情况进行探讨，基本呈现出明代大计考语的流转过程及其发挥作用的基本情况。然而，本节的意义却不止于此。大计考语无疑是明代众多行政决策依据的一个缩影，对大计考语个案的研究，不仅反映出了明代的中央部门是如何综合各方面信息来完成行政决策、通过何种方式来维护决策合理性的问题的，也呈现出中央与地方在政治制度运行过程中充分互动的各个面相。

不难发现：中央官员与地方官员的合力协作与权力制衡贯穿整个大计考语采集、使用过程，这不仅表现在中央派驻地方的抚、按监察官员和地方固有的权力机构的互动上，即信息收集上，还体现在地方省级长官与吏部长官的互动上，即过堂上。在考语信息获取阶段，巡抚、巡按往往会从地方官员处听取意见，地方官员也可充分表达自己的想法；双方遇有冲突，地方官员可以与抚、按协商，也可以选择维护自身利益而不与抚、按发生明显冲突。在考语填注阶段，不同层级、不同系统的中央和地方官员反复就治绩评价存疑的官员展开讨论并各抒己见，如果不能达成一致意见，在考语填注阶段仍可各执一词，将有争议的考语交由吏部裁决——尽管这种方式有欠妥当。吏部作为中央部门，在广泛采集各方面信息后并非不加区分地对其加以利用，而是综合采纳两套系统的意见并结合当面质询的方式做出终裁。在最终使用考语的过堂阶段，地方行政长官还可同部、院长官进行反复讨论，最终予以裁定。

总的来看，虽然在每一个环节，各级地方官员都可能为了政治前途而在意见出现偏差时屈从于中央官员，但如果地方官员不计个人政治得失而仗义执言，中央官员并不能强制地方官员与自己在考语填注上保持一致。中央与地方机构及官员间基于权力制衡原则而进行的相互协调与监督，共同维持了考语的公正，从而使依据考语而进行的大计决策更加客观可信，这是考语之于明代文官考察最重要的作用。而大计考语所反映出的明代中央与地方各级权力机构间的决策互动，揭示了明代居庙堂之上的中央官员如何知江湖之远，深居九重的皇帝如何通过各机构的相互制约来控制各级官僚，这是大计考语这一案例之于明代政治制度史研究的重要意义。①

第三节　围绕大计决策依据的争议：
以弘治六年（1493）为例

在上一节，笔者对明代大计的法定决策依据——考语和咨访的运作机制进行了全面分析，研究发现：咨访缺位导致考语独重，但独重的考语却又有"虚"有"实"，以致其预期效用并未充分发挥。对于带有缺憾的大计决策机制，有经济之志的明代官员一直在反思与批判，并且积极给出解决方案，仅在《明经世文编》中收录的考课相关奏议便已有百余篇，书写奏议的官员们对解决明代考察制度中出现的问题各抒己见，② 但这些"看起来"颇具建设性的意见最后却并未被高层充分重视。具体表现为：大计决策依据历经多方建言和反复探讨，明代统治集团内部尽管知道考语存在着很多不足，却仍然在进行考察判决时长期独重考语。因此，笔者试图以弘治六年大计时朝臣围绕考语的争议为中心，通过对具体个案的研究反思以上问题。

一　问题的缘起：弘治六年的大计异动

弘治六年大计的运行过程本与寻常年份无异。弘治五年十二月，吏部尚书王恕（1416～1508）按照惯例于考察前上疏乞休，并于二十五日得

---

① 虽然笔者在研撰过程中，因所见资料限制而偏向于对明代中后期大计决策机制进行叙述，但这并非是作者有意忽视明代中前期基层文官考察状况，而是因为朝觐考察的决策机制在整个明代都较为稳定，前后差异并不明显，因此未予格外说明。

② 相关奏议，见〔日〕日本東洋文庫明代史研究委員會『明代經世文編分類目録』卷 E《官制・考課・吏部》、東洋文庫、1986、第 63～72 頁。

到皇帝的留任批复，① 随即主管考察。按照往例，大计在正月初九日结束，此后尚有郊祀、大班纠劾等活动，所以当年察疏在正月二十三日下达，亦不为晚。在整个考察准备阶段和正式考察活动中，弘治六年大计都一如往常。异常状况从该年察疏上达后开始，主要体现在以下两个方面。

一是皇帝对察疏的批复。在寻常年份大计过后，皇帝不过按照惯例批复"知道了"三字，这不仅是对部、院上呈察疏的认可，也是皇帝难于确知地方官员为政实绩的无奈之举。然而当年吏部、都察院上呈察疏并请求皇帝"如例罢黜并调用"②，孝宗皇帝却批复称："诸考退官，俱照旧例行。其方面、知府，仍指陈老、疾等项实迹以闻，毋虚文泛言，以致枉人。府、州以下有到任未及三年者，亦通查具奏。"③ 这无疑是对部、院所做大计判决的否定。地方各级官员为了避免在吏部公堂上出现差池，往往事先就上报的考语进行多方商议，在得出各方都能接受的意见后上报。从这个角度而言，即使是主管考察的吏部尚书和都御史都难以确知应考官详情，皇帝又从何知晓当年的考察不公？毫无疑问，必然有近臣向皇帝透露过相关讯息。那么，这位近臣又是何人？为丘濬（1421~1495）撰写墓志铭的何乔新（1427~1502）明确指出："会吏部上大小庶官当黜者几二千人，乃敕凡历官未三载者俱复其任，虽经一考未有贪暴实迹亦勿黜，盖用公之言也。"④ 丘氏墓志铭是其在世时亲口委托何乔新撰写的，⑤ 何氏没有任何理由进行不实描述，可见当年皇帝的诏谕确系因丘濬的上疏而起。

二是对高层人事的影响。如前所述：京察直接关系到京城要员的去留，而大计则主要对地方官员予以黜陟。在明朝重内轻外的官制下，京察

① 据《实录》记："太子太保史部尚书王恕以老疾乞休致。且曰：'今朝觐伊迩，臣职当考察庶官。其老疾者，例该黜退。以臣之衰老，不自引避，而乃考黜他人之老疾者，人将谓何？'上曰：'卿老成重望，委任方隆，岂可以年老求退？所辞不允。'恕再上疏，复勉留之。"见《明孝宗实录》卷70，弘治五年十二月庚申条，第1324页。

② 《明孝宗实录》卷71，弘治六年正月己丑条，第1337页。

③ 《明孝宗实录》卷71，弘治六年正月己丑条，第1337页。

④ （明）何乔新：《椒邱文集》卷30《赠特进左柱国太傅谥文庄丘公墓志铭》，《景印文渊阁四库全书》第1249册，第458a页。

⑤ 据何乔新自述："予忆在朝时，公暇辄与公相过从，论古今事得失。公尝语予曰：'吾与子相知，不啻君实（司马光）、景仁（范镇），不幸死，则后死者铭之。'予曰：'诺哉。'意公言直戏耳。别去四五年，公犹不忘前言，乃知非戏也。"见（明）何乔新《椒邱文集》卷30《赠特进左柱国太傅谥文庄丘公墓志铭》，第456a页。

因为涉及复杂的利益纠葛往往成为各种政治力量博弈的焦点，阁、部大臣因京察而受到攻击乃至去位的现象绝不罕见。而大计运作则远较京察平稳，绝少因对地方官员考察而引起中央高层的人事异动。但弘治六年的大计却明显脱离这一常规：是年大计之后，吏部尚书王恕很快离职，阁臣丘濬也因之广受非议。

以上两点异常即使放入整个明代大计制度史的范围内考虑亦属罕见。这些异动为何会集中在弘治六年大计时一同出现？

二　异动的分析：南北之争或阁部之争

弘治六年大计后，吏部尚书王恕因孝宗改变考察结果而不安于位，屡次乞休并最终致仕，孝宗的决定又发端于阁臣丘濬对大计结果的质疑。阁、部冲突本就是明代政治史研究的关键所在；同时，王恕为北方士人、丘濬为南方士人，南北方士人的政争同样是影响明代高层官场政治的重要因素。正因如此，过往学者在论及丘、王二人关于是年大计的争议时，往往将其打上阁、部冲突抑或南北之争的烙印，① 认为是年大计后留用官员及冢宰去位这两项人事异动，实由朝堂上的政治斗争而起。

但笔者对上述论调并不认同，主要基于以下两点考虑。其一，就南北之争而言，尽管丘濬为海南琼山人，王恕为陕西三原人，仅从地域来看确实南北有别。然而，地虽分南北，但官却不分南北，真正对官员感情亲疏产生影响的，更多的是官员本身的立场和利益。② 简单根据丘濬和王恕的地域差异就认为二者的纠葛是明代政坛南北之争的表现，显然并不准确。其二，就阁、部冲突而言。尽管丘濬是内阁成员而王恕是吏部尚书，而且阁、部之间常因人事问题而产生矛盾，③ 但彼时的阁臣除丘濬外，尚有徐

---

① 林丽月认为弘治六年的事件是内阁侵夺吏部职权的开端，见林丽月《阁部冲突与明万历朝的党争》，《台湾师范大学历史学报》1982 年第 10 期，第 125 页；吕士朋认为丘濬与王恕的争夺是明代政坛南北之争的表现，见吕士朋《明代的党争》，《明史研究》（第五辑），黄山书社，1997，第 81 页。
② 笔者对此问题亦有过论述，见余劲东《明代政坛南北之争再探讨——以王竑为个案的研究》，王竑文化学术研讨会，甘肃临夏，2014 年 6 月 15 日。
③ 吴振汉：《明代前期内阁与吏部主导人事权之变迁》，《人文学报》2000 年 12 月，第 71～95 页。

溥（1428～1499）、刘健（1433～1526）二人。徐、刘二人入阁皆在丘濬之先，而且属于"北人"的刘健与丘濬还有睚疵，① 未必就与丘濬在政见上非常接近。以此时在内阁排名末位的丘濬来代表整个内阁，似亦颇为不妥。

丘濬和王恕二人的私交确实不睦，这从明代人的记载中可获印证。一是丘濬因阁部班次问题与王恕有分歧。陈建（1497～1567）记："时内阁大学士丘濬以宫保兼礼部尚书，班恕下。既入直，恕尚持其吏部衔，且先贵，犹踞其上。濬意弗善也。"② 此后的诸多史家如王世贞、黄宗羲等人都沿用了这一论说，③ 众口一词，似非捕风捉影。④ 二是丘濬不喜王恕之好名。与丘濬身处相近时代的朝臣王琼（1459～1532）记："刘吉致仕，丘濬、徐溥在内阁。濬言：'王恕虽好官，但好名太甚。'"⑤ 而丘濬在向孝宗进呈的奏疏中也毫不避讳："臣平生所恶者，矫激好名与喜事告讦之人。"⑥ 不难看出丘濬对士人好名举动的强烈反感。而王恕恰是好名之人，⑦ 自然不会为丘濬所喜。三是丘濬认为阁部大臣间应保持应有的距离，其称："盖（王）恕见臣自办事内阁以来，与之并列不交一谈，疑臣或有所不足。殊不知密勿之地，不当与外诸司交通，理所当然，非有他也。"⑧ 为了保持内阁作为密勿之所的威严，丘濬与王恕甚至不交一言。

---

① 据《明史》载："顾性褊隘，尝与刘健议事不合，至投冠于地。"丘濬由庶吉士出身，自当属词林表率，然而在公开场合做出此类举动，难免造成二人间的矛盾。见《明史》卷 181《丘濬传》，第 4809 页。

② （明）陈建：《皇明通纪法传全录》卷 25，《续修四库全书》第 357 册，第 428b 页。

③ （明）焦竑：《国朝献征录》卷 24《吏部尚书王公恕传（王世贞撰）》，第 250a 页。（清）黄宗羲：《明儒学案》卷 9《三原学案·端毅王石渠先生恕》，第 159 页。

④ 但丘濬本人却不愿承认与王恕的这层争端。在上呈给孝宗的奏议中，丘濬格外指出："臣与王恕素无间隙。朝班之中，惟臣二人最老，班列序立，每相推让。"但这是丘濬自我辩解的托词还是事情的真相，已因资料缺乏而难以下定论。见《明孝宗实录》卷 75，弘治六年五月癸巳条，第 1444 页。

⑤ （明）李贽：《续藏书》卷 11《内阁辅臣·太傅丘文庄公》，第 259a 页。

⑥ 《明孝宗实录》卷 75，弘治六年五月癸巳条，第 1446 页。

⑦ 吴兆丰：《"有教无类"：中晚明士大夫对宦官态度的转变及其行动的意义》，博士学位论文，香港中文大学，2012，第 46～56 页。早在王恕于成化年间身处南京之时，"两京十二部，独有一王恕"的政治谚语便广为传播，在当时信息流通极不顺畅的情况下，势必要有来自外力的推动才能达到这种宣传效果。至于舆论的推动者是王恕本人还是王恕的支持者尚不可考，唯可确定的是王恕显然对此乐见其成。

⑧ 《明孝宗实录》卷 75，弘治六年五月癸巳条，第 1444 页。

通过以上三点，可知丘濬与王恕的私交绝不友好。

然而，丘、王二人私下的矛盾仅是丘濬在大计时发难的充分而非必要条件，没有足够证据证明丘濬会因私怨而废公事。诚如丘濬在稍后自我剖白的那样："虽其职任不同，而皆叨居百僚之首，嗾人攻讦大臣，独不为自己地乎？"① 通过以上分析，可知丘濬与王恕在弘治六年纠纷的缘起既非南北地域之见，亦非阁部对人事权的争夺。如果丘濬、王恕的争执完全没有南北和阁部的政争色彩，那么二人的纠纷究竟因何而起？

三　冲突的过程：丘濬主张与王恕反驳

为回答上节提出的问题，无疑有必要回到丘濬与王恕冲突的"现场"，寻找二人争论的焦点。包括丘濬在弘治六年大计时有哪些主张，这些主张的渊源何在；面对丘濬的主张，王恕及其支持者又有哪些反驳，这些反驳是否合理。如此便不难知晓二人冲突的真正原因。

（一）丘濬的主张

何乔新在为丘濬撰写墓志铭时，对丘濬在弘治六年大计时的黜陟主张言之甚详，其称：

> 洪武、永乐以来，凡百司朝觐，命吏部、都察院考。其尤不职者乃黜之，不过数十人。其后吏部患人言，务以多黜为公。方岳以下，少有微瑕辄黜之，黜者亦不敢诉。公深知其弊。言于上曰："唐虞三载考绩，三考黜陟，今有居官未半岁而黜者，所黜徒信人言，未必皆实，此非唐虞之法，亦非祖宗旧制也。"②

概括言之，丘濬的主张集中于两点：一是建立长效考评机制，二是不能在考察决策时"徒信人言"。那么，丘濬的这些主张究竟是弘治六年大计时因事而发，还是其一直以来的想法？为回答这一问题，有必要在其个人著述中寻找线索。

---

① 《明孝宗实录》卷 75，弘治六年五月癸巳条，第 1444 页。
② （明）何乔新：《椒邱文集》卷 30《赠特进左柱国太傅谥文庄丘公墓志铭》，第 457b ~ 458a 页。

成化二十三年（1487），丘濬上呈《大学衍义补》一书，① 该书共160卷，从正朝廷、正百官等十二个方面阐释自己眼中的"治国平天下之要"。在第十一卷《正百官·严考课之法》中，丘濬回顾历朝考课制度的要义并结合明朝当前的状况概述自己对当前正在施行的考课制度的看法，这一文本为了解丘濬上述两点建议的来源提供了线索。

首先，是建立长效考评机制的问题。丘濬长期坚持令地方官久任，待九年通考时方行黜陟，这一想法在其著述中体现得格外明确。在《严考课之法》一卷中，丘濬开门见山地指出：

> 盖人之立心行事，未必皆有恒也。锐于前者或退于后，勤于始者或怠于终。今日如此，而明日未必皆如此。此事则然，而他事则未必然。暂则可以眩惑乎人，久则未有不败露者也。为政三年、六年不变，固可见其概矣。安知其后何如哉？必至于九年之久而不变，则终不变矣。②

不难看出在丘濬眼中，仅通过短期表现不足以衡量官员品行，可能有些官员前贤而后不肖。如果仅通过不满三年甚至仅有半年的为政状况便将官员黜落，显然有失"圣人立法，缓而详，详而尽"③ 之意。在《大学衍义补》之后的行文中，丘濬又多次论证上述观点。在论及汉儒董仲舒（前179~前104）所指出的"积日累久以为功"时，丘濬认为应当"立为考校之法，就积日累久之中，而分德、功与能之目"④。在谈到当前考察制度的缺憾时，丘濬又对"官员考满，给由到部，考得平常及不称职

---

① 关于丘濬书写此书的目的，朱鸿林教授在其博士论文中有全面研究。朱先生认为：丘濬之所以撰写《大学衍义补》一书，一方面是因为担任国子监祭酒后，身负培养明廷未来官员的责任，一方面是其自身也有成为朝政决策者的想法，而该书的写作和最后的进呈，实际上是对朝廷和对自身都有利的举动。参 Chu, Hung-lam: Ch'iu Chün (1421 – 1495) and the Ta-hsüeh Yen-i Pu: Statecraft Thought in Fifteenth-Century China（Ph. D. Dissertation, Princeton University, 1984），pp. 402 – 407.

② （明）丘濬：《大学衍义补》卷11《正百官·严考课之法》，《景印文渊阁四库全书》第712册，第152b~153a页。

③ （明）丘濬：《大学衍义补》卷11《正百官·严考课之法》，第153a页。

④ （明）丘濬：《大学衍义补》卷11《正百官·严考课之法》，第155b页。

者，亦皆复任，必待九年之久、三考之终，然后黜降焉"① 的制度予以称道。通过对丘濬著作的研读，可见其一直坚持通过"积日累久"的治绩评量来最终决定官员去留，绝非在弘治六年大计时故意立此新论。

其次，是不能"徒信人言"的问题。丘濬格外强调通过"积日累久"的观察进而黜陟官员，是因为在其眼中"徒信人言"的考察决策方式存在严重缺憾。丘濬指出：每逢考察之时，吏部"凭巡按、御史开具揭帖，以进退天下官僚，不复稽其实迹"②，这种做法"殊非祖宗初意"。而将所有应黜官员强行纳入考察"八目"之中并据此进行相应处分，也背离了过往"爱惜人才，而不轻弃"③ 的宗旨。更为关键的是，由于"人伪（之）难防（也）"④，考语也很可能存在诸多不实，仅凭考语进行考察决策未免过于武断。为此，丘濬建议在日后考察时，"必须按验得失，然后上闻，以凭黜陟……苟惟长吏之言是信，固不可；而不信之，亦不可"⑤，"（上计官）各赍须知文册来朝。六部、都察院行查其所行事件，有未完报者，当廷劾奏之，以行黜陟"⑥。不难看出，丘濬早已对考察决策过程中因"徒信人言"而出现的问题有过反思，甚至已经思考出较为完善的解决方案。

综合以上分析，可以肯定丘濬早在成化年间就已在思考如何解决考察决策中出现的问题，而弘治六年的建言恰是他多年构想的集中体现。此时的突然发声不过是希望实现自身的经济之志，绝非为了攻击王恕而故发矫激之论。

（二）王恕的反驳

尽管丘濬对弘治六年大计结果的建言是出于公心，但是孝宗在丘濬的建议下将部、院会同各省长官共同拟定的大计结果进行更改，不仅是对现行考察法规权威性的否定，也是对部、院长官的不信任，同时还是对参与注考、咨访各方公正性的公开质疑。如果任由事态继续发展，将会对吏部权威造成极其恶劣的影响。在此情况下，吏部作为利益相关方势必有所反

---

① （明）丘濬：《大学衍义补》卷 11《正百官·严考课之法》，第 157a 页。
② （明）丘濬：《大学衍义补》卷 11《正百官·严考课之法》，第 157a 页。
③ （明）丘濬：《大学衍义补》卷 11《正百官·严考课之法》，第 157a 页。
④ （明）丘濬：《大学衍义补》卷 11《正百官·严考课之法》，第 156a 页。
⑤ （明）丘濬：《大学衍义补》卷 11《正百官·严考课之法》，第 156b 页。
⑥ （明）丘濬：《大学衍义补》卷 11《正百官·严考课之法》，第 156b 页。

应。那么，王恕及其支持者又如何对丘濬的主张予以驳斥？

对于丘濬指出的建立长效考评机制以观官员后效的问题，王恕指出：

> 府、州、县以下官，勤慎尽职者固多，贪鄙无用者不少。贪鄙无用者留一日，则民受一日之殃，若必待三年而后黜之，于彼则固当感激，于民则未免怨嗟。昔人有言："一家哭，何如一路哭？"此殃民误事官，虽年浅亦不可不黜也。①

王恕所言有其合理之处：对于某些任职时间较短便因怨声载道而将被黜落的官员，若能通过留任让其痛定思痛，固然善莫大焉；但倘若法外开恩将其留任，这些官员却仍不悔改，岂非遗祸于民？

对于丘濬指出考察决策不能"徒信人言"的问题，"恕详疏各（留用）官考语及本部访察者以闻"②。一方面，凸显出吏部的判决绝非"徒信人言"，而是参考了法定的考察决策依据——考语和咨访，开脱了自身的责任；另一方面，又对丘濬的提议进行了有力反击：如果在考察决策时不使用法定的考语及咨访，又将如何进行官员考评？

在王恕针锋相对地就丘濬所提的两点意见予以驳斥的同时，科道官也通过他们法定的拾遗权对王恕予以声援："言官有拾遗疏，复指其（丘濬）留而当黜者。"③ 诚然，言官的这种声援或许并非只是对王恕提案的支持，也很可能是对自身尊严的维护及对职守的忠诚，④ 但无论他们的动机如何，言官群体热烈支持王恕的状况在当时确实存在。

与支持王恕者颇多截然相反的是：朝堂上不少人都对丘濬的主张不以为然。与丘濬、王恕身处相近时期的尚书王琼（1459~1532）称："弘治癸丑春朝觐（考察），吏部以黜陟闻。濬拟旨留用者数人，众多笑之。"⑤

---

① 《明孝宗实录》卷71，弘治六年正月己丑条，第1337页。
② 《明孝宗实录》卷72，弘治六年二月戊午条，第1358页。
③ （明）焦竑：《国朝献征录》卷24《吏部尚书王公恕传（王世贞撰）》，第250a页。
④ 因为言官咨访是吏部考察决策的重要依据，皇帝留用黜退官，意味着对言路咨访结果的否定；而拾遗考察处理不充分或未被处理之臣更是言官应尽的义务，出于对职守的忠诚，言官也义不容辞。
⑤ （明）李贽：《续藏书》卷11《内阁辅臣·太傅丘文庄公》，第259a页。

有足够理由认为这并非王琼夸大其词，因为即使连与丘濬同在内阁的僚友徐溥、刘健二人，都未在此事上有任何支持丘濬的记录，足见当时朝臣对丘濬提议的冷淡。然而，即便是在吏部的强烈反对及舆论对吏部的广泛支持下，孝宗仍最终采纳了丘濬的建议，将九十余名应黜官留用。

实际上，王恕完全可以用更为严重的话语对丘濬予以驳斥。例如，如果在部、院会同各省长官做出考察决定后，仍可以如此大规模地更改官员处分结果，这种恶性缺口一旦打开，日后对朝政造成恶劣影响应由何人负责？同时，考语、咨访作为考察决策依据的做法在明代行之已久，如果另立新规，擅更祖宗旧制的责任由何人承担？但王恕却并没有从这些层面对丘濬进行刁难以增加自己的胜算，而仅对丘濬的两点主张予以直接驳斥。

综合丘濬和王恕两方面的举动，有理由认为：两人在弘治六年围绕大计结果的争论，不过是基于对考察决策依据不同看法而就事论事的君子之争，将二人的争执放入南北之争抑或阁部冲突的视角下考虑都是不尽准确的说法。虽然二人在考察决策依据的主张上意见不统一，但却绝非私敌。

四　争议的结果：大计决策机制的调适

面对丘濬的主张及王恕和言官们的反驳，孝宗最终采纳了丘濬的建议，将九十余位官员留用。① 不仅如此，经过此番争议，王恕以"年耄病作，谮毁日至"为由，② 屡屡请求罢斥并最终去位。从这个角度而言：丘濬是这次冲突的胜利者。

然而作为胜利的一方，丘濬不仅没有获得任何私利，反而为此付出了代价。由于丘濬性格过于直率，"言官建白不当意，辄面折之"③，在这场纷争之前便不为言官所喜；而丘濬在弘治六年对大计及拾遗结果的陈言，

---

① 孝宗在群臣反对的情况下仍给丘濬以坚定支持，这究竟是孝宗认可丘濬的建议，抑或完全是出于对阁臣的信任，笔者无从知晓。冯时可（1546～1619）对孝宗留用官员的原因进行了分析，其称："方大计时，内旨所留，皆上使人密侦得之，大都强项吏，不宜时者，非有奥援旁径。"但这仅是一家之言，尚无旁证予以支撑。见（明）谈迁《国榷》卷42，第2641页。

② 但这不过是王恕乞休的托词，王氏乞休真实原因在于："恕知言不用，且疑当道有弗悦者，故以计窘之。"见《明孝宗实录》卷72，弘治六年二月戊午条，第1357页。

③ 《明史》卷181《丘濬》，第4809页。

无疑是对当时言官咨访和拾遗的极大否定，这让丘濬与言官们的关系愈发恶化。在稍后太医院判刘文泰弹劾王恕时，"言者哗然言（刘文泰）疏稿出（丘）濬手"①，而在王恕去位后，"人以是大不直（丘）濬，给事中毛珵、御史宋惪、周津等交章劾（丘）濬不可居相位"②。实际上，言官不过是借捕风捉影之言对丘濬予以诽谤，洞悉因果的孝宗也对此置之不理，但丘濬在这次冲突后广受非议则是不争的事实。

尽管如此，丘濬却用自己的牺牲，换来了一种较为理想的大计决策机制。是年，弘治帝诏称："今后朝觐之年，先期行文布、按二司考合属，巡抚、巡按考方面，年终具奏。行下该衙门立案，待来朝日从公详审。"③这一诏令明确了以下两点。其一，"布、按二司考合属，巡抚、巡按考方面"，既维护了省级行政长官对所属地方官的注考权，又使抚、按能专注于对省级行政长官和知府一级大员的注考，省级长官和抚、按的注考各有侧重，可收准确注考之效。其二，"年终具奏"的规定，使得大计决策有更为切实的证据可依，而非仅凭考语来进行黜陟，防止了某些正直官员受到诬枉时有口难辩的状况发生，也体现了丘濬长期以来要求根据治理实绩来黜陟官员的要求。

虽然以上机制的更改看起来颇为公正、客观，甚至在《会典》修订时被以官方法典的形式确定，然而结合前节论述，不难发现上述制度的更订实际上并没有发挥预期效用，这主要体现在以下三方面。其一，原定给方面官注考的抚、按官，在考察纠劾时却将侧重点转向了布、按二司的"合属"，④ 即"有司官"，真正的方面大僚绝少受到弹劾，这违背了制度订立的初衷。其二，丘濬一直主张不能"徒信人言"，所以其要求的"年终具奏"绝非简单考语，而是详细的行过事迹文册。孝宗是在丘濬的建议下才进行了制度更订，有理由认为孝宗所期待的"年终具奏"与丘濬并无差别，因此本项修改的初衷是弱化考语在考察决策中的作用，并转向以实际行事为主要依据来进行官员黜陟。但从之后的大计运作情况来看，

---

① 《明史》卷181《丘濬》，第4809页。
② 《明史》卷181《丘濬》，第4809页。
③ 《明孝宗实录》卷71，弘治六年正月己丑条，第1338页。
④ 相关内容，可参附录6。

考语仍然在考察决策中具有不可替代的重要性，这恐怕亦非丘濬所愿。其三，"年终具奏"的制度规定在此后得到了长期的有效执行，然而颇为讽刺的是，本应用于考察决策的"年终具奏"，却演变成考察决策过后的画蛇添足。每逢大计之时，先由吏部考察完毕，然后再让各该衙门进行文簿的"比较"。就其本身而言，这一做法确实严守制度规定以进行政绩核实，却又完全不能像预期那般对考察决策起到作用，从而成为既不伤皇帝体面，又不损官员利益的折中之举。

通过以上分析，不难发现丘濬颇费心力的建言并不能改考察之弊。但这绝不仅是丘濬一人遭遇的窘境，与丘濬身处同一时期的官僚也对当时考察制度的缺憾提出过反思。如王琼（1459～1532）称："三年一朝觐考察，不候考满而黜去者多矣，是三考黜官之法不守也。"① 其思想和丘濬主张的"积日累久而后考"并无不同。又如弘治十五年（1502），也就是丘濬、王恕之争九年之后，便又出现了"吏部只欲凭巡按御史考语黜退"的情况，这无疑又重现了王恕在位时的景象；当时的左都御史戴珊也适时指出了其中的不妥之处。② 然而无论是丘濬、王琼抑或戴珊，他们有关考察决策依据的议论都未能更新当时的政治气象。这便回到了本节开篇提出的问题：为何这些试图补救考察制度缺憾的建言在当时遭到普遍冷遇？

明代的考察与其他朝代的考课虽然在某些内容上颇为相近，例如都是三年一次，都在岁首举行，都是地方官员入京觐见皇帝，都要携带计簿入京以凭黜陟，然而本质却绝不相同。这主要体现为其他朝代的考课更关注对地方官员政绩的督课，而明代的考察侧重点在于对不职地方官员的察处。督课的作用意在核查和激励，兼及处分，察处的目的则只在于处分官僚，能够在考察中获得表彰的官员可谓凤毛麟角。简而言之，明代之前各朝的上计制度颇似明代的"考满"，而考察则是在考满之外另建的一套官员裁汰机制，实质是"考上加考"，这也是和田正广称明代考察为"新式考课"③ 的原因所在。

明廷在既有的考课制度基础上推陈出新地制定考察制度，实则是出于

① （明）王琼：《双溪杂记》不分卷，《四库全书存目丛书》子部第239册，第571b页。

② （明）陈洪谟：《治世余闻》下篇卷4，第60页。

③ 〔日〕和田正广『明清官僚制の研究』、第20頁。

加速官员流动的考虑。丘濬对此洞若观火，其称："近岁为因选调积滞，设法以疏通之，辄凭巡按、御史开具揭帖以进退天下官僚。"① 稍后的史家陈建有着与丘濬完全相同的看法，其称"我朝考察之法，止利于疏通选调而已"②。不难看出，由于当时等待铨选之人多而官缺较少，所以必须采用定期考察的方式将不职官员淘汰以"疏通选调"，从而清理冗官。但不可否认的是，这种"考上加考"的做法对官员而言未免过于严苛，神宗初年吏部长官奏称："先帝（隆庆）临御仅及六年。元年则奉诏考察京官，二年则朝觐考察外官，三年则遵例考察京官，四年则奉谕考察言官，五年又朝觐考察外官。六年五考，铲除殆尽。今次若拘泥旧例，不惟善类有伤，殊非清世平明之治。"③ 仅是京察和朝觐考察的叠加，便已连吏部官都有"铲除殆尽、善类有伤"之感，若再加上任满考课（考满），官员调动则更密集。

这种官员的密集调动虽然不利于提高行政效率，但也是当时政治环境下的无奈之举。因为候补之官太多而官缺相对较少，有能力进入候补官员队伍中的士人与现任官员相比素质相差并不悬殊，吏部长官根本无须担心无才可用，反倒会因官员冗积而感到焦虑。所以丘濬所顾虑的因任职时间太短和考察决策依据失真导致不能客观评量官员的问题，不足以引起吏部官员的重视。因为相较于少量官员的考察失真，大量候补官员的选调壅滞才是吏部所必须解决的燃眉之急，这也是笔者在本节中没有进一步探讨丘濬与王恕的主张孰是孰非的根本原因。丘濬提出的是一种全面改良的方案，但是因为政治环境、官僚惰性等多重因素的影响，丘濬的设想在当时很难得到实现。而王恕所坚守的，是一种看起来欠理性，但却能够满足当时各方要求的提案，是以王恕虽去而其法仍行。总的来看，单方面强调对考察决策依据加以完善而不从更宏观的层面疏通官员的铨选渠道，注定难以彻底解决考察过程中出现的乱象，这才是当时因考语缺憾而产生的诸多救时之策普遍遭到冷遇的原因所在。

---

① （明）丘濬：《大学衍义补》卷11《正百官·严考课之法》，第156b～157a页。
② （明）陈建：《皇明通纪》卷26，钱茂伟点校，中华书局，2008，第977页。
③ 《明神宗实录》卷2，隆庆六年六月癸未条，第62页。

本章小结

本章以"继承"与"坚守"为中心，对三个具体问题进行了研讨。

第一个问题是明代地方文官大计制度的渊源何在。经过对考察指标、管理机构、处分方式等多个因素的比较后发现，这一制度在很大程度上继承了《周礼》的规定，明代官员文人追捧当朝制度远迈汉、唐，绝非不切实际的吹嘘。

第二个问题是大计决策因何做出。明代大计制度在运行过程中，也同京察一样有考语与咨访两套并行不悖的决策机制。但与京察不同的是，由于大计咨访受到多重因素影响而难以发挥预期效用，京察格外关注咨访，而大计却独重考语。为保障考语的"兼听则明"以维护大计公正，明廷赋予了省、府、州各级行政长官及巡抚、巡按等多人注考权，并设计出一套层层监督、互相制衡的考语流转体制。但在实际行政过程中，虽然经由各级地方官层层上考，但归根结底仍多以本管上司的意见为主，布、按二司实则未能把好"考合属"的关口；而"巡抚、巡按考方面"，也逐渐演变成由抚、按考察方面官和所有方面官的属员，殊失重点监督方面官之初意。因此，看似层层监督、各有侧重的考语体系，其效用发挥情况实不乐观。

第三个问题是面对考语的诸多缺憾，明代官员是否有过批判与反思？答案显然是否定的。面对着考语这样积弊颇深的大计决策依据，不少有经济之志的明代官员也曾想过要进行改变，也提出过对大计决策机制的改良意见，然而却都如丘濬的提案般未能在政治运行中发挥作用。士风的败坏及考察制度的缺失固然促成了这种困境，但根本原因仍在于吏部因铨选机制失灵而不得不借助考察以促进官员流动，唯有从源头上清理选法积弊才能彻底解决大计决策时独重考语的问题。

第五章

约束与激励：明代大计的
运行机制（上）

在明代举行三年一次的大计时，有两套完全相悖的机制共同运转：一是见诸政令条文的制度规定；一是虽然朝廷明令禁止但却又长期在政治生活中存在的官员行为模式。在这两套机制背后隐藏的，实则是明代制度对官员的约束，以及官员在制度约束下实现个人诉求的尝试。

本章聚焦于朝廷政令对官员的约束与激励，以见大计制度的理想化运行情况。本章三节的内在逻辑如下。大计意味着全国各地方官都需要离开任职地赴京城朝见皇帝，面对地方无主官理政的实际情况，明代中央政府要求在上计官离任前应做好哪些交接？除上计官外，还有哪些官员会参与上计的准备工作？在上计官做好一应准备工作并按要求抵达京城后，即将面对吏部的考核，吏部如何考察上计官？在考察间隙对上计官的行为有何特殊要求？在寻常年份，上计官进京并由吏部考察完毕后，大计便宣告结束。然而，大计在惩处不职官员的同时，是否也会对履任期间表现格外优异的地方官进行表彰？若表彰，其范围有多大，表彰对象的选取标准为何，进行表彰的目的有哪些？

第一节　明代大计的准备工作

"吏治臧否，关世道生民"①，朝觐考察作为直接澄清地方吏治的政

---

① （明）金日升：《颂天胪笔》卷 2《圣谕圣旨·纳谏》，第 190a 页。

治制度，其得失与平民百姓密切相关。对于这种具有全国性影响的政治制度，无疑需要经过长期、细致、周密的准备，方可确保无虞。正如前文所述，在京察有关制度趋于完备后，京察通常在正月底或二月初举行，然而京察的准备工作通常在考察前一年的九月便已开始。朝觐考察的准备工作也如京察那般旷日持久。万历三十一年（1603）首辅沈一贯奏称："盖明年正月，当朝觐考察天下官员。此吏部、都察院最大职事……往常以一年毕力犹恐不精，非可仓卒取办而苟且了事者。"① 可见朝觐考察准备工作耗时之长。不唯如此，大计虽然是针对地方文官的考察，但众多京城官员却会参与其中，曾主管过大计的考功司郎中李开先称："（吏部）先期以朝觐事宜开坐题请，一咨户部行都转运盐使司并各盐课提举司，一咨兵部行行太仆、苑马二寺，一咨工部修衙廊及都察院行抚、按催趣贤否揭帖与夫合行禁约告示。又札付顺天府下行所属并宛、大二县一应供用物料。一司举事，询及各司；一部举事，旁及各部。"② 短短数语便将七卿中的五位囊括其中，朝觐考察准备工作牵涉面之广，已不待笔者详言。那么，为保证朝觐考察达到澄清吏治的预期效用，从地方到中央各级官员需要进行哪些具体准备工作？本节将从上计官与抚、按两个角度展开分析，以见地方各级官员为朝觐考察所做的具体准备。

一　地方各级入觐官的准备

对于地方官员而言，因为上计直接关系到自身政治前途，因此上计官往往会花费多达数月时间悉心做好进京准备。皇甫汸（1497～1582）称："旧凡守令入觐，先期数月，饬徒驭、戒资装。"③ 李默（1494～1556）称："先期，掌固条白故事，乃下令陈禁戒，治文牒，严期会，饬舟

---

① （明）沈一贯：《敬事草》卷13《再留温中丞揭帖》，《续修四库全书》第479册，第535a页。
② （明）李开先：《李中麓闲居集》卷5《送见川刘尹朝觐序》，第559页。
③ （明）皇甫汸：《皇甫司勋集》卷45《赠郡侯蔡公国熙入觐序》，《景印文渊阁四库全书》第1275册，第794b页。

车。"① 寥寥数语便已将地方官入觐准备工作的繁重、琐碎、冗长表露无遗。那么，明廷到底要求各级入觐官做好哪些工作方可进京上计？以下试举其要者言之。

（一）入觐官的选派

有过布政使经历的方良永（1454~1528）称："我国家稽古定制，三年一朝，合藩、臬、府、州、县诸司之长，各率其幕官一人、吏一人，先期疏名于天官，非縻于重事，不得擅易其来也。"② 可见每逢朝觐届期之时，如非有必须留任处理不可的要务，省、府、州、县四级政府主官都必须入京朝觐。但从全国各地赴京的路途远近不一，即使最近的北直隶顺天府下辖县官，也需要在京逗留至少二十日（自十二月二十五至次年正月十四），更毋论非常偏远的云南和广东的官员。为防止因地方官员离任过久而造成的地方政务废弛，首先就应该做好入觐官的选派工作。

省级例该上计官包括布政使和按察使。就布政司言之，李默称："是岁，东广左伯（应赴）朝，命留治军；右伯行且首路，俄报以忧去；次当行者，为（大参伯）燕峰詹公。"③ 可见布政司系统官员入觐程序是：先由左布政使入觐；若左布政使因故不得行，则由右布政使代替；若左、右布政使都无法入觐，则顺延至布政使的佐贰官布政司左、右参政。与布政司相同，若按察司主管不能入觐，则由按察副使接替北行。例如"正德庚午冬，江西按察司提学副使潘公朝觐如京师"④，当年江西按察使郑岳（1468~1539）于七月初才由广东按察副使调任江西⑤，对江西事务了解程度有限，因此才令副使入觐。黄洪宪记："余辛未登进士，而先大夫以湖广宪副入觐。"⑥ 其父黄综以按察副使的身份入觐，

① （明）李默：《群玉楼稿》卷2《赠臬使双桥蒋公入觐序》，《四库全书存目丛书》集部第77册，第569a页。
② （明）方良永：《方简肃文集》卷4《周侯述职序》，第112b页。
③ （明）李默：《群玉楼稿》卷2《赠大参伯燕峰詹公入觐序》，第570a~b页。
④ （明）边贡：《华泉集》卷12《潘副使墓志铭》，《景印文渊阁四库全书》第1264册，第210a页。
⑤ 张德信：《明代职官年表》第4册，黄山书社，2009，第3677页。
⑥ （明）黄洪宪：《碧山学士集》卷7《祭亡女陆氏妇哀辞》，《四库禁毁书丛刊》集部第30册，第244a页。

乃因在隆庆四年湖广按察使发生了多达两次的变动。① 结合以上两人的情况来看，官员入觐基本符合明廷"正官到任日浅，佐贰官到任日久，必先佐贰官来"② 的规定。而明廷有此规定，则是因为考察过堂时布政使、按察使作为一省长官需要与冢宰、台长共同议定属员去留，因此非资深者不能胜任。

府、州、县的状况与省级类似。以府级官员为例，若知府留任，则由同知上计。如正德年间刘春（1459～1521）称："郡守饶侯文中以当道者疏留，于是二守荆门程君天质代行。"③ 康海（1475～1540）称："正德九年二月一日，吏部以浙江按察司缺副使闻。上命知汉中府杨侯往，汉中府同知何子奇自朝觐归，属余为诗表之文旆，以赠其行。"④ 可见当年汉中府是由同知代知府入觐。而在知府、同知皆遇事不得入觐的情况下，则顺延至通判。如嘉靖三十七年（1558）赵时春（1509～1567）称："国制，三年一述职。……今兹戊、午、巳、未岁冬、春之交，适遭其期。太守以边郡视事日浅，得免展觐礼；以上佐嘉定陈君代行，盖陈君通判郡帑饷将九祀，敏心计而娴应对，明于长短之数，以轩轾于上下者，十常获七八。"⑤ 这符合顺延入觐的原则。而到州一级，若知州不能入觐，自然由通判代理。如隆庆年间知府吴国伦（1524～1593）遇事不得入觐，由其州夏姓通判代为上计，吴国伦即自作诗歌为其送行。⑥ 县级的情况亦与之类似，不再赘述。

总的来看，入觐官选派的原则有二：一是按照正佐职级顺延，二是若正官到任时间不长则由佐贰官代替上计。

---

① 张德信：《明代职官年表》第 4 册，第 3738 页。
② （明）申时行等：《大明会典》卷 13《朝觐考察》，第 220a 页。
③ （明）刘春：《东川刘文简公集》卷 5《送二守程君天质朝觐序》，《续修四库全书》第 1332 册，第 73a 页。
④ （明）康海：《对山集》卷 3《赠杨秉衡》，国家图书馆缩微文献中心藏明万历十年（1582）刻本，第 5a 叶。
⑤ （明）赵时春：《赵浚谷文集》卷 9《送陈通判述职序》，《四库全书存目丛书》集部第 87 册，第 413b 页。
⑥ （明）吴国伦：《甔甀洞稿》卷 32《夏别驾代予入觐送之二首》，《四库全书存目丛书》集部第 123 册，第 101a 页。

（二）署印官的选任

入觐官一旦确定，署印官的选任工作立刻开始。如果正官得以保留而仅由佐贰官代觐，印务自然由正官继续署理而不会另生枝节。较为复杂的情况是正官离任后由何人代为管印、管事，以维持地方政务的正常运转。由于布政司一级的官员并不承担具体的政务执行工作，主官暂缺时尚可由参政、参议等官代行决策；而府、州、县亲民官的工作性质偏重于具体政务的执行，其职务一日不可废弛，是以府、州、县官员的接任情况较省级长官而言更加值得关注。

对于正官暂去后由何官署印，明廷并无明确规定。揆诸常理，在正官启程入觐后，理应由排名第二的行政长官接管行政事务。例如弘治三年（1490）"（建宁）郡守入觐阙下，同知周时中董其事"；①嘉靖时，姚弘谟（1531～1589）"转常州府同知，至则太守方入觐也，公摄郡事"；②赵时春称："（甘肃平凉）县令上事，旬日辄解绶，亦有委符檄于道路者，丞常摄令事，邑治故归重于丞。嘉靖壬寅之岁，灵石张某以大学生履丞职，实掌令治。"③以上都属循例掌印之例。

然而明代的政治运行却并不总是按照常理办事，地方官员印务交接尚有不少特例。据笔者所见，十三省地区的知府入觐后是否由布政司委官代署知府印信暂不明确。天启五年（1625）大计时，直隶应天府尹魏说（万历二十六年进士）上觐后，代其署印者为南京光禄寺少卿文翔凤（万历三十八年进士）。而州、县由上级委官署印的案例则较为多见。例如天启五年泰州知州李存信入觐，由其上级扬州府派府推官吴一栻（万历二十九年进士）署理泰州印信；崇祯十年（1637）"（长沙）知府堵允锡入觐未返，通判周二南摄攸县事"④。此皆是府级推官直管州、县事务的实例。在明朝甚至有专门的"署印推官"之称，可见推官署州、县印务的做法在当时被普遍认可。除上级

---

① （明）谢纯：《（嘉靖）建宁府志》卷17《学校》，《天一阁藏明代方志选刊》第38册，上海古籍书店，1982，第11a叶。

② （明）申时行：《赐闲堂集》卷25《通议大夫吏部左侍郎兼翰林院侍读学士赠礼部尚书姚公墓志铭》，《四库全书存目丛书》集部第134册，第510b页。

③ （明）赵时春：《赵浚谷文集》卷5《送平凉县丞张朝觐序》，第309b页。

④ 《明史》卷294《忠义六·蔡道宪》，第7537页。

委官署印外，亦有调临县知县暂管印务的情况，如天启五年应天府江浦知县葛纯一因被告讦而听勘，代其掌印的官员为临近六合县令甄伟璧。①

明代时而出现由府级佐贰官或临近地区正官代为署州、县印的情况，主要在于同级佐贰官署印时难免遭遇各种现实困境。尽管正官去位后，佐贰官按顺序掌印属情理之中，但问题在于各地正官由朝廷选派并代天子治民，名正言顺；而佐贰官则仅具代管性质，虽然其品级可能较其他官员略高，但并不掌控同僚的人事权，② 这直接导致其权威性无法得到保障。不唯如此，对于大多数署印官，"上司不疑其才，则疑其守"③，这种上级长官的不信任使得署印佐贰官更加难以在同侪中树立威信。而府级推官或临县正官代署政务，则因其代表上级意志而能有效震慑属地官员，因此更加有利于处理地方政务。

但不论是上级机构委官署印抑或佐贰官顺延署印，代署政务者都难免会因其暂时代理人的性质导致地方行政效率降低。首先，上级所委派的署印官员自己也有本职工作，难以对署印地区的事务全身心投入；而佐贰官按职务顺延署印则难以得到同僚的全力支持。其次，明廷对暂时署印官员限制过多，例如都御史孙丕扬于万历二十二年（1594）奏请御批的《约束署印官员疏》，仅一封奏议对署印官的申饬便达二十条之多，④ 在如此

① （明）贾毓祥：《金陵按疏》不分卷《县官显被攻讦疏》，《原国立北平图书馆藏甲库善本丛书》第 227 册，第 1167a 页。

② 尽管从名义上说，所有官员的人事权都由吏部掌控，但地方长官却可通过填注考语的方式来干预吏部决断。从这一角度来说，几乎所有府、州、县正官实际都在某种角度上掌握了辖区内官员的人事权，而署印官则并不享有这一权力。

③ （明）孙丕扬：《都察院会题宪务疏》卷上《约束署印官员疏》，第 29b 叶。

④ （明）孙丕扬：《都察院会题宪务疏》卷上《约束署印官员疏》，第 29b~30b 叶。不唯申饬署印官必须遵守的准则颇多，导致阻挠正常行政运作，某些条文甚至带有公开污辱署印官的意味。试以数例析之。其一言："库中银两，宜经眼不宜经手。"看似保护了署印官免于经济犯罪，但问题在于如果署印官没有动用银两的权力，很多十分正常、合理的工作都难以开展。其一言："妻子僮仆，不知衙门事体，各营自己私财，署印官员不宜携带家口。"如果说正官通常较署印官更为优秀尚属无碍，但正官的妻子、僮仆也因此比署印官的家属更显高尚？这种戒令无疑是对署印官的公开讽刺。另有一款称："前官旧规，不宜轻改，如事有不便民，令百姓上（布政）司陈告。"这种做法更是公开陷署印官员于不义：一旦百姓上布政司告状，无疑意味着对署印官治理地方效果的极大不满。在种种约束之下，即使署印官希图振作也必然畏首畏尾。（转下页注）

众多的繁文缛节束缚之下，署印官即便有意尽心理政也难于施展。最后，明廷对于署印官的基本政策是：有过必罚，①但有功并不得赏。尽管孙丕扬在申饬署印官的奏疏中提出了一项看似颇具激励效用的举措，"通行署印官知会，覲典告完，正官复任，每省直仍将署印官通加评品，会同抚、按择其最贤最不肖者，各量奖戒三四人，或酌一参荐以示甄别，庶为善者知劝，不善者知惩"，② 但如果结合政治运行实际，就会发现这些看似赏罚分明的许诺不过是"空头支票"。一省之内的省、府、州、县四级署印官人数众多，而获得推荐的仅有数人，可谓沧海一粟。如果把署布政司印或署知府印的官员同署知县印的官员不加区分一同评价，无疑会导致极大的不公平。③ 大计黜落过后，铨选随之开始，各升、降、调的官员都将尽快赴任履新。而待正官回任后，抚、按官再行举荐卓异署印官，经过往返批复程序，相应官缺，尤其是美缺大多已有人占据，留给这些署印时表现优异官员的机会其实极少。此外，到孙丕扬上奏的年份，明廷已治理超过两百年，而此时才提出对署印官申饬的详尽方案，可见之前的奖惩措施大都付之阙如（至少也是成效甚微），所以才需要进行反复申饬。

由于以上原因，不论是朝廷层面还是署印官员自身，都对署印官的表现没有太多期待。在孙丕扬眼中，"（署印官）有推事避嫌，远利防害，庶务堆积，一毫不理者。此等官员才力虽弱，谨守无失，仅仅中人耳"④。如果将这类官员放入大计当中，至少应归入"罢软"或"不及"的察例之中予以惩治，而在署印中这类行为竟然被主管考察的都御史接受，可见

（接上页注④）为何明廷对署印官的防范竟至于此种地步？一般而言，立法是现实的折射，难道明廷的署印官尽皆不肖？此一问题尚可深究。

① 如吏部尚书王国光在其任上时即奏请："其署印官，敢有罔利殃民者，从重究问，不许轻纵。"见（明）王国光《司铨奏草》卷2《覆都给事中陈三谟等条陈朝觐疏》，第47叶。

② （明）孙丕扬：《都察院会题宪务疏》卷上《约束署印官员疏》，第30a叶。

③ 署布政司印的官员所承担的责任显然大于署府、州、县印务的官员，如果在最终评价时偏向低级官员，无疑是对这些较高级官员的不公，但一旦将有利政策偏向高级官员，又容易招致在奖励署印官时不凭实迹而凭官位高低的非议。因此无论最终如何推荐优秀署印官，都难以周全地照顾到所有署印者。

④ （明）孙丕扬：《都察院会题宪务疏》卷上《约束署印官员疏》，第29a叶。

高层对署印官的期待之低。而署印官虽然也有积极进取之人，[①] 但更多的仍只是持禄保位，以无过为功。更有甚者竟以署印为谋利之机，这在明人"署印如打劫"的讥诮中可见一斑。[②]

在缺乏劝惩机制的前提下，令这些毫无工作积极性的署印官进行有效治理不啻空谈，这又倒逼吏部一再发文对他们严加申饬。总的来看，在署印官理政的问题上，时常出现"中央申饬—署印官消极怠工—中央再申饬"的循环，这种内耗型的政府管理方式显然不能满足地方治理的需要，这应是每逢朝觐考察之期，抚、按官便罔顾中央要求各级正官上计的命令，上疏奏请正官留任的原因所在。

（三）入觐官名单的报备

无论最终确定由地方正官入觐抑或由佐贰官代觐，把入觐官姓名向上级部门报备的程序都必不可少。报备的对象有二：一是必须向吏部报备，明廷规定"各该衙门先将应朝官吏姓名并起程日期径申本部，限九月以里到部"；[③] 二是应当报上级衙门知会，其目的在于防止官员"预先离任，旷废职业"[④]。然而在实际大计准备过程中，这两种报备方式都未能发挥预期效用。

入觐官向吏部报备虽是见诸《吏部职掌》的重要规定，然而该制度在设计时却存在漏洞。吏部规定各地应在九月以内将应朝官员姓名和启程

---

① 例如王樵称："隆庆辛未，我郡侯胡公，邑侯王公入觐阙庭，别驾（通判）侯公实来莅我邑事。（侯）公曰：'凡邦与邑，如御者与右，所职不同，共行一车；舵师、长年，所业异操，共行一舟。安敢以摄故，不勉吾事。'"虽不知其履任时是否言行相符，但至少可见其有作新县政的初心。孙丕扬亦称："有素抱才华，无由施政，借掌印以展其经济之学者。三两月间，颂声大起，终身受用，尽在此番，此高品也。"可见实心任事的署印官固有其人，但人数却相应较少。因为如果署印官认真署成为常态，时人便不会这样把理所应当的事情反复彰显。见（明）王樵《方麓集》卷 3《赠侯别驾序》，《景印文渊阁四库全书》第 1285 册，第 165b～166a 页；（明）孙丕扬《都察院会题宪务疏》卷上《约束署印官员疏》，第 29a 叶。

② （明）赵南星：《赵忠毅公诗文集》卷 20《朝觐合行事宜疏》，第 605b 页。赵南星称："各正官入觐，印务须委官署掌。谚云：'署印如打劫。'此语似为太过，今则成真实语矣。始而虑州县佐贰之贪也，而易之以教官；教官犹佐贰也，则又易之以府佐；府佐亦未必皆廉，且印多人少，于是上官无术而下民无命矣。"十分生动地道出了尽管在选取署印官时数易其人，但"署印如打劫"的困境终究未获解决的实况。

③ （明）李默：《吏部职掌》不分卷《考功三·朝觐事宜》，第 181 页。

④ （明）李默：《吏部职掌》不分卷《考功三·朝觐事宜》，第 181a 页。

日期开报到部，但因为地方开报的应朝官职名汇总文册仅具有报备性质而无须吏部批准（实际上吏部也无法对这一上报名单予以核准），地方官员完全可以在将启程日期报吏部备案后即刻离职入觐，这样即使启程时间稍有提前亦不算违反程序。尽管抚、按和上级官员都可以对提前入觐官进行论劾或申饬，但在实际政治运行中，高层官员往往对"急于王事"的上计官网开一面，并不过分追究其提前离任的情况。

抚、按官在面对官员提前入觐的问题时，即使想要有所作为也时常有心无力。第一，抚、按下辖官员甚多，而抚、按本人应承担的政务又异常繁杂。若非抚、按刻意关注，实际上很难确知是否有下属官员事先离任，尤其是佐贰官代正官入觐时，抚、按的这种困窘表现得越发明显，因为某些抚、按官甚至连正官都难以知晓周全，对佐贰官更不会格外留心。第二，即便抚、按官知道属下某些官员确实预先离任，但对离职时间并不太长的官员也不便一一参究，否则便失之于严苛。

至于向上级报备，更是偏向于礼节性的举动。每逢朝觐考察届期，省级官员离任赴京时间通常早于下属各级官员，[①] 因此上级衙门正官甚至不可能看到下级的报备，更毋论对下级官员预先离任进行弹劾。一旦本管上司离任，下级官员完全可以毫无顾虑地提前赴京。甚至在职务交接未完的情况下，入觐官都可执意离任。例如"万历庚子，旌德张尹，江西人，有惠政。时当入觐期迫矣，署邑推官意不合，以赋未完止之。令曰：'赋非二三日可征也，失期，则大察当黜，黜可也。'行矣"[②]。这便是县令在州级长官的留用下坚持入计之例，而且张县令在补完赋税之后，不仅未因入觐前的职务交接未完而受到任何惩罚，甚至在当次考察中"奏最"，不难看出上级官员对于控制下属官员离任的无力感。

总的来看，虽然吏部为防止入觐官提前离任而要求各地报备上计官启程日期，并令抚、按对入觐官的离任情况予以监督，但在行政过程中，面

---

① 因为上计官员负责全省的计簿，万一路途因各种不可抗的因素而未能按期入觐，其影响绝不是一府、一州，而是整个省，这无疑是极为重大的行政事故。而且州、县官尚可在最晚的期限十二月二十五日抵京，但省级长官（直隶地区府级官）必须在十二月十六日之前赴京以便按规定日期至吏部上交全省考察文书。所以在明代考察中通常会出现官品越高的地方官离任越早的现象。

② （明）方弘静：《千一录》卷17《客谈五》，第358a页。

对上计官预先离任这一违例现象，却因上述原因而出现抚按少纠、上司少管的景象。如果连在地方履任的抚、按和有司都会遭遇这种尴尬，那么在中央的吏部只会更加无能为力。因此对朝觐启程日期的规定，注定只能是一纸空文。

（四）地方行政事务的交接

尽管明政府在选任署印官时稍显得随意，但对入觐官和署印官之间行政事务交接规定得异常严格。一旦选好署印官员，便需立刻进行职务交接。根据明廷规定，职务交接的内容包括赋役、库存钱银等。在一般情况下，官员通常会严守朝廷规制并顺利完成交接。如李开先（1502～1568）称"（见川刘知州）将朝觐上京，两邑徭役，计日报完"①；李乐（1532～1618）称："余金闽宪，左辖沈公人种、右辖吴公文准，一时相叙。沈入觐，与吴交盘库藏。"② 可见明代官员对待入觐前政务交接的态度比较严肃，其原因在于相应的惩戒措施保证了这一法令的权威性。

如果地方正官未能妥善完成相应的交接工作便希图入觐，其入觐请求很可能被否决。在上文的案例中，署印推官便以"赋未完"为由，阻止旌德张县令入觐。不唯如此，如果在入觐请求因交接未完而被否决的前提下相应官员仍执意入觐，接任官甚至上级官员虽然不能阻止其行为，却可以对其进行弹劾并使之受到惩处。如万历三十五年（1607），扬州府推官吴一杖奏称"职蒙委署泰州印务，原任（泰州）知州李存信入觐期迫，径行，库内钱粮，俱未交代"，并因此对李存信进行弹劾。③ 这是有关正官入觐交接的一般情形。

但如果正官留用而令佐贰官代为入觐，比较重要的入觐准备工作便是正官会同入觐官预先商榷进京后的具体事宜，正所谓"凡朝集使，必以长吏。非长而行者，事必豫，谋必宿。不豫不宿，则执事者有弗逮之忧"④。而所"预"、所"宿"之事，主要包括以下几方面。一是属地官

---

① （明）李开先：《李中麓闲居集》卷5《送见川刘尹朝觐序》，第559b页。
② （明）李乐：《见闻杂记》卷10，第九十二条，上海古籍出版社，1986，第890页。
③ （明）孙居相：《两台疏草》疏草《劾泰州李知州疏》，第7a叶。
④ （明）李默：《群玉楼稿》卷2《赠大参伯燕峰詹公入觐序》，第570a页。

员的人事问题。由于代替正官入觐的官员通常会参与最终的吏部过堂，尤其是省、府两级的官员还要参与"过堂说事"，并同吏部官员最终议定属员去留，一旦吏部尚书、都御史问及属地治理及属官的具体情况，说事官茫然无知，终为不美。① 如果出现更为极端的情况，即入觐官与其直属上级原注考语存在抵牾，至吏部公堂上公然翻供，更会让当地长官颜面无存。因此上计官和正官必须事先详细谋划，即使内部确有冲突，也必须在此阶段达成双方都能接受的协调意见。二是正官不得入觐，但正官的亲朋好友或许不少在京官任上履职，尤其是进士出身的官员，其房师、座师、同年、同乡已经天然构成一张自成体系的关系网。如何维系这些交谊以维护自身眼下的治理、助益日后的升擢是绝大多数官员都会考虑的问题，因此如果代自己入觐的官员是自身十分亲信之人，被留用的地方主官尚需委托其在入觐之后疏通各方面关系，正所谓"至（京）则奔走承谒，缁尘被体，犹恐恐得咎"②，因此亦需事先悉心谋划。

在办妥职务交接之后，各级入觐官应做的上计准备工作便暂时告一段落。

二 巡抚、巡按的大计准备

尽管巡抚、巡按是都察院派驻地方的监察官员，但因其常驻地方理事，逐渐完成了"中央机构地方化"③ 的进程。因此，与其他中央官员处庙堂之高而难以亲身参与朝觐考察的准备工作不同，抚、按在大计制度的运行过程尤其是准备工作中发挥了非常重要的作用。

虽然巡抚职级至少是正四品，而巡按通常是正七品，但他们的考察职能的行使却并没有因为职级悬殊而产生明显差异。在某些特殊时期，级别较低的巡按在考察官员时的话语权甚至毫不逊色于巡抚。如弘治年间，

---

① 例如广东布政司参议代替布政使入觐便遭遇了这种尴尬。"是岁，东广左伯朝，命留治军；右伯行且首路，俄报以忧去；次当行者，为燕峰詹公……或谓燕峰位参藩政，藩政不悉由己。所分地才千里，环岭海数十州，邑吏贤否，孰与知者？"其中"或谓"一词，明显表露当时广东官员对燕峰詹公能否圆满完成入觐任务的不信任感。见（明）李默《群玉楼稿》卷2《赠大参伯燕峰詹公入觐序》，第 570 页。

② （明）李默：《群玉楼稿》卷2《赠大参伯燕峰詹公入觐序》，第 570a 页。

③ 方志远：《明代国家权力结构及运行机制》，第 23 页。

"左都御史戴公珊当考察时，吏部只欲凭巡按御史考语黜退，公（戴珊）不从"①；又如嘉靖年间，都御史胡世宁（1469～1530）称"考核官吏之际，与夺轻重，皆惟巡按出言"②；嘉靖时巡盐御史戴金（1484～1548）同样记："两淮运司及所属衙门，额设官共六十余员，每遇三年考察，其贤否悉凭巡按御史定其考语。"③ 这些官员在论及考察时都单方面强调巡按而忽视巡抚的职权，可见巡按在考察事务中的地位之高。出现这种反常现象的主要原因有二。第一，由于巡抚的辖区并不一定和巡按重叠，部分地区仅有巡按而无巡抚，因此巡按独重。例如明英宗即令："府、州、县官……若有老、疾、罢软不能任事者，从巡抚官考察；无巡抚官，从巡按御史考察。"④ 至《正德会典》时重申："各处巡抚、巡按会同从公考察……如无巡抚，巡按会同清军或巡盐考察；俱无，巡按自行考察。"⑤ 第二，巡抚权力较广而巡按职能较专，考察官员只是巡抚众多职能的一项，但却是巡按的较为重要的职责之一，所以巡按会对考察格外留心。⑥

大体言之，抚、按在考察准备阶段所做的工作尤为集中地体现在注考、荐劾和保留官员三个方面。给属下官员填注考语，是抚、按官在考察准备阶段最重要的职权，这已在上一章第二节有过充分研讨。以下仅对举劾与保留官员进行详解。

（一）奏请地方官留任⑦

1. 请留地方官的原因

按明初太祖定制："凡在外官员，三年遍行朝觐。"⑧ 但因各种临时性

---

① （明）陈洪谟：《治世余闻》下篇卷4，第60页。
② （明）胡世宁：《胡端敏奏议》卷4《陈言治道急务以效愚忠疏》，第620a页。
③ （明）朱廷立等：《盐政志》卷7《疏议·戴金装法疏》，《四库全书存目丛书》史部第273册，第600a页。
④ （明）孔贞运：《皇明诏制》卷5，天顺八年三月初二日条，《四库禁毁书丛刊》史部第56册，第621a页。
⑤ （明）李东阳等：《正德会典》卷15《吏部十四》，第164a页。
⑥ 因为巡按在某一地区的任职时间较短，所以官员考察这种政绩较易量化的工作，更能为巡按日后的晋升增添筹码，这或许也是巡按格外注重官员考察的原因之一。
⑦ 有关抚、按官在大计前的奏请留用上计官的情况，可参附录5。
⑧ 《诸司职掌》不分卷《吏部·朝觐》，《续修四库全书》第748册，第616b页。

事件的影响，分驻各地的抚、按屡屡在朝觐届期之际上疏奏乞保留入觐官员，使其免于上计。这是在明代大计中为抚、按所独有的职权。较为常见的留用地方官请求主要有以下几种。

一是安抚地方。弘治五年（1492）和弘治八年，徐恪（1431～1503）分别奏请留用河南和湖广两省的朝觐正官，乃因河南数县在弘治五年受黄河泛滥的影响民不聊生，①而湖广地区在弘治八年因"地方连年旱潦，民多艰食"，故需留官安抚。②天启四年（1624），南直巡按贾毓祥（万历二十二年进士）也是因为属地"淫雨弥月，一望成湖"③，故奏请保留地方官员以赈济灾情。可见每遇水旱灾害，巡抚、巡按便希望地方长官留任，以便安抚民众。此外，地方若出现流民，同样需官安抚。例如弘治二年，"抚治郧阳等处都御史郑时奏，湖广郧阳、襄阳、荆州三府，并陕西汉中府及商州所在多流民，未能复业，乞免各州县官明年朝觐，令在任抚恤"④。

二是防御患乱。王阳明（1472～1529）在正德十四年（1519）奏留江西地区入觐官，即因当年宁王朱宸濠（1476～1521）叛乱新定，需将上计官留任以防变数；⑤许瓒（1473～1548）于嘉靖二十二年（1543）奏留山西入计官员，则因"山西地方节年被虏"⑥；嘉靖三十四年（1555），"实维入觐之期，顾东南岛夷未靖，留郡邑之长，为保障计"⑦，可见留用浙江上计官乃为防止东南倭寇为患。

三是修造工程，尤其是建造各地王府。弘治八年，"免湖广武昌、长沙、衡州、德安、安陆等府、州、县正官明年朝觐，以巡抚、巡按奏言地

① （明）徐恪：《少司空主—徐公奏议》卷2《灾异乞留朝觐正官赈济疏》，《天津图书馆孤本秘籍丛书》第2册，中华全国图书馆文献缩微复制中心，1999，第215b页。
② （明）徐恪：《少司空主—徐公奏议》卷8《乞留朝觐官员以安地方疏》，第286a页。
③ （明）贾毓祥：《金陵按疏》不分卷《遵例议留应朝正官疏》，第1157b页。
④ 《明孝宗实录》卷27，弘治二年六月戊申条，第599页。
⑤ （明）王守仁：《王阳明先生全集》卷14《奏留朝觐官疏》，《四库全书存目丛书》集部第51册，第73b～74a页。
⑥ （明）郑晓：《郑端简公奏议》卷8《议留朝觐正官疏》，《续修四库全书》第476册，第656a页。
⑦ （明）顾梦圭：《疣赘续录》卷上《送郭主簿序》，《四库全书存目丛书》集部第83册，第172a页。

方旱潦，苗獠侵扰及修造王府，须正官督理也"①。又如弘治十一年（1498），"免湖广衡州等八府及沅阳等三州并所属州县正官明年朝觐。巡抚都御史沈晖言方修造王府，且流贼窃发，缉捕未尽故也"②。同年，"以山东修建泾、衡二王府第，免兖州、青州二府并所属州县正官明年朝觐，从镇、巡等官奏也"③；"免河南中牟、原武等县首领官明年朝觐，以巡抚等官奏，修治汝王府第也"④。再如弘治十四年，"免湖广武昌等府州县正官明年朝觐，以地方灾伤、苗獠猖獗与修盖王府，从巡抚等官请也。"⑤

四是县治新设。成化十三年（1477），"诏免（湖广）郧阳等府、州、县官明年朝觐，以都御史原杰言各官皆新置，政令未敷故也"⑥。弘治十一年，"免河南沈丘县正、佐官明年朝觐，以县治新设故也"⑦。但需格外指出的是：因县治新设而留用入觐官与以上三种留用入觐官理由有明显差异。前三种理由，皆是地方官有行政事迹可考而因事免考，但县治新设之地则因正官到任日浅，没有足够事迹可供考察，因此可以对其免考。

综合以上四点不难看出，留用理当上计的地方官本是救济地方一时之急的权宜之计。然而在实际的政治运行中这一权宜之计却屡屡为抚、按所滥用。以贵州为例。成化二十二年、弘治二年、弘治五年，贵州连续三次免朝觐；弘治九年大计前未见贵州免朝觐的记录，而弘治十一年、弘治十四年，弘治十七年又连续三届免除贵州朝觐。⑧ 贵州确实地处偏远，入觐费时且治理困难，但二十余年间仅让贵州官员参加一次朝觐，考功之法权威何存？不唯如此，对于入觐官而言，上计实是在繁忙公务之余的"公休假期"，长期让官员在地工作而不得闲暇也不利于充分调动官员的为政

---

① 《明孝宗实录》卷103，弘治八年八月戊午条，第1881页。

② 《明孝宗实录》卷138，弘治十一年六月己卯条，第2402页。

③ 《明孝宗实录》卷142，弘治十一年十月乙丑条，第2445页。

④ 《明孝宗实录》卷144，弘治十一年闰十一月丙子条，第2512页。

⑤ 《明孝宗实录》卷174，弘治十四年五月戊午条，第3177页。

⑥ 《明宪宗实录》卷166，成化十三年五月乙丑条，第3105页。

⑦ 《明孝宗实录》卷138，弘治十一年六月甲午条，第2402页。

⑧ 有关贵州前述六次免朝觐的记录，见《明宪宗实录》卷277，成化二十二年四月庚子条，第4677页；《明孝宗实录》卷25，弘治二年四月乙酉条，第570页；《明孝宗实录》卷61，弘治五年三月丁亥条，第1185页；《明孝宗实录》卷135，弘治十一年三月戊申条，第2370页；《明孝宗实录》卷172，弘治十四年三月丙辰条，第3129页；《明孝宗实录》卷210，弘治十七年四月辛丑条，第3907页。

积极性。

2. 各方对抚、按请留地方官的态度

尽管抚、按为了安抚地方而经常奏请保留入觐官，然而这却抛给上计官们一个难题，那就是在抚、按官奏请保留上计官的同时，地方长官也必须按规定向吏部报备入觐官姓名。一旦二者发生冲突，地方官面对抚、按欲其留任而上司已将其报入上计名单的窘境，该如何做出选择？

一般而言，上计官会偏向上司一方。第一，抚、按逗留日短而与上司共事日长，如果有地方官在短期内因屈从抚、按的要求而忤逆上级，一旦抚、按离任，其境遇很可能非常尴尬。第二，因为各种不可预测因素（如皇帝怠政导致奏疏积压、吏部认为不必留用正官）的影响，抚、按官的奏请很可能得不到预期批复。即使一切运行正常，经过抚、按上奏，吏部议覆，抚、按向地方官转行吏部议覆结果这一整套标准化的行政流程也颇需时日。若抚、按的议留遭到拒绝或是有所迁延，而地方官又因为一直等待吏部回复耽搁启程准备，造成的不良后果只会由上计官本身承担而难以归咎于出于"一片公心"的抚、按。第三，各地方长官不仅可以利用上计机会顺路探望家人，还可以在进京之后拜访在京城任官的师友，巩固自身的关系网络。在以上三方面原因的共同作用下，即使抚、按官确实因处理地方事务的需要而留用朝觐官员，其意图也时常因现实条件的制约而无法达成。如郭应聘（1520~1586）记："是岁，诸司例当入觐。余时以藩臣长，具牍（总督李迁）告行。公不许，且草疏以戎事留。余复前请曰：'修觐，臣职也，况有母在，将迎以归。'公怆然曰：'君言及此，是益吾愧。吾母长若母且几年矣。吾欲归侍之，日久矣。简命方新，渠凶未殄，义未敢言去耳。'"[①] 尽管如此不情愿，李迁（1511~1582）最终仍然同意了郭应聘的入觐请求，可见巡抚对执意入觐的地方官实难挽留。最为极端的案例来自弘治十一年（1498）云南按察使陈金。据时任云南副使汪舜民（？~1507）记："按察使西轩陈先生（朝觐）戒行有日，镇守太监刘公明远、总戎黔国沐公希召、巡抚都御史张公汝钦、巡按御史余公诚之，金以边徼务重，议欲上疏留先生以靖军民

---

① （明）郭应聘：《郭襄靖公遗集》卷19《大司寇蟠峰李公督抚疏草序》，第410b页。

者。先生曰：'述职，人臣大节。且在堂有九十之母，顺道归省，人子至情也。'……刘、沐二公知先生不可留，各制诗一章，以寓别意。"① 所有中央派驻云南的王公、镇守中官、巡抚、巡按共同请留一按察使而不得，不难看出上级官员即使想要留用上计官，在现实因素的制约下也难免有心无力。

然而，在部分地方官面对抚、按奏留仍执意上计的同时，也有很多官员却为因抚、按奏留而免于入觐倍感欣喜。这是因为明廷为保证地方的有效治理，自明中期开始在全国范围内推行"久任法"。这就造成虽有"三载考绩"的规定，但一般地方官员在"久任法"的约束下必须有近六年的为政经历方可升擢。如赵南星称"王公为邑甫三年，此时长吏方久任，未宜迁转也"②，汪道昆（1525～1593）言"久任之议，不啻三令五申，是岁征一等入台垣，必历五年八月以上"③，可见久任法在当时得到了很好的执行。然而久任法的执行也带来了巨大问题。一是每逢入京朝觐都需要上计官个人负担相应支出，如果在上计前地方官员已经明知本次不可能升迁，其入觐意愿会因此降低不少；某些偏远地区官员，一次入觐往回需花费多达半年以上的时间，这无疑会给这些官员复任后继续治理原地方造成极大不便。不唯如此，地方主官在长期离任之后能否很快进入职业状态，在原有地区的影响力是否会今不如昔，④ 这些问题都会被纳入官员的考虑因素当中。在这些因素的共同作用下，一些地方官员本人也不愿意参加朝觐考察。

---

① （明）汪舜民：《静轩先生文集》卷6《送按察使西轩陈先生朝京诗序》，第57a页。
② （明）赵南星：《赵忠毅公诗文集》卷9《送临城邑父母象翁王公入觐序》，第223b页。
③ （明）汪道昆：《太函集》卷8《陈令君再入计序》，《续修四库全书》第1346册，第597a页。
④ 正官在位时，属官即便对正官有怨言，也慑于其威严而不敢造次，而正官的朝觐去任很容易促使对其有怨言抑或希图取而代之的属官进行政治冒险。例如王三接（嘉靖二十九年进士）时任广西柳州知府，"岁当入觐上计，两台疏留君毕役，请毋行。而修郄者，复乘君不在，以间调君"。此即是正官去任日久之后，谗言得进的典例。因为有此类顾虑，所以即便有不少官员争先恐后地入觐，也确有官员因为属地的人际关系复杂而不愿意入觐。见（明）王世贞《弇州续稿》卷115《太中大夫河东转运盐使司运使少葵公暨元配归安人合葬墓志铭》，《景印文渊阁四库全书》第1283册，第623b页。

因此，一方面抚、按官为了加强地方治理而不愿属下官员上计，[①] 另一方面某些地方官为了自己的利益也不愿参加朝觐。两者一拍即合，直接导致抚、按官随意保留地方官员的情况时有发生。诚如吏部尚书王国光所论："臣等看得，朝觐述职，国家大典，有事暂留，乃一时之权。近来有司偷安惮劳，往往托言他故，希图奏留。"[②] 这无疑是对考察制度正常运作的破坏。

3. 奏请保留入觐官的效用分析

保留地方官员并不意味某府、某州、某县的官员完全不用入京朝觐，而是留地方正官理事，并由其他官员代替正官入觐。在正官被保留的情况下，根据衙门性质不同，入觐官员的选择亦有差异。就地方州县衙门而言，"其全设州、县，仍令佐贰官带同首领官、吏；半设县，分令首领官、吏，赍册应朝"[③]。而行太仆寺、行苑马寺等中央派驻地方行政机构的情况是："若系全设衙门，止令首领官带同该吏赴京朝觐；若系裁减衙门，止令该吏。"[④] 同时，无论是抚、按奏请保留抑或是地方官本人不愿上计，明廷要求如非特殊情况，各省、府、州、县必须派人上计。如嘉靖三十四年（1555）南直吴县遭遇倭患，以收税为职的郭主簿无税可收，顾梦圭（1500～1558）称："郭君之行，殆亦无职可述矣乎。"[⑤] 即使无职可述仍要上京，可见明廷希望从中央层面维护上计制度，使之得到严格执行。

实际上，在明朝建立后的很长一段时间内，抚、按官一直和中央官员（尤其是言官）在地方官是否按期上计的问题上有明显的观念冲突。抚、按官由于对署印官缺乏信任，在地方遇有灾伤时，往往为实现辖区有效治理而疏请保留朝觐正官，这无可非议。但问题在于：某些抚、按官在地方事务并非异常紧急时，为了维持辖区政务的有效运转也会疏请保留朝觐正

---

① 例如陈有年在江西巡抚任上奏请保留朝觐正官时，即明确指出："暂免正官入觐，一以省费，一以安民。"见（明）陈有年《陈恭介公文集》卷4《申饬吏治量免有司朝觐以救遗民以固地方事疏》，第691a页。

② （明）王国光：《司铨奏草》卷2《覆都给事中陈三谟等条陈朝觐疏》，第40叶。

③ （明）陆光祖：《陆庄简公掌铨疏略》卷2《覆巡抚李涞等题请江海州县正官免觐疏》，第47a叶。

④ （明）徐恪：《少司空主一徐公奏议》卷8《乞留朝觐官员以安地方疏》，第287a页。

⑤ （明）顾梦圭：《疣赘续录》卷上《送郭主簿序》，《四库全书存目丛书》集部第83册，第172a页。

官。抚、按官保留上计官的奏请过多，直接导致中央官员对这一举措的必要性产生怀疑。仅以笔者所见三例证之。

（成化十六年十二月）吏科给事中王瑞等言："比湖广、江西等处巡抚等官各奏所部灾伤，民饥盗起，请免各官明年朝觐。臣等以为朝廷命官初意，惟欲其赡养生民、抚绥地方。今民饥盗起，皆各官不职所致，正当罪以示警，顾乃为之请留。前后因仍，恐为定制。诸司正官既留，则进退人才无由，而审止凭巡按等官所报揭帖，则考察之典亦应故事而已。且地方多事，自宜设法拯济，何至故违旧制，使朝觐大典渐至废弛？明年来朝并在任官，乞严加考察，或有不公者，听科道纠之，庶足以为徇情欺罔之戒。"上曰："三年述职，国家旧典。若徇所司各庇其属，有贪暴荒怠者乌得而核之？给事中言是，其令吏部知之。"①

（隆庆元年八月）以庞惠免山西大同、太原二府并各属应、蔚、浑、翔、保德、岢岚、忻、代八州，大同、怀仁、山阴、马邑、灵（仙县）、（灵）丘、广昌、（广）灵、河曲、兴（县）、岚（县）、繁峙、五台、静乐、临峤、定襄、宁乡十七县及行太仆寺正官来朝。以水灾，免湖广荆、汉二府及江陵、公安、石首、监利、均州、襄阳、枣阳、南漳、宜城、谷城、商州、洋县各正官来朝。南直隶、浙江抚按官各以地方灾寇，奏免淮、扬二府及杭、宁、温、台四府正官来朝。吏科王治言："朝觐大典，六府官不宜援有事例乞免。"上命仍来朝如制。②

隆庆四年题准。两广见在用兵，要查某处事势危急，及各省地方果有灾伤，贼情事势重大，正官必不可缺者，量留数员料理。其一切零贼小灾及两广不用兵郡县，俱要责令依期入觐。③

① 《明宪宗实录》卷210，成化十六年十二月己未条，第3836页。
② 相关奏请，见《明穆宗实录》卷10，隆庆元年八月庚子条，第309页；隆庆元年八月壬寅条，第312页。
③ （明）申时行等：《大明会典》卷13《朝觐考察》，第222a页。

通过以上三个事例，可以发现明代的中央官员（尤其是言官）经常对抚、按官议留朝觐正官的做法提出反对意见，这固然是出于维护中央法度权威性的考虑，中央官员的反对实际也为上计制度的严格执行提供了保障。颇为吊诡的是：抚、按多由言官升任而来，一旦这些低级言官成为抚、按官员后，他们一如自己曾经反对过的抚、按官一样，继续奏请保留地方朝觐正官，这一现象颇可玩味。

需要补充说明的是，虽然王国光的说辞是"有司希图奏留"，但实际情况是有司仅能提出奏留属员的想法并呈抚、按上报转行，因此与其说是"有司希图奏留"，毋宁说是"抚、按希图奏留"更为准确。据笔者所见，至迟从弘治年间开始，入觐官的本管上司，亦即各处布、按二司便已无权保留入觐官，这从徐恪的奏议中可以得到直接印证。徐恪在弘治五年（1492）奏请保留地方官时，明言其议留地方朝觐官员的缘起在于："据河南布、按二司呈，据开封府申称所属兰阳、仪封、考城……八县，俱近黄河，弘治五年四月中旬以来，节被黄河泛涨，所种谷豆等苗尽被淹没，民不聊生……正系紧关用人之际，诚恐各该掌印并首领官须知赴京，不无误事，申乞转达。"① 可见早在弘治年间，地方有司官希望留用应觐属员便已需报巡抚批准。至明朝末年，四川总督朱燮元（1566～1638）在大计前奏请留用属地官员，同样是因为四川布政使的请托。② 可见自弘治至明朝末年的百余年间，有司官无权直接奏留属员的情况始终一致。一旦抚、按官保留上计官的申请得到批准，地方官便只能借由抚、按和有司两套系统开报的考语来获得考评，而有司官通常不会在官员注考方面明显忤逆抚、按官，③ 这也是抚、按官在大计中地位独重的原因所在。

（二）举荐与论劾

每逢大计届期之时，抚、按官都会根据自己履任时的见闻对属下官员进行举荐或论劾。无论是荐是劾，抚、按的评断都会在其后的正式考察时

① （明）徐恪：《少司空主—徐公奏议》卷5《灾伤乞留朝觐正官赈济疏》，第215a 页。

② （明）朱燮元：《督蜀疏草》卷10《议留朝觐官员疏》，《四库全书存目丛书》史部第65 册，第321a～322b 页。

③ 在第四章第二节讨论考语获取时所选用的唐龙一例，即很好地表现出地方官与抚、按是如何在基层就考语达成初步协同意见的。

发挥重要作用。

就举荐言之，明廷在考察结束后会对部分政绩格外突出的官员予以特殊表彰，例如赐宴礼部或特赐钱币。这类卓异官员虽由吏部提名，但吏部提名的重要依据无疑是抚、按的举荐。获得举荐的好处绝不仅仅体现在这些浅显的精神和物质层面，如无太大意外（例如访单中的论劾过多），被荐官员在考察时大多可获上考，而获得上考无疑意味着前途可期。即使某些官员有黜落之虞，若曾得到过抚、按官的举荐，还可将其用作减轻罪责的凭据，例如万历十四年（1586）大计，参议傅霖（1533～1602）因名在察单之列，其弟御史傅霈（万历五年进士）即以傅霖曾被多次举荐为由，为其进行辩护；① 祝以豳（1551～1632）的父亲作为上计官，因为到京感染寒疾而无法过堂最终导致被处置，祝以豳同样提出"该省抚、按会举先臣卓异，有五花考语在吏部可查"② 这一事实，试图为其父恢复名誉。可见抚、按举荐不仅是官员的晋升之阶，亦是官员的护身之符。

比举荐更值得关注的是抚、按在考察前的论劾。③ 考察作为"砥世磨钝"之典，首要目的在于裁汰不职而非奖励卓异，仅就这一最表层的原因来说，论劾的重要性便已远胜举荐。而且抚、按的举荐，吏部官员不一定采纳，即使吏部官员采纳，皇帝是否予以嘉奖亦属未知。其效用一旦发挥，固然能使被举荐官员名利双收，但问题在于其效用并非总能得到发挥。而抚、按的论劾却总是会引起吏部的高度重视。

第一，抚、按的察前论劾重点突出，能极大减轻吏部的审理负担。随着明廷有资格为地方官注考的上官增多，④ 连抚、按及省府开报的考语，

① （明）陆光祖：《陆庄简公掌铨疏略》卷4《参御史傅霈代兄傅霖辩考察疏》，第35b～38b叶；（明）李世达：《少保李公奏议》卷3《养病御史因兄被黜妄奏私挠计典乞赐究处疏》，第22a～25b叶。

② （明）祝以豳：《诒美堂集》卷15《沥血陈情乞准先臣原职进阶以广孝治疏》，第597a页。

③ 有关抚、按官在大计前的论劾情况，可参附录6。

④ 如时任吏部尚书王国光称："臣等看得考察五花文册旧规，止抚、按官造送。自御史李承华条陈之后，始行各差御史一概造送，册内考语多与抚、按相同……委系繁琐。合无今后行令各差御史不必再造五花册。"可见因为注考官员的增多，吏部官员疲于应对。见（明）王国光《司铨奏草》卷2《覆都给事中陈三谟等条陈朝觐疏》，第45～46叶。

吏部官员也难以遍览，遑论较考语更为细致冗长的须知文册和上计簿。而抚、按论劾则缓解了吏部官员面对堆积如山的考察册揭时的燃眉之感，在众多《纠劾备察疏》中，抚、按官都会详细开列官员的过犯事实。例如巡按周孔教（1548～1613）于万历十九年（1591）上呈的《纠劾不职方面官疏》和《纠劾不有司疏》中，论劾河南右布政使姚学闵（明隆庆五年进士）、彰德知府林鸣盛（万历二年进士）等，皆用数百字的篇幅描述相应犯官的不职实情。① 在弹劾之时，抚、按可以提出初步处分意向，例如巡抚张国维（1595～1646）、巡按王以宁（1567～?）在论劾官员过后明言"所当照不谨例处分者也"②，"当照不及例降调以示惩创者也"③，因此吏部无论是出于提高行政效率抑或是减轻工作负担的考虑，都会重点参详抚、按论劾的相关册揭。

第二，抚、按察前论劾还可减小吏部因误判而造成的舆论压力。不论是科道言官咨访还是吏部最终结合抚、按考语进行过堂，一旦出现差错且引发恶劣后果，吏部官都应承担主要责任。④ 抚、按官通过奏疏对属地官员进行论劾，按照正常的公文处理程序，奏议至少在通政司、吏部、内阁、司礼监四处留有存本。即使之后出现误差，吏部官员也很容易自我辩白。在以上因素的共同作用下，吏部自然会格外注重抚、按官的察前论劾。因此，抚、按论劾对于大计结果的影响不难想见。⑤

总的来看，尽管抚、按在朝觐考察准备阶段（实际也是整个大计过

---

① （明）周孔教：《中州疏稿》卷2《纠劾不职方面官员疏》《纠劾不职有司疏》，《续修四库全书》第481册，第282a～290b页。

② （明）张国维：《抚吴疏草》不分卷《（崇祯）九年大计纠劾疏》，《四库禁毁书丛刊》史部第39册，第256b页。

③ （明）王以宁：《东粤疏草》卷5《纠劾方面备察疏》，《四库禁毁书丛刊》史部第69册，第269b页。

④ 科道官主要利用访单来影响考察结果，然而访单具有较高的保密性，一旦访单封存便难以查知由何人填注，这为填问言官的安全提供了保障。此外，科道官有风闻言事之权，即使咨访不实也可以此为由进行开脱。而最终会单在吏部公堂之上进行，若此时出现明显差错，即使果真由科道咨访不确或是地方开列不实导致，吏部官员也会因为失察而成为直接责任人。

⑤ 明代抚、按官在大计届期举荐、论劾的更多细节，可参〔日〕和田正广：《明末の吏治體制における举劾の官評に関する一考察》，『九州大學東洋史論集』第2期、1974、第33～50頁。

程中）一般只进行填注考语、保留官员与举劾官员这三项准备工作，然而每一项工作都对地方官的政治前途影响深远，抚、按官实际以控制地方人事权的方式树立了自身在地方的绝对权威。

第二节　明代大计制度的运转流程

在经过漫长的准备之后，上计官们便陆续踏上进京的旅程，并在抵京以后立即开始应付朝觐考察的相关工作。有过地方布政使经历的方良永（1454～1528）在忆及其亲身参与的朝觐考察经过时称："告至有期，朝会有章，考核有典，其归也，申命有敕，劳赏有钞。"① 这种精简凝练的叙事固然可见入觐官上计的缩影，但仅凭23字显然难以得知明代朝觐考察制度运作的全貌。因此在前文对明代大计的决策依据及准备工作进行充分研究后，本节将专注于对明代大计制度运作流程的探析，试图解决"告至有何期，朝会有何章，考核有何典，申命有何敕"等一系列朝觐考察制度运行过程中极为具体的问题。

虽然有资格参加朝觐考察的官员绝大部分是省、府、州、县之长，在其辖区内可以享有极高的礼遇和尊崇，但一旦进入京城，都必须"入乡随俗"，严格按照京城法规行事。而明廷出于约束上计官员的目的，对朝觐考察的制度规定恰又异常详尽，上计官到京后的每一日都有具体工作安排，所以这种"入乡随俗"实际上带有强制性。尽管这些详尽的朝觐考察制度条文看起来颇为烦琐甚至可能让人怀疑是否有意义，但实际上每一项制度规定背后都有其渊源和合理性。本节将以上计官在京时间为序，探讨他们在进入京城之后的经历，以及这些经历对大计制度运作及考察结果公正的影响，以揭示明代大计制度的运转机制。尚需说明的是，由于新年前后有关考察的各项工作有本质区别——新年之前的工作皆为考察准备，而新年之后的工作多属正式考察，因此本节研究以农历新年为界，分为两部分。

---

① （明）方良永：《方简肃文集》卷4《周侯述职序》，第112b页。

一 上计官在京的考察准备

上计官一般在十二月初便已经进入京城，而迟至十二月下旬才开始考察相关工作。自进入京城到开始考察前的大半个月时间里，会进行诸如报备、投文、说堂、坐蓬等一系列朝觐考察准备工作，以下试按时间顺序分述之。

（一）京郊初考：十二月初至十二月十五日

无论是洪武年间的《诸司职掌》抑或是万历年间编定的《大明会典》都明确规定入觐官"俱限当年十二月二十五日到京"①，可见这一入京时限在明朝建立后的两百余年间都未发生变动。值得一提的是：十二月二十五日仅是各上计官抵京的最后时限而非官员入京的统一日期。作为部门法规，《吏部职掌》要求"其各该官吏，俱限十二月十五日起，至二十五日以里到京，违限者陆续参奏"②，明确对上计官的入京时限进行规定。而作为地方"事例"，浙江布政使朱裳要求浙江官员至迟在"十月二十日前启程"，"俱要早去，不可久恋印信"，"朝觐官俱限十二月初十日到京"③。通过中央、吏部、地方三条不同层级的法规对比，不难看出中央政令如何经由各官僚机构的逐级"解释"而失去了原有面相，也可以解释为何某些地方长官抵京时间明显过早，如"正德庚午冬，江西按察司提学副使潘公（子秀）朝觐如京师，居京师接待寺，遘寒疾七日而卒，是为十二月十有一日矣"④。以此推算，潘子秀早在十二月初四日便已抵达京师，远早于朝廷规定的时限。为何这些官员要提前如此之久进入京师？究竟是为了打造"急王事"的循吏形象，还是有其他更为现实的要求？试以浙江上计官为例析之。

来自浙江布政司的上计官在十二月初十日抵达京城后，马上开始紧锣密鼓地进行考察准备：

---

① 《诸司职掌》不分卷《吏部·朝觐》，第616b页；（明）申时行等：《大明会典》卷13《朝觐考察》，第222a页。

② （明）李默：《吏部职掌》不分卷《考功三·朝觐事宜》，第181b页。

③ （明）朱裳：《朝觐事宜》不分卷，第1～2叶。

④ （明）边贡：《华泉集》卷12《潘副使墓志铭》，第210a页。

十二月十一日或十二日，（布、按）两司会同寻一寺观，预先给出告示，令来朝官吏俱赴寺观查点。本日查点不遍，先令府运首领、知州以下回去，分付次日早再来。止将运使、知府留住，令在别处伺候。两司照次第令人每唤一府来，令傍坐讲论所属州、县及各场官员贤否。次日早，两司仍到寺观，将府运首领、知州、知县、典史逐名点过。仍将州县属官可疑者，唤知州、知县审问。①

通过以上引文不难看出，虽然浙江布政司的官员提前抵达京郊，但这些官员并非立即进京感受枫宸的庄严，而是在京郊进行查点上司抵京与否、商榷地方官处分细则两项考察准备工作，尤其是后者具有十分重要的意义。尽管"布政司考府，府考州，州考县"② 是惯行之例，然而在地方考语的流转过程中，布政司官员却不一定有足够时间来完成对以府为单位上缴计簿的全面核实，亦无法在查阅计簿遇有疑惑时立刻向相关官员质询。强令府、州、县长官在十二月初十日抵京并在次日立刻开始商议，无疑有助于发现基层注考时存在的问题。这样既可以防止布、按二司在稍后的吏部过堂时作为一省长官表现出对属员茫然无知的窘迫，还可以事先和府、州、县长官事先就属员处分达成足够默契以防在吏部过堂时出现明显抵捂。面对上级事关自身政治前途的政令，下级官员往往表现出过分的谨慎，宁可过火也不愿不及，这才是明代的上计官抵京日期出现中央、吏部和地方三个不同时限要求的原因所在，也从制度史的角度为之前讨论的上计官提前入京提供了另外一种解释。

尽管各省开始京郊初考的时间或许不尽相同，但所有上计官皆需在十二月十五日之前按照吏部规定的进京时限抵达京城，否则便会延误吏部其后的安排。

（二）省级长官赴吏部报到（十二月十六至十七日）

虽然明廷规定上计官抵京的最迟时限是十二月二十五日，但吏部通常在十二月十六日便已开始相应的考察准备工作。当日，"各布、按二司，

---

① （明）朱裳：《朝觐事宜》，第3～4叶。
② （明）申时行等：《大明会典》卷12《责任条例》，第219a页。

行太仆、苑马寺官见部，照常行礼，厅、司门揖"①。意即各省及各中央派驻地方行政机构的长官需要亲赴吏部司务厅及考功司门口行作揖之礼。表面看来，这一行礼举动目的仅是彰显吏部在考察过程中的权威性，但实际并非如此简单。其一，从参与本次行礼的官员构成可以看出，本日行礼官员几乎全为一省或者一衙门之长，其深意在于向吏部报告所属地区或衙门的主要官员已经抵京，并可随时接受吏部针对自身属员情况的质询。其二，参与行礼的地方和衙门长官大都属高级官员，于抵京次日便让其亲赴吏部会见吏部尚书，也有尊重这些方面大员的体统之意。如果这些长官因故未能于十六日抵京，可于十七日赴吏部补充行礼。但若十七日仍未到达则无须再次报到，即所谓"次日补见，此后不揖"②。在这些森严的规定下，省级地方长官若想迟至《大明会典》允许的十二月二十五日抵京，虽然并不违反朝廷规制，但却误事不浅。

更多中、低级入觐官无法像省级长官一样享受在进京伊始便小范围赴吏部会见冢宰的礼遇，仅能"至（十二月）二十五日，大班揖"③。但如果地方官在十二月二十五日这一最后抵京时限仍未到达京城，则明显违背朝廷规定，并会因此受到相应惩罚。《大明会典》规定"查（官员）无观望规避重情，止照过违凭限事例，革职闲住"④，可见入觐官一旦迟到京城，罢黜便随之而来。如明后期南直旌德张县令，"时当入觐，期迫矣。署邑推官意不合，以赋未完，止之。令曰：'赋非二三日可征也，失期，则大察当黜'"⑤，结合张知县所言，不难发现《大明会典》的严格规定已深入官员之心，按期入觐的规定绝不像某些考察条规那般仅为一纸空文。

另一重要问题是：来朝官多达万余人，吏部何从知晓官员是否按期入京？吏部对此早有对策。为便于掌控官员是否按期抵京，吏部"告示布、按二司，直隶府、州、县正官，先具来朝官吏花名总撒数目手本。已到，

---

① （明）唐伯元：《铨曹仪注》卷5《朝觐事宜》，第35b页。
② （明）唐伯元：《铨曹仪注》卷5《朝觐事宜》，第35b页。
③ （明）唐伯元：《铨曹仪注》卷5《朝觐事宜》，第35b页。
④ （明）申时行等：《大明会典》卷13《朝觐考察》，第222b页。
⑤ （明）方弘静：《千一录》卷17《客谈五》，第358a页。

查点无差；未到者，另开于手本之后，候到日报销，以凭类题"①。通过下放监督权，吏部便可以在二十五日的抵京时限，通过查阅各省手本迅速了解哪些官员未按期入京，以便进一步查处。

总的来看，对于来朝官赴吏部行礼的规定，其意不在行礼而在向吏部报备。这一举动既利于吏部了解来朝官基本情况，也利于保障入觐官的自身权利，避免上计官已至京而吏部不知造成的困扰。

（三）分省交纳考察文书（十二月十七至二十四日）

朝觐考察又称"述职之典"，各地官员不远千里地入京绝不只是为了"虎拜稽首天子万年"②，而在于让吏部完成对自己过往三年治绩的考察。在时间异常紧凑的状况下，吏部无法同各入觐官逐一面相商榷，因此主要通过查阅入觐官上缴的考察文书以初步决定官员去留，并在此后通过偏向于礼节性的"过堂"使初考结果具备法定意义。

在省级长官赴吏部行礼报到之后，各省入觐官便按照约定顺序交纳朝觐考察相关文书。"以十七日为始，照依考功司开定省分日期，每日定投两省"③。根据《吏部职掌》的规定，可知各省投文顺序如下："十七日，浙江、江西；十八日，福建、河南；十九日，山东、陕西；二十日，山西、四川；二十一日，广东、南直；二十二日，湖广、广西；二十三日，云南、贵州；二十四日，北直、陕西等处行太仆寺、苑马寺。"④ 吏部做出这样的安排，主要是考虑到各地距离京城远近不同，因此较远的地区交纳文书日期较迟，但北直地区距离京城最近却被安排在最后一日缴册，或是因为其近处辇毂之下，无论发生何种极端情况都不会对北直官入觐造成过分延误。

缴纳考察文书的仪式与参与官员如下。首先由司务厅官员"出牌"，亦即拿出标有两京十三省省名的大木牌（如浙江、江西）并置于吏部门口醒目处。因为各省上计官并非集中居住，不可能要求他们在同一时间赴

---

① （明）李默：《吏部职掌》不分卷《考功三·朝觐条件》，第191a页。
② （明）杨德周：《铜马编》卷上《北征记》，《四库全书存目丛书》集部第184册，第662b页。
③ （明）唐伯元：《铨曹仪注》卷5《朝觐事宜》，第35b页。
④ （明）李默：《吏部职掌》不分卷《考功三·朝觐条件》，第190b页。

部，即使在同一时间赴部，各省上计官也难以知晓应当在何处投文。此外，各上计官或许并不相识，万一出现浙江官误入江西队列、江西官员误入浙江队列的情况，不仅于体统颇为不美，一旦投文出现混淆也不利于后续工作的进行。可见"出牌"的举动看似是为了凸显吏部威严，实则却是为方便前来投文的官员迅速找到自己的队伍，以利准确投文。

投文官在按照吏部"出牌"整顿好队伍后，"运使、知府等官，跟牌鱼贯而入"①，具体的入部情况是"浙江由北角门进，江西由南角门进"②，此后各省的入部投文情况亦与之类似。运使、知府属于级别仅次于布、按二司的中高级官员，因此他们虽然入部但却并不负责投文这一具体事宜，而是对属员的投文进行监督。吏部格外要求两省分别由南、北方向入部，一是避免吏部内的过分拥堵，二是便于维持随后投文工作的秩序，三是防止投文官利用投文之机私相营求。

运使、知府进吏部后，投文正式开始："司、府首领，州、县正官，亲赍脚色手本，每员一样九本，赴（司务）厅投进，候（吏部）办事官吏束齐。"③ 不难发现亲身赴吏部投文的官员，主要是级别较低的地方正官及各方面官下属首领官。而"每员一样九本"并非是九本不同的文书，而是相同的文书一式九份。这九本文书会在稍后送至九位不同的官员手中，可以确定的是吏部将至少分得九本中的五本，获得这五本文书的吏部官员分别是三位堂官（尚书及左、右侍郎）及文选、考功郎中。做出以上推论的依据是万历七年，时任吏部尚书王国光认为吏部收文五本过多并亲自奏请裁减，其称"每遇朝觐时，各省、直（隶）开造五花考语文册五本，预投本部堂上官三本，文选、考功司各一本"④，但其他四本文书投往何处未见明文记载。考虑到入觐官在赴部投文后，尚需专门赴都察院投递脚色手本，因此剩余四本考语文册大概率会交付一些给都察院。

脚色手本不过是最为简单的官员履历，即所谓"个人档案"。吏部官员通过脚色手本仅能了解来朝官员的基本情况，例如何时中进士、历任何

---

① （明）唐伯元：《铨曹仪注》卷5《朝觐事宜》，第35b页。
② （明）唐伯元：《铨曹仪注》卷5《朝觐事宜》，第35b页。
③ （明）唐伯元：《铨曹仪注》卷5《朝觐事宜》，第36a页。
④ （明）王国光：《司铨奏草》卷1《请裁繁文疏》，第14a~b叶。

职位，对考察决策的作用有限。需要在本日同脚色手本一同送呈吏部，并且在考察决策过程中有重要意义的文书主要有上计簿、考语文册等数种，以下试分述之。

考察过程中最为重要的决策依据当属考语文册，笔者已在前文对大计考语进行过详尽探讨，在此仅补前所未备。明廷先后使用过的考语文册主要有两种：一为"五花考语文册"，一为万历八年之后采用的"简明文册"。虽然二者名称不同，但皆注明对官员的初步考察意见，并不存在本质差别。万历二十四年（1596）吏科给事中刘道亨（万历十四年进士）称："其五花册，明书道、府、司各考在前，抚、按方注其后。"① 天启四年（1624）魏大中（1575～1625）奏称："（过往）计事，大都准五花册……册须明注'卓异''平常''贪''酷''不谨''老''疾''罢软''浮躁''不及'字面，征以事实数行。"② 结合以上材料，可见五花册至少包括两个重要属性：一是提出对被考官员的初步处分意见，如卓异者褒奖、升迁，平常者留用或平调，而贪酷、不谨等官则由于明显触犯了考察"八法"，将会在考察中受到处分；二是既有地方官员本管上司的意见，也有抚、按官的意见，其目的在于表示地方各级官员已就属员的处分初步达成一致。五花考语的缺陷在于其过于烦琐："不独纷纷攒造，有工食纸张之费，而册送部、院，亦苦于检阅校雠之劳。"③

面对五花考语的上述缺憾，万历八年（1580）言官奏请改五花考语文册为简明文册，"姓名、履历之下，止填'贪''酷''年老''不谨''不及''浮躁''罢软'等字，而绝无考语"④。这种文册虽然简明，但因为缺乏考语致使吏部官完全无法查知相应地方官何以被评纳入

---

① （明）吴亮：《万历疏钞》卷 24《饬吏类·陈吏治五议以裨铨政（刘道亨撰）》，第 255b～256a 页。

② （明）魏大中：《藏密斋集》卷 8《肃计典以励官常疏》，《四库禁毁书丛刊》集部第 45 册，第 96a 页。尽管魏大中指出了填注"五花考语"时的十款常用"字面"，但实际上，除"卓异""平常"之外的八款内容，既是明廷的"考察八法"，也是大计时部、院长官重点参详的内容。

③ （明）朱吾弼等：《皇明留台奏议》卷 9《酌陈考察事宜以饬吏治疏（陈功撰）》，第 656b 页。

④ （明）朱吾弼等：《皇明留台奏议》卷 9《酌陈考察事宜以饬吏治疏（陈功撰）》，第 656b 页。

察例。在行政运作中，也会有官员恃于无须注明考语而依个人好恶来填写简明文册。为此，言官提出的改良意见是："除五花裁省不造外，于简明册内仍注本差考语，考注之下，再分别'贪''酷''年老'等项，明白填注，不独洗补不便，绝无文饰之奸，而参互稽核，部院亦有所据。"① 通过仔细比对，不难发现改良后的简明考语文册因为恢复了考语填写，实际与最初的五花考语文册差别不大，仅是对表述方式稍加修改。最为明显的证据是笔者在大计考语专题研究中所列举的歙县知县傅岩之例，其一人上计便得到了来自各级长官的 18 份考语，可见简明文册的"工食纸张之费"与"检阅校雠之劳"较之原来的五花文册并没有太多缓解。但是对比"简明文册"与"五花考语文册"，可以发现两者的重大差别在于取消了"卓异""平常"两款，这使得大计专注于对不职官员的黜落。这也可以解释为何自万历中后期开始，于大计后表彰卓异官的情况越来越少。此外，像考语文册这种极重要的考察决策文本，州、县正官应当无权亲自交送，因此上交者主要为布政司、直隶府一级的首领官。

　　但以下两种文册则必须由来京的府、州、县主官亲递。

　　一是须知文册，又称"上计簿"。查取须知文册的规定源自洪武年间的《诸司职掌》，其后被正德、万历两朝《会典》所沿用，② 可见在大计准备阶段一直存续这一传统。明政府要求地方官"各照原降《到任须知》，依式攒造文册"③，明太祖在《到任须知》中详细规定了地方官应承担的 31 项职责。④ 而须知文册则是官员结合自己过往行政作为，与这 31 项具体要求进行逐条比对，论证自己是否已经达到了合格官员的标准。仅从须知文册的形式便已不难发现其巨大缺憾。一是祖宗法度难以有效应对行政过程中不断出现的新问题，"一刀切"的做法也不能适应各地有别

----

① （明）朱吾弼等：《皇明留台奏议》卷 9《酌陈考察事宜以饬吏治疏（陈功撰）》，第 657a 页。

② 有关须知文册的记载，分别见《诸司职掌》不分卷《吏部·朝觐》，第 616 页；（明）李东阳等《正德会典》卷 15《吏部十四》，第 163 页；（明）申时行等《大明会典》卷 13《朝觐考察》，第 219b 页。

③ （明）李默：《吏部职掌》不分卷《考功三·朝觐事宜》，第 181a 页。

④ （明）申时行等：《大明会典》卷 9《到任须知》，第 155a~156a 页。

的治理现状，以祖宗法度警醒后世之官尚可，但若真将其作为考察后世官员的依据则很可能会出现问题。其次，每省地方官总数超过千人，面对如此烦琐的须知文册，即使是地方官的本管上司都很难做到一一查对，遑论总管天下官员的吏部。吏部官员即使希望高度重视须知文册，也会受限于时间和精力而无法详阅，因此须知文册所能发挥的作用自然难以保证。弘治年间，"吏部以天下诸朝觐官员所赍须知文册，数目类多舛错，请治原金书官吏之罪"①，可见早在政务尚未出现明显废坠的明朝中期，各级官僚在填注上计簿时都已略显应付的态度。明人叶春及（1532～1595）在论及须知文册时称："予尝为吏，见上计簿，饰虚功、执空文，见伪增实、以无为有、以少为多，以求便势尊位者，往往是矣。藉三十一章，贯行如左右，契犹土苴也，而况未能。"② 可见在时人眼中，上计簿的作用亦不过尔尔。因此，簿虽名为"上计"，但实际却很难在上计制度的运作中发挥预期作用。

二是纪功图册。纪功图册同样缘起于明太祖时期，"洪武十八年六月，上谕吏部曰：'天下府州县官一岁一朝，未免旷官滋费。自今定为三年一朝，赍其纪功图册，赴部考核，布、按二司官亦然。着为令'"③。纪功图册既然名为"纪功"，显然是将官员任上较为出彩的事迹写入其中，对于黜落不职官员的意义十分有限。试以一例析之。敖文祯（1545～1602）言："侍山章公之来守吾筠也，适嵩原羊公以贰郡至。两公者……欢然相得也。既越期，章公会当入觐。届行，羊公津津不能为别，乃绘《方岳朝天图》，而属之能言者咏歌，以华其行。"④ 此处的《方岳朝天图》大致具有纪功图册性质，但从他的进献人、作序人观之，已不难发现这类图册中的内容注定有誉无过，或能成为日后表彰官员的依据，但绝难用作罢黜官员的参考。不唯如此，其"纪功不纪过"的性质反倒使得黜退不职的考察文书成为官员自我夸耀和标

---

① 《明孝宗实录》卷 151，弘治十二年六月壬辰条，第 2661 页。
② （明）叶春及：《石洞集》卷 13《肇庆太守郑公入觐序》，《景印文渊阁四库全书》第 1286 册，第 661b 页。
③ （明）王圻：《续文献通考》卷 54《朝觐考察》，第 680b 页。
④ （明）敖文祯：《薛荔山房藏稿》卷 1《方岳朝天诗（有序）》，《续修四库全书》第 1359 册，第 34a 页。

榜的工具。

除以上三项常规应缴文本外，尚有若干因事补缴的文本。一是青册、供状等考察文书。嘉靖时规定："告示来朝官吏：自十七日起，二十四日止，各于朝见缴（考语）本、（须知文）册后，将公文、告状、赴部青册、供状赴司各投下。仍将来朝、免朝及未到并中途事故等项，具揭送（考功）司查考。"① 二是对不职官员的纠劾揭帖。万历二十三年（1595）吏部补充规定："投文见部之日，布、按二司及知府俱遵照屡奉钦依，将所属各司道、各府佐州县正官，贪酷异常者，无论抚、按已劾、未劾，无论已经优荐，具揭帖开其实迹，密封到部。"② 三是人民、土地图本。洪武十七年（1384）议定："凡外官三年朝觐……令天下诸司官吏来朝明年正旦，各造事迹文册，仍画土地人民图本，如期至京。"③ 但人民及土地文本，即鱼鳞图册及赋役黄册，应当由户部管理，暂不明确来朝官究竟是将此文书投往吏部还是户部。四是事、故官员名册及其他杂项文书。据王国光称，在其履任吏部尚书之前的相当长一段时间里，吏部有关朝觐的公文异常烦琐，主要有以下几类："每遇朝觐时……各省直应朝布、按二司并运、府、州、县正官，各造事、故官员册一本投部。……各省直司府州县等官犯有过名，年终巡按类造记录文册一本报部。每遇朝觐，各司府州县仍造前项记录小册各一本报部；……各省直每遇朝觐年，备将节年坐派、钱粮、军需、颜料、课程，并奉行勘合，起解、军匠等项，开造已、未完数目文册一本投部。……各省直每遇朝觐年，类送三年内奉到各部院一应公文，稽考文册一本投部。"④

经过以上梳理，不难发现每逢大计之时，明代吏部官员便须埋首于"文山"之中。但可以肯定的是，考语的作用远远超过了其他各类文本，正所谓"夫课吏治，全凭考语"⑤。这也完全符合正常的行政状况。面对堆积如山的考察册揭，吏部官员即使想要一一顾及也注定力不能支，但在

① （明）李默：《吏部职掌》不分卷《考功三·朝觐条件》，第190b页。
② （明）王圻：《续文献通考》卷54《朝觐考察》，第686b页。
③ （明）申时行等：《大明会典》卷13《朝觐考察》，第219b页。
④ （明）王国光：《司铨奏草》卷1《请裁繁文疏》，第14a～18b叶。
⑤ （明）邹元标：《邹忠介公奏疏》卷2《敷陈吏治民瘼事宜疏》，第47a页。

短期内又必须提出处理官员的意见上呈御览，因此只得使用针对性最强的考语文册来完成考察任务。

各上计官投文之后，吏部"报堂官照常分、付，报公文收讫"①。意即将所收文书分类汇总并交付给上级官员，收文的上级官员在查验无误后，吩咐报堂官公开宣布各省投文已收齐。至此整套投文流程结束，各省投文官仍在司务厅官员带领下有序离开吏部。

在各省投文结束后，"（吏部）办事官吏将南墀公文送北厅，北墀公文送南厅"②。前已述及，在投文之时便有"浙江由北角门进，江西由南角门进"③ 的规定，其他各省投文亦与之类似。在收文之后，公文又再次进行南、北两厅的交互传递。这样的制度设计实有深意。据吏部尚书王国光称："臣自入部以来，见有投递公文、禀揭到部者，中间或夹带私书，或开具政绩，非直陈其淹滞，则自叙其功能。"④ 可见在之前大计时，投文官利用上缴考察文书的机会"夹带私书"从而干扰考察的现象时有发生，如果让文书收取和文书处理的过程分离，那么即使上计官继续夹带私书也难收营求幸免之功，能够有效遏制投文时因夹带私书而起的官场腐败。

总的来看，吏部虽然按照"祖制"逐一查收以上文本，但却并不会对这些文本格外留意。吏部收集足够多考察文本的行为，看似可以保证考察决策公正，但实际却造成了巨大的行政资源浪费，这无疑也是明代"祖宗法度"对于后之君主为政的极大束缚。

（四）首领官的工作（十二月十六日至十九日）

按照明代规制，各地入觐官的标准配置是"官一员，带首领官、吏各一员、名"⑤。在正官紧锣密鼓地见堂、投文之时，与正官一同进京的首领官同样有诸多具体事务需要处理。与正官一样，首领官亦需赴吏部投文，只是首领官所投之文与官员人事无关，其作用更偏向于对考察过程的

---

① （明）唐伯元：《铨曹仪注》卷5《朝觐事宜》，第35b页。
② （明）唐伯元：《铨曹仪注》卷5《朝觐事宜》，第35b页。
③ （明）唐伯元：《铨曹仪注》卷5《朝觐事宜》，第35b页。
④ （明）王国光：《司铨奏草》卷1《条议吏治疏》，第3a叶。
⑤ （明）申时行等：《大明会典》卷13《朝觐考察》，第219b页。

具体保障。唐伯元记："仰各省首领，次日（十二月十八日）递进官吏职名、歇家手本结状、签、牌。"① 其中，"官吏职名"仅凭文书内容便可知其内容梗概，毋庸赘述，但对"歇家手本结状""签""牌"的性质和作用则有必要进行解释。

"歇家手本结状"，即上计官在北京城内的住址证明。如果省级首领官需要按吏部规定于十八日赴部上缴这一结状，那么就必须在十七日之前收齐。而上计官进入京城的时间一般是十二月十五日，且各省来朝官并非集中居住在某一固定的狭窄区间内，送结状至各该首领官处尚需时间。因此上计官必须在十六日、十七日这两天内开具歇家结状并送至首领官处，由各省首领官汇总后于十八日统一上交至吏部留存。从这一举动的急迫性等同于省级长官赴吏部报到的紧急程度来看，便不难知晓"歇家结状"绝非无关紧要的物件。

据笔者所见，"歇家结状"的作用至少有以下几点。第一，朝觐馈遗为明廷法令所严禁，但以身试法的官员却从未绝迹，而在吏部取得歇家结状之后，巡城御史、五城兵马司及其他缉事衙门便可据此对来朝官与京官之间的沟通交流情况进行周密监控，减少官员私相馈送的情况。第二，某些官员在入京后一旦听到不利于自身的风声，很可能为防止被考察重处而径自逃离京城，"歇家结状"实际起到防止上计官畏罪潜逃的作用。如许相卿奏称："仍敕吏部将应该考察官员，预先案仰该城取具歇家结状，务听说事面纠以昭赏罚，以示劝惩，方听其去。"② 其意显然在于防止官员在得知自身将要被处分的风声后逃脱。第三，明廷规定："在京、在外官吏、军民人等，敢有诈冒缉事名色挟要来朝官员财物，并捏执词状向各官吓骗者，许歇家同被害之人拿送本部，转送法

---

① （明）唐伯元：《铨曹仪注》卷 5《朝觐事宜》，第 35b 页。
② （明）许相卿：《云村集》卷 3《论朝觐考察》，第 160a 页。实际上，取得歇家结状不仅有助于防止官员逃离，一旦确需抓捕官员，相应衙门及官便可通过歇家结状迅速定位来朝官所在之处并将其绳之以法。如成化间阁臣商辂奏称："今闻西厂将广西勘事郎中武清自通州、听选方面官刘福自歇家俱拿到厂，监禁数日，辄又释放。"本案例中，西厂至歇家捕人虽并非朝觐考察，但由此可以看出歇家结状对于迅速找寻对应官员的作用。（明）商辂：《商文毅疏稿》不分卷《修政弭灾疏》，《景印文渊阁四库全书》第427 册，第 449a 页。

司，照例问遣。"① 可见"歇家结状"在对来朝官进行严密监控的同时，也能给官员的合法权益以相应保障。因此，入觐官甫下舟车便立即开具"歇家结状"，这不仅是对朝廷制度的遵守，同时是对自身合法权益的保护。

所谓"签"，是指写有各府名称的木签，将在之后的说堂和考察时使用。各省用签通常仅由该省某固定衙门统一制造，如顺天府经历司《职掌》记"（北直隶）朝觐二十七州县，应朝官吏职名、住止歇家，俱本司造册、置签，呈送考功司并司厅查收"②，其他各省备置签、牌的状况应当与北直隶相同。用签的具体情形是："（考察当日）报堂官捧签筒，跪正堂公座前，正堂掣二府签。本厅出门前，报堂官叫名点查。"③ 可见各省级首领官所递之"签"的作用在于规避考察当日可能出现的混乱；因此在考察到相应省份时，都由吏部尚书通过临时抽签来决定该省下属各府的考察先后顺序。每抽两府，报堂官便依次传唤相应两府的来朝官进部说事，被抽中的两府说事完毕即暂时退出公堂，再抽两府说事，以此类推。

而"牌"的性质与作用与"签"较为接近，也是便于吏部按府名清点上计官的工具。王圻记："各省方面官员，如遇听考之日，务要钤束属官在寓安心静坐。其该考察之日，照依派定次序坐蓬，以听掣签。至晚，候牌方散。"④ 唐伯元记"首领官仍于交纳次日（十九日），候本厅牌唤。领牌，给散。事毕，出示该吏赍缴"⑤。结合以上两则材料，可知各省首领官在上缴完"牌"之后，尚需在十二月十九日再赴吏部，在司务厅等候吏部官员的传唤。唤至该省时，相应省份首领官入部向司务厅领回昨日所缴且经吏部校正无误之"牌"，并向本省各府散发，待考察事毕之后，所用之牌应由各省首领吏缴回吏部留存。

尽管唐伯元从十八日才开始正式记录首领官的日程，但结合前文不难发现首领官实则和来朝正官一样几乎无片刻闲暇。之前已述，在十二月十

① （明）王圻：《续文献通考》卷 54《朝觐考察》，第 687b 页。
② （明）沈应文等：《（万历）顺天府志》卷 4《政事志·经历司》，《四库全书存目丛书》史部第 208 册，第 180a 页。
③ （明）唐伯元：《铨曹仪注》卷 5《朝觐事宜》，第 36a 页。
④ （明）王圻：《续文献通考》卷 54《朝觐考察》，第 687a 页。
⑤ （明）唐伯元：《铨曹仪注》卷 5《朝觐事宜》，第 35b 页。

七日各上计司、府首领尚需赴吏部投文，但十八日又要赴吏部交纳"官吏职名册""歇家结状"等考察相关文书。因此首领官真正可以全部用来向本省各州、县上计官查收"歇家结状"的时间仅有十二月十六日一天，这也正可解释为何各地官在抵京后马不停蹄地办理歇家结状。

总的来看，十六日至十九日连续四天，各省应朝的首领官同来朝正官一样，皆无片刻闲暇，都需紧锣密鼓地处理考察保障工作，这也是让他们会同正官入觐的根本原因所在。

（五）各省长官赴部说事及赴院投文（十二月十八至二十五日）

按照朝觐考察惯例，上计官通常"本日（十七日）投文，次日（十八日）见堂"①。《吏部职掌》对此有明确规定："本月十八日起，每日将二省考察册，于北缺房堂上定夺去留，至二十四日止。"② 结合以上记载可知，吏部堂官需在各省投文当日，连夜审阅上计官缴纳的考察册，在阅毕文书的次日便召唤相应省份上计正官说事，这不仅彰显吏部对大计的重视，还可趁热打铁就审阅文册时存疑的问题当面质询各省份入觐主官。各省见堂的顺序和投文顺序完全一致，皆是以浙江、江西为始，至北直结束。只是开始日期为十二月十八日，截止日期为十二月二十五日。

唐伯元记："见堂时，（投文官）仍与班首官捧投参见。堂折，司、寺、运、府正堂，逐名开列；首领、府佐以下，止总开某官某等。"③ 其大意为：赴吏部见堂，各省参与前日投文的官员在各省班首官（通常为布、按二司，直隶地区为顺天、应天府尹）的带领下赴部参见；吏部堂官根据手中见堂折所开列的地方官员顺序，与各地主要来朝官商讨其属下去留。对于关系紧要的司、寺、运、府正堂等官，由于其官位高、人数少，可以详加讨论；对更多的低级地方官员，则仅参看其本管上司所开列的姓名及考察等次。若吏部和来朝地方长官皆无异议，便可就此初步确定

---

① （明）唐伯元：《铨曹仪注》卷5《朝觐事宜》，第36a页。

② （明）李默：《吏部职掌》不分卷《考功三·朝觐条件》，第190b页。按，此条原文是"本月十六日起……至二十四日止"。但交文最早的浙江、江西两省亦于十七日投文，吏部堂官难以在十六日看本，因此怀疑此处"十六日"应为"十八日"之误，径改。

③ （明）唐伯元：《铨曹仪注》卷5《朝觐事宜》，第36a页。

考察处分意见。参与说堂的方面官可以与吏部长官就属员去留充分交换意见，如王世懋（1536～1588）在向友人提及说堂经历时称"（弟）说堂狂僭，更为太宰所喜"①，"（说堂时）放言无讳，多所保持。自分获罪，乃更为铨衡缪知"②。可见方面官在说堂时可以充分表达个人见解，而并非闭口不言。各省长官与吏部堂官在说堂时经过充分讨论并达成处理属员的初步意向后，便可以保证正月上旬考察过堂议程的顺利进行。

在见堂时，至少应当遵守如下礼仪。首先是见部之时，"大凡入觐者见部，守则司、厅具揭，以下惟总书员数。守由甬道，下则两墀。守有钤束所属语，下则直告以恪守矩法。考守于缺房，下则公堂之上"③。可见根据上计官级别的不同，见堂礼遇亦有明显差别。较知府更高一级的官员礼遇也相应增加，如顺天、应天两府尹见堂时："坐且止厅，府尹由廊行，至檐石上，降阶一跪，仍上阶作揖。"④布、按二司的礼遇应与两府尹类似。可见作为方面首长，高级官员在见堂时不仅有坐而论事的权力，还可靠近吏部尚书当面商定。

在见堂结束之后，"令府、方面官先回考功司伺候，府同知以下伺候点名发落。出牌一面，立阶下"⑤。其大意为见堂结束之后，府同知以下的官员尚需处理点名发落等琐事，而府官及方面官由于官职较高则可予以优待，不用实际理事，仅需等待府同知以下官员事毕后，根据各省名牌的指示一同出部。至此，见堂的整套流程宣告结束，考察的初步结果亦已确定，在新年之后的正式过堂时，仅根据过堂当日当场所见予以微调。

而上计官赴吏部投文、见堂完毕绝不意味着可以开始休息。担任过都察院掌院副都御史的许弘纲记："须知官吏部见毕，即赴院见堂，递脚色手本。司务厅禀堂，查照吏部分定各省日期，如吏部头日，本院则次日。先期出示。至日，应该司务厅报名者，候司务厅报名；该门官报名者，听

---

① （明）王世懋：《王奉常集》卷36《答李本宁》，第571a页。
② （明）王世懋：《王奉常集》卷44《与何仲深》，第648a页。
③ （明）李开先：《李中麓闲居集》卷5《送兰川魏太守入觐序》，第558b页。
④ （明）唐伯元：《铨曹仪注》卷5《朝觐事宜》，第35b页。
⑤ （明）唐伯元：《铨曹仪注》卷5《朝觐事宜》，第35b页。

门官报名，各行礼如前见堂仪。"① 可见为了维护都察院在考察中的体统，各入觐正官尚需赴都察院投文、行礼，其时间在十二月十八日至二十五日，但较之官员在吏部的举动，不难发现赴院之体势甚微。其一，赴吏部所投文本较多，而赴都察院仅投递脚色手本；其二，赴吏部的投文和见堂分别开来，而赴都察院的投文与见堂则合二为一；其三，赴吏部见堂尚有"见堂说事"的程序，而赴都察院则仅止于行礼。总的来看，赴院投文行礼这一举动的形式意义远大于实际意义。

总的来看，入觐正官的时间安排十分紧凑，以最早投文的江西、浙江为例，其主要官员赴部、院的大概情况是：十二月十六日，吏部行礼；十七日，吏部投文；十八日，吏部见堂并说事；十九日，都察院见堂。其他各省依此类推。可见上计官在入京后的开头数日，几无一时之闲暇。从如此紧凑的日程安排中，不难发现明廷对上计官时间管控之严密。

除前述见部与见院之外，尚有非常规的"见阁"，即拜见内阁阁臣。见阁的礼仪较为烦琐："（上计官）朝觐初到，俱不敢（至京官）私宅参谒。其见阁下，不敢进内阁。（布、按）两司须要会齐，午后在东、西长安门外伺候。阁下将出，预使人禀知。阁下或吩咐免见，或在朝房见，俱

---

① （明）许弘纲：《台仪辑略》，第20a叶。尽管此处许弘纲仅用一言带过上计官在都察院见堂时的仪节，但实际上赴都察院见堂的礼仪较为烦琐。据笔者所见，根据官员的品级不同，赴都察院投文行礼有檐下、檐前、台中、台下及顶台行礼五种行礼方式，每种仪式又有具体的操作规范。檐下行礼是来朝官可以享受的最高礼遇，主要对象是顺天、应天府尹，"两京府尹，三年大计，考察见堂。候堂班退，司务厅报官衔。由阶升堂，至滴水檐下一跪，每堂一揖，出座答并一拱。两京府丞离檐一二尺，其行礼与府尹同"。檐前行礼主要针对省级官员："在外各省布、按二司堂上官及行太仆寺、苑马寺卿、少卿等官，俱依限定日期到院。候升堂毕，门官各起引至月台边立定。各执供状，候司务厅说堂（官）报名。离檐一丈许跪递（脚色手本），每堂一揖，再跪，总一拱。退至司务厅台上相见，向上一揖，由廊出。"参与台中行礼的官员和仪节是："两京治中，直隶、各省知府，各处运使、运同，各执状候司务厅。说堂（官）报名，乃升台跪递。每堂一揖，出座答，再跪，总一拱。退至司务厅台上作揖如前式，由廊出。"参与台前行礼的官员和仪节是："两京府通判、推官，各处运副、运判，行太仆、苑马寺寺丞（及府佐贰，宛、大二县及各州县正官），各执供状。候门官报名后，乃至台末并日暮处跪递。每堂一揖，就座答，再跪，一拱，由阶径出。"顶台行礼的官员和仪节是："宛、大二县县丞以下（官），各司、府首领，行太仆、苑马寺属官，各州县佐，俱执供状。听门官报名后，俱上甬道中心，顶台行跪礼，不答揖，各由下径出。"这些烦琐的行礼过程虽然与考察结果关系不大，但它们也是大计制度运行过程中的重要环节，故条列于此。

递脚色手本。"① 因内阁阁臣并不直接参与大计事务,上计官参见阁臣只是表达对阁臣的尊崇而无更多实际意义,而且"见阁"的程序并非源自令甲,完全是上计官的自发行为。阁臣是否接见上计官也全凭阁臣个人的意愿而定,而不像见部、见院那样带有强制力。

(六)各省上计官集中赴吏部行礼(十二月二十五日至三十日)

十二月二十五日是明廷明文规定的上计官抵京截止时间,在当日需要进行"大班揖"的仪式,意即所有上计官赴吏部进行集中行礼。参加这一行礼活动的地方官员包括:

> 浙江等布政司、按察司,顺天、应天所属及直隶各府、州、县,盐运使司、行太仆寺、苑马寺、盐课提举司官,各带首领官、吏一员、名,各布政使司仍带理问一员,上林苑监各署及各处土官衙门官、吏各一员、名,茶马司吏一名。②

不难发现,并非所有上计官都有资格参与"大班揖"的盛典,能躬逢其事者只有各省和外派衙门的高级别官员及首领官、吏。

在"大班揖"的仪式结束后,各省全体上计官赴吏部行礼的程序正式开始。"以二十五日为始,(入觐官)逐日(赴吏部)作揖。"③ 作揖的基本礼仪是:

> 整班官齐司、府首领、府同知以下官,先进,两墀站定。齐布、按二司,行太仆寺,苑马寺官,两廊序立。齐运使、知府进南、北两甬路。序立公座前者,照常说堂,见毕径出,不门揖。(序立)公座后(者),即于墀内行礼,本(司务)厅分付"起来",典史、该吏二门外磕头,本厅分付"起去"。④

---

① (明)朱裳:《朝觐事宜》,第5叶。
② (明)李默:《吏部职掌》不分卷《考功三·朝觐事宜》,第181a页。
③ (明)唐伯元:《铨曹仪注》卷5《朝觐事宜》,第36a页。
④ (明)唐伯元:《铨曹仪注》卷5《朝觐事宜》,第36a页。

因本处引文已对各官在吏部行礼的地点和作揖礼仪有详细描述，笔者不再重复释读。入觐官至吏部作揖无疑是正常礼节，但何至于每日作揖？一个可能的解释是：至十二月二十五日开始，入觐官要赴宫门前参与"常朝"（详下文），而常朝后顺道赴吏部行礼也属情理之中。

（七）候考官坐蓬（十二月二十六日至正月初九日）

至十二月二十六日，所有应由入觐官本人进行的考察准备工作基本告一段落。但准备工作的暂时结束却绝不意味着官员可以在京城随心所欲地走亲访友、宴请宾朋。自该日起，上计官将参与整个朝觐考察过程中为期最长的一项仪式，即"坐蓬"。坐蓬的日期由十二月二十六日一直持续至次年正月初九日，① 前后共计十四天。每逢朝觐届期，顺天府官员都会按要求在吏部外搭建木蓬数间，② 其作用是"以为伺候栖止之所，以为一时风雨之备"③。所有上计官都被要求坐在木蓬内等候考察。官员坐蓬时，需要遵守一整套严密的仪节和纪律规定。

首先，是坐蓬时的见部礼节。为了表明各上计官确已按照规定参与坐蓬，来朝官员每日皆须赴吏部堂前行礼。其具体情形是："每日早，（吏部）堂上作揖，先出，候退堂，又往考功司作揖。遇五日之期，四司俱作揖。其堂上作揖之时，各省从两角门进，方面官廊下行。将近堂，站候，临时考功司有牌唤。"④ 但从每日作揖的频率及分别向吏部及考功司行礼的规定推测，参加每日作揖的人数规模应当控制在较小范围内，很可能只有各省主要官员才需要每日赴吏部作揖。

其次，是对坐蓬的纪律规定。主要包括以下几点。第一，"坐蓬之时，两司将所属或亲点，或令首领官点，或令知府各点所属，仍时常分付各官早来，不可迟误"⑤。这是防止来朝官逃避坐蓬并借机行私。第二，"两司官蓬下送饭，不许抬食盒，亦不许各府管饭，差人送茶。不得以用

---

① 据《吏部职掌》记："旧例坐蓬，二十六日起至初九日止。"见（明）李默《吏部职掌》不分卷《考功三·朝觐条件》，第191a页。

② 据王圻："搭盖蓬厂，近经条议裁减。照例札行顺天府动支官银，各役工食，俱已究给。"见（明）王圻《续文献通考》卷54《朝觐考察》，第687a页。

③ （明）李默：《吏部职掌》不分卷《考功二·朝觐条件》，第191a页。

④ （明）朱裳：《朝觐事宜》，第7叶。

⑤ （明）朱裳：《朝觐事宜》，第7叶。

之亦可，但不许茶果太多，有失雅观"①。这是对上计官坐蓬候考期间的饮食予以必要保障。第三，"各府差吏轮流看蓬听事，似乎烦扰，但系用人之际，亦不必却。仍吩咐看蓬之人，谨慎火烛"②。这是防止上计官在坐蓬期间出现人身安全方面的意外。以上规定既突出了明政府有效进行官员管理的意愿，也满足了上计官坐蓬期间的基本生活需要。

坐蓬至少有以下三层含义。其一，明廷规定"司厅并本司（考功司）不时查点（坐蓬官），屡次不到者，行该管官审报，甚者参究"，③ 可见这一措施意在监控上计官，防止他们在京城胡乱游荡并引发事端。其二，与京察一样，大计也有所谓的咨访程序，在考察之后各科道言官尚需根据咨访所得对处分未尽的官员进行拾遗。明廷规定"其来朝官当被访问，支词漫应，与考语自相矛盾者，仍听部、院照旧议拟黜退"④。而来朝官的坐蓬，无疑为科道官集中进行咨访提供了契机。其三，通过坐蓬的方式限制来朝官的出行，客观上也能起到保护来朝官的作用。在京城游荡的无赖之徒自有其人，通过吏部及科道官历年的奏请来看，常有来朝官在京城受到诓骗的情况发生。⑤ 因此在上计官坐蓬之前，"本（吏）部行五城兵马司各委官一员，带领火甲，不时巡视及把截闲杂人等，不许擅进蓬舍，

---

① （明）朱袠：《朝觐事宜》，第8叶。
② （明）朱袠：《朝觐事宜》，第8叶。
③ （明）李默：《吏部职掌》不分卷《考功三·朝觐条件》，第191a页。
④ （明）李默：《吏部职掌》不分卷《考功三·朝觐事宜》，第183b页。
⑤ 据王圻所记，诓骗来朝官的方式主要有以下几种。一是上计官中官位较高者胁迫属员进献或接受利益相关方的馈送。明廷对此的应对措施是："或有假以开报贤否为由，吓取僚属财物及索要土仪、派令馈送者，访出以'贪'论；有容所属赁房雇役并各项供给，以'不谨'论。"二是游民诈骗吏员以讨要财物，部分上计官因失察而被骗。明廷对此的应对措施是："如有假称匠役及造册人役，需索财物者，许来朝各官禀明，本部拿究，具见风力。如听信诓骗，本部访出，以'不及'议处。"三是闲杂人等假冒吏部官员亲属诈骗来朝官。明廷对此的应对措施是："如有无赖棍徒，指称本（吏）部弟侄、子男、家人各色，及吏书、火房、册库长班各役，潜到各官，称说洗改劣考，可图幸免，及抄送优考，需求赏犒，许来朝官实时拿送，本部参送，法司从重论究。"四是捏造莫须有的事由来恐吓来朝官。明廷对此的应对措施是："在京、在外官吏、军民人等，敢有诈冒缉事名色，挟要来朝官员财物，并捏执诉状，向各官吓骗者，许歇家同被害之人拿送，本部转送，法司照例问遣。"吏部官员在制定这些条例时，显然不会闭门造车地空想，而是广泛借鉴过往经验，因此引文中所呈现出的状况，绝大部分是在过往朝觐考察时真实发生的事件。相关记载，见（明）王圻《续文献通考》卷54《朝觐考察》，第687页。

私相交通"①，以防止破坏清明景象的事情发生。

虽然坐蓬有上述积极意义，但让众多来朝官聚集于吏部门外亦有诸多不便。其一，来朝官员大多是"天子门生"，更有不少地方大僚，让他们集中坐蓬遭受风吹日晒雨淋，于其体统颇为不敬。阁臣于慎行（1545～1607）便明确指出"及考察坐棚，类如拘囚，殊非体面"②，认为坐蓬实在有损上计官的形象。其二，北京冬季气温较低，上计官因为长途跋涉导致身体机能弱于寻常，再加上坐蓬期间十几天的刺骨寒风侵袭，常有上计官在入觐后染患风寒乃至因此丧命③。觐见皇帝本属大喜之事，最后却服丧而还，更属非礼。其三，来朝官员的人数早在明初即有四千余人，而至王国光掌管吏部的万历初年，上计官、吏总数几达万人。如此庞大的官员群体齐聚在吏部门前，景象甚不美观，还很可能造成交通拥堵并影响京城其他部门办公。其四，让官员短期集中坐蓬尚可，但一旦长期坐蓬却又毫无其他娱乐活动，官员难免无聊，甚至于竟有在坐蓬时"抬扛层架，聚饮喧哗"④ 之人，考察本是严肃之事，若长期出现如此戏谑的场景，甚非盛朝气象。

由于集中坐蓬候考带来的种种不便，吏部尚书高拱（1513～1578）在隆庆四年（1570）提出了折中方案："今次来朝，止行量搭数厂，令可容两省官员，至期挨序轮坐，以为伺候栖止之所，以为一时风雨之备。其余已考及未考者，通回寓听，候奉圣旨。"⑤ 这一变更虽然缓解了坐蓬引发的前述困扰，却又引发了新的问题：官员因坐蓬期限缩短而有足够自由

---

① （明）王圻：《续文献通考》卷54《朝觐考察》，第687a 页。

② （明）于慎行：《谷山笔麈》卷3《国体》，《四库全书存目丛书》子部第87 册，第499b 页。

③ 如前述江西提学副使潘子秀，即是"朝觐如京师，遘寒疾，七日而卒"。虽然其寒疾并不一定直接由坐蓬而发，但旅途劳累导致易感风寒则是不争的事实。而王世懋于万历八年（1580）以江西参议入觐时，则明确记载"于正月初三日，参吏部说堂毕……于次日感头痛、痰嗽、畏寒等症，散蓬归寓，呻吟床褥，不能动履"。按照坐蓬的规定，参加考察当日，相应省份官员应在候考时及考后坐蓬，王世懋无疑是坐蓬时感染寒疾。至王世懋坐蓬时，吏部尚书高拱所发布的官员坐蓬新政已经行之有年，王世懋仅坐蓬一日即有此虞，此前的官员需要坐蓬十余日，身体素质较差的官员绝难承受。见（明）王世懋《王奉常集》卷27《患病十分危笃恳乞天恩俯容休致以觊生还疏》，第482a 页。

④ （明）王圻：《续文献通考》卷54《朝觐考察》，第687a 页。

⑤ （明）李默：《吏部职掌》不分卷《考功三·朝觐条件》，第191a 页。

活动时间，馈遗和交游的情况越发难以禁绝。无论如何，伴随着官员的坐蓬，新年也逐渐临近，考察将随之而来。

（八）考察准备工作之外的朝觐礼仪（十二月十六日至三十日）

除赴吏部进行各项考察准备工作之外，上计官尚有一项必须完成的日常事宜，即赴皇宫前向皇帝行礼。尽管皇帝并非总会出现在行礼现场，但臣子却不可有丝毫松懈。

据《礼部志稿》记载，来朝官在皇宫前行礼的仪式为：

> 凡天下诸司朝觐官，自十二月十六日为始，鸿胪寺官陆续引见。二十五日以后，每日常朝。方面官入至奉天门前，随班行礼毕，于文班内序立，视常朝官品级各降一等。知府、知州、知县及诸司首领官、吏，土官衙门把事、土吏人等，俱于午门外行礼毕，东、西分班序立。①

关于鸿胪寺官在十二月十六日引见来朝官的情形，亲身参与此事的浙江布政使朱裳有明确记载：

> 十六日早，公服午门外行礼毕，各省两司，行太仆寺、苑马寺、俱从右掖门进，面见致词。云："浙江等布政使司、按察使司，陕西等行太仆寺、苑马寺，左布政使等官陈某等若干员，朝觐到京见。"鸿胪寺唱："叩头。"叩三头，起，作揖，曲身拱手而出。②

但是仅从规定本身来看，便不难发现有关朝觐仪节的制度设计存在诸多问题。其一，自明朝中期开始，常朝已改为三日一行，至明朝后期更出现"君门万里"的景象，③所以鸿胪寺官陆续引见和每日常朝的规定难以得到保障，即便得以施行也不过是极为简短的行礼。其二，虽然朝觐行礼

---

① （明）俞汝楫等：《礼部志稿》卷 10《诸司朝觐仪》，《景印文渊阁四库全书》第 597 册，第 140a 页。

② （明）朱裳：《朝觐事宜》，第 8 叶。

③ 方志远：《明代国家权力结构及运行机制》，第 121～129 页。

的对象是所有来朝官，但能上朝行礼的不过布、按一级的大僚，占来朝官员总量九成以上的亲民官都仅于午门外行礼，这难免显示出对外官的轻视。其三，虽然制度规定官员应当行礼，却未明确规定对不行礼的官员进行何种处罚，亦即这一缺乏制度保障的规定对于绝大多数来朝官而言缺乏约束力。

由于这一制度至明朝中后期越发不符合正常行政运作的需要，至万历五年（1577），明廷对此进行了更订，其规定为：

> 凡朝觐，两京府尹、行太仆寺、苑马寺卿，布、按二司，俱于十二月十六日朝见。外班行礼毕，繇右掖门至御前，鸿胪寺官以次引见。其盐运司及府、州、县有司官吏，浙江、江西十七日，山东、山西十八日，河南、陕西十九日，湖广、南直隶二十日，福建、四川二十一日，广东、广西二十二日，云南、贵州二十三日，北直隶二十四日，各朝见。外班行礼毕，仍至御前，鸿胪寺官引见。如遇是日免朝，各官止于外班行礼，候御朝之日，仍补行引见礼。①

通过前后文对比，不难发现万历五年的制度修订对以前的行礼规定进行了充分优化。首先，省级长官有专门的入觐日期，体现出对其体统的尊重。各省其他官员也有固定时间行礼，不必如以前每日集中行礼那般费时费力。其次，从行礼日期不难看出，无论是省级长官还是其他官员，都可在行礼之后立刻赴吏部处理事务或是坐蓬，大大减少了官员在路途中消耗的时间。最后，之前的规定要求官员每日行礼，但知府以下官员是否出席根本无从保证，这无疑使制度的权威性大打折扣，而制度简化后，上计官仅需在每省规定的日期以及十二月二十五日以后行礼，这无疑便于官员遵守。此举不仅使制度对官员更具约束力，同时也维护了发布制度机关的权威。

但为何这一看起来完全偏向于形式并且让来朝官颇为受累的制度，为何只是修订使它更加合理，而并非将其完全取缔？毕竟官员在正月初一日

---

① （明）俞汝楫等：《礼部志稿》卷10《万历五年定五款》，第140页。

仍需赴御前行礼，此前三番五次行礼的意义究竟何在？从崇祯朝入觐官杨德周的记述中或可发现某些端倪。杨氏在崇祯六年（1633）入觐时，于宫前行礼完毕后作七绝五首，其诗依次摘引如下：

> 银烛光分晓月明，辎辘官井寂无声。捧烟槐露衣冠集，合殿香飘着处生。
>
> 午门拜舞引千官，仙仗随班俯首看。谁道帝暗远万里，天颜昼接露华薄。
>
> 清时宵旰万方劳，雉尾遥瞻帝座高。朝罢外臣先退步，日光犹映赤霜袍。
>
> 小臣初习汉官仪，环佩珊珊白玉墀。细驻炉烟曾未散，脱衣不敢拂游丝。
>
> 退朝携坐披西扉，待辇中官说禁闱。为悯民艰严守令，每翻治状蚤披衣。①

四库馆臣对杨德周的作诗水平评价颇低，称"诸诗文格颇历落自喜，诗则庸音也"②。从格律上看，杨德周的诗歌平仄和韵脚皆不工整，但从制度运行角度言之，以上五首诗却可在极大程度上补典制之未备。通过以上140字的记载，至少能提炼出如下重要信息。其一，尽管来朝官每日行礼时间较短，并且行礼时皇帝不一定出现，但这一过程却毫不马虎。而且恰如正式考察一样，行礼之前的准备时间和之后的收尾时间都耗时颇长。从第一首诗和第三首诗的对比中不难看出：杨德周初至午门时晓月尚明，而行礼完毕时天已大亮，行礼的时间跨度之长可想而知。其二，从第五首诗可以看出官员行礼过后并非直接撤离，尚需等待中官训话。但这一训话

----

① 以上五诗，见（明）杨德周《铜马编》卷下《南征记》，第692b～693a页。但尚有一具体问题未能定论，杨德周《铜马编》记其"癸酉腊月十九日以计入朝，瞻拜于皇极门"，其后未见相关记载，可见官员确有分省入觐的举动。杨德周所属福建省的规定入觐日期为十二月二十一日，为何其在十二月十九日即可赴皇极门行礼？一个可能的解释是：由于每三日上朝一次，而会见省级官员的十六日皇帝必须上朝，因此下次上朝的时间自然便是十九日，杨德周因此得以与其他五省官员一同入觐。

② （清）永瑢：《四库全书总目提要》卷180《铜马编》，中华书局，1965，第1623页。

程序并非定自令典，很可能只是中官以皇帝家仆的身份向来朝各官诉说皇帝作为"家长"的辛苦，其用意在于以感情打动来朝官，使其回任后认真履职以解君父之忧。以上信息，皆可补志书之未备。

最为重要的信息来自第四首诗，结合首句"小臣初习汉官仪"可知晓杨德周行为的合理性：反复行礼的目的绝不在行礼本身，而是要让来朝官进行官仪演习。至杨德周所处的时期，官员不必像万历五年（1577）之前那样每日行礼，每省在常朝之前仅有一次行礼机会，一旦本次未能演练妥当，至常朝尤其是正旦朝贺时，上计官若不知该如何行礼从而引发各种闹剧便有失体统，因此有必要事先演习。将以前的数次演练归并到一次，自然时间越发长而官员愈加累，但这一演练程序万不可少。

结合以上对诸多新年之前考察准备工作的探讨，不难发现上计官在京城逗留期间日程安排十分紧凑，而这些紧凑安排竟无一项是可有可无的。无怪乎吏部尚书李默（1494～1556）在论及官员入觐时言："夫拔岭峤，以赴玉帛之期；北走雨雪，穷宵旦，以涉埃莽之墟。经旬始达，至则奔走承谒，缁尘被体，犹恐恐得咎。"[1] 在了解到上计官在京城的艰辛经历之后，不难发现李默所言竟无丝毫夸张的色彩。

表 5–1　各上计官在京的日程安排

时间	应行事项
十二月初至十五日	京郊初考
十二月十六日	①两京府尹、行太仆寺、苑马寺卿，布、按二司朝见皇帝 ②鸿胪寺官向皇帝引见两京府尹、行太仆寺、苑马寺卿，布、按二司 ③各省布、按二司，行太仆寺、苑马寺官至吏部报到 ④上计官开具歇家结状并送各省首领官
十二月十七日	①浙江、江西上计官朝见皇帝 ②鸿胪寺官向皇帝引见浙江、江西上计官 ③各省布、按二司，行太仆寺、苑马寺官至吏部报到 ④浙江、江西上计官至吏部交纳考察文书 ⑤吏部审阅浙江、江西考察文书 ⑥上计官开具歇家结状并送各省首领官

---

[1] （明）李默：《群玉楼稿》卷 2《赠大参伯燕峰詹公入觐序》，第 570a 页。

时　间	应行事项
十二月十八日	①山东、山西上计官朝见皇帝 ②鸿胪寺官向皇帝引见山东、山西上计官 ③福建、河南上计官至吏部交纳考察文书 ④吏部审阅福建、河南考察文书 ⑤浙江、江西方面官至吏部说堂 ⑥浙江、江西上计官至都察院交纳考察文书并行礼 ⑦各省首领官向吏部送歇家手本结状、签、牌 ⑧吏部官点查签、牌是否完整
十二月十九日	①河南、陕西上计官朝见皇帝 ②鸿胪寺官向皇帝引见河南、陕西上计官 ③山东、陕西上计官至吏部交纳考察文书 ④吏部审阅山东、陕西考察文书 ⑤福建、河南方面官至吏部说堂 ⑥福建、河南上计官至都察院交纳考察文书并行礼 ⑦各省首领官至吏部司务厅领牌、给散
十二月二十日	①湖广、南直隶上计官朝见皇帝 ②鸿胪寺官向皇帝引见湖广、南直隶上计官 ③山西、四川上计官至吏部交纳考察文书 ④吏部审阅山西、四川考察文书 ⑤山东、陕西方面官至吏部说堂 ⑥山东、陕西上计官至都察院交纳考察文书并行礼
十二月二十一日	①福建、四川上计官朝见皇帝 ②鸿胪寺官向皇帝引见福建、四川上计官 ③广东、南直隶上计官至吏部交纳考察文书 ④吏部审阅广东、南直隶考察文书 ⑤山西、四川方面官至吏部说堂 ⑥山西、四川上计官至都察院交纳考察文书并行礼
十二月二十二日	①广东、广西上计官朝见皇帝 ②鸿胪寺官向皇帝引见广东、广西上计官 ③湖广、广西上计官至吏部交纳考察文书 ④吏部审阅湖广、广西考察文书 ⑤广东、南直隶方面官至吏部说堂 ⑥广东、南直隶上计官至都察院交纳考察文书并行礼
十二月二十三日	①云南、贵州官上计朝见皇帝 ②鸿胪寺官向皇帝引见云南、贵州上计官 ③云南、贵州上计官至吏部交纳考察文书 ④吏部审阅云南、贵州考察文书 ⑤湖广、广西方面官至吏部说堂 ⑥湖广、广西上计官至都察院交纳考察文书并行礼

续表

时间	应行事项
十二月二十四日	①北直隶上计官朝见皇帝 ②鸿胪寺官向皇帝引见北直隶上计官 （此后截止向皇帝引见上计官） ③北直隶、行太仆、苑马寺上计官至吏部交纳考察文书 ④吏部审阅北直隶、行太仆、苑马寺考察文书 ⑤云南、贵州方面官至吏部说堂 ⑥云南、贵州官至都察院交纳考察文书并行礼
十二月二十五日 （明廷规定截止进 京的最后时限）	①全体上计官参见天子的"常朝"开始 ②高级上计官赴吏部进行"大班揖" ③各级上计官赴吏部行礼 ④北直隶、行太仆、苑马寺方面官至吏部说堂 ⑤北直隶、行太仆、苑马寺官至都察院交纳考察文书并行礼
十二月二十六日	①各级上计官参见天子的"常朝" ②"常朝"完毕，顺道赴吏部行礼 ③考察坐蓬开始（至正月初九日截止） 十二月二十七日至三十日，重复以上三项

　　资料来源：此表由笔者结合《吏部职掌》《铨曹仪注》《台仪辑略》《礼部志稿》《朝觐事宜》整理而成。

二　上计官考察的具体进程

　　在新年之前的各项考察准备工作操办妥当后，明政府将于新年之后正式举行三年一度的"大计"。在这一阶段，各上计官主要有如下经历，仍按时序分述其详情及作用。

（一）参加正旦朝贺（正月初一）

　　根据明廷仪制，新年期间仍在京城逗留的官员皆需在正月初一日向皇帝贺岁。上计官因适逢其事，自然也会参与其中。和年前行礼明显不同的是，年前行礼仅有省级长官才有幸在御前一睹天颜，而"正旦朝贺，各官俱入殿前行礼"[1]，所有的入觐官皆有机会近距离恭请圣安。参加过正旦朝贺的吏部稽勋司郎中皇甫汸（1497～1582）记录当时的情形称："是

---

[1]　（明）申时行等：《大明会典》卷44《诸司朝觐仪》，《续修四库全书》第790册，第31b页。

旦也，衣冠玉帛之华、旌旄钟鼓之设、胪传鸡唱之仪、解辫削衽之宾，欢呼拜舞于文陛赤墀者，济济跄跄，昉古特盛，亦臣子之所利见而幸遇者也。"① 而主管考察的吏部尚书李默称："方是时，宫阙台殿极其崇深，仗辂旌幢备其物采，钟镛万舞侈其歌奏，中谒候赞扬其容仪，贡琛名马张其庭实。斯固究圣作之大观，摅远臣之积愤者也。"② 结合这些极为华丽的辞藻，不难想见明廷正旦朝贺的恢宏规制。

崇祯年间参与正旦朝贺的杨德周讲述其于正月初一日的亲身经历时称："□思瑞霭挂朝暾，并集衣冠觐至尊。甲子初开传粉荔，风光乍转□银幡。百官若个夸玺席，三殿于今有赐樽。辰贺回来推少长，胶牙婪尾庆皇恩。"③ 杨氏特别注明辰贺时间在"夜漏未尽前七刻"④，那么官员到达行礼现场的时间理应更早。揆诸常理：经过此番早起和较长时间的等候、行礼，参加辰贺的上计官在回到住处后理应非常疲惫，但从杨德周的诗歌中不难发现其一睹皇帝风采后的欢欣愉悦。若来朝官果能如杨德周般因得见天颜而心存敬畏，正旦的朝贺自然大有意义。

尚可一提的是，正月初一齐贺新年是自古已有的传统，然而明廷为了防止由拜年而起的私相授受，颁布禁令称："正月初一日，朝出，到吏部，无事就回住处。俱不许往来拜望。"⑤ 因此在朝贺仪式结束后，各官即回住所修养，正式考察将于次日展开。

（二）上计官赴吏部过堂（正月初二至正月初九）

在正旦朝贺过后，正式考察终于开始。由于之前准备工作周密细致，在正式考察的数日间，来朝官唯一应行事项仅赴吏部过堂而已。万历八年（1580）大计，时任吏部尚书王国光论及过堂当日情景，认为不过是"执簿逐名面质可否"⑥。与王国光身处同一时期且同样有过吏部为政经历的吕坤（1536～1618）也认为考察当日工作仅仅是"过堂念大乡贯，以定

---

① （明）皇甫汸：《皇甫司勋集》卷45《赠郡侯蔡公国熙入觐序》，第793b 页。
② （明）李默：《群玉楼稿》卷2《赠臬使双桥蒋公入觐序》，第569 页。
③ （明）杨德周：《铜马编》卷下《南征记·甲戌元日朝退有作》，第694a 页。
④ （明）杨德周：《铜马编》卷下《南征记·甲戌元日朝退有作》，第694a 页。
⑤ （明）朱裳：《朝觐事宜》不分卷，第8 叶。
⑥ （明）王国光：《司铨奏草》卷1《议考察日期本式疏》，第32a 叶。

去存"①，二人之论大体揭示出考察当日的情形。

考察当日的主要工作是"过堂"，而在前文已经述及：早在十二月十八日至二十五日已过有一次"见部说堂"，那么年前"说堂"和年后"过堂"究竟有何区别？笔者认为主要有如下几点。

其一，来朝官所见堂官不同。年前"见部说堂"，顾名思义，来朝官仅能得见吏部堂官；而年后"过堂"则是由吏部和都察院堂官共同坐于吏部堂上，来朝官可以同时得见部、院长官。其二，过堂官员范围不同。年前"见部说堂"，仅有地方主要长官得以进部说事，参与人员控制在较小范围内；而年后"过堂"则是所有来朝官皆需进部，即王国光所言"合二省而计之，则一日两千有奇，甚至近三千者"②，恰符合两省来朝官的总数。其三，被讨论的官员对象不同。在年前"见部说堂"时虽然也有吏部与各省主要官员商议属官去留的举动，但吏部尚书所看堂折的基本情况是："司、寺、运、府正堂，逐名开列，首领、府佐以下，止总开某官某等。"③ 这就决定了吏部尚书仅对某些主要官员进行研究，而对"止总开某官某等"的官员很难给予足够关注。而年后"过堂"时，因为部分卑官尚有赴吏部与尚书、都御史亲见的机会，是以能对一些关乎低级官员的明显误判进行修改。如万历五年（1577）大计，时任吏部尚书张瀚记："岁丁丑，大计，余与台长陈公瓒同事。时一典史过堂，（原）署（考语）云'耳聋'，例当闲住。余询之曰：'汝有何疾？'对曰：'无疾。'复询其履历，其人应答如响。余顾陈曰：'此虽卑官，部院安可轻黜，以蹈不公不明之罪？'即命之曰：'部、院留汝矣。'（吏）叩首而去。"④ 典史的级别已注定其不能参加年前"见部"，因此张瀚所记必定为年后"过堂"才会出现的状况。其四，二者最重要的差别在于权威性的不同。年前"见部"的结果仅由吏部留存，如遇异议可行咨访，亦可更改，但年后"过堂"的结果在众目睽睽之下，几无更改的可能。虽然

---

① （明）吕坤：《吕新吾先生去伪斋文集》卷7《考察要语》，《四库全书存目丛书》集部第161册，第221b页。

② （明）王国光：《司铨奏草》卷1《议考察日期本式疏》，第31b~32a叶。

③ （明）唐伯元：《铨曹仪注》卷5《朝觐事宜》，第36a页。

④ （明）张瀚：《松窗梦语》卷8《铨部记》，第148页。

初二日至初八日考察完毕后，至初九日仍需定议，但因中途如"流水作业"般重复白天过堂、夜间注考的程序，① 吏部几无私下涂改过堂结果的可能。经过以上辨析，已可大致厘清年前"见部"和年后"过堂"两种行为的差别。

考察过堂的日期与之前投文、见部的顺序基本一致，仅在最后两日有所不同。各省的过堂日期分别是："初二日，浙江、江西；初三日，福建、河南；初四日，山东、陕西；初五日，山西、四川；初六日，广东、南直；初七日，湖广、广西；初八日，云南、贵州、北直，各行太仆寺、苑马寺……初九日，方面在北银房内定议。"② 通过前后对比，可以发现过堂时将最后两日投文、见部的云、贵、北直等省官员及行太仆、苑马寺衙门并到一日之中，多出的一日则由吏部会同各方面大员就过堂过程中出现的疑点进行最后商榷。一般而言，过堂考察的整套流程至正月初九日正式结束。③ 综合目前所见的资料，已可大致还原大计当日过堂的具体情况。

当日应考的两省上计官预先抵达坐蓬区，静候考察开始。各应考省份的布、按二司先行入吏部等候。其具体情形是："考功司先将知府以下点齐，就唤（布、按）两司从右角门进，到堂台傍伺候。唤两司上来，两司齐到堂上。布政司紧对吏部，按察司紧对都察院，两司即将袖中手镜取出。"④ 待以上主考官坐定后，由吏部尚书抽签决定考察顺序。唐伯元记："（吏部）报堂官并把二门官，相接传示掣签。每日击板后，各省

---

① 时任吏部尚书王国光奏称："夫三载黜陟幽明，国家大典，而旌别之间尤贵详慎。查各省大小官员不拘去任、见任、原任，三年之内，每一省多至一千余员，合二省而计之，则一日两千有奇，甚至近三千者。执簿逐名面质可否，时既有限，势难从容。以夜继日，张灯填注，求其一一之确，臣亦不敢自信也……且一日考过省份，其夜编本必完。行款不同，仓皇对阅，或有遗漏差讹，随加更正，彻旦不息。"这段文字形象描绘了吏部官每日考察、每夜编本的窘迫感。见（明）王国光《司铨奏草》卷1《议考察日期本式疏》，第31b～32a叶。

② （明）李默：《吏部职掌》不分卷《考功三·朝觐条件》，第191b页。

③ 如前所述：万历初年吏部尚书王国光认为初二至初九间夜以继日地编造考察文册很可能因时间仓促而无法保证其准确性，因此要求皇帝对吏部填写考察册的时间加以宽限。万历帝批准了王国光的奏请，考察册不必赶在正月初九日即刻上交，但具体宽限的时日并不明确。见（明）王国光《司铨奏草》卷1《议考察日期本式疏》，第31b～32a叶。

④ （明）朱裳：《朝觐事宜》，第8叶。所谓"手镜"，应是指考察当日使用的过堂名册。

总一签筒，本厅进川堂，说'掣签'。报堂官捧签筒，跪正堂公座前，正堂掣二府签。本厅出门前，报堂官叫名点查。"[1] 报堂官根据吏部尚书抽签的结果，每次仅传唤两府官员入吏部过堂。传唤至某府时，该府知府在吏部公堂内的台傍站定，考功郎"又唤首领官、知州、知县等官。其来朝、在任、调任、升任、丁忧、在逃等项，俱逐名唤过"[2]。被叫到姓名的候考官员在考功司唱名时立刻进入吏部公堂，其时他看到的景象是：吏部尚书和都御史及本省布、按二司并坐堂台之上，考功司郎中在一旁站立并按照考察固定礼仪"执簿唱名"，而其所属府的知府也站立在一旁。各位堂台之上的主考官都不是袖手而坐，而是"执簿逐名，面质可否"[3]。

"面质可否"的具体情况是："如好官，（布、按）两司止齐说一'可'字。不好官，两司齐说'不谨''贪''酷''年老''不及'等项字样。"[4] 在布、按二司指出相应官员好或不好的具体表现后，部、院长官会结合所见考语及咨访结果来表达支持或反对，因此难免出现布、按二司和吏部尚书、都御史意见相左的情况。对这一矛盾的解决方案是："如官好，吏部要黜，两司亦当直说：'此官好，止因某事，某人怪他。'如官不好，吏部要留，两司亦当直说：'此官不好，有某事以知其不好。'"[5] 经过当堂商议，最终得出地方长官和中央官员双方都能接受的意见，对这一官员的考评亦即结束。在双方讨论的过程当中，为保密起见，"其答应言语要轻，恐属官闻知"[6]。但考虑到每日过堂的人数众多，而且已经有过基层注考、京郊初考、年前说堂等多次协商，所以在大计过堂当日被讨论的官员应当只占应考官的极小部分。

此外尚有两种特例需要格外说明。其一，前已述及，最终上计的官员只占地方在任官总数的一小部分，更多官员无法入觐，对这些官员的考评同上述流程一样，只是官员本人不在堂审现场而已。其二，对于某些病

---

[1] （明）唐伯元：《铨曹仪注》卷5《朝觐事宜》，第36a页。

[2] （明）朱裳：《朝觐事宜》，第8叶。

[3] （明）王国光：《司铨奏草》卷1《议考察日期本式疏》，第32a叶。

[4] （明）朱裳：《朝觐事宜》，第8叶。

[5] （明）朱裳：《朝觐事宜》，第8叶。

[6] （明）朱裳：《朝觐事宜》，第8叶。

故、致仕、问革的官员，其虽不可能再亲身参与过堂，但布、按二司"亦要齐答应'病故''致仕''问革'"①，以示最终的区处之意。

在"面质"完毕后，相应官员向部、院长官简短行礼并离开吏部，如此便完成了入觐官的整套过堂流程。正月初二至初八，实际是上述抽签、点名、进部、面质、行礼、出部程序的不断重复，而正月初九则是对以上七天考察结果的最后核准。

明代考察过堂的具体要求是："来朝方面并运司，各直隶府、州、县官，各将属官贤否从实声说。如有冤枉，许为辩白；如有幸留，许为纠举。"② 如果确实照此行事，过堂这一行为确能最大限度地维护考察公正，但囿于人力和时间，这一规定实际上很难落实。如前引张缙彦所论"各处正官，名为说事，实无说也，过堂已耳"③，虽然带有夸张成分，但也确实说出了过堂的困境所在；如前述王世懋那般"说堂狂恣"的现象，极难在过堂时出现。④

（三）考察后郊祀（约正月中旬）

初九日全部官员过堂完毕后，吏部官需要对考察结果进行整理汇总，以便上呈御览。在此期间，官员并非无所事事地坐候考察结果，而是立刻投入到郊祀的相关工作当中。一般而言，由明朝皇帝在冬至、夏至日举行的祭天仪式，实际是宣告政权合法性的重要举措，⑤ 大计后的郊祀同样带有这一意涵，同时也是表达皇权威严的又一举措。

郊祀的具体情况是：在结束过堂的正月初九前后，首先由礼部向皇帝疏请郊祀，其大略云："往年郊天，来朝官员四品以上陪祭。今郊天已过，孟春该祈谷，礼虽不同，其祭天一也。相应令来朝四品以上官员陪祭。"⑥ 在皇帝批复礼部奏请后，郊祀仪式即可按皇帝选定的日期进行。在郊祀之前，各上计官须"候礼部祠祭司告示，关领祭服、牙牌。仍预

---

① （明）朱裳：《朝觐事宜》，第 8 叶。
② （明）王圻：《续文献通考》卷 54《朝觐考察》，第 686b～687a 页。
③ （清）孙承泽：《山书》卷 12《外计过堂说事》，第 231b 页。
④ （明）王世懋：《王奉常集》卷 36《答李本宁》，第 571a 页。
⑤ 方志远：《明代国家权力结构及运行机制》，第 111 页。
⑥ （明）朱裳：《朝觐事宜》，第 10 叶。

先差人寻道士洁净房屋，早去斋宿，以候圣驾"①。相应的保障工作不可谓不充分。郊祀当日的详细情况，由于资料所限暂难晓其详情，殊为可憾。

（四）大班纠劾（约正月中下旬）

在吏部考察和上计官郊祀过后，整个朝觐考察阶段声势最为浩大，同时也最为庄严肃穆的一幕将正式上演，此一环节通常被称为"大班纠劾"。与朝觐考察的各环节都主要由吏部实负其责而都察院进行辅助的状况不同，朝觐纠劾引入了一个在考察各阶段都未曾出现的衙门——刑部。"凡官员来朝，考察事毕，刑部将应该纠劾缘由并日期具本题知。"② 可见在大班纠劾之前，由刑部负责向皇帝题请具体纠劾日期。

笔者所见史料中带有纠劾朝觐官性质的举动始于永乐十年（1412），③此后多次朝觐考察皆有纠劾朝觐官的记录。④《大明会典》对大班纠劾的状况的记载仅有寥寥数语："凡大班纠劾朝觐官，考察存留者，鸿胪寺官引上御道跪。法司及科道官各露草，纠劾怠职之罪。朝觐官俱俯伏，免冠

---

① （明）朱裳：《朝觐事宜》，第10叶。

② （明）申时行等：《大明会典》卷179《朝觐纠劾》，《续修四库全书》第792册，第183b页。

③ 是年朝觐考察过后，"刑部、都察院、六科劾奏天下朝觐官千五百余人。云：'一府一县之中，有勘合更数年不完者，请付法司治之。'上命各部条具勘合已完、未完，并各官姓名来闻。惟八十员勘合皆完。上曰：'此八十人，盖克勤于官，命礼部各赐钞五十锭，复职。余未完者，亦姑宥复职。'上复问鸿胪寺及六科曰：'前日，命朝觐官言民瘼，已言者几人？'对曰：'百五十人。'上曰：'一郡一县，未必都无一事可言，都无一民不安。今日皆须言，缄默者罪。'于是各官悉上所言，命六部议行之。曰：'便于民者，即行；言有不当，勿问'"。这是笔者所见朝觐考察后纠劾入觐官的最早记录。相关引文，见《明太宗实录》卷124，永乐十年正月己丑条，第1555～1556页。

④ 在永乐十年纠劾朝觐官后，永乐年间便没有相关记载，但宣德、正统年间的每次朝觐考察后，皆有朝臣劾奏来觐官的记录。相关记载，分别见《明宣宗实录》卷24，宣德二年正月壬辰条，第628页；《明宣宗实录》卷61，宣德五年正月丁巳条，第1448页；《明宣宗实录》卷98，宣德八年正月癸亥条，第2204页；《明英宗实录》卷13，正统元年正月戊午条，第238页。连续数年朝觐考察之后都有纠劾来觐官的举动，可见这一制度自宣德起便已趋固化。但这一阶段的纠劾，是以"交章纠劾"为主要形式，并非后文中描述的那种声势浩大，全体官员跪于金水桥前的"大班纠劾"，从"交章纠劾"到"大班纠劾"的仪式演进仍有探讨空间。

待罪，候旨。如奉旨免宥，随即加冠，叩头连呼'万岁'。"① 但在实际行政过程中，大班纠劾的情形却远比典章制度所记更为生动。就笔者所见言之，有关大班纠劾最为翔实的记载来自弘治年间翰林官王九思（1468~1551），引其自述如下：

> 予在翰林时，每见述职之典。其年春正月，天子郊祀毕。越旬日，御奉天门视朝。是日，诸司始奏事。于是方岳、郡县诸吏，咸趋御桥南跪，免冠俯伏首至地，待罪。刑部尚书率左、右侍郎上御街，北面跪读弹文。继而六科给事中、十三道监察御史，皆有弹文，各推老成一人，北面跪读。大意言："方岳郡县吏，若弗能事事，宜置之法，以示惩劝。"予所见，凡三度。天子咸口出德音，特宥之，以勉图后效。于是方岳郡县诸吏不下万余人，辄踊跃顿首谢，口呼"万岁"，响声若春雷在空。既退出，翌日早具公服，谢午门外。然后吏部以黜陟上闻。②

此段引文至少透漏出有关大班纠劾的如下重要信息。其一，官员参加大班纠劾的时间在郊祀毕后旬日间，这既是对朱裳所记郊祀时间的有力证明，也显示出大班纠劾的大致时间约在正月中下旬。其二，进行大班纠劾的地点是皇帝"御门听政"的奉天门，不难想见朝廷上下对这一仪式的慎重态度。其三，虽然在过堂之后，绝大部分官员都已经大致知晓自己的处分结果，但正月初九日吏部仍会召集省级长官进行最后商榷，众多品级较低的来朝官并不能够知晓个人评断是否在最后时刻有所改变，心情难免忐忑。而且为保证大班纠劾的效果，吏部迟至纠劾结束之后方才"以黜陟上闻"。在这些措施的保障之下，大班纠劾无疑更能发挥震慑官员的预

---

① （明）申时行等：《万历会典》卷 44《诸司朝觐仪》，第 32b 页。
② （明）王九思：《渼坡集》卷 9《送王令序》，《四库全书存目丛书》集部第 48 册，第 78a 页。按：王九思于弘治九年（1496）中进士后，先于翰林院进行庶吉士修习，此后历任翰林检讨等职，至正德四年（1509）已升任吏部考功司员外郎。因此王九思记载的大班纠劾景象，应当发生在弘治中后期至正德初期。

期作用。其四，因为吏部的察疏未上，① 因此在大班纠劾时绝大多数官员都不过是去留未明的"待罪"官员（尽管部分官员可能私下通过其他渠道得知自己绝不会被罢黜），是故来朝官皆需在冬日寒风中脱帽长跪并接受弹劾，其肃穆可见一斑。其五，在纠劾上计官时，先由刑部尚书率左、右侍郎跪读弹劾来朝官的文字，继而科道代表各读弹文，面对皇帝和全国上计官，弹文必定有足够的篇幅和分量，否则便难以突出弹文作者写作这份文书时的认真及对皇帝的敬意，这自然导致大班纠劾的时间十分漫长。其六，在刑部、科道纠劾完毕之后皇帝再行宽宥，无疑是突出天子德意。尽管此一文书通常由阁臣撰写，② 但聆听皇帝亲发玉音却不是地方官员能够经常享受的礼遇。至于其后的山呼万岁等行为，不过是寻常礼仪，毋庸

---

① 既然大班纠劾之时，皇帝已经赦免来朝官员，那么在此之后，吏部再上察疏，注明某些官员应当罢斥，是否明显忤逆了圣意？为何不让吏部先上察疏，待皇帝批复之后，仅对留用官员进行申饬？一个可能的思路是，在察疏上达之前，虽然皇帝温旨慰留官员，但官员实则都是"待罪之身"，此时纠劾或许效果更好。而一旦察疏下达再对留用官进行申饬，一方面，这些官员既然被留用，则表明其行政没有明显过失，对其进行申饬的必要性存疑；另一方面，申饬效果也会因官员已经得知考察结果而并不理想。基于以上两点考量，明廷才进行此种制度设定。

② 有关天子特宥朝觐官的文字，于嘉靖朝阁臣夏言（1482～1548）的文集中有记载。该文作于嘉靖二十年（1541），可见大班纠劾时皇帝敕谕的一般情形，姑援引如下。"皇帝敕谕天下朝觐官员。朕以冲资，上叨天眷，入承仔肩之重。夙夜兢业，思以奉天保民者，二十年于兹。此心朝夕罔敢或怠，虽疾病之甚，未尝废省览。万几之暇，惟以一政失理，一夫不获，胎戚于下民是惧。虽然，朕一人，岂克独治？实赖百官众职，佐理共成之。故曰：'天生斯民，立之司牧。'又曰：'天工，人其代之。'此言有君必有臣也。君臣之责，凡以为民焉尔。夫民，邦家之本也。瘅身农亩，出租赋、任力役，以供上之人。盖自有一命之士，皆食于民者。今乃不安养是务，而惟欲戕伐其生，何用心逆天道哉？自朕即位以来，七举朝觐考察之典矣。岂弗黜罚是加，告戒是切？而吏称民安之效，卒未获臻。且盗贼、水旱诸异频仍，夫岂无繇？朕侧闻之：诸藩阜府、州、县等官，有贪者则恣溪壑之欲，渔夺百姓，或以肥其家，或以媚诸势；酷者则暴若豺狼，残人性命，至逼绝宗祀而不之恤。其他黩官廉禄以苟岁月、越职踰法以干进取，播诸耳目者，何可缕数？夫朝廷设官谓何，而乃若此，岂不为大背负邪？今考察事竣，尔等大小官员，已有旨还尔旧职。其自今伊始，各务洗濯淬砺，革心从正。无纵欲败度，无淫虐以逞；无以不禁奸邪为宽大，无以故释有罪为不苟；无饰诈立异以为贤，无阿比逢迎以为能。有一于此，皆失其中。以是而承流宣化，御下牧人，岂不悖哉？是故慈祥以爱民，严正以去恶；平明而公以守法，廉慎而勤以持身。宣明教化，奉宣国典，使德泽旁流，兆人咸利，庶几朕无忧矣。岂惟尔等功在民社，以永永有令闻。异日朝廷公卿之选，固不能尔舍也。尔等尚加勖诸，以副朕拳拳望治丁宁之意。钦之哉。故谕。"明代诸帝在大班纠劾时的敕谕用语根据皇帝在位年份远近和个人特点而略有差别，但其宽宥官员并予以告诫的做法应大体一致。引文见（明）夏言《夏桂州先生文集》卷9《敕谕天下朝觐官员》，《四库全书存目丛书》集部第74册，第455a～456a页。

赘述。

此外，整个大班纠劾的过程皆需保持肃穆，如果场面出现混乱，鸿胪寺的负责官员会因之受到处罚。如万历二年（1574）大计过后，"上御皇极门。三法司、科道官大班纠劾朝觐官员……朝觐官免冠承旨，参差不齐。刑部尚书王之诰等劾奏众官失仪及鸿胪寺官失于传示。得旨：'外官姑不究，鸿胪寺堂上官夺俸半年，引人、序班，降边方杂职用。'"① 可见当年大班纠劾时出现的秩序混乱导致不少与礼仪相关的官员受到惩处。为防止在之后的大班纠劾时再次出现类似万历二年的混乱局面，在万历五年大计前礼科都给事中李戴等专门为此上奏，"朝觐官员，有见朝之期、班次之等，与夫衣服之制、面引之仪，大班纠劾之典，一一榜示申饬"②。然而，即使在明廷的榜示之下，仍有官员未遵守约束，是年大班纠劾过后，"下（河南）上蔡知县庄鹏举于锦衣狱问，以大班纠劾不免冠也"③。自本次严厉处罚不守纠劾礼仪的官员后，未再见到类似记录。可见万历五年的榜示和对违规者的惩处，确实维护了大班纠劾的严肃性。

然而对于大班纠劾这样盛大的仪式，明代官员的评价似乎并不积极。沈德符指称："嘉靖二十六年朝觐竣事，上敕谕天下上计官，此不过旧例套语耳。"④ 可见在沈氏眼中，大班纠劾不过是毫无实际意义的循例之举。而许弘纲对大班纠劾的批评更为激烈，其称："三载上计，黜幽而外犹麇聚阙庭，听台省露章劾奏，请付缇骑廷尉，则各惴惴焉。蒲伏免冠谢，已传诏赦弗治，咸叩头呼'万岁'乃起。嗟嗟！此岂两汉时所习睹哉？夫不量能而重责之也，既无以收庸众人之效，不程能而轻使之也。又适以灰豪杰之心，吏治之骎骎去古，非独吏之罪矣。"⑤ 认为大班纠劾不仅没有实际意义，对官员的礼遇更是荡然无存。

但笔者并不认同以上观点。通过之前的论述，已不难发现在整个朝觐

---

① 《明神宗实录》卷21，万历二年正月己亥条，第571页。
② 《明神宗实录》卷56，万历四年十一月己亥条，第1290页。
③ 《明神宗实录》卷58，万历五年正月辛亥条，第1337页。
④ （明）沈德符：《万历野获编》卷2《进诗献谀得罪》，第53页。
⑤ （明）许弘纲：《群玉山房文集》卷1《送金华龙父母入觐叙》，第40b页。

考察的准备阶段有不少看起来毫无意义的举动实际都有其价值，例如官员赴宫门前的行礼皇帝很可能无法看到，但实际上通过之前的数次演练却极大地减小了官员在正旦朝贺时出现混乱的可能。大班纠劾亦与之类似，尽管无法保证官员在接受大班纠劾之后便一定能够心怀畏惧地实心为政，但万余来朝官一同免冠伏地而跪，听候刑部尚书及科道官的当面弹劾，无疑会对这些官员的内心造成巨大冲击，敦促其认真履职。因此对大班纠劾的效用绝不可小觑。

从当时官员的奏请中，也可看出这层威慑来朝官的意图。如万历二十六年（1598），对于实在不愿临朝的万历帝，沈一贯等阁臣建议：“有如玉体尚须珍调，亦宜特传一谕帖于各该衙门，以明示天下来朝官员。俾知忧劳万国，无少怠荒，本欲延见，偶以病阻之意。使自远方来者，与面奉天颜不殊，而各相鼓舞，以宣上德于天下，庶几不虚此一盛典也。”① 虽然皇帝不可莅临，但仍需亲发玉音训斥，可见大班纠劾绝非可有可无。而万历二十九年，阁臣沈一贯等再次请求万历帝在静养之余抽出时间参加大班纠劾，其称：“考察既毕，虽薄有所惩，而纠劾未行，岂翻然知改？非引之于至近，临之以至尊，肃之以弹章，霈之以玉音，则德意无由而宣达，精神不见其流通。计事虽成，视同故事，人心终无警，吏治终难兴也。”② 不难看出大班纠劾对于促使官员痛改前非、实心为政的重要性。“不过一临莅、一戒谕，而激励人心之大机，实在于此”③，可称确论，这与笔者前述观点也如出一辙。

在大班纠劾结束之后，吏部需要尽快编制考察文本上呈御览。制册情况是，“方面、有司、杂职官分为三本”，但因为本册过多导致“错杂无序，不便宸览”，因此万历初年吏部尚书王国光建议，“今后编本之时，方面官另一本，有司杂职官共一本”④，并得到批准。这一改良无疑具有积极效用，因皇帝极难对地方官的情况详细掌控，所以即使分别编制有司、

---

① （明）沈一贯：《敬事草》卷3《请御朝宣谕入觐官揭帖》，《续修四库全书》第479册，第189b～190a页。

② （明）沈一贯：《敬事草》卷9《纠劾来朝官请临御揭帖》，《续修四库全书》第479册，第380b页。

③ （明）沈一贯：《敬事草》卷9《纠劾来朝官请临御揭帖》，第380b页。

④ 以上三处引文，参见（明）王国光《司铨奏草》卷1《议考察日期本式疏》，第33a叶。

杂职考察文册，皇帝也很难提出有针对性的意见。而跻身方面的地方官，大多已在宦海沉浮数年，其事迹必为皇帝所略知，因此可以单独造册呈皇帝着重阅示。在皇帝对察疏进行批复后，该次大计便基本宣告结束。

仍需补充说明的是：尽管皇帝一般不会对大计察疏做何更改，但若皇帝因怠政而不发察疏，各上计官作为"待罪之人"便不得离京。如正德十五年（1520）因武宗南巡导致察疏批复推迟，直接致使众多来朝官滞留京城。《实录》记载此事称："天下入觐官员，本以朝正为名。今至京数月，尚未得一睹天颜。吏部虽会官考察，上请黜陟，未奉旨定夺，难擅放回。"① 一般而言，吏部察疏在正月之内必定上达，但该次大计迟至三月察疏仍未蒙批发，上计官仍在京逗留等待察疏下发。尽管这是政治运行时的极端情况，但也说明了皇帝批发察疏这一程序的极端重要性。

（五）上计官谢恩

嘉靖时布政使朱裳记："考察毕，吏部具题。候旨意出，递报单。（上计官）谢恩出朝，就到吏部谢，本日就到都察院谢。如不及，第二日亦可。"② 万历时副都御史许弘纲记："考察毕，谢吏部后，即赴院谢（恩）。"③ 在地方和中央考察主官的两相印证之下，可知上计官在吏部具题察疏后的另一重要工作便是赴朝堂、吏部和都察院分别谢恩。无论留用抑或罢黜，向皇帝谢恩都是官员本分，而对部、院堂官的谢恩，则很可能是对他们几近一月的辛劳考察表示敬意。由于相关资料的缺失，笔者难以确知上计官赴三处谢恩的具体时间，以及上计官在朝堂和吏部行礼的仪节。所幸都察院相关数据的完整保留为了解当时官员考察后谢恩的详情提供了可能。

通过许弘纲《台仪辑略》的记载，可知上计官赴都察院行谢恩礼的大致情况是："布、按二司及运使、苑马寺正、佐、首领共一日，府正、佐、首领共一日，州、县正、佐、首领共一日，俱各起另报，行礼如前仪。"④ 可见谢恩顺序亦是依据官员的职级而定。"行礼如前仪"的具体

---

① 《明武宗实录》卷184，正德十五年三月辛丑条，第3543页。
② （明）朱裳：《朝觐事宜》，第9～10叶。
③ （明）许弘纲：《台仪辑略》不分卷《杂仪》，第20b叶。
④ （明）许弘纲：《台仪辑略》不分卷《杂仪》，第20b叶。

情况在前文已经述及，根据官员的品级尊卑分别有檐下行礼、檐前行礼、台中行礼、台下行礼及顶台行礼共计五种不同的行礼模式。"谢之时，不必言谢，止照常作揖就是。"① 可见在谢恩时，官员之间无须寒暄；所谓的谢恩行礼，其性质更偏向于一种表达对部、院尊崇意味的仪式。

尚可一提的是，因为吏部是掌管官员人事权的衙门，所以上计官员对赴部行礼不敢有丝毫马虎，朝堂行礼因牵涉皇帝与皇权，其严格程度亦不待言，但"协襄计典"的都察院则难以稳定地享受这一礼遇。明末都御史李邦华（1574～1644）称"天下朝觐官员见部后，例于臣衙门谒见。今各省布政、廉使等官，多藐抗不理"②，可见赴院行礼的规定也在明朝后期出现了松动。

（六）来朝官陛辞（一月下旬至二月上旬）

在上述一应工作结束后，各上计官便可根据自身处分情况决定其后的去向：复任者回到原任职地继续理政，调任者奔赴新的岗位，致仕者回籍，不一而足。但无论转赴何处，在上计官离开京城之前尚须赴御前向皇帝道别，即"陛辞"。在陛辞前，各留任官需要预先购买敕书筒并黄包袱，③ 以便接纳御敕并妥善带回。陛辞的基本礼仪是："凡朝觐官见辞谢恩，不论已、未入流，各具公服行礼……两京府尹、行太仆寺、苑马寺卿，布、按二司外班行礼毕，仍照前引见面辞，盐运司、知府以下等官，止于外班行礼。"④

尽管皇帝已经在大班纠劾时亲发玉音告诫、训导过来朝官员，上计官陛辞之时，如皇帝认为确有必要，仍可再行申饬。据笔者所见，自永乐四年（1406）开始，⑤ 明代历朝皇帝几乎都会在上计官陛辞时发布敕谕，对

---

① （明）朱裳：《朝觐事宜》，第10叶。
② （明）李邦华：《文水李忠肃先生集》卷6《申饬宪纲疏》，第267a页。
③ （明）朱裳：《朝觐事宜》不分卷，第11叶。
④ （明）俞汝楫等：《礼部志稿》卷10《万历五年定五款》，第140b～142a页。
⑤ 笔者所见最早的朝觐官陛辞敕谕在永乐四年，是年"六部，都察院核奏：'朝觐官其所治事稽违者多，请治其罪。'上召至前，谕之曰：'尔等分理庶务，勤慎则百事举，怠忽则百事废，顾立志如何耳？今诸司论尔等职事稽误，皆由怠忽之过。夫慢令弃法，国有显罚。今姑宥尔其归，改过自新。若仍蹈前非，朕不能曲法以贷，遂敕。'谢辞，即日出京"。从发布谕令的时间和谕令内容来看，本次敕谕实际上已经具有其后朝觐官陛辞时诫勉的色彩。见《明太宗实录》卷50，永乐四年正月己亥条，第748页。

其加以勉励。尤其是孝宗当朝时，更是每次朝觐考察结束后都会在陛辞时对即将离京的上计官再行申饬。①

　　与进京的宽松时限明显不同，明廷对上计官回任有非常严格的时间规定。"出城不可太迟。如告示限二月初七日，如不得已，至初九日行亦可，初十日、十一日则太迟矣。"② 明廷并不限制上计官的进京时间，但明确规定了来朝官的离京时限，实则良有以也。无论在何种极端情况下，来朝官进京的时间都不得有任何延误，因为上计官一旦未按期入京，其影响便可能波及一县、一府乃至一省的所有官员，整个考察节奏也会因此全部打乱，其恶劣影响不难想见。是以明廷在设计制度时，仅规定了进京时间的最迟期限为十二月二十五日，而未对官员入京的最早时间予以规定；《吏部职掌》作为部门法规，规定了十二月十五日这一最早期限而也未对提前入京的官员有任何处罚措施，因为无论上计官是否有其他任何私心，总能为提前进京这一行为涂抹上"急于王事"的无私色调。

　　而回任则完全属于官员个人行为，即使某一官员果真违限很久而被处罚，但其地仍有署印官治理，并不会因其一人玩忽而使地方政务完全废弛。此外，结合有关时限的具体规定来看："凡朝觐官员回任，各查照水程定立限期。如违限一月之上者，问罪；两月之上者，送部别用；三月之上者，罢职不叙。监司容不举者，同罪。"③ 至万历七年（1579）朝廷将此规定稍微放宽："违限一月之上，问罪；三月之上，送部别用；半年之

---

① 试以孝宗弘治十八年（1505）的敕谕析之。"天下朝觐官陛辞，各赐之敕曰：'朕嗣承大统，夙夜祗勤敷求俊良布列庶位，期于通政化洽、物阜民康，以无负代天司牧之责。夫何比岁以来，水旱频仍、灾异叠见？实由小民困苦，怨谘之毒上干和气，朕切忧之。尔等畿甸、藩服之臣，虽职任崇卑不同，皆与有民人之寄，咎将安逃？兹因述职来朝，简黜太甚，薄示惩戒，俾尔等仍还旧任，勉效新功。夫官视其职如传舍，而于生民休戚漠然不加之意，则上泽何自而充宣，民生何由而得所？朕深悉其故，久任是图，简别之际，申敕铨衡至于再四；令加详慎，勿轻弃遗爱护人才之意，可谓至矣。尔等宜各体朕怀，益励乃志，奉公守法，约己谷人。毋恃催科为能，恒存抚字之念。务使利兴弊革，讼简刑清，怨谘不生，灾害不作。困穷咸归于安养，奸宄悉化为善良，以共享平康之福。尔等勉之，毋替朕命。故谕。'"结合引文可见：陛辞敕谕的内容一般是指出皇帝委派民牧的初衷在于有效治理，但因各官的治理状况有负皇帝重托，因此要督促各位官员继续勉力为政，勿使政务废坠。明代各次对上计官的敕谕内容大体上与此相同。见《明孝宗实录》卷220，弘治十八年正月辛亥条，第4150页。

② （明）朱裳：《朝觐事宜》，第11叶。

③ （明）申时行等：《大明会典》卷13《朝觐考察》，第222b页。

上，罢职不叙。"① 揆诸常理，明廷的水程都理当经过周密的计算方才予以发布，除非遇到极为特殊的情况或因个人故意迁延，否则官员很难违限多达一月之久。因此官员一旦触犯法规，绝大多数情况皆由官员的私人原因导致。提早入觐尽管可能为私但终究显得为公，而推迟还任则完全没有任何冠冕堂皇的理由予以解释，这是入京无明确时限而还任有明确时限的根本原因。

正是因为有严密的制度规定，上计官在陛辞并听取皇帝敕谕后，大多立刻踏上了返程路途。例如杨德周自记其陛辞时间在二月六日，次日便已会同其僚友费道用一起出京，可见相应官员对制度的严格遵守。② 在上计官步出都门之时，朝觐考察的整套流程也宣告结束。

表 5－2　新年之后的大计运作流程

时间	应行事项
正月初一	①全体在京官、上计官向天子行"正旦朝贺"礼 ②至吏部行礼，无事则回住处休息
正月初二	考察浙江、江西官员以抽签为序，每省各抽一府进部考察，其他上计官于吏部门前坐蓬候考（下同）
正月初三	考察福建、河南官员
正月初四	考察山东、陕西官员
正月初五	考察山西、四川官员
正月初六	考察广东、南直官员
正月初七	考察湖广、广西官员
正月初八	考察云南、贵州、北直，各行太仆寺、苑马寺官员
正月初九	①各来朝方面官与吏部长官在吏部北银房内定议 ②吏部整理考察结果（需费时七日左右） ③礼部向皇帝奏请郊祀
正月中上旬	①上计官准备郊祀相关事宜，静候考察处分 ②参与郊祀活动
正月中下旬	大班纠劾
正月下旬	①吏部上呈察疏，并请皇帝批复 ②上计官赴朝堂、吏部、都察院谢恩
正月下旬至二月初	来朝官陛辞

资料来源：笔者自绘。

---

① （明）申时行等：《大明会典》卷 13《朝觐考察》，第 222b 页。
② （明）杨德周：《铜马编》卷下《南征记》，第 687a 页。

第三节　明廷对上计官的激励：以表彰卓异官为例①

在本章之前的两节中，笔者结合大计有关的制度规定，从各级官员为大计所做的准备与制度规定的大计运转流程两个角度对明代大计运行机制进行了分析，通过相关研撰不难发现，明代大计的有关制度对官员行为的约束非常严密。早在上计准备阶段，所应进行的一切工作便已有条例说明；在官员进入京城以后，对每一级官员在每一天应该去何处行礼、至何处议事、到何处投文，皆有明确的指令。尽管朝觐考察的首要目的在于裁汰不职，但正如明人所论："有黜无陟，有怨无德，自非君父责成。"② 仅有威而无恩明显有违张弛之道。为了激励天下官员，明政府规定："若廉能卓异，贪酷异常，则又有旌别之典，以示劝惩。"③ 尽管有过必罚，但若地方官果真功勋卓异，明廷也不会吝惜激励与肯定。对官员的激励最为突出的表现便是在某些年份的大计结束后，对部分政绩和品行格外突出者，即所谓"卓异官"进行表彰。

"郡县治，天下安"是长期以来的共识，毫无疑问，对少数卓异地方官的表彰会对更多地方官的克己奉公起到激励和示范作用。尽管《万历会典》对明代表彰卓异官的情况有过记载，④ 但内容偏重于对过往表彰卓异情况的历史回顾；对表彰卓异官仪节的记载虽然严密，却仅能反映出万历二年（1574）的表彰情况。相关记载既缺乏普遍代表性，也未能揭示表彰卓异官的原则和标准，而且表彰卓异官是否具有树立楷模之外的其他作用也不能从《会典》中得知。因此本节将对明代朝觐考察后表彰卓异官这一问题进行探讨，以见明代大计制度对官员"约束"之余的"激励"，揭示明代大计制度运行机制的特点。

---

① 本节主要内容参见余劲东《论明代卓异地方官的表彰》，《江南大学学报》（人文社会科学版）2019 年第 4 期，第 76～82 页。本书中做了新的修订。
② （明）汤兆京：《灵萱阁集》卷 2《参部臣阻挠察典疏》，第 508a 页。
③ （明）申时行等：《大明会典》卷 13《朝觐考察》，第 219b 页。
④ 《万历会典》中表彰卓异官的记载，见（明）申时行等《大明会典》卷 13《朝觐考察》，第 221b 页。

一　明廷表彰卓异官的梗概

尽管正德与万历年间颁定的两部《大明会典》都对明廷表彰卓异官的历史状况有过回顾，[①] 但对卓异官究竟应多久表彰一次、表彰的规模及标准却完全没有记载。正因为缺乏明确制度规定，所以明代对卓异官的表彰并非像大计其他环节一样按照有关规定按时举行，而是具有很强的随机性。明中期的翰林官王九思忆及往昔表彰卓异官的盛况称：

> 弘治壬戌，吏部（马文升）言："方岳郡县吏政有卓异，不可但已，宜稍稍旌之，以劝豪杰。"……皇帝览奏甚喜，命锡宴礼部……盖近代旷典，予所幸见者也。自予麾出外郡，窜伏林莽，历述职者又三度矣，未闻有所旌拔如壬戌时。[②]

以此推算，在王九思所经历的四次大计中仅有一次对卓异官进行了表彰。而王九思的陈词并非孤证，仕宦时期与王九思相近的方良永同样称："故事，司、府官来朝，吏部择其治行卓异者奏旌之。有大燕之赐、宝镪之颁，而超擢继之，类数十年一举，难之也。予滥与之后，已十年矣。"[③] 同样印证了明廷表彰卓异官的举动非常罕见。查方良永获评卓异官的时间在武宗正德九年（1514）[④]，正好在时间上印证了王九思"又三度未闻有所旌拔"的说法。然而，王、方二人所处的年代过于接近，或许弘治、正德年间恰逢皇帝怠政而不愿意过多表彰卓异官，王九思与方良永所述是否足以揭示明廷表彰卓异官的全貌尚且存疑。为此，有必要对明朝表彰卓异官的大体脉络予以梳理。

明代最早带有表彰朝觐卓异官性质的事件发生在洪武十一年（1378），当时明廷令朝觐官"称职而无过者为上，赐坐而宴"[⑤]，但当时

---

① 《正德会典》中表彰卓异官的记载，见（明）李东阳等《正德会典》卷15《吏部十四》，第163页。

② （明）王九思：《渼坡集》卷9《送王令序》，第78页。

③ （明）方良永：《方简肃文集》卷2《送郡守冯检斋公人觐序》，第94b页。

④ 《明武宗实录》第108卷，正德九年正月壬辰条，第2223页。

⑤ （明）申时行等：《大明会典》卷13《朝觐考察》，第221b页。

朝觐考察的制度尚未齐备，相应的褒奖人数和表彰方式同样无规矩可寻。明太祖时期的第二次表彰卓异已迟至洪武二十六年（1393），是年对云南左布政使张纮予以玺书褒扬。① 永乐七年（1409），朱棣对山东汶上知县史诚进行表彰；② 宣德八年（1433），宣宗对何文渊等七人予以表彰，这是目前所见在朝觐考察制度定型后第一次大规模地表彰卓异官。此后在正统十年（1445）至万历二年（1574）的百余年间，共有九次表彰卓异官的记录，分别在天顺四年（1460）、弘治十五年（1502）、正德九年（1514）、嘉靖二年（1523）、嘉靖八年（1529）、隆庆二年（1568）、隆庆五年（1571）、万历二年（1574），③ 每次表彰的人数不等，但一般在十人左右，以上是明朝建立后的两百年间表彰朝觐考察卓异官之大端。按明制，朝觐考察每三年举行一次，然而对卓异官的表彰却如此希阔，可见王九思、方良永所描述的状况并非弘治、正德年间所独有，整个明代对卓异官的表彰都不多。那么在如此小概率表彰卓异官的前提下，究竟官员满足何种条件才有机会获评卓异？

二　大计卓异官的选取标准

尽管从理论上讲，既然是表彰卓异官，那么所有治行卓异的地方官都会被视为表彰候选人，然而在确定卓异官人选时，最为明显的特点是，获评卓异的官员不仅需要治绩和品行突出，官职大小同样是极为重要的影响因素。一般而言，入觐官的职级越高，受到表彰的可能性越大，而真正处理基层事务的知州、知县等亲民官，被表彰的可能性则大大降低。吏部考功司是负责文官考察的首要衙门，遍历该司各职的李开先（1502～1568）对表彰卓异官知之颇详，其称："天顺庚辰，政绩卓异者，钦赐衣楮及宴于礼部，方伯而下共十人，而守居其三；弘治壬戌，六人，而守居其二；正德甲戌，十六人，而守居其六；嘉靖癸未，并未来朝者移文奖劳十余

---

① （明）焦竑：《国朝献征录》卷 24《吏部尚书张公纮传（郑晓撰）》，第 226a 页。
② （明）李默：《吏部职掌》不分卷《考功三·朝觐旌别》，第 184a 页。
③ （明）申时行等：《大明会典》卷 13《朝觐考察》，第 221b 页。在此期间的其他考察年份或许亦有零散表彰，但未被《会典》记录，据笔者所见亦极为零星且大多缺乏旁证，因此阙而不录。

人，而守居其四。"① 仅知府一级的官员就能在卓异官中占到如此比重，看起来亲民官被表彰的概率并不小，但实际情况却绝非如此。天顺四年（1460）被表彰的十人中，布、按一级的长官共计六人；② 弘治十五年（1502）得到表彰的六人中，布、按长官亦有二人；③ 正德九年（1514）受表彰的十六人中，实际仅有五名知府，而其他十一人皆为布、按系统的长官或佐贰官；④ 嘉靖二年（1523）获表彰的十六人中，同样仅有四名知府而其余皆为布、按系统正、佐官。⑤ 按明朝官制，省级布、按二司正官及佐贰官，每省不过数人，⑥ 而府州县正官的数量则十分可观。因此不仅省级长官获评卓异的绝对数量高于亲民官，而且省级长官获评卓异的比例更是遥遥领先于亲民官。出现这种情况的原因显而易见：一是在传统政治文化下，下级即便确有功劳，也往往归功于上级的领导有方，所以行政领导的政绩更易突出；二是某些需要调动全省或者省内数府之力的重大事件，如旱涝防治、军事行动的后勤保障等，省级长官显然能比府州县官发挥更为重要的统筹作用。

尽管高级地方官获评卓异的可能性较高，但身居高位不是保证获评卓异的唯一条件。据笔者所见：能够被评为卓异的官员无一不在政绩抑或品行方面有远超同侪的表现。这尤为集中地体现在以下四方面。

---

① （明）李开先：《李中麓闲居集》卷5《送兰川魏太守入觐序》，第558b页。

② 《明英宗实录》卷311，天顺四年正月丙午条，第6368页。当年表彰详情如下："旌异朝觐官布政使贾铨、梁琛、萧暄、徐璟、季颙，按察使刘孜，知府丘陵、胡浚，知州张福，知县张瑄。各赐锦衣一袭钞一千贯，宴于礼部。"

③ 《明孝宗实录》卷184，弘治十五年二月丁未条，第3387页。当年表彰的官员包括："广东左布政使周孟中、浙江按察使朱钦、苏州府知府曹凤、大名府知府韩福、沂州知州张凤、宜阳县知县吴献人。"

④ 《明武宗实录》卷108，正德九年正月壬辰条，第2223页。当年表彰的情况如下："吏部举江西左布政使陈恪，湖广左布政使黄瓒，山东右布政使方良永，江西右布政使张嵩，山西右布政使臧凤，云南按察使李充嗣，浙江副使徐蕃，福建副使汤沐、姚镆，浙江左参议罗钦德，河南佥事刘玉，南昌知府李承勋，扬州知府孙禄，处州知府刘斐，金华知府刘□，台州知府李光翰，俱才行可称，宜如例旌奖。从之。"

⑤ 《明世宗实录》卷23，嘉靖二年二月丁亥条，第671页。当年的表彰官员包括"布政使王荩、孙禄、张琏，副使王廷相、袁槟（摈）、周广、魏校、徐文华、汪玉，参政顾璘、郑毅、林富，知府罗侨、欧阳铎、朱裳、翟鹏"，共计16人。

⑥ 按明制，每布政司有左、右布政使各一人，左、右参政，左右参议，无定员；按察司则有按察使一人，副使，佥事无定员。见《明史》卷75《职官四》，第1838页、第1840页。

一是因机缘巧合建不世之功。如洪武二十六年唯一被表彰的张纮，明太祖朱元璋亲赐玺书称："曩者讨平西南夷，命官抚守，尔公实，先往任，（至）今五年……今年来朝，不待考而朕知其功出乎天下十二牧之首，故嘉汝绩。"① 张氏率先镇守初定之云南且一去五年，仅论其牺牲便已远非常人可及。正统年间云南大理知府贾铨（？ ～1467）在王骥（1378～1460）征讨麓川的数年间，一直稳定保障军需后勤，保障了这次军事行动的圆满完成，② 同样厥功至伟。又如正统年间河北平乡知县丘陵（宣德四年举人），"平乡故无城郭，又漳水数为患，陵力为筑城，又筑长堤数十里以障水"③，看起来其所为不过是保障民生的寻常工作，然而在稍后的土木之变中，平乡因城郭的坚固而成为当时"独免于难"的县城，这种独一无二的功绩自然易于引人注目。类似上述三人的奇遇并非寻常可得，因此其政绩在当时更容易突出，获评卓异自然也在情理之中。

二是在传统的治理领域成为表率。明代根据六项具体指标来衡量地方官员的治绩，如林希元（1481～1565）言："学校、田野、户口、赋役、讼狱、盗贼之六事者，乃国朝督察守令之令典。"④ 若能在处理这六项政务时有异常突出的表现，亦可为获评卓异增加筹码。例如永乐四年受表彰的山东汶上知县史诚祖："上（永乐帝）之巡狩北京也，遣御史考察郡县长吏贤否升黜之。还，奏诚祖治行第一。"⑤ 可见在当时的郡县长官中，史诚祖实为一方佼佼者。弘治十五年受到表彰的南直苏州知府曹凤，其治所是"富饶甲天下"的苏州，政务负担堪称繁剧，他将在明代颇喜诉讼的苏州地区治理到"政平讼理，而当时各郡，又莫不推先苏州"的地步，⑥ 获评卓异可称实至名归。同年受到表彰的大名知府韩福亦可称先

---

① （明）焦竑：《国朝献征录》卷 24《吏部尚书张公纮传》，第 226a 页。
② （明）何乔远：《名山藏》卷 13《典谟记》，景泰五年正月条，《四库禁毁书丛刊》史部第 46 册，第 624b 页。
③ （明）曹金：《（万历）开封府志》卷 18《人物·丘陵》，《四库全书存目丛书补编》第 76 册，第 701a 页。
④ （明）林希元：《同安林次崖先生文集》卷 9《赠郡侯西川方公朝觐序》，第 602b 页。
⑤ 《明太宗实录》卷 93，永乐七年六月壬寅条，第 1227 页。
⑥ （明）韩邦奇：《苑洛集》卷 4《嘉议大夫都察院右副都御史西野曹公墓志铭》，第 385b 页。

进。在其履任之前，大名府的情况是"稍设民壮，以通判领之，然籍为空额而已，盗稍稍起"①；其履任之后，"仿古为保甲法，每十家置一牌、百家置一长，以时询察之，盗贼灭迹"②。可谓用实际行动保障了京畿地区的安全，不仅具有治安和军事意义，更有极其重大的政治意义。因此，史诚祖、曹凤、韩福等人获评卓异可称实至名归。

三是品德有明显过人之处，足资成为当时的道德模范。李濂记载弘治十五年和正德九年表彰卓异的情况时称："在弘治中，钧阳马端肃公（文升）为冢宰，尝旌拔大名守韩福之风概，宜阳令胡献之廉平。而正德中，邃庵杨先生（一清）为冢宰，亦尝旌拔南昌守李承勋之器识，扬州守孙禄之苦节。"③但必须指出的是，因为道德模范的评价难以制定明确标准，因此不仅需要在道德上无可挑剔，更重要的是在高层有官员愿意对其欣赏并予以荐拔。引文中所述及的两次表彰，无一不是由吏部尚书促成。

四是部分卓异官可能本就是朝廷的重点培养对象。例如宣德八年（1433）被表彰的温州知府何文渊（1385～1457）等七人，早在宣德初年，"大臣奏苏州等九大郡号繁剧难治，遂擢（况）钟等九人为知府，授以玺书，假便宜从事"④。至宣德八年，宣宗特意"问吏部尚书郭琎曰：'先所任九人为知府，亦有来者乎？'琎以何文渊等七名应，乃召入便殿……命中使传语奖劳"⑤。这类官员明显属于从中央派遣至地方积累基层工作经验的重点培养对象，自然会受到皇帝和吏部更多的关注，获评卓异的可能性也因此大大增加，九人中七人被予以嘉奖即是明证。

综上可知，如果地方行政长官希望在朝觐考察后获评卓异，要么跻身地方官员中的较高位阶，要么在治绩和品行上获得远超同侪的成就，要么在入仕伊始担任低级京官期间便努力获得皇帝或朝中主要官员的注意，如果能同时满足以上两种或三种条件，获评卓异的可能性便显著增加。当然，尽管官员个人的努力固然重要，但历史的进程同样是获评卓异的重要

① （明）焦竑：《国朝献征录》卷 30《户部侍郎韩公福传》，第 499b 页。
② （明）焦竑：《国朝献征录》卷 30《户部侍郎韩公福传》，第 499b 页。
③ （明）李濂：《嵩渚文集》卷 65《赠开封太守白侯入觐序》，《四库全书存目丛书》集部第 71 册，第 160a 页。
④ （明）陈建：《皇明通纪法传全录》卷 18，《续修四库全书》第 357 册，第 298b 页。
⑤ （明）徐学聚：《国朝典汇》卷 39《朝觐考察》，第 173a 页。

影响因素，例如贾铨之于蘽川之役、丘陵之于土木之变的贡献。虽然地方官在任上历尽艰辛也极难被评为卓异官，但明人在送别入觐官时却时常以获评卓异相期许①。那么被评为卓异官究竟有何实际益处？难道仅为博取一个带有荣誉性质的美名？

三　获评卓异后的奖励措施

如果仅是间隔数年评选出一批卓异官而没有明确的表彰机制，必然导致该项政治行为的效用大打折扣。因此，明廷通常会对获评卓异的官员进行精神或物质奖励。方良永称"有大燕之锡、宝镪之颁，而超擢继之"②，大体揭示出明廷表彰朝觐官之大端。以下试对表彰朝觐官的具体情形予以举证。

尽管间或有单独赐宴或赐币的情况发生，但一般赐宴和赐币并行不悖。如前引李开先所述："天顺庚辰，政绩卓异者，钦赐衣楮及宴于礼部。"③ 与其记述相印证的是："湖广左布政使（萧晅），天顺庚辰入觐，以其治行卓异，赐宴礼部，有袭衣、宝镪之颁辞。"④ 此外，正统十年（1445），"令朝觐官员廉能著称、治行超卓者，赏衣服一袭，钞百锭，仍赐宴于礼部"⑤，亦是赐宴及赐币并行。如果获评卓异的官员因处理地方政务而无法入京享受赐宴的礼遇，皇帝同样会派专人将敕书、"宴"、币送至卓异官处。如永乐年间未能入觐的山东汶上知县史诚祖，除专门发布敕谕勉励外，⑥ 成祖仍命"礼部差人将酒一尊、钞一千贯、织金纱衣一套

---

① 如罗大纮在送别其乡里徐县令的赠序中称："方今圣天子弘在宥之政，且暮忧民甚急。岁首受贺，霁颜而问卓异，计相举吉水治平天下第一，上赐诏旨褒慰，而侯以民之良俗之仁归德于无为，而不自有也，斯亦盛朝休美矣。"明显寄托了对徐县令在稍后获评卓异的祝愿。见（明）罗大纮《紫原文集》卷4《邑父母徐石楼入觐序》，《四库禁毁书丛刊》集部第139册，第592a页。

② （明）方良永：《方简肃文集》卷2《送郡守冯检斋公入觐序》，第94b页。

③ （明）李开先：《李中麓闲居集》卷5《送兰川魏太守入觐序》，第558b页。

④ （明）焦竑：《国朝献征录》卷3《南京礼部尚书萧晅传》，第717b页。

⑤ （明）申时行等：《大明会典》卷13《朝觐考察》，第221b页。

⑥ 《明实录》详细记载了永乐帝表彰史诚祖的敕书内容，转引于下。"守令，承流宣化，所以安利元元。朕统御天下，夙夜求贤，共图治理。往往下询民间，皆言苦吏苛急，能副朕心者寡焉矣。敦厚老成恪共乃职，持身励志一于廉公。平赋均徭，政清讼简，民心悦戴，境内称安，方古良吏，亦复何让？特升尔济宁州知州，仍掌汶上县事。其益共乃职，慎终如始，以永嘉誉。钦哉。"见《明太宗实录》卷93，永乐七年六月壬寅条，第1227页。

赏之"①。倘若不赐酒、钞，至少也会御赐玺书以示褒奖。如"嘉靖癸未，（来朝者）并未来朝者，移文奖劳十余人"②，但这种仅赐予玺书的情况较为少见。除获得实物赏赐之外，某些年份卓异官尚有被引至御前朝参，近距离一睹天颜的殊荣。例如《万历会典》中所记录的卓异官会见仪节，实际反映的就是万历二年（1574）时皇帝亲自表彰卓异官时的真实情形。③

尽管表彰卓异官的方式看起来多种多样，但赐宴吏部不过是一晌之欢；因为明代宝钞价值低廉，赐币也更偏向于象征意义；而面见皇帝的难得际遇固然可以成为官员"归而与吏民诵说"的宝贵经历，但毕竟难以在实质上起到激励更多官员勉力奉公的效用。因此，上述种种不过是对卓异官的辅助表彰手段。

最能鞭策广大地方官僚群体的无疑是对卓异官的超擢。据笔者所见，绝大多数卓异官在受到表彰后的数月之内，便会有极为明显的升迁。正所谓"其有才行超著、政绩卓异者，铨部往往旌拔之，以励天下"④。例如天顺年间被表彰的萧晅，"归数日，召还拜礼部尚书"⑤；弘治年间被表彰的韩福，短短三年内，完成了沂州知州、云南某府知府、广西布政使右参政等多个重要岗位的历练，并在其后上调中央；正德年间被表彰的汤沐，仅一个月就完成了从浙江副使到江西按察使的迁转，⑥ 类似案例层出不穷，在此不一一列举。从长远来看，获评卓异的地方官政治前途同样一片光明。洪武年间被表彰的张纮，最后任官至吏部尚书，而在宣德八年被表彰的何文渊、隆庆五年被表彰的萧大亨等人，也最终升至吏部尚书、兵部尚书等高位。花费巨大人力、物力的赐宴、赐币和玺书褒奖，以及日后对卓异官的升擢，在明代政治生活中究竟发挥了何种作用？

---

① （明）王圻：《续文献通考》卷54《选举考·考课下》，第681a页。

② （明）李开先：《李中麓闲居集》卷5《送兰川魏太守入观序》，第558b页。

③ （明）申时行等：《大明会典》卷44《诸司朝觐仪》，第32a页。

④ （明）李濂：《嵩渚文集》卷65《赠开封太守白侯入观序》，第160a页。

⑤ （明）焦竑：《国朝献征录》卷3《南京礼部尚书萧晅传》，第717b页。

⑥ 汤沐受到表彰的时间为正德九年正月，而在次月便已获拔擢。见《明武宗实录》卷108，正德九年正月壬辰条，第2223页；卷109，正德九年二月戊戌条，第2228页。

四　表彰卓异官的效用评估

对于是否表彰卓异官，明廷长期有支持与反对两种观点针锋相对。

弘治十二年（1499）科道官奏请表彰卓异官称，"此实风厉臣工之大要，前代赐金果，皆尽其人乎？亦举一劝百之典耳"①。可见在当时人眼中，表彰卓异官的重要性体现在"举一劝百"上，通过小规模地树立典型来起到大范围的激励作用。弘治十五年（1502）吏部尚书马文升奏请表彰卓异官的说辞也与前述科道官的奏请类似，其称："政有卓异，不可但己，宜稍稍旌之以劝豪杰。"② 倘若数年乃至十数年一举的卓异官表彰可以让广大官员心向往之、见贤思齐，以增强对地方官员的控制力和凝聚力，那么对卓异官的表彰无疑极有必要。

也有官员认为"考察之条，止以简不肖为主"③，所以不应在朝觐考察之后对卓异官进行过分表彰。这一观点无疑很有说服力。朝觐考察本就是黜落之典，如欲表彰个体官员自有与考察并行的考满制度来完成，如若在考察中过分注重褒奖，无疑有失考察"汰官邪，警有位"的初衷。而陆可教（1547～1598）则提出了更为实际的问题："往者政尚一切所取（卓异官），多英敏颖脱之士，巧睨捷应，靡所不当于上指，而民或不见德。于是后之当事者矫之，持取世之所谓'悁介、苦节'者为标目，以示风尚，厥意诚善，然以之奖激廉吏可耳，要于化民成俗，未有云也。"④因为埋头做事的地方官很容易被埋没而善于逢迎的官员却易于脱颖而出，所以表彰"巧睨捷应"之士尽管颇合上意却于治理无益，而一旦偏重于表彰爱民官员时，却又矫枉过正，导致注重选拔的是道德楷模而非有经世之道的能吏。在这些现实困境下，表彰卓异官不过是"看起来很美"的举动。

乍看之下，争论双方的观点都并无不妥之处，也大致揭示了表彰卓异

---

① （明）陈洪谟：《治世余闻》下篇卷 2，第 50 页。
② （明）王九思：《渼坡集》卷 9《送王令序》，第 78a 页。
③ （明）李默：《吏部职掌》不分卷《考功三·朝觐事宜》，第 182b 页。
④ （明）陆可教：《陆学士先生遗稿》卷 10《送邑侯斗仑汪君入计序》，《四库禁毁书丛刊》集部第 160 册，第 410a 页。

官的意图及优劣所在。实际上，明廷表彰卓异官的长远影响在于为中央各部门选拔一批有丰富基层工作经验的官员以充实高级京官的队伍。或者使其进入负责政务决策的六部衙门，以保障中央层面的决策的合理性，使得中央政令更"接地气"；或者使其担任巡抚都御史，以京官的身份更好地从宏观上统摄地方政务。

为论证这一观点，笔者选取天顺四年、弘治十五年、正德九年和嘉靖二年的四次表彰进行抽样分析。选取上述四次表彰作为样本基于以下考虑。其一，这四届表彰具有连续性，可以较好地反映明代，至少是明代中期的数十年间被表彰官员的发展路径；其二，这四届被表彰的卓异官人数较合理，既不至于因样本数量过小而影响结论准确性，也不至于因样本数量过大而在数据处理时出现明显偏差，得出的结果理应更为准确。

据笔者分析，在天顺四年至嘉靖二年的 63 年间，明廷共表彰了 47 位卓异官。[①] 最终官至七卿者 10 人，占受表彰卓异官总人数的 21%；除七卿外的三品京官 23 人，几乎占总人数的一半；而调入京城任职四品以上京卿的官员共计 35 人，占表彰总人数的 74%。需要格外说明的是，调入京城任职四品以上京卿的 35 人所任官职全为京城部门实职，而非仅挂京官衔或是仅享受京官待遇。此外，在这 35 人中，至少有 17 人担任过巡抚都御史，这 17 人以其京官身份对地方政务进行更为宏观的调度。

即使是剩下的 12 位未能成为京官的卓异官，除重名者过多导致无法确定履历的数人外，尚有两人从知府任上快速成长为地方省级主官。而被淘汰的官员，大多是因年老无法继续任职抑或自己放弃仕进机会。如天顺四年被表彰的梁粲，在天顺五年八月便已去世，[②] 同年受表彰的徐璂，同样在天顺五年四月自乞年老致仕。[③]

尽管并没有足够资料来证明选拔地方有前途的官员进入中央任职是明廷表彰卓异官的初衷，但通过以上的数据分析却不难看出无论表彰卓异官的初衷为何，这一行为实际上已经产生了为中央输送一大批有丰富基层工

---

① 这四次考察过后共表彰来朝官 48 人次，但其中孙禄被表彰两次，因此总数应为 47 人。
② 《明英宗实录》卷 331，天顺五年八月丁丑条，第 6804 页。
③ 《明英宗实录》卷 327，天顺五年四月乙丑条，第 6743 页。

作经验官员的客观效用，这些官员日后会在京官任上对全国性的事务产生重大影响，这才是表彰卓异官更为深远的影响所在。

本章小结

本章聚焦于制度规定之内的大计运行机制，围绕着约束与激励两个主题，分三节进行研讨。

第一节分别从地方各级上计官及他们的监督者巡抚、巡按两个角度出发，呈现入觐官为朝觐考察所做的准备，突出抚、按对朝觐考察准备工作的参与状况。各级上计官需要首先确定入觐官，既而选任署印官，然后将入觐官和署印官的信息向上级和中央报备，最后完成地方行政事务的交接，至此方能安心上计。巡抚、巡按的工作集中在举劾、论荐入觐官，以及在特殊情况下奏请保留入觐官等方面。通过本节探讨，可以看出各级官员如何在朝廷政令的约束下进行大计准备工作。

第二节主要以吏部尚书李默《吏部职掌》、吏部考功司郎中唐伯元《铨曹仪注》和都察院右副都御史许弘纲《台仪辑略》三种由吏部、都察院主管大计的官员亲自编订的史志为中心，参以亲自带领浙江全省上计官赴京参加朝觐考察的朱裳所编《朝觐事宜》等有关大计的第一手文献，说明明代上计官在京城逗留期间如何按照制度规定进行上计的各项工作。一般而言，上计官进京时间在十二月上旬，离京时间不早于次年一月下旬。在这五十多天的时间里，有包括考察准备和正式考察在内的十余项工作需按制度规定和历年成规逐一展开。上计官在京期间的日程异常紧凑。在新年之前，至少需要进行包括京郊初考、省级长官赴部说事、赴宫门前演练朝觐仪节等在内的至少9项考察准备工作；在新年之后，要参与包括元旦朝贺、上计官赴吏部过堂、大班纠劾等至少6项与考察相关的活动。明代上计官的日程安排如此紧凑实有深意，一是提高来朝官在京时间的利用率，二是防止上计官扰乱京城秩序。不难发现明廷对上计官的约束在很大程度上是通过挤压他们空闲时间实现的。

以上两节研究的共同点在于所有研究对象在官方典制中都有明确的规定可查，无论入计官恪守制度规定抑或对制度阳奉阴违，官方层面对考察制度的明令都始终如一。第三节将研究焦点转移到在官方层面长期缺乏明确规定，却又在实际朝觐考察过程中间歇性举行的表彰卓异官仪式上。通过计量分析可见，表彰卓异官实则为中央部门选拔了一大批具有丰富基层工作经验的官员，这些官员日后将在新的工作岗位上继续为明政府贡献更大力量。不难发现在严密的约束之外，明廷对各级地方官也有激励措施，约束和激励双规并行，体现了明代大计制度的张弛之道。

第六章

"明制度"与"潜规则"：
明代大计的运行机制（下）

在一整套有关大计的明文规定有序运作的同时，在大计运行的每个环节也都有"潜规则"暗流涌动，与"明制度"并行不悖地贯穿着整个大计过程。在大计制度约束官员的同时，官员也在不断寻找大计制度的漏洞以谋取自身利益。因此本章将把研究焦点从朝廷规制转移到官员行为层面，试图揭示二者的互动与博弈。

本章将解决以下五个问题。第一，上计官在京城逗留时间约五十日，然而耗费在往返京城旅途上的时间则多达数月之久，无论在京抑或在途都必须有充足的经济保障，舍此上计便无法进行，那么这笔差旅费用从何而来又如何使用？第二，考察决策的法定依据有考语与咨访，然而咨访经常缺位、考语有虚有实，各级官员敢于违抗朝廷明禁，填注不实考语给吏部决策造成困难，这究竟是因为官员群体的惰性还是因为制度的缺陷？第三，如果法定的考察决策依据失效，又有哪些因素在考察决策时发挥作用？吏部考察无论如何都必须依靠地方上呈的文本，地方动议如何影响中央决策？第四，在筹措到朝觐路费和完成职务交接后，上计官便可启程入京；但由于各地距离京城远近不一，明代官员花费在进京路途上的交通时间少则十数天，多则三四个月，入觐官如何度过这段漫长的朝觐旅途？其间又会有哪些际遇？第五，明廷虽然对上计官在京活动约束得非常严格，但并不能占据其所有的在京逗留时间，那么入觐官在这些空闲时间内会有哪些主要活动？经过对以上五个具体议题的探讨，本章揭示明代大计制度在运行过程中，是如何影响明代的官场生态和各级官僚的政治生活的。

第一节 大计路费的来源及用途分析[①]

大计被称为"朝觐考察",实际包括两个重要环节。一是"朝",意即官员需要离开任职地前往京城;二是"觐","觐者,近也,近天子之光也"[②],意即在入京后觐见皇帝。而地方官员入京朝觐,势必产生相应差旅费用,明代官员及其属吏在进京路途中产生的一系列相应开支,包括往返交通费用、食宿及其他支出,都应该纳入朝觐路费(或称道里费、盘费)的范畴。

朝觐路费这一问题的重要性在于它不仅是有关朝觐考察的制度史问题,同时也是有关明代基层财政运作的财政史问题。更可注意的是,朝觐路费作为正常的行政支出,在明代中前期的相当长的一段时间内,并没有得到地方财政的保障,不少入觐官面对这笔支出时不免捉襟见肘。为此,本文将从朝觐路费的缺额问题出发,探讨明代朝觐路费的筹措与使用情况,并把朝觐路费这一问题放入更为宏大的历史脉络之中,探讨它对明代官场政治的影响。

一 问题的缘起:三组数据和几个问题

明代幅员广阔,不同地区的官员进京路途有远有近,官位有卑有崇,因此官员在朝觐途中的实际花销注定难以划一。有关朝觐路费至少有三组不同的资料值得注意:一是朝廷配给官员入觐的数额,二是维持官员基本朝觐需要的数额,三是官员比较满意的数额。若能对这三组数据进行分析比勘,无疑有助于了解明代朝觐路费的大概情况。为此,笔者将选取嘉靖三十二年(1553)至万历二十五年(1597)这四十余年内的资料展开论述。之所以选取这段时间内的资料,[③] 一是因为这段时间内的相关数据比

---

① 本节主要内容参见余劲东《明代朝觐考察道里费研究》,《史林》2015 年第 6 期,第89~97 页。本书中做了新的修订。

② (明)刘伯燮:《鹤鸣集》卷 17《蔡侯入觐序》,《四库未收书辑刊》第五辑第 22 册,第 379a 页。

③ 实际上,本节所选用数据的时间跨度少于四十年。但为论述严密,将时间上限与下限划在完全可以确定的年份。

较集中，二是因为这段时间内社会环境相对稳定，物价水平并未发生明显异动，因此各项数据具有可比性。

第一组数据是为应对朝觐考察的实际需要，朝廷配发给各级官员的朝觐路费。隆庆年间，都察院复御史张榰言：

> 近奉明旨裁革入觐官路费，诚恤民省费。但官有崇卑，恐俸入不足充费，未免取偿于民。自今宜照地远近，酌议定规，通行遵守。如云、贵、两广、福建，二司百五十两，府官百两，州县官六十两，首领三十两；江、浙、湖、川、陕，二司百二十两，府官八十两，州县官四十两，首领二十五两；河南、山东、（山）西并南、北直隶，二司八十两，府官六十两，州县官三十两，首领一十五两。①

这一资料层次分明，针对不同地区及官员品级做出相应区分，应当是官方反复核定过后的朝觐路费额，具有较高可信度。② 为论述方便，后文将本次对朝觐路费的规定称为"隆庆定例"。然而，朝觐官自筹入觐费用的做法在明朝中前期已施行百余年，为何到隆庆年间却突然改由明政府统一派给入觐费用？这是因为隆庆前后明廷正在进行"一条鞭法"税制改革，朝觐路费自此摊入赋役当中。③

第二组数据是官员维持基本朝觐需要的款数。万历二十五年（1597）南直宿迁知县何东凤奏称："本县入觐，例该盘费银九十三两。三年一

---

① （明）徐学聚：《国朝典汇》卷 39《吏部》，第 183a 页。

② 《大明会典》中规定："凡各省布、按二司掌印官，三年入觐，万历十一年（1583）题准……其余府、州、县等官，有该给路费银两。"在这十余年时间内，并未发现明廷对朝觐路费的规定有何修改，因此《大明会典》所提及的"该给路费银两"应当指隆庆年间的定额。见（明）申时行等《大明会典》卷 148《驿递应付通例》，《续修四库全书》第 791 册，第 530a 页。

③ 崇祯年间户部尚书毕自严奏称："前件照得免觐路费，载在陈掌科原疏（该疏指陈堂《议处急缺段匹银两以宽民力疏》）甚详。中云：'州、县正官入觐，原设有盘费银，远者或百两，近者或五六十两，此银编于赋役，已征在官。'"可在隆庆定例之后，朝觐路费的来源已摊入赋役之中。见（明）毕自严《度支奏议》卷 1《辽饷不敷济急无奇疏》，第 26b 页。

次，每年征银三十一两。"① 笔者认为何东凤的陈述比较可靠，原因有三。
第一，隆庆定例后，各处的朝觐路费有相应规定可查，作为知县不会冒欺
君风险在奏疏中胡乱填写数据。第二，明朝的县级官员入觐，按《大明
会典》规定："官一员，带首领官、吏各一员、名"②。吏员的费用由其
他途径支出。按隆庆定例，县官及首领官的支出配额共计四十五两，而何
东凤却说出了违反规定的九十三两，这应当是恰能满足官员上计正常需要
的银两，所以他才敢于向皇帝提出这一奏请。第三，嘉靖后期的同属南直
地区的祁门县的县令钱同文（嘉靖三十二年进士）入觐时"囊百金为道
里费"③，百金或是虚指，但应与实数相差不远，这与何东凤的花费非常
接近。④ 其他地区官员所需费用根据品级及地方远近或有不同，但何东凤
及钱同文的情况无疑可以作为参考样本。

第三组数据是官员比较满意的数额。所谓比较满意的数额，是能够
达到官员期望甚至略高于官员期望的数额。因为官员对路费的额外要求
因个人生活奢俭等因素的影响而难有固定标准，在此仅能提出一个基本
合理的数额。隆庆二年（1568），陕西副使姜子羔（嘉靖三十二年进士）
疏言："入觐官各有道里费及馈遗私帑，宜令进献羡余以佐国计。布政
司官银三百两；按察司官二百；苑马、行太仆二寺官一百；运司及府正

---

① （清）刘庠：《（同治）徐州府志》卷二十一下《宦绩传·何东凤》，《中国地方志集成
（江苏府县志辑）》第 61 册，凤凰出版社，2008，第 607 页。查何东凤履历，可以明确
其任职宿迁的时间在万历二十四年（1596）至万历二十六年（1598）之间，万历二十
六年为朝觐之年，据此推知是封奏疏应在万历二十五年上呈。

② （明）申时行等：《大明会典》卷 13《朝觐考察》，第 219b 页。此规定始自《诸司职
掌》，沿用至万历时期，因此嘉靖、万历年间的官员应当都照此规定入觐。

③ （清）盛枫：《嘉禾征献录》卷 35《钱同文》，《续修四库全书》第 544 册，第 651a 页。
钱同文为嘉靖癸丑（三十二，1553）进士，任职秀水知县的时间不应早于此时。

④ 此外，举人会试的盘费亦可作为对照。按明制，朝觐考察与会试同年进行，应试举人和
朝觐官共同上路，称为"计偕"，即偕同入计，地方政府会给参加会试的举人相应盘费
银。万历时，北直地区的举人杨继盛（1516～1555）称："秋，得会试盘费银三十两。"
同属北直地区的霸州则规定："举人坊牌银一百两，会试盘费银四十；旧科举人，会
试盘费银十两。"以此推测，入觐举人的盘费银基本和县官入觐的补贴数额相同，甚至
略高于县官入觐补贴数额；考虑到地方正官入觐尚需带相应吏员及仆从，因此要求略高
于朝廷规定额度的路费完全合理。引文见（明）杨继盛《椒山先生自著年谱》，《北京
图书馆藏珍本年谱丛刊》第 49 册，民国九年（1920）上海宏大善书总发行所石印《杨
椒山公传家宝书》本，第 464 页；（明）唐交《（嘉靖）霸州志》卷 5《食货志》，《天
一阁藏明代方志选刊》第 6 册，第 4a 叶。

官二百五十，佐贰官一百；州县正官二百，佐贰官五十；首领及边远者，量进。"① 其以陕西副使的身份如此上奏，至少能够代表陕西一省官员的承受能力。其他地区官员所需的费用根据路程的远近或有调整，但陕西布政司的情况同样可以当作样本予以考虑。值得关注的是，根据隆庆定例，浙江和陕西的朝觐路费配额标准是完全一样的，而陕西姜子羔所提出的盈余数额已远超过浙江何东凤及钱同文实际需求的数额，② 更远超于朝廷配额。

通过对以上三组资料的分析，不难发现明廷长期都让官员自筹上计路费，即使在隆庆定例之后，所配给的朝觐路费也只能满足官员进京的最低生活保障，甚至难于维持一个官员比较"体面"的进京需求。那么明廷的规定是否合理？试以数例析之。

其一，前述钱同文"囊百金为道里费，归犹余其半"③，此事被纳入其个人传记详加书写，可见在立传人眼中此举十分廉洁。即便如此，其朝觐路途耗银已达五十两左右，稍微超过了之后隆庆例则中的配额。④ 其二，嘉靖时浙江长兴县令黄光昇（1506～1586）"两入觐，鬻橐书为行资"⑤；隆庆、万历年间，其继任者林敬冕（隆庆二年进士）同样"入觐，鬻橐书为费"⑥。二人身为县令尚需贩卖书画来筹措入觐费用，可见朝廷配给的朝觐费用明显不足。其三，嘉靖后期南直崇安令吴承焘（嘉靖三十二年进士）任官时，其父"念其禄薄，每以余粟易白金遗之，以

①　《明穆宗实录》卷16，隆庆二年正月庚辰条，第438页。

②　虽然姜子羔提及官员朝觐经费的构成除正常路费外尚有"馈遗私帑"，但是明廷屡次严禁朝觐馈遗，"私帑"不可能堂而皇之地从赋役中取得，因此私帑在正额路费中的构成基本可以忽略。

③　（清）盛枫：《嘉禾征献录》卷35《钱同文》，第651a页。

④　在同一朝代，如果没有爆发大规模的战争、饥荒等非常事件，一般而言，时间越往后，物价相对越高。因此如果官员在嘉靖后期的上计支出超过隆庆时的额定配额，仍可将其视作较高的支出水平。

⑤　（明）王世贞：《弇州四部稿》卷74《重修长兴令黄公生祠记》，《景印文渊阁四库全书》第1280册，第255b页。

⑥　（明）徐中行：《天目先生集》卷14《长兴笏严林侯去思碑记》，《续修四库全书》第1349册，第745b页。

佐官中及入觐道里费"①；万历时河南内黄知县张延登（1566～1641，万历二十年进士）"为（县）令时，曾未寄一钱（归家），其入觐不能无所费，皆减公（其父）之橐"②；万历时河南鄢陵县令钱梦得（万历十一年进士）"每入觐，凡道里费皆取办于家"③。若官派经费足用，又何须使这么多地方长官在入仕之后寻求家中的经济支持以应对入觐？类似案例所见尚多，在此不一一列举。

通过以上例证，不难发现隆庆年间额定的朝觐路费难以满足当时官员实际朝觐需求。然而，究竟这种情况仅能代表隆庆及其前后一段特定时间内的情形，还是广泛存在于明代前期较长的历史进程之中？为什么隆庆年间会制定这样一个费用额度？在费用不足的情况之下，官员如何自筹十分必要的经费差额？官员筹取的额外经费会用在哪些方面？为何朝廷会允许存在这样一个明显的财政漏洞而不配给官员足够的朝觐款项？下文将把朝觐道里费这一问题放入政治制度史和财政史的脉络之下，尝试做出解答。

二 历史的追溯：大计路费的取用途径

早在洪武初年，朱元璋便已经注意到朝觐路费的相关问题，并在御制法律文书《大诰》中对此经费做出规定："今后每岁有司官赴京、进纳诸色钱钞并朝觐之节，朕已定下各官路费脚力矣……朝觐路费脚力，钞一百贯。"④ 但是这一规定却不太合理：一是它并未根据官员所处地方远近对官员的朝觐路费做出相应区分，"钞一百贯"对于离京城较近的官员或许够用，却不一定能够满足边远地区官员的入觐路费需求；二是物价水平很难做到长期恒定，因此朱元璋所规定的朝觐费用额度显然难以长期符合后

---

① （明）徐师曾：《湖上集》卷14《吴封君传》，第212b页。吴承燕与钱同文为同榜进士，任职县令的时间应当基本相同，不会早于其中进士的嘉靖三十二年。
② （明）赵南星：《赵忠毅公诗文集》卷11《明敕封礼部祠祭司主事义轩张公碑》，第309b页。
③ （明）邓原岳：《西楼全集》卷13《鄢陵钱公去思碑记》，《四库全书存目丛书》集部174册，第94a页。
④ 《御制大诰续编》第61条《路费则例》，见张德信、毛佩琦主编《洪武御制全书》，黄山书社，1995，第839页。

世行政运行的需要。在上述规定发布的十余年后，连朱元璋本人都已经意识到相关规定的缺憾，于是在御制《诸司职掌》中对《大诰》中的路费例则进行更定："凡在外官员，三年遍行朝觐……俱各自备脚力，不许驰驿，及指此为由科扰于民。"① 这一规定同样有施行难度：明朝官俸之薄已是共识，要求本就在经济上并不宽裕的官员不利用官方交通系统，又不允其向民众科派，官员如何筹措这笔用于合理行政需求的款项？《正德会典》仍照抄《诸司职掌》的条款，这说明朱元璋的规定从洪武至正德年间已沿用百余年。那么，明代官员是如何在既不使用官方驿站，又不科扰民众的情况下进行入觐费用的筹措的？

尽管明太祖明确规定"不许科扰于民"，但对地方亲民官而言，最为便利的敛财方式莫过于直接科敛于民。如胡直（1517～1585）所记："饥媪扶藜诉乞怜，石壕悍吏索丁钱。撞开篱落声如豹，道是官家入觐年。"② 十分生动地描绘出地方官吏筹取朝觐路费时的凶恶面相。然而，且不论科扰于民是明廷明令禁止的筹款方式，倘若横征暴敛过于严重激起地方动荡，对于基层的州县官而言明显得不偿失，更何况为筹取朝觐路费而科敛于民的做法在当时被严令禁止："两司预先禁约所属官员，敢有指以朝觐为由，巧立名色，科敛害民，接受百姓馈送，希图日后照顾作弊者，访出、事发，从重问革。"③ 在此情况下，大部分有政治追求的官员并不会采用这种极端的敛财手段。④ 然而不科派于民，钱又从何来？

正统年间，湖广南安知府林芋，"入觐，资费自给，一毫不取于民"⑤，"不取于民"符合朱元璋的规定，然而如何自给则不明确。正德

---

① 《诸司职掌》不分卷《吏部·朝觐》，《续修四库全书》第 748 册，第 616b 页。
② （明）胡直：《衡庐精舍藏稿》卷 7《桃源行四首（其四）》，《景印文渊阁四库全书》第 1287 册，第 289a 页。
③ （明）朱裳：《朝觐事宜》，第 1 叶。
④ 尽管绝大多数官员不会采用这种饮鸩止渴的方式，但笔者绝不否认亦有以身试法之人。如万历时贵州左布政使郭斗（嘉靖三十三年进士），"当入觐，而诸酋长以故事馈遗累千金，公悉却之"。虽然本次馈遗遭到了郭斗的拒绝，但从"以故事"三字，不难看出在郭斗之前任职贵州的大僚不少都以此获得上计经费。但给予馈赠者为民族聚居区的酋长，不难想象一旦搜刮过于严重极易引起动荡。见（明）邓原岳《西楼全集》卷 14《贵州左方伯麓池郭公墓志铭》，第 112a 页。
⑤ （明）刘节：《（嘉靖）南安府志》卷 28《宦迹传三·林芋》，《天一阁藏明代方志选刊续编》第 50 册，上海书店出版社，2014，第 1217～1218 页。

年间浙江天台县令周振，"前后为县（令）八年，俸入悉代贫民输负，至入觐不能具道里费"①，贫苦更甚于林芊。嘉靖年间，浙江长兴令黄光升"两入觐，鬻橐书为行资"②，堂堂县令竟为筹措朝觐路费沦落到与贩夫无异的地步，当时官员面对朝觐路费的窘迫可见一斑。隆庆年间，南直松江知府衷贞吉（？~1596），"入觐，携一吏行，己出俸供吏所需之半，而仅以半取诸帑"③。以上四个案例仅是豹之一斑，但借此已不难发现在明廷未给朝觐路费明确配额的情形下，官员的朝觐路费长期捉襟见肘，这是《诸司职掌》不够合理的必然反映。然而以上四人的行为毕竟太过极端，大多数地方官都断然不会像周振那样因难以筹款而放弃难得的入觐机会，也不会如黄光升那般卖书筹款。朝觐路费的筹措只得在朱元璋"自备脚力"的制度空隙中寻找机会。

正德年间云南巡抚何孟春（1474~1536）奏称："今各官应朝在迩，相应禁约，查得朝觐事例……路费听镇、巡衙门订与数目，于无碍官钱内支用。"④ 既然"朝觐事例"有明文开载，可见这种在"无碍官钱"中支取朝觐路费的方式在当时得到不少官员的默认。而事实上，在隆庆定例前的很长一段时间，地方官也大多以此获得朝觐路费。所谓"无碍官银"，是指称地方财政预算之外的结余。这些结余获得的方式虽然多种多样，但大体而言仍是开源与节流。

一是"靠山吃山，靠水吃水"的开源。如弘治时浙江左布政使孙需

① （清）赵弘恩等：《江南通志》卷142《人物志·周振》，第153b页。

② （明）王世贞：《弇州四部稿》卷74《重修长兴黄公生祠记》，第255b页。

③ （明）胡维霖：《长啸山房汇稿》卷2《资政大夫都察院左都御史赠太子太保谥简肃洪溪衷公神道碑》，《四库禁毁书丛刊》集部第164册，第587a页。通过衷贞吉的记载，也可印证隆庆定例并未对吏的入觐费用做出规定，需要由官或吏自筹。可以质疑以上论断的材料是正德时云南巡抚何孟春的陈奏："查理应朝官、吏盘缠银两，陈廉不合，捏称于左等所银差内动支六十两，给予官四十两，吏二十两。"[（明）何孟春：《何文简疏议》卷6《禁科扰疏》，第146b页]以此观之，有些地方也给予吏员入觐路费。但实际上，此处给予吏员相应银两只是云南当时的"事例"，实际上是既不符合也不违反朱元璋"祖制"的两可做法。

④ （明）何孟春：《何文简疏议》卷5《贪官害民疏》，《景印文渊阁四库全书》第429册，第131b页。需要说明的是"事例"与《诸司职掌》《正德会典》等官方行政法典最大的不同在于它仅仅提供了一种可供参考的问题解决方案。因官方行政法典未给官员入觐路费以经济保障，而地方官员又必须入觐，参考之前筹款成功官员的"事例"就显得尤为必要，而这种"事例"在很大程度上也是对朱元璋严苛"祖制"的无奈反映。

（1448～1524）入觐，其时浙江有司官入觐，"例金水手，取银为道里费，朝士之贽亦取办焉"①。浙江濒海，可因地利之便金水手取银。内陆地区同样有相应的筹款方式。正德时何孟春称："据云南布政使司呈，称先年朝觐，布、按二司堂上官……（费用）俱于本司济用库收储赃罚银内支给。所属府、州、县官查照则例，俱于见役里甲内出办。"② 可见赃罚银与里甲科派分别构成了云南有司官及方面官朝觐费的主要来源。广东惠州则明确记载："本府酒席银十两，造须知册银六两，俱归善（县）派用。"③ 可见远在千里之外的广东也采用从里甲科派的方式应对朝觐支出。嘉靖时，蹇来誉（嘉靖二十九年进士）任山东临清知州，"州故为估客聚，凡羔雁之费取资焉。甲子（嘉靖四十三年，1564）当入觐，吏用例白，而（蹇）公大骇，不可，宁垂橐入都门"④。虽然蹇来誉本人并未采纳吏的建议，但从"吏用例白"可以看出蹇来誉的前任不少采用了这种方式。浙江仪真县则明确记载"今议于本县商税内，减下朝觐银三十一两"⑤，可见若地方商业活动比较频繁，额外的商税同样被官员充作路费。

　　而某些实在难以应对朝觐路费的"清水衙门"，同样能够用自己独特的方式筹措到相应款项。如武当山的道官在相当长一段时间内需要参加朝觐，起初议定"以太和山（即武当山）之香钱供太和山之支用"⑥，然而因地方灾伤致使湖广巡抚需借用武当山的香油钱赈济灾民，提督武当山太

① （明）费宏：《费文宪公摘稿》卷16《南京吏部尚书致仕赠太子太保谥清简冰蘖孙公（需）传》，《续修四库全书》第1331册，第586a页。此外，嘉靖时浙江布政使朱裳的记载可证孙需取银之事不虚。其称："两司府、运、州、县朝觐官所用水手，俱有旧例。"见（明）朱裳《朝觐事宜》，第1叶。

② （明）何孟春：《何文简奏议》卷5《贪官害民疏》，第132a页。

③ （明）杨宗甫：《（嘉靖）惠州府志》卷7下《赋役》，《天一阁藏明代方志选刊》第62册，第3a页。

④ （明）沈一贯：《喙鸣文集》卷17《奉政大夫云南按察司佥事致仕累封资政大夫都察院右副都御史兼兵部右侍郎赠兵部尚书兼都察院右副都御史文塘蹇公（来誉）神道碑》，《四库禁毁书丛刊》集部176册，第307b页。

⑤ （明）熊尚文：《重订赋役成规》不分卷《仪真县》，《续修四库全书》第833册，第586a页。

⑥ （明）范钦：《嘉靖事例》不分卷《议处太和山香钱》，《北京图书馆古籍珍本丛刊》第51册，书目文献出版社，2000，第91a页。

监潘真立即上奏皇帝："路费提点，朝觐盘缠，既无所处。"① 以此观之，武当山官员筹取道里费的方式应当是从香油钱中支取。而通过以上途径皆无法获取足够朝觐盘费的官员，则仅能在朝觐前钱行的酒宴当中收取同僚的贺仪聊以充数。如正德时，云南地区的官员冯鉴带属下吏员应朝，因其长官侵吞了部分银两，冯鉴只得"照依往年，自备酒食，邀请本司各所，并经历司、巡司、税课司、馆驿等衙门指挥，千、百户、大使、驿丞等官，各以礼量助盘缠馈赆"②。

二是减少冗余行政开支的节流。隆庆年间，陕西布政使葛守礼即将入觐，"库官禀称有余银数千，当送公用。公谓：'吾自有官盘缠，何烦此渠。'（吏）称：'旧例如此，留亦终为后来者有耳'"③。万历年间，山东临邑知县何渊泉，"戒行矣，吏括其前后奖予金无虑百数，退让殆不欲受，飘飘然琴鹤自随"④。可见当时将府库留存银充作路费的做法深入人心。

但能够获得前任存银实属可遇而不可求，万一前任挥霍殆尽乃至亏空，官员必须设法自筹。因此更多用作路费的"无碍官银"仍来自各种税收，例如嘉靖时，延平知府陈能（正德九年进士）因以大幅裁减驿递供应的方式舒缓民力而深得民心，但面对朝觐路费的缺额，仍只得令"其余剩田粮，照数征解，以凑各驿递、闰月、朝觐之费"⑤。万历九年（1581）一条鞭法已在全国范围内陆续推行，但因新的服役册并未造好，是年仍按旧额征税，因此江西多收银九百八十余两。万历十年当准备入觐，贵溪知县伍袁萃（万历八年进士）记："刘县尉语予曰：'此正所谓"无碍官银"也，今冬当入计京师，费用不赀，盍取此以佐费乎？'"⑥ 可见所谓的"无碍官银"仍是出自赋役，平民的负担丝毫未因之减轻。

通过以上例证，不难发现除那些极端克己或职权较轻的官员外，大多

---

① （明）范钦：《嘉靖事例》不分卷《议处太和山香钱》，《北京图书馆古籍珍本丛刊》第 51 册，第 91a 页。

② （明）何孟春：《何文简奏议》卷6《禁科扰疏》，第 146b 页。

③ （明）葛昕：《集玉山房稿》卷5《先祖考太子少保都察院左都御史与川葛公行述》，第 443a 页。

④ （明）葛昕：《集玉山房稿》卷4《赠渊泉何老父母赴召序》，第 421a 页。

⑤ （明）郑庆云：《（嘉靖）延平府志》卷6《食货志》，《天一阁藏明代方志选刊》第 29 册，第 27b 页。

⑥ （明）伍袁萃：《林居漫录》卷20《畸集五》，《续修四库全书》第 1172 册，第 241a 页。

数官员实际是根据明朝所谓的"朝觐事例",在"无碍官银"中获取朝觐路费的。以此方式来应付朝觐路途的开销固然有例可依,然而界定归属于地方财政的某些官银确属"无碍"的权力完全掌握在这些亲民官手中,因此对于这笔款项的支出用度,极大程度上依赖官员的道德自律。诚如隆庆时御史陈堂(隆庆二年进士)所言:"天地生财止有此数,不在官,则在民,未闻有以'无碍官银'之说干天听者也。无碍之说,起于贪墨之吏阴取下官以充私馈。"① 所谓的"无碍官银",在很大程度上是官员自欺欺人的托词而已。但为了应对朝觐路费这笔必须承担的行政支出,官员又不得不如此行事,因为它使官员既能满足朱元璋严苛的"祖制",又能满足自身的入觐需求。

直到隆庆年间,明廷根据官员所处地区及官位崇卑制定了差异化的路费制度,并在《万历会典》中将隆庆定例再度予以确认。② 这使官员获取朝觐路费的方式发生变化:从在"无碍官银"中周转,变为以固定名目在府库余银中支取。自此官员的朝觐路费有了法定保障,类似隆庆之前那种采取各种途径筹款的方式已不多见,一大批清廉的官员不必再如以前那样为筹措朝觐路费而绞尽脑汁,甚至贩卖家当。然而颇为矛盾的是,在隆庆定例之前官员虽需颇费心机地开源节流,但大多数官员并未因此而显出经济上的过分窘迫,而是能够通过周转"无碍官银"来从容应对,仅有少量官员难以维持的记录见诸史册;而在隆庆定制之后,官员看起来有了比较合理的入觐经费保障,但实际上却越发入不敷出,以至于出现前文所描述的那种悲苦情景,越来越多的官员难以应付入觐费用的记录被发现。③ 为什么会出现这种极不合理的现象?

---

① (明)施沛:《南京都察院志》卷28《奏疏二·议处急缺段匹银两以宽民力疏》,第64b ~ 65a 页。

② (明)申时行等:《万历会典》卷148《驿递应付通例》,第530a 页。

③ 此外,万历后期整饬扬州海防兵备副使熊尚文的记载亦可作为官员入觐路费在隆庆定例后仍然不足的旁证。熊记:"前件查得朝觐官员盘费,俱动赎锾,不许支取里甲,奉有明禁,难容擅违。行府,回称:'造册、盘费取之自理纸赎,各省皆然,似难加派于民也。'本到覆核,无异。应照裁革,呈详各院。批允。"可隆庆定制后给官员配给的朝觐路费额度仍不够用,不少官员从"赎锾银"中支用,因为司法由府、县正官掌控,所以操控这笔款项对他们而言也更加便利。(明)熊尚文:《重订赋役成规》不分卷《高邮州》,第254a 页。

三 问题的分析：制度缺陷或人性贪婪

通过以上分析，不难发现朝觐路费的缺额问题几乎贯穿于整个明代。在隆庆定例试图将路费予以规范的情况之下，朝觐路费的这一问题不仅未能解决，反而使某些官员面对入觐路费更加捉襟见肘。这究竟是制度本身的偏差还是参与朝觐的官员的问题？在回答以上问题之前，有必要明晰朝觐路费支出用在了哪些方面。笔者认为，朝觐路费的支出主要包括正常支出和非正常支出。

正常支出，亦即朝廷认可的官员入觐支出，是任何官员都较难节省的部分，主要包括以下方面。一是入觐前地方考察名册的编造费。《赋役成规》载"裁朝觐造册纸张银二两六钱七分"①，仅裁减造册纸张部分就有此数额，就名册编造单项而言，正式支出应当只多不少。二是入觐路途中的差旅费。《万历会典》载："凡各省布、按二司掌印官，三年入觐。万历十一年题准，布政司呈巡抚，按察司呈巡按，各给勘合一道。……其余府、州、县等官，有该给路费银两，不得援比告给。"② 可见仅有布、按二司的长官在入觐时享有驿递服务，而其他官员则需要按隆庆定例的路费额使用差旅费。三是入京之后的食宿的费用，因官员在北京需至少停留十余日，必须寻找相对稳定的住处。③ 以上三项是任何官员都无法回避的正常支出。

更为值得注意的无疑是非正常支出部分，这集中体现在以下几个方面。第一，因朝觐之后有些官员直接留部，等待转任他职，因此朝觐启程之前不少官员会举行相关宴请，以期为维持同僚间的长期交谊打下基础。此外，为了在京的交游应酬，不少官员会刻书赠人，甚至由此而形成了一种专门为朝觐馈遗所做的图书版本，即"书帕本"④，书帕本的刊刻同样

---

① （明）熊尚文：《重订赋役成规》不分卷《高邮州》，第253b页。
② （明）申时行等：《大明会典》卷148《驿递应付通例》，第530a页。
③ 明人文集记载："大抵京朝官邸寓，俱在皇城西偏；来朝官，悉令寓皇城东偏。"可见为防止考察舞弊，明代京官和上计官不得混住一处，这也从侧面印证了来朝官需要在北京租住房屋。见（明）魏大中《藏密斋集》卷8《肃计典以励官常疏》，第97b页。
④ 清人载："明代朝觐官入都，例以重货贻津要。其余朝官，则刊书一部，佐以一帖，致馈谓之'书帕'，其书即谓之'书帕本'。"（清）永瑢：《四库全书总目提要》卷174《黄楼集》，第1537页。

需要经费支持。第二，入觐路途中实际花销的差旅费，即使相同地区、相同品级的官员也因个人的奢俭而注定不同，因为官员可以在经济条件允许的前提下，自行决定携带的仆人数量及沿途食宿等次。此外，为了避免因不可抗力导致的延期，官员往往会提前入京，因此官方预算日期之外的多余花费都需由官员本人承担。第三，入觐之后的返程费用亦需筹办。因为官员在入觐之后必然面临调任或回任的现实问题，然而明廷规定："凡内外各官丁忧……改调、到任等项，俱不给勘合，不许驰驿。"① 这无疑使某些官员面对"有去无回"的窘境，因此官员必须在入觐前预留这一部分费用。② 然而对大多数官员来说，最为庞大且繁重的非正常支出不在于以上三项，而在于入京之后的交际费用。诚如沈长卿（万历四十年举人）所言："大计有朝觐之费，同年、同乡、新旧势要及会试诸友，各有帕仪卷资之馈。"③ 面对至少三年一次的进京机会，大多数官员势必要频繁走动以维系这些对自己政治前途比较重要的人际关系，这构成了朝觐路费最不可控的支出项。④

　　了解朝觐路费的支出情况后，不难发现明代官员的朝觐路费为何入不敷出，甚至在隆庆定例以后，表现得更为明显。在朝觐路费缺乏相关规定时，地方官员可以动用开源节流而来的行政经费来应对以上两种支出；而在隆庆定制之后，地方官员所得的入觐路费仅能勉强维持正常开支，而绝大多数官员都必将面对种种非正常支出；而且在某些特殊情况下，官员甚至连正常支出都难以保证，遑论非正常支出。例如前述南直知县何东凤因地方灾伤难以收取相关赋税，只得自寻款项来源；又如山西布政司参议文

① （明）申时行等：《万历会典》卷148《驿递应付通例》，第534b页。
② 某些时候，皇上会给治行卓异的入觐官赏赐银两聊作返回的川资。但仅从只有治行卓异者才能得到相应盘费的情况便已不难得知，能够获皇帝赏赐返程费用的官员数量非常有限。
③ （明）沈长卿：《沈氏日旦》卷6，《续修四库全书》第1131册，第454a页。
④ 对于筹集而来的朝觐路费，官员并非全部支出，也有官员将其私下存留，作为日后的个人用度。如时任吏部尚书王国光奏称："三年大察，正以摈黜不肖以寓激劝。乃不肖者反借此以为谋利之图，指称科扰、朘削民膏，其实皆充私囊。"又称："近来有司……间有申报职名之后，自知素行不检，难免罢斥，径将盘费银两侵收回籍，实属违法。"这类私人存留的款项很难划归到入觐支出的分类中，但又在政治运行中确实存在，姑备于此。见（明）王国光《司铨奏草》卷1《议考察事宜疏》，第21b～22a叶；卷2《覆都给事中陈三谟等条陈朝觐疏》，第40～47叶。

翔凤（万历三十八年进士）奏称："大同等九仓路费银……尚有盘费银一十三两九分九厘，俱自（署印李主簿）侵克用"①，若遇奸猾之吏侵渔办公经费，地方官员的经济状况将更加捉襟见肘。

通过对明代官员朝觐路费的流向进行分析，不难发现在隆庆定制之后，如果官员尽可能削减各项非正常支出，很难产生预期那样大的缺额，朝廷配给的朝觐路费甚至在某些时候可能略有盈余。例如，山东境内县令入觐费标准为三十两，但嘉靖后期山东盐运使何其高（嘉靖十一年进士）却几乎并不支用，"公两入觐，费有常规，皆出自公府。公曰：'自济（南）达京，十日程耳，何费乎？'悉却之，秋毫莫取。故时有'却常例以肃入觐'之颂"②。又如嘉靖初年，湖广归州知州莫瓒，"当应朝日，尽裁诸道里费"③。如果以上两条记载没有过分夸大，那么入觐官完全没有理由对朝觐路费感到窘迫。因此，朝觐路费的缺额应当在很大程度上是由官员的过分需求导致的，这尤为突出地表现在官员需要以金钱为基础来沟通私人关系方面。明代国家财政没有义务也不可能负担官员私人交际的支出，所以隆庆定制后的路费制度并非如朱元璋的路费"祖制"那样存在明显缺陷。将朝觐路费制定统一标准，不仅避免了贪婪官员的肆意盘剥，也使清简廉静的官员无须像之前那样为筹措这笔经费而绞尽脑汁，实际上是有利于保护官员的。

那么官员屡屡表现出对朝觐路费缺乏的不安，是否由官员自身的贪婪、腐化而起？事实也并非如此。对大多数官员而言，筹措这笔费用并非是为了满足自己入觐过程中的生活享受，也并非是为了满足私人物欲而将其收入囊中。官员甚至在某些时候需要自己补贴部分额外的开销，如法律并未予以保障的随行吏员的入觐经费。既然制度看起来很好，官员也没有中饱私囊，但为何朝觐路费缺额问题一直明显存在？

很多看起来难以理解的现象，表面上看是人的道德问题，背后的根源

① （明）文翔凤：《皇极篇》卷15《报清查侵盗库藏》，《四库禁毁书丛刊》集部第49册，第431b～432a页。

② （清）莽鹄立：《山东盐法志》卷14上《前朝艺文·运使何其高去思碑》，《四库未收书辑刊》第一辑第24册，第596a页。

③ （明）赵用贤：《松石斋集》卷14《莫大夫传》，《四库禁毁书丛刊》集部第41册，第206b页。

却在于制度。以朝觐路费为例，表面上看路费的缺额是官员为发展、巩固私人关系而导致的，是官员不安于现状而趋炎附势的表现。但实际却并非如此。官员在每次进京时以金钱为桥梁疏通同僚、上下级之间的关系，通常是为了打造自己的私人关系网，或者使自己融入另一个更大的"圈子"。由于明代制度无法给官员以充分保障，因此官员不得不发展私人关系：如果没有强硬的后援，官员很可能在考察中作为满足各地的裁汰额数的牺牲品而被罢黜；即使留任、改调，也会因背景的强弱而分派到不同的地区任职。在明代那种经济、社会发展较不平衡的时代背景下，某些相对发达地区的任职条件和升迁前景，又岂是其他边远地带可比的？① 正如明人沈长卿所论："客问：'篚篚不饬，至今日极矣，何法整之？'（予）曰：'非古人皆贞、今人尽黩也，有故焉。盖迫之以不得不墨也。'"② 通过以下数例，可以明显看出为何明代的官员"不得不墨"，以及由朝觐路费所折射出的明代政治生态。

成化年间丹徒知县杨琚（成化二十年进士）的际遇道出了某些官员的无奈："巡抚牟都御史，按部丹徒，索馔器，窥有他意。公（杨琚）市锡数十金，造器与之。牟大怒，诬公入觐时，与皂路费，擅用官银，坐革职。公奏辩，得白。"③ 入觐使用"无碍官银"本是隆庆定例前的通行做法，但杨琚却因之获罪，可见在入觐时是否使用官银并不重要，重要的是如何使用。正德十五年（1520），江西萍乡县令秦吉因任上七年的治绩突出而升任河南濮州知州，但"当入计，路费十余金外，不携一币，

---

① 臧懋循记："吾两浙，县治七十有一，较其良窳，必首难长兴。盖五十年间，未有以高第者；选人相戒'无得长兴令'，久矣。"浙江长兴县的文教不发达，而县令的重要职责之一就是兴文教，否则政绩便会打上折扣。仅此一点，就能促使官员尽力避免来此地做官。浙江辖地尚且如此，更为偏远的地区可想而知。见（明）臧懋循《负苞堂文选》卷3《送游明府入计序》，《续修四库全书》第1361册，第68b页。又如骆问礼（1527～1608）先因考察被黜"栖迟数年，荷部以款词委曲得转云南，意欲不往。一二先达谓职得罪不深，试一往，不得意而归，未晚也"。不论是骆问礼本人，还是相关"先达"，都表现出对任职云南相对冷漠的态度，也显示出明代官员对任职地实有"挑肥拣瘦"之嫌。见（明）骆问礼《万一楼集》卷27《启李抚台》，第373a页。

② （明）沈长卿：《沈氏日旦》卷6，第453b页。

③ （明）李濂：《嵩渚文集》卷85《山东按察佥事杨公传》，第289b页。

亦不谒一人。当轴者谓: '矫矫非人情。'遂左迁龙岩令"①。虽然秦吉的降调由当轴者的狭隘而起,然而七年之功悔于一旦的后果则必须由秦吉一肩承担。正德后期山东淄川县令顾春潜的入觐经历更可玩味: "故事,入觐多行苞苴以要誉当路。春潜徒手不持一钱,父老知其如此,率邑中得数十缗为赆。"② 连普通民众都已经无法接受自己的父母官空手入觐,并自发为其筹款以资馈赠,可见朝觐时的馈遗已经成为当时的一种政治生态,如果不去顺应,很可能莫名地为自己所信奉的清正廉洁、"君子不党"等儒家信条付出政治前途受阻的代价,这无疑是明代政治的一大毒瘤。

不难发现,当制度所强调的公平、公正不能为官员所信服时,官员势必发展私人关系来维持自身的安全感。尽管这种安全感可能虚无缥缈,但在不少官员眼中,在某些关键的时间点,相信具体的人反倒比相信虚无缥缈的制度更显真切,而这实际上是对制度无法给那些坚决恪守制度的官员以安全保障的一种无奈反映,这才是明代官员朝觐路费问题的真正根源。

四 长远的影响: 朝觐路费与明朝灭亡

以上,有关朝觐路费的筹取、使用等问题已经基本解决。简而言之,朝觐路费是官员入觐不可或缺的经费保障,缺少这笔款项,上计官连依照职掌规定赴京参加吏部考察都会成为空谈,遑论打通各方面关系,在考察中取得优评或者在考察后获得美差。然而朝觐路费的深远意义却远不止此。诚如徐泓所指出的: "明朝亡于财政败坏,而财政败坏起于边饷剧增,然具体的情况与确实的资料,能深入讨论者不多。"③ 本节所关注的朝觐路费问题恰属财政史范畴,有助于为"明朝亡于财政败坏"提供一个新的例证。

---

① (清)嵇曾筠:《(雍正)浙江通志》卷190《人物·秦吉》,《景印文渊阁四库全书》第524册,第255a页。

② (明)文徵明:《莆田集》卷27《顾春潜先生传》,《景印文渊阁四库全书》第1273册,第217b页。值得注意的是,顾春潜的结果也与前两人类似,在作诗谢绝父老的美意之后上计,其后被罢黜。

③ 赖建成:《边镇粮饷: 明代中后期的边防经费与国家财政危机1531 – 1602》,浙江大学出版社,2010,"徐泓序"第1页。

在明朝后期因财政困难，地方官员的入觐经费再度失去保障。为了应付庞大的军费开支，明廷不得不从各方面来开拓财源，甚至将本就不多的朝觐路费都充作军饷。隆庆年间，皇帝批复陕西副使姜子羔建议入觐官交纳羡银以佐国计的奏疏时称："进献非事体，朝廷亦不借此足用，不许。第以诸司路费皆取诸民，令御史查照原给银数，追收贮库，自后进表、朝觐官，更不得派给累民。"① 可见当时皇帝认为朝廷用度不需凭借微薄的朝觐路费资助。即使是到万历末年面对财政的困境，皇帝也不过是谕户部称："辽左征剿届期，需饷甚急。其令入觐官作速回任，将加派及各项钱粮那借起解，不许延迟误事，违者参处。"② 明廷绝未想过通过免朝觐的方式来节省路费。但至天启年间，明廷便已开朝觐路费充饷之端，崇祯元年（1628），户部尚书毕自严（1569～1638）奏称："天启四年，本（户）部尚书李宗延覆户科给事中陈良训疏：'凡府、州、县正官入觐，设有盘费。远者或百两，近者五六十两，此俱已编已征之银。官既免觐，与其留之别用，不若用以充饷。题奉钦依。'是年免觐银两，到部四万余两。今岁正值觐后，而外解何以寥寥也。"③ 可见在天启四年（1624），明廷开始大范围地减少官员入觐，而崇祯元年则沿袭了天启四年以朝觐路费充军饷的做法，但开展并不得力。至崇祯二年，毕自严再次上疏："旧岁免觐一项，共该扣路费银九千六百七十一两，应催令照数解部，臣等亦不敢列入额之内。盖此项三年一次，原非常征，免觐多寡，亦无定数。合俟朝觐之年，照例查解，凑充五年再闰之饷，亦便计也。"④ 这无疑是希望在崇祯四年（1631）再次豁免官员的朝觐，以此得银充饷。

崇祯九年（1636），应天巡抚张国维（1595～1646）奏称："奉圣旨：'朝觐原难议免，念省、直灾荒寇警，暂停一次……免觐额派路费，限于年内解部充饷'……合计臣属府、县正官共六十六员，今觐者不及十之三。查崇祯四年，留觐止一十五员；崇祯七年，留觐止一十一员。今免者

---

① 《明穆宗实录》卷16，隆庆二年正月戊辰条，第438页。
② 《明神宗实录》卷579，万历四十七年二月庚申条，第10956页。
③ （明）毕自严：《度支奏议》卷1《辽饷不敷济急无奇疏》，《续修四库全书》第483册，第21b～22a页。
④ （明）毕自严：《度支奏议》卷6《覆户科题核新饷入数疏》，《续修四库全书》第484册，第494b页。

多昔十之七。"① 可见崇祯七年有小范围免觐，崇祯十年迎来了大范围的免觐。结合毕自严和张国维的上疏，不难发现自天启五年至崇祯十年，连续五次都因军饷欠缺而不同程度上免除了官员的朝觐。这虽然看起来节省了行政经费，但实际情况是否果真如此？

崇祯元年，给事中韩一良（1580～1630）奏称："臣素不爱钱，而钱自至。据臣两月内，辞却书帕已五百金。"② 仅一低级言官便已却赃如此之多，高级官员自不待言。为何会出现这种现象？因为天启四年时免去朝觐，直接导致了个体官员的入京间隔从三年变为六年。如果每三年一入觐，馈遗之礼或可稍薄，而至六年甚至更久才得一入觐，馈遗之礼便不得不厚。到明朝的最后几年，朝觐考察已完全难以维持，而官员面对难得的入觐机会变本加厉地馈赠要员以图美缺。毕竟在明代中后期若未选得美官，至多任职条件稍微艰苦，而到山河破碎之时再赴任穷窘之地，甚至连性命都难以保全。这也可以解释为何到崇祯十五年（1642）时，地方的官员甚至肆无忌惮地在京城向都察院最高长官刘宗周（1578～1645）行贿。③

免除官员朝觐并将入觐路费充作军饷的做法，首先给官员造成负担。在时局艰难之时，官员比承平时期更难预知自己的政治前途，这无疑愈发促使他们去攀附权贵以图自我保全，而免除朝觐又减少了他们难得的进京维系私人感情的机会，因此官员只得加倍思考如何在地方层面为自身前途而奔走。而这些被称为"父母官"的地方守令，其"奔走"所需的费用毫无疑问会转移到百姓身上，因此将朝觐路费充作军饷并免除官员入觐，完全没有像看起来那样节省行政经费从而减轻人民负担，反而使本已处于经济窘迫境地的普通民众雪上加霜，民不聊生的情况更加严重。总的来看，因为财政困难导致明朝将官员必须使用的朝觐路费被大量削减，严重挫伤了地方官员的为政积极性，而增强了他们对朝廷的离心力，而官员的压迫又使民众的生计更显窘迫，在官员和民众都离心离德的情况下，这种做法实则加速了明朝的灭亡。

---

① （明）张国维：《抚吴疏草》不分卷《十年留觐疏》，第238a～242b页。
② （明）文秉：《烈皇小识》卷1，《续修四库全书》第439册，第11b页。
③ （明）刘宗周：《刘蕺山集》卷5《纠参馈遗疏》，《景印文渊阁四库全书》第1294册，第391a页。

第二节 大计考语的"虚""实"探因①

在第四章第二节研究大计的决策依据时，为保证逻辑的连贯性，笔者在分析考语"虚""实"之后，直接引入因为考语不实而需要过堂的问题，但另一极其重要的问题却仍悬而未决。明廷花费巨大人力、物力构建的考语系统，最终却因为地方各级长官大规模的注考不实而难以产生淘汰不职官员的预期效用。官员对朝廷政令的阳奉阴违是任何统治者都难以接受的状况，但为何虚假注考的问题却能堂而皇之地在明代文官考察中长期存在？是明代高层觉得大计考语并不重要，所以不愿意对如实注考严加督课；还是觉得注考非常重要，却对官员的阳奉阴违无能为力？本节试图对以上问题予以解答，并从明代国家政策与官员对策的视角，来探寻大计考语难以发挥预期效用的关键原因。

一 考语"虚""实"的原因初探

既然大计考语有虚有实，那么对于考语虚实的原因分析便显得尤为重要。在中央层面的屡次强调下，如实注考是官员的应尽义务，因此考语无论如何真实、详尽都是理所应当之事。不唯如此，能够成为明代文官的人，大都通过精读四书五经之类的"圣贤书"而科举入仕，长期以来受到的"恪守朝廷法度""为君父分忧"的教诲，难免会对他们的行事、施政产生积极影响。然而颇为矛盾的是，为何会出现如前文所描述的那种诸多注考不实的现象？本应力求如实反映官员为政梗概的考语因何诬良为劣、以劣为良？

在追究制度规定与落实偏差的责任时，具体负责政令执行的官员首当其冲，部分官员在处理填注考语这样关乎属员、僚友政治生命的严肃事件时，其表现确实难尽如人意。这主要体现在以下三个方面。

其一，少数官员因为玩忽职守确实不了解属员的情况。尽管《正德

---

① 本节主要内容参见余劲东《明代大计考语"虚""实"探因》，《江南大学学报》（人文社会科学版）2016 年第 4 期，第 50~56 页。本书中做了新的修订。

会典》明确规定"凡监察御史、按察司官巡历去处,但知有司等官守法奉公,廉能昭著者,随即举闻"①。但实际上,由于抚、按辖地较为广袤,往往出现"地非冲衢,邑无大故,则(分)守、(分)巡司终岁不一至焉;抚、巡院间二、三岁不一至焉"②的情况。有注考权的分守道、分巡道、巡抚、巡按长期不下州、县询访,自然难得基层之实况,这很自然地导致了部分抚、按官员"至(注考)事迫,道听一言,信若符契"③的现象出现。如浙江金华府同知凌尧伦(1541~1598),"(凌)公久宦浙,而中心又诚信于士大大。以是监司诸公,多从公咨贤否"④;又如公家臣(隆庆五年进士)为北直广平府推官,"癸未(万历十一年)大计,部使上群吏治行,豫以所刺察,请先生实状。先生曰:'某尚不知其人,何知长短?'竟不实状"⑤。所幸凌尧伦、公家臣二人尚属正派官僚,如果所托非人,后果不堪设想。⑥ 刘道亨(万历十四年进士)所论"若进表考语,已隔远一道。闻见无素,临时仓皇取之(布、按)二司。二司中平日留心地方者,尚一二可凭;若不留心者,草草了事耳"⑦,杨一清(1454~1530)所论"至于考语一节,关系尤急。盖巡抚、巡按与二司政务不相涉,考语无凭填注,未免询诸二司,二司未免询之知府,往者弗振,实坐此故。今不为之处,其事势恐又渐堕故辙中,而莫之能救也"⑧,

---

① (明)李东阳等:《正德会典》卷15《吏部十四》,第156b页。
② (明)李万实:《崇质堂集》卷11《送郡侯南江陈公入觐序》,第188a页。
③ (明)陆光祖:《计典届期敬陈饬治要务以重大典疏》,载(明)陈子龙等辑《皇明经世文编》卷374,《续修四库全书》第1660册,第603a页。
④ (明)鲍应鳌:《瑞芝山房集》卷10《奉政大夫金华府同知虚楼凌公行状》,《四库禁毁书丛刊》集部第141册,第208a页。
⑤ (明)于慎行:《谷城山馆文集》卷18《明故户部主事前翰林院编修东塘公先生墓志铭》,《四库全书存目丛书》集部第147册,第543b页。
⑥ 时任吏部尚书陆光祖对此有清醒认识,其称:"抚、按去有司稍远,势不得不凭道、府。道、府果能精心鉴别,未有不得其真者。然平时漫不经心,届期潦草塞责;又或喜趋承、尚才敏,而不察其及民实政。甚者狗于爱憎、染于利欲,则远之甚矣。"值得注意的是,陆光祖并没有明确反对抚、按从有司、方面官处询访官员贤否的行为,只是认为道、府官员应当更为悉心地询访注考。这无疑是进一步给基层官员施加行政压力,而为中央派驻的抚、按官员减轻责任,是以抚、按官员的注考不实可谓事出有因。见(明)陆光祖《陆庄简公掌铨疏稿》卷3《覆御史陈登云条陈计典疏》,第1b叶。
⑦ (明)吴亮:《万历疏钞》卷24《陈吏治五议以裨铨政疏(刘道亨撰)》,第256a页。
⑧ (明)杨一清:《奉内阁、吏、兵诸先生第二书》,载《皇明经世文编》卷118,《续修四库全书》1656册,第507b~508a页。

都明白无误地说出了这种担忧。① 而抚、按、有司的这种误听、误信也确实会造成严重后果：天启年间应天府江浦县知县葛纯一因为认真履职而影响到地方豪强利益，因此在天启四年（1624）应天府尹魏说（万历二十六年进士）即将入觐时，仅凭豪强乡绅二十余人的联名告讦便直接给葛纯一填注下考，最终巡按御史贾毓祥（万历三十八年进士）查实乡绅纯属诬告而真相大白之时，葛纯一早已因被诬告郁郁而终。②

其二，某些官员可能将自己的喜恶爱憎加入注考之中。考语可信的重要前提是注考官员尽可能公正地做出评断，然而正如上节所呈现的那样，任情损誉人的现象在注考中时有发生，这使得考语的真实性大打折扣。即使是在注考尽可能公正的前提下，为了突出自己所注考官员的层级差异，注考官员也往往乐于将较好考语给予同自己关系最为亲近而非政绩最为突出的下属。如刘永澄（1576～1612）称："有司不论其（儒学教官）人品之邪正，而徒视其逢迎之工拙。"③ 可见某些"有司"注考的判断标准在于下属的"逢迎"而非政绩。又如浙江金华县令龙公自入仕以来"公交车百荐牍"，然而其获得多方好评的原因在于："自守、相、监司以至台使者，行部入公境，辄按辔式车延见，语动移日。即意有所独操，令有所夙布，遇公辄色解神悚，且曰：'子非吾属也。'"④ 可见龙县令为人极其谦卑，对长官的接应和招待也比较周到。这种为官方式，使龙县令深受上

---

① 尚有一例可为旁证。"（嘉靖十三年十二月）甲申，辅国将军（朱）成鑑上疏，言：'云中叛军之变，实贪官酷吏激而成之，乞清仕途、诛贪酷。疏甚剀切。下吏部，覆奏。言：'今日之弊，诚有如成鑑所言者。自今抚、按考察各属，务自行体访，毋得假手雷同。所注考语，必凿凿据实：如某贪，必指其通贿科罚之迹；某酷，必指其非法虐害之刑；某贤，必着其奉公守法之略；某老、疾、罢软、不及、不谨，必书其误事废政之由，庶可得其实矣。'得旨，允行。"吏部官员在如此严肃的公文中，完全不顾政治表达的艺术，几乎"白描"一般地说出"自今抚、按考察各属，务自行体访，毋得假手雷同"这样的话语，足见在吏部官员心中，因抚、按玩忽职守而导致考语不实的问题何等严重。而且，辅国将军朱成鑑的身份同样值得注意：连一个基本没有参政职权的明宗室都已经意识到考语不实问题的严重性，那么在实际的政治运行中，考语不实的问题很可能比朱成鑑所想的更为严重。相关引文，见（明）吴瑞登《两朝宪章录》卷7，嘉靖十三年十二月条，第578a页。

② （明）贾毓祥：《金陵按疏》不分卷《县官显被攻讦疏》，第1166b页。

③ （明）刘永澄：《刘练江先生集》卷2《杂著·学校》，《四库全书存目丛书》集部第179册，第394a页。

④ （明）许弘纲：《群玉山房文集》卷1《送金华龙父母入觐叙》，第40b页。

司喜爱。只要为政不存在明显瑕疵,获得好评考语纯属意料之中。因此,吏部最终所见的官员考语,不一定是官员治理地方的真实情况,但绝对是抚、按、有司官想让吏部看到的情况。当时官员对此有清醒的认识,万历七年 (1579) 言官王蔚 (隆庆五年进士) 等在察前建言中便已明确表露出 "(如实注考屡经申饬) 在外各官尚有踵袭前弊,工于文移,巧于趋奉,得以冒猎虚声,而悃愊无华者,反不见知于世。若不再行申饬,恐人心未知儆畏"① 的担忧。

其三,部分官员无法处理好道德与法律之间的矛盾。根据传统儒家观念,"闲谈莫说人过""背后不论人非"等准则几乎成为读书入仕官僚的共识,而填注恶评考语的做法虽然其初衷为公,但从行为表现上看又恰是背后损人的行为,若非被考察官员罪大恶极,以清流自我标榜的注考官员通常不乐为此事。因此,官员在注考时要么像前述那般模糊填注,将责任推卸给上级的吏部、都察院;要么并不亲力亲为,而是采取"抚、按止责成于司道、司道责成于府州县正官"② 的做法,将责任下压给更下级的官员,而自身则悠游于品评人物的是非之外。尚有部分官员既不愿背后损人,也不愿玩忽职守,因此 "(填注属员) 考语俱优而别开私揭,至过堂之时另为一说"③,看似在两者之间取得了平衡,实际上大大加剧了吏部、都察院的审阅负担。

结合以上分析,似乎考语不实完全是注考官员的过失,只要加强对有关官员的责任意识培养,所有问题便可迎刃而解。但事实又并非如此: 无论是玩忽职守抑或是任情注考,一旦造成不良后果都应由注考官员本人承担责任,这在前引《会典》条文中已言之甚明。成熟的政治官僚必然知晓: 作为下级,坚定执行上级政策才能为自身仕途安全提供保障,因此大多官僚都不会为贪一时之快而进行政治冒险。④ 然而就大计考语这一具体政策而言,大量的官员看起来都在贪一时之快,并以填

---

① (明) 王国光:《司铨奏草》卷 2《覆南京给事中王蔚等条陈朝觐疏》,第 53~54 叶。

② (明) 孙丕扬:《都察院会题宪务疏》卷下《议巡方总约疏》,第 33a 叶。

③ (明) 王国光:《司铨奏草》卷 2《覆御史张简等条陈朝觐疏》,第 50 叶。

④ 笔者绝不否认存在一些极端的情况,但极端情况通常难以构成事物发展的主流,所以在此不讨论。

注不实考语的方式来消极应对中央如实注考的政令。这种明显非理性的现象如何解释？

二　"虚""实"之间：注考的风险及收益评估

揆诸常理，除非收益远大于风险，否则理性的官员绝对不会以牺牲政治前途为代价来消极应对中央政令。而且在古代社会，往往举家族之力供一人做官，① 这也绝不允许官员有极端非理性的行为，因为官员个人因一时冲动而造成的危害很可能不仅影响自己一人，② 因此地方官员大多会极为审慎地对待填注考语。而注考官经由反复推敲仍违背中央政令填注不实考语，唯一合理的解释在于注考的风险和收益极不均衡。那么，如实或不实注考究竟有哪些收益或风险？

（一）如实注考的风险及收益评估

如果官员如实注考，存在以下两种情况。

其一，为本来就为政得宜的官员如实填注优考。在此种情况下，不论是中央层面还是被注考官员本身，都会认为这是注考者的应尽义务，而不会对其有额外的褒扬。而且一旦如实注考未能全面反映相应官员的善政，可能还会招致某些怨尤，甚至对应考官造成不利影响。例如陈懿典（1576～?）在写给友人窦季泉的私信中称："门下治行夙有循声，又经剡荐，万无劣转之理，乃有藩辅之推，此殊不可晓。闻考语中，有'雄心任事'，遂以雄心为吹毛。"③ 类似"雄心任事"之句，字面上看已属好评，但若试图扭曲理解，也可以认为所谓"雄心"有"好高骛远"之意。在此案例中，注考者或属好意，但因为在当时的政治环境下，大部分注考官都尽可能地开具溢美考语，因此稍有相对朴素的考语，便很可能被吏部官认为是因为应考官的治绩不善，所以上级才不愿意对其过分表彰。在同行的压力之下，几乎所有注考官都被迫将考语写得尽可能华丽。这也可以

① 这种状况在上节朝觐路费的相关研究中有过讨论，在此不复述。
② 例如一旦被剥夺官员身份，立即会丧失减免税负等官员才可享有的优待，而且这种经济上的损失甚至会祸及家人。仅从经济角度考虑，若由于非正常因素失去官员身份，便已对家族十分不利。
③ （明）陈懿典：《陈学士先生初集》卷35《窦季泉别驾》，《四库禁毁书丛刊》集部第79册，第634b页。

解释为何官员注考时，"多标榜溢美之词"。虽然常理为"过犹不及"，但仅就注考而言，则是宁可过誉，也不可不及。

其二，为本来为政失宜的官员如实填注差考。这种做法看似维持了官场的公平正义，然而却会造成自身的被动。一是获得恶评考语并因之黜落的官员，较少会沉痛反思自身不足，而往往怨恨揭发其恶行者，这无疑造成了注考者官场人际关系的紧张。二是上级部门在某些极端情况下不愿相信下级官员开报的考语，如前引方弘静案例中，相关吏目虽然年老但并非不能行政，这一点方弘静作为吏目的直接上司显然知之为详，然而方弘静的三位上级——兵备副使、知府、吏部尚书反复根据经验来推断吏目无法履职，[①] 可见有时如实开报考语反而自讨无趣。三是如果遇到前述赵凤威那样的极端情况，其他官员因赵凤威为首辅赵志皋之子而不敢如实填注恶评考语，但巡按蒋春芳（万历八年进士）却据其亲见来罗列赵凤威的各种不职情况，那么即使蒋春芳弹劾成功，也会开罪赵志皋及相应填注好评考语的官员，[②] 一旦弹劾不成功，自身必被反噬。而且对于远在北京的吏部官员来说，即使不考虑首辅的因素，对赵凤威的裁决，是相信蒋春芳一人的恶评考语还是相信其他众人的好评考语，答案一目了然。

不难发现，如实开注考语对官员而言几乎没有正面收益，反而存在自身被反噬的可能。如杨一清（1454~1530）于弘治年间奏称："御史巡按一方，吏治臧否，民生休戚所系，其责尤重。……近年以来，发问及奏劾文武官员，多被反讦。"[③] 又如嘉靖时浙江温州兵备副使袁祖庚（1519~?）："前是，永嘉令江潮以墨闻，（袁）公持之急，又著其事考语。（袁）公虽归待次，而属大计。（永嘉）令自度不得免，衔公甚，乃恣蔑公，因觊得

---

① （明）方弘静：《千一录》卷 17《客谈五》，第 357b 页。

② 如果蒋春芳直接弹劾赵凤威在任不法事，而其他官员都开注赵凤威的优评考语，抛开赵凤威的身份不谈，这种带有明显矛盾的考语显然也会引起吏部注意。待吏部勘核时，若发现蒋春芳所注考语为真，也就表示其他官员所上考语为假。按照《会典》规定，填注虚假考语的官员会受到相应惩处，那么蒋春芳无疑得罪了一大批官员；如果查明蒋春芳弹劾不实，蒋春芳自己也将承担较为严重的后果。因此，蒋春芳并不直接弹劾赵凤威任职不法之事，而仅从辅臣之子不宜外任实职的角度来要求赵凤威调任，实际是非常有策略的应对方式。

③ （明）杨一清：《关中奏议》卷 6《为地方事》，《景印文渊阁四库全书》第 428 册，第 144a 页。

自解。而有慎御史者，入令谗，辄疏（袁）公不职，报罢。"① 万历时吏部尚书王国光称"抚、按虽知其（地方官不法）状亦隐忍不发，诚畏其党众而贾祸不测"②，"各官扬历既久，党与颇盛；中间弥缝请托，为计尤工，是以抚、按官于此多存顾忌"③。可见如实填注考语，给自身带来的收益微乎其微，而风险却长期存在且不可估量。因此站在官员的角度上考虑，填注虚假考语的做法虽然并不合朝廷规制，但却完全可以理解。

（二）虚假注考的收益与风险评估

填注不实考语同样存在以下两种情况。一是诬良为劣，如之前所举李栋、宋臣熙两例；二是以劣为良，如前述赵凤威事例。

明代的某些官员胆敢肆无忌惮地进行不实注考，底气源自他们浸淫官场多年而对政治风气形成的深刻了解。这突出地表现在以下两点。第一，以李栋案例言之，为其填注恶评的张巡按的考语称："其才可用而不可去，民心欲去而不欲留。"④ 李栋在杞县的治理状况有实政文册可考，比照查对之下诬陷将不攻自破，因此注考官员不能抹杀其治绩，只能在民心向背这一问题上对李栋进行攻击。但诚如海瑞所论，"小民口小，口碑不得上闻"⑤，民心很难直达上听。即使民间呼声再高，吏部也不可能仅听取民声，而只可能根据考语来黜陟官员，⑥ 这无疑容易造成"监司臧否，往往与闾阎好恶大相矛盾"⑦ 的情况。第二，以宋臣熙案例言之，其并非由甲科入仕，在明代中后期强调进士出身的政治环境下，这显得尤为不利。赵南星直言不讳地指出："报部贤否册，堆积如山。臣等取其一二观

---

① （明）王世贞：《弇州续稿》卷141《中宪大夫浙江按察司按察副使定山袁公生志》，《景印文渊阁四库全书》第1284册，第64b页。

② （明）王国光：《司铨奏草》卷2《覆御史陈王道等条陈朝觐疏》，第60叶。

③ （明）王国光：《司铨奏草》卷2《覆都给事中尹瑾等条陈朝觐疏》，第118叶。

④ （明）李开先：《李中麓闲居集》卷7《承德郎吏部稽勋司主事南湖李子墓志铭》，第690b页。

⑤ （明）海瑞：《备忘集》卷1《告养病疏》，第20b页。

⑥ 此外，尚有一例考语与李栋的情况相似。周起元（1571～1626）称："摘出濮中玉考语册中，有'识暗行窒，颇有怨声'两言。"而吏部是没有人员和精力去基层察访"怨声"为何的，因此濮中玉（万历三十五年进士）也只得接受被中伤的现实。可见李栋的案例并非孤立，这种在考语中用含糊暧昧的语言枉纵人的做法在当时并不罕见。见（明）周起元《周忠愍奏疏》卷上《题为铨部职在知人官评要于核实事疏》，《景印文渊阁四库全书》第430册，第269b页。

⑦ （明）陆光祖：《陆庄简公掌铨疏略》卷3《覆御史陈登云条陈计典疏》，第2a叶。

之，大小甲科之官，皆大贤也；乡贡之官，间有疵议；其卑冗小吏，乃多
劣考耳。"① 陆光祖亦称："进士出身及有势力奥援，置之不问，而惟加察
于一二茕独。"② 可见面对繁多的考语册揭，注考官员在评价官员时往往
看重其出身而非实际政绩。

　　当然，仅凭这种对政治风气的揣度便进行不实注考仍有铤而走险之
嫌，但明代官员间带有庸俗色调的"默契"则为这种"政治冒险"提供
了至关重要的安全保障。

　　其一，是各级官员间的相互包庇。前述方弘静案例中，知府高捷指出
"州考自古良善"这一现象，而州考在大多数情况下都依据县考而来，以此
观之，县考的"良善"程度一如州考。一旦州、县两级达成一致论调，那
些根本未曾与州、县基层官谋面的省级长官，不仅难于在事实上指出部分
州县官的不职事实，仅从照顾下属"体面"的角度来说，也难以轻易否定
州、县两级开报的考语。仍以前文所引嘉靖中期陕西布政使葛守礼大计过
堂的案例言之。面对葛守礼在吏部公堂上突然更改考语，"时夏冢宰、屠总
宪亟口称曰：'吏部堂上肯自认错，人谁其肯？迹此当为贤能第一矣'"③。
吏部尚书与都御史的言论，恰恰证明了葛守礼这种行为的罕见。然而即使
如葛守礼这样敢于打破行政潜规则的官员，也并不说注考出现误差是知府
的责任，而是说"自是布政差错"，一肩承担所有责任。综上可知：各级
官员都在力所能及的前提下，尽量在外人面前回护下属的短处，④ 这种庸

---

① （明）赵南星：《赵忠毅公诗文集》卷 20《朝觐合行事宜疏》，第 604a 页。
② （明）陆光祖：《陆庄简公掌铨疏略》卷 3《覆御史陈登云条陈计典疏》，第 1b～2a 叶。
③ （明）葛昕：《集玉山房稿》卷 5《先祖考太子少保都察院左都御史与川葛公行述》，第 443b 页。
④ 出现这种现象的原因在于：虽然下属官员犯错有可能确实因其个人操守不谨所致，但由
　于上司有督课下属的责任，因此一旦下级官员犯错，上司尽管不必受到处分，但也难辞
　其咎。试以一例证之。万历二十年（1541）大计过后，时任广西巡按钱一本（1546～
　1617）奏称："该道今论调副使林乔南，该府知府高祚临辖最亲，考注失实。布、按二
　司之不察，罪与己同，因自乞罢斥。"对于钱一本的奏请，都御史李世达也认为："（以
　上三臣）本宜照近例以罢软议斥，但隐蔽止于一人，而连坐遽难加重。……高祚亦应姑
　照才力不及量调示惩。至于按察使冯孜、左布政使程拱宸失于鉴别，虽可诿于临莅至
　遥、疏于咨访，宁不愧夫？监辖之职，均应量加罚治。"可见一旦官员为政失宜，多级
　领导都需因此承担责任。若能在地方就地消化，则犯官无须担责，领导也无须负责。而
　且像本案例中那样被巡按御史直接弹劾的情况也并不多见，因此不少地方长官敢于也乐
　于将下属的失职情况大事化小。相关引文，见（明）李世达《少保李公奏议》卷 3
　《议处贪官疏》，第 26b 叶。

俗的官场"默契"自然对如实注考造成了消极影响。

其二，为了避免巡抚、巡按与省府州县两套注考系统存在明显的抵牾，中央派驻地方的抚、按官员往往与地方有司官员事先就考语达成默契才以统一的口径上报中央。前已述及，某些抚、按甚至两到三年都不去无关紧要的州县，因此"有司考语，（抚、按）亦皆托之有司而行访之，有司即以美考密达被访之有司，且请益焉，于是彼此交通，互为耳目"①。例如杨寅秋（1547～1603）在给友人的书信中称："吏目陈鹄，世胄子也。令弟在西曹，极口以同气相托。（今）见各署考咸优词，不知缓急亦可备任使否。"② 虽然杨寅秋在此尚未说出各级署考为何，但"见各署考咸优词"的说法，无疑是给颇为关心陈鹄境况的李贰守一剂定心丸。而地方官员也对抚、按的做法大加配合。如浙江布政使朱裳即严令下属，"官员贤否，两司朝觐官预先会同抚、按、两司、各道，讲论相同，务要真实。不可偏执己见，亦不可将访闻不真者轻注考语"③，再三强调在地方层面填注考语时的默契，尽可能使各方的意见都得到照顾，以防有官员在吏部公堂上突然翻案从而影响全省的形象。基层行政长官在填注本应极为私密的考语时却暗中相互交流，这样即使考语不实，吏部也很难发现破绽。

通过前文论述可见：在诸多不良的官场政治风气影响下，各级行政长官填注不实考语的风险极小。不唯如此，填注虚假考语甚至还可能得到不少收益，当时的官员对此已有较为明确的认识。胡世宁（1469～1530）在论述官场世风日下时指出：

> 考核官吏之际，与夺轻重皆惟巡按出言，而藩臬唯唯承命，不得稍致商确矣。一有刚正不阿、可否其间，或专行一事者，岂惟巡按恶之，众皆疾之。或阴注以数字之考语，或明摘其一事之过失，而劾之退矣。由是布政以下，皆以作揖为名，日候于御史之门……而布政使，方岳之重；按察使，外台之长，乃躬任铺司兵之役，而不耻矣。

---

① （明）张萱：《西园闻见录》卷31《考察》，《续修四库全书》第1169册，第7b页。
② （明）杨寅秋：《临皋文集》卷3《与李贰守》，《景印文渊阁四库全书》第1291册，第678b页。
③ （明）朱裳：《朝觐事宜》，第2叶。

彼为布政者，则曰："我姑卑巽，数月则有京堂之升矣。"既为都御史巡抚，则又曰："我姑谦逊，数年则有部堂之擢矣。"①

不难看出地方官员早已清醒地意识到只要不跟抚、按发生明显抵捂，跟随抚、按的基调填注考语，自然会有顺利的仕途。而一旦与自己的上级官员在政务处理（包括考语填注）上发生明显的抵捂，对某些官员而言，已经不是以何种方式结束自己政治生命的问题，而是自己的政治生命结束得到底有多么难看的问题。例如前述李栋事例：李栋仅因处理政务及在迎来送往的礼仪等问题上与五位上级官员存在冲突，便遭到了上级官员的一致恶评，以非常不体面的方式结束仕途。

总的来看，明廷在要求相应官员如实注考的同时，既没有给遵守法令的官员以任何实惠，也鲜有追究不实注考官员的记录。既然有功不赏、有过不罚，那么在反复权衡风险和收益的情况之下，究竟以何种态度填写考语对地方官而言很难构成困扰。这便足以解释为何地方官员敢于在中央三令五申的情况之下，仍消极应对中央政令。②

三　考语"虚""实"的制度史分析

明政府对官员的如实注考，并非要求得不够细致；面对注考不实问题的凸显，也试图从制度层面予以纠正。然而这些要求与改良，在巨大的现实利益面前显得十分乏力。在最初仅由省、府、州、县系统单方面注考的做法出现问题后，明廷派驻中央监察官员驻地方巡视，从此抚、按系统的考语填注与省、府、州、县系统的考语填注并行不悖，然而却并未收到相互制衡之效，而是在各种现实困难面前出现了抚、按"中央机关地方化"③ 的问题，不仅

---

① （明）胡世宁：《胡端敏奏议》卷4《陈言治道急务以效愚忠疏》，第620b页。

② 必须说明的是，作为由科举精英而入仕的明代官员，所考虑的势必比笔者所想更为周全、缜密。笔者的以上分析，只是极其表面地揭露了当时官员心理动因的某些方面，但绝对不是全部。必须承认，要想全面了解明代官员的注考动机是缺乏现实性和可操作性的。即使相应的注考官员没有任何私心，也尽可能不考虑众多非理性因素的干扰，但仅从人类生理本能的"晕轮效应（Halo Effect）"来说，注考官员也往往更容易采纳下级颇为一致的说辞，尽管这些说辞可能与事实相去甚远。因此考语的不实，在很大程度上也是因注考人数过多而导致的。

③ 方志远：《明代国家权力结构及运行机制》，第23页。

不能起到预期的监督地方作用，中央官员反而与地方官员合流。

在此情况下，由于中央缺乏对地方的信任，对考语的中央层面审核——"过堂"制度应运而生。过堂的详情和效用在前文已有讨论，于兹不赘述。尽管过堂制度看似合理，然而如果直到过堂之时各省、府长官仍不愿意据实直言，① 吏部和都察院便无从发现考语填注的不实之处，吏部尚书与都御史所看到的内容很可能不是官员的真实为政情况，而只是注考官员希望他们看到的情况。长此以往，考语的作用在中央官员心中便大打折扣。既要依赖考语来黜陟官员，又不敢完全相信考语的矛盾心理，造成了吏部尚书与都御史在口头上重视考语，在行政中轻视考语的矛盾行为。而这种中央层面的思维混乱，又加剧了地方层面的无所适从和逃避责任的情况，并且倒逼地方官员继续虚假注考，因为这样可以更加安全地将失察责任推卸至吏部、都察院层面。在这样的因果循环之下，大计考语求实不得的问题在整个明代都没有得到妥善解决，而这一困境最根本原因在于大计考语制度保密性的缺失。

张瀚在《松窗梦语》中详细罗列了其入仕以来所得"荐语"，其中不乏历次大计时相关官员对他的评价;② 而傅岩在《歙纪》中全面开载了他担任歙县知县并在崇祯九年（1636）即将上计时，来自地方布、按系统13 个官员的 18 条考语（其中有两人填注多条考语）。③ 既然有不少考语能从明朝流传至今，那么当时在坊间流传的考语理应比笔者所见到的更多。④

---

① 实际上，这种在吏部公堂上突然更改考语的做法无疑承认了自己原先注考时的不严谨，具有很大的风险，因此极少有官员愿意在过堂时改变注考的内容。如前述葛守礼案例中，吏部尚书夏邦谟（1485～1566）、都御史屠侨（1480～1555）称赞葛守礼"吏部堂上，肯自认错，人谁肯？迹此当为贤能第一矣。"足见这类行为的稀有。见（明）葛昕《集玉山房稿》卷 5《先祖考太子少保都察院左都御史与川葛公行述》，第 443b 页。

② （明）张瀚：《松窗梦语》卷 7《自省记》，第 142～146 页。

③ （明）傅岩：《歙纪》卷 2《履任考语》，黄山社社，2007，第 10～13 页。对傅岩所获考语的相关分析，详附录 7。

④ 且不论考语有可能在注考官员之间流转，甚至有官员连最高一级的注考官员都御史所注考语都能通过秘而不宣的途径知晓。例如丁绍轼（？～1626）所记："蒙掌院考语：品行清端、文词博雅。"虽然丁绍轼所记的是巡方归来的掌院考语而非大计考语，但其性质相近，亦可作为参考。（明）丁绍轼：《丁文远集》卷 17《差回辞俸启掌院刘老先生》，《四库未收书辑刊》第五辑第 25 册，第 588b 页。

考语的保密性之所以差，是因为为了便利抚、按注考，当时的通行做法是："夫抚、按取（考语）之司、道，司、道取之郡县，加之多方延访，互为质对。其五花（考语）册，明书道、府、司各考在前，抚、按方注其后。"① 此外，部分抚、按甚至模仿吏部过堂的形式来完成考语填注，如施邦曜奏："今巡按考察官吏，但呼名过堂，未见詧问一人。"② 在这种基层公文传递和过堂的过程当中，甚至不需要太高级的官员，即使办事小吏都可知道注考详情，③ 这样更为考语的泄密增添了可能性。因此官员早在落笔注考时便已经知道考语很可能会为被考之人所得见，如此便不妨提前令相应官员知晓以聚拢人心，正所谓"以美考密达被访之有司"④。

考语保密性的缺失，还会促使与注考无关的权贵官员知晓考语内容并对注考施加影响。如前引正德年间许进一例中，巨宦刘瑾希望通过自身权势压迫吏部尚书许进填注有利于荆州知府的考语；又如嘉靖年间，阁臣因与王阳明的某些观念不合，希望通过在大计中打击阳明弟子南大吉（1487～1541）的方式削弱王阳明的影响力，并指示吏部尚书与都御史填注恶评考语。⑤ 不论宦官抑或阁臣，理应都不能从正常途径得知考语情况，而发生上述之事，可见考语泄密之严重。而类似吏部尚书、都御史这样的高官都会在注考中受到权贵的影响，低级官员受影响的程度自不待言。

在考语保密性缺失造成的种种困境之下，官员自然不敢完全如实注考。若注好评考语尚无碍，但一旦填注的差评传入相关官员耳中，得罪的官员或许不只是该官员一人，而是该官员所属的利益集团，因为工作职守造成自己与某个集团结怨，对部分根基、背景相对较浅的官员显然

---

① （明）吴亮：《万历疏钞》卷24《陈吏治五议以神铨政疏（刘道亨撰）》，第255b～256a页。

② （清）张岱：《石匮书后集》卷20《甲申死难列传·施邦曜》，第545a页。

③ 诚如天启年间南直隶巡按贾毓祥所称："况应议之人，非经一手上下递传，岂无泄漏？留之本欲为后事之用，缓之及予以先事之图。"可考语泄密的可能性较大，更重要的是，一旦考语泄密，身处被议之列的官员通常会在得到风声后立即寻找开脱之法，这无疑会带来更多问题。见（明）贾毓祥《金陵按疏》不分卷《纠劾不职有司官员疏》，第1168b页。

④ （明）张萱：《西园闻录》卷31《考察》，第7b页。

⑤ （明）马理：《溪田文集搜遗》，洪道书院藏道光二十年（1840）善本，第60～65叶。

极为不利。这样的政治环境，更加导致考语不实的现象积重难返。至此，有关明代大计考语"虚""实"的原因分析终于获得较为全面、客观的结果。

四　从考语"虚""实"看制度的规定与落实

本节从明代中央层面屡次申饬如实注考这一问题出发，探讨了地方官员对中央政令的态度问题。固然有很多官员严守朝廷规制并获得时人称赞，但也有不少官员对中央政令阳奉阴违。面对这一极不合理的现象，本节试图从官员行为本身寻找答案，却发现得出的结论不足以令人信服；进而，笔者尝试从官员心理博弈角度进行分析并找出部分原因所在。对于地方官员来说，在填注考语这一具体事件上，违背中央政令的收益远大于风险。尽管如此，笔者仍不愿意轻率做出结论，因为在健全的政治环境之下，"止求肥家，原不爱官"① 的官员绝不应该占据官场主流，虽然不能要求每位官员都为君王"鞠躬尽瘁，死而后已"，但大多数受儒家传统教育的官员理当乐于在保障自身权益的同时为朝廷做出应有的贡献。因此笔者最终从制度缺陷层面对这一问题进行分析，并且论证了保密性缺失是造成注考不实这一问题的关键所在。

通过对明代大计考语"虚""实"的分析，不难发现很多不合理的政治现象乍看起来是官员的道德问题引起的，但更为根本的原因仍在于制度规定缺乏足够的合理性。中央层面有关注考的规定反复强调官员的义务，却又不给予官员相应的激励和安全保障。面对地方填注考语的失范现象，中央的诸多改良努力无一例外地宣告失败，这说明完全依靠官员道德自觉而忽视官员基本的人性需求，很难使中央制度在地方得以落实，毕竟地方官员才是中央政令的具体执行者。有关中央政令在地方的落实问题，诸多学科领域都给出过见仁见智的答案。但通过对大计考语"虚""实"问题的辨析，不难发现在保证中央政令合理的同时兼顾官员正常的心理诉求，才是保证中央意志完全落实的关键所在。

---

① （明）吴瑞登：《两朝宪章录》卷 13，嘉靖三十一年十二月，第 653b 页。

第三节 明代朝觐赠序政治功用探析

通过上节论述,不难发现在大计中最重要的决策依据——考语发挥的作用实际上并不乐观,然而中央层面的吏部、都察院在大计天下官员时,又不得不依靠基层各级上报的信息。那么在考语缺位的前提下,还有哪些未见诸法律条文的因素对考察决策产生重要影响?

明代效仿西周的官员考核制度,每三年对全国地方官进行定期考察,这一制度被称为"朝觐考察",又称"述职之典",意即地方官须入京觐见皇帝并陈述任职期内的治绩,令皇帝结合其为政得失予以处置。为节省行政成本,通常仅令省、府、州、县的正官入京朝觐。在明朝那种交通不便的情况下,每逢朝觐考察便意味着入觐官与自己治下的官吏、百姓产生较长时间的别离。文人每逢送别之时作序相赠的传统至迟在初唐便已萌生,① 至明朝更是有极大发展。在明朝,为入觐官送别而作的序文通常被称为朝觐赠序,不少明人文集中都存留有此类文献,可见这类赠序在当时很有市场。

朝觐赠序作为明代序文中的一个重要分类,固然是成熟的文学体裁,然而其被冠以"朝觐""入觐""述职"之名后,是否会同明代的朝觐考察制度有某种程度的关联?本节将从制度史的视角来关注这种兼具文学与史学双重功用的文献,探讨明人文集中成百上千的朝觐赠序是否单纯延续前代文人那种临别时"以文赠友"的遗风,在朝觐考察制度运行时起何种作用,以及朝觐赠序对当时的官员交际和政治生态又产生了哪些影响。

一 朝觐赠序的异常之处

赠序这一文体自唐代起就已较为成熟,在唐朝至明朝数百年的历史演进中,赠序因送别而作的基本特征而得以保留。作为"临别赠言"理当满足一个基本条件,即赠序者和接受赠序者理当有良好交谊,至少也应有若干交集,否则送别乃至赠序便无从谈起。然而在明代朝觐赠序中却存在

---

① 赵厚均:《赠序源流考论》,《文艺理论研究》2008 年第 4 期,第 82~88 页。

着难以解释的现象，很多作序者和受序者，同时也是写序人与入觐官，双方的感情并不深厚，更有甚者竟素昧平生。做出这一论断的原因在于不少赠序的标题末尾都明确注有"代作"二字。例如张凤翼《送傅令君入觐序（代）》①、薛冈《知鄞县纪堂柯公入觐序（代作）》②、郭孔建《送宪长史念桥先生入觐序（代作）》③等。更有甚者，直接指明序文是代谁而作，如李培《送赣州府金太尊入觐序（代曾公作）》④、宋应升《送邢令君入计序（借衔张相国）》《贺陈令君入计序（借姜宫詹衔）》⑤等。赠序是临别赠言，本是文人寄托离愁的一种较风雅的方式。若是交谊甚笃、理当亲自执笔赠言；若是泛泛之交，在送别酬酢时聊作寒暄亦不为失礼。何必要用"代作"这种方式来完成赠序？

　　更为可怪的是，某些作序者直接在赠序里坦言自己与入觐官素昧平生。如宋讷（1311~1390）在洪武九年（1376）赠河南清丰知县金子肃之序中称"予未一识（金）侯之风采"⑥，王世贞（1526~1590）在万历十年（1582）送别南直吴县傅县令时言"予生不识（傅）君"⑦，袁宏道（1568~1610）在给湖广潜江知县潘伯和的赠序中同样称："（予）独以不识（潘）伯和为恨。"⑧类似言辞在明人朝觐赠序中并不少见。如果说代作送别之言已属不妥，那么这些素昧平生的人远来赠序，岂不更为唐突？

　　通过上述例证不难看出：部分明代士人所写朝觐赠序，似难等同于明朝之前的临别赠言。从人际关系上看，不少赠序者与上计官的交谊十分普

①　（明）张凤翼：《处实堂集》卷6《送傅令君入觐序（代）》，《续修四库全书》第1353册，第316b页。

②　（明）薛冈：《天爵堂文集》卷5《知鄞县纪堂柯公入觐序（代作）》，《四库未收书辑刊》第六辑第25册，第508a页。

③　（明）郭孔建：《垂杨馆集》卷1《送宪长史念桥先生入觐序（代作）》，《四库未收书辑刊》第六辑第29册，第380a页。

④　（明）李培：《水西全集》卷8《送赣州府金太尊入觐序（代曾公作）》，《四库未收书辑刊》第六辑第24册，第197b页。

⑤　（明）宋应升：《方玉堂集》文稿卷4《送邢令君入计序（借衔张相国）》《贺陈令君入觐序（借姜宫詹衔）》，《四库禁毁书丛刊》集部第165册，第351b页，第354a页。

⑥　（明）宋讷：《西隐集》卷6《送知县金子肃朝京序》，第875b页。

⑦　（明）王世贞：《弇州续稿》卷28《送吴令湄阳傅君入觐序》，《景印文渊阁四库全书》第1282册，第373b页。

⑧　（明）袁宏道：《袁中郎全集》卷2《送潜江潘明府伯和入计序》，《四库全书存目丛书》集部第174册，第430b页。

通，故多有代作之序；从赠序内容上看，某些作序者更是直接说出与入觐官素昧平生。问题因之而来，赠序既是为送别而作，倘若交情极淡，又何须送别？

二 朝觐赠序的产生过程

为回答上述问题，有必要明晰朝觐赠序因何产生。前述宋讷、王世贞、袁宏道等人，都明确表示自己与接受赠序者素昧平生，那他们为入觐官赠序的原因何在？

当事人自白如下。宋讷称："前进士李仲宾氏以予与乃父（李）好德，昔同胄馆也，不远三百里来求序。"[①] 王世贞称："今因朱太学葵臣之请，而叙诸君之绩……夫生不识君，即老，且倦笔砚，为傅君一破例。"[②] 袁宏道称："外弟陕亢之公，秋闱首拔士也，率诸同门友乞一言，赠师行。"[③] 可见，宋、王、袁三人分别给素昧平生者赠序，乃因各方之请托难于推辞，只得勉力为之。但问题在于，宋、王、袁三人的做法是否具有普遍代表性？

这仍需回到明人文辞中寻找答案。赵南星记："（北直真定知府）刘公将入觐，（同知）史公及别驾杨公、赵公、司理董公，属余言以赠其行。"[④] 刘知府入觐时，其属僚为了请一赠序十分默契地共同出力。[⑤] 万历四十六年（1618），李培代曾公赠予江西赣州金知府的序中称："余郡公祖金公亦以例行。郡丞沈公、两李公、林公等命曾子一言以祖其道，业已勉构，无辞应之矣。兹十二邑长雩都王侯、我龙南父母李侯等复征言于曾子。"[⑥] 在府一级的同寅对金知府表达殷勤的同时，金知府所辖十二个属县的县令们同样不甘落后，纷纷到曾公处恳求其为金知府赠序送

① （明）宋讷：《西隐集》卷6《送知县金子肃朝京序》，第877b页。
② （明）王世贞：《弇州续稿》卷28《送吴令湄阳傅君入觐序》，第373b页。
③ （明）袁宏道：《袁中郎全集》卷2《送潜江潘明府伯和入计序》，第431a页。
④ （明）赵南星：《赵忠毅公诗文集》卷9《赠郡伯后翁刘老公祖入觐序》，第222b页。
⑤ 按明制："府，知府一人，同知、通判无定员，推官一人。"《明史》卷75《职官四》，第1849页。郡守刘公入觐，同知史公，通判杨公、赵公，推官董公一同出面请序，可见其规格之高。
⑥ （明）李培：《水西全集》卷8《送赣州府金太尊入觐序（代曾公作）》，第198a页。

别。可见每逢行政首长入觐，其同寅乃至属下往往乐于为其请获朝觐赠序。

庠序生员也乐于为求得朝觐赠序而奔走。海瑞记："（湖广文昌县令罗）君趋庚辰（万历八年，1580）王正之觐……邑庠教谕某、训导某、生员某，将其意，恳一言为赠。"① 赵时春在嘉靖二十二年（1543）送别甘肃平凉张县丞时言："丞当以述职觐天庭，邑之学官、弟子走余里，请余言以重丞行，余邑人也……敢不竭其情以为赠。"② 黄凤翔（1538 ~ 1614）给长兴王县令的赠序中记："郡邑博士暨诸弟子员谒黄生请曰：'窃闻老氏有云：贵富者送人以财，仁者送人以言。……愿丐长者一言赠焉。'"③ 此皆是学官弟子请序之例。

除同寅、属下和庠序生员外，入觐官治下缙绅同样是不可忽视的民间力量。戴鳌在嘉靖二十八年（1549）送别浙江明州孙知府的赠序中称："公亦将循制率属以入觐行矣，郡之缙绅……乃谓某当执役（作赠序），授之简，不能辞。"④ 可见乡绅阶层也乐于在请求赠序时劳心出力。

结合以上诸人的陈述，不难看出，受人请托而作序的事情绝不只是发生在宋讷、王世贞、袁宏道身上，而是广泛存在于明代士人当中。这正可以解释为何明人赠序题后多"代作"字样。

殊为可怪的是，无论是官员僚友还是地方庠序生员，抑或乡间缙绅，都和入觐官有基本交谊。于同寅、下属来说，入觐官是同寅首长，是直接领导；于庠序生员而言，入觐官既是长官，也是老师；于乡绅而言，入觐官则是父母之官。他们既与入觐官相识，又有着基本的文化素养。为何却在送别之时，不愿亲自写序赠别表达对尊者的感情，反而要委请他人代为作序？

请序者对这种异乎寻常的行为有所解释。江西吉安余知府的下属向胡

① （明）海瑞：《备忘集》卷3《赠文昌大尹罗近云入觐序》，第98a页。
② （明）赵时春：《赵浚谷文集》卷5《送平凉县丞张朝觐序》，第310a页。
③ （明）黄凤翔：《田亭草》卷6《送邑大夫王侯入觐序》，《四库禁毁书丛刊》集部第44册，第431b页。
④ （明）戴鳌：《戴中丞遗集》卷4《送郡守槐溪孙公入觐叙》，《四库全书存目丛书》集部第74册，第45a页。

直请序言："某等念无以表殊政、彰僚谊，故以言累子。"① 薛冈在万历三十七年（1609）代鄞县名宦所作赠序中称："今大夫（鄞县柯县令）以入计行……部下士大夫图壮其行者，乃属不佞赠之言。"② 不难看出，同寅及下属自称请人代序是为了表现出同寅协恭并为入觐官壮行。于慎行在万历三十一年（1603）赠山东东阿张县令序中记："博士先生将率诸生出祖，敬请赞爵之辞。"③ 万历四十年（1612）卢梦麟赠山西洪洞县令李祯宁之序称："（洪洞）群大夫偕诸孝廉贡生合请于余曰：'侯驾朝舆，北征在即。故事，设祖帐，赠别有词，愿借手教于执事。'"④ 看来山东、山西学官弟子自称其请人作序是为求取赠别、祝酒之辞。

　　但这些解释显然是矛盾而不能自洽的。如果想要彰显同僚情谊，亲自为入觐官作序赠别自然更显真诚；如果单纯是为送别祝酒，在席间殷勤寄语理当更能表达深情。但为何这些同僚、属下却大多选择假手于人？如果知道请序者为获一佳序付出的努力，会更加肯定"赞爵之辞""赠别有词"等这些看起来冠冕堂皇的理由纯属托词。

　　首先，请序者一般会动用一切人脉资源，尽可能求得当地名宦为上计官赠序。宋应升（1578～1646）代太子詹事姜公所写赠序中称："公郡内宋凡孔，则昔我同门友也。诸生欲为言以华公行，乃道（宋）凡孔谒余。"⑤ 这是利用朋友关系去请人赠序。万历四十六年（1618）顾起元（1565～1628）言："（王）公所举士王生芝瑞等谋所以赠公之行。王生于余为中表亲，乃不辞，而书之以赠。"⑥ 此则是利用亲戚关系邀人作序。更为生动的案例来自徐阶，其记："刘侯允卿之将入觐也，以书告行于其朋友。于是予师沈先生即其道路所经，绘为八图，且征曹进士诸君诗为赠

---

① （明）胡直：《衡庐精舍藏稿》卷2《赠余晓山郡侯入觐序》，第707a页。
② （明）薛冈：《天爵堂文集》卷5《知鄞县纪堂柯公入觐序（代作）》，第509a页。
③ （明）于慎行撰《谷城山馆文集》卷7《送邑侯廷张君入觐序》，《四库全书存目丛书》集部第147册，第370a页。
④ （明）邢大道：《白云集集》卷9《明府李公入计序》，明万历四十五年（1617）补修刻本，第89b页。
⑤ （明）宋应升：《方玉堂集》卷4《贺陈令君入觐序（借姜宫詹衔）》，第355a页。
⑥ （明）顾起元：《遁园漫稿》卷1《送溧阳尹思侗王公入觐序》，《四库禁毁书丛刊》集部第104册，第118b页。

而自序其首。"① 既然南直太仓知州刘允卿在即将入觐时"告行于其朋友",那么沈先生作为朋友为刘允卿赠序送别实属人之常情,然而,沈先生却嫌一人赠序分量不足,竟动用私人关系,令诸门生为刘允卿赠序。倘若朝觐赠序仅是祝酒之辞,何须这样劳师动众?

其次,除了人脉资源,请序者对金钱成本也毫不吝惜。在明代那种交通不便且差旅成本较高的情况下,请序者为获一佳序不惜远走数十里,更有甚者,不远千里为一篇赠序而奔走。万历初年湖广黄州邹知府将入觐,其属下的"一牧八令"通过几番辗转,最终派人横渡长江,越境至武昌府(今鄂州)山中请已经致仕的名宦吴国伦(1524~1593)代写朝觐赠序;② 而福建建宁詹知府入觐前,其僚友甚至越过省境,至南直隶松江府请徐阶为之作序;③ 前述向宋讷求序的李仲宾,同样不辞远走三百余里。笔者所见最为极端的案例,为山西洪洞知县李祯宁,万历四十一年(1613)当入觐之期,平阳府地方官员宗慎镘驰书千里至陕西榆林,请当时供职陕西榆林的刘敏宽为李氏赠序,然后从榆林送至洪洞;④ 与此同时,洪洞县学博士赵某遣使"走书数千里"⑤,请当时任职塞上的某位旧友为李祯宁赠序,然后从塞上返回洪洞,两篇赠序皆辗转千里而得。

在知悉请序者为得一佳序所付出的心力后,几可断言"求一佳序做祝酒之辞"没有说出朝觐赠序的全部作用。因为如果仅是为了给入觐官增色壮行,请序者的投入和产出绝对不成比例。能够在当时任官者,无一不是科举精英,有着明显超出常人的见识水平,毫无理由出现这种集体性的"失智"。因此完全有理由相信:在入觐送别之外,朝觐赠序很可能有更为深远的用途。

三　朝觐赠序的预期作用

那么,请序者究竟希望朝觐赠序发挥何种效用?袁宏道言"(傅)侯

---

① (明)徐阶:《世经堂集》卷11《送东沧守刘侯入觐后序》,第549a页。
② (明)吴国伦:《甔甀洞稿》卷43《送黄州太守彦吉邹公入觐序》,第223a页。
③ (明)徐阶:《世经堂集》卷11《送建宁守詹公入觐序》,第561a页。
④ (明)邢大道:《白云巢集》卷9《明府李公入计序(代)》,第88b页。
⑤ (明)邢大道:《白云巢集》卷9《明府李公入计序(代)》,第87a页。

之美政不必尽举,此数语者,足以大用矣"①,可见朝觐赠序除送别之外尚有"大用",那么这种"大用"便值得探讨。

陆可教(1547~1598)称"予久跧伏田间,重之以多病,入山惟恐不深,安敢与闻计吏事"②,看起来赠序和"计吏"有所关联,否则陆氏又何须诚惶诚恐?在写序时感到"惶恐"的绝不止陆可教一人,于慎行同样在赠别时明言:"计书所陈,秘在府史,里士冈敢与闻?"③ 陆可教与于慎行皆曾在朝中身居高位,想必不会为一篇单纯的赠序而诚惶诚恐。方良永称:"(周任)学博才赡,绰有远识,与之论古今人物、事体,亹亹数百言不休。下至星历、地理之书,无不涉猎,文名籍甚。以非述职所系,故略之。"④ 作为临别赠言,本就该寄托离愁别绪,为何不畅抒胸臆而是与述职无关的事情则略,与述职相关的事情则详?结合以上诸人言辞,隐约可以看出朝觐赠序同"计吏事""计书""述职"似有某种程度的关联,这种推测恰是建立在种种间接证据之上。因此有必要找到更为直接的证据,来为朝觐赠序在考察中发挥的功用做出定论。

陈懿典(1554~1638)自称其作朝觐赠序时"沐浴有日,不敢以私诵,因同郡祖帐,书此以为纳约左券"⑤,既然是"纳约左券",那么该"券"纳予何人?柯潜(1423~1473)言:"君至京,出吾言以示司用贤之柄者。"⑥ 在朝中能够"司用贤之柄"的官员不过寥寥数人。以此观之,朝觐赠序除了入觐官之外,显然还有其他的目标读者。

那么,请序者和作序者的预期目标读者是谁?戴鼙称"宪使半湖陈公属某曰:'子执笔叙著公所以得民者,以告太宰'"⑦,可见时人热切希望朝觐赠序能被吏部尚书看到。戴鼙所言并非孤例,张四维(1526~1585)送别蒲州陈知州时称:"特为表而出之,用为太宰氏献岁旌贤之左

① (明)袁宏道:《袁中郎全集》卷2《傅良乡入觐序》,第434b页。
② (明)陆可教:《陆学士先生遗稿》卷10《送邑侯斗伦汪先生入计序》,第411a页。
③ (明)于慎行:《谷城山馆文集》卷7《送州牧徐侯入觐序》,第369b页。
④ (明)方良永:《方简肃文集》卷4《周侯述职序》,第113b页。
⑤ (明)陈懿典:《陈学士先生初集》卷4《送海盐乔侯入觐序》,第16b页。
⑥ (明)柯潜:《竹岩集》卷11《金门述职序》,第321a页。
⑦ (明)戴鼙:《戴中丞遗集》卷4《送郡守凤峰沈公入觐序》,第44a页。

契。"① 张四维作序时正在家乡蒲州养病，然其仍任吏部左侍郎，以其身份、地位，显然应当知道这句话的分量。通过以上"证词"不难看出，朝觐赠序确与朝觐考察关系密切，其目标读者是吏部尚书或其他有能力操纵地方官升黜的朝中大僚，其预期作用是证明入觐官治绩的"左券""左契"。

然而，以上种种毕竟只是作序者和请序者单方面的想法。如何确保这篇耗费巨大人力、物力的朝觐赠序确实发挥预期效用呢？实际上，明代士人早已考虑到这一问题，并采取了相应的保障机制。

请求高官、名士作朝觐赠序是当时人的普遍选择。就高官而言，前述宋应升代笔的赠序明确说出了是代张相国、姜宫詹所写，张、詹二人的官位不可谓不高。为洪洞县令李祯宁赠序者，其一虽莫知何人，然其自称"领节钺之寄，为国家当一面"②，应属国之重臣；其二则是山东布政使卢麟，品位亦较高。类似案例不知凡几，毋庸赘言。如不能请到高官，乡居的知名文士同样不失为作序者的人选，本文开头列举的宋讷、王世贞与袁宏道三人，无一不是"文名动天下"。刘鸿训（1565～1634）于天启元年（1621）的赠序中记："一时茂才藉甚者相与逊谢，曰：'匪史氏谁知令君贤，而能为言者夫。'"③ 这显然是看中了"史氏"的身份与文名。王圻（1530～1615）于万历三十三年（1605）赠松江蔡知府序中称："松郡侯晴符蔡公绯驾将发。乡荐绅大夫思所以重公行也，乃属友人陆伯生氏，走百里谒余言以赠。"④ 虽然王圻早在写作此序的十年前就已辞官乡居，但其仍旧文声斐然。邢大道在送别友人的赠序中坦言"世所艳羡，多缙绅标美之辞为重。及读山林儒生语，有掩耳而走耳"⑤，时人对名士赠言的看重可见一斑。当时人谈到请求高官、名士赠序的理由时，说辞往往是平

① （明）张四维：《条麓堂集》卷23《送凤隅陈使君入觐序》，《续修四库全书》第1351册，第645a页。
② （明）邢大道：《白云巢集》卷9《明府李公入计序（代）》，第89a页。
③ （明）刘鸿训：《四素山房集》卷6《送王邑侯上计序》，《四库未收书辑刊》第六辑第21册，第592b页。因刘鸿训曾担任翰林院编修并参修国史，故自称"史氏"。
④ （明）王圻：《王侍御类稿》卷3《赠郡侯蔡晴符入觐序（代）》，《四库全书存目丛书》集部第140册，第167b～168a页。
⑤ （明）邢大道：《白云巢集》卷8《赵城张明府入计序》，第79a页。

民之言不一定有用，甚至还可能"贻诸大夫羞"①，但实际理由却是只要请到这些显要之人，无论赠序的内容如何，作序者的名衔便已经是庇佑入觐官顺利通过考察的一重保障。

但最为稳妥的选择，仍是请求熟悉考察事务者，尤其是曾在考察相关部门任职的官员写作朝觐赠序。历任吏部考功司主事、员外郎的李开先直言不讳地指出自己经常受邀写作朝觐赠序，乃因"其（北直蠡县刘县令）僚佐以予知其政而异其才，又尝官考功、司考察，言有据而事能详"②，可见请序者明显看重其"言有据而事能详"的优势。面对纷至沓来的写序邀请，其在另一赠序中直称："今次较之往年，太早已为府守、县宰序之矣，两日三序，时促而辞穷。"③ 李开先作为在家闲居的前任考功员外郎尚且如此，不难想见每逢朝觐考察，熟悉考察事务的官员作序负担何其之重。为何这些官员的赠序受到追捧？

明朝主要以"赋役能平，户口能增，学校能兴，土田能垦，狱讼能决，奸盗能弭"④ 这六项指标来考核地方官治绩。担任过监管考察的吏科给事中郭汝霖（1510～1580）在万历元年（1573）为江西永丰县令书写赠序时，逐条罗列陈县令如何"裕民力、殖民财、育民秀、戒民欺、省民罚、周民穷"⑤；担任过考功司郎中的赵南星在万历三十四年（1606）写给范垠的赠序中，指明其在北直赵州任上"审徭役、讲乡约、严保甲、教民沟田、成就人才"的治绩⑥；担任过吏部尚书的李默为建宁王知府做赠序，言其"恤茕嫠、争重狱、裁冗费、理讼牒、日进诸生"⑦ 等事；即便是曾任职过内阁辅臣的叶向高也遵循这种规范，其所做赠序称："（侯）公下车而雨润风清，百凡厘饬，其造士也……其谳狱

① （明）刘鸿训：《四素山房集》卷6《送王邑侯上计序》，第592b 页。
② （明）李开先：《李中麓闲居集》卷5《送川刘尹朝觐序》，第559b 页。
③ （明）李开先：《李中麓闲居集》卷5《送崔松曹典吏应朝序》，第560a 页。
④ （明）谢肃：《密庵集》卷6《送邑大夫王侯朝觐序》，第147a 页。
⑤ （明）郭汝霖：《石泉山房文集》卷8《赠邑侯任庵陈公入觐序》，《四库全书存目丛书》集部第129 册，第500a 页。
⑥ （明）赵南星：《赵忠毅公诗文集》卷9《送州大夫绍翁范老公祖入觐序》，第224b～225a 页。
⑦ （明）李默：《群玉楼稿》卷2《奉赠王侯龙川先生入觐序》，第581a 页。

也……其御下也……其字民也……其礼宾也……"①，也基本囊括了福建剑州侯知州为政的六个方面。可见，熟悉考察事务的官员在书写朝觐赠序时，可以轻车熟路地逐条罗列官员政绩，以便"司用贤之柄"者有所凭依，这种有的放矢的赠序自然为请序、受序者所喜。当然，这些官员的赠序可遇而不可求，但这并不妨碍其他的作序者参考这种规范来书写朝觐赠序。

总的来看，朝觐赠序预期作用不仅在于送别，更重要的是为上计官塑造良好口碑，从而助力上计官顺利通过考察甚至取得较好评价。明人在请序时不计成本地请求高官、名士尤其是曾供职于考察相关部门的官员作序，以图保障朝觐赠序发挥预期的作用。但这些举措和想法毕竟是地方士绅的一厢情愿，朝觐赠序的预期作用得以发挥势必面临两个问题：其一，赠序如何体面地带入京城并送入吏部；其二，赠序是否会如预期那样发挥影响吏部官员评断的作用。

四　朝觐赠序的流通渠道

朝觐赠序是一种考察制度规定之外的文本，显然不可能像正常公文上传时那般直接送至吏部之内，那么明人是怎样将这些赠序送到"司用贤之柄者"的案头的呢？据笔者所见，主要有三种途径。

一是纪功图册。按明洪武十八年（1385）所定之制："天下府、州、县官，一岁一朝未免旷官滋费，自今定为三年一朝，赍其纪功图册，赴部考核。布、按二司官亦然，着为令。"② 按照这一规定，入觐官需携带"纪功图册"入京，这为朝觐赠序的流通提供了便利。柯潜称"莆令王君玉治装，将北行以朝，庠校诸俊士谋绘《金门述职图》为赠，求予言书于上方"③；杨廉（1452～1525）在弘治十七年（1504）送给杭州知府杨孟瑛的赠序中言"醴陵杨君温甫应期以行，其僚属相率绘图以为赠，而

通府刘君、推府萧君征予为文，以序诸图之上"①；前引徐阶所记"刘侯允卿之将入觐……予师沈先生即其道路所经，绘为八图，且征曹进士诸君诗为赠，而自序其首"②；敖文祯言："侍山章公之来守吾筠也，适嵩原羊公以贰郡至。两公者，……欢然相得也。既越期，章公会当入觐。届行，羊公津津不能为别，乃绘《方岳朝天图》，而属之能言者咏歌，以华其行。"③ 不难看出，很多明代上计官把这篇来之不易的赠序用作"纪功图册"书序，这样便可以名正言顺地送入吏部。

二是书帕本。清人称："明代朝觐官入都，例以重货赂津要；其余朝官则刊书一部，佐以一帖，致馈谓之书帕，其书即谓之'书帕本'。"④ 文人赠书本就是古之遗风，作为通行的礼节，即使以清廉著称的入觐官也会带不少书本进京。如薛冈称"大夫以入计行……一切馈遗禁弗纳，乃属不佞赠之言以为别，图书一橐，其清风可想哉"⑤，浙江长兴王县令同样是"图书束装，祖席在野"⑥。这些入觐官不远千里地成箱往北京运书，很难想象其目的是仅充作路途阅读之用。海瑞在送别广东文昌县令罗近云时称："以书帕之礼，用为入京之急；内京谓之礼，外京谓之赃。君行之乎，书为赠用，为君省。"⑦ 这明显是希望罗近云以真实的书本替代"书帕"作为馈赠的礼物。而上计官启程前所获得的送别诗文，既能体现任职地区的风貌，又能通过送别者的身份来推测上计官背后的政治资源，因此这些送别文字自然成为书帕本的最佳素材。徐有贞（1407～1472）在宣德十年（1435）送苏州知府况钟（1383～1443）的朝觐赠序中称"（送行者）各赋诗一章以侯为赠，时余适与焉，因众所强而序以弁云"⑧；弘治十一年（1498）云南按察使陈金入京朝觐，镇守太监刘明远、黔国公

---

① （明）杨廉：《杨文恪公文集》卷16《赠太守杨君温甫入觐序》，《续修四库全书》第1332册，《续修四库全书》第1332册，第504a页。
② （明）徐阶：《世经堂集》卷11《送东沧守刘侯入觐后序》，第549a页。
③ （明）敖文祯：《薛荔山房藏稿》卷1《方岳朝天诗（有序）》，第34a页。
④ （清）永瑢：《四库全书总目提要》卷174《黄楼集》，第1537页。
⑤ （明）薛冈：《天爵堂文集》卷5《知鄞县纪堂柯公入觐序（代作）》，第509a页。
⑥ （明）黄凤翔：《田亭草》卷6《送邑大夫王侯入觐序》，第431b页。
⑦ （明）海瑞：《备忘集》卷3《赠文昌大尹罗近云入觐序》，第98a页。
⑧ （明）徐有贞：《武功集》卷3《送太守况侯述职诗序》，《景印文渊阁四库全书》第1245册，第108a页。

沐希召，以及三司僚友，每人作诗一章从而汇成诗集，由陈金的门生汪舜民（？～1507）作《送按察使西轩陈先生朝京诗序》①；周用（1476～1547）给南直吴江喻知县的赠序中称："诸大夫与学谕叶君以下咸道民之情，作诗歌以送之，予为序之。"② 可见况钟、陈金及喻知县等人在入京前都编有诗集，然后再请徐有贞、汪舜民、周用等名重一时者撰写朝觐赠序用作诗集之序，其后就可以非常文雅的方式将赠序带入京城。

三是私书夹带。将私书夹带视为最后一种朝觐赠序的上传途径，是因为这种做法在明代被严令禁止，但若入觐官既难求得体面的纪功图册，又因缺乏门路而无法进献书帕，便不得不通过私书夹带的方式将赠序送给与考察相关诸势要。然而，这种不太光彩的秘闻自然很难见诸史册，所幸万历时吏部尚书王国光亲口说出了他的经历："臣自入（吏）部以来，见有投递公文、禀揭到部者，中间或夹带私书，或开具政绩。非直陈其淹滞，则自叙其功能……今后方面、有司等官……一应本部公文内，不许夹带私书并自叙年老政绩，违者许臣等参究，以'不谨'论。"③ 虽然来朝官夹带私书的种类琳琅满目，但从"或开具政绩"，"非直陈其淹滞，则自叙其功能"这些特点来看，几可肯定朝觐赠序必定是王国光所指私书的一种。

在知悉朝觐赠序如何从地方流入京城后，无论请序者、作序者抑或入觐官都殷切希望朝觐赠序能够在考察中发挥作用。请序者为此不计人力、物力地奔走，作序者为此付出自己的情面、名声，入觐官为将朝觐赠序带入京城绞尽脑汁。那么，朝觐赠序是否可以不负众望，对朝觐考察的结果施加影响呢？

笔者绝不否认吏部官员不乏如王国光那般对朝觐赠序这种破坏考察公正的"私书"深恶痛绝者。但必须承认的是，无论是在王国光之前抑或是在王国光之后，试图影响考察决策的朝觐赠序在明朝始终存在且流行，

---

① （明）汪舜民：《静轩先生文集》卷6《送按察使西轩陈先生朝京诗序》，第56b～57b页。

② （明）周用：《周恭肃公集》卷11《送吴皋喻侯朝觐序》，《四库全书存目丛书》集部第55册，第74a页。

③ （明）王国光：《司铨奏草》卷1《条议吏治疏》，第3a叶。

且作序者不乏前任乃至时任的朝中大僚,这说明朝觐赠序在当时被广泛接受。然而,明代地方文官考察实际上已经有"考语"和"咨访"两种法定裁决依据,为何负责考察的官员会参考甚至看重朝觐赠序这种法规之外的文书?

这是因为考语及咨访各有其弊端。就考语而言,在地方行政系统的上下级之间,因"其体统相属,其职守相关,其法令相使,其休戚相同"①,下级为政失宜很可能归咎于上级领导无方或是督课不严,因此,上级在评价下级时往往难出恶言。每逢填注考语之时,"避嫌冤者以注考为虚文"②,造成了考语时常失真的情况。就咨访而言,其缺陷在于难以做到全面和真实。巡抚、巡按要总理数府事务,亲身实地去各县廉访的时间本就相对较少。如李万实所言:"地非冲衢,邑无大故,则守、巡司,终岁不一至焉;抚、巡院,间二三岁不一至焉。"③ 在极短的廉访时间里,巡抚、巡按难以看到太多知府、知县的实际政绩,体现得最为直观的反倒是地方官对他们自己的接待和照应,这样也容易使抚、按形成带有偏差的判断。

由于上述原因,吏部大僚在言辞中毫不掩饰对考语及咨访的不满,并指出朝觐赠序相对于二者的独特意义。如彼时任职吏部侍郎的张四维即在序文中明言:"今之觐典,一惟监司是裁。监司者,总核诸司行政之迹,俪为数语,以为善败之决。若少岳(方)公之治效班班者,吾知其不能详也……因敢述闻见之实,监司所不能详,公之不自敷奏者,用比舆人之颂,以俟司国计者考焉。"④ 曾任吏部尚书的李默亦解释其写作朝觐赠序的缘由在于:"予故为(吏部)郎时,所见举异数者再,而吏弗加劝……如洮阳君治郡修洁,克勤小物,威惠并流,而藩宪长使不能表其治状以称明诏。推之他所斥擢,岂尽当诸心与稽其实耶?"⑤ 可见在部分吏部长官眼中,朝觐赠序这种法令规定之外的文书,反倒比考语和咨

---

① (明)林希元:《同安林次崖先生文集》卷9《送惠安陈蛟池邑侯入觐序》,第603a页。
② (明)吴亮:《万历疏钞》卷22《陈末议以裨考察以励庶官疏(史朝铉撰)》,第213b页。
③ (明)李万实:《崇质堂集》卷11《送郡侯南江陈公入觐序》,第188a页。
④ (明)张四维:《条麓堂集》卷23《送都运少岳方公入觐序》,第642b~643a页。
⑤ (明)李默:《群玉楼稿》卷2《赠臬使双桥蒋公入觐序》,第569b页。

访更为可靠。

此外，即使是地方官的长官和巡抚、巡按都尽可能在注考与咨访时做到了客观公正，但因个人评价标准的不同，对官员的判断也难免存在差异。官员大多不是全才，"长于学者或短于政，长于政者或短于学"①，"某廉吏，而处己或伤于峻；某能吏，而持法或流于急"②，这很可能使长官与抚、按仅看到地方官的一个方面而忽视其他。一旦出现地方长官与巡抚、巡按意见相左的情况，来自第三方有为政经验的官员对入觐官的评价无疑对形成最终考察判决有所影响，毕竟身处京城的吏部尚书、侍郎和考功司郎中无从得知地方治理的实际情况，必须诉诸这些文本来完成对地方官的考察。更何况朝觐赠序这种来自民间的考察文本确实有其可取之处，曾任吏部侍郎的顾起元便在作序时直言："朝士誉之，不若地之上官誉之；上官誉之，又不若其邑之大夫士若民誉之。盖其地近，则闻见无不真；其势亲，则否臧无不实。稽治吏者，繇此其选也。"③

不难发现，因为吏部高级官员对朝觐赠序的看重，加之赠序书写者的分量，以及朝觐赠序中的有关内容与官员考察标准时常逐条对应，这一文本在考察决策中的效用已不证自明，这种结果恰是请序者、写序者、入觐官三方面都迫切希望达到的。于慎行在赠序中即言："即民之利病与所繇失职若此，计书中岂详之哉?"④ 李万实亦言："余素不能饰语也，因补籍（计书）之未备者。"⑤ 两者都明确表达出他们赠序的目的就是希望弥补计书（簿）的不足。总的来看，负责考察的官员有参看朝觐赠序的需要，写作赠序者又努力迎合这一需求，这才是朝觐赠序作用得以发挥的根源所在。

五　朝觐赠序的政治功用

综上所述，明代的朝觐赠序不仅是文学作品，更是一种较少为研究者

① （明）林希元：《同安林次崖文集》卷9《送惠安陈蛟池邑侯入觐序》，第603b页。
② （明）徐阶：《世经堂集》卷11《赠邦伯南原李公入觐序》，第560a页。
③ （明）顾起元：《雪堂随笔》卷4《送溧阳尹冲虚韩公入觐序》，《四库禁毁书丛刊》集部第80册，第337a页。
④ （明）于慎行：《谷城山馆文集》卷7《送州牧徐侯入觐序》，第370a页。
⑤ （明）李万实：《崇质堂集》卷11《送郡侯南江陈公入觐序》，第188a页。

所关注的政治制度史文献。为此，本节从历史学的视角出发，考订它在明代地方文官考察制度中的作用及其在明代政治生活中的意义。

就其作用而言，朝觐赠序是除上官注考和抚按咨访之外的第三种考察决策依据。虽然明政府从未赋予赠序像考语、咨访那样的法定效力，但从身负考察之责的吏部官员对它的重视，以及朝觐赠序之风在整个明代官场的流行来看，可以对朝觐赠序的作用持比较积极的态度。结合本文研究，可以发现这种"潜规则"很可能已经对明代的政治生态造成了重大影响。明代的基层政治力量通过朝觐赠序，实现中央机构、地方政府与基层社会三个层面的信息沟通，将地方官员的治绩通过除省、府、州、县各级长官及中央派驻地方的监察官员以外的第三种途径上达中央，并最终对中央的行政决策施加影响。

就其意义而言，朝觐赠序是掌握基层话语权的群体参与政治活动的一种尝试，但在野士人参与政治绝不意味着明代国家对官员控制力的削弱，反而有利于明代政府的治理。朝觐赠序的代作，实际为即将成为官僚的儒生提供了解明代官场政治文化的窗口，使其在入仕之后能够快速适应官场政治生态，从而得心应手地为政履职；在写序时的执笔运筹，使得在野且有声望的致仕官僚参政、议政的热情得到充分发挥，而这批有过中央或基层工作经验的官僚，大多又能在书写朝觐赠序时对改进政府治理状况提出中肯建议。

一言以蔽之，明代朝觐赠序的写作和流通，不仅为地方文官考察提供了参考依据，也对基层政治、社会力量进行了充分而有效的动员，影响了明代的官员治理和政治生活。①

第四节 地方上计官的入觐旅程②

本章前三节对明代官员上计的路费筹措和进京时需准备的考察文书，如考语、赠序进行了详细探究。在一应进京事务准备妥当之后，全国各地

---

① 正文中更多是将朝觐赠序作为整体予以研究，对于单篇朝觐赠序更具体的分析，可参附录8。

② 本节主要内容参见余劲东《明代朝觐考察程限之研究——以〈铜马编〉为中心的探讨》，《历史教学问题》2015年第6期，第69~74页。本书中做了新的修订。

的上计官即将开始他们的入觐旅程。明代幅员辽阔，某些官员一旦入觐需经过很长时间方可复任。对于大多数入觐官而言，花费在朝觐旅途上的时间甚至超过了在京进行考察的时间。在这段漫长的旅途中，上计官的哪些行为对上计官自身及对朝觐考察制度的运行产生了哪些影响无疑值得注意；与此同时，了解上计官入觐旅程的有关问题，还可以知晓地方官员对中央朝觐考察相关规定的接受程度与执行力度。为此，本节将以明崇祯时福建古田县令杨德周（1579~1648）入京的记行文本《铜马编》为中心，以明代官方对入京时限的规定这一具体问题为切入点，对明代官员的入觐旅程问题给予关注，并尝试通过对杨德周个案的研究，来了解明代上计官朝觐程限的规定与落实情况。

明代上计官在入觐时及入觐后自记旅程经历的作品，就笔者所知至少有如下四种：一是邓庠（1447~1524）《东溪稿》，载有"入觐联句录一卷"①；二是郭子章（1543~1618）《家草》，"由福建布政使入觐归而乞休时作，在（万历）二十六年（1598）也"②；三是叶秉敬（1562~1627）《叶子诗言志》，"是编首载《述职吟心》五卷，乃大计入觐时作"③；四是杨德周《铜马编》，"是集乃其崇祯中为古田知县入觐京师往返记程之作"④。前三种文献仅有存目而未见其书，因此本文选取《铜马编》为中心进行讨论。⑤

杨德周，字齐庄，浙江鄞县（今宁波）人，为明代著名"科举家族"宁波杨氏后人。万历四十年（1612）中举，因屡次会试不第，至崇祯初年就选，任官福建古田知县。《铜马编》之名取自西汉未央宫金马门，该门前置铜马两只，后人以此泛指京城宫阙景观。杨氏自称"入春明（京城），瞻铜马，仰宫阙之巍峨，睹衣冠之辐辏，虎拜稽首天子万年，而后

---

① （清）永瑢：《四库全书总目提要》卷175《东溪稿》，第1561页。
② （清）永瑢：《四库全书总目提要》卷179《家草》，第1611册。
③ （清）永瑢：《四库全书总目提要》卷179《叶子诗言志》，第1620页。
④ （清）永瑢：《四库全书总目提要》卷180《铜马编》，第1623页。
⑤ 钱茂伟曾对杨德周的情况进行过专门讨论，其中也涉及了《铜马编》的相关问题。作者从作品内容和文学价值方面对该书予以关注，但并未将其作为研究制度史的资料予以使用。参钱茂伟《明代的科举家族：以宁波杨氏为中心的考察》，中华书局，2014，第302页。

喜可知也"①，是以将一路喜悦整编为书以资留念。杨氏在书中详细记载自崇祯六年（1633）十月二十日从福建古田启程，至崇祯七年四月二十一日回到古田复任原职的朝觐路途情况，为了解明代上计官入京旅程提供了一个生动样本。这是本文以《铜马编》为研究中心的又一原因。

一　明代官员的入觐热情

为提高行政效率，明政府规定某些任职偏远省份的地方官无须入觐。以云南为例，朱元璋规定："诏天下诸司官吏来朝明年正旦者……俱期以十二月二十五日至京，惟云南远在边鄙，特免其来。"② 成化五年（1469）朝廷再次重申："云南长官司，免来朝。"③ 然而在这样屡次谕令下，云南官员仍坚持要求入京朝觐。如汪舜民记"明年己未（弘治十二年，1499），适三年朝觐之期，云南远万里，司府长吏，率先期而往"④，既然是"率先期而往"，可见入觐的云南官吏绝非个别人。今留存有万历时云南参政李良臣（嘉靖四十四年进士）入觐时有当地士人所作赠序，可见其入京朝觐也属事实。⑤ 而较云南更为偏远的交趾（今越南北部）在归附明廷之后，也被谕令无须参加朝觐考察，如永乐九年（1411）吏部发下告示称"明年，天下官员皆应朝觐。交趾新附，宣命布政司、按察司掌印官一人来朝，余令在任视事，以安远人"⑥，但时任当地行政长官黄福（1363～1440）的记载称"凡吏于土（交趾）者，莫不愿入枫宸以觐清光。于是率郡邑之众吏，各以土宜，将诚入贡"⑦，可见交趾地区官员的入京热情一如云南官员那般高涨。

偏远地区的官员不辞万里之遥进京朝觐，尚可理解为臣子对皇帝的一片拳拳之心。但令人费解之处在于，地方官为了争取入觐机会，不仅不辞

①　（明）杨德周：《铜马编》卷首《题杨南仲铜马编序》（费道用），第662页。
②　《明太祖实录》卷162，洪武十七年六月戊辰条，第2516页。
③　（明）申时行等：《大明会典》卷13《朝觐考察》，第222a页。
④　（明）汪舜民：《静轩先生文集》卷6《送按察使西轩陈先生朝京诗序》，第57a页。
⑤　（明）骆问礼：《万一楼集》卷36《送大明谷李公入觐序》，第464a页。
⑥　《明太宗实录》卷112，永乐九年正月壬午条，第1433页。
⑦　（明）黄福：《送莫参议领官入觐序》，载（明）陈子龙等辑《皇明经世文编》卷20，《续修四库全书》第1655册，第256b页。

辛劳，甚至连经济上的负累也可以忽略不计。其一，笔者在本章第一节朝觐路费相关研究中指出，在隆庆之前自筹入觐经费对不少地方官员而言是较为沉重的经济负担，但某些官员在被抚、按保留而无须再为这笔经费发愁的情况下，却罔顾经济压力而积极要求入觐。其二，明廷为免除高级官员自筹朝觐路费的压力而给予省级主官相应优容，规定"凡各省布、按二司掌印官三年入觐。万历十一年题准：布政司呈巡抚，按察司呈巡按，各给勘合一道，填注廪给一分、中马二匹、夫十名、沿途查照应付，至京投缴兵部"①。但在制度发布之后，仍能得见某些地区的布、按二司官宁可不使用官方的驰驿系统，自筹经费也要提前启程入觐，个中缘由值得深究。

二　热情引发的违规行为

比官员入觐热情更值得关注的是，某些地方官员在这种热情的影响下，竟会做出明显违背朝廷规定的行为。明代官员入京朝觐，意味着相关官员在离开任职地的几个月内无法完成任何具体行政事务，为提高行政运作效率并防止官员在路途上迁延过久，早在洪武年间明太祖就对官员的启程日期做出规定："其程途远近，各量里路，比照行人驰驿日期起程，本衙门速将起程月日申部。远者不许过期，近者不许预先离职，俱限当年十二月二十五日到京。"② 虽然有关"行人驰驿日期"，史籍缺乏具体记载，我们难以知悉明廷对官员起程日期及路途耗时的精准规定，但有大量证据表明当时部分官员并不按照行政条文规定的时间启程。下文将以所处时期相近的五位福建官员为例论证这一观点。

揆诸常理，每一省内的府州县官进京时间规定应当基本一致，这从明廷对监生、御史出巡和考满的程限规定可以得到印证。③ 但据笔者所见，

---

① （明）申时行等：《大明会典》卷 148《应付通例》，第 530a 页。

② （明）申时行等：《大明会典》卷 13《朝觐考察》，第 220a 页。

③ 关于御史巡差的时间规定，"浙江、江西九十日……山西、山东五十三日"，见（明）申时行等《大明会典》卷 210《奏请点差》，《续修四库全书》第 792 册，第 485a 页。关于监生探亲的时间规定："南直、浙江四十日，山西、山东、河南一个月。"见（明）雷礼《国朝列卿记》卷 159《国子监祭酒行实》，《续修四库全书》第 524 册，第 378b 页。有关官员考满的时间规定，"山东、山西二十日"，见（明）李默《吏部职掌》不分卷《考功三·给由程限》，第 171a 页。综上可知，不论哪种在途程限，同一省内的府县间规定的在途时间是基本相同的。

仅福建一省官员的朝觐启程日期就有三种不同的记录。一是正德时期兴化知府冯驯（正德三年进士），"明年（正德十二年，1517）春正月，适维外臣入觐之期。吾郡守冯公行健，以兴化去京师八千里，先数月戒行，则今年七月也"①。二是嘉靖时左布政使赵维垣，"岁己未（嘉靖三十八年，1559），复觐。于是闽藩左方伯赵公，乃以戊午（嘉靖三十七年）九月，先期戒辆北乡"②。三是与赵维垣同年入觐的汀州知府徐中行（1517～1578），"是时，（徐）子与治汀已一年，而明年当觐，于是以十月戒途"③。仅通过基本的推断就可以得知，以上三个入的觐时间，即七月、九月和十月，至多有一个符合官方规定。笔者认为，符合官方规定的福建入觐启程日期当在十月，理由如下。

其一，除以上三位官员外，尚有两位福建官员入觐时间在十月。一是古田知县杨德周，入觐启程日期在崇祯六年（1633）十月二十日。④二是与杨德周一同入觐的福建福清知县费道用（崇祯四年进士），其自述"次云阳，遇杨子南仲"⑤，查杨德周行至云阳的时间为十一月中旬，而费道用同样从福建出发，能在途中相遇，可见二人启程时间比较接近。

其二，费道用是崇祯四年进士，至入觐时入仕仅两年。一般而言，刚入仕的年轻官员通常会比职业发展进入瓶颈期的官员更加珍视自己的政治前途，不愿在小事上产生差错进而影响自己未来升迁，对制度的遵守会尤其严格。而杨德周仅仅是举人出身，在比较强调官员出身途径的中晚明时期，能够以举人的身份成为知县要付出较进士更多的艰辛，不难想见他在仕途上的如履薄冰，因此同样会是制度的严格遵守者。

其三，杨德周的《铜马编》详细记载了他的入觐日程，杨氏并未日夜兼程地赶路，而是在沿途一路酬酢游览，在此情况下都可以按时入京，可见明廷给官员规定的在途时间非常充裕。因此，有充分理由认为明廷规

---

① （明）方良永：《方简肃文集》卷2《赠郡守冯检斋公入觐序》，第94a页。
② （明）宗臣：《宗子相集》卷13《赠左方伯赵公入觐叙》，《景印文渊阁四库全书》第1287册，第143b页。
③ （明）宗臣：《宗子相集》卷13《赠徐子与入计叙》，第144b页。
④ （明）杨德周：《铜马编》卷上《北征记》，第664b页。
⑤ （明）杨德周：《铜马编》卷首《题杨南仲铜马编序（费道用）》，第662a页。

定的福建官员启程日期就在考察前一年的十月。也即是说，在笔者所关注到的五位福建官员当中，有两位官员并未严格遵守明廷的法定水程限制，而是提前离开岗位启程赴京，并且高级官员比低级官员的违规现象更为严重，① 这一问题无疑值得注意。

如果把视线拓展开来，会发现这样的情况在明代绝非孤例。如浙江宁波知府沈恺（嘉靖八年进士），"嘉靖庚子（嘉靖十九年，1540）冬孟，吾郡守云间凤峰沈公，将如京师会朝"②，宁波与福建古田、福清相比，距北京的路程要近上千里，沈恺却和前述的福建官员同时启程，这显然不太合理。最为明显的例子是琼州府的两级行政长官，其入觐启程时间都在八月，如嘉靖年间琼州知府周思久（嘉靖三十二年进士），"秋八月，藩司拟公入觐，遵王制也"③；文昌知县罗近云，同样"趋庚辰（万历八年，1580）王正之觐，以己卯八月去任，急王事也"④。然而，他们的上级长官"广东大方伯方公（良节），先半载戒行"⑤。从琼州到广州的路程便已超过两千里，但为何驻地在广州的布政使比在琼州任职的知府、县令还要早数月启程？

通过以上例证，可以发现虽然有很多官员严守明廷的朝觐路程规定，但也有不少官员选择在朝觐之年提前入觐，花费更多的时间在路途上。遵守朝廷法度入京述职是官员的应尽义务，但是为什么某些地方官员不辞辛劳、不恤钱银，甚至罔顾朝廷规定而提前启程离任？他们将多出的时间用在了哪方面？中央制定的完善政策为何在地方难以落实？下文将以杨德周《铜马编》为中心，对官员的路途时间花费进行分析。

三　官员入觐路途中的作为：以《铜马编》为中心

就杨德周个人而言，探胜览古与饮酒应酬构成其入觐旅途的两大主题。

---

① 关于为何高级官员更趋向于提前启程的问题，已在第五章第一节有过考辨。
② （明）戴鳌：《戴中丞遗集》卷4《送郡守凤峰沈公入觐序》，第43a页。
③ （明）海瑞：《备忘集》卷1《赠周柳塘入觐序》，第29b页。
④ （明）海瑞：《备忘集》卷3《赠文昌大尹罗近云入觐序》，第98a页。
⑤ （明）祝允明：《怀星堂集》卷27《奉饯大方伯方公朝觐序》，《景印文渊阁四库全书》第1260册，第734b页。

就探胜览古言之，杨德周在福建境内虽未多逗留，但自离开福建省界到达浙江后便开始紧锣密鼓地游览各处名胜。先是"进长山，谒司李阮公旧游之地"，继而又过（严）子陵祠下，紧接着游览钱塘江、西湖。自浙江抵达南直隶境内后，游览南京乌衣巷、庄文节（昶）祠，苏州虎丘、伍子胥故居，甚至还在枫桥夜泊一宿。一路北上的过程中，又相继游历徐州楚汉相争古战场、滁州醉翁亭、桃山岳武穆（飞）祠。由南直隶进入山东境内后，参谒留侯（张良）墓道、孟尝君养士处、鲍叔牙墓、孟庙。进入天子脚下的北直隶时，还游览了日华宫及刘长卿故居。① 毫不夸张地说，杨德周的入觐行程完全是一部经典的人文旅游指南。

就饮酒应酬言之，从杨德周的自述来看，其沿途饮酒的频率非常高。十月二十日启程时，在古田县境内沿途行走便沿途酬酢。在二十二日夜宿小桥茅店时，即使无人作陪仍自己独酌。临近建宁府，又与当地的推官解某及典史沈某"夜作小饮"，在启程之初几乎达到了每日一饮的地步。② 离开福建辖地后境况虽略有好转，但饮酒的情形仍时常见诸《铜马编》，甚至于某日因故"不及酌"都要专门写出，沿途的放松与惬意不难想见。总的来看，与其说是入觐朝觐，毋宁说是对过往两年操劳行政的充分放松。

因为不能得见更多上计官的详细记行文字，尚无足够数据确定其他官员的完整入觐旅程情况。但通过其他官员文集中的零星记载，可知杨德周的个案堪称明代官员入觐旅途的一个经典缩影，因为其他入觐官的在途行为和杨德周大同小异。例如嘉靖中期福建汀州知府徐中行，同样在个人文集中收录了不少参加朝觐考察时作于途中的诗文，从中可以明显看出其在入觐途中交游、应酬的有关情况。如《再泛九曲遂登天游峰》《谒宗子相祠》《九日登松风楼感怀宗子相》等诗，描述了他沿途游览的感怀；《入计会秘书黎惟敬自南海至》《次都门戏简欧桢伯》《桢伯、惟敬月夜过饮》则描述了其因入觐而与故友交游酬酢的情形。③ 如杨德周、徐中行这样严格按明廷制度规定程限出发的官员，在行进得如此缓慢的情况下都不至于

① （明）杨德周：《铜马编》卷上《北征记》，第664b～669b页。
② （明）杨德周：《铜马编》卷上《北征记》，第664b～665a页。
③ （明）徐中行：《天目先生集》卷10《七言律诗》，第687b～690b页。

延误抵京期限，那么究竟是何原因，诱导部分官员不遵守朝廷规制，坚持提前半个月甚至两个月的时间启程入京？

四 积极入觐的托词辨析

尽管明廷明令禁止上计官过早离任，但不少官员都能为积极入觐提供冠冕堂皇的解释。一是入京了解皇帝的安康，以尽臣子忠爱君父之情。如福建兴化知府冯驯（正德三年进士）称："吾之欲往（入觐）也，意有大焉者……今皇上入正大统，即位一诏，百姓鼓舞，咸以为尧舜复生；延颈跂足，恨不咫尺阙庭，以觐太平天子。吾……得平步赤墀，仰瞻龙衮，顾不欲往耶？"① 又如山东乐安知县沈浴沂自称："不佞奉职无状，兹行也，述所职也。吾何述，乃欲知君父无恙，观王国休光，自是臣子上愿。"②加之前引杨德周所述"仰宫阙之巍峨，睹衣冠之辐辏，虎拜稽首天子万年"③，都明确说出了望瞻天颜的祈愿。二是将地方治理情况上报皇帝。如骆文盛（1496～1554）记："我丹泉廖侯，因言别于两溪子，且曰：'兹方入觐，龙光将何所自述，可使民情之不壅于上闻耶？'"④ 又如平凉知府王公同样称"吾（将）以述职告于天子"⑤，都是希望向天子汇报自己的为政情况。三是觐见皇帝以便还任后宣扬天子德意，如冯琦（1558～1604）称"计吏得瞻日月末光，归而与吏民颂说"⑥，明显表露入觐是为了更好地将皇帝德意宣扬给民间。以上种种看似合理的理由，虽然看起来颇为真诚，却都不足以为提前入觐的违规行为进行辩护。用以拒绝抚、按的留觐尚可，用作推托提前入觐的责任便明显缺乏说服力，以下试逐条辩驳。

首先，作为基层的地方官，天子安康与否对他们而言不构成直接利害

① （明）方良永：《方简肃文集》卷2《赠郡守冯检斋公人觐序》，第94a页。
② （明）董裕：《董司寇文集》卷1《送邑大夫浴沂沈公人觐序》，《四库未收书辑刊》第五辑第22册，第536b页。
③ （明）杨德周：《铜马编》卷首《题杨南仲铜马编序（费道用）》，第662页。
④ （明）骆文盛：《骆两溪集》卷10《送廖太令入觐序》，《四库全书存目丛书》集部第100册，第670b页。
⑤ （明）赵时春：《赵浚谷文集》卷2《送王太守述职序》，第241a页。
⑥ （明）冯琦：《宗伯集》卷11《送郡守卫公祖入觐序》，第167b页。

关系。无论由何人为帝，只要按正常的皇位继承顺序承袭而不引发动乱，都不会对基层地方官员的行政产生颠覆性的影响。因此，尽管进士出身的官员都被称为"天子门生"，但他们对天子的感情或许并没有他们自我表白的那般深刻。其次，明廷要求官员入觐的初衷本就是令官员向皇帝述职，只是因为操作性不强而只得作罢，因此地方官员自称将在入觐时向皇帝陈述民情或者报告自己为政状况的期望也不太现实。最后，向地方民众宣扬天子德意本就是地方官员的本职工作，不论入觐与否都应当完成，不可能因为入觐就宣扬得更好。可见促使这些官员积极寻求入觐并且提前启程的并非这些因素，显然另有隐情。

官员能为自己提前启程所提供的最合适理由，莫过于担心因路途延误而不能按时抵京。如前所述，明太祖规定官员"远者不许过期（至京）"，一旦迟到便会受到相应行政处罚。如广西宜山知县谢朴，"辛卯（嘉靖十年，1531）夏，请入觐，为当道所留，吏部以后期去之"①，可见吏部对"祖训"的执行十分严格；又如南直旌德张县令，"时当入觐，期迫矣。署邑推官意不合，以赋未完，止之。令曰：'赋非二三日可征也，失期，则大察当黜'"②，可见官员对朝觐失期的严重性也有充分认识。此外，因未能按时抵京而使自己受到惩处，无非使自己一人受过，但若因至京失期而无法完成述职之典，令皇帝无从得知辖地的治理状况，则是不利于自己辖地长治久安的大事，迟到的官员难辞其咎。在这种高压之下，官员提前启程非但不显得散漫，反倒还能为自己打造出"急王事"的循吏形象。

不可否认跋山涉水的朝觐旅途中，确实会如明代官员所担忧的那样，因各种意外情况而推迟行程。其一，朝觐在途时间大多集中在冬季，雨雪阻路的可能性较其他季节为高，因气候问题造成的不可抗力因素难以规避。如杨德周即自称，其入觐至河北境内时："雪乍作乍止，飞霰不歇，推车凝冰上，屡经颠蹶，晓起，雪深途泞，复舍舆乘桴度寒沍中。"③ 因恶劣天气带来的交通不便可想而知。其二，官方驿路系统并非总是通畅，

---

① （清）汪森：《粤西文载》卷66《名宦·谢朴》，《景印文渊阁四库全书》第1467册，第116b页。

② （明）方弘静：《千一录》卷17《客谈五》，第358a页。

③ （明）杨德周：《铜马编》卷上《北征记》，第669b页。

武当山真人张谚頮在嘉靖十年（1531）入觐时未能按期抵京，其辩护理由是"驿传艰阻"，嘉靖帝因之"敕各巡按御史，查提违慢有司等官，罪之"①，驿站系统的效率难以保障并非上计官之过。其三，沿途的治安状况也可能会给官员的入觐造成困扰，万一遭遇兵乱盗匪，在途官员的行程安排也很可能受到干扰。因此，官员提前启程入觐的理由看起来非常充分，并且一心为公，毫不为私。

但这些"看起来"合理的理由在仔细推敲之下，又显得十分乏力。其一，雨雪虽可阻路，但出现极寒天气的情况并非每年都有，② 而且如杨德周一般按时启程、饮酒游乐尚可准时抵京，那么其他朝觐官员在遭遇极端天气时，如果快马加鞭也大多能够按时抵京。其二，享有驿站服务的官员所占比例较少，大多数官员都是自备脚力，不会受到这方面的干扰，而且如前述及的福建、广东案例所呈现的那样，享有驿递特权的布政使一级官员提前启程的情况，反而较不享有此特权的低级官员更为严重，官员的这一理由无疑也属悖论。其三，尽管沿途的治安情况并非总如人意，例如京畿及山东地区盗贼偶发，明廷常在朝觐之年派官员前往捕盗，"宣德四年，以冬月河冻，选差御史、锦衣卫官各三员，往良乡、固安、通州三路。督令军卫有司，各照地方，设法捕盗……（成化）十四年，以朝觐官在途，令巡捕御史、锦衣卫官，先于河未冻前两月差遣"③，可见明廷时常在努力维护入觐路线的安全，为官员按时抵京提供保障。

以上，笔者通过逐一辩驳地方官员的入觐借口，认为官员提出的自辩理由都不足以构成其入觐的真实动因。那么，抛开这些说服力不强的表面理由，驱使官员提前启程的原因究竟何在？

---

① （明）张正常：《汉天师世家》卷4《第四十八代天师》，《正统道藏》第58册，（台北）新文丰出版公司，第444页。

② 此外，根据竺可桢的研究，杨德周《铜马编》所记的入觐时间，恰处在1620～1720年的"寒冷冬季"范围内。在此情况下，杨德周尚能按时启程、按时抵京，可见天气严寒、雨雪阻路并不足以成为提前启程的理由。竺可桢：《中国近五千年来气候变迁的初步研究》，《考古学报》1972年第1期，第12～38页。

③ （明）申时行等：《大明会典》卷210《杂差》，《续修四库全书》第792册，第490b页。另，《实录》亦记此事："上以河冻，天下朝觐官及往来之人，俱由陆路。虑有盗贼，遣监察御史张政、白圭、唐琛同锦衣卫官校分往巡捕，仍命缘途军卫有司，并严巡警。"见《明宣宗实录》卷59，宣德四年十一月丁卯条，第1420页。

五 违例启程的原因探微

通过对杨德周的个案分析，并结合其他官员的零星记载，不难发现各地官员积极要求入觐的深层次原因。首先是广泛拜访在各地任职的僚友。杨德周一路走来都在与沿途任职的僚友交游唱和，在其任职地相邻的建宁府，"谒司李解公，沈尉亦至"①；在浙江时，"宴建阳、瓯宁两大令"②；至山东东阿，又"晚晤慈水方年兄，夜话娓娓"③。杨德周的情况并非个例，嘉靖时驻济宁的总理河道周用（1476～1547）记："至十二月初四日，适苏州府太仓州知州冯汝弼、吴江县知县朱舜民、嘉定县知县张重，皆因朝觐，路出济宁州，与臣相见"④；昌日乾得知友人钱惺宇即将入觐，专门去信邀约，称"年丈入觐，便道过弟，把臂相视，莫逆于心，乃生平一大畅也"⑤；韶州知府李渭（1514～1588）同样是"入觐，过麻城，从耿楚侗先生登天台"⑥。可见朝觐旅程实际上为久未蒙面的友人提供了"他乡遇故知"的宝贵契机。

除了利用朝觐旅程维系僚友情谊，不少官员会借机回家探亲以尽孝道。宣德年间，山东按察使虞信弹劾布政使石执中，称其"朝觐枉道回家"⑦，石执中为兰州人，自山东出发朝觐，却绕道至兰州再回转北京，不可谓不波折。而致仕户部侍郎王之垣（1527～1604）"群从子侄，一以（北直）宁晋令、一以（北直）保定守、一以江西观察使、一以（山西）阳城令，大计入觐，过家朝太淑人堂下，更上觞为寿，乡人荣之"⑧。如果说江西观察使省亲尚属顺道，但分别在北直、山西任职的官员却利用入

---

① （明）杨德周：《铜马编》卷上《北征记》，第664b～665a页。
② （明）杨德周：《铜马编》卷上《北征记》，第666a页。
③ （明）杨德周：《铜马编》卷上《北征记》，第668b页。
④ （明）周用：《周恭肃公集》卷16《江南灾伤疏》，第139b页。
⑤ （明）冒日乾：《存笥小草》卷4《柬钱惺宇年丈》，《四库禁毁书丛刊》集部第60册，第654b页。
⑥ （明）过庭训：《本朝京省人物考》卷115《李渭》，《续修四库全书》第536册，第343b页。
⑦ 《明宣宗实录》卷69，宣德五年八月辛未条，第1616页。
⑧ （明）焦竑：《焦氏澹园集》卷25《少司农王公传》，《四库禁毁书丛刊》集部第61册，第283b页。

觐时间奔赴山东淄博为家长祝寿,则恐怕不属于"便道省亲"的范畴了。杨德周同样记"(十一月十一日)夜,还家"①,可见其也有顺道归家探亲的举动。

除了探亲访友,更有官员在入觐途中娶妻纳妾。嘉靖年间吏部题:"来朝官不许在京在途娶妻买妾。如有违者,访出以'不谨'论。"② 立法是现实的折射,吏部专门就上计官在入觐旅途中娶妻纳妾的事情开列禁约并明确处罚措施,不难想见这一问题在当时的严重程度。

更为重要的工作将在入京之后进行。因高级官员主要集中在京城,而且这些高级官员当中还有部分人与上计官有千丝万缕的联系。诚如明人沈长卿在论及朝觐时所言:"大计有朝觐之费,同年、同乡、新旧势要及会试诸友,各有帕仪卷资之馈。"③ 可见不少地方官在京城值得拜访的亲故不在少数。如能利用朝觐入京的机会妥善经营,即便对自己无益,至少也不会有明显的坏处。以杨德周为例,其入京后寓居其五兄京官杨异度之所,且在北京时参加其五兄的七十寿宴,在宴席上自然能与不少京官构建交谊,其在书中直接记载的亲友便有徐无竞年兄及另一友人(姓名脱落)。④ 像杨德周这般仅会见关系亲密的友人尚属无碍,但更多地方官员是人为地创造联系。大多官员在启程前,都会请自己任职地的名宦为自己写序赠别,而这些赠序很可能成为地方官员拜访京官的门帖。一旦建立了初次联系,之后的交游便越发顺畅。但倘若不能提前入京,甚至丧失了入觐的机会,与三年不见的京城师友巩固感情便成为空谈,拜访其他高级官员也化为泡影,这显然对欲进一步寻求晋升的官员不利。⑤

通过以上分析,不难发现某些官员的入觐热情高涨甚至罔顾制度规定

---

① (明)杨德周:《铜马编》卷上《北征记》,第 666a 页。

② (明)朱裳:《朝觐事宜》,第 8 叶。

③ (明)沈长卿:《沈氏日旦》卷六《武林沈烈女传》,第 454a 页。

④ (明)杨德周:《铜马编》卷下 《都下晤徐无竞年兄》《晤□□》,第 694b 页。

⑤ 实际上,若上计官已入京,却故意不去拜访京城故友,实则是很失礼的举动,这往往会给上计官带来极大的不安。以王世懋(1536~1588)为例,因其入京后突然身患重病而无法拜访旧友,不得不向相关僚友专门致信说明,一再表示自己因身体染病未能拜见的遗憾之情。如《上梁司马》《寄丘谦之》《与王大卿宪长》等文,都在反复为自己这种入京而未拜见的失礼行为表示歉意。见(明)王世懋《王奉常集》卷 43,第 645b ~ 647b 页。

而提前启程入京的实质动因。当然，并非所有官员都有意利用入觐的机会来探亲访友、经营人脉。以交阯上计官为例，他们原籍并不在"两京十三省"之内，不存在便道省亲访友的问题；他们也并非通过科举入仕，因此也无须入京拜会自己的房师、座师及同年好友。然而他们的上司黄福却勾勒出"凡吏于土（交阯）者，莫不愿入枫宸以观清光，于是率郡邑之众吏，各以土宜，将诚入贡"① 的图景，看起来交阯官入觐只是为了参谒圣上（当然也有可能是借此机会进行若干朝贡贸易）。又如丁宾（1543～1633）所记："余幼读《孟子》，至《井地》一章，辄咨嗟叹息。迨筮仕句容，入觐过滕，道傍有穹碑，岿然书滕文公行井田处。余见之，遂下车低徊，不忍去。舆人曰：'不独有碑，城中有文公庙在焉。'余亟入拜，其后每过滕（县），必入庙谒文公。"② 似乎其入觐也只是为了却自己的心结，而非有更多图谋。

　　但正如方良永所说："夫人莫不欲睹所未尝睹，以为此生希阔奇逢。"③ 只要踏上了入京朝觐的旅程，便至少可以享受长达数月甚至近一年的免责公休假期，在途中可以非常放松地游览、玩乐。即使是对政治前景没有任何期待的官员而言，这种惬意的生活都足以驱使他们积极要求入京，况且入觐经历注定会成为入觐官茶余饭后长期的谈资。正所谓"此行睹新殿之巍峩，接官仪之整肃，知存留者之喜慰，而慨罢免者之悲凉，后将夸示其子孙于无穷"④，这同样也是对官员精神需求的极大满足。⑤

---

① （明）黄福：《送莫参议领官入觐序》，载（明）陈子龙等辑《皇明经世文编》卷20，《续修四库全书》第1655册，第256b页。

② （明）丁宾：《丁清惠公遗集》卷5《滕文公庙碑记》，第176b～177a页。

③ （明）方良永：《方简肃文集》卷2《赠郡守冯检斋公入觐序》，第94a页。

④ （明）李开先：《李中麓闲居集》卷5《送崖松曹典史应朝序》，第560b页。

⑤ 根据马斯洛需求层次理论（Maslow's Hierarchy of Needs），对于那些无饥寒困苦之虞的官员而言，获得普遍的尊重成为他们比较迫切的需求；而一段宝贵的朝觐经历，无疑能够使得这一需求得到满足。其原因在于，虽然每三年入觐一次，但这却仅针对地方正官，而一旦迁转为京官便会自动归入"六年京察"之列，不再享有朝觐机会，更何况即使是地方正官也并非总能参与朝觐。诚如李开先所论："人有官至藩臬，犹未得应朝者，或以临期升转，或以灾伤保留，或以事故离任。"可参加朝觐的条件不仅在于地方官的身份、正官的职务，还需要各种因素的协调。因此单一地方官员入觐的机会其实极少。见（明）李开先《李中麓闲居集》卷5《送崖松曹典史应朝序》，第560b页。

综上可知，明代官员对友情、亲情、仕途进取、视野拓展等各方面的强烈要求，构成了他们提前启程入觐的原因。

六　从朝觐程限看制度的规定与落实

本节以明代朝觐考察时部分地方官员并不遵守中央制度规定的入觐时限这一具体问题为切入点，探讨了明代官员对朝觐入京有着非同寻常的热情甚至罔顾制度规定而提前入觐的原因。作为中央一级的政府机构，其制度设计的目的在于最大限度地实现有效治理，没有条件也不可能过多关注官员个体的感情要求；但对具体官员而言，如何在不明显违背制度规范的同时，为自己的政治前途谋取安全保障，至少满足自己各方面感情维系的基本需要，才是更为现实的考虑。这种"国利"与"官利"的直接冲突，才是明代朝觐路程问题的根源。

从国家的角度看，明代有关朝觐程限的制度设计有助于保证行政效率，而对地方官员个体而言，官员任职回避的规定使其因乡谊而形成的朋友圈和生活圈无法得到保障；① 远离京城使得他们离中高层的政治决策者，同时也是有能力影响其政治前途的官员更加遥不可及；远离父母妻子，又使其感情无从寄托。朝觐考察提供的入京机会，为这些官员寻求政治安全保障、满足感情需要提供了契机。

从官员的角度看，虽然提前入觐带有违规性质，但沿途受到的监控相对较少，不易因之受到指控。即使出现前文述及的那种按察使弹劾布政使的情况，受到指控的官员也可以提供很多"看起来"比较有说服力的理由，例如担心路途上遭遇意外情况而贻误述职，是故提前启程；父母年事已高，因此使用极短的时间顺道探望，以期忠孝两全。一旦遭遇弹劾，在抗辩时把这些客观理由尽可能地夸大，不仅使他们与不遵守行政法规的庸官滑吏形象绝缘，甚至还能打造出守忠尽孝的道德模范形象。而在明代那种政治判断并未完全脱离道德视角的时代，营造这种形象无疑对官员有利。

---

① 有关官员任职回避的研究，参王兴亚《明代行政管理制度》第十章，中州古籍出版社，1999，第 201～208 页。

以上种种，恰是部分明代官员积极要求入觐并且提前启程的原因，也可以解释为何这些官员的同僚乃至上级都较少对这一现象提出反对意见，而将其视作约定俗成的潜规则。总的来看，因仕途升迁路径与准则不明确而造成的安全感缺失及个人感情无法维系等原因，共同促成了官员的入觐热情，而对于入京程限缺乏具体且有力的监督维护机制，是造成明代朝觐程限这项制度规定难以得到落实的关键。

第五节　"礼尚往来"：明代的朝觐馈遗①

尽管明代规定地方行政首长每三年须入觐一次，然而实际情况却是"人有官至藩臬犹未得应朝者，或以临期升转，或以灾伤保留，或以事故离任"②。可见对省、府、州、县各级正官而言，入京上计亦属难得的际遇。因此，即使明廷规制对上计官的约束再严，上计官也会利用考察之余的闲暇去拜访经久未见的在京师友。既已千里入京，倘若空手登门又显得不太"体面"，因此常有伴手之礼相赠。文人间为表示授受间的风雅，多将这种馈遗称为"书帕之仪""羔雁之具"③。但若果真以一书一帕、一羔一雁及门，又难免落不懂"人情世故"之讥。因此在书帕之外，一些官员还会准备不少精美物件送京城师友及势要把玩。如明朝晚期泰州李知州入觐时，"令库吏张应登打造银龟鹤壶四把、寿字壶二把、银盆二面、银台盏三十副、银桃杯三十个"④，对馈遗之物的形制、数量皆仔细谋划，不难看出上计官的良苦用心。

但馈遗礼物的奢华不过是朝觐馈遗的具体表现而非这一行为的根源，且因年代久远，过分关注馈遗礼物的相关细节也缺乏现实意义。本节意欲探究的问题是：朝觐馈遗（尤其是馈遗贵重物品）这种破坏士风与世风的行为，究竟是仅存在于明朝后期的"末世之象"，还是较为广泛地存在

---

① 本节主要内容参见余劲东《明代朝觐考察馈遗研究》，《廊坊师范学院学报》（社会科学版）2017 年第 4 期，第 68～74 页。本书中做了新的修订。

② （明）李开先：《李中麓闲居集》卷 5《送崔松曹典史应朝序》，第 560b 页。

③ （清）永瑢：《四库全书总目提要》卷 174《黄楼集》，第 1537 页。

④ （明）孙居相：《两台疏草》疏草《劾泰州李知州疏》，第 10a 叶。

于整个明朝；时人对此的态度如何；对这种明显违背政令规定的行为，明王朝采取了哪些应对措施；这些对策是否发挥了预期效用。为此，笔者试将朝觐馈遗放入明代政治史的脉络中，对以上问题进行解答。

一　朝觐馈遗的基本情况

万历朝阁臣沈鲤（1531～1615）在向皇帝进言时称："惟我国初时俗，最近古士大夫……片纸可以通书，方帕可以执贽，庶几庞朴之风。盖至于成、弘之间，犹有存者；迨正、嘉以来，则渐漓矣，然未甚也；隆、万以来，则漓甚矣，然犹未若今日也。"① 这段话似能揭示明代历任皇帝在位时期朝觐馈遗的演进脉络。但须注意的是，官员向皇帝上奏时，往往为突出自述问题的严重性而故意夸大其词，这导致部分奏议所描述的状况偶有失真。那么沈鲤的相关议论究竟是否反映出明代朝觐馈遗的真实情形？笔者试以所见证之。

在朱元璋的高压政策之下，明初官员若有贪渎行为一经发现即遭严惩，因此在明太祖时期朝觐馈遗问题并不突出。笔者所见较早的朝觐馈遗案例发生在永乐五年（1407），"广东布政徐奇入觐，载岭南藤簟，将以馈廷臣"②，其所赠物品不过是颇具地方特色的土产，虽然不及一书一帕那般风雅，但也无失清廉之意。成化、弘治年间，国初之风犹存，士人亦不敢明目张胆地肆意馈遗，即使在入京后有所赠予，也仅属特殊情况。弘治朝李广专权时，"中、外官馈遗不绝"③。但其专权时间毕竟较短，朝觐馈遗之风的蔓延应当不至过于广泛。

至正德、嘉靖年间，朝觐馈遗之门大开。如正德初年，"时有监察御史欧阳云、工科给事中吴仪方奉差回，仍循故例厚赂瑾。适（张）彩建是议，说瑾勿受官差馈遗。乃借二人有贪迹，用考察黜为民，自此因贿得罪者甚众"④。从"循故例厚赂瑾""因贿得罪者甚众"不难推知，正德年间于地方任职的官员在进京后向刘瑾馈遗者绝不在少数。而嘉靖年间严

① （明）沈鲤：《亦玉堂稿》卷4《典礼疏》，第262b～263a页。
② （明）徐学聚：《国朝典汇》卷39《宦官贤奸》，第172b页。
③ （清）彭孙贻：《明史纪事本末补编》卷5，中华书局，1977，第1592页。
④ （清）夏燮：《明通鉴》卷43《纪四十三·武宗毅皇帝》，中华书局，2009，第1600页。

嵩当国,"其诸中外臣僚朝觐之馈遗,奇珍异彩,水运陆输以为常"①。源源不断的珍奇自各地运至京城严嵩府邸,其时朝觐馈遗的严重不难想见。

万历三十三年(1605)除夕,"上(万历帝)谓左右曰:'此时,廷臣受外觐官书帕,开宴打闹。惟(署吏部事左侍郎)杨(时乔)、(礼部左侍郎)李(廷机)、(署都察院事左副都御史)詹(沂)清寂可念'"②。尽管作为皇帝耳目的缉事衙门在察访时并不细致,很可能尚有其他官员未受朝觐官书帕而皇帝仅知晓杨、詹、李三人之状况,但此时京官大规模接受上计官馈遗已是不争的事实。而到明朝后期的天启年间,都御史赵南星疏称:"今有司之贪,固已成风,而长安书帕,自十二金而至一百,有至二百封者。"③ 明朝末年史科给事中韩一良(1580~1630)称:"臣素不爱钱,而钱自至。据臣两月内,辞却书帕计五百余金。"④ 基层言官能在一次朝觐考察中获利如此丰厚,高级官员接受朝觐馈遗的状况已难以想象。

通过对明代朝觐馈遗脉络的梳理,不难发现前引沈鲤所论竟毫不夸张。随着时代发展,明代官员政治生活中的腐化问题亦日益突出。在明代前期尚能以地方特产进献师友,而至明后期则需进献真金白银且数量极其巨大,无怪乎黄仁宇认为"京城中高级官员……的收入主要依靠地方官的馈赠,各省的总督巡抚所送的礼金或礼品,往往一次即可相当于 10 倍的年俸"⑤。面对朝觐馈遗这种明显有损士风与世风的行为,当时人的态度如何?

二 朝野对朝觐馈遗的态度

朝觐馈遗既已成为明代入觐官登门拜访在京师友时必不可少的仪节,那么授受双方对该行为的态度无疑值得注意。笔者试从馈遗者本人、接受馈遗者及旁观者三个角度对这一行为进行分析,以期取得尽可能客观的

① (明)雷礼:《皇明大政记》卷 24,《续修四库全书》第 354 册,第 584a 页。
② (明)徐昌治:《昭代芳摹》卷 31,《四库禁毁书丛刊》史部第 43 册,第 564b 页。
③ (明)赵南星:《赵忠毅公诗文集》卷 20《再剖良心责己秉公疏》,第 600b 页;另,"封"字疑为"贰"或"金"字之误。
④ (明)文秉:《烈皇小识》卷 1,第 11b 页。
⑤ 黄仁宇:《万历十五年》,中华书局,2006,第 3 页。

论断。

就馈遗者言之。在笔者所见案例中，很多上计官本人都毫不认为朝觐馈遗这一行为本身有任何不妥。如隆庆、万历年间名臣张瀚称："（余）守庐阳，积有三百金，将携为入觐费。后值忧归，并所置礼物，尽与郡丞。"① 可见当时官员毫不讳言准备礼物供朝觐馈遗之用。如临时因故不能入觐，甚至可以光明正大地将礼物转赠给其他上计的僚友。李乐亦言"予是年（崇祯四年，1631）亦应朝，送一大座师礼"②，不仅坦陈朝觐馈遗这一行为，甚至连接受馈遗者的信息亦不加隐瞒。可见在来朝官眼中，利用朝觐考察的机会向京城师友馈赠礼物没有任何不妥。

接受馈遗者同样认为这种行为无可厚非。在某些对仪节格外讲究的官员眼中，完全不进行任何朝觐馈遗活动甚至被认为是极为无礼的举动。如正德十五年（1520）濮州知州秦吉，"当入计，路费十余金外，不携一币，亦不谒一人。当轴者谓：'矫矫非人情。'遂左迁龙岩令"③。虽难确认此时"当轴者"是否接受过朝觐官的馈遗，但从其将秦吉左迁的举动及说辞来看，似并不认为朝觐馈遗的授受有任何不妥。又如嘉靖年间，"严嵩父子持柄，方岳馈遗多珍贿；（郑）漳以左辖入觐，独持数青布为贽"④，虽然郑漳（正德十二年进士）所赠之礼甚轻，但并未受到任何打压或不利的对待。可见在某些接受馈遗者眼中，上计官所送之礼物为何并不重要，只要有馈遗这一举动，即使所赠仅一书一帕、一羔一雁，亦是心意的表达。万历后期朝觐时，吏部官朱万春（万历二十九年进士）因"馈遗屏绝不受，同事者或恶之，乃外补江右巡盐道"⑤。之所以"同事者恶之"，乃因朱万春这种"馈遗屏绝不受"的行为虽显正直却不合乎当时之情势，无疑会引起那些已经接受过朝觐馈遗僚友的不安。有关朝觐馈遗最有代表性的议论莫过于明末阁臣朱国祯（1558～1632）所言："（不

① （明）张瀚：《松窗梦语》卷7《忠廉记》，中华书局，1985，第134页。
② （明）李乐：《闻杂记》卷5，上海古籍出版社，1986，第422页。
③ （清）嵇曾筠等：《（雍正）浙江通志》卷190《人物·秦吉》，第255a页。
④ （明）潘顺龙：《（万历）福州府志》卷23《郑漳》，《日本藏中国罕地方志丛刊》第140册，书目文献出版社，1992，第244页。
⑤ （明）卓发之：《漉篱集》卷21《大纳言朱公墓志铭》，《四库禁毁书丛刊》集部第107册，第630b页。

受馈遗者)自己杜门,嫌人出路;自己绝滴,怪人添杯;自己吃素,恼人用荤;自己谢事,恶人居间;自己清廉,骂人贪浊,只是胸中欠大。人必一钱不入方是清,立锥无所方是贫。我辈有屋有田,每每受人书帕,岂可言清言贫?只是不饶裕、不龌龊而已。若傪然自命,而曰我云云、彼云云,宜其招怨而翘祸也。"① 不仅丝毫不认为自己"每每受人书帕"的行为有何不妥,反而认为那些以清俭自我标榜的官员不过是"胸怀欠大",其立场不可谓不鲜明。

如果说授受馈遗的双方因身陷局中导致其做出的判断主观色彩浓厚,那么置身朝觐事外的旁观者对此现象的评论理当更有说服力。正德后期山东淄川县令顾春潜的遭遇颇可玩味:"故事,入觐多行苞苴以要誉当路,春潜徒手不持一钱,父老知其如此,率邑中得数十缗为赆。"② 可见连普通民众都觉得空手入京朝觐的举动未免过于寒酸。万历年间山东临邑知县何渊泉"两入觐中朝,垂橐而行,无所馈遗。今戒行矣,吏括其前后奖予金无虑百数,退让殆"③。可见若地方官空手入觐,不仅卑官小吏觉得稍失周全,就连平民亦认为有失"礼数"。嘉靖时浙江处州知州潘润(1482~1540)"比入觐,民有馈遗,坚拒勿受,众构却金亭以怀之"④。文官不贪财本就是对其职业道德最为基本的要求,然而潘润的这种行为竟值得时人立亭怀念,可见在平民眼中类似于潘润这样拒绝朝觐馈遗的官员实属凤毛麟角。

普通民众的观点固然值得注意,但仅能说明上计官馈送京官钱物这一问题在当时引发了广泛的关注。然而"小民口小,口碑不得上闻"⑤,无论在平民或小吏眼中朝觐馈遗的行为是否符合积极的价值取向,都无法对地方主官的政治前途造成任何直接影响。相反,朝中士人尤其是重要官员,如阁臣、冢宰、都御史等人因能影响上计官的升降去留,他们对待朝

---

① (明)朱国祯:《涌幢小品》卷10《己丑馆选》,《四库全书存目丛书》子部第106册,第342b~343a页。

② (明)文徵明:《莆田集》卷27《顾春潜先生传》,《景印文渊阁四库全书》第1273册,第217b页。

③ (明)葛昕:《集玉山房稿》卷4《赠渊泉何老父母赴召序》,第421a页。

④ (清)赵弘恩等:《江南通志》卷150《人物志·潘润》,第376b页。

⑤ (明)海瑞:《备忘集》卷1《告养病疏》,第20b页。

觐馈遗的态度无疑更值得关注。

早在永乐五年徐奇赠送京官岭南土产之时，因朝廷重臣中仅有阁臣杨士奇（1365～1444）一人因未获徐奇之赠而蒙永乐帝单独召见质询。杨士奇称："其为物微，当无他意，帝遽命毁其目（收取土产的官员名单）。"① 以当时君臣之言行可知，从阁臣到皇帝都认为礼节性的朝觐馈遗无可厚非。万历年间，焦竑（1540～1620）为友人李键作墓志铭时，格外突出其"入觐，馈遗悉不行"② 的举动，显是为突出这一行为的罕见。殆至明朝后期，被目为清流领袖的御史黄尊素（1584～1626）亦称"书帕未足定人优劣"③，"忠节（魏大中）以惯送书帕为言，岂足以尽其人乎"④。这些观点无疑表明被后人称为"君子"者也认为收受朝觐馈遗实属人之常情。对都御史刘宗周颇为尊敬的史惇（崇祯十五年进士）在回忆其老师时亦言："时有绛州知州孙顺者，大计循例以书帕为贡。先生（刘宗周）大怒，上之，孙顺削籍。孙固所自取，而先生清节亦不以此事而名益高，何苦将他人性命，博自己声价？"⑤ 此言明显是将刘宗周的行为视作沽名钓誉之举。

通过以上分析，不难发现不论是普通民众、京城官员还是皇帝本人都能适度容忍数额并不巨大的用来聊表亲友情谊的朝觐馈遗行为，明廷也并不禁绝官员间正常的礼尚往来，只是不能接受官员利用朝觐馈遗之机过分收受财物。

但不同身份者的这种有限默许实际对上计官的馈遗行为起到纵容作用，这才出现前文例证中所罗列的那些馈遗不绝的现象。但若仅是朋友间的正常感情表达亦无碍，关键是不少上计官的做法已远超"礼尚往来"的限度，竟至出现如前述赵南星、韩一良所论及的一封书帕便过百金的情况，这无疑背离了表达师友深情的初衷。明末官员范景文（1587～1644）

---

① 《明史》卷148《杨士奇》，第4131页。
② （明）焦竑：《焦氏澹园续集》卷13《四川布政司右参政铁城李公墓志铭》，《续修四库全书》第1365册，第40a页。
③ （明）黄尊素：《黄忠端公集》卷6《说略》，《四库禁毁书丛刊》集部第185册，第80b页。
④ （明）黄尊素：《黄忠端公集》卷6《说略》，第80b页。
⑤ （明）史惇：《恸余杂记》不分卷《刘念台》，《四库禁毁书丛刊》史部第72册，第110a页。

一针见血地以"以交际为名而贿赂为实"① 道尽明代朝觐馈遗的实质。尚可一提的是，相较于明代官员收入而言，财物数目如此之大的馈遗无疑是十分明显的贪腐行为，而官员尤其是亲民官的贪腐，其影响绝不仅限于官员自身。诚如明末官员魏大中所论："夫馈遗不清，则贤否不清；贤否不清，则黜陟不清；黜陟不清，永永无清官以救百姓。"② 可见地方官的朝觐馈遗不仅与个人的清廉声誉息息相关，更与世道民生关系匪浅。

三　限制馈遗的对策及效用

在对朝觐馈遗问题的严重性及不同身份者对朝觐馈遗的态度进行分析后，一个关键问题随之而来，面对如此严重的政治风气败坏问题，明廷统治者难道听之任之，视而不见？

答案显然是否定的。为防止因朝觐馈遗而滋生贪腐，明廷采取了至少三项防范措施。一是京官与来朝官分开居住。明末官员魏大中回忆过往朝觐情形称："大抵京朝官邸寓，俱在皇城西偏；来朝官，悉令寓皇城东偏。"③ 这样可以在物理距离上防止京、外官过从甚密。二是令来朝官开具"歇家结状"，即住址证明，如此则可令东厂、锦衣卫等缉事衙门及巡城御史尽可能地掌握来朝官行止动向。三是令来朝官集中"坐蓬"，明廷规定十二月二十五日是上计官进京的最后期限，自次日起到正月初九日止，官员须在吏部门前搭建的草棚中静坐等候考察，④ 以防止来朝官利用空闲时间与京官交际馈遗。尽管明廷防范如此严密，但这些规定却仅能约束自矜名节者而难约束所有上计官。因为以当时中央监察机构的人力、物力，实难对数以千计的来朝官进行全天候监控。明廷除了屡次以皇帝名义发布谕令告诫来朝官毋任意妄为之外，并无其他更好的措施来应对这一问题。

尽管沈鲤认为"至于成、弘之间，犹有存（国初清俭时俗）者"⑤，

---

① 《御选明臣奏议》卷39《直抉吏治病源疏（范景文撰）》，《景印文渊阁四库全书》第445册，第656b页。
② （明）魏大中：《藏密斋集》卷23《答唐宜之》，第394a页。
③ （明）魏大中：《藏密斋集》卷8《肃计典以励官常疏》，第97b页。
④ （明）李默：《吏部职掌》不分卷《考功三·朝觐条件》，第191a页。
⑤ （明）沈鲤：《亦玉堂稿》卷4《典礼疏》，第263a页。

但实际上，早在成化朝之前的数年，朝觐馈遗这一问题的严重性即已开始凸显，以至于景泰帝专门发布谕令"禁朝觐官馈遗"①，但此时的禁令仅偶尔发布，并不能反映出当时朝觐馈遗的严重状况。成化、弘治之后的正德年间，刘瑾严禁朝觐馈遗，虽论其初衷或有赚取声望之嫌，但其实效却不可被抹杀。自嘉靖而至明末，馈遗之风愈演愈烈。早在嘉靖初年，陆粲便上疏请求严禁馈遗；② 至嘉靖三十一年（1552），吏科给事中何云雁在察前建言时同样要求严禁馈遗；③ 隆庆元年（1567）十二月，"（吏部）尚书杨博等、都御史王廷等、给事中王治等，各上疏请严行申饬内外官，有私相问馈，五城御史以闻"④；万历十九年（1591）吏部考功司进行的察前建言开宗明义地要求严禁馈遗；⑤ 天启年间魏大中的察前建言同样认为"百姓穷苦，皆繇外吏贪残"⑥，并因之将禁馈遗作为防范外官贪残的第一要义；直到明朝摇摇欲坠的崇祯末年，仍有刘宗周上疏请禁止馈遗。⑦

所有相关严禁馈遗的奏议，无一例外得到皇帝的批准并发各官遵行。但这些严令的执行效果却不乐观。万历十九年福建道御史钱一本（1546～1617）奏称"馈遗之禁，年年条议，岁岁申令"⑧，如果相关制度得到严格遵行，又何须反复申饬？万历三十四年以都察院衙门名义上呈的奏本称"朝觐考察……馈遗之禁，每年申饬，率成虚文"⑨。天启四年（1624），都察院官员李应升（1593～1626）代都御史孙玮草拟的奏疏称"每遇大计之年，即申馈遗之禁"⑩，更是直接表露出对朝廷禁令无法约束官员朝觐馈遗行为的无奈。

① （明）谈迁：《国榷》卷 31，景泰七年十二月庚申条，第 2016 页。

② （明）陆粲：《陆子余集》卷 5《陈马房事宜疏》，第 651 页。

③ （明）吴瑞登：《两朝宪章录》卷 13，第 653b 页。

④ （明）王圻：《续文献通考》卷 54《选举考》，《续修四库全书》第 762 册，第 684a 页。

⑤ （明）陈子龙等辑《皇明经世文编》卷 374《计吏届期敬陈饬治要务以重大典疏（陆光祖撰）》，《续修四库全书》第 1660 册，第 602 页。

⑥ （明）魏大中：《藏密斋集》卷 8《肃计典以励官常疏》，第 95b 页。

⑦ （明）刘宗周：《刘蕺山集》卷 5《请饬觐典疏》，第 388b～389b 页。

⑧ （明）吴亮：《万历疏钞》卷 4《敬陈论相大义以正朝纲疏（钱一本撰）》，《四库禁毁书丛刊》史部第 58 册，第 246a 页。

⑨ （明）周永春：《丝纶录》卷 1，第 569a 页。

⑩ （明）李应升：《落落斋遗集》卷 2《申明宪纪大破积习以安民生疏（本科代掌院孙老先生草）》，《四库禁毁书丛刊》集部第 50 册，第 64b 页。

通过对以上一连串政令的梳理，不难发现朝廷申饬对官员而言几无任何约束力。在屡次的严令之下，上计官仍一如既往地借朝觐之机大行馈遗之事。最为讽刺的案例莫过于魏大中和刘宗周的遭遇。天启四年（1624）七月十二日，吏科都给事中魏大中奏请严禁朝觐馈遗并得到皇帝批准，但数日之后，其上奏称："臣今早出门赴科办事，有二人持禀跪于马首，臣启其缄，则直隶凤阳府寿州霍丘县知县郑延祚一启一禀一状，状具代仪六十两。"① 光天化日之下竟有官员当街向负责考察事务的魏大中行贿，士风之颓可见一斑。刘宗周同样遭遇过这种极具黑色幽默的事件，崇祯十五年（1642）十一月初二日，时任都御史的刘宗周刚刚向皇帝进呈《请饬觐典疏》，对朝觐馈遗的行为给予极为严格的申饬，② 防范入觐之官几若防贼。然而在这样严肃的禁令下，当年上计官竟丝毫不以为意，公然至刘宗周私宅向这位主管考察的官员行馈遗之礼。③ 结合魏大中与刘宗周二人的遭遇，不难想见明朝中后期的吏治已然腐化到何种程度。

面对严禁馈遗虽令不行的窘境，如若一一追究、彻查，势必导致一时无可用之官，因此京城内外的各级长官也只得适度容忍这种现象。曾任吏部考功郎的李开先（1502～1568）为友人唐顺之（1507～1560）作传称："荆川唐子之居吏曹，一以清苦自持，而以进贤退不肖为急。同年及朝觐、进表官至京者，率有折帕礼，曹吏受之不以为异，唐子始却之。"④ 可见在嘉靖年间，官居吏部者便已毫不认为接受上计官的馈遗值得大惊小怪。又如万历初年广西布政使郭应聘记："升任、赍俸、应朝赆礼，本司各有旧规，难以定议。各司公赆三两外，有私赆之礼。初以苓香、青布从事，或量折帕仪，近来各伸私情，往往参差不一，间有不继之叹。今后公赆仍旧，其私赆，定以代香布一星，系乡曲通家者，量加扇补之类，不必过强。"⑤ 面对应朝官疲于应付的情况，一省之长所思考的并不是将这一"陋规"彻底革除，而是想方设法在维持馈遗仪节的前提下尽可能减轻上

---

① （明）魏大中：《藏密斋集》卷9《特纠馈遗县官以肃计典疏》，第102b页。
② （明）刘宗周：《刘蕺山集》卷5《请饬觐典疏》，第388b～390b页。
③ （明）刘宗周：《刘蕺山集》卷5《纠参馈遗疏》，第391a页。
④ （明）李开先：《李中麓闲居集》卷10《康王王唐四子补传》，《四库全书存目丛书》集部第93册，第175a页。
⑤ （明）郭应聘：《郭襄靖公遗集》卷13《会议仪节》，第295b页。

计官的负担，不难看出其对馈遗之积习难改的无奈。但为何以最高统治者名义发布的谕令，竟难以实现对官员的约束？

四 朝觐馈遗的原因分析

在中国传统的政治文化下，中央抑或地方官员若希望有较好的政治前途，都必须严格按照朝廷规制任官行政，否则即便在短期内有非同寻常的升擢，但从长期来看仍可能为其仕途进取埋下隐患。因此谨慎的官员自然不会为了眼前的蝇头小利而断送个人的大好前程。但就明代朝觐馈遗这一问题而言，来朝官馈送京官礼物的同时，京官也接受了来朝官的馈遗。难道朝觐馈遗的授受双方，都已经因利欲熏心而完全丧失了理智，为贪一时之利丝毫不顾及可能造成的恶果？笔者认为，无论来朝官还是京官，其表现出的"非理性"行为，实际上都经过了较为理性的考虑。

就朝觐馈遗的发起方上计官言之。尽管明廷一再禁止朝觐馈遗，但却很少给违规者以严惩，较低的违规成本无疑助长了违规者的气焰。违规者未获惩处，而因为清廉本就是对官员的基本要求，所以遵守朝廷规制的官员也没有因之受到任何奖励。违规不罚、守制不奖，本就容易导致一系列问题的出现。更可关注的是，清俭正直的官员不仅不会因他们符合道德、法律的行为受到表彰，甚至可能因言行"出格"而付出惨痛代价，如前述濮州知州秦吉便因不行馈遗而被视作"矫矫非人情"，继而左迁。秦吉的案例绝非孤证，万历十七年给事中王继光（1557～1625）弹劾左副都御史詹仰庇（1534～1604）称："今岁诸司入觐，旨禁馈遗，孰敢不遵。仰庇乃大开骗局，网货贿，仍以贿之厚薄为官之贤否，是弁髦明旨也。"① 詹仰庇后来因此弹劾而被罢黜，可见王继光所劾并非无中生有。但主管考察的官员都收受馈遗，显然会让一批清廉的官员遭受打压。

相反，违背朝廷规制虽略有风险，但收益却格外巨大。因为在朝觐时的一次馈遗，甚至可以取得两大效用。一是直接影响到馈送者在本次考察中的去留。明廷在大计时先将官员分为留用和应处两大类，而应处的官员

---

① （明）吴亮：《万历疏钞》卷6《目击时事谬献愚衷以昭平明盛治疏（王继光撰）》，《四库禁毁书丛刊》史部第58册，第355a页。

又根据罪行轻重分为四等，然而四等处罚之间的界限并不明显。试以"老、疾，致仕"① 析之。老、疾在考察八目之中看似最易判断，仅据履历表便可议定处分，但在实际判决中却有极大的操作空间。如若得罪势要，"未老先衰"亦可为老。而有疾也表现不明显，"尚可调理"，亦能以爱惜人才之名留用。在大计之中享有话语权的官员不动声色地稍做出入，被考官的境遇便立即有重大改观。二是大计之后即刻伴随升降迁转，任职衙门的优劣同样对官员个人有较大影响。万历十八年（1590）吏科都给事中陈与郊（1544～1611）奏称："臣不能禁……朝觐馈遗之计吏，而诸司顾及，得人人攘臂曰'某人当公卿'，曰'某人当台谏'，曰'某人年老可侮，某人势衰可弃'。"② 可见朝觐馈遗确实有可能影响到官员其后任职的地区和部门。因此，不仅遭罢黜的官员可能会铤而走险，亦有不少官员为追求仕途的顺利而违禁馈遗。

明人早已意识到这一问题。如沈长卿称："客问簠簋不饬，至今日极矣，何法整之？曰：'非古人皆贞、今人尽黩也，有故焉。盖迫之以不得不墨也。州县长吏……大计有朝觐之费，同年、同乡、新旧势要及会试诸友，各有帕仪卷资之馈。'"③ 这基本说出了朝觐馈遗的原因所在。明代官员不只深知朝觐馈遗之原因，甚至已经提出解决这一问题切实可行的对策。户部主事姜士昌称："何尝一日不禁馈遗，然三载一次计吏，京华之下，欲令无馈不可得也，其故可知也。臣以为莫若复荐举之法，慎抚臣之选，旌苦节之士，重赃吏之罚。"④ 保障考察过程中的赏罚分明，建立公开透明的铨选和官员评价机制，无疑是彻底解决朝觐馈遗问题的不二法门。

如来朝官违禁馈遗，只要京官坚拒其赠予，虽不能断馈遗之源，但可截馈遗之流。但为何部分朝中大僚并不推辞上计官财物，而是间接助长朝觐馈遗之风？"千里做官只为财"固然是较为通俗的说法，然而这一论断

---

① （明）高拱：《高文襄公集》卷31《本语》，第418a页。

② （明）王世贞：《弇州史料后集》卷34《省中相攻、京堂部属攻吏科长》，《四库禁毁书丛刊》史部第49册，第684页。

③ （明）沈长卿：《沈氏日旦》卷6，第453b～454a页。

④ （明）吴亮：《万历疏钞》卷6《恭陈挽回世道要务以正人心疏（姜士昌撰）》，第357b页。

却有较强的片面性。因为做官和得财不存在必然的联系，正所谓"旁人莫信甘清寂，书帕何曾到冷官"①，朝觐馈遗带有极强的现实意图，决定了只有与考察密切相关的高级官员才是上计官馈遗的重点目标。笔者绝不否认在这些接受馈遗的高级官员中，确实有人"止求肥家，原不爱官"②，但大多数朝臣历经艰辛攀至高位恐怕并非是为争取一个损公肥私的机会。接受馈遗更重要的原因当是不愿自外于约定俗成的政治文化，导致"招怨而翘祸"③，毕竟言行举止太过标新立异的官员，注定难以融入主流的官场环境，而一旦无法融入官场主流，其仕途发展的尴尬便不难想见。这也可以解释为何众多言官每逢考察便不断上疏禁止馈遗，但赠予授受的行为并不因为朝中的禁令而有任何改变。朝觐馈遗也因此成为影响明代清廉政治风气的难解之结。

综合来看，本文从阁臣沈鲤有关朝觐馈遗的奏议出发，关注到明代每逢朝觐考察时广泛存在于京城的朝觐馈遗现象，并从该问题的严重性出发，探析了明代社会各阶层对这一问题的反应，发现无论皇帝、官员抑或平民都能对京城和地方官员间正当的"礼尚往来"予以适度容忍。但这种适度的容忍却助长了朝觐馈遗的风气，不少上计官借馈遗之名行贿赂之实，对当时的官场风气造成了恶劣影响。有鉴于此，明廷从中央层面屡次发布谕令严禁朝觐馈遗，但无论上计官还是在京官都对中央政令选择性地遵守。作者最终认为：授受馈遗双方从馈遗行为中获得的收益远大于风险，是造成明代朝觐馈遗不绝的根源所在，只有确立公开透明的官员选拔和考核机制，并在机制运行的过程中赏罚分明，才是解决明代朝觐馈遗问题和构筑清廉官场的关键。④

---

① （清）陈兆仑：《紫竹山房诗集》卷6《追和癸酉除夕商宝意同年过出示杂诗十首奉次元韵》，《四库未收书辑刊》第九辑第25册，第535b页。

② （明）吴瑞登：《两朝宪章录》卷13，第653b页。

③ （明）朱国祯：《涌幢小品》卷10《己丑馆选》，第343a页。

④ 从明代京朝官、入觐官乃至地方平民对于朝觐馈遗的态度，不难发现朝觐馈遗的存在，关键在于其中一些当事人觉得馈遗行为是正当的，甚至部分利益因之受到侵蚀的人也这样看。可以想见如果不严肃处理馈遗行为，当事人将嚣张到何种程度，政治生态将怎样被破坏。

本章小结

"上有政策、下有对策"是制度史研究中老生常谈却又常谈常新的话题。在本章中,笔者选取了五个明代国家政策和官员对策相互博弈的具体案例,探讨了明代大计制度是如何在"明制度"与"潜规则"的共同作用下运行的。

大计路费一节直观论证了朝觐路费的筹措和使用问题,指出在隆庆之前依靠入觐官的开源、节流来自筹经费,而在隆庆之后则由明政府按照上计官职级及所在地区来定额发放路费。颇为吊诡的是,官员在自筹路费时未见路费匮乏,而在朝廷派给路费后反倒觉得捉襟见肘。这是因为朝廷配给的路费仅能支付上计官正常的差旅费用而不能周及其他支出。明廷只对上计官按期入觐做出硬性要求,而完全不考虑上计官如何来达到这种要求,甚至忽视了他们极为合理的差旅费用诉求。在这种背景下,人人都有可能沦为"违规"之官,制度缺憾引发了"官利"与"国利"的直接冲突,给明廷造成了极为深远的消极影响。

考语作为明代大计最重要的决策依据,其设计初衷是借助不同职级官员的评价以收"兼听则明"之效。明廷对如实注考可谓三令五申,但不少官员却在注考时大玩"文字游戏"。官员集体违抗朝廷明令看起来是因为缺乏职业操守,实则是因为明代国家制度单方面强调官员义务却未能给官员权利以最基本的保障,遵守法纪的官员难免有后顾之忧。由此导致本应用作黜落官员依据的考语,反倒变成了笼络人心的手段。

由于考语未能有效发挥预期作用,明代中央政府仍不得不依靠地方上报的信息来了解地方官的治绩,因此朝觐赠序这种在典章制度上只字未载的文本却在考察决策时发挥了意想不到的作用。朝觐赠序一节,笔者指出明代赠序者的身份往往不是入觐官的好友,而是在朝或在野的名宦,时人为了得一佳序往往不辞辛劳,看似用来送别的赠序,实则成为地方官员大计时除了考语和咨访以外的第三种决策依据。朝觐赠序的写作与流通还构筑了中央、地方与民间三个层面的信息交流渠道,对当时的基层政治生态造成了巨大影响。

在筹取到路费、准备好进京所需的考语和赠序之后，入觐官便踏上进京的旅程。明代官员上计热情极高，甚至自筹经费也要执意赶赴京城。笔者从上计官的入觐热情切入，以杨德周的《铜马编》为中心并兼及其他入觐官的记行文字，探讨了上计官敢于违背朝廷规制而提前入觐的可行性和现实诉求，对制度规定与官员落实这一制度史研究中的常见问题进行了分析，认为各级监管机制的失效是导致上计官提前入觐的关键所在。

地方官员进京以后，就势必思考如何度过这数十天的京城岁月。中国自古就是礼仪之邦，地方官数年才进京一次，如果进京后不去看望在京师友，显然不符合为徒、为友之道。但去师友处拜访又不便空手登门，这就导致馈遗财物这一违背朝廷规制的行为在大计制度运行时广泛存在于官员之间。明代统治者不愿意看见地方官与京官过从太密，因此通过充分挤占上计官的空闲时间来对其进行约束，然而这种约束却并不总能如愿。虽然朝野上下对师友之间合乎常理的馈遗都能适度容忍，但大额馈遗显然是违背朝廷规制的行为。明廷屡屡下令禁止朝觐馈遗却始终难收其效，这是因为大计制度作为"冰冷"的条文完全不能给官员以安全保障，上计官只得把安全感寄托在一个个具体的京官身上。

总体而言，笔者在进行本章研究时，尽可能地从财税、时人观念、经济交流、行为模式等底层因素入手来讨论大计运作机制的相关问题，探讨大计这项主要在京城运行的政治制度如何引发地方各层级官员和士人的广泛参与，进而影响到当时的官场生态与政治文化。通过本章研究，不难发现某些"看得见"的制度规定在政治运行中发挥作用的同时，很多"看不见"的规则同样在深刻影响制度运作，甚至决定了制度运行的走向。官员群体敢于对朝廷政令进行选择性遵守乃至阳奉阴违，其原因一方面在于官僚集团本身的惰性和私心，另一方面在于制度本身只强调了对官员的约束而并未注意到对官员极为合理诉求的响应。遵守规矩的官员不会因此而获得表彰，反倒被认为是理所应当，而不遵守规则的官员却可以利用制度的漏洞来谋取更大的利益，这导致大计制度的很多环节都难以按照制度设计预期的那般来运转。毫不夸张地说：是官员的"集体自觉"，将很多绝不载诸行政法规的内容固化成政治运行时的"潜规则"，从而影响到了明代的政治生活和国家治理。唯有立"明规矩"、破"潜规则"，推翻"逆淘汰"机制，让敢于挑战官场陋习的官员不至于因此而受到打压，才是让政治生态风清气正的必由之路。

结语

文官考察与明代国家治理

在前六章的论述中，笔者分别从明代文官考察制度的基本规定、主要特点、运行实况等角度入手，对这一制度及其运行机制进行了研究。选取文官考察制度作为研究中心，不仅因为这项制度具有顽强的生命力，更在于该制度在明代政治生活中发挥了重要作用，并深刻影响了明代政治运行和官场文化。

制度史的研究从来都不会脱离"规定"与"落实"这两个主题。在中国古代社会，各级官员既受到制度规定的约束，也是制度落实的执行者。如果每位官员都恪守朝廷法度并用其指导自身行为，那么制度规定和落实便没有明显距离。从这个意义上说，过往制度史研究偏重于制度规定的阐释和制度特征的梳理实有其可取之处。但通过本书研究可见，明代官员绝非按部就班地遵循考察制度来履职行政，而是出入于制度之间，这就驱使笔者在前人基础上将研究焦点从朝廷规定转移到官员落实的层面，着重探寻两者之间的差距所在及差距的成因，这是贯穿全书写作的一根主线。

然而，文官考察从来都只是明廷肃清官员队伍的手段，其最终目的是通过对不职官员的及时淘汰，来维持官员队伍的纯洁、可靠性。从这个意义上讲，文官考察实际是明代国家治理的重要一环，它不仅串联了中央到地方的多层级政府机构，更深刻地影响着明代国家机关的行政效率乃至基层社会的长治久安。那么，明代文官考察机制究竟是否发挥了制度设计伊始的预期效用？

一　考察制度的困境

（一）官员对考察制度的"选择性遵守"

如前所述，明代文官考察的规定和落实存在距离，而这种距离的重要表现便是官员对考察制度的"选择性遵守"，这尤为突出地体现在以下两个方面。

一是在部分官员严格依照考察制度规定履职行政的同时，也有不少官员在制度的边缘游走甚至对制度规定阳奉阴违。以前文数例析之。其一，明廷要求高级官员在京察时自陈请辞，虽然确有官员诚心求去，但也不乏京官在书写自陈疏时利用该文本无固定内容要求的制度空隙，将自陈疏写成"表功疏"。更有甚者，竟至于将自陈疏连同皇帝御批一起编入个人文集作为夸耀恩荣的资本。其二，明政府规定考语和咨访文本才是大计的法定决策依据，而朝觐赠序则纯属制度规定之外的内容，但在大计制度运行过程中，由于考语和咨访未能发挥预期效用，朝觐赠序反倒成为吏部、都察院进行考察决策时重要的信息来源。其三，考察后明确禁止拾遗奏辩，然而"上有政策，下有对策"，官员们确实少有针对拾遗的奏辩，却巧立各种名目来为僚友开脱，此举不仅收奏辩之实效，也使部、院无法按照"撝拾妄奏"的名目给予其处分。其四，上计官需要坐蓬候考，虽然大多上计官遵循了坐蓬规定，但在蓬内开宴打闹，甚至违背明禁找各种理由逃避坐蓬的做法，导致明廷最终将这一规定取消。官员对制度规定违背和遵守并存的状况，在正文中多有述及。

二是官员对考察制度中偏向于礼节性的条文严格遵守，但对涉及考察决策和个人利益的条规却熟视无睹。明廷制定了很多与考察相关的仪节，如上计官需要凌晨即起，预先排练参见皇帝时的礼仪；大班纠劾亦有诸多规章，甚至连陛辞接受皇帝敕谕时的包裹颜色都有明确规定。虽然这些礼节与考察结果无涉，但却能凸显出君臣之间的尊卑，从而建立一套完整的礼仪秩序。但官员在遵守这些礼节性条文的同时，对与自己切身利益密切相关的诸多规定却置若罔闻。中央对如实注考屡次申饬，地方注考官充耳不闻；中央对朝觐馈遗屡有明禁甚至出榜告示，来朝官视而不见；中央对官员入京程限屡有要求，上计官却经常提前启程以便有足够的时间来行己之私欲。以上现象，亦皆在相关部分有过详解，这也显示出官员行为的"有限理性"。

尽管"选择性遵守"明廷考察规制的官员为数众多，但笔者并不否认仍存在为数众多的遵纪守法的官员，并且在每一个个案研究中都特别强调了这一点。① 例如，大多数官员利用自己的特权筹取路费，却有一些县官甘于自己贩卖书画以筹集进京款项；大多数官员想方设法地获得一篇有分量的朝觐赠序，亦有官员坚持"仁不自功"而不愿求夸耀于人；为了防止朝廷知道自己在入觐旅途中有回乡、探友而延误路程的举动，绝大多数官员皆对自己的行程讳莫如深，但也有杨德周这样详细记载自己入觐经过的官员。对于这些遵纪守法的官员是否能构成明代官员的主流，笔者无从确知，但可以肯定的是，为数可观的官员"选择性遵守"考察制度，无疑显示朝廷制度对官员约束的乏力，这难免会对制度的正常运行产生消极影响。

（二）考察制度难以准确黜陟

明代官员对当朝考察制度多有称颂，② 但官员的称颂是否意味着明代文官考察制度效果明显？笔者对此持怀疑的态度。试从京察与大计两方面析之。

就京察而言。前文已述，很少有官员因京察自陈而黜落，因此这一制度很难起到罢黜不职官员的预期作用，而是成为皇帝掌握高层人事信息并施以恩威的手段。高级大臣"出处进退自有法度"，不必过分倚重这种制度对其定期考察，但对中低级京官的考察却问题频现。例如京察考语本应是首要的考察决策依据，毕竟各衙门的堂官对属员的了解最深、见闻最

---

① 但必须说明的是，官员严格遵守朝廷规制，本来就是最基本的行为规范，因此对于制度规定的"选择性遵守"才更值得注意。此外，虽然本书涉及不少明代的官员违规行为，但也存在一种可能即只有官员违规行为才会被记载，并被要求更正。但官员的违规行为既已出现，就有必要探究其成因，这绝非是笔者"以今非古"，片面苛求明代制度。

② 相关内容在本书第四章第一节已有论述。

真，然而由于堂官们不愿任怨，时常拿出丁忧、养病官来凑足罢黜额数，京察考语屡被诟病。面对京察考语的缺位，作为补充机制的京察访单应运而生，然而又无人对言官咨访进行监督，言官完全可以在填注访单时借口"风闻"，肆无忌惮地打击、中伤不同政见者，而无须担心受到任何处分。京察拾遗虽是保障京察公正的最后屏障，但只是针对未被罢黜官员的补充纠劾，若有正直官员在自陈、考语、咨访中受到不公正的对待，拾遗科道即便欲匡救亦无计可施。总的来看，京察的三大决策依据——自陈、考语和访单都不能很好地实现罢黜不职官员的预期作用，甚至还有可能将一些没有明显过犯而只是不容于同僚的官员黜退，而拾遗的补救作用亦较为片面。在以上因素的共同作用下，京察想要达到"汰不职，警有位"的预期目的，实不乐观。

就大计而言，考语作为最重要的考察决策依据，竟因注考官员的明哲保身而出现笔者专节探讨的"虚""实"相间的状况，令本就难以知晓地方官为政详情的部、院长官在面对堆积如山的考察册揭时更加无所适从。大计咨访更是偏离了正确方向，竟至于出现不问政绩而问出身、不问举劾得失而问额数的情况。考语和咨访缺位，导致朝觐赠序这种来自基层的声音发挥了重要作用，尽管在传统的政治构想中"礼失而求诸野"是常情，① 但朝觐赠序的获取过程却又如前文所述的那般充斥着权、钱、利、情的交换，希望借赠序所言来了解官员治绩，无异于缘木求鱼。

明代文官考察制度因考语、咨访和朝觐赠序等文本的失真而使考察者难以准确做出考察决策，进而影响到部分官员的政治生命和个人前途。朝觐考察所延伸出的违规行为，尤其是朝觐路费的筹取和朝觐馈遗的收受，导致考察黜落者可能既不是不能理政、治民的官员，也不是身犯"考察八法"的官员，而极有可能是不能妥善处理官场人际关系的官员。能否融入当时、当地的官场文化成为明代文官考察的"第九条察例"，这不仅破坏了考察的公正性，更对整个明朝的政治生态造成了消极影响。

---

① "礼失而求诸野"有一个重要假设前提：礼不在朝时，即会在野。但实际上，这种假设有其偏颇之处。民间舆情虽然能够起到监督官员的作用，但明代没有机制来监督民间舆情。这就导致在官民出现冲突时，因为舆情因素的干扰，官员甚至会出人意料地处于相对"弱势"的地位。相关考论附录9。

因为官员选择性地遵守考察相关法规，加之考察制度本身又难以准确罢黜官员，明代文官考察的诸多条款对于官员而言约束力极弱，甚至出现"逆淘汰"现象：越是在制度边缘游走、越是公器私用的官员，越能在制度运作中获得较大利益；而遵纪守法的官员反而不容于时，甚至遭到黜落。这无疑将明代文官考察制度推向困境。

二　走出困境的尝试

（一）官员层面的尝试与结果

明代文官尤其是跻身高位者，大多通过科举入仕。长期以来对"圣贤书"的研读，势必造就出一大批"慨然以天下为己任"的官员。面对考察制度的困境，有经世之志的官员在不断反思并寻找解决方案，这在考察前的建言陈词及寻常论劾中都常有表见，① 而且官员们提出的不少方法看起来也切实可行。但通过之前的论述，不难发现这些改良意见大多未获采纳：禁止官员提前入觐的规定多次颁布，官员依然提前离任赴京；如实注考的谕令再三申饬，注考不实的现象从未扭转；禁止朝觐馈遗的榜文高悬于京城，但无论馈遗者抑或接受馈遗者都未曾收手。更为极端的是，某些对考察制度提出改良意见的官员，不仅其意见无法得到采纳，其自身也因"妄言"而被严旨切责，例如京察拾遗案例中的戚贤。即使不提出改良意见而仅仅自外于当时官场风气的官员，也会被视作官场"异类"而遭受排挤，这在朝觐馈遗的案例中表现得尤为明显。

综合前文论述可知，无论京察抑或大计，在基本的考察方式、考察准则等原则性内容确定之后，官僚群体至多在原有的基础上进行小修小补。例如在京察和大计中增加"才力不及"的察例使得考察评价标准更趋合理化，将京察和大计中的口头咨访逐渐发展成实物访单以便查实，对原无朝觐路费的官员给予最基本的入觐经费保障以防止他们借机侵渔平民。而

---

① 相关的建言、论劾奏议，可见〔日〕日本東洋文庫明代史研究會：『明代經世文編分類目錄』卷 E《官制·考課·吏部》，東洋文庫，1986，第 63～72 頁。

真正关乎考察制度根本的内容却在百余年间始终保持稳定，例如京察自陈疏务虚的书写方式自成化至崇祯都未曾改变；注考不实的困境自永乐至崇祯都未能摆脱，甚至连每届京察和大计黜退的人数都要保持大致稳定。不难发现经世官员虽欲缓解考察制度面临的困局，但结果却不容乐观。既然基层官员无力修补考察制度的缺憾，那么从制度设计层面来进行补救又是否会有起色？

（二）制度设计层面的补救与效用

分权制衡是明代统治者治理国家的主要思路。一方面，在明代中央集权的政治体制下，最高决策权集中于皇帝一人，但皇帝无法独立承担所有政务，因此有分权治理的需要；另一方面，由于《诸司职掌》《大明会典》《吏部职掌》等行政法规的严密性，参与政治运行的部门和官员的行政情况都有据可依，制度设计的严密性为皇帝下放权力提供了可能。在两者的一拍即合下，皇帝正式将权力选择性地下放并细分。就文官考察制度而言，这种分权体现在中央和地方两个层面。

就中央层面而言。第一层分权，是将人事权归属吏部，将监察权归属都察院，以期收二者互相牵制之效。在考察制度运行过程中，吏部尚书和都御史负责宏观层面的调控。第二层分权，是引入吏科对吏部考功司、都察院河南道进行监督，使三臣共同负责考察的基础事务。这样不仅分担了吏部和都察院长官的行政负担，也防止了冢宰和台长的过分集权。第三层分权，是令所有言官参与到考察制度当中，察前咨访、察中监督、察后拾遗，以防考察权力过分集中在前述的部、院长官和考功司、河南道、吏科之手。

就地方层面而言。第一层分权，是赋予布、按二司考察属官的权力，以防某一系统的官员独大。第二层分权，是布、按二司的属员分守道、分巡道也参与到文官考察当中，从而实现多层级的官员访察。第三层分权，是陆续向各地派遣驻扎时间较长的巡抚，代表中央来实现对地方的监督。第四层分权，是向地方派驻频繁更换的巡按，一方面分担巡抚的职权，一方面更加专注于官员考察等具体行政工作。每逢考察之时，以上分别来自中央与地方的四级官员皆可向中央上报地方官员考语以助部、院进行黜陕。在这种情况下，任何一方想要在考语中提出明显"不合群"的意见都很难做到，这确实在某种程度上起到了互相牵制的作用。

在分权制衡之下，在京察时，考功司郎中、掌河南道御史和吏科都给事中这样的中级官员，竟成为决定考察黜陟的关键，防止了部、院长官仅凭个人好恶而罢黜官员。在大计时，职仅七品的巡按御史，因为重点负责官员监察，反而能够与高阶巡抚分庭抗礼，而巡抚为了自身前途计，竟偶尔在考察事务中屈从于巡按。无论京察抑或大计，卑官能与高官相颉颃，无疑凸显出明廷制度设计中"以小制大，上下相维"的精深用意，通过防止个别部门或官员在考察时独重的方式，来维护考察制度的公正性和客观性。同时，由于身有过犯的官员即使明知将在考察中被黜落，也很难打通所有关节以寻求幸免，这倒逼官员在行政时更趋审慎，也增强了考察制度对官员的威慑力。

但这套分权制衡体制也有很多不足之处。就中央层面而言，吏部和都察院的互相制衡固然实现了官员人事权和监察权的分离，但在考察过程中部、院双方为了息事宁人，往往更加倾向于同寅协恭而非充分行使职权，最终出现了理应与吏部共同主持考察的都察院长官以从属姿态参与考察事务的局面。考功司等三臣的分权亦是如此。尽管掌河南道御史和吏科都给事中的职权与考功郎基本平行，但因为考功郎的位阶较其他二臣为高，在吏部尚书前的话语权也较二臣为重，所以在真正履任时，科道二臣也经常仰考功郎之鼻息。所谓的部、院分权，实际结果却是吏部重、都察院轻；考功司权重，河南道、吏科权轻。而本应重点监督部、院的言官，却时常慑于部、院权势而噤口不言，例如拒不填写访单等，甚至成为朝政纷争的渊薮，恰如第三章第二节中所举万历辛亥京察之例中言官的表现。

地方层面分权的效果同样不甚理想。由于派驻地方的巡抚、巡按掌控着地方主官的考察决策权，地方原有的治理和监控机制逐渐在事实上沦为抚、按属下的二级机构，以致在讨论地方人事问题时，地方各级长官需要同抚、按官保持大致相同的基调，甚至连地方长官是否能够按例入觐都需要尊重抚、按的意见。所谓的中央与地方分权，实际却是中央权愈重、地方权愈轻。布、按二司皆对此有清醒认识，也甘于为了日后的前途忍气吞声，屈从于巡抚；因巡抚职广而巡按职专，巡抚甚至为个人前途计而偶尔折节于品级远低于自己的巡按。

不难发现，由于在设计分权制衡的考察制度时未能充分考虑制衡官员的考察归属问题——本应该作为制衡的一方却又要受到其制衡对象的考察，因此他们难免在制度运行时因个人原因而放弃国家赋予他们的权力。通过分权制衡来维持考察制度有效运转的初衷，最终却以吏部官和中央监察官的集权为结果，形成了明代官场下级绝对服从上级的政治文化。更有甚时，本应互相制衡的官员甚至互相妥协，一旦各级官员如正文所述的那样在基层协调考察意见时维持某种默契，那么互相监督就会变成"和稀泥"，直接导致监督机制整体失效。① 从这个角度来说，以分权制衡来实现考察制度有效运作的尝试，虽然确实能发挥一些作用，却不能让考察制度完全走出困境。

三　困局难解的原因

以上，笔者从考察制度的困境出发，探讨了制度困境的具体表现、明代官员破解困局的思考及明政府在制度设计层面的补救困局的尝试。不难发现明代文官考察制度实则存在难解之困，那么制度困局难解的原因究竟何在？笔者试图从皇权运行、官场文化和制度本身三个方面进行分析。

（一）皇权运行对考察制度的消极影响

笔者在前文详述过皇权及附属于皇权的内阁、宦官在考察中发挥作用的情况，因此本处将详前所略，略前所详，来反思这一问题。

1. 皇帝对考察制度的选择性重视

在明代高度中央集权的体制下，皇帝的一言一行都足以成为官员行为

---

① 经济学领域的"搭便车（FreeRider）"理论或可解释这一问题。根据诺斯（D. North）的研究："如果集团的每个成员存在分歧的意识形态，利益目标互不相同，且不了解对方的行为信息，则在集体行动时，就有人不承担任何代价而享受集体行动的利益，'搭便车'现象就不可避免；集团成员数目越多，'搭便车'行为就越严重。"在明代文官考察制度运行过程中，由于填注考语的官员过多，即使出现误判也难以追究到具体的注考官员，因此明政府精心设计的权力制衡机制，反倒给官员互相推卸责任提供了便利。相关理论，见刘其文主编《西方经济思想嬗变史》，河南人民出版社，2007，第162页。

的风向标。不可否认，明代大多皇帝非常重视文官考察"励世磨钝"的作用。明太祖朱元璋在明朝建立伊始就制定文官考察制度并在治国期间屡次对相关制度进行修改完善，弘治帝每逢大计都亲自训谕诸上计官，崇祯帝态度鲜明地指出："（通过考察来）纠劾贪墨是肃清吏道第一着。"① 直到明朝统治摇摇欲坠的崇祯十六年（1643），朝觐考察仍在一丝不苟地进行。除上述诸帝之外的明朝其他皇帝也多有针对文官考察的敕令，② 这些圣谕无不表达出皇帝对考察制度的重视。

"上有所好，下必甚焉"是由来已久的政治传统，如果皇帝对文官考察保持高度重视，各级官僚为保障自身仕途顺遂难免会尽其所能地迎合皇帝喜好。但为何在文官考察制度运行时，却呈现出皇帝高度关注而官员"选择性遵守"的反常情况？唯一合理的解释只可能是官员已经从皇帝的言行中揣摩到某种风向，例如皇帝在言语乃至行动上对考察制度的积极表态，并不代表皇帝就真正在意考察制度本身。

事实也确是如此。对于皇帝而言，文官考察制度不过是实现自己吏治意图的手段。在政务异常繁重的情况下，皇帝既无可能、也无必要过分关注制度运行中的细节性问题，唯有"抓大放小"才能更好地从宏观层面实现对官僚群体的紧密掌控。如果对特定官员处分结果不满意，可以像孝宗一样更改考察结果以留用官员，亦可像世宗那般在考察之外再进行"科道互纠"以对特定官员再行考察；如果对大部分官员的考察结果不满意，甚至可以再行"闰察"。总之皇帝有多种方法来确保考察制度实现自身的人事意图，因此考察制度本身的缺失和制度运作中出现的细微问题很难引起皇帝的注意。总的来看：因为明代皇帝在精力有限的情况下，仅能对文官考察制度给予只重结果而不重过程的"选择性重视"，所以官员群体对文官考察制度才进行选择性的执行和遵守。

2. 分权制衡下的懒政危害

明代皇帝为收"垂拱而治"之效而设计了前述分权制衡机制。从正面来说，将权力分配给各部门，既体现出对高层官员的充分信任，也能收

---

① （明）金日升：《颂天胪笔》卷2《圣谕圣旨·纳谏》，第190a页。

② 这在徐学聚所撰《国朝典汇》一书中，有非常详尽的记载。见（明）徐学聚《国朝典汇》卷38《京官考察》、卷39《朝觐考察》，第165a～184b页。

各部门互相监督之效；从反面来看，分权制衡助长了皇帝的"懒政"之风。若遇太祖、孝宗之类的勤政之君，制度尚可发挥罢黜不职官员的效用，但若遇到诸如武宗、万历这类疏于政务的皇帝，制度运行情况便又不容乐观。

在皇帝不愿理政的前提下由阁臣代其行使决策权亦属可行之策。如前述嘉靖帝即位时的京察，首辅杨廷和利用自身权势令众多尚书、侍郎级的高官自陈落职。尽管这一行为带有政治斗争的色彩，但毕竟使久未罢黜高级京官的自陈制度真正凸显出了一次重要性。杨廷和的做法揭示明代阁臣"上窃君上之威灵，下侵六卿之职掌"①。然而阁臣作为辅政官僚，实难在皇帝怠政的情况下过多进行匡救，因此在明代中后期皇帝疏于政务的情况下，阁臣欲"窃主上之威灵"亦无计可施，更毋论"侵六卿之职掌"。皇权和阁权的缺位导致朝中其他政治力量的兴起：天启年间魏忠贤权重一时，将考察作为打击东林党人的工具，在魏忠贤退出政治舞台后，东林党人又将考察作为反击阉党的手段。本应该肃清吏治的考察之法，竟成为朝臣斗争、倾轧的工具，这不仅是对考察制度本身的曲解，更是对皇权的质疑。

在皇权遭到质疑后，即使皇帝下定决心强力推进制度落实也难以一洗考察制度的积弊。每逢考察届期，都有"积习已久，踵弊成风，旧例因循"②，"酌行事宜更密，题请考核愈严"③ 之类的陈奏，可见这些经由皇帝特批的考察条例已难形成对官员的约束。总的来看，明朝一系列的"问题皇帝"④ 的懒政，无疑也是文官考察制度在明代尤其是明代中后期深陷困境的重要原因。

（二）官场文化与考察制度悖论的形成

官员是制度运行的主体。制度的设计，需要官员参与其中并建言献

---

① 《明神宗实录》卷501，万历四十年十一月乙未条，第9485页。
② （明）王国光：《司铨奏草》卷1《条议吏治疏》，第1a~b页。
③ （明）李开先：《李中麓闲居集》卷5《送兰川魏太守入觐序》，第559a页。
④ 关于明代的"问题皇帝"及他们对朝政的影响，可参吴琦、赵秀丽《明代"问题皇帝"研究：一项基于社会类群的考察》，中国社会科学出版社，2015。

策；制度的实施，也要靠官员身体力行。因此官员的行为必然对考察制度运作产生影响。但官员的行为模式，既受到传统儒家文化的影响，也深受当时官场文化的影响。研究可见，围绕着明代文官考察制度至少有三个明显悖论，每个悖论的成因都与当时官场文化密切相关。

其一，是在结论部分已有过辨析的"逆淘汰"。明代文官考察的一个重要弊病是每次黜退人数皆在固定区间内小幅波动，这种做法在当时饱受诟病却始终未见改观。在满足黜退额数的前提下，被罢黜的官员很可能并非身有过犯者，而是自外于当时官场文化或是孤立无援的官员。在当时的政治背景下，各级堂官都不愿意过分黜落属员。如果某一衙门或省份黜退的人数较多，会显得堂官对属员过于严苛，甚至是驭下无方；如果黜落人数突然少于往常，又会被言官们抨击考察过于宽容。为了避免无端的非议，各堂上官在注考时通常较为保守，这便出现了京察和大计时黜退官员数量基本稳定的情况。但在此前提下又必须有官员被罢黜，现任官员与堂官不论在工作和生活上都难免有交集，所以在考察时即使身有过犯的官员，也常因"情牵面热"而免于被注以恶评考语，更毋论有官员在考察届期时通过"活动"来打通关节；而丁忧、养病、闲住等项官员，离开朝堂时间既久，多不具备像在朝诸臣那样的运作能力，是以虽无过犯也常被用来充考察之数。

其二，对制度弊病发声较多的，往往是那些没有能力变革制度的言官群体，真正能够引领制度变革的朝廷大僚往往对制度弊端保持沉默。难道身居高位反而容易让官员失去判断力？答案显然是否定的。一方面，经过国家政策和官员对策的长期磨合，已有不少官员逐渐知晓如何在制度的既有空隙中谋取利益；同时，有能力主导制度变革的官员多属既得利益者，一旦制度发生关键性变革，他们受到的损失远较普通官员为大。另一方面，大多数时期高层官场的竞争都格外激烈而且缺乏"试错机制"，一旦对制度的变革或改良失败，主导变革的官员轻则下野，重则身殁。① 寻求制度变革既损害自身及支持者的利益，还可能为此承受难以估算的损失，高层官员自然倾向于沉默。

---

① 以明代为例，当时最为杰出的改革家张居正虽然在位期间显赫一时，但一旦身死便遭清算，时人对其评论竟是"功于谋国，拙于谋身"，这无疑颇寒明朝后期救亡者之心。而且放眼整个中国古代史，著名的改革家如商鞅（前395～前338）、王安石（1021～1086）等人，其境遇竟也与张居正相似，历史上和现实中的案例对明代官员而言恐怕并不陌生。

而积极要求制度变革的低级言官和在野士人却完全没有这些顾虑：作为言官自然有言事之职，即便所言不当也很少受到处分，而在野士人的顾忌更少，亦可畅所欲言。因此，是自身所处的地位决定了官员对制度变革的态度。①

其三，言官群体在京和在外期间的言论大有差别。最明显的案例莫过于言官对保留入觐官和筹措朝觐路费的态度。在大计之前，每逢看到地方抚、按保留辖地上计官的奏请，在京言官总是提出反对意见，认为不应留用地方官而应维护大计制度的威严，而当这些言官成为抚、按后，一如他们曾经反对的那样继续因地方的灾伤、困病而奏请留用上计官，不再考虑这种行为是否会影响到考察制度在官员心中的权威性。在地方官的入觐路费无法保障时，在京言官往往强调申饬来朝官应厉行节约，不能巧立名目科敛于民，而在他们外放担任地方长官后，同样不得不为了筹取朝觐路费而广求博取。② 言官群体中的相当一部分人，在在京任职和任职外地时，对待同一问题的立场会截然不同，一旦转任地方，不少官员会逐渐消磨掉在京任职时的锐气与锋芒。③

---

① 根据制度变迁理论（Institution Change Theory）："只有在预期收益大于最终成本的情形下，行为主体才会去推动直至最终实现制度的变迁。"从经济学的角度分析，明代有能力推动考察制度变革的高层官员作为"理性人"，自然能够清楚地衡量制度变革给自身所带来的预期收益与成本，这可能是高级官员并不积极推动制度变革的原因所在。引文见〔美〕道格拉斯·C·诺思《经济中的结构与变迁》，陈郁、罗华平等译，生活·读书·新知三联书店上海分店、上海人民出版社，1994，中译本序第 7~8 页。

② 与此相关的内容，在本文第五章第一节朝觐路费的专题研究，第六章第二节巡按官的考察准备中已有详细说明，在此不再举例。

③ 这一现象与当时的政治文化有密切联系。如果言官在京任职，便一定要勇于言事，否则便属失职。不唯如此，如果言官因言事而受到处分，对其个人而言反而是巨大的荣誉。明朝历史上的著名言官，例如成化时弹劾李贤的"翰林四谏""大礼议"中因反对世宗而遭受黜落乃至廷杖的大臣，弹劾严嵩而受到处分的"戊午三子"，无一不是"直声震天下"。虽然他们中有不少人丢官乃至身死，却"卖身买得千年名"。倘若一旦有幸被平反，更会为其家族赚得荣誉和利益，所以言官在任期间敢言、愿言。而言官一旦改任巡抚、巡按或是地方官，其处事方式必然发生改变。明代基层地方官治绩上达中央的渠道主要是抚、按及本管上司的荐举，然而无论是抚、按抑或本管上司若非格外留意，实际都难以准确知晓基层地方官为政实迹，每逢考察时也多是弹劾不职地方官，而举荐相对较少。这导致基层地方官即使治绩卓越，也很难在大计时被上级官员所瞩目。相反，如果在地方上履任勤勉以致损害了地豪强的利益，还很可能因上官咨访的疏忽而误中察典。在明代常有举家族之力供族内极少数人为官的情况，如果在地方官任上因误中察典而丢官，无疑辜负了家族长辈的栽培。不唯如此，失去官员身份更意味着整个家族失去了免税、免役的优待，给自己和家族都造成了难以挽回的损失。而忠、孝向来是"臣子之大防"，即使臣子个人毫无所图，如家人何？在此情况下，移忠作孝亦难以苛责。

明代文官考察制度中的几个矛盾之处，无疑是官场文化影响官员行为的极佳证明：官员的"逆淘汰"，使得考察制度很难实现存优汰劣的初衷；掌权官员对制度变革的消极态度，让考察制度走出困境显得举步维艰；而言官在京、在外任上的不同态度，使得考察制度的改革更显无望。如果将这些官员看作一个整体，可以发现一个意味深长的现象：越是资深的官员越是在维护业已形成的制度。并非他们没有意识到其中的问题，也不是他们对这些问题没有过反思与批判，更不是人人都出于精细的个人计算与考量，而很可能只是他们难以背叛自己曾经在所谓"是非"问题上做出的选择。因此，官员群体对明代文官考察制度困局的形成难辞其咎。

（三）考察制度本身的缺憾

以上，笔者从皇帝和官员的角度分析了明代文官考察制度难以走出困境的原因。但如果制度的规定确实合理，不仅皇帝可以垂拱而治，官员们也不必忧心于遭受不公平的对待。从这个角度而言，考察制度深陷困境的另一原因在于制度本身的缺憾。

1. 考察制度缺乏固定准则

行政效率与公平的矛盾，是历代统治者都会面临的难题。明代统治者选用分权制衡机制，无疑已经是在两者之间做出了以牺牲效率来换取公平的选择。① 如果始终坚持这项准则亦无大碍，然而明政府又经常在效率与公平之间摇摆。这主要体现在以下三个方面。其一，为了使考察评价简单易行，明廷采取的是以各级长官填报属员考语的形式来完成对绝大部分官

---

① 分权制衡机制使多部门、多官员在考察制度运行过程中相互监督，这极大地维护了考察的公正和客观，但多层级的信息交流却导致效率的降低。首先，信息在多位官员之间流转，显然要比少数官员参与决策耗时更长，而且参与信息交换的官员过多也增加了泄密的可能，因此时常有官员提前得到自身将被罢黜的风声，而在大计前运用各种手段弥缝，乃至逃离职守。其次，参与注考和咨访的官员过多，而被考察的官员数量有限，势必造成重复注考和重复咨访的现象出现，多层次的监督固然可以把每一项黜陟决定都做成铁案，但毫无疑问会耗费大量行政资源。再次，参与考察决策的官员过多，而考察本身又是"任怨"之事，很容易造成基层官员向高层推诿责任的情况，这在大计考语中表现得尤其明显。最后，在官员权力仅被少数上级监控时，官员仅需对自己为数不多的直接上级负责，而在官员受到多重监督时，势必花费更多的精力去迎合上官，用于理政为民的时间自然因之减少。通过以上分析，不难发现明廷的分权制衡机制虽然能够保证考察公平，但在很大程度上牺牲了行政效率。

员的考察，这一措施虽然简单易行，但也很可能将一批尽忠职守但不善逢迎长官者考黜，这无疑是对认真履职者的不公。其二，为避免考察结果出现明显反弹，无论京察还是大计，除了关注官员治绩之外，还非常重视官员的科甲出身和人际关系，身后有奥援支持者或是出身进士者往往会在考察中受到优待，这无疑是对出身寒微者的不公。其三，为了防止在考察结果的核实中花费过多精力，明代的做法是即使确有诬枉也不进行核实，这在京察拾遗中表现得尤为明显。这种做法固然维护了制度的权威性并提高了效率，但对受到诬陷的官员而言无疑是极大的不公。考察者在公平和效率上的反复摇摆造成了严重后果，不仅使得一些官员越发能够利用制度的空隙来实现个人意图，也使一大批公忠体国的官员无所适从，甚至有被"牺牲"的可能，这不仅使文官考察制度难以有效考察官员，也造成了官场上前后因循、相互包庇的政治风气，① 从而使得考察制度的公信力饱受质疑。

除了效率与公平的矛盾外，明代文官考察制度在设计上的另一个重要缺憾是"法外有法"。明廷已有一套法律来处罚贪污、老病等不堪继续履任的官员，然而在考察时又设计了"八目四科"的处分例则。考察条款与原有的法律条文存在若干冲突，这导致法律的解释空间变大：即将受到处分的官员可以选取对己有利的条款自我辩护，部、院长官亦可根据个人喜好而对官员选择性地施以较轻或较重的处罚。没有固定的法律准则，自然也是考察制度困境的成因。

2. 考察制度的相对滞后性

制度是现实的折射，相对于明朝的官场政治环境而言，考察制度具有较为严重的滞后性：考察制度中凸显的问题，不少都是在制度设计成型后才逐渐出现。这集中体现在以下三方面。

其一，疏于对官员的保护。制度设计时，默认朝臣都是尽忠报国的，

---

① 在制度设计的过程中，无论是兼顾效率、公平抑或是偏重于某一方，都没有对错之分。重效率而轻公平，尽管会造成制度的严苛，但也能极大地提高行政效能；重公平而轻效率，尽管会增加行政负担，却能维持政治秩序的相对稳定。既要效率又要公平虽然对官员来说稍显严苛，但也正好借机对官员群体进行存优汰劣。然而明代文官考察制度却在两者间不断摇摆，无疑让观察朝中政治风向的官员无所适从，从而引发不少问题。

所以相对忽视对官员权益的保障。例如在隆庆之前，朝廷并不考虑经济困难官员的入觐问题，这迫使一些廉洁奉公的官员竟然需要家庭供应才能赴京朝觐。而在入京程限上，片面强调官员对制度的遵守，不许官员预先离任、提前到京，然而官员一旦因为不可抗力而失期，又将面临处罚。在朝觐馈遗的问题上，强调官员不得利用进京机会收受馈赠，然而对遵守法纪的官员又缺乏保障机制，官员不论为了晋升还是为了自保，都必须融入当时的官场环境之中。在上述的诸多情况下，官员势必难于遵守考察制度。

其二，取证机制和判决过程都相对封闭。以京察自陈为例，若非迟至崇祯时期阁臣吴宗达与皇帝就自陈疏批复问题展开抗辩，我们完全无从知晓从某一时期开始，皇帝已经不亲批自陈疏。以京察访单为例，考功司等少数几位官员仅凭言官开报的访单便做出初步的黜陟决定，而访单又是完全保密的，因此若会单众人保持一致便可决定某些特定官员的去留。而考语的决策过程更加封闭，无论京察抑或大计都由本管上司开注考语，大计考语尚且可由多方互证，而京察考语却完全由堂上官闭门造车，完全无从确定其罢黜属员的依据是个人感情亲疏还是官员真有不职行为。

其三，缺乏对皇帝的监督。明代官员集团进行制度设计时，默认皇帝都是勤政爱民的，然而事实却并非如此。正德帝南巡，让天下的入觐官在京城等候半年以上不得回任；万历帝身居九重，拒不批发京察察疏，导致满朝青衣角带，大臣除了一再上疏外完全没有其他解决的方案。由于考察涉及官员的切身利益，往往有官员为自保而委曲求全。但也有官员坚持遵守国家规制而不动摇，例如有宁可冻死都坚持坐蓬者、有宁被罢黜都绝不馈遗者。对他们而言，近乎迂腐地严守考察制度是因为他们相信朝廷终有"公论"，然而对于那些已被罢黜乃至身死者而言，由于皇帝的怠慢，"公论"来得太迟。

总的来看，皇帝的怠政、官员的自保和考察制度的缺憾三方面的共同作用，造成了明代文官考察制度的难解困局。

总　结

在正文部分，笔者指出明代文官考察制度长期存在"有令不行"的困境，因此在结论中，笔者围绕明代考察制度的困境进行了一系列探讨。笔者所说的"困境"有两个突出表现：一是明代文官考察制度看似严密，但官员却总是对其"选择性遵守"；二是考察制度是为了罢黜不职官员，但从考察结果来看罢黜的官员并非尽皆不职。面对考察制度的困境，明廷进行了多次补救：从官员层面而言，是官员的集思广益、建言献策，官员希望借此引起皇帝注意并改正考察制度的弊端；从制度层面而言，是建立分权制衡的机制，通过多层级的监督来维护考察公正。但从结果来看，这些补救皆以失败告终。因此笔者着重分析了明代文官考察制度深陷困境的原因，认为皇帝的懒政及对考察制度的选择性重视、官员"穷则独善其身"的政治伦理都是重要原因，考察制度的设计相对滞后且缺乏固定准则也是导致这一制度难以完全发挥预期效用的原因。

　　本书从新视角切入，通过使用较多新史料对明代文官考察制度进行了充分研究，详尽揭示了明代文官考察制度及其运作机制的有关内容。在此过程中，作者通过对一连串问题的解答，力求最大限度地解决考察制度运行过程中出现或引发的问题。在此，笔者试图提出全文最后一个问题：如结论所述，考察制度长期深陷困境，笔者个案研究使用的材料主要集中在明代中后期，那么文官考察制度在明代中前期较长的时间里，是否能够约束并如实罢黜官员？笔者对此的态度并不乐观。因为考语作为明代文官考察最重要的决策依据，其填注失真的问题早在明初已经出现。① 既然在刚刚推行考语的明初，考语都已弊病百出，那么明代中前期考察制度发挥应

① 早在明太宗时期，成祖对吏部尚书蹇义称："往者，虑各处守令未必皆得人，故命御史分巡考察；比闻御史至郡邑，但坐公馆，召诸生及庶人之役于官者，询之辄以为信，如此何由得实？"宣宗亦认识到："近闻考察之官，少能着寔，但信偏言，更不博询。其有勤于职业，因理公务，不免施刑；小人不喜，诬为酷暴，今辄罢退。庸滥之官，纪纲不立，人所狎玩，或贪赃贿，低首下气，依阿度日；小人贪其易与，乃更保留，如此不当。"英宗称："及命官考察，又或徇私。捷于科征，巧于诡事者，以为能事；勤于抚字，廉介自守者，以为不称。公道弗明，人怨弗恤，所为如此，何望和气之应？"景帝时大臣言："访得各处巡抚官，考察州县官吏，多凭里老呈说可否，以为去留……兹因考察，反将廉正官员捏无作有，指虚成实，一概具呈。其巡抚官所临州县，风飞电过，不及覆实。"以上引文，分别见《明太宗实录》卷34，永乐二年九月丁卯条，第603~604页；《明宣宗实录》卷5，洪熙元年闰七月丁未条，第139页；《明英宗实录》卷4，宣德十年四月丁卯条，第93页；《明英宗实录》卷222，景泰三年十月庚戌条，第4808页。

有效用实属难得。但由于皇帝在正规的任满考课和朝觐考察之外，常派遣抚、按对官员进行"运动式"的非常规考察，有不职之名的官员很快即遭罢黜，所以考察制度的缺憾并未像明代中后期那样凸显。

但是也必须看到，明代文官考察制度是明代统治阶层进行的制度创新，其中大计制度广泛借鉴了之前历朝考课制度的经验，而京察制度则完全是明代独创的。作为一项仅靠皇帝意志推行而缺乏成功实践经验的新制度，难免会出现制度落实和设计预期存在偏差的状况。明朝统治者将考察制度和过往朝代已广泛采用的任满考课相结合，"考上加考"的做法虽然对官员而言略显严苛，但却能让大多数官员保持夕惕若厉的精神状态而不敢为所欲为，并能加速无法胜任当前职务官员的流动，这无疑有助于国家治理。贯穿于考察制度中的权力制衡精神，让考察制度得以稳定运转，不仅让个别权臣很难通过考察制度来操控朝中人事，也让明显不职的官员欲逃众人之评付出极高的违规成本。因此，文官考察制度这项初衷良好、措施基本可行、定期考察全体官员的制度不仅在整个明朝长期运转，亦被清朝沿用，在历史上发挥效用多达数百年。

尽管明代文官考察制度在运作过程中封闭的决策机制和烦琐的运转流程给官场生态乃至基层民生都造成了消极影响，甚至因为各种利益的交锋而不能保证考察结果的客观、公正；但它体现了制度的创新性，增强了官员警觉性，加速了官员流动，体现了明朝统治者肃清吏治的决心，是国家管理官员的重要机制。

此外，文书流转、权力制衡、"明规矩"与"潜规则"并行，共同构成贯穿明代文官考察制度的三根主线。无论京察或大计的决策都极度依赖文书流转。以京察言之，借助自陈疏、访单、堂官考语册揭、科道拾遗疏四种文本，便可基本完成对京官治绩的评定；以大计言之，虽然各地方上报部、院的文书类目繁多，但主要依靠来自地方省、府、州、县各层级长官及巡抚、巡按的考语来决定相应官员的去留。权力制衡贯穿着明代文官考察制度的全过程。以京察言之，吏部考功司、都察院河南道及吏科构成第一层制衡体系；吏部、都察院构成第二层制衡体系。以大计言之，省、府、州、县各层级长官与巡抚、巡按构成第一层制衡体系；部、院构成第二层制衡体系，各部门的相互制衡使得威权集中于皇帝。"明规矩"与

"潜规则"共同影响着考察制度的运行,这尤为突出地表现为官员面对制度时"趋利避害"的选择性遵守,甚至出现守纪官员遭到"逆淘汰"的现象。尽管明廷不断修补漏洞,但补救措施经常滞后,反倒影响了政令发布机构的权威性。可见制度得宜的关键不仅在于适时修补漏洞以加强制度建设,更在于从中央层面保证治吏理念的连贯性。

总的来看,通过对明代文官考察制度及其运行机制的探讨,不难发现这一制度对加强中央集权、维护统治秩序的重要意义,考察制度的影响深入渗透到政治运行的诸多环节,成为保障国家机器正常运转的润滑剂,也为现今的国家治理提供了不少有益的启示。

参考文献

（以姓名拼音为序）

一 官、私修史志

（明）敖文祯：《薛荔山房藏稿》，《续修四库全书》第 1359 册，上海古籍出版社，2002。

（明）鲍应鳌：《瑞芝山房集》，《四库禁毁书丛刊》集部第 141 册，北京出版社，1997。

（明）毕自严：《石隐园藏稿》，《景印文渊阁四库全书》第 1293 册，台湾商务印书馆，1983。

（明）边贡：《华泉集》，《景印文渊阁四库全书》第 1264 册，台湾商务印书馆，1983。

（明）蔡清：《虚斋集》，《景印文渊阁四库全书》第 1257 册，台湾商务印书馆，1983。

（明）曹金：《（万历）开封府志》，《四库全书存目丛书补编》第 76 册，齐鲁书社，2001。

（清）查继佐：《罪惟录》，浙江古籍出版社，1986。

（明）昌日乾：《存笥小草》，《四库禁毁书丛刊》集部第 60 册，北京出版社，1997。

（明）陈洪谟：《继世纪闻》，中华书局，1985。

（明）陈建：《皇明通纪法传全录》，《续修四库全书》，第 357 册，上海古籍出版社，2002。

（明）陈懿典：《陈学士先生初集》，《四库禁毁书丛刊》集部第79册，北京出版社，1997。

（明）陈有年：《陈恭介公文集》，《续修四库全书》第1352～1353册，上海古籍出版社，2002。

（明）陈兆仑：《紫竹山房诗集》，《四库未收书辑刊》第九辑第25册，北京出版社，1997。

（明）陈子龙等辑《皇明经世文编》，《续修四库全书》第1655～1662册，上海古籍出版社，2002。

（明）戴鳌：《戴中丞遗集》，《四库全书存目丛书》集部第74册，齐鲁书社，1997。

（明）邓士龙：《国朝典故》，北京大学出版社，1993。

（明）邓以赞：《邓文洁公佚稿》，《天津图书馆藏孤本秘籍丛书》第11册，天津图书馆，1999。

（明）邓原岳：《西楼全集》，《四库全书存目丛书》集部174册，齐鲁书社，1997。

（明）丁宾：《丁清惠公遗集》，《四库禁毁书丛刊》集部第44册，北京出版社，1997。

（明）丁绍轼：《丁文远集》，《四库未收书辑刊》第五辑第25册，北京出版社，1997。

（明）董其昌：《神庙留中奏疏汇要》，《续修四库全书》第470～471册，上海古籍出版社，2002。

（明）董裕：《董司寇文集》，《四库未收书辑刊》第五辑第22册，北京出版社，1997。

（明）范凤翼：《范勋卿诗文集》，《四库禁毁书丛刊》集部第112册，北京出版社，1997。

（明）范钦：《嘉靖事例》，《北京图书馆古籍珍本丛刊》第51册，北京图书馆出版社，1999。

（明）方弘静：《千一录》，《续修四库全书》第1126册，上海古籍出版社，2002。

（明）方良永：《方简肃文集》，《景印文渊阁四库全书》第1260册，台湾商务印书馆，1983。

（明）费宏：《费文宪公摘稿》，《续修四库全书》第 1331 册，上海古籍出版社，2002。

（明）冯琦：《宗伯集》，《四库禁毁书丛刊》集部第 15 册，北京出版社，1997。

（明）冯应京：《皇明经世实用编》，《四库全书存目丛书》史部第 267 册，齐鲁书社，1997。

（明）傅岩：《歙纪》，黄山书社，2007。

（明）高拱：《高文襄公集》，《四库全书存目丛书》集部第 108 册，齐鲁书社，1997。

（明）高仪：《高文端公奏议》，《原国立北平图书馆藏甲库善本丛书》第 221 册，国家图书馆出版社，2013。

（明）葛昕：《集玉山房稿》，《景印文渊阁四库全书》第 1296 册，台湾商务印书馆，1983。

（清）谷应泰：《明史纪事本末》，中华书局，1977。

（明）顾秉谦：《三朝要典》，《四库禁毁书丛刊》史部第 56 册，北京出版社，1997。

（明）顾尔行等辑《皇明两朝疏抄》，《四库全书存目丛书》史部第 74 册，齐鲁书社，1997。

（明）顾璘：《息园存稿文》，《景印文渊阁四库全书》第 1263 册，台湾商务印书馆，1983。

（明）顾梦圭：《疣赘续录》，《四库全书存目丛书》集部第 83 册，齐鲁书社，1997。

（明）顾起元：《遁园漫稿》，《四库禁毁书丛刊》集部第 104 册，北京出版社，1997。

（明）顾清：《东江家藏集》，《景印文渊阁四库全书》第 1261 册，台湾商务印书馆，1983。

（明）顾宪成：《泾皋藏稿》，《景印文渊阁四库全书》第 1292 册，台湾商务印书馆，1983。

（明）顾宪成：《小心斋札记》，《四库全书存目丛书》子部第 14 册，齐鲁书社，1997。

（明）桂萼：《文襄公奏议》，《四库全书存目丛书》史部第60册，齐鲁书社，1997。

（明）郭谏臣：《鲲溟先生诗集（附奏疏)》，剑桥城：哈佛燕京图书馆藏清康熙五十二年（1713）刻本。

（明）郭孔建：《垂杨馆集》，《四库未收书辑刊》第六辑第29册，北京出版社，1997。

（明）郭良翰：《续问奇类林》，《四库未收书辑刊》第七辑第15册，北京出版社，1997。

（明）郭朴：《郭文简公文集》，《四库禁毁书丛刊》第五辑第19册，北京出版社，1997。

（明）郭汝霖：《石泉山房文集》，《四库全书存目丛书》集部第129册，齐鲁书社，1997。

（明）郭应聘：《郭襄靖公遗集》，《续修四库全书》第1349册，上海古籍出版社，2002。

（明）郭正域：《合并黄离草》，《四库禁毁书丛刊》集部第13册，北京出版社，1997。

（明）过庭训：《本朝分省人物考》，《续修四库全书》第533～536册，上海古籍出版社，2002。

（明）海瑞：《备忘集》，《景印文渊阁四库全书》第1286册，台湾商务印书馆，1983。

（明）韩邦奇：《苑洛集》，《景印文渊阁四库全书》第1269册，台湾商务印书馆，1983。

（明）何孟春：《何文简疏议》，《景印文渊阁四库全书》第429册，台湾商务印书馆，1983。

（明）何乔新：《椒邱文集》，《景印文渊阁四库全书》第1249册，台湾商务印书馆，1983。

（明）何乔远：《名山藏》，《续修四库全书》第425～427册，上海古籍出版社，2002。

（明）胡世宁：《胡端敏奏议》，《景印文渊阁四库全书》第428册，台湾商务印书馆，1983。

（明）胡维霖：《长啸山房汇稿》，《四库禁毁书丛刊》集部第 164 册，北京出版社，1997。

（明）胡忻：《欲焚草》，《四库禁毁书丛刊》史部第 31 册，北京出版社，1997。

（明）胡直：《衡庐精舍藏稿》，《景印文渊阁四库全书》第 1287 册，台湾商务印书馆，1983。

（明）许国：《许文穆公集》，《四库禁毁书丛刊》集部第 40 册，北京出版社，1997。

（明）许弘纲：《群玉山房文集》，《四库未收书辑刊》第五辑第 24 册，北京出版社，1997。

（明）许弘纲：《台仪辑略》，国家图书馆缩微文献中心藏明万历四十年（1612）刻本。

（明）许相卿：《云村集》，《景印文渊阁四库全书》第 1272 册，台湾商务印书馆，1983。

（明）许讚：《许文简公奏疏》，《续修四库全书》第 1657 册，上海古籍出版社，2002。

（明）皇甫汸：《皇甫司勋集》，《景印文渊阁四库全书》第 1275 册，台湾商务印书馆，1983。

（明）黄凤翔：《田亭草》，《四库禁毁书丛刊》集部第 44 册，北京出版社，1997。

（明）黄光升：《昭代典则》，《四库全书存目丛书》史部第 12 ～ 13 册，齐鲁书社，1997。

（明）黄洪宪：《碧山学士集》，《四库禁毁书丛刊》集部第 30 册，北京出版社，1997。

（明）黄淮、杨士奇：《历代名臣奏议》，《景印文渊阁四库全书》第 431 ～ 442 册，台湾商务印书馆，1983。

（明）黄克缵：《数马集》，《四库禁毁书丛刊》集部第 180 册，北京出版社，1997。

（明）黄训：《名臣经济录》，《景印文渊阁四库全书》第 443 ～ 444

册，台湾商务印书馆，1983。

（明）黄瑜：《双槐岁钞》，中华书局，1999。

（明）黄瓒：《雪洲集》，《四库全书存目丛书》集部第 43 册，齐鲁书社，1997。

（明）黄宗昌：《疏草》，《四库未收书辑刊》第一辑第 22 册，北京出版社，1997。

（明）黄宗羲著，沈芝盈点校《明儒学案》，中华书局，2008。

（明）黄尊素：《黄忠端公集》，《四库禁毁书丛刊》集部第 185 册，北京出版社，1997。

（明）黄佐、廖道南：《殿阁词林记》，《景印文渊阁四库全书》第 452 册，台湾商务印书馆，1983。

（明）黄佐：《翰林记》，《景印文渊阁四库全书》第 596 册，台湾商务印书馆，1983。

（清）计东：《改亭文集》，《续修四库全书》第 1408 册，上海古籍出版社，2002。

（清）计六奇：《明季北略》，《续修四库全书》第 440 册，上海古籍出版社，2002。

（明）贾三近：《皇明两朝疏钞》，《续修四库全书》第 465 册，上海古籍出版社，2002。

（明）贾毓祥：《金陵按疏》，《原国立北平图书馆藏甲库善本丛书》第 227 册，国家图书馆出版社，2013。

（明）骆文盛：《骆两溪集》，《四库全书存目丛书》集部第 100 册，齐鲁书社，1997。

（明）骆问礼：《万一楼集》，《四库禁毁书丛刊》集部第 174 册，北京出版社，1997。

（明）姜宝：《姜凤阿文集》，《四库全书存目丛书》集部第 127 册，齐鲁书社，1997。

（明）焦竑：《国朝献征录》，《续修四库全书》第 525～531 册，上海古籍出版社，2002。

（明）焦竑：《焦氏澹园集》，《四库禁毁书丛刊》集部第 61 册，北京出版社，1997。

（明）焦竑：《焦氏澹园续集》，《续修四库全书》第1364册，上海古籍出版社，2002。

（明）焦竑：《玉堂丛语》，中华书局，1987。

（明）金日升：《颂天胪笔》，《续修四库全书》第439册，上海古籍出版社，2002。

（明）康海：《对山集》，国家图书馆缩微文献中心藏明万历十年（1582）刻本。

（明）亢思谦：《慎修堂集》，《四库未收书辑刊》第五辑第21册，北京出版社，1997。

（明）柯潜：《竹岩集》，《续修四库全书》第1329册，上海古籍出版社，2002。

（明）孔贞运：《皇明诏制》，《四库禁毁书丛刊》史部第56册，北京出版社，1997。

（明）劳堪：《皇明宪章类编》，《北京图书馆古籍珍本丛刊》第46册，书目文献出版社，1993。

（明）雷礼：《国朝列卿记》，《续修四库全书》第522~524册，上海古籍出版社，2002。

（明）雷礼：《皇明大政记》，《续修四库全书》第354册，上海古籍出版社，2002。

（明）李邦华：《文水李忠肃先生集》，《四库禁毁书丛刊》集部第81册，北京出版社，1997。

（明）李春芳：《李文定公贻安堂集》，《四库全书存目丛书》集部第113册，齐鲁书社，1997。

（明）李东阳：《正德会典》，《景印文渊阁四库全书》第617~618册，台湾商务印书馆，1983。

（明）李光元：《市南子》，《四库禁毁书丛刊》集部第105册，北京出版社，1997。

（明）李开先：《李中麓闲居集》，《四库全书存目丛书》集部第92册，齐鲁书社，1997。

（明）李濂：《嵩渚文集》，《四库全书存目丛书》集部第 71 册，齐鲁书社，1997。

（清）李铭皖等：《（同治）苏州府志》，《中国地方志集成（江苏府县志辑）》，江苏古籍出版社，1991。

（明）李默：《吏部职掌》，《四库全书存目丛书》史部第 258 册，齐鲁书社，1997。

（明）李默：《群玉楼稿》，《四库全书存目丛书》集部第 77 册，齐鲁书社，1997。

（明）李培：《水西全集》，《四库未收书辑刊》第六辑第 24 册，北京出版社，1997。

（明）李世达：《少保李公奏议》，《原国立北平图书馆藏甲库善本丛书》第 222 册，国家图书馆出版社，2013。

（明）李廷机：《李文节集》，《明人文集丛刊》第 28 册，（台北）文海出版社，1970。

（明）李万实：《崇质堂集》，《四库全书存目丛书》集部第 112 册，齐鲁书社，1997。

（明）李应升：《落落斋遗集》，《四库禁毁书丛刊》集部第 50 册，北京出版社，1997。

（明）李乐：《见闻杂记》，上海古籍出版社，1986。

（明）李贽：《续藏书》，收录于《续修四库全书》第 303 册，上海古籍出版社，2002。

明吏部（辑）：《吏部四司条例》，《天一阁藏明代政书珍本丛刊》第 7 册，线装书局，2010。

明吏部考功司：《吏部考功司题稿》，（台北）伟文图书出版有限公司，1977。

（明）林文俊：《方斋存稿》，《景印文渊阁四库全书》第 1271 册，台湾商务印书馆，1983。

（明）林希元：《同安林次崖先生文集》，《四库全书存目丛书》集部第 75 册，齐鲁书社，1997。

（明）林尧俞：《礼部志稿》，《景印文渊阁四库全书》第 597～598

册，台湾商务印书馆，1983。

（明）凌迪知：《万姓统谱》，《景印文渊阁四库全书》第957册，台湾商务印书馆，1983。

（明）刘伯燮：《鹤鸣集》，《四库未收书辑刊》第五辑第23册，北京出版社，1997。

（明）刘春：《东川刘文简公集》，《续修四库全书》第1332册，上海古籍出版社，2002。

（明）刘鸿训：《四素山房集》，《四库未收书辑刊》第六辑第21册，北京出版社，1997。

（明）刘节：《（嘉靖）南安府志》，收录于《天一阁藏明代方志选刊续编》第50册，上海书店出版社，2014。

（明）刘理顺：《刘文烈公全集》，《四库禁毁书丛刊》集部第144册，北京出版社，1997。

（明）刘庠：《（同治）徐州府志》，《中国地方志集成（江苏府县志辑）》第61册，凤凰出版社，2008。

（明）刘永澄：《刘练江先生集》，《四库全书存目丛书》集部第179册，齐鲁书社，1997。

（清）刘于义、沈青崖：《陕西通志》，《景印文渊阁四库全书》第551～556册，台湾商务印书馆，1983。

（明）刘元霖：《明右史略》，收录于《稀见明史史籍辑存》第1册，线装书局，2003。

（明）刘宗周：《刘蕺山集》，《景印文渊阁四库全书》第1294册，台湾商务印书馆，1983。

（明）陆粲：《陆子余集》，《景印文渊阁四库全书》第1274册，台湾商务印书馆，1983。

（明）陆光祖：《陆庄简公掌铨疏略》，国家图书馆缩微文献中心藏明万历二十年（1592）刻本。

（明）陆可教：《陆学士遗稿》，《四库禁毁书丛刊》集部第160册，北京出版社，1997。

（明）罗大纮：《紫原文集》，《四库禁毁书丛刊》集部第139册，北京出版社，1997。

（明）罗钦顺：《整庵存稿》，《景印文渊阁四库全书》第 1261 册，台湾商务印书馆，1983。

（明）吕坤：《去伪斋文集》，《四库全书存目丛书》集部第 161 册，齐鲁书社，1997。

（明）吕坤：《实政录》，《续修四库全书》第 753 册，上海古籍出版社，2002。

（明）马理：《溪田文集搜遗》，洪道书院藏道光二十年（1840）刻本。

（清）莽鹄立：《山东盐法志》，《四库未收书辑刊》第一辑第 24 册，北京出版社，1997。

（明）毛伯温：《毛襄懋先生奏议》，《四库全书存目丛书》史部第 59 册，齐鲁书社，1997。

（明）毛堪：《台中疏略》，《四库禁毁书丛刊》史部第 57 册，北京出版社，1997。

（明）茅元仪：《石民四十集》，《四库禁毁书丛刊》集部第 109 册，北京出版社，1997。

（明）梅之焕：《梅中丞遗稿》，《四库未收书辑刊》第五辑第 25 册，北京出版社，1997。

（明）孟思：《孟龙川文集》，《四库未收书辑刊》第六辑第 21 册，北京出版社，1997。

（明）倪元璐：《倪文贞集》，《景印文渊阁四库全书》第 1297 册，台湾商务印书馆，1983。

（明）倪宗正：《倪小野先生全集》，《四库全书存目丛书》集部第 58 册，齐鲁书社，1997。

（明）欧大任：《欧虞部文集》，《北京图书馆古籍珍本丛刊》第 81 册。

（明）潘顺龙：《（万历）福州府志》，《日本藏中国罕见地方志丛刊》第 140 册，书目文献出版社，1990。

（明）潘希曾：《竹涧集》，《景印文渊阁四库全书》第 1266 册，台湾商务印书馆，1983。

（明）潘游龙：《康济谱》，《四库禁毁书丛刊》史部第7册，北京出版社，1997。

（明）丘濬：《大学衍义补》，《景印文渊阁四库全书》第712～713册，台湾商务印书馆，1983。

（明）商辂：《商辂集》，浙江古籍出版社，2012年。

（明）商辂：《商文毅公集》，《四库全书存目丛书》集部第35册，齐鲁书社，1997。

（明）商辂：《商文毅奏疏》，《景印文渊阁四库全书》第427册，台湾商务印书馆，1983。

（明）申时行等：《大明会典》，《续修四库全书》第789～791册，上海古籍出版社，2002。

（明）申时行：《赐闲堂集》，《四库全书存目丛书》集部第134册，齐鲁书社，1997。

（明）沈长卿：《沈氏日旦》，《续修四库全书》第1131册，上海古籍出版社，2002。

（明）沈德符：《万历野获编》，中华书局，1959。

（明）沈国元：《两朝从信录》，《续修四库全书》第356册，上海古籍出版社，2002。

（明）沈鲤：《亦玉堂稿》，《景印文渊阁四库全书》第1288册，台湾商务印书馆，1983。

（明）沈一贯：《喙鸣文集》，《四库禁毁书丛刊》集部176册，北京出版社，1997。

（明）沈一贯：《敬事草》，《续修四库全书》第479～480册，上海古籍出版社，2002。

（清）沈翼机：《浙江通志》，《景印文渊阁四库全书》第519～526册，台湾商务印书馆，1983。

（明）沈应文：《（万历）顺天府志》，《四库全书存目丛书》史部第208册，齐鲁书社，1997。

（清）盛枫：《嘉禾征献录》，《续修四库全书》第544册，上海古籍出版社，2002。

（明）施沛：《南京都察院志》，《四库全书存目丛书补编》第 73 册，齐鲁书社，2001。

（明）史惇：《恸余杂记》，《四库禁毁书丛刊》史部第 72 册，北京出版社，1997。

（明）宋讷：《西隐集》，《景印文渊阁四库全书》第 1225 册，台湾商务印书馆，1983。

（明）宋启明：《皇明吏部志》，台湾中研院傅斯年图书馆藏明泰昌元年（1620）刻本。

（明）宋应升：《方玉堂集》，《四库禁毁书丛刊》集部第 165 册，北京出版社，1997。

（明）孙承泽：《山书》，《续修四库全书》第 367 册，上海古籍出版社，2002。

（明）孙继皋：《宗伯集》，《景印文渊阁四库全书》第 1291 册，台湾商务印书馆，1983。

（明）孙居相：《两台疏草》，国家图书馆缩微文献中心藏明万历四十年（1612）刻本。

（明）孙懋：《孙毅庵奏议》，《景印文渊阁四库全书》第 429 册，台湾商务印书馆，1983。

（明）孙丕扬：《都察院会题宪务疏》，国家图书馆缩微文献中心藏明万历二十二年（1594）刻本。

（明）孙旬：《皇明疏钞》，《续修四库全书》第 463～464 册，上海古籍出版社，2002。

（明）谈迁：《国榷》，中华书局，1958。

（明）汤显祖：《玉茗堂诗集》，《续修四库全书》第 1362 册，上海古籍出版社，2002。

（明）汤兆京：《灵萱阁集》，《四库全书存目丛书补编》第 98 册，齐鲁书社，2001。

（明）唐伯元：《铨曹仪注》，《续修四库全书》第 749 册，上海古籍出版社，2002。

（明）唐伯元著，朱鸿林点校《醉经楼集》，中华书局，2014。

（明）唐交：《（嘉靖）霸州志》，《天一阁藏明代方志选刊》第6册，上海书店出版社，1982。

（明）唐顺之：《荆川先生右编》，《续修四库全书》第459～460册，上海古籍出版社，2002。

（明）陶望龄：《歇庵集》，《续修四库全书》第1365册，上海古籍出版社，2002。

（明）涂山：《明政统宗》，《四库禁毁书丛刊》史部第2册，北京出版社，1997。

（明）万表：《皇明经济文录》，《四库禁毁书丛刊》集部第18册，北京出版社，1997。

（明）万士和：《万文恭公摘集》，《四库全书存目丛书》集部第109册，齐鲁书社，1997。

（清）万斯同：《明史》，《续修四库全书》，第324～331册，上海古籍出版社，2002。

（明）汪道昆：《太函集》，《续修四库全书》第1346册，上海古籍出版社，2002。

（清）汪森：《粤西文载》，《景印文渊阁四库全书》第1467册，台湾商务印书馆，1983。

（明）汪舜民：《静轩先生文集》，《续修四库全书》第1331册，上海古籍出版社，2002。

（明）王逢年：《南京吏部志》，国家图书馆缩微文献中心藏明天启二年（1622）刻本。

（明）王国光：《司铨奏草》，国家图书馆缩微文献中心藏明万历十年（1582）刻本。

（明）王九思：《渼坡集》，《四库全书存目丛书》集部第48册，齐鲁书社，1997。

（明）王圻：《续文献通考》，《续修四库全书》第762～767册，上海古籍出版社，2002。

（明）王樵：《方麓集》，《景印文渊阁四库全书》第1285册，台湾商务印书馆，1983。

（明）王琼：《双溪杂记》，《四库全书存目丛书》子部第 239 册，齐
鲁书社，1997。

（明）王绍徽：《东林点将录》，《四库全书存目丛书》史部第 107 册，
齐鲁书社，1997。

（明）王世懋：《王奉常集》，《四库全书存目丛书》集部第 133 册，
齐鲁书社，1997。

（明）王世贞：《觚不觚录》，《景印文渊阁四库全书》第 1041 册，台
湾商务印书馆，1983。

（明）王世贞：《嘉靖以来首辅传》，《景印文渊阁四库全书》第 452
册，台湾商务印书馆，1983。

（明）王世贞：《弇山堂别集》，中华书局，2006。

（明）王世贞：《弇州史料后集》，《四库禁毁书丛刊》史部第 49 册，
北京出版社，1997。

（明）王世贞：《弇州四部稿》，《景印文渊阁四库全书》第 1279～
1281 册，台湾商务印书馆，1983。

（明）王世贞：《弇州续稿》，《景印文渊阁四库全书》第 1282～1284
册，台湾商务印书馆，1983。

（明）王守仁：《王阳明先生全集》，《四库全书存目丛书》集部第 51
册，齐鲁书社，1997。

（明）王恕：《王端毅奏议》，《景印文渊阁四库全书》第 427 册，台
湾商务印书馆，1983。

（明）王廷相：《浚川奏议集》，《四库全书存目丛书》集部第 53 册，
齐鲁书社，1997。

（明）王锡爵：《王文肃公文集》，《四库禁毁书丛刊》集部第 8 册，
北京出版社，1997。

（明）王以宁：《西台疏草》，《四库禁毁书丛刊》史部第 69 册，北京
出版社，1997。

（明）王元翰：《王谏议全集》，《四库未收书辑刊》第五辑第 25 册，
北京出版社，1997。

（明）王直：《抑庵文集》，《景印文渊阁四库全书》第1241册，台湾商务印书馆，1983。

（明）魏大中：《藏密斋集》，《四库禁毁书丛刊》集部第45册，北京出版社，1997。

（明）温纯：《温恭毅集》，《景印文渊阁四库全书》第1288册，台湾商务印书馆，1983。

（明）文秉：《定陵注略》，北京大学出版社，1984。

（明）文秉：《烈皇小识》，《续修四库全书》第439册，上海古籍出版社，2002。

（明）文翔凤：《皇极篇》，《四库禁毁书丛刊》集部第49册，北京出版社，1997。

（明）文徵明：《莆田集》，《景印文渊阁四库全书》第1273册，台湾商务印书馆，1983。

（明）吴道行：《不愧堂刻奏疏》，《四库禁毁书丛刊补编》第20册，北京出版社，2005。

（明）吴道南：《吴文恪公文集》，《四库禁毁书丛刊》集部第31册，北京出版社，1997。

（明）吴国伦：《甔甀洞稿》，《四库全书存目丛书》集部第123册，齐鲁书社，1997。

（明）吴亮：《万历疏钞》，《四库禁毁书丛刊》史部第59册，北京出版社，1997。

（明）吴麟征：《吴忠节公遗集》，《四库禁毁书丛刊》集部第81册，北京出版社，1997。

（明）吴瑞登：《两朝宪章录》，《续修四库全书》第352册，上海古籍出版社，2002。

（明）吴甡：《淮南吴柴庵疏集》，《明季史料集珍》，（台北）伟文图书版社，1976。

（明）吴宗达：《吴文端公涣亭存稿》，《原国立北平图书馆甲库善本丛书》，国家图书馆出版社，2013，第875册。

（明）伍袁萃：《林居漫录》，《续修四库全书》第1172册，上海古籍出版社，2002。

（清）夏燮：《明通鉴》，中华书局，2009。

（明）夏言：《夏桂州文集》，《四库全书存目丛书》集部第74册，齐鲁书社，1997。

（明）谢纯：《（嘉靖）建宁府志》，《天一阁藏明代方志选刊》第38册。

（明）谢肃：《密斋集》卷6，《景印文渊阁四库全书》第1228册，台湾商务印书馆，1983。

（明）邢大道：《白云巢集》，《四库未收书辑刊》第六辑第25册，北京出版社，1997。

（明）熊尚文：《重订赋役成规》，《续修四库全书》第833册，上海古籍出版社，2002。

（明）徐昌治：《昭代芳摹》，《四库禁毁书丛刊》史部第43册，北京出版社，1997。

（明）徐阶：《世经堂集》，《四库全书存目丛书》集部第79册，齐鲁书社，1997。

（明）徐恪：《少司空主一徐公奏议》，《天津图书馆孤本秘籍丛书》第2册，天津图书馆，1999。

（明）徐师曾：《湖上集》，《续修四库全书》第1351册，上海古籍出版社，2002。

（明）徐象梅：《两浙名贤录》，《四库全书存目丛书》史部第113册，齐鲁书社，1997。

（明）徐学聚：《国朝典汇》，《四库全书存目丛书》史部第264～266册，齐鲁书社，1997。

（明）徐学谟：《世庙识余录》，《续修四库全书》第433册，上海古籍出版社，2002。

（明）徐有贞：《武功集》，《景印文渊阁四库全书》第1245册，台湾商务印书馆，1983。

（明）徐中行：《天目先生集》，《续修四库全书》第1349册，上海古籍出版社，2002。

（明）薛冈：《天爵堂文集》，《四库未收书辑刊》第六辑第 25 册，北京出版社，1997。

（明）薛应旂：《方山先生文录》，《续修四库全书》第 1343 册，上海古籍出版社，2002。

（明）杨德周：《铜马编》，《四库全书存目丛书》集部第 184 册，齐鲁书社，1997。

（明）杨继盛：《椒山先生自著年谱》，《北京图书馆藏珍本年谱丛刊》第 49 册，北京图书馆出版社，1999。

（明）杨廉：《杨文恪公文集》，《续修四库全书》第 1332 册，上海古籍出版社，2002。

（明）杨一清：《关中奏议》，《景印文渊阁四库全书》第 428 册，台湾商务印书馆，1983。

（明）杨寅秋：《临皋文集》，《景印文渊阁四库全书》第 1291 册，台湾商务印书馆，1983。

（明）杨宗甫：《（嘉靖）惠州府志》，《天一阁藏明代方志选刊》第 113 册。

（明）姚广孝等：《明实录》，台湾中研院史所校勘本，1962 ~ 1965 年。

（明）姚舜牧：《来恩堂草》，《四库禁毁书丛刊》集部第 107 册，北京出版社，1997。

（明）姚之骃：《元明事类钞》，《景印文渊阁四库全书》第 884 册，台湾商务印书馆，1983。

（明）叶春及：《石洞集》，《景印文渊阁四库全书》第 1286 册，台湾商务印书馆，1983。

（明）叶向高：《纶扉奏草》，《四库禁毁书丛刊》史部第 36 ~ 37 册，北京出版社，1997。

（明）叶向高：《蘧编》，《北京图书馆藏珍本年谱丛刊》第 53 册，北京图书馆出版社，1999。

（明）叶向高：《续纶扉奏草》，《四库禁毁书丛刊》史部第 37 册，北京出版社，1997。

佚名：《皇明诏令》，《四库全书存目丛书》史部第 58 册，齐鲁书社，1997。

（明）尹直：《謇斋琐缀录》，《四库全书存目丛书》子部第 239 册，齐鲁书社，1997。

（清）永瑢、纪昀：《钦定历代职官表》，《景印文渊阁四库全书》第 601～602 册，台湾商务印书馆，1983。

（清）永瑢：《四库全书总目提要》，中华书局，1965。

（明）于慎行：《谷城山馆文集》，《四库全书存目丛书》集部第 147～148 册，齐鲁书社，1997。

（明）于慎行：《谷山笔麈》，《四库全书存目丛书》子部第 87 册，齐鲁书社，1997。

（明）余继登：《淡然轩集》，《景印文渊阁四库全书》第 1291 册，台湾商务印书馆，1983。

（明）余懋学：《仁狱类编》，《续修四库全书》第 974 册，上海古籍出版社，2002。

（明）袁宏道：《袁中郎全集》，《四库全书存目丛书》集部第 174 册，齐鲁书社，1997。

（明）臧懋循：《负苞堂文选》，《续修四库全书》第 1361 册，上海古籍出版社，2002。

（明）张璁：《东瓯张文忠奏对稿》，《四库全书存目丛书补编》第 76 册，齐鲁书社，2001。

（明）张璁：《太师张文忠公文集》，《四库全书存目丛书》集部第 77 册，齐鲁书社，1997。

（明）张岱：《石匮书》，《续修四库全书》第 318～320 册，上海古籍出版社，2002。

（明）张岱：《石匮书后集》，《续修四库全书》第 320 册，上海古籍出版社，2002。

（明）张凤翼：《处实堂集》，《续修四库全书》第 1353 册，上海古籍出版社，2002。

（明）张国维：《抚吴疏草》，《四库禁毁书丛刊》史部第 39 册，北京出版社，1997。

（明）张瀚：《皇明疏议辑略》，《续修四库全书》第 462～463 册，上海古籍出版社，2002。

（明）张瀚：《松窗梦语》，中华书局，1985。

（明）张瀚：《台省疏稿》，《续修四库全书》第 478 册，上海古籍出版社，2002。

（明）张弘道：《皇明三元考》，《四库全书存目丛书》史部第 271 册，齐鲁书社，1997。

（明）张居正：《张太岳集》，上海古籍出版社，1984。

（明）张卤：《皇明制书》，《续修四库全书》第 788 册，上海古籍出版社，2002。

（明）张卤：《皇明嘉隆疏抄》，《续修四库全书》第 466 册，上海古籍出版社，2002。

（明）张时彻：《嘉靖新例》，《天一阁藏明代政书珍本丛刊》第 20 册。

（明）张四维：《条麓堂集》，《续修四库全书》第 1351 册，上海古籍出版社，2002。

（清）张廷玉：《明史》，北京：中华书局，1974 年。

（明）张位：《词林典故》，《四库全书存目丛书》史部第 258 册，齐鲁书社，1997。

（明）张萱：《西园闻见录》，《续修四库全书》第 1168～1170 册，上海古籍出版社，2002。

（明）张永明：《张庄僖文集》，《景印文渊阁四库全书》第 1277 册，台湾商务印书馆，1983。

（明）张元忭：《馆阁漫录》，《四库全书存目丛书》史部第 259 册，齐鲁书社，1997。

（元）张正常：《汉天师世家》，《正统道藏》第 58 册，（台北）新文丰出版公司，1985。

（清）赵弘恩等《江南通志》，《景印文渊阁四库全书》第 507～512 册，台湾商务印书馆，1983。

（明）赵南星：《赵忠毅公诗文集》，《四库禁毁书丛刊》集部第68册，北京出版社，1997。

（明）赵时春：《赵浚谷文集》，《四库全书存目丛书》集部第87册，齐鲁书社，1997。

（明）赵维寰：《雪庐焚余续草》，《四库禁毁书丛刊》集部第88册，北京出版社，1997。

（明）赵钲：《无闻堂稿》，《四库全书存目丛书》集部第112册，齐鲁书社，1997。

（明）赵用贤：《松石斋集》，《四库禁毁书丛刊》集部第41册，北京出版社，1997。

（明）赵贞吉：《赵文肃公文集》，《四库全书存目丛书》集部第100册，齐鲁书社，1997。

（明）赵志皋：《内阁奏题稿》，《续修四库全书》第479册，上海古籍出版社，2002。

（明）郑明选：《郑侯升集》，《四库禁毁书丛刊》集部第75册，北京出版社，1997。

（明）郑庆云：《（嘉靖）延平府志》，《天一阁藏明代方志选刊》第39册。

（明）郑晓：《郑端简公奏议》，《续修四库全书》第476册，上海古籍出版社，2002。

（汉）郑玄注，（唐）贾公彦疏：《周礼注疏》，北京大学出版社，1999。

（汉）郑玄：《周礼郑氏注》，山东友谊出版社，1992。

（明）周孔教：《中州疏稿》，《续修四库全书》第481册，上海古籍出版社，2002。

（明）周念祖：《万历辛亥京察记事始末》，《续修四库全书》第435册，上海古籍出版社，2002。

（明）周起元：《周忠愍奏疏》，《景印文渊阁四库全书》第430册，台湾商务印书馆，1983。

（明）周瑛：《翠渠摘稿》，《景印文渊阁四库全书》第1254册，台湾商务印书馆，1983。

（明）周永春：《丝纶录》，《四库禁毁书丛刊》史部第74册，北京出版社，1997。

（明）周用：《周恭肃公集》，《四库全书存目丛书》集部第55册，齐鲁书社，1997。

（明）周宗建：《周忠毅公奏议》，《续修四库全书》第492册，上海古籍出版社，2002。

（明）朱国祯：《涌幢小品》，《四库全书存目丛书》子部第106册，齐鲁书社，1997。

（明）朱裳：《朝觐事宜》，辽宁省图书馆藏明嘉靖十一年（1532）刻本。

（明）朱廷立：《盐政志》，《四库全书存目丛书》史部第273册，齐鲁书社，1997。

（明）朱吾弼：《皇明留台奏议》，《续修四库全书》第467册，上海古籍出版社，2002。

（明）朱燮元：《督蜀疏草》，《四库全书存目丛书》史部第65册，齐鲁书社，1997。

（明）朱元璋：《御制大诰续编》，收录于张德信、毛佩琦《洪武御制全书》，黄山书社，1995。

（明）朱元璋：《诸司职掌》，《续修四库全书》第748册，上海古籍出版社，2002。

（明）祝以豳：《诒美堂集》，《四库禁毁书丛刊》集部第101册，北京出版社，1997。

（明）祝允明：《怀星堂集》，《景印文渊阁四库全书》第1260册，台湾商务印书馆，1983。

（明）卓发之：《泸篱集》，《四库禁毁书丛刊》集部第107册，北京出版社，1997。

（明）宗臣：《宗子相集》，《景印文渊阁四库全书》第1287册，台湾商务印书馆，1983。

（明）邹元标：《邹忠介公奏疏》，《四库禁毁书丛刊补编》第23册，北京出版社，2005。

（明）左懋第：《左忠贞公剩稿》，《四库未收书辑刊》第六辑第 26 册，北京出版社，1997。

二 近人论著

1. 中文论著及译著

蔡明伦：《明代言官群体研究》，中国社会科学出版社，2009。

常越男：《清代考课制度研究》，北京大学出版社，2010。

陈宝良：《明代社会生活史》，中国社会科学出版社，2004。

陈学霖：《明代人物与史料》，香港中文大学出版社，2001。

仇鹿鸣：《魏晋之际的政治权力与家族网络》，上海古籍出版社，2012。

邓小南：《政绩考察与信息渠道——以宋代为重心》，北京大学出版社，2008。

丁易：《明代特务政治》，中华书局，2006。

杜婉言、方志远：《中国政治制度通史·明代卷》，人民出版社，1996。

樊铧：《政治决策与明代海运》，社会科学文献出版社，2009。

方志远：《明代国家权力结构及运行机制》，科学出版社，2008。

关文发、颜广文：《明代政治制度研究》，中国社会科学出版社，1996。

郭培贵：《明史选举志考论》，中华书局，2006。

洪早清：《明代阁臣群体研究》，华中师范大学出版社，2012。

胡吉勋：《"大礼议"与明廷人事变局》，社会科学文献出版社，2007。

黄宽重：《政策·对策：宋代政治史探索》，（台北）联经出版公司，2012。

黄仁宇：《万历十五年》，中华书局，1982。

黄云眉：《明史考证》，中华书局，1986。

姜德成：《徐阶与嘉隆政治》，天津古籍出版社，2002 年。

解扬：《治政与事君：吕坤〈实政录〉及其经世思想研究》，生活·读书·新知三联书店，2011。

赖建成：《边镇粮饷》，浙江大学出版社，2010。

冷东：《叶向高与明末政坛》，汕头大学出版社，1996。

李渡：《明代皇权政治研究》，中国社会科学出版社，2004。

李洵：《下学集》，中国社会科学出版社，2006。

刘勇：《中晚明士人的讲学活动与学派建构——以李材（1529～1607）为中心的研究》，商务印书馆，2015。

楼劲、刘光华：《中国古代文官制度》，中华书局，2009。

孟森：《明史讲义》，中华书局，2006。

潘星辉：《明代文官铨选制度研究》，北京大学出版社，2006。

齐畅：《宫内、朝廷与边疆——社会史视野下的明代宦官研究》，中国社会科学出版社，2014。

钱茂伟：《明代的科举家族：以宁波杨氏为中心的考察》，中华书局，2014。

谭天星：《明代内阁政治》，中国社会科学出版社，1996。

汤纲、南炳文：《明史》，上海人民出版社，1991。

唐克军：《不平衡的治理——明代政府运行研究》，武汉出版社，2004。

陶希圣、沈任远：《明清政治制度》，台湾商务出版社，1967。

田澍：《嘉靖革新研究》，中国社会科学出版社，2002。

王春瑜、杜婉言：《明朝宦官》，陕西人民出版社，2007。

王剑：《明代密疏研究》，中国社会科学出版社，2005。

王其榘：《明代内阁制度史》，中华书局，1989。

王天有：《明代国家机构研究》，北京大学出版社，1992。

王兴亚：《明代行政管理制度》，中州古籍出版社，1999。

韦庆远：《张居正和明代中后期政局》，广东高等教育出版社，1999。

吴晗：《朱元璋传》，陕西师范大学出版社，2008。

吴艳红：《明代制度研究》，浙江大学出版社，2014。

吴智和：《明代的儒学教官》，（台北）学生书局，1991。

杨树藩：《明代中央政治制度》，台北商务出版社，1978。

杨树藩：《中国文官制度史》，台湾黎明文化事业公司，1982。

叶晔：《明代中央文官制度与文学》，浙江大学出版社，2011。

张德信：《明代典章制度》，吉林文史出版社，2001。

张德信：《明代职官年表》，黄山书社，2009。

张荣林：《明代文官选任之研究》，（台北）登文书局，1983。

张显清、林金树：《明代政治史》，广西师范大学出版社，2003。

张治安：《明代政治制度研究》，（台北）联经出版事业公司，1992。

郑克晟：《明代政争探源》，天津古籍出版社，1988。

朱鸿林：《〈明儒学案〉选讲》，生活·读书·新知三联书店，2012。

朱鸿林：《明人著作与生平发微》，广西师范大学出版社，2005。

朱鸿林：《致君与化俗：明代经筵乡约研究文选》，生活·读书·新知三联书店，2013。

朱鸿林：《中国近世儒学的思辨与习学》，北京大学出版社，2005。

〔法〕让·德·米里拜尔，《明代地方官吏及文官制度——关于陕西和西安府的研究》，郭太初等译，陕西人民出版社，1994。

〔日〕小野和子：《明季党社考》，李庆、张荣湄译，上海古籍出版社，2006。

2. 外文论著

阪倉篤秀『明王朝中央統治機構の研究』、汲古書院、2000。

和田正広『明清官僚制の研究』、汲古書院、2002。

檀上寛『明朝専制支配の史構造』、汲古書院、1995。

Charles O. Hucker, *The Traditional Chinese State in Ming Times (1368 ~ 1644)* (Tucson：University of Arizona Press, 1961).

Charles O. Hucker, *The Censorial System of Ming China* (Stanford：Stanford University Press, 1966).

Charles O. Hucker, *Chinese Government in Ming Times：Seven Studies* (New York：Columbia University Press, 1969).

Charles O. Hucker, *The Ming Dynasty：Its Origins and Evolving Institutions* (Ann Arbor：Center for Chinese Studies the University of Michigan, 1978).

Goodrich, L. Carrington and Fang, Chaoying eds. , *Dictionary of Ming Biography, 1368 ~ 1644* (New York：Columbia University Press, 1976).

Twitchett and Frederick W. Mote, *The Cambridge History of China, The Ming Dynasty (1368 ~ 1644)* (Cambridge：Cambridge University Press, 1998).

附 录

1 徐阶自陈疏 6 篇

笔者已于正文第二章第一节对京察自陈疏进行过专题研究,本处附录徐阶(1503~1583)的 6 篇京察自陈疏,以见自陈疏之全貌。之所以选择徐阶的 6 篇自陈疏,乃因笔者遍检明代官员文集,极少发现某一特定官员的文集里留存多篇京察自陈疏的情况。除徐阶外,目前所见自陈疏较多的有周用(3 篇)①、毛伯温(3 篇)②、张瀚(3 篇)③、沈一贯(3 篇)④、温纯(3 篇)⑤。以年代为序梳理徐阶的 6 篇京察自陈疏,可以看出同一官员在不同岗位上所写自陈疏的差异性,还可以知悉明代京察自陈疏的写作背景、写作内容、皇帝批复情况及背后的政治文化。

---

① 周用的 3 篇京察自陈疏,见(明)周用《周恭肃公集》,卷 15,第 122b 页;卷 15,第 131a 页;卷 16,第 143b 页。
② 毛伯温的 3 篇京察自陈疏,见(明)毛伯温《毛襄懋先生奏议》,卷 7,第 581b 页;卷 9,第 605a 页;卷 14,第 672b 页。
③ 张瀚的 3 篇京察自陈疏,见(明)张瀚《台省疏稿》卷 1,第 22a~24a 页。
④ 沈一贯的 3 篇京察自陈疏,见(明)沈一贯《敬事草》,《续修四库全书》第 479 册,第 227b~228b 页,第 230b 页;《续修四库全书》第 480 册,第 4 页。
⑤ 温纯的 3 篇京察自陈疏,见(明)温纯《温恭毅集》,卷 4,第 465b~466a 页;卷 6,第 522b~523a 页;卷 6,第 545b~546a 页。

一　《考察自陈》①

该本部题为遵旧例、严考察，以励庶官事。奉圣旨："是。各衙门例该考察的官员，你部里便会同都察院堂上官照例从公考察。翰林院、詹事府等衙门，照嘉靖六年考察事例行。钦此钦遵。"

臣惟考察者，朝廷之大典；吏部者，铨衡之要地。臣本庸陋，重以迂疏。守章句之旧而无适用之才，抱乐善之心而乏知人之鉴。幸蒙皇上至仁，无弃物使；人不求备，遂缘貂续。滥佐铨司，感恩崇深，揣分悚惧。即在居常之日，犹贻尸素之讥；况今考察百僚，臣亦与闻末议。顾岂能以不肖之身甄别淑慝，仰赞大典于万一乎？伏乞圣明将臣首赐罢黜，别选贤能以克任使，庶法行于近而众志自服，选公于上而清议自彰，其于圣治不无少补。臣愚，不胜祈恳之至。

嘉靖二十四年三月初三日奉圣旨："徐阶职佐铨曹，着从公协赞考察，不准辞，吏部知道。"

该自陈疏写于嘉靖二十四年（1545）三月，徐阶时任吏部右侍郎。其时，徐阶作为协管京察的官员必须首先请求罢黜。三月初三日徐阶的《考察自陈》奏疏获得批复后②，当年京察遂于三月初九日展开。③

二　《考察自陈》④

该吏部题奉钦依，举行考察之典。已将五品以下官照例考察讫。

---

① （明）徐阶：《世经堂集》卷10，第531a～531b页。
② 《实录》记："吏部尚书熊浹、左侍郎王学夔、右侍郎徐阶，都察院左都御史周用、左副都御史周煦、右佥都御史杨行中，各以考察庶官，先自陈乞罢，不允。俱令悉心考察。"是月甲子为三月初二日，然徐阶个人文集中所记日期为三月初三日，或因三月初二日御批发下，三月初三日徐阶收到批复，因此有一天的时间差。见《明世宗实录》卷297，嘉靖二十四年三月甲子条，第5661页。
③ 《明世宗实录》卷297，嘉靖二十四年三月辛未条，第5662页。
④ （明）徐阶：《世经堂集》卷10，第531b～532a页。

臣惟大臣者，庶官之表也。大臣法而后小臣廉，大臣得其人而后能各率其属以修其政。然则今日罢黜不职，不独当详于庶官，实当严于大臣也。臣荷蒙圣恩，擢任礼卿，加秩一品。虽素乏大臣之望，而固已冒而居乎其官。自受职以来，再易岁矣。感恩图报虽不敢顷刻忘于心，而柔懦之资，鞭策不能进；狭小之器，思勉不能拓。程效计功，未有尺寸。皇上之遇臣，迥出常格之外，而臣所以报塞者，顾犹不逮众人。然则今日大臣之不职，又实莫甚于臣也。

仰惟皇上留神修攘，宵旰孜孜，简用大臣，厥为首务。而考察旧典，适当举行之期，臣岂敢仍窃禄位，重负恩造？伏乞圣明将臣罢黜，别选贤能以克任使，则考察之典严而庶官益励，其于政治所补不小矣。

嘉靖三十年二月二十日奉御批："朕简任卿，非他众同。宜思忠正之道以报，不允辞。吏部知道。"

该自陈疏写于嘉靖三十年（1551），徐阶时任礼部尚书，是年于二月十五日举行京察①。徐阶此时已经由吏部右侍郎升任礼部尚书，进入了"七卿"之列。虽然职品较以前提升，但因为已经调离了主管考察的吏部，故此只得在吏部"已将五品以下官照例考察讫"之后才上疏自陈乞休。

三　《考察自陈》②

奏为自陈不职，乞赐罢黜以公考察事。该吏部题奉钦依，举行六年考察京官之典，而大臣则许自陈。

臣惟官得其人，则庶绩熙；法行自近，则群情畏，此常理也。乃若辅弼之臣，其责任视百司为最重，其地分视百司为最亲，此尤择人者之所宜慎，行法者之所宜先也。臣猥以凡庸，荷蒙皇上特赐御批，

---

① 《明世宗实录》卷370，嘉靖三十年二月癸酉条，第6613页。
② （明）徐阶：《世经堂集》卷10，第532a～b页。

拔置内阁，恩遇隆特，千载一时。臣感激图报，虽罔敢懈逸，而材质所限，鞭策莫前。文不足以代言，学不足以经世，望不能表正士习，识不能周知政体。廪禄之叨縻滋久，涓埃之补益未效。此在为官择人之义，本不容立于治朝。况今当考察自陈，正行法之日，顾宜仍处非据，上负圣恩而下妨贤路哉。伏乞圣明将臣首赐罢黜，以昭行法之公，庶百司咸知惕励，官各得人而圣治益隆矣。

嘉靖三十六年二月十七日奉圣旨："卿学识优敏。内阁重地，朕所简任，宜尽诚辅赞，岂可引例求退？不允所陈。吏部知道。"

该自陈疏写于嘉靖三十六年（1557），徐阶时任内阁次辅，当年于二月十五日举行京察①。徐阶此时已经由礼部尚书入阁，但因其并非吏部官员，仍需于京察之后上疏再自陈乞休，至十七日获批复。

四 《灾异自陈》②

顷者旱暵经时，风霾屡作，该吏部以言官之议，推致灾之由。题奉钦依，行四品以上京堂官各自陈。臣窃惟朝廷设官虽皆有政事之责，然在《周书》以寅亮天地独归之三孤，而汉世每遇灾异辄策免辅理之臣，则其责固有所专，而旷其官者所宜执其咎矣。

臣一介草茅，荷蒙皇上天恩，不次拔擢。叨以孤卿之衔，滥居论思之地，所谓寅亮辅理，实兼任之。而臣学识迂疏，性资暗懦，既不能有所建明，以少赞皇上中和位育之化，又不能早自引退，以开贤者亮工熙载之途。乃兹灾异荐臻，民生困踬。仰厪我皇上屡举祷雨之典，数下赈饥拯疾之令。宸衷恳恻，圣躬烦劳，臣之罪愆，何所于逭？伏乞圣恩将臣首赐罢免，然后按诸司之职业，校其修废而去留之。而尤严贪墨之罚，重奔竞之禁，是乃所以修人事、回天意之大者也。

---

① 《明世宗实录》卷444，嘉靖三十六年二月己亥条，第7577页。
② （明）徐阶：《世经堂集》卷10，第533b~534a页。

嘉靖四十年五月二十日奉圣旨："卿学行老成，宜益竭忠猷，勤诚辅赞以副眷任，岂可因灾求退？所陈不允。吏部知道。"

该封自陈疏写于嘉靖四十年（1561）五月，徐阶时任内阁次辅。本次京察与上次京察仅间隔四年，属于因自然灾害而进行的"闰察"。因为当年并非制度规定的京察年份，部、院筹备考察尚需时日，因此该年大臣先行自陈，吏部再对其他官员进行考察。因此，徐阶在五月二十日即已被御批留用，但吏部考察其他京官的公文迟至五月二十三日才发出。①

五　《考察自陈》②

近该吏部题奉钦依，举行考察之典。臣备员大臣，例许自陈。

窃念臣本以凡庸，误蒙皇上拔置内阁，顷复叨居辅臣之首。臣感荷圣恩，誓图报答。伏思君令臣恭之义，则欲倡率庶僚，使祗承德意以尊事朝廷；体天覆地载之仁，则欲绥怀小民，使沐浴膏泽以会归皇极。故一切政务，凡有关于尊主庇民者，朝夕思惟，锐志毕力，冀以少裨我皇上中兴之烈，少纾我皇上宵旰之怀。此臣之心，亦臣之分也。奈性资柔懦，不足以佐明作之功；才识浅劣，不足以赞计远之画。志意徒勤，绩用靡效。加以年逾六十，气血耗衰。遇事每病于惩忘，运思多苦于昏塞。稍涉劳顿，则头晕目眩如履转轮；偶失寝食，则心悸神摇如临深谷。疲惫若此，瘝旷可知。

仰惟皇上之恩眷愈渥，而臣之称塞愈难；皇上之任使愈重，而臣之忧惧愈甚。常自量能而揣分，久宜去位以让贤。只因怀感激图报之忱，未敢陈衰病乞归之疏。兹当公举彝章，难复冒居近列。辄摅愚悃，上渎宸严。伏乞圣明将臣首赐罢黜，使群臣知有不职者，即辅臣不得以幸免。则至公之典，足以慑服人心。臣虽不能仰报圣恩于窃禄之时，而得因去官以风励有位，于圣治亦或有少补矣。

---

① 《明世宗实录》卷496，嘉靖四十年五月壬午条，第8225页。
② （明）徐阶：《世经堂集》卷10，第534a～b页。

　　嘉靖四十二年二月二十八日奉御批："卿念在邦民，诚图宁固，辅首方居。正宜赞朕不及，所陈弗允，罔弃是思。吏部知道。"

　　该自陈疏写于嘉靖四十二年（1563），徐阶时任内阁首辅，当年于二月二十六日举行京察，徐阶于京察之后上疏自陈乞休，至二十八日获准留用。

六　《奉诏自陈》[①]

　　伏读诏书内一款："六部等衙门四品以上官，俱着自陈，钦此。"
　　伏念臣性资迂懦，学术空疏。偶蒙先帝之误知，遂冒辅臣之首秩。小廉曲谨，仅勉守于矩寻；至计讦猷，实罔裨于分寸。负恩旷职，积咎良多。乃今天运维新，圣人御极。方将整齐六合，开无疆之太平；鞭策群工，建有赫之勋业。如臣久孤任使，岂合仍玷班行？夫建明堂者，本无取于朴樕之材；而登新筵者，尤不容有腐残之品。臣于审度，颇自分明。公论舆情，谅所不与。况臣年六十有五，气血两弱，形神俱疲。虽心不敢懈于服官，而力已难于任事。窃惟朝廷养士之廪禄，皆出百姓之膏脂。讵宜取彼勤苦之输，将以供衰庸之耗蠹？伏乞皇上将臣首赐罢黜，改属时贤俾佐圣政，则众志奋于用舍之各当，庶绩熙于辅理之得人。臣身伏丘岩，其为荣幸与在朝等矣。
　　隆庆元年正月十三日奉圣旨："卿辅弼首臣，忠诚体国，勋庸茂著，中外具瞻。朕兹嗣位，眷倚方切，宜益竭谋猷，赞成化理，所辞不允。吏部知道。"

　　将以上六篇自陈疏串联起来，不难发现在 1545～1567 年这 22 年的时间里，徐阶虽然职品一直都在变化，但书写自陈书时的"谦恭"态度始终如一。如果徐阶果真如自陈疏中所写的那样衰朽、愚钝，断不会在政坛风云诡谲的嘉靖朝扶摇直上，直至位极人臣。但每逢京察届期，却又不得

---

① （明）徐阶：《世经堂集》卷 10，第 535 页。

不自陈自己的错漏，因此其书写的自陈疏，很难称得上真诚。但这些不断的陈奏，却可以让皇帝知晓其谦卑与体国，这或许是相关自陈疏对徐阶而言最重要的意义。同样，万历年间徐阶之孙徐肇惠将这些自陈疏及两朝皇帝的批复不厌其详地刊刻进《世经堂集》①，更多的也是对其祖父屡受圣眷的一种夸耀。

通过这些自陈疏，还可以知悉明代京察自陈疏的写作缘起，除了正常的"六年一察"外，还有其他诸多原因。以上自陈疏中的第一、二、三、五篇属于京察制度正常运行时的常规自陈，第四篇是因灾异而进行的京察自陈，第六篇则是隆庆元年（1567）因穆宗即位而进行的"闰察"自陈，因为此次京察属于临时举行的京察②，当年正月十九日正式考察结果才发布，③ 但徐阶的自陈早在京察前数日即已获得批复。对于徐阶和类似徐阶这样的大员，皇帝断不会轻易允许其去位，而皇帝寥寥数字的御批，除了体现对官员的恩宠，更多的则是对高级官员人事控制权的表达，自陈疏的上呈与下达，将明代尊君抑臣的政治文化表露无遗。

2　由《新政纪略》所见访单

笔者于第二章第二节对京察访单进行过考论，然囿于篇幅，仅能对京察访单的基本情况、流转机制、使用过程及访单如何影响到京察结果做出考论，无法全方位地呈现京察访单，读者或难知访单之体例。因此于此处附访单文本1卷，这也是目前笔者仅见的京察访单全本，从中可见京察访单的详细内容。这封访单，原附录于外史氏辑《新政纪略》④ 之后，为了解作者附录此访单的立场，有必要对此书的基本情况予以介绍。

---

① 中国古籍总目编纂委员会编《中国古籍总目》集部第2册，中华书局、上海古籍出版社，2013，第717页。

② 如前所述，自明世宗嘉靖皇帝开始，明穆宗隆庆皇帝、明神宗万历皇帝皆于即位时进行京官考察，而这种即位后的考察的政治意义远大于行政意义。先帝时期的高级官员通过京察自陈的"仪式"被新帝留用，从顾命老臣的角色转变为新朝大臣。其意义在于便于新帝通过人事调整的方式树立自身权威、加强对官僚集团的掌控，以便更好地施行即位后的"新政"措施。

③《明穆宗实录》卷3，隆庆元年正月乙亥条，第73页。

④ 该书收录于《续修四库全书》史部第438册，第559a～725a页，题名《圣朝新政要略》。

该书虽名为《圣朝新政要略》，然查凡例及版心，皆称《新政纪略》。《续修四库全书》的编者为何加上"圣朝"二字姑且不论，但此书的抄写者实未加上"圣朝"二字。该书有序无跋，但在序中亦不著年月及写序者实名。虽为抄本，但未留下抄写者的有关线索，这给我们利用该书造成了极大的困难。

该书作者题名为"外史氏"，可见作者显然不想以其真姓名示人。此书卷首有清朝光绪十九年（1893）署名"一痴道人"所作序言，其称"《崇祯新政纪略》十卷，不知何人所辑。以天启七年之间，举朝皆阉党矣，所云参魏忠贤、劾崔呈秀者，皆阉党图自救之术，非恶魏、崔也……辑此书者亦阉党也。故每于暗右逆案之语辄评黄圈点之，独倪鸿宝'世界已清，方隅未化'一疏但录旨意而不加甄录，则此书之无一可取，亦可知矣"①。以此观之，所谓"一痴道人"认为该书于崇祯初年由阉党所作，并提出了其判断缘由。但一痴道人的评价亦有可商榷之处。《新政纪略》的作者在奏议中未收录倪元璐（1594～1644）的"世界已清"一疏，在该书的附录部分的第一篇文字是以弹劾阉党闻名的杨涟（1572～1625）所作的《首参魏忠贤二十四罪疏》。虽然在杨涟的奏疏后面亦附上天启帝斥责杨涟的圣谕，但编者或许只是想如实呈现天启帝时的朝政荒怠而凸显崇祯即位后的政务一新，似不可以未记载倪云璐的奏议来轻易判断编者的政治立场。

无论此书是否由阉党所编，但该书编者确实在自序及卷首对崇祯即位后的新政大加称赞。其在序言中称："今上一御极而大憝以除，众正以兴。乾坤为之一清，日月为之重朗。否转为泰，无复晦塞之象。"对新朝大加称颂。在凡例中明言："是编疏章，关系起用废臣及屏逐奸邪者，俱得胪列……附载初参魏、客疏章及近日铨部访单、迁谪姓名于后……俾清朝新政凡我父老子弟皆得备阅。"亦是在歌颂崇祯帝即位后的朝政。综合以上这些因素考量，该书的编者编辑此书究竟是真心歌颂新朝，抑或是在新朝建立后借编书以图自保，其真实意图已难查知。

该书记事从天启七年（1627）十月十五日起，到崇祯元年三月十一

---

① 外史氏：《圣朝新政要略》，第559a页。

日止，记事时长约 150 天，主要是将此时间段内的邸报依照日期顺序逐日开列。因缺少背景资料，亦难以知晓其为何将终止记事的时间选定在崇祯元年三月。但编者在凡例中明言："是编或有疏无旨，有旨无疏，以金陵邸报原多未备，无从查考。"因此基本可以确定该书编者应为天启、崇祯年间南京官场的相关人士。

　　该书在正文及附录的天头、地脚部分有眉批，眉批大量引用《天鉴录》《钦定逆案》等书。《天鉴录》由阉党人士所编呈，《钦定逆案》由反阉党人士韩爌（1566～1644）奉敕编撰，加之附录的访单部分又大量使用《东林籍贯》《东林点将录》《盗柄东林伙》等书籍，以此推知，批注者并非东林党的支持者，亦非东林党的反对者，批注者的身份扑朔迷离，难知晓批注者与作者的联系。所幸在附录部分，有两处明确标注了《国史贰臣传》。因此，尽管不能确定天头、地脚的批注出自谁手，但可以确定批注者中至少有清朝乾隆之后的人物。在续修四库本的影印过程中，很可能将初始的抄本及后世批注一并付印，如不注意这一点，便会给理解本书内容造成又一重困难。

　　本书后附《吏部大小九卿科道访单》。如正文部分所考论的，此访单主要送呈吏部官员、大小九卿，以及科道官参考并填注。通过这一访单，可以得见明代访单的基本情况。但必须说明的是，本书中所附录的访单，只包括降调、闲住、削籍、为民的官员，而不包括在任官员。这显是经过编者取舍后的访单，但仍可窥访单之一斑。比如访单中所开列的内容，一般包括籍贯、姓名、出身（何年进士、举人、官生等）、原任职务、因何原因去职。即使是六年内死亡的官员也予以罗列，对于已故官员主要标记姓名、籍贯、原任职务及死因。具体访单内容开列于后。①

　　　　北直隶二十一人

----

① 因为访单本就是记载当时官员的职名，各省份分别记载的内容大同小异，因此仅罗列开头及结尾的有关部分。

崔景荣　癸未，吏部尚书，削籍①

高　第　己丑，兵部尚书，六年闲住②

徐大化　癸未，工部尚书，七年闲住

吕兆熊　丙戌，户部尚书，五年闲住

成基命　丁未，礼部右侍郎，六年闲住

郭　巩　癸丑，兵部左侍，七年闲住

王　点　丁未，大同巡抚，七年闲住

赵兴邦　辛丑，太常寺少卿，六年闲住

白储玿　甲辰，太常寺卿，七年闲住

韩　策　丙戌，太仆寺卿，五年削夺

石三畏　己未，陕西道御史，五年为民

田惟嘉　丙辰，江西道御史，六年为民

徐　楠　庚戌，吏部郎中，七年削夺

刘廷谏　己未，吏部郎中，五年削夺

赵士焕　官生，太仆寺丞，六年闲住

郑师玄　官生，刑部员外，七年闲住

李庭芳　举人，工部员外，七年闲住

傅　梅　举人，户部主事，六年削夺

马任远　己未，户部主事，七年削夺

米万钟　乙未，江西按察使，六年削夺

张基命　举人，原任永州府推官未任，四年升衡府审理

南直隶九十八人

……

浙江四十人

……

江西四十三人

---

① 以崔景荣为例，"癸未，吏部尚书，削籍"，指的是崔景荣为万历癸未（万历十一年）进士，在吏部尚书任上被削籍。下同。

② 以高第为例，"己丑，兵部尚书，六年闲住"，指的是高第为万历己丑（万历十七年）进士，于天启六年（1626）在兵部尚书任上，去职闲住。下同。

……

湖广五十人

……

福建二十人

……

河南三十三人

……

山东二十五人

……

山西三十九人

……

陕西二十八人

……

四川二十一人

……

广东十一人

……

云南二人

李柱明　壬戌，户部主事，五年拿问

王元翰　辛丑，工部主事，五年削夺

贵州一人

田景新　己未，广西道御史，七年闲住

辽东二人

洪敷教　癸丑，南礼部员郎中，六年闲住

周汝昌　举人，怀庆推官，七年为民

已故各官三十八人

赵南星　北直人，吏部尚书，遣戍

王绍徽　陕西人，吏部尚书

张问达　陕西人，吏部尚书

赵秉忠　山东人，礼部尚书

王　图　　陕西人，礼部尚书

冯从吾　　陕西人，工部尚书

公　鼐　　山东人，礼部左侍郎

饶景晖　　江西人，兵部左侍郎

周炳谟　　南直人，礼部右侍郎

王之采　　陕西人，刑部侍郎

邹元标　　江西人，左都御史

高攀龙　　南直人，左都御史，投水死

杨　涟　　湖广人，左副都御史，死于狱

左光斗　　南直人左佥都御史，死于狱

周起元　　福建人应天巡抚，死于狱

董元儒　　浙江人，广西巡抚

罗尚忠　　直直人，光禄寺卿，因劾中官未叙功

赵　健　　南直人，南太仆寺卿

曾汝召　　江西人，太常寺少卿

吕　浚　　浙江人，太仆寺少卿

周朝瑞　　山东籍，江西人，太仆寺少卿，死于狱

缪昌期　　南直人，谕德，死于狱

丁干学　　北直人，简讨

魏大中　　江西人，吏科都给事中，死于狱

李应升　　南直人，御史，死于狱

周宗达　　南直人，御史，死于狱

吴裕中　　湖广人，御史，廷杖死

舒荣都　　南直人，御史

黄尊素　　浙江人，御史，死于狱

夏之令　　河南人，御史，死于狱

谢其举　　湖广人，御史

袁化中　　山东人，御史，死于狱

苏继殴　　河南人，吏部郎中，缢死

万　燝　　江西人，工部郎中，廷杖死

周顺昌　南直人，吏部员外，死于狱

施天德　江西人，参政

顾大章　南直人，副使，死于狱

刘　铎　江西人，扬州知府，七年取决

张　汶　北直人，后府经历

3　京察拾遗疏 1 篇

明代京察过后，南、北两京科道官需共同拾遗，纠劾考察幸留的官员。从该篇奏疏中，可以知晓京察拾遗的一般情况。

孙懋：《公纠劾以严考察疏》①

臣仰惟祖宗以来，考察京官，始则间一举行，其后十年一举，又其后六年一举，所以疏数不同者，非有张弛于间也。盖世道日降、士习渐浇，法亦缘之而益密耳。方今士习之坏，殆又有甚于前。幸遇陛下圣明嗣统，化理更新，而考察之典适当其期，其可比常而不加严哉？

臣切见近日两京文职四品以上俱经自陈，五品以下俱从吏部会官考察。其诸不职大小臣僚，显黜者虽若已众，苟容者不能尽无。若都御史某某、太常寺卿某某，南京工部尚书某某、大理寺卿某某、光禄寺卿某某，其不职罪状已经具劾，不复开外。②

---

① （明）孙懋：《孙毅菴奏议》卷下《公纠劾以严考察疏》，第 344b ~ 345b 页。

② 此引文中以"某某"代替姓名的情况，绝非奏疏原貌。很可能是后之刊刻书籍者为避免无端纷争，一概隐去姓名。然查《明世宗实录》，大体能够查实被以"某某"代替者的真实职名。其中都御史某某，指右都御史张纶（1454 ~ 1523）；太常卿某某，应指杨一瑛（弘治十二年进士）、汪举（弘治十五年进士）；南京大理寺卿为任汉（成化二十三年进士），南京光禄寺卿为王绍（弘治六年进士），以上俱见《明世宗实录》卷 4，正德十六年七月己未条，第 172 页。查《明代职官年表》，彼时南京工部尚书为丛兰（1456 ~ 1523）。

　　臣今访得通政司通政某某①，先任兵科都给事中，避劾贵幸，托为养疾以自全，风采何在？太仆寺少卿某某②，先任户科都给事中，钻求美升，甘心笑骂而不顾，操履可知？翰林院侍讲学士某某③，滥交无藉，立社会而挟妓酣歌，淫纵无忌。左春坊左谕德某某，连姻时宰，假奕棋而为人请托，贪得无算。顺天府府尹某某④，先任河南布政，贪污之行久著，岂宜遽迁？应天府府尹某某⑤，先任贵州布政，赃贿之迹大彰，何须待勘？陕西巡抚都御史某某⑥，见小利而逼走驿官，受私贺而纳交权宰，晚节顿改，物议纷然，此皆自陈未蒙赐罢者也。

　　南京户部云南司郎中某某，承委买金则多侵价值，验收布匹则明通私贿。南京刑部福建司郎中某某，先宰程乡既贪浊有闻，继居法曹益污滥无检。南京工部屯田司郎中某某，先任虞衡收纳皮漆料价，每批克银动盈千数。太仆寺寺丞今丁忧某某，尝历属县，索取群长分例，每处进银各计百余。南京户部河南司郎中今升都匀府知府某某，反目闺门，贻羞里巷，妄见仇于同列。南京工部屯田司郎中今升广西

---

① 　查《明代职官年表》，在弘治、正德年间由兵科都给事中转任至通政司通政者仅有张瓒（1473～1542）一人。其为弘治十八年（1505）进士，正德七年（1512）由兵科都给事中转任通政司右参议，正德十四年（1519）转通政司右参政，其于正德十六年七月初十日亦被北京科道官公疏拾遗。见《明世宗实录》卷4，正德十六年七月己未条，第172页。

② 　此太仆寺少卿为周金（1473～1546），北京科道官亦曾拾遗其"附昵要津，席宠罔赂"。《明世宗实录》卷4，正德十六年七月己未条，第172页。

③ 　查《明代职官年表》，此间侍讲学士为李廷相与刘龙。但从二人的仕宦履历来看，无论谁名列此次拾遗疏中，都未对仕途造成过分消极的影响。李廷相继续担任侍讲学士直至嘉靖三年（1524），刘龙于嘉靖元年升任礼部右侍郎。可见官员即使名列拾遗公疏之中，只要最后辨明，亦不会影响其仕途。

④ 　查《明代职官年表》，正德十六年（1521）共有两位顺天府尹，其中董瑞于七月五日调任工部右侍郎，徐蕃（1463～1530）于七月十一日由山西左布政使转任顺天府尹。但有河南布政经历的只有董瑞一人，其于正德十年由湖广右布政使转任河南左布政使，至正德十三年担任顺天府尹。

⑤ 　此处应天府府尹指赵文奎（成化二十三年进士），其于正德十一年由云南右布政使转任贵州左布政使，直至正德十五年升任应天府尹。但赵文奎于正德十六年八月二十二日已于应天府尹任上致仕，南京科道不可能不了解这一情况。这可见印证前文所论：已经离职的官员，仍可以被拾遗论劾。

⑥ 　此陕西巡抚都御史指郑阳，其于正德十六年七月初十日亦被北京科道官公疏拾遗"衰病而不知退"。见《明世宗实录》卷4，正德十六年七月己未条，第172页。

府知府某某，年已衰颓，志惟贪得，甘受侮于作头。工部虞衡司郎中今升陕西参议某某，先差易州已盈大欲，继出芜湖未殄余贪。工部都水司主事某某，先令永丰已著污名，后调英山不闻改行。应天府通判某某，下属催征科害粮里，况前任尤贪；养病通判某某，赃滥被劾，夤缘苟全，实当道有赖。此皆考察尚在所遗者也。

臣再照某某等，非贪则奸，罪状不为不显；屡经纠劾，公论不为不明。中间亦尝奉有明旨令其自陈，寻复蒙温旨留其供职，不知圣衷何以断之于前而复迟疑于后耶？岂以去者已众，将不论贤否一概姑容之耶？

臣闻之管子有言："任贤而使小人间之，害霸也。"夫贤不肖混淆，在霸尚有所妨，况今圣德中兴，将任众贤以兴至治，而可容以小人间之哉？且宋元祐之治，其后变为绍圣者，以熙丰之小人不尽去耳。我国家去宋未远，此又今日所当取以为鉴者也。臣备员耳目之任，不敢不尽其闻见之实。伏望陛下俯徇公议，早决宸断，即将某某等通赐罢黜，不必再令自陈；其郎中等官某某等，仍敕吏部查访，俱照不谨事例闲住。庶考核严明、奸邪消沮，士习可以丕变而世道将骎骎乎向隆矣。

正德十六年九月二十二日。

此奏疏写于正德十六年京察时。正德十六年本来就是制度规定的京察年份，但当年三月明武宗去世，因此在明世宗于四月继位后发布的登基诏中即安排了考察事宜。通过此一奏疏，可以了解明代官员拾遗的具体情形。

当年七月初五，已有嘉靖皇帝称赞时任吏部尚书石瑶"考察公明"之旨[①]；七月初十，北京科道拾遗公疏以上。但此次京察并未见黜退官员的具体名单，推算当次京察应当在七月五日之前的几日内即已完成。但南京科道的拾遗公疏迟至九月二十二日才正式提交，其中原因尚不明确。

考孙懋所奏"苟容者不能尽无"，并不完全符合真实情况。右都御

---

① 《明世宗实录》卷4，正德十六年七月甲寅条，第167页。

史张纶七月十日被责令自陈，七月十六日即已致仕，而孙懋在九月二十二日的奏疏中仍对已经致仕的张纶进行拾遗，认为其"苟容"于位，可见因为其时信息传输滞后，南京科道似不能及时了解北京的人事变动情况。

此外，受到弹劾的太常寺卿杨一瑛、汪举，南京工部尚书丛兰直到嘉靖元年仍任原职，可见即使在北京、南京科道公疏拾遗之下，亦有官员免于被处分。如前所论，京察拾遗是保证京察公正的最后一道屏障，对于两京科道来说，更是"争衙门全纠之体"①的重要举动。不容忽视的是，京察除了是调整官僚队伍的重要手段，更是皇帝强调自己在人事方面"绝对权力"的重要场合。科道官层面看到的，更多是"不职"之官未能尽去的景象，而皇帝考虑得更多的，或是让这些"不职"官员能够在政治舞台上发挥更大的作用，这才是皇帝并不总是响应科道官京察拾遗的原因所在。②

4　于《铨曹仪注》所见的明代文官考察仪节

《铨曹仪注》一书由唐伯元所作。书成于万历二十四年（1596），全书共5卷，约3万字，详细记载了作为"铨曹"的吏部在处理各项政务活动时应当遵循的仪节情况。唐伯元曾在吏部考功司、文选司有过任职经历，对部内掌故知之颇详。更为重要的是，唐伯元自叙编写此书的目的在于"（铨曹）失，盖自礼始"③，认为有必要考诸旧礼而恢复铨曹威严。在唐伯元这样的编书旨趣之下，有理由认为该书在记录吏部礼制方面具有较高的可信度。因此摘录其记载的《京察事宜》与《朝觐事宜》如下，并做简要考辨。

---

① （明）吴亮：《万历疏钞》卷22《铨臣被论舆论未协乞宽宥以明公道疏（李世达撰）》，第220a页。

② 前文也曾提到，科道官在大计届期时的纠劾又往往能够发挥作用。这是因为皇帝对于京官和外官亲疏有别，而非皇帝极度重视科道官的建言。时移事易之下，无论皇帝还是官员对同一制度的评价都会千差万别。

③ （明）唐伯元：《铨曹仪注》卷首《铨曹仪注序》，第1a页。

一　唐伯元:《京察事宜》①

正月十五日以后，考功司宿部；二月初九日，正堂宿部；十一日，两堂宿部，本厅随宿。老先生自陈，命下，火房揖；内阁自陈，命下，私宅揖。十二日，厅、司俱入验封司，坐候过堂。右厅请都察院次日说事。

考功司差官请进，川堂揖。庶子、谕德、洗马，洗马管司业事俱。引堂官报："某官进。"进门三砖上，先揖本部正堂，次揖都察院正堂，次总揖本部左、右堂，次总揖都察院副、佥都，共四揖、一躬。老先生送出门限外。候进门，一躬，由廊出。

前堂。由廊第一起见，中允、赞善、司业、侍读、侍讲、修撰、编修、检讨。引堂官报："第一起，见。"四揖、一躬，由廊出。

由廊第二起，通政司参议、大理寺丞。引堂官报："第二起，见。"四揖、一躬，由廊出。

由阶第三起，太常寺、光禄寺、太仆寺、鸿胪寺、尚宝司，堂上五品以下官，坐北公会厅。过堂时，下验封司廊，由阶第一圈见。引堂官报："第三起，见。"四揖、一躬，由阶出。中书、带俸官，俱同中书由阶过堂。

第四起由廊，考功司正郎先过，一躬，立定。叫考功司员外郎、主事，后叫本厅、三司，俱念大脚色，由廊过文选司坐。

以下起数，俱属功司。

叫名过堂毕，老先生退后堂。饭毕，入缺房。

先五府、锦衣卫同由后门进，三堂迎至仪门外，进后堂揖，功司都吏请画题毕，再一揖，即送出仪门。

次五部、通政司、大理寺、詹事府、翰林院、国子监等衙门，同由后门进。三堂迎至仪门外，同进圆缺亭，总一揖、一茶。老先生回后堂北缺房，逐位请入说事画题。每位右堂接送，接至后堂阶下，送

---

① （明）唐伯元:《铨曹仪注》卷5《京察事宜》，第34a～35a页。

止仪门外。

太常、太仆、光禄、鸿胪、顺天、太医院堂上，行人司司正，俱先坐北公会厅，候大九卿说事毕，同进。右厅在前堂北檐柱陪进川堂，主事陪进缺房。先揖本部正堂，次揖都察院正堂，总揖左、右堂，副、佥都。不说事，郎中陪画题，主事送川堂门外，右厅送前□□檐柱，一躬。太医院正、行人司若另见，不陪送。

考毕，都察院前门去，□□□堂曾由四司者，事毕，仍入四司作揖，□□副郎陪，行坐、送别，俱如拜司礼。命下，火房揖。挂榜后出部谢恩毕，三堂私宅揖。

东缺房设席，都察院上坐，三堂前坐。

西缺房说事，本部正堂首席，左各部正堂，右都察院正堂。本部左右堂并副、佥都傍坐，相向谢。内阁用红总帖，都察院投帖，不候见。

存留部属并鸿胪、尚宝官系杂途者，俱谢部，不门揖，径出。翰林、科、小九卿、五品官系正途者，俱不谢部。降调官另起见堂，仍如原官行礼，但应坐公会厅者不坐。由本厅升任者不坐公会厅，引揖，三堂火房右厅陪拜。司送大门，看上马。

"以下起数，俱属功司"之前的内容，详细说明了与京察直接相关的吏部堂官、考功司、司务厅官员的考察宿部时间和自陈获批后的行礼仪式。由于其日期记载甚详，通过比对前后历次京察举行时间及相关细节，可以初步确定唐伯元所记的过堂礼仪是嘉靖三十年定下二月京察之制时，明政府对北京京察的制度规定。做出这一论断主要基于以下考虑。

其一，唐伯元记载的京察肯定不是其亲身经历的。因为唐伯元入仕时间在万历二年（1574）中进士之后，仅于万历八年（1580）至万历十二年在南京任职，于万历十三年至万历二十年在北京礼部任职，万历二十二年至二十五年在北京吏部任职，此后去世。其亲身经历过的京察，只有万历九年（1581）的南京京察及万历十五年（1587）的北京京察。通过该书的内容，可以肯定唐伯元记载的是北京京察。原因有二：一是南京京察时，考功司官员宿部有明确的时间限制，一般不会像唐伯元记载的那样早在正月十五日就开始宿部；二是唐伯元的记录中出现了顺天府这一仅可能在北京京察中出现的部门。再结合唐伯元记载的"（二月）十二日，厅、司俱入验封司，坐候过堂。右厅请都察院次日（十三日）说事"，可以推知当年的京察至早在二月十三日进行过堂说事。考虑到都察院长官在过堂说事前尚需赴吏部住宿，所以二月十四日过堂说事亦有可能。但万历十五年二月十一日北京科道官即已开始拾遗①，说明当年京察在二月十一日之前。因此，唐伯元所记载的绝对不可能是其亲身经历的京察。

其二，唐伯元记载的亦非隆庆、万历年间的掌故。在唐伯元去世之前共有 7 次京察，其中，隆庆元年及隆庆六年京察属于因隆庆帝及万历帝登基而进行的闰察，考察时间分别在正月及七月②。此外，隆庆三年京察在二月十一日③，万历三年二月十三日京察拾遗已获御批，考察日期只可能在此之前④；万历九年、万历二十一年都是在二月初一即已发下察疏⑤，相关时间亦无法和唐伯元的记载印证。因此唐伯元记载的亦非隆庆、万历时事。

综合以上两点，唐伯元所记载的内容，只可能是嘉靖中晚期的考察。自嘉靖三十年起，京察才定制为二月举行。查《实录》可知，嘉靖四十二年的京察察疏在二月二十六日批发⑥，嘉靖三十六年的京察奏疏在二月十一日发下⑦，皆与唐伯元所记的时间无法契合。最后，查得嘉靖三十年京察奏疏的批复时间是二月十五日⑧。明人称京察察疏通常"朝上夕报"，此言虽不免于夸张但不至于相去甚远，因此当届京察的举行时间都有可能在二月十四日。笔者结合以上诸多细节进行分析，推测唐伯元抄录的很可能是嘉靖三十年之事。唐伯元本人也自称："居（吏部）久之，搜出掌故

① 《明神宗实录》卷 183，万历十五年二月庚申条，第 3415 页。
② 《明穆宗实录》卷 3，隆庆元年正月乙亥条，第 75 页；《明神宗实录》卷 3，隆庆六年七月庚申条，第 77 页。
③ 《明穆宗实录》卷 29，隆庆三年二月乙酉条，第 762 页。
④ 《明神宗实录》卷 35，万历三年二月壬午条，第 817 页。
⑤ 《明神宗实录》卷 109，万历九年二月乙未朔条，第 2089 页；卷 257，万历二十一年二月丙戌朔条，第 4775 页。
⑥ 《明世宗实录》卷 518，嘉靖四十二年二月乙亥条，第 8499 页。
⑦ 《明世宗实录》卷 444，嘉靖三十六年二月己亥条，第 7577 ~ 7578 页。
⑧ 《明世宗实录》卷 370，嘉靖三十年二月癸酉条，第 6613 页。

而考据于《诸司职掌》，然后仰见我圣祖建置之意、深长之思。"但《诸司职掌》中完全未记载京察相关事宜，因此唐伯元很可能记载的是嘉靖三十年定下二月京察之制时的有关掌故。

通过唐伯元有关京察仪节的记载，还可以知晓京察过堂当日，各应考官员赴吏部参见时的顺序及礼仪规范。包括哪些官员在川堂作揖，哪些官员在前堂作揖，以及在前堂作揖的班次等内容。从中可以看到，不同衙门、品级的官员，不仅行礼起数不同，吏部负责传唤官员行礼的"引堂官"亦有差别。同时，吏部邀请其他各部堂官共同说事商议部门属员区处的迎送仪节，以及考察后谢恩的情况，也根据官员品级及所在衙门的差别而有不同。

实际上，《铨曹仪注》通篇都在强调"礼"。对"礼"的关注，实则是对自身衙门体统的关注。这种"礼"的差别，无疑是对森严等级制度的切实维护。尽管每逢京察时，过堂行礼、说事画题时常流于形式，但认认真真地落实这种"形式"，实则是维护吏部作为"天曹"的体统和威严的做法，也显示出皇帝对吏部的重视和各部门官员对吏部的尊崇，这才是烦琐礼仪背后的意涵。

二　唐伯元：《朝觐事宜》[①]

先期，考功司咨工部修理衙门完日。工部委官造册，呈厅，送堂查理冒破。

先期，取考功司班吏三十名听差，预派巡视、守门、直厅、传报、投文、站班等项，承发科写来朝官应遵事宜、关防、告示。

来朝官坐蓬，量派员役巡视。

三堂、四司俱由后门出入，跟随人役禁行前门。

十二月十五日，来朝官进城。是日，三堂、本厅宿部。

十六日，各布、按二司，行太仆、苑马寺官见部，照常行礼，厅、司门揖。未到者，次日补见。此后不揖，至二十五日，大班揖。

---

① （明）唐伯元：《铨曹仪注》卷5《朝觐事宜》，第35a～36a页。

顺天、应天府尹见部，坐且止厅。府尹由廊行至檐石上，降阶一跪，仍上阶作揖。府丞由阶一跪，俱亲递手本，厅、司门揖。考察日，府丞再行一跪礼。

投文以十七日为始。照依考功司开定省分日期，每日定投两省。本日投浙江、江西二省。浙江由北角门进，江西由南角门进。运使、知府等官，跟牌鱼贯而入，报堂官照常分付，报："公文收讫。"办事官吏将南墀公文送北厅，北墀公文送南厅。本厅判到日，二省官仍跟牌由甬道过，南、北交互走，序立廊下。

堂事毕，令府、方面官先回，考功司伺候。

府同知以下，伺候点名发落。出牌一面，立阶下，仰各省首领次日递进官吏职名、歇家手本结状、签、牌。首领官仍于交纳次日，候本厅牌唤，领牌给散。事毕，出示该吏赍缴。以后每日投文，依此行。

本日投文，次日见堂。先出牌，仰司、府首领，州、县正官，亲赍脚色手本，每员一样九本，赴厅投进，候办事官吏束齐。见堂时，仍与班首官捧投参见。典史脚色手本，另出牌唤进，亦束齐，赴捧参见。

堂折，司、寺、运、府正堂，逐名开列；首领、府佐以下，止总开某官某等。

投文毕，以二十五日为始，逐日作揖。整班官齐司府首领、府同知以下官先进，两墀站定；齐布、按二司，行太仆寺、苑马寺官，两廊序立；齐运使、知府进，南、北两甬路序立。

公座前者，照常说堂，见毕径出，不门揖；公座后，即于墀内行礼，本厅分付："起来。"典史、该吏二门外磕头，本厅分付："起去。"

报堂官并把二门官相接传示掣签。每日击板后，各省总一签筒，本厅进川堂说："掣签。"报堂官捧签筒跪正堂公座前，正堂掣二府签，本厅出门前。报堂官叫名点查。

《朝觐事宜》详细记载了吏部内的厅、司在朝觐考察之前的宿部、文书及人员准备、各级官员的投文与行礼日期、各省考察细节等大计事宜。在上计官入京的截止日期十二月十五日前，所有的考察文书、告示、来朝官应当遵行的事宜，皆需由吏部考功司提前准备完毕，以便发放给来朝官。吏部门前用于来朝官坐候的蓬席亦应搭建完毕，与考察直接相关的三堂、四司乃至属员都不从正门出入，以避免无关纠葛。十二月十五日，各地官员全部入京后，吏部堂官即宿部，避免入京官员与吏部长官沟通感情进而影响考察公正；至于司务厅宿部之举的意义，除了对公文保密之外，也有服务长官的意涵。十二月十六日，两京十三省的首长、中央派驻地方行政机构的长官赴吏部行礼；次日即开始逐日投文、见堂等事宜。投文、作揖的次序皆已先期排定，省内各府的考察次序则于考察当日抽签决定。从这些极其细节化的记载中，不难发现明政府管理朝觐考察的精细化程度，而这种精细化的管理，无疑也从侧面凸显了明政府对朝觐考察的极端重视。

5　大计留用地方官员奏疏 1 篇

　　每逢大计届期，中央派驻地方的抚、按往往会上疏奏请留用地方官员、免其入觐，这种行为无疑是对明廷上计制度的公开挑战。郑晓（1499～1566）先任兵部职方司主事，后调至吏部任职，约于嘉靖二十年（1541）任职吏部考功司。① 在郑晓任职考功司期间，吏部编订过一部重要著作——《吏部考功司题稿》，郑晓作为郎中显然参与过该书的编撰，因此对吏部掌故及条例知之甚详。因之，郑晓撰写的这篇留用朝觐官员的奏议具有较大的代表性。结合此篇奏疏，可以看出抚、按官奏请留用地方官出于哪些考虑，吏部对抚、按留用地方上计官的态度，以及明廷对留用奏请的一般处理过程。

郑晓：《议留朝觐正官疏》②

　　　　题为比例乞留朝觐正官事。

---

①　明人记"（郑晓）会世宗皇帝特诏起调考功，逾年始至。至则分考辛丑会试，转郎中"。见（明）过庭训《本朝分省人物考》卷 45《郑晓》，第 192a 页。

②　（明）郑晓：《郑端简公奏议》卷 8《议留朝觐正官疏》，第 656a～657b 页。

伏念臣昔任吏部考功清吏司郎中，尝见少保兼太子太保吏部尚书许赞因山西地方节年被虏，先于嘉靖二十二年二月内，题乞议留嘉靖二十三年山西朝觐正官。奉圣旨："是。山西司、府、州、县各正官准免来朝，着加意拊循地方、防御虏患，误事责有所归。钦此钦遵。"其时，预先行令彼处抚、按官，通留应该朝觐正官在任办事，地方委的有赖。及查节年事例，各省遇有盗贼、灾伤等项，该省抚、按具奏，吏部覆题，俱准留正官，止令首领官吏赍册来朝。

臣会同巡按直隶监察御史刘世魁、莫如士议，照嘉靖三十五年正月初一日，例该天下诸司正官带领首领官吏来朝。窃惟朝觐述职，固国家重典；御寇抚民，尤今日急务。所据江北地方迭遭寇盗，屡被灾伤，田野荒芜，市井萧条。即使加意拊循，难得宁妥。况海盗纵横，米价腾贵。冬雪愆期，秋粮负欠。百凡拯救疮痍、安辑流完、赈恤饥民、供给军饷、缮治城堡、整理漕渠、团练保甲、召集灶勇，各该文职正官职守尤重。若照例来朝，先期离任，不惟缺官误事。通计来朝正官五十员，舟车夫马等费未免出自小民。若不早为题请，奉有明旨，各该官员固多尽心效力，其间不无预为行计，假公营私，巧为退托，惟奸避事，临时益难区处。

仰惟皇上慈覆寰宇，夙夜忧劳，臣敢不仰体圣意，先期奏闻。如蒙伏望敕下吏部，再加查议。准令两淮盐运司、凤、庐、淮、扬四府，徐、滁、和三州各该须知正官容留在任管事，止令佐贰官各带首领官吏；其余府州所属州县，止令首领官吏各赍册来朝。亦要凡事节省，不许科扰地方，共于国计民情军务均为有补。伏乞圣裁。嘉靖三十四年正月十八日进。

奉圣旨："吏部知道。钦此。"

该本部议拟："为照正官入觐，为国典常。虽遇寇灾，理难尽免。既该巡抚官具奏前因，相应酌处。查得庐、凤、滁、和皆在西路，北之淮、扬、邳、徐地方曾经寇乱、水灾重大者，自是不同，合无行令前四府、州、县正官照常应朝。其盐运司所辖盐场颇广，与淮、扬、徐三府州各正官俱准留任，至期并所属州县俱定委佐贰官。

惟海门、安东二县灾患尤甚，听委首领官俱各依期朝觐。抚、按衙门仍照本部节行禁例严察应朝官员，不许因而科敛，重困疲人，斯为恤民至要。及照浙江、苏、松等处多系残破之余，府、县正官决难离任，合无移咨都察院转行彼处总督、抚、按等官公同会议，除无事地方照旧正官应朝外，其余经寇、灾重各府州县，应留正官者，议委佐贰；应并留佐贰者，议委首领。作速分别会奏，上请定夺。不得一概奏留，致乖令典。等因。"

嘉靖三十四年二月二十五日太子少保吏部尚书兼翰林院学士李等具题。

本月二十七日奉圣旨："是。钦此。"

嘉靖三十五年（1556）适逢三年一次的大计之期，此篇奏疏由时任兵部右侍郎兼漕运副都御史的郑晓写于大计前一年的正月。郑晓提前一年进行奏请，是因为其奏请不一定能够获得批准（实际上吏部也确实只批准了奏请的部分内容），而吏部如不批准留用地方官的奏请，那相应地方官便需及早准备进京行装，因此留用上计官的奏请必须尽早上呈。

郑晓的奏疏也说出了留用朝觐正官的两个原因：一是地方履被灾伤，希望让各正官安心料理政务；二是减免地方财政负担。这两个理由固然有其合理性，但说服力仍显欠缺。如前所述，地方正官入觐后，一般会委派其他官员署印，且正官僚属皆各有相关职掌，因此地方官员正官上计并不一定会对基层治理造成过多的消极影响，尤其是地方正官如果才力不及时，由佐贰理政或许还能对政务有所匡救。同时，明代对入觐费用有明确规定（详第六章第一节），地方正官上计所造成的赋税负担实则有限。此外，即便地方正官不上计，也需派员代替自己入觐，只要辖地有官员进京，即会造成相关的差旅支出，所以留用入觐正官也不一定就能减轻地方的财政负担。正因为如此，吏部并未通盘接受郑晓的请求，而是结合南直隶地方的实际情况加以区处，决定相应府、州、县官员的入觐情况，最终求取维护国家典制、适当满足巡抚官诉求、妥善处理地方政务三者之间的平衡。

实际上，抚、按官留用上计官的原因十分复杂。确实有较多抚、按官因应地方行政的实际需要而留用上计官。明廷有所谓"久任之法",一般而言,地方正官往往在某任上六年两考甚至九年考满后才调任或升任。因此,如果相关府、州、县正官仅任职一届,很难因为大计而获得升迁。抚、按官在入觐时将其留用,确实可以让这些官员继续理事,便于地方政务运转,适当节省相应经费。但抚、按的这种考量或许并非是单方面的体谅地方正官旅途劳顿,更多仍是出于基层治理的需要,尤其是面对繁杂的地方政务,抚、按官又无法有效处理时,留用某些地方行政经验相对丰富的朝觐正官,确实是维护地方秩序的有效手段。①

6　纠劾不职官员疏 2 份

如前所述,地方抚、按官在大计开始前除了填注考语、奏请留用上计官员之外,还会根据风闻的情况对格外失职的官员进行纠劾,请求吏部、都察院对这些不职官员详加查访。本处抄录的两篇纠劾不职官员的奏议,一篇由河南巡按周孔教(1548~1613)写于万历十九年(1591),一篇由浙江巡抚温纯写于万历十三年。从中可以看到明代抚、按分别纠劾不职有司、不职方面官的一般情形。

一　周孔教:《纠劾不职方面官员疏》②

为纠劾不职方面官员以备考察事。照得万历二十年复当大察之期,所有按属不职方面官员例应纠劾。

臣窃惟监司坐镇一方,俨然为封疆之臣。百城之所仰镜也,必其人端方正直,始可以树标作则;千里之所归赴也,必其人仁厚平恕,始可以集众和民。乃若脂韦如布政司右布政使姚学闵者,不可则矣;刻急如原任按察司分巡汝南道佥事、今丁忧颜洪范者,众不亲矣。臣请得而详言之。

---

① 此外,亦不排除少数抚、按留用地方官的目的或是向皇帝彰显自身对地方政务的关注。当然,这种秘而不宣的原因,因无实据,仅备列于此。

② (明)周孔教:《中州疏稿》卷 2《纠劾不职方面官员疏》,第 282a~283b 页。

臣谨按姚学闵才识敏捷，精于吏事，臣不敢掩其所长，然此簿书期会之能耳。要之士君子立身行已，自有大节。近言官建白重抚臣之选，先品格。乃若布政去巡抚一间也，学闵之品格何如也？其他揭害故上蔡令，滥取各属镪金，无论矣，论其大节。先是，辅臣张居正嘘焰，王篆附炎。学闵以吏部侍郎陈思育为介结王篆，因王篆结张居正。引绳批根，深相缔纳。内凭宠灵，外作威福。鼠牙穿室，虺毒吹人。无论李天植、李涞、张岳等相继被伤而去，侧闻刘台之死、邹元标之戍，亦与幕中之谋，士论以此少之。已而阅视宣、大、山西，驱驾气势，监司而下皆望尘而拜，冒于货贿，不可厌盈，至今三镇之流言未息也。夫自张居正既败，一时依附之徒，身寒于冰山之颓，变连于长木之摽，轻则成破甑之吁，重则受覆巢之祸。乃学闵犹然无恙，坦途至今，不为狡兔之爰爰乎？人皆议其漏网矣。

颜洪范强干精悍，锐于振刷，臣不敢掩其所长，然此一切趋办之治耳。要之居上治民，自有大体。屡廑明旨念灾伤之地，先节爱。中州固灾地也，洪范之节爱何如也？其他闻书办王文彩之通贿，家人颜书之外市，无论矣，论其信事。盖中州风俗悃愊，人情谨愿，本不可以江南之治治之。乃洪范居食必求至精，变悃愊而为纷华；服役必求伶俐，化谨愿而为机智。水陆之珍如取诸藩墙之下乃已，不则便大怒即食；咄嗟便办乃已，不则推案不食。嗔甚，郡县多苦之。门役夜拊背偶睡，诟跃呼杖。未至，即手界方捶其面，血流至股。尝夜走平上，关去州可九十里。天雨雪，寒甚，舆隶不能行，以鞭棰使之。是夜冻死夫汪中璧等四人、民兵张望一人，其他以冻折指者固可掬也。其天性惨急多类此。乡官胡秉性以睚眦之怨，下令嗾民告之。胡乡官念不可解，乃属经历汪绶进百金为乃父寿乃已。汪绶故黠吏，以便嬖称，意稍稍与冯门子为奸利。行之日，计扛五十一、轿二十。乘夫多亡，拘田夫代之。蕲县丞、宓典史栉两行，田间追呼达旦，惊悸欲死，至今汝南吏民言之，凛凛余威尚在也。夫性急如怒蝇，操下如束湿。谩骂而郡县俛首饮气，冯怒而丞史破胆一迹，是何虎视之耽耽乎？人且谓其负嵎矣。

参照得姚学闵肤立无骨，如附松之女萝，托根甚巧；颜洪范惨礉少恩，如当路之荆棘，伤人必多。此二臣者材干有余、德器不足，均当议处以示惩创者也。

二　温纯:《纠劾有司官员以备考察疏》①

臣叨抚两浙，适当三年考察之期，例有纠劾。于所属有司悉心体访，除照常造报贤否册揭咨送部院查考外，谨按台州府知府张会宗，性甚宽平而意气未免消沮，心若抑畏而事体难望精明。知事袁行可收各县之粮，出有扣、入有加，虽坊里王汝应等侧目怨言，亦不觉察；库吏徐光裕收童生之卷，或十金、或二十金，致生儒金汝济等买置高等，竟罔闻知。以考拔之恩而存乡官何知府，遂纵伊子大壮等乘机肆诈，无乃薄己厚人，以同乡之故而庇太平陈知县，且坐小民应善等诬告重罪，岂是爱民约属？问词迟疑，承行吏董大成等已需索害民矣，乃又有于发落票内私加稍力者，左右真如虎翼；征粮怠玩，经管吏邵兴道等已掯解勒例矣，乃又有于收放饷银私扣数两者，奸弊何啻猬毛。赎锾妄费，虽无暮夜之金；馈赠全收，亦有广财之号。

原任处州府知府、今丁忧陈九叙，心无矫饰而察奸之智未周，学类迁流而理繁之机犹滞。牌票不分缓急，一郡之勾摄何堪；裁决尽倚吏书，各役之需求特甚。礼吏程观国以造童生册骗银矣，而门子叶一材复与交骗富童张经等，足征法纪之太疏；千户杜经邦以访武职诈人矣，而奸吏查春复与同挟把总曹应龙，实由防闲之欠密。监生张绶以人命奸情收狱，用银一百两求吏吴伯淑出豁，虽本官未必知情，而群小之舞弄已甚。商人张松以木牌匿税被逮，用银四十两托吏陈守铨过送，虽本官未必即受，而政柄之下移可知。在任而亲族之往来甚多，县驿岂能不累；濒行而军储之支放太迫，物议安得不生？

原任嘉兴府通判、今升任高珍，才本昏庸，志尤贪鄙。居官全无干理，遇事一味苛求。以衙吏万全渔民，而受嘉兴等县白粮解户张舒

---

① （明）温纯:《温恭毅集》卷3《纠劾有司官员以备考察疏》，第445a～450a页。

等例银约有三百；用甲首谢祖罔利，而受秀水等县白粮船户刘茂等例银一百有余。署海盐因收头张墀等耗羡不足，罚谷百余石，实归囊橐；署嘉兴见僧人定伦建屋起衅，罚银二十两，始放焚修。领运回任不辞各县花币已可丑矣，乃嘉善少币一端，亦逼令县官买补，何计利不遗锱铢？署府送礼妄派两县粮解已可骇矣，乃衙内鸡鹅微物，亦派及铺行纳价，真多欲不啻溪壑。

嘉兴府通判杨泷，志本怠于左迁，智亦昏于多欲。署崇德以沈德代唐晓发遣，虽沈德已受私帮，而唐晓之出柙谓何？准词讼为王科、严比、谢启望等债银，致刘阿四累死，而计子明之腾谤有自。部白粮受解户潘林等例银已极多矣，而运粮船头又逐名索银二两，方许驾运，催漕粮受解户潘应龙等例银亦不少矣，而领解折银又发出倾销，竟重兑百金以润私囊。进京受水手于属官，恬不为愧；赊货致亏损乎行铺，习以为常。况酒色是耽，政事难望振作，而刑罚且重，怨讟业已丛生。

原任绍兴府通判、今升任杨庄，外饰谦恭，中怀谲诈。小才虽堪任使，巧计极善弥缝。署上虞以盛筵曲媚过宾，致三月有八十金之费；署各邑以敏断多收罪赎，有半月得半百金之谣。丈勘欺隐田粮，凡巨室有新垦者，辄与开除，真畏势重于畏法；清查冒免差役，凡左右有关节者，随行寝阁，徒为私不知为公。减军粮于署郡印，张朋已赴道称屈矣而反坐诬，恐众军之耳目难欺，图奇货于署理刑，张大祥已被告人命矣而乃末减，致朱氏之冤魂无诉。倚书手陆良等罔利，而急完文移以悦上官，真是巧宦之侩；用斗级余敬等过银，而取给口说以愚僚友，岂非漏网之鱼。

原任庆元县知县今升任史著勋，性颇机警，才亦圆融。筮仕尚博能名，末路大改前节。受污吏吴诏银带金杯，遂令管库，致盗库银四百余两；扣民壮鲍子元等工食，指给书手实半入囊，每年不下四十余金。去府城，令里排供应往来，甘违明禁；遇节庆，受富民杯盘花段，不恤谤谣。理词多靠钱神，周兰聪五十金、叶孔昭四十金、吴言儒三十金，即犯奸败伦皆模糊不问；审徭亦通关节，姚植等三十两、吴京等二十两、鲍法华等五十两，凡粮里斗级俱索取无遗。造解黄册、请换印信、清丈田粮，事事不肯轻放；童生进学、乡饮延宾、旌善给匾，人人皆送谢仪。

原任于潜县知县、今升任谭廷辅，性类狼贪，形同狐媚。任家童踰垣淫纵，防简全疏；宠何榜通贿横行，苞苴公受。匿张翊买和银四十两，用谢承涣税契银一百两，派阮守义家伙银二十两，各役之赔累何堪？受耆民谢栋等冠带银一百两，取粮解常例银一百两，索里长铺陈银五十两，合邑之需求已遍。天目僧如谟罚银二十两，方许焚修；各寺院行童纳银四五两，径给县牒。苟可得利，曷恤败官？

原任昌化县知县、今升任熊守谦，外刚而内实多欲，心刻而民则何堪。信库吏许应学为腹心，交通无忌；用戏子程九皋为门役，狎昵有声。图寺僧绍兰等匾额谢银，卑污殊甚；匿当铺胡富被盗金饰，廉耻何存。王之臣谋真普寺产，托陈五送银四十两，使真普有还俗之冤；周龙图袁文龙田房，托刘继明送银一百两，致文龙有失产之恨。黄公敏，歙富童也，以银一百两得禀入学。而陈凤宝八十两、邵文茂五十两，则皆以词讼贿求。徐梯，邑访犯也，以银一百两得即回申。而许际银三十两、王偶银六十两，则皆以争产请托。污行大干公议，劣转未尽厥辜。

开化县知县王文昌，性褊急不近民情，志卑鄙且多物议。受奸吏张宗元等拨置，惟言是从；任恶快郑继元等横行，使民受害。追通县驳册罪银另加耗赠，而管库吏方得贤又分外索求；追里长贴解役银半入私囊，而承牌人汪朝选因乘机诓诈。造黄册则假官纸扣取铺价，未见支销；查税契则以匿税滥罚富民，竟无下落。造座船而纵老人胡精倚势遍研坟木，视民财何啻沙泥；掘山河而委巡简许润严刑冻死役夫，轻人命真如草芥。印绢匹则于解户，考童生则于冒籍，征条鞭则于耗银，事事有诛求之谤；吴大望以研木，金子龙以告讦，程坤秀以人命，人人有通贿之名。丈地不辨等则而朦胧起科，已大失百姓之心。告粮不与处分而轻纵刁民，几酿成地方之变。

原任宣平县知县、今升任黄文豹，年迈性迂，法弛政玩。文卷束之高阁，钱粮尽入私衙。虽正赋亦听逋负不征，凡支销则任左右滥费。息词本以便民也，而犯人徐应雷等奸拐重情，亦受贿给照；奖励本以劝贤也，而里民俞三纲等锦幛折仪，亦概受不辞。斗级苦役已扣除工食矣，而复费匿赎银、伪增谷数，岂思赔累之艰；前官被告已在省对簿矣，而顾留难文卷、勒送馈仪，奚念寅恭之义。印信凭家人盗使，虽交通贿赂而不知；库藏被积吏私开，即侵分扒平而莫觉。一筹莫展，百弊丛生。

原任定海县知县、今丁忧吕明伦，性虽急于惩玩，才实难以长民。理词而罪犯之轻重多不得情，顿生怨议；审丁而户口之加减每不核实，啧有烦言。行条鞭以便小民，此本官创议也；乃指称转解，明加火耗，令银匠有包赔之苦；收商税不许加勒，此见行严禁也。乃另置大等，委吏秤收，纵积埠有侵诈之奸。开局造册，而总书每名三两、散书每名一两，奸吏乌应祯等之敢于科派者，岂尽公家正支？点卯认状，而铺兵每名五钱、闸夫每名四钱，快手余政等之敢于征收者，岂尽群小窃取？清查县基，使耆民罗尚纲、陈凤谟住址没为官舍，未必皆有罪之人；擅用铺行，致董世明、陆秉济临行诉于通衢，实多去后之恨。

原任海宁县知县、今调简黄淳，才本疏庸，性更狎玩。溺诗酒而薄民事，令邑务日混淆难清；喜丹青而写扇端，致门役传倡妓不恤。家奴八小厮等恃宠用事，虽丈田亦令随行，歌唱苟得贿，则言无不从；宠门子吴光彩等朋恶为奸，因查寺受僧道泮，银物一禀白，则事皆立效。受主簿刘世厚馈，而纵容巡捕肆害，岂是洁己率僚？用库吏王承宗收粮，而坐视重兑取耗，足征容奸剥下。造册锁禁总书为革弊也，书算华大山等指诬各里银三百两，即事发问徒何益？各关查验盐引为通商也，书手赵大拱等指骗各商银百余两，致上下心迹难明。宁海之谤已多，有库之民何罪？

浦江县知县蒋鸣琅，性过优柔，才难振作。慈祥虽著于旧任，功名顿损于今官。牌票则甲止而乙复行，虽壮快四出犹恐不及；文移则朝发而夕不记，虽左右争匿莫敢谁何？俞良文以供书、朱忠以总书横行骗诈，法令之废弛可知；蒋惟霆以户吏、周子华以门役任意索求，关防之疏漏难免。金押而群小丛集，致来吏满堂之谣；问理而是非不明，又有鱼换鲞之谤。

龙游县知县鲁崇贤，文学甚优，作为过激。矜已长以凌人，士民多怨；媚过客以延誉，吏卒称疲。徐九苞管解粮银，例有帮贴，而以承行吏曹槐妄禀之故，金拨贫民，遗九苞以赔补之难；余卸苟殴杀人命，律宜正刑，而以尸亲徐熊得财之故，止拟过失，致邑民有枉法之议。孙棣以虚引修学宫，祝五秀以赌博修公署，终是病民；访吏尹文昌得更名复役，礼吏诸葛魁因乡饮扣银，乃属纵恶。收都总何愚等罪赎，久不申报，虽银尚在库而心则难明；为同年罗举人作兴，殃及寺僧，虽利归他人而怨则独任。

新昌县知县刘庭蕙，年资甚青而性执，易于招谤；学识尽裕而防疏，难以慑奸。日昃而始升堂，安免沉阁；节令有时失礼，可曰恭勤？以懒散为高而宿南明寺、造洞心亭，岂名教之真乐？因公署被火而采民间木及坟中树，致怨议之沸腾。嵊令之揭陷虽多诬词，而公出曾带里长，终违禁约；寺田之变价固未私费，而科罚以充修理，奉何明文？用铺行而给价欠平，致失民望；税印契而经年不发，故起浮言。据新政力改前非，似不必追论其既往；在邑民犹腾旧谤，恐不便展布于将来。

宁海县知县孙梓，性本健忘，目尤近视。昼夜之忧苦无益，左右之窃弄堪怜。报访犯而王宠、田豹等之滥列，竟借听于学官，岂称明恕之体？征钱粮而赵国远、林佐等之拆封，敢同谋以窃取，安望摘发之明。陈应龙私克铺兵工食，每名至二两矣，虽王渊等通衢叫嚷而亦涵容；何邦盛加兑条鞭银，每两多五分矣，致王科等穷民受害而竟不究。理词讼则曲直不分而概拟稍力罚赎，岂徒习疲之邑难振；金粮役则贫富不审而多送见面土宜，殆亦庸鄙之性使然。

以上共一十六员，内高珍、史著勋、谭廷辅、熊守谦贪肆特甚、怨谤尤多，当照贪例为民。杨泷、杨庄、王文昌志行不端、官箴无望，当照不谨例；黄文豹庸懦长奸，当照罢软例，各闲住。张会宗、吕明伦、黄淳，长吏已不胜任，裁抑或可曲成，当照不及例降用。蒋鸣琅不堪民牧，当照不及例降调闲散。陈九叙才弱任浅、鲁崇贤性躁才疏、刘庭蕙始急终悔，当照不及例调简。孙梓才短而学未荒，当照不及例改教者也。

伏乞敕下吏部、都察院再加查访，照例考察施行。

　　以上两篇奏疏，只是大计前抚、按纠劾的两个较有代表性的个案。一般而言，巡抚、巡按在大计届期时，既弹劾不职有司官，也弹劾不职方面官，而且是分疏纠劾，这在众多的明人记载里都可以得到印证。如周孔教的《中州疏稿》内，弹劾不职方面官之后，紧接着弹劾不职有司官；① 温纯弹劾不职有司官奏议的前一篇，即是弹劾不职方面官的奏议；② 广东巡按王以宁在万历四十年（1612）上呈《纠劾方面备察疏》后，紧接着纠劾有司官员；③ 四川总督朱燮元（1566～1638）在天启四年（1624）亦上呈两份奏疏，分别纠劾不职方面与不职有司。④ 因为方面官的人数本就不多，所以抚、按弹劾的方面官人数也较少，周孔教仅弹劾 2 人，王以宁（1567～？）仅弹劾 1 人，温纯弹劾 1 人，朱燮元弹劾 4 人；而有司官员众多，因此被弹劾的人数也远远超过方面官，每次大计之前各省弹劾的有司官基本都超过 10 人。除了弹劾人数众多外，抚、按官对待这种弹劾也异常严肃，例如南直巡按贾毓祥（万历三十八年进士）在天启四年（1624）纠劾不职有司官员时称"查得按属……造册送部、院鉴别外，谨摘其太重与罪不尽于所罚者，会同巡抚应天右佥都御史周（起元）指实为皇上陈之"⑤；祁彪佳（1603～1645）在崇祯六年（1633）巡按苏、松时亦"谨会同巡抚应天等府地方都察院右佥都御史庄祖海详加咨核"⑥，可见抚、按纠劾不职有司及方面官员时，尽管多凭风闻，但严肃对待此事的态度却是一致的。

　　从以上奏疏也可以看出，抚、按在弹劾地方官员时，也确实遵循了明

---

① （明）周孔教：《中州疏稿》卷 2 《纠劾不有司疏》，第 284a～290b 页。

② （明）温纯：《温恭毅集》卷 3 《纠劾方面官员以备考察疏》，第 444a～445a 页。

③ （明）王以宁：《东粤疏草》卷 5 《纠劾方面备察疏》，第 268b～269b 页；《纠劾有司备察疏》，第 270a～281a 页。

④ （明）朱燮元：《督蜀疏草》卷 10 《纠劾大计方面疏》，第 342b～343b 页；《纠劾大计有司疏》，第 344a～347b 页。

⑤ （明）周起元：《金陵按疏》不分卷 《纠劾不职有司疏》，《原国立北平图书馆藏甲库善本丛书》第 227 册，第 1168b 页。

⑥ （明）祁彪佳：《宜焚全稿》卷 3 《纠劾不职有司疏》，《续修四库全书》第 492 册，第 307a 页。

政府"指事直书"的有关要求。周孔教和温纯都在奏疏中详细罗列出不职官员的职名及过犯事实，每人多达上百字，尤其是在弹劾不职方面官时，列举的事实非常详尽。按照明廷要求，抚、按官在进行纠劾的同时，尚需提出初步处分意见供吏部、都察院在考察时参考。但周孔教的奏疏似乎并未严格遵循相关规范，只是说"当议处以示惩创"；而温纯的奏议则非常规范地指出了这些官员的行为应当如何对照"考察八法"予以相应处分。

抚、按本来就是以中央官员的身份监督地方，地方官员与京城官员的关系亦不像京官之间那样紧密，因此抚、按对地方官员的弹劾，往往很有效果。即使像河南右布政姚学闵（隆庆五年进士）这样的大僚，在受到巡按周孔教的弹劾后也很快离职，至万历二十四年（1596）才重获起用；已升任广西右布政的徐尧莘（1545～1620）在被广东巡按王以宁弹劾后，亦迅速落职。至于其他受到弹劾的方面佐贰官及有司官，都很难在史籍中寻得其踪迹，可见考察前的重点纠劾，确实为大计的公正提供了保障，尤其是以巡按身份弹劾布政使这样的方面大员且获得成功，更说明了大计监督机制确实能在某种程度上发挥作用。这种"以小制大"的情况，恰恰反映出明廷制度设计的深意。

7　履任考语18条

崇祯十年（1637）为每三年一次的大计之期。时任南直隶徽州府歙县县令傅岩（？～1647）于崇祯九年（1636）获得了13位上级官员的18条考语。① 其中布政司系统官员4人为其注考，按察司系统官员9人为其注考。所填注考语的详情如下。

　　　　直隶宁国府理刑推官查盘范：朗昭水镜，清谌冰壶。间阎抚字惟勤，牖户绸缪罔解。至微量有法，民自乐输，而决讼如流，案无滞牍。真经济之长才也。
　　　　直隶徽州府理刑推官赵：卓品鹏抟劲翮，真才发剑新硎。方当筮

---

① （明）傅岩：《歙纪》卷2《履任考语》，黄山书社，2007，第10～13页。

仕之初，正值流氛震邻之日。其抚绥镇定，非夙有抱负者不能。若理剧征逋，恢乎游刃有余地。盖已左右咸宜，方圆互画矣。

直隶徽州府知府陆：以端凝之度，运英敏之才。折两造以片言，畅群生于百里。惠政渥覃河润，遐迩之枯稿皆兴；德声懋洽风行，宿昔之烦苛顿解。输将恐后，溢九赋于流泉；耕凿无虞，奠兆民于安堵。练乡兵则郊野于戢崔苻之影，录髦士则庠序兴《械朴》之歌。已占小试于牛刀，行当大展其骥足。

钦差整饬安、池等处兵备兼理钱粮驿传河南布政使司左布政兼提刑按察司副使王：雅节冰凝玉立，弘才电掣雷轰。剚繁邑而立割盘根，勤催征而留心积欠。可臻后效，仁足遗耩。

钦差整饬徽、宁等处兵备兼理钱粮驿传江西布政使司右参政兼提刑按察司佥事卢：峻品凌霄峭壁，雄才出匣铦锋。革耗余，除白役，简诉讼，凡事以大力承当，子姓以真心抚恤。卓然名品，大受堪膺。应荐，而限于俸。

直隶安庆府知府署徽宁道事皮：凌霄峻品，掣电长才。一种真精神之周彻，直令四境敉宁，百为振举。其设法输挽，实能以人力补天工者。廉异荣名，已赫奕耳目间矣。

直隶安庆府督军同知署本府理刑厅事许：才雄百炼，心凛四知。遇盘错而益励其锋，理繁剧则彻中其肯。催科不扰，备御有方。允称循卓之选。

直隶徽州府督军同知署本府事许：劲骨纤尘不染，和风比屋生春。念念以民瘼为先，事事从公家起见。盖文章吏治兼优，而循声卓绩无两者已。

直隶安庆府理刑推官查盘薛：威严城社，操凛冰霜，敷教以风化为先，保民以根本为务。兴庠序，练乡勇，饬关隘，简讼省刑，而征输及格。信经济鸿材，助勤伟器也。

直隶监军西署等处太平府理刑推官查盘李：干霄贯斗之品，排山倒峡之才。节凛冰坚，明同电烛。且清逋除苛，修废举坠，奚啻万斛珠玑，可称百城卓异。

直隶宁国府理刑推官查盘丘：冰莹持心，圭璧树范。才则迅风掣电，识则皎日中天。别厘不避髋髀，抚字特加孱弱。作人有菁莪之化，保练壮行伍之雄。种种实政，皆从惠心之流出，真经文纬武而批郤导窾，江南第一循良也。允宜首荐。

直隶徽州府理刑推官张：剸割具游刃之手，励操称冰壶之洁。挺然伟器，允尔异能。莅事以来，清道祛弊，修废举坠。财赋应手，输供民瘼，慧心朗照。至其严保甲，慎关岭，尤见经世苦心。

又：剸犀截蛟之才，霜棱冰峭之介。明如悬炬，慈若披云。催科不烦而民乐输，祛弊有方而事尽举。至其严保甲，慎关岭，体民瘼，端士化，种种实绩，足见经世伟力。

又：巨力干以宏才，精心纬以朗识。寓催科以抚字，民乐急公；悉别弊而厘奸，吏皆畏法。至于严保甲，慎关岭，则崔符无警；兴学较，端士化，则菁莪播歌。介守卓然，宏献杰出。

钦差整饬徽宁等处兵备兼理钱粮驿传浙江布政使司右布政使兼提刑按察司副使侯：丰格俊爽，性识灵通。圆机御变，事事备极周详；慈惠爱人，出处咸蒙汪秽。财赋应手，盗贼宁息。处纷拿之地而士绅无间，郊圻皈依。非有过人之才，未易办此。徽郡第一循良也。

又：品如玉树临风，才如太阿断物。理烦剧而游刃恢恢，起雕疲而春台皡皡。一时循吏，卓矣寡俦。

又：璞玉浑金之品，行云流水之才。催科无扰而逋赋尽完，武备全修而蚌芽预消。政成三年，心洽万姓，徽邑良吏实无出其右者。

又：（南粮考语）守若临渊，才同弄丸。催征全无积逋，政治无非妙运。

通过对这些考语的综合分析，不难看出明廷考核地方官的导向。尽管明政府以学校、田野、户口、赋役、讼狱、盗贼六事考察地方官，但是通过对考语的分析，地方长官对"课吏六事"实则侧重有所不同。

其中，赋役被地方长官看成是头等大事。在13条考语中，与税收相关的"逋"字出现6次，这6条相关考语分别来自理刑推官赵公、李公、张公，按察司副使王公、侯公。其中王、侯虽为按察司副使，但有监理钱粮驿传的职责，其他几位理刑推官亦对赋役加以留意，此外还有其他多位官员以其他形式表达了对傅岩催征税收的认可，由此看出地方长官在考察属员时的导向性。

　　地方长官考核属员的另一要点在于"抚"。"抚"字在 18 条考语中共出现 5 次。其他地方虽不明言"抚"字，亦以其他方式间接呈现傅岩的抚民之功。"抚"涉及的考察指标较多，如果"抚"得不当，则会出现户口流亡、盗贼发生、讼狱繁多等问题。因此地方长官对"抚"予以关注并不足奇。实际上，"抚"一直是明代对地方官最为重要的要求，① 但至少从傅岩的个案当中可以看出，各级官员对"抚"字的重视实际上仍不如征收赋税。而从明代官员屡次题请重"抚"字来看，将抚民的重要性让位于征税的现象，绝不是傅岩所处歙县一地的情形，而是在明代广泛存在的问题，毕竟税收的征收数额远比抚民的效果更易量化。

　　至于傅岩教化士人之功，亦有徽州知府陆公，理刑推官薛公、丘公、张公共 4 人在考语中提及。

　　结合以上考语，不难看出徽州地方各级长官对歙县知县傅岩的政绩考察时，关注的指标依次是赋税、抚民及教化。揆诸常理，根据所处的地区不同，考察指标的侧重点应当有所差别。因此，以上考语所侧重的内容应当只是个例，可以从中看出一些问题，但并不能确认其广泛的代表性。某些有文教渊薮的地区可能独重文教，某些因灾异而动荡的地区或许独重抚民，都在情理之中。

　　另一个值得注意之处在于徽州知府陆公、徽州理刑推官张公及兵备侯公对傅岩给出的考语尤其多。徽州知府作为傅岩的直接上级，考语详尽在情理之中，既有对傅岩品格的赞许，也有对其履任实绩的概括性描述。而兵备侯

---

　　① 陈循言："古之人以抚字心劳，催科政拙，考上上者。其知务取悦于下人，以求称于所职者与。予心慕之。"林希元言："王成相胶东，曾无异能，乃以伪增户口蒙显赏；阳城刺道州，劳心抚字，乃以催科政拙书下考，则其弊之所从来者远矣。"程文德言："陛下励精于上，群臣明作于下。率作兴事，核实咏功。劳心抚字者，得以考其最也；伪增户口者，无所售其欺也。如是而后谓之'责实'。"嘉靖帝御批程文德所言为"探本之论"。类似的案例在名人文集、奏议当中非常多，不难知晓时人对"抚"字的推崇与重视。引文见（明）陈循《芳洲文集》卷 3《送知州柯君启晖还吉水序》，《续修四库全书》第 1327 册，第 451a 页；（明）林希元《同安林次崖先生文集》卷 2《王政附言疏》，第 456b～457a 页；（明）程文德《程文恭公遗稿》卷 1《廷试策》，《四库全书存目丛书》集部第 90 册，第 124b 页。

公身兼多职，每一个职名都有与其对应的具体职掌，因此结合自身所管辖的每个领域来对傅岩进行对应的注考也在情理之中。但是徽州府理刑推官张公对傅岩进行囊括多方面的全面注考，其中的制度因素仍有待进一步探究。

最后，明代考语又被称为是"五花考语"，但目前尚未查到明代人如何解释"五花考语"一词。万历间吕坤（1536～1618）言："盖朝觐之大察也，五花在册、台省之访在单。"① 可见所谓"五花"，是写在文册上的内容。同样是万历年间，吏科给事中刘道亨疏称："其五花册，明书道、府、司各考在前，抚、按方注其后。将市恩而言某贤，前注不肖者奈何？将报怨而言某不肖，前注贤者奈何？故抚、按之考可信也。"② 可见文册上所写的内容，就是地方各级上官和抚、按的考语。结合傅岩所获得的考语，对于"五花考语"一个可能的解释是：每位官员获得的考语不少，显得花样较多，故谓之"五花"。有关考语的更多研究，已在第四章第二节、第六章第二节具体分析，不赘论。

8　朝觐赠序4篇

本篇所录的4篇朝觐赠序（其中汪舜民1篇，邢大道3篇），在笔者所见的百余篇朝觐赠序中较有代表性。其中第一篇是云南当地官员所写赠序，第二至四篇赠序是代人写作的应酬文字，且是一人为多人代写。以下几篇赠序所涉及的制度内容，将在引文之后具体分析。

一　汪舜民：《送按察使西轩陈先生朝京诗序》③

　　明年己未，适三年朝觐之期。云南远万里，司府长吏率先期而往。按察使西轩陈先生戒行有日，镇守太监刘公明远、总戎黔国沐公

---

① 吕坤：《去伪斋文集》卷7《考察要语》，第221b页。

② （明）吴亮：《万历疏钞》卷24《陈吏治五议以裨铨政疏（刘道亨撰）》，第255b～256a页。

③ （明）汪舜民：《静轩先生文集》卷6《送按察使西轩陈先生朝京诗序》，第56b～57b页。

希召、巡抚都御史张公汝钦、巡按御史余公诚之①，金以边徼务重，议欲上疏留先生以靖军民者。先生曰："述职，人臣大节。且在堂有九十之母，顺道归省，人子至情也。吾何心于此？"刘、沐二公知先生不可留，各制诗一章以寓别意。濒行，三司僚友饯于东郊，亦各有作而退。舜民为之序。

时文武属吏、郡庠师生暨境内之父老童稚，垂髫戴白争拥于车下以送。有惜先生何不曲从当道诸公之留者；有叹先生洗冤泽物之仁，未及一载而遽去，俾其失所赖者；有直忍先生德望素著，必荷圣天子简擢陟于台省，而区区曰云南不复得睹骢马之临者。

盖云南，古西夷靡莫之属。自归皇明百二十余年，生齿日庶以富。然夷汉杂处，吏于此者，往往从其俗少宽假之。先生自下车，凡所设施，一遵正法，惟严惟谨，而仁恕之意默行乎其中。无利不兴、无弊不革，未尝一毫因循于旧。巨政细务，莫不焕然一新。而尤殚心于狱事，多所平反，此其所以按治未久而名实加于上下，沛然莫之能御也。夫云南之人所以望乎先生者如此，其至先生之所以副云南之望者，宜何如而后可？

古者五年一朝，皆畿外诸侯因朝聘以为贡赋之节。而虞典三载考绩，三考黜陟幽明，总见于咨命一十二相之后。周礼太宰三岁大计群吏之治而诛赏之，与小宰所听、所弊、所刑于群吏者，皆属于天官。惟我太祖皇帝奄有华夏，合天下疆宇而郡邑之，虽分直隶、各布政司，而贡赋岁有常度。武级之外，吏皆资授，无畿服内外之或殊。故损益帝王、随时制宜，三年一朝而兼黜陟诛赏之典。太宰所掌虽仍天官，而小宰所司则属都察院。部台相埒，体统相维，所以治吏列圣而在上者尊严清明、在下者耸动警饬，不敢少易纪律。

若按察司则外台所在，一方群吏之治所繇以听、以弊、以刑者

---

① 总戎黔国公沐希召，指沐昆（1482~1519），字元中，号玉冈，其于弘治十年（1497）十月正式袭爵，但暂不确定为何汪舜民称其为"沐希召"。巡抚都御史张公汝钦，指张诰（1433~1511），字汝钦，松江华亭人，成化二年（1466）进士。历任庶吉士、御史、四川按察使、贵州布政使等职，其于弘治四年（1491）正月任云南巡抚，直至弘治十一年（1498）十月致仕。巡按御史余公诚之，指余本实，字诚之，四川遂宁人。成化二十三年（1487）进士，历任鄱阳县令、云南巡按、福建副使等职。

也。先生行将亲吾君、赞吾相以受岁会，尚念远方之吏人才难得、远方之民良吏难逢。献公议、执公道。务彼考核于已然者，惟去其甚；铨补于将来者，必拔其尤。苟如此，则吏有所惮而修其政，民有所赖而修其业。先生虽显擢而去，云南之人实沐先生之德泽于无穷。刘、沐二公暨诸僚友之作，亦足为他日去思之验，不但惜别而已。

先生字汝砺，应城簪缨世家。其初举进士，令吾婺源也。遗爱在民，至今不能忘；去思之碑，巍然星渚上。若舜民，则繇先生举而进之诸生之列，以有今日。且幸从僚末，皆先生教养之力也。故于先生之行，不敢以谀献而以正对如右云。

弘治戊午夏四月朔旦，门生某序。

明代朝觐赠序虽多，但往往作于中原、江南等文教兴盛之地，云南、贵州等地区的流官同样也需入觐。惜乎赠予这些官员的送别文字留存较少①，通过此篇赠序可以得知：云南地区送别入觐官时，有饯别的酒宴，有赠诗、赠序，同僚、父老夹道欢送，这些都与中原、江南等地没有太多不同。

本篇序文属于送别时诗文合集的总序，亦是为送别上计官所作，显然可归入朝觐赠序一类。该序于弘治十一年（1498）由时任云南屯田副使汪舜民所写，接受赠序的对象是按察使陈金（1446～1529），其于弘治十年二月由贵州按察使调任云南按察使，因此该赠序中称其离滇赴京是"未及一载而遽去"。一般而言，写赠序者的身份要尽可能高，这样的赠序更有"含金量"；或者写序人曾经在吏部内任职，这样的赠序更有针对性，但汪舜民的赠序显然并不满足以上两个条件。其时，为陈金送行者当中高官众多，但送别诗文集的序言却由按察副使汪舜民所写。汪舜民自述"由先生（陈金）举而进之诸生之列"，但并未"青出于蓝"的学生给师长写序，或许更应看作陈金对门生的提携。

---

① 如正文所论，明人请序往往偏好于求已经致仕的乡居官员执笔，但云、贵地区在明代的文教远不如中原、江南等地兴盛，因此乡居官员的人数较少。任职云、贵的流官个人未必有文集流传，即使有文集流传，也不一定包括云南当地官员所写的赠序。因此赠予明代云、贵地区官员的朝觐序相对少见。

通过该篇序文，还可以看到每逢地方主官入觐时各种政治势力的参与情况，无论是派驻地方的巡抚、巡按，还是代表皇帝监督地方的镇守太监，甚至是世袭罔替的黔国公，皆欲留上计官而不得，可见上计官的入觐热情确实极高。当然，如巡抚、巡按确实希望留用上计官，亦可以公文形式奏请吏部，但当时巡抚张诰、巡按余本实显然接受了陈金急于王事及顺路至武昌看望母亲这两个理由，因此便有了本篇赠序。

二　邢大道：《明府李公入计序（代）》①

壬子之秋，吾省乡书出洪洞举明经四人，夫环晋支封九十有八而拔俊仅六十有五，洪奇十六之一，斌斌巳即其地称才薮。储养振作，是在得人，无亦司训者之良乎哉？时余友赵子为洪庠博士，不佞走书数千里侑一诗美之。

巳复于曰："不穀备员寒局，师范未修，月朔饰衣冠，二三僚友拥席讲堂，诸生序左右楫让，循故事而已。县大夫李侯缘经饰治，兴贤育材，有蜀文翁之化焉。自侯视篆两年，葺学宫、饬俎豆，公暇延见章甫士，考问经义传旨而手评其艺文，铲疵剔垢，示以周行。诸生敏者前，蹇者思奋，家弦颂而户诗书，以故今岁举士较他州邑为胜，司训何功？储养振作，盖司牧者之良焉耳。"

不佞闻是说，未识李侯。遽能任风听，以耳为目而心信之。且古今谭吏治，三代以降莫盛于汉。而班氏载笔举文翁为首，所称建学成都，简郡邑之秀为学官弟子，除其繇；行县则以明经饬行者与俱，使传教令，出入闾阎，蜀用此大化。自汉而后，千百年何寥寥也。赵子比拟李侯而易言之，毋乃为谀乎？不佞窃怪而疑焉。

亡何，李侯将入计。赵子使使至塞上，索余言为行李重；诸生具一状来，条侯德政，不啻缕分而毛析之。大概谓侯慎于兴除、敏于谳决、惠于拊循而威于弹压，是数者，似非文翁所能该也。侨之治郑、由之治蒲、朱邑之治桐乡、王涣之治洛阳，各擅其能，已足奏效；萃

---

① （明）邢大道：《白云巢集》卷9《明府李公入计序》（代，共3篇），第87a~90a页。

诸贤之长而备有之，民不冤、吏不蠹，政平讼理而后文翁之化行焉，兹所以为李侯乎？诸生合请而颂贤若出一口，不佞始心折侯而取信于赵子之言非谀也。虽然，何以为侯赠？

按，侯瀛海世家。其伯父次翁司马，督分陕十年，功在夷夏，至今边人讴思之。而其初繇郎署起，视学于汴、于滇，皆能邹鲁，其俗一变而至道。所树植人才，蒸蒸如也。文谟武略、出将入相，际五百年之景运而与伊、吕、周、召比烈，不可一循吏目之矣。侯至，竟功名当无坠其家训，是未可论于今日耳。

今往，天子方坐明堂大朝诸侯。太宰计功，首推侯山以西循良第一，诏赐宴赐枭蹄。文绮之服，康侯蕃锡，于侯见之矣。而其秩尚浅，不得议骤迁。律以久任法，且还侯于洪而屈治百里，此一时也。侯奉主上德意，文学饬治，躬行作人，当孳孳益勤于初政。诸生得久有侯而益熟侯之程范，抗志刲心，争自砥砺，经术日益精而文词日益娴，后三载而举宾兴之典。抢才子，洪若丛林之木秀而大海之珠烁也，贡籍所录讵止四人已哉？诸生勉旃，俟他日豪举，庶几无负侯教。司训者借之以收作人之功，拜侯之赐矣。

又

往不佞守瀛海，所隶十八属，虞丘其严邑也。科第人文甲于天下，不佞于诸生中得一人，为今洪洞令李侯云。侯甫冠，卓荦有文名。试其艺，豹露一斑，私心甚奇之。已延之署中，间与证经术、较论先贤时哲，启吻而谭，沛然江河之决，不可御也。已，不佞转官分陕，递徙递迁以至家食，盖前后十有五年而为万历己酉，北畿乡书出，侯褒然高列矣。庚戌，成进士，释褐洪洞令。甫下车三日，走运城谒治盐御史，枉讯不佞于家。侯谦抑，执门人礼，而不佞避谢，讲通家之好，相与述故旧，慰起居，欢甚。

坐久，徐问侯曰："子脱章甫而官已，胡以治洪？"曰："忝游先生之门，愿以诲某，某将佩焉。"不佞默然，无以应。侯拱而前曰：

"某不敏，窃闻邦有长吏，犹家之有父母也。父主严、母主慈；严不恩则苛，慈不威则狎。故宽与猛交而仁与义济，齐家之道也。先生以为何如？"不佞洒然曰："得之矣，子言及此，洪百姓其福乎。"

及侯视事三月，明赏罚，申约束，曰："犯吾令者勿宥。"已，廉察巨猾置于法。境内大服，无敢干令者。侯乃以明作行恺悌，平其冤抑、苏其疲癃而怙恃之。行之期年，仰者如鉴，信者如蓍，怀者如乳。耕者安耒，织者安杼，耆艾者鸡豚而童稚者襦裤矣。巷颂野讴，行歌之声互相答也。

今年冬十一月，侯将如京，图改岁修觐事于天子。平阳宗侯慎镘，辱侯知最深，且夙有交于余，驰使至榆林，以帛书请，言为侯赠。

夫审音者，邻不如筵；察色者，奥不如牖，言迹斯明也。不佞家距洪四百里，侯期年之政尚伏在田间，犹得风听而耳及之。自去岁起家承乏西陲，领节钺之寄，为国家当一面，距侯则千里矣。侯注措不及悉，安所饰窥言为侯重？使者挢颡再四，曰："孤腋之表，不可毛析；沧海之珠，不可枚举。大人叙其梗概，申镘之私而已。"于是援笔，次前事书之。

既而曰："昔韩侯朝周，诗人美之，赋梁山。侯是行，其在《韩奕》之二章乎。为告宗侯，余言亡足重，采梁山之诗，送侯可也。"

又

侯初举进士，有吾洪之命，盖庚戌秋八月云。不佞承乏齐臬，以万寿节赍章入贺，谒侯于都门。七尺之躯，危冠大带，语若洪钟，不佞从皮相占之，已识其非凡品矣。

王事竣，假道过乡，告群大夫之家食者曰："邑有天幸哉！新令李侯，其貌岩岩，乔岳之重也；其度汪汪，河海之洪也；其精神灼灼，白虹之丽天也；其意气翩翩，骎骎之过都历块也，斯谓神君乎。必才于治，必能举吾邑而大造之。"群大夫闻余言，疑者半、信者半。

　　既越月，侯单车入境，里父老壶簠迓之郊。不佞从群大夫后，立谈少顷，则人人加额称欢也。曰："某辈自有识以来，侯所创有，神君哉。卢子之言不我欺已。"

　　迨侯视事三日，案牒猬集。大者斧断，小者刃决，剖纷剸剧，若庖丁解牛，举髋髀而藏脍之。群大夫则啮指吐舌，骇而叹也。曰："赵京兆、王洛阳，古之人不可见。今见之侯，神君哉。卢子之言，不我欺已。"

　　明年春，余赴官东上。再逾岁，而叨转藩司，会秋八月，赍贺如前。及入里，则侯之六政皆修，惠化大洽。田畴辟矣，稼穑殖矣，仓廪实矣，道路平矣，舆梁饬矣，奸宄空矣。群大夫则争过卢子而道侯之美，娓娓不置口也。曰："奚但神君，召之父、杜之母。怙而恃之，尸而祝之矣。"卢子曰："昔孔氏论政，三年有成；孟氏谓大国五年，小国七年。侯秩未满考，而收异等之效如此。今且入觐天子，天子下太宰雄能褒勣，当何如处侯乎？泥久任之例，赐币赐金，必秩满而后征拜。侯当返，举陟明之典，则令之贤者得应察举，超跻台垣，备法从之选，侯不可复借矣。"

　　群大夫闻余言，鞅鞅若弗怿者。居无何，偕诸孝廉、贡生合请于余曰："侯驾朝舆，北征在即。故事，设祖帐，赠别有词，愿借手教于执事。"卢子悚而谢曰："麟不敏，受役四方，去父母之国，习于侯浅。诸君子庇侯宇下，耳而目之，习于侯深，不佞何敢僭有言？虽然，向者固言之矣。侯往果返耶？动事字民，循吏之治，虑于始必无倦于终，百姓之福，一邑之幸也。果迁耶？以其试之邑者效之廷，宣谟□猷，仁言溥于四海，社稷苍生受赐弘已，天下之幸也。窃闻人臣之义，委质于君，唯所任使。躐级而骤，循资而淹，侯无成心，吾侪亦听之而已。且与其私侯一邑，宁与天下广而公之？"

　　金曰："大矣，美矣。子之言。盖闻之林有灌木，茂而成阴，所荫者数亩耳；江河之润，流泽百里矣、千里矣。太山之云，触石而起，不崇朝而霖雨天下，万物滋焉，不亦沛然乎哉？侯泽物之功大，吾洪被其先施，海内固延颈而望之矣。"

尽管明代朝觐赠序众多，但在此选取的这三篇赠序的代表性非同类其他赠序可比。其一，明代一人为多名上计官写作朝觐赠序的情况不少见，一人为当地地方官连续写几篇朝觐赠序的情况也经常出现，但像邢大道这样在一届大计之前连续为同一位上计官撰写多篇朝觐赠序，且全部是代他人所写的情况实属罕见。其二，以上 3 篇赠序不仅全为代写，而且邢大道所代之人甚至其时并不在山西洪洞，而在千里之外，因此赠序的交流问题亦值得注意。

考邢大道（1559～1617）为山西洪洞人，生平未获功名，以代人写文章为业，① 这三篇文章都是邢大道在万历四十年（1612）代人所写。第一篇赠序因透露的信息有限而不能确定其代谁所写，第二篇赠序是代替当时的延绥巡抚刘敏宽（万历五年进士）所写，第三篇赠序是代替当时的山东布政司参议卢梦麟（万历十六年进士）所写。

从第一篇赠序可以看出，该篇赠序是某任职塞上的山西籍官员受其旧友洪洞县学赵博士的委托所写，但文章实际出自邢大道之手。第二篇赠序托名刘敏宽，乃因刘氏曾任北直任丘知府，李祯宁恰为任丘人，而地方父母官有教化之责，所以刘、李在名义上有师生情分，但二人感情的深浅实难评估。可以看到的是，或因师生远隔、多年未见导致感情生疏，李祯宁并未直接请求刘敏宽赠序，而是由与刘敏宽素有交情的宗慎镘出面为李祯宁请序。第三篇赠序托名卢梦麟所作，乃因卢氏家乡即在山西洪洞，且与李祯宁有过数面之缘，卢梦麟为家乡的父母官赠序也在情理之中。

值得一提的是三篇赠序的写作地点问题。邢大道于万历三十七年受邀前往山西按察使李维祯（1547～1626）处修《山西通志》，完稿后一直在洪洞乡居，未再外出。② 因此邢大道写作此文时，或在太原，或在洪洞，但绝不可能在塞上、榆林。结合第三篇代卢梦麟所作赠序中的内容进行推测，邢大道此时很可能就在家乡洪洞县。此外，邢大道自编书返乡后便未再远游，不可能倏而塞上、倏而榆林，所以前两篇赠序的完成地点大概率也在洪洞县。

---

① 崔静：《邢大道诗歌研究》，硕士学位论文，山西师范大学，2017，第 6 页。
② 崔静：《邢大道诗歌研究》，硕士学位论文，山西师范大学，2017，第 7 页。

　　卢梦麟和邢大道都在洪洞县，所以卢氏授意邢大道代写文字实属情理之中。但是任职塞上的山西籍官员（第一篇赠序的冠名者）和任职榆林的刘敏宽显然很难从边地直接授意邢大道这样一个"职业写手"来代写文章赠予李祯宁。如果是洪洞县学赵博士、宗慎馒先前往塞上及榆林请序，获得同意后再返回洪洞授意邢大道开始写作，也存在很多问题：倘若邢大道写好赠序后不再送回审阅，那么相关官员便不能确定邢大道是否能够做到词达己意；假使邢大道写好后再送往塞上及榆林审阅后才送给李祯宁，那旅途往返亦是难题。因此很可能是邢大道先已经把赠序写好，然后请相关官员代为署名，如有修改即便修改，如无修改则直接署名发回。

　　即便如此，相关官员仍然很慎重地对待赠序这一具有推荐信意涵的文本。第一篇赠序中，该名官员直接说明其"未识李侯"，之所以赠序，在于其旧友赵博士之前曾经夸赞过李祯宁，及至大计届期，赵博士又"使至塞上，索余言为行李重；诸生具一状来，条侯德政，不啻缕分而毛析之"。因此是采信了旧友及县学诸生的文辞才撰写这篇序文。刘敏宽同样在文章中坦言，其与李祯宁先后已十余年未见，并不了解其近况，只是因为自己的旧友宗慎馒与李祯宁交好，且前来求序的使者再三乞求，才不得已勉为其难地赠序。即便如此，刘敏宽仍在赠序后补充：自己的言说不足为重，还是应该以《诗经》中的《韩奕》篇送赠为妥。上述两位官员对待赠序的谨慎态度，或许并不仅仅出于作为文化官僚的谦逊，抑或有爱惜自身羽毛的意味，毕竟说清楚写作这篇序文的来龙去脉后，即使届时发现赠序所言有夸大之处，亦可某种程度上撇清自己的干系。这与在正文中的柯潜"出吾言以示司用贤之柄者"①，张四维"特为表而出之，用为太宰氏献岁旌贤之左契"② 的直爽推荐大相径庭。因此前两篇赠予李祯宁的序言，其政治效用似乎并不明显，李祯宁其后久任洪洞直至六年期满才转任，并未快速迁转。尽管如此，这三篇代写的赠序仍为我们了解明代基层社会与官员交游提供了窗口，有助于深入理解面对朝觐考察时，明代各级官员的"众生相"。

---

① （明）柯潜：《竹岩集》卷 11《金门述职序》，第 321a 页。
② （明）张四维：《条麓堂集》卷 23《送凤隅陈使君入觐序》，第 645a 页。

9　巡按处理大计纠纷奏疏 1 篇

在第二章第三节、第三章第三节，笔者分别结合万历癸巳、万历辛亥两次京察中的个案，探讨了围绕京察的诸多争议。京官群体之间的关系本就较为复杂，因此京察时争议频发亦在情理之中，但这些纠纷基本都存在于官员与官员之间，某些官员被考黜，除了自身确有不职之处，也受到政治斗争与政治环境的影响。地方有司官员因为直接与民众接触，对其进行考察时面临的情况比京察更为复杂：除了上级的认可、同僚的评价之外，民间舆情也会对其考察结果造成影响。作为"父母官"，到底是强调以"父母"的身份对民众负责从而获取好的官声，还是以"官"的身份对上级负责从而博取较好的仕途，往往是纠缠于文化官僚心中的难题。而本处节选的奏疏，便揭露了地方有司官的两难之处，也揭示了上计官员对属员评价的若干思考。姑录引文如下，并于引文之后进行分析。

贾毓祥：《县官显被攻讦疏》①

巡按直隶监察御史臣贾谨题。为县官显被攻讦，单款确宜究查，仰祈敕部行勘以肃吏治事。

据应天府江浦县乡官陈应元、丁明登、熊师望、叶聚义、张可仕、余应蛟、弓九德，举人林尚炫、胥自修、胡承熙、月中桂、刘日珽，贡士周思皋、刘世叶、叶再乔、叶先春，监生王道隆等，通学生员庄必寿等，指挥胡文焕等具揭，为贪酷异常，地方倒悬，恳急剿斥以拯生灵事。等因到臣。

随批宁太道查报。盖江浦虽隶应天府属，而外六县则故受宁太道所辖也。后据应天府称："蒙操院批。据江浦县乡官陈应元等揭，亦同前事。揭开本县知县葛纯一款迹。等因蒙批。江介冲疲之县，须得

① （明）贾毓祥：《金陵按疏》不分卷《县官显被攻讦疏》，第 1194a ~ 1197b 页。本节后文讨论时用到此篇奏疏之处，不再重复标注。

循良抚□。葛知县侏儒饱腹之状，上下通知，近议计处。乃士民公然讼之，事体骇人，非情甚迫切不至。仰应天府通详，先行委官署印，从公提问缴。等因到府。随经牒行四厅提问外，其印务暂委六合县知县甄伟璧兼摄。"等因到臣。

盖乡官陈应元等赴操臣投揭，在向臣投揭之先也，臣遂姑置宁太道原批于后。依该府详批，开江浦被子民之合攻，不独关于官箴而已。如拟暂委六合县甄知县看库狱，仍候抚院详示缴。去后，又准前抚臣周（起元）会稿合题知县葛纯一。

臣疏内云："看得江浦知县葛纯一，向与其县之士民上下相激而不相宜。应天府尹魏说已拟以大计，列瑕类之数矣。未几，而被乡士绅群起告揭到各院。据士绅之伙状，则若身罹水火、情急倒悬而鸣者；据葛知县之辩揭，又若徒以强项、不能维诺诡随，而被泼口横加者。两者未必无因。但既有对质，若不穷究明白，只入计册议处，则无以定虚实轻重之案，而各服其心，而示后之为父母、为子民者。因此，除将原词行宁太道提问，该县印务已经署应天府印光禄寺少卿文翔凤，议委六合县知县甄伟璧兼摄外，伏乞敕下部院议覆，行臣等审勘施行。奉圣旨：'该部知道。钦此钦遵。'"

又接邸报，阅吏部一本为县官显被攻讦等事。覆江浦知县葛纯一被论，行彼处抚、按勘明具奏。奉圣旨："是。钦此钦遵。"

后据应天府四厅治中陈梦�等，将审过江浦县吏役褚楼等缘繇呈详到臣。臣看其繇语，俱游移骑墙。随经批开："官民互揭，所关匪细，不宜以首鼠两端语草草了事也。勘明情繇通详，系周抚院案语。然彼时尚在未题请以前，岂有奉旨犹可以具繇者哉？仰该厅归究，或虚或实，或半虚或半实，的确招解覆审，以便回奏，作速报缴。"

去后，又据六合县知县甄伟璧详称听勘江浦县知县葛纯一回籍。等因。批示间，又据应天府四厅申详审过犯人褚楼等招到。臣据此随批："阅详葛纯一之虚实轻重，且不敢定。第所谓解报者，谓解原、被告干证三项也。今被告亡矣，只解原告干证，将令原告干证与谁对簿乎？四厅以此应，本院恐尚未协于法。本院何敢以之对君父哉？王心选等虽解宁国，恐不能作无被告之招详也。仍发该厅监候，俟葛知县到日，两造面鞫□。"

又该署江浦县事六合县知县甄伟璧详称："葛知县回籍复来。行至凤阳地方，陡发瘫疽身故。"缘繇到臣，又经批开："葛知县被士民之告。其革任也，本院不得而闻也；其委官代署也，本院不得而闻也；其四厅提问也，本院不得而闻也。其得闻之日，皆在革任、委署、批问之后也，俱有移文日月可查证也。日夜望四厅审后，连人解院，以听宁太道覆审案定；俟新抚院到任，会稿具题耳。不意四厅竟放去不解。夫不解本院，可也；不解本院，而以弗躬弗亲之词告君父，义之所不敢出也。今据该县详报，本犯官已回原籍，追之复还。还，发疽于路而故。事关奏闻。仰原问四厅查实速报。"

去后，续据已故知县葛纯一男生员葛贞固具呈：为部民朋诬，县官累毙旅邸，恳天轸名分以伸国法，俾遗榇早归乡土事。生父葛纯一叨守江浦，矢心刚直，不受乡绅属托。致被士绅王执中等、子民王心选等挽词妄揭，操院随摘印务，批发。本府四厅审父无赃，听候详结。比父日食不敷，携仆回家，取讨盘缠。未几，六合县差人守催生父促装南来，行至凤阳府，气郁发疽身死。泣思生父居官不职，访实参勘，瞑目甘心。突遭部民妄杀，律例昭然。等因到臣。亦批宁太道查报。

去后，续据该道回称。前来该臣看得江浦知县葛纯一，其革任者为原任操江熊明遇也。而其所以革任之故，据该县士绅陈应元等之朋告到操臣也，事在天启四年九月三十日也；操臣行署该府印务光禄寺少卿文翔凤革任委署事，在十月初四日也；及革任矣，批应天四厅会问矣，该县士绅始赴臣处亦投一揭，事在十月初五日也。臣徒知事理，合行宁太道查勘，而不知操臣先已行应天府四厅革任提问矣。此时臣正日夜攒造大计册，欲相附和，注本官以下考。而一面之口，何可遽凭？欲据所闻另自填注，则咨询未确，安敢孟浪？万不得已，因会同去任抚臣周（起元），先具一疏上请。俱依操臣会同，将本官革任批问，以待审定虚实轻重，然后敢据实奏报。即臣大计册内，亦不过只开"见在提问"四字而已，此当日疏请之本情也。

今葛知县虽已物故，臣原批宁太道虽未经覆审，而据该府四厅两番驳审，逐款条答具在，此官底是一强项不肯容物之人。据其自负振刷，将以痛反该县因循之习。然无缓急疾徐之节，而又不能自处于无间可摘，衅岂尽縣人起乎？但被揭赃私，据审半属狐假，或属乌有。假使本官不病故，亦不过当在浮躁，闲住之例，而罪与法尽矣。乃本官竟以士绅诬蔑之气郁结无伸，恚激而去，去而死于中途。按律例：即平民诬告无罪之人累死者犹难轻贷，况子民之告父母乎？谨会同巡抚应天右佥都御史毛（一鹭）、提督学政监察御史刘，除将操臣熊明遇原批应天府四厅治中陈梦璠等原招造册呈送都察院，转咨吏部查考外，谨先述已故犯官葛纯一之始末罪案如此。

伏惟圣明敕下部院覆议。如果臣等所言不谬，特行申饬。以后提问有司，仍归一于抚、按两院。其操江一院，纵或别有真闻，亦须先与两院会案，然后檄行。庶无戾于祖宗专设抚按之意。其士绅陈应元等，以部民攻讦县令，其风已久，渐不可长。但内列名者，未必人人与其事。岂有暗被写名入揭而实游宦数千里者，或守制不闻者？合无按其作俑之人，分别惩创，庶士林嚣凌之风少息，而长民牵掣之患可舒矣。

缘系县官显被攻讦，单款确宜究查，仰祈敕部行勘以肃吏治事。理未敢擅便，为此具本专差承差陈正泰赍捧，谨题请旨。

该篇奏疏由南直巡按贾毓祥（万历三十八年进士）写于天启五年（1625）七月十七日。天启五年正月适当大计之期，但早在天启四年九月三十日，便有南直应天府江浦县乡官、举人、贡士等20余人，赴时任提督操江右副都御史熊明遇（1579～1649）处弹劾时任江浦县令葛纯一之事。乡官在弹劾葛纯一时极力描述其"政猛如虎、贪甚于狼"的情状，乃至威胁上官称："一旦桑梓激变，难免玉石俱焚。"[①] 这样严重的弹劾自然引起了熊明遇的注意，于是熊明遇暂且将葛纯一革任，并发应天府提问。十月初四，经由当时应天府首长署应天府印光禄寺少卿文翔凤决定，由应天府六合县知县甄伟璧兼摄江浦县印；十月初五，江浦士绅又至巡按贾毓祥处投揭，状告葛纯一。但此时贾毓祥忙于攒造大计册，无暇分身，亦不知晓熊明遇已经将葛纯一革职提问，因此令宁太道兵备副使查勘详

---

① 相关弹劾事，见（明）贾毓祥《金陵按疏》不分卷《县官显被攻讦疏》，第1167a页。

情，以便区处。

与此同时，葛纯一亦上疏辩解，自述其因"素性质直……不畏强御，不受请托"而遭诬告，希望上官查实。① 面对官、民矛盾的说辞，当地官员异常慎重。于十一月间巡按贾毓祥会同巡抚周起元（1571～1626）及提督操江副都御史熊明遇就葛纯一之事进行商议。因为该讼案已先经宁太兵备道查访，因此贾毓祥在会议时对此事有基本的判断，其于十一月十六日上呈给皇帝的奏疏中明言"县官显被攻讦"，聊聊数字，已足见贾毓祥同情葛纯一的态度。② 贾毓祥的这种态度实则基于相对理性的判断。其一，早在这件讼案之前，葛纯一的直接上级应天府尹魏说已带队去北京上计，而且贾毓祥知道在魏说随身携带的上计簿中"已拟以大计列（葛纯一）瑕类之数"③，因此即使士民不行告讦，葛纯一也会很快就因故离职，此时士民的告讦行为本身就非常奇怪。其二，上疏告发葛纯一的众多士民中，有一人为当时的"惯告"王心选，官员看到此类惯告通常也较为警惕。其三，根据葛纯一的自辩揭帖，告讦自己的诸士民居然"邀众誓神，渡江揭谤"，因此葛纯一请求上级官员还自身清白，④ 这显然也非正常景象。其四，在事实未能查明之前，面对官民冲突，部分有担当的上级趋向于保护官员也属情理之中。毕竟没有下属的支持，自己也很难有效地处理政务。综合以上多个原因，贾毓祥认为"县官显被攻讦"，但毕竟是官民冲突，因此据实直书"（葛纯一）与其县之士民上下相激而不相宜"，并报请吏部批准提问。这一做法实有制度渊源，《大明律》明确规定："若府州县官犯罪，所辖上司不得擅自勾问。止许开具所犯事由，实封奏闻。若许准推问，依律议拟回奏，候委官审实，方许判决。"⑤

但在此之前，熊明遇实际上早就已经将葛纯一革职提问，这明显是不符合制度规定的做法。或许熊氏担心此事情败露造成于己不利的影响，因

---

① 葛纯一奏辩事，见（明）贾毓祥《金陵按疏》不分卷《县官显被攻讦疏》，第 1167a 页。葛纯一奏辩时为十一月，当时并未开始考察，因此不属于考察后的自辩，并未违犯明廷禁令。

② 三臣会议事，见（明）贾毓祥《金陵按疏》不分卷《县官显被攻讦疏》，第 1166b 页。

③ （明）贾毓祥：《金陵按疏》不分卷《县官显被攻讦疏》，第 1167b 页。

④ （明）贾毓祥：《金陵按疏》不分卷《县官显被攻讦疏》，第 1167b 页。

⑤ 怀效锋点校《大明律》，法律出版社，1999，第 10 页。

此在与周起元、贾毓祥会议时，并未说明这一情况，而是共同按例"实封奏闻"，等待皇帝及吏部许准推问的批复。

皇帝收到三臣会奏后，按例发吏部处理；吏部知悉此事后，批准抚、按官对葛纯一进行提问。但此时周起元已经被革职，于是贾毓祥只得先令宁太道提问完毕后，与新任巡抚一起按照吏部要求"会稿具题"。① 就在贾毓祥指令宁太道提问葛纯一的同时，葛纯一却突然暴病身亡，这便引起了新的纠纷。

葛纯一于九月底被解除印务后返回了北直阜城老家，这一行为绝非"畏罪潜逃"。熟读《大明律》的官员自然知道熊明遇在部批未到前，对葛纯一的任何提问都不具有法律效力，葛纯一的印务又被解除，在江浦无所事事的葛纯一选择回乡也在情理之中。而葛纯一在接到对其提问的指令后，立刻原路返回。这种行为说明葛纯一绝对是严守相关法度的官员，② 而且也认为自己的贪酷行为绝不属实。因为如其果系贪赃，亦不敢火速回南京对质。然而葛纯一就在回南京的途中突然病故，因此原本单纯的民告官事件，转向了民告官致死的人命官司，这就导致案件的性质变得格外复杂。诚如贾毓祥所论："按律例：即平民诬告无罪之人累死者犹难轻贷，况子民之告父母乎？"因此不得不将此事详加勘实。

经过几番勘问，贾毓祥发现原应天府审问的结果失当，相关供词"俱游移骑墙"；同时，"只解原告干证"，无被告干证对簿，恐"未协于法"。于是很自然地按照辖区归属，查问宁太道为何未能按照天启四年十一月周、熊、贾三人的会议要求及时提问此事。经查发现，应天府四厅并未将相关事宜细节报宁太道。不唯如此，贾毓祥在查看相关文移日期后甚至发现，因为熊明遇在十一月三臣会议时的隐瞒，自己仅知道葛纯一被停

---

① 原任巡抚周起元已于天启四年末被削籍，吏部公文要求抚、按会同核查，因此葛纯一只得等待新巡抚到任。

② 在京察环节已经提及，南京的京察察疏采用"四马勘合"送抵北京亦需 20 天，南京到北京约 1000 公里，说明明廷运输公文的速度也不过一天 50 公里左右；在杨德周的个案中提到，福建莆田据北京约 2000 公里，杨德周于十月二十日启程，十二月十日左右才抵达北京，以此推算上计官的交通时间大约为一日 40 公里。而葛纯一为北直阜城人，从江浦到阜城约 770 公里，从阜城到凤阳约 680 公里。葛纯一从天启四年十月初出发，在天启五年上半年即已身故，其作为暂无官职的士人连出行的盘缠尚需自筹，同时其亦非壮年且为抱病之躯，能够在几个月之间通行约 1450 公里，可见其绝非有意迁延王事的官员。

职待勘，并不知其早已被提问、放归，仍在痴等应天府四厅及宁太道的提问，以便会同新任抚臣"会稿具题"。面对这样的情况，贾毓祥自己内心或多或少有些许不满。但贾毓祥仅为巡按御史，较之任职提督操江副都御史的熊明遇而言品级悬殊，而且熊明遇已经在天启五年三月因言官弹劾而革职听勘，因此贾毓祥只得无奈地表示："不解本院，可也；不解本院，而以弗躬弗亲之词告君父，义之所不敢出也。"

　　经过贾毓祥的详查，终于对蒙冤身故的葛纯一做出定论："此官底是一强项不肯容物之人。据其自负振刷，将以痛反该县因循之习。然无缓急疾徐之节，而又不能自处于无间可摘，衅岂尽繇人起乎。但被揭赃私，据审半属狐假，或属乌有。"这一"盖棺定论"针对性地回应了吏民所告的"贪、酷"问题，即可能"酷"，但绝不"贪"。

　　如果知晓葛纯一的生平，实际不难理解贾毓祥的判断。葛纯一为万历癸卯（1603）举人，但此后一直未中进士，史籍中亦未见关于葛纯一的任何记录。在看重进士出身的明代，葛纯一居然以其举人的身份历时二十年做到了应天府属县的知县，说明其行政必有其可取之处，[①] 而且大概率不会在品行上有太大的污点。因为缺乏座师、同年等官场奥援，一般情况下，像葛纯一这样锐于进取的举人在仕途上走的每一步都会战战兢兢、如履薄冰，不会落人以话柄。因此很难想象葛纯一会成为贪官，这也可以从贾毓祥的文辞中得到印证。如果葛纯一确系贪官，便不可能在得知将会被按程序提问后，火速从原籍赶回，更不可能为了尽快回南京，而"日食不敷，取讨盘缠"。其迅速回应天听勘显然是希望通过抚、按审判，来还自己清白。贾毓祥也明确指出："但被揭赃私，据审半属狐假，或属乌有。"说明吏民弹劾葛纯一之"贪"确属诬告。

　　而葛纯一的"酷"，实则情有可原。葛纯一自述其"调停夫马，奔走供亿"，地方官员在面对这些面向基层民众的行政事务时，本就长期面临

---

① 可以将海瑞的经历与葛纯一对照比较。海瑞为嘉靖二十八年（1549）举人，嘉靖三十三年当上教谕，嘉靖三十七年被任命为浙江淳安知县，嘉靖四十一年任江西兴国知县，至嘉靖四十三年被选拔为户部主事。从举人到知县，亦经过了所谓的"九年考满"。但海瑞任职知县的淳安、兴国，其重要性绝非应天府直属的江浦县可比。因此葛纯一能够在二十年内由举人担任江浦知县，可见其很难称得上是庸碌之辈。

两难的境地：如果一团和气，势必难以完成职掌内的行政任务；如果想要有效完成税收、文教等考核指标，稍有不慎便会失之于严苛。而像葛纯一这样没有背景、没有功名的官员，所有的荣华富贵、所有的政治前途全部都寄托在一些易于量化的考核指标上，因此稍有不慎便会招致"严苛"之议。贾毓祥所论"（葛纯一）自负振刷，将以痛反该县因循之习，然无缓急疾徐之节"，入木三分地描述出葛纯一被劾之实。

至于南直一代吏民诬告县令之事，贾毓祥也明知"其风已久，渐不可长"，但无奈"法不责众"，贾毓祥也只好息事宁人，除首问之人外不再深究。有关葛纯一的案件至此画上句号。

葛纯一的案例，实则是明代地方文官考察的一个缩影，既能印证若干在正文中业已探讨的问题，亦能说明某些在正文中不及展开的议题。

第一，"凑数"问题是明代文官考察的顽疾。早在天启四年，应天府尹魏说即已拟定将在大计时将葛纯一"列瑕类之数"。但经过贾毓祥的详细查访，即使按照察例，给葛纯一最为严厉的处分也不过是"浮躁"。按照明代的"考察八法"，浮躁属于较轻的一款，对应的处分是"降调外任"，① 是否严格予以处分实有解释的空间。但明代每逢考察，各地罢黜皆有额数。为了凑足额数，难免将葛纯一之类由举人出身，且无奥援的有司官拿出凑数。所以葛纯一在察疏中"列瑕类之数"，难免有将其凑数的嫌疑。可见明代真正被考察罢黜的官员，并不一定是罪大恶极之人。

第二，官员的治理效果长期难以得到准确评价。尽管明代有明确的"课吏六事"，但六事之间很难兼顾。葛纯一这样毫无背景又欲振刷的官员，能够茹蘗饮冰地维持自身清廉形象，品格无从指摘，但意欲振刷就必然会伤害到某些既得利益者，最后反倒被诬身死。明廷虽然屡屡强调父母官的抚民作用，但是抚民却不易凸显所谓"政治成果"；赋役征收的指标

---

① 尽管贾毓祥声称："假使本官不病故，亦不过当在浮躁、闲住之例，而罪与法尽矣。"但浮躁对应的察例并不是闲住。查《吏部职掌》："考察事例。年老、有疾者，俱致仕；贪、酷者，俱为民；罢软无为、素行不谨者，俱冠带闲住；浮躁浅露、才力不及者，俱降一级、调外任。"见（明）李默《吏部职掌》不分卷《考功二·考察事宜》，第147a～b页。

易于量化，可一旦严格执行又必然获得"酷"名，因此官员长期面对着抚民与催科的两难境地。

第三，抚、按官与方面官的制衡机制对维护考察结果公正实有其积极意义。早先魏说已注葛纯一下考，据贾毓祥自称："此时臣正日夜攒造大计册，欲相符合，注本官以下考。而一面之口，何可遽凭？欲据所闻另自填注，则咨询未确，安敢孟浪？"明显说出了自己的顾虑。一方面，抚、按应当与方面官的说辞符合，维持这种同寅协公的默契；另一方面，由于自己咨访未周，如果单凭风闻而使官员蒙冤，又有愧职守，因此不得不慎之又慎。诚如万历时给事中刘道亨所论："其五花册，明书道、府、司各考在前，抚、按方注其后。将市恩而言某贤，前注不肖者奈何？将报怨而言某不肖，前注贤者奈何？故抚、按之考可信也。"①

第四，民间舆论会给官场生态造成复杂影响。在天启四年十一月，周起元、熊明遇、贾毓祥三臣会议时所做区处并未给葛纯一坐实贪酷罪名，仅因士绅举报父母官，界定了葛纯一"与其县之士民上下相激而不相宜"的事实。但提督操江都御史熊明遇因士民告讦，不待查实事情原委便将有司官停职，也足见当时地方官员的压力：只要有民众对基层官员不满，无论基层官员是确有过犯抑或是纯属诬枉，官员在舆论面前总会处于不利的境地；而少数上级官员迫于舆论压力，也时而让基层官员做出某种程度的"牺牲"。贾毓祥即使已经查明江浦士民对葛纯一所告有失实之处，也难以过分处罚民众，不难发现明代的基层官员在面对民众的控告时，也会因身处弱势地位而感力短。在民间舆论干预正常政治运行的情况下，很容易导致形成不求有功但求无过的庸俗政治文化，② 甚至出现"官惧民"这样

---

① （明）吴亮：《万历疏钞》卷24《陈吏治五议以裨铨政疏（刘道亨撰）》，第255b～256a页。

② 如果从行政效率的角度考量，人民应该尽可能地监督政府，这种监督越"充分"，政府的行政效率越高。但实际上，"人民监督政府，谁来监督人民"也是古代政治运行中可能会面对的难题。贾毓祥所言："按律例：即平民诬告无罪之人累死者犹难轻贷，况子民之告父母乎？"这既是葛纯一的无奈，也是那个时代背景下很多官员的无奈。如果是单纯的"平民诬告无罪之人"，或许尚可依法处理；但如果是民告官，即使官员确实无罪，也碍于身份无法被代入"无罪之人"的范畴与平民纠葛，否则会被目为丧失"大臣之体"，这无疑也是政治运行中的某种悖论。有关明代的诬告事例及其处置结果，详参余同怀《明代诬告罪的惩治及其反思》，《南海法学》2017年第6期，第108～118页。

的极端现象,① 这显然也绝不是清明之世的景象。

最后，正文通篇讨论的都是存在于官员之间的考察制度，吏部对官员队伍的整顿，更多的是官员系统内部的一种自我调适的行为。但实际上，除了高居庙堂的官员外，民间百姓也会参与考察制度的运行。某些官员被考察黜落，或许是官场内部的角力；而某些官员被黜落，则是民众利用考察制度实现对官员的打击。一项以考察官员为目的的政治制度，能够影响到基层民众甚至被基层民众利用，这或许是葛纯一案例留下的最大警示。

---

① 葛纯一的案例当中这种民间豪强、乡绅操控基层舆论的情况绝非孤例。早在景泰年间便有官员在言及考察时称："州县官员恐被诬陷，一闻考察将临，盛设酒席，邀求里老，垂泣对诉、贿以钱帛，以此多得保留，否则去之殆尽。是里老乃有权之有司，而官员乃受制之里老。及无籍刁民，亦缘此而告害者多矣。不惟使见任者不能振作，恐代者虽称廉介，亦将听命于里老。因而猫鼠一家，奸犬同窝，则民之增害，其可胜言？"见《明英宗实录》卷 222，景泰三年十月庚戌条，第 4807～4808 页。

后　记

这本书，是我对过去 10 多年研究的总结，也是对自己过去 10 多年生活的总结。

2010 年，我跨校跨专业考入中央民族大学，有幸师从彭勇教授研习明史。因为基础相对薄弱，熟悉史料花去很长时间，直到研二下学期才选定以"明代京察制度研究"为题进行硕士论文写作，大约花了半年的时间完成初稿。至今仍记得恩师彭勇教授在北京往返新疆的火车上，逐字逐句地对我的初稿进行修改。最后完稿的硕士论文约 10 万字，获评中央民族大学校级优秀硕士论文。

2013 年，我有幸考入香港理工大学跟随朱鸿林先生继续研习明史。整个博士阶段，一边担任助教，一边进行研究，时间虽然紧凑，却也异常充实。2015 年年底，我以"明代文官考察制度运作研究"为题，完成约 30 万字的博士论文初稿。博导朱鸿林先生在繁忙的行政工作之余，抽出难得的圣诞、元旦假期帮助我审阅论文；2016 年除夕的那个上午，朱先生仍在帮助我修改英文摘要，过往情形历历在目。最后提交的博士论文，获评香港理工大学人文学院优秀博士论文。

2016 年 12 月，我入职长江大学。像我这个年龄段的人，从小接受的都是集体主义教育，觉得有幸为集体服务便是无上光荣，所以在入职以后，我把主要精力花在了为学院服务上。入职的第一年，我承担了 7 门课程的教学任务，几乎每天都在备课和上课，并且承担了大量的学院服务工作；入职的第二年，因为班主任工作出色，获评了校级优秀班主任，并被学校推荐参加省委党校培训；入职第三年，被学校推荐进入湖北省"楚天学者计划"，并破格晋升为人文学院副院长、副教授；入职第四年，获评"温暖长大年度人物"；入职第五年，转任长江大学研究生院副院长。但也因为全身心为学校和学院服务，让这本著作的出版迁延太久。

2018 年 9 月，我即已获批国家社科基金后期资助项目，本拟于 2020 年寒假完成最后的修改并提交结项，不意遭遇了新冠肺炎疫情。疫情期间，我担任长江大学东校区疫情防控临时党支部书记，负责整个东校区校内的疫情防控事务，同时还作为教学副院长应对在线教学，其间连续 53 天都住在办公室。其后的在线答辩、在线考试，都是我读书、教书过程中未遇到过的新鲜事。因此，整个 2020 年我都是一边处理工作，一边挤时间进行书稿的修改，直到 2021 年春节期间才最终将这一研究画上句号。其后，整个出版流程又经过多次校改，直至 2023 年春节才最终付梓。

"看似寻常最奇崛，成如容易却艰辛。"这本著作的最终出版，得到过太多人的帮助。2011 年夏天，我在长辈的推荐下进入国家公务员局综合司实习，开始对人事部门的行政情况有初步了解；2012 年春天，我在台湾文化大学吴智和教授处交流学习，他对硕士论文的前半部分修改颇多；2016 年博士毕业时，答辩委员王剑教授、邱澎生教授给予我很多中肯意见；在整个博士论文写作期间，除了业师朱鸿林教授外，硕导彭勇教授、硕士答辩委员高寿仙教授亦从宏观思路上给我不少启发；2018 年申报国家社科基金后期资助项目时，社会科学文献出版社的郭白歌女士、长江大学的陈力教授夫妇对我助力良多；在国家社科基金后期资助项目评审时，5 位匿名评审专家亦提出了宝贵的修改意见……帮助我的师长还有很多很多，未能在此一一提及，但劲东从未忘记您的帮助。

衷心感谢生命中的每一位贵人！

余劲东
2023 年春节于长江大学

图书在版编目（CIP）数据

明代文官考察制度及其运行机制研究／余劲东著
. －－北京：社会科学文献出版社，2023.1（2024.3 重印）
国家社科基金后期资助项目
ISBN 978 - 7 - 5228 - 0692 - 1

Ⅰ.①明… Ⅱ.①余… Ⅲ.①文官制度 - 研究 - 中国
- 明代 Ⅳ.①D691.42

中国版本图书馆 CIP 数据核字（2022）第 170887 号

·国家社科基金后期资助项目·
明代文官考察制度及其运行机制研究

著 者／余劲东

出 版 人／冀祥德
责任编辑／郭白歌
文稿编辑／田正帅
责任印制／王京美

出 版／社会科学文献出版社·国别区域分社（010）59367078
地址：北京市北三环中路甲 29 号院华龙大厦 邮编：100029
网址：www. ssap. com. cn
发 行／社会科学文献出版社（010）59367028
印 装／唐山玺诚印务有限公司

规 格／开 本：787mm × 1092mm 1/16
印 张：31.75 字 数：502 千字
版 次／2023 年 1 月第 1 版 2024 年 3 月第 2 次印刷
书 号／ISBN 978 - 7 - 5228 - 0692 - 1
定 价／189.00 元

读者服务电话：4008918866